普通高等教育“十一五”国家级规划教材
电子电气基础课程规划教材



# 信号与系统

## (第4版)

段哲民　尹熙鹏　主编
周　巍　严家明　李　辉　李　宏　冯晓毅　都兴强　编

電子工業出版社
Publishing House of Electronics Industry
北京·BEIJING

## 内 容 简 介

本书为普通高等教育“十一五”国家级规划教材，是根据教育部高等学校电子信息科学与电气信息类基础课程教学指导分委员会制定的“信号与系统课程教学基本要求”而编写的。全书内容共9章：信号与系统的基本概念；连续系统时域分析；连续信号频域分析；连续系统频域分析；连续系统复频域分析；复频域系统函数与系统模拟；离散信号与系统时域分析；离散信号与系统Z域分析；状态变量法。

本书可作为高等学校电子信息类专业、自动化专业、电气工程及其自动化专业、计算机科学与技术专业的教材，也可供其他专业选用和工程技术人员参考。



**图书在版编目（CIP）数据**

信号与系统／段哲民，尹熙鹏主编．—4版．—北京：电子工业出版社，2020.7
ISBN 978-7-121-38843-9

Ⅰ．①信…　Ⅱ．①段…　②尹…　Ⅲ．①信号系统-高等学校-教材　Ⅳ．①TN911.6

中国版本图书馆CIP数据核字（2020）第048240号

责任编辑：韩同平
印　　刷：北京盛通数码印刷有限公司
装　　订：北京盛通数码印刷有限公司
出版发行：电子工业出版社
　　　　　北京市海淀区万寿路173信箱　邮编：100036
开　　本：787×1092　1/16　印张：18.5　字数：592千字
版　　次：1997年6月第1版
　　　　　2020年7月第4版
印　　次：2025年8月第8次印刷
定　　价：69.90元

凡所购买电子工业出版社图书有缺损问题，请向购买书店调换。若书店售缺，请与本社发行部联系，联系及邮购电话：（010）88254888，88258888。

质量投诉请发邮件至zlts@phei.com.cn，盗版侵权举报请发邮件至dbqq@phei.com.cn。

本书咨询联系方式：88254525，hantp@phei.com.cn。

# 前　言

“信号与系统”课程是电子、通信，计算机、自动控制、信息处理等专业的重要技术基础课之一。它主要研究信号与系统分析的基本理论与方法，在教学计划中起着承前启后的作用。本课程以工程数学和电路分析为基础，又是后续的技术基础课和专业课的基础，是学生合理知识结构中的重要组成部分，在发展智力、培养能力和培养良好的非智力素质方面，均起着极为重要的作用。

为适应提高教学质量的需要，我们根据教育部高等学校电子信息科学与电气信息类基础课程教学指导分委员会制定的“信号与系统课程教学基本要求”，在总结多年教学实践的基础上，编写了本书。本书具有以下几个方面的特点：

(1) 贯彻“打好基础，精选内容，逐步更新，利于教学”的原则，使本书能成为一本教师好教，学生好学，有一定深度、新度和广度的基本教材。

(2) 提高起点，处理好与高等数学、工程数学、电路分析基础等课程的分工、衔接与配合。对学生已学过的内容原则上不再重复，必要时只简要提及或直接引用其结论，并注重物理意义的阐述与工程应用。

(3) 重视教学法，循序渐进，遵循学生接受知识的规律。在教材体系上采用先信号后系统，先连续后离散，先时域后变换域，先输入输出法后状态变量法，同时加强理论与实际的结合。坚持传授知识、发展智力与培养能力相统一的教学原则，在内容组织、习题选取方面注重学生思维能力、分析解决问题能力的培养，培养良好的非智力素质及严谨的科学作风与治学态度。

(4) 在编写中，努力做到：物理语言描述与数学语言描述并重；信号分析与系统分析并重；输入输出法与状态变量法并重；时域分析法与变换域分析法并重；连续时间系统与离散时间系统并重；学理论、做习题与做实验并重。

(5) 在“互联网+教育”背景下，探索教材出版新模式。本书部分例题的 MATLAB 程序实例、实验仿真结果等，以二维码的形式在教材中出现。这种方式将教材、课堂、实验仿真三者实现了线上线下的有机融合，可增强学生的学习积极性，提高了教学效果和学习质量。

本书第 4 版由段哲民、尹熙鹏、周巍、严家明、李辉、李宏、冯晓毅、都兴强编写，其中段哲民、尹熙鹏提出编写提纲，编写了前言、第 1 章及每章的秘笈部分，并完成全书的统稿及校对；周巍完成教材的二维码内容设计并对全书进行了审核；冯晓毅编写了第 2 章和第 9 章；李宏编写了第 3 章和第 4 章；李辉编写了第 5 章和第 6 章；严家明编写了第 7 章和第 8 章；都兴强编写了本书二维码嵌入部分的 MATLAB 程序实例。

本书为普通高等教育“十一五”国家级规划教材，并在此基础上于 2011 年被教育部评为“普通高等教育精品教材”；也是陕西省精品课程“信号与系统”的主教材，精品课程相关教学网站 http://jpkc.nwpu.edu.cn/jp2005/06/index.htm 提供相关教学资料，同时提供 PPT 教学课件，方便教学。

此外，本书的编写得到了西北工业大学电子信息学院的支持与指导，电子科学与技术系范世贵、王淑敏、孙伟、朱岩、蒋雯、胡红旗等老师给予了热情帮助和支持，在此深表感谢。

由于水平有限，不妥之处难免，敬请指导。

编　者

联系邮箱 yinxipeng@ nwpu. edu. cn

# 目　录

# 第1章　信号与系统的基本概念

## 1.1　信号的描述与分类

### 1.1.1　信号的描述

人类的发展需要人与人之间的交流，这种交流要依靠信息，因此，信息是存在于客观世界的一种事物现象，通常以文字、声音、图像或事先约定的编码等形式来表现。例如，在原始社会，信息交流主要以烽火、声音等形式通过人类感觉器官进行交流，这种方式无论是在信息传输速度还是在传输距离方面都受到限制。随着对电磁现象的认识，人们把这种含有信息的文字、声音、图像或编码等分别按一定规则约定而形成的符号统称为消息。这种消息依附于随时间和空间变化的某种物理量。把这种随时间和空间变化的物理量统称信号。可见信号是消息的载体，是消息的表现形式，是通信的客观对象，而消息则是信号的内容。例如在通信工程中，一般将语音、文字、图像、数据等统称为消息，在消息中包含着一定的信息。传送消息必须借助于一定形式的信号（光信号、电信号等）。若信号表现为电压、电流、电荷等则称为电信号，它是现代科学技术中应用最广泛的信号。本书只涉及电信号。

信号描述可有多种方式，而一般常用的有下列三种。

（1）函数

因为信号通常是时间变量 $t$ 的函数，所以对于某一类信号就可以用时间函数来描述，本书用函数 $f(t)$ 表示信号。如正弦函数、指数函数等。指数信号的表示形式为

$$f(t)=\begin{cases}0 & t<0\\ e^{-\frac{t}{\tau}} & t\geqslant 0\end{cases}$$

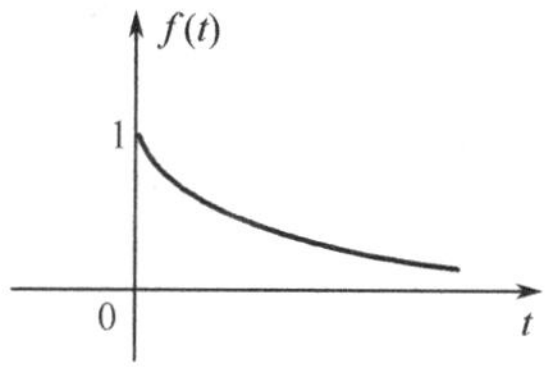

图 1-1

（2）图形

信号随时间 $t$ 的变化情况，我们可以通过专门仪器观测到其变化的轨迹——图形，因此也可以用图形描述信号。若所得到的图形是曲线，也称为信号的波形，如图 1-1 所示[1]。

（3）数据

随着现代电子信息技术的飞速发展，相当一部分信号是用其采样点的数据表示的，如飞行体的轨道观测返回数据等。

应当注意，信号与函数在概念的内涵与外延上是有区别的。信号一般是时间变量 $t$ 的函数，但函数并不一定都是信号；信号是实际的物理量或物理现象，而函数则可能只是一种抽象的数学定义。

本书对“信号”与“函数”两个词相互通用，不予区分。例如，正弦信号也说成正弦函数，或者相反；凡提到函数，指的均是信号。

1　本书图中的图题均省略。

### 1.1.2 信号的分类

信号可按不同方式进行分类,通常信号分类如下。

#### 1. 确定信号与随机信号

按信号随时间变化的规律来分,信号可分为确定信号与随机信号。

确定信号(determinate signal)是指能够表示为确定的时间函数的信号。当给定某一时间值时,信号有确定的数值,其所含信息量的不同体现在其分布值随时间、或空间的变化规律上。正弦信号、指数信号、各种周期信号等都是确定信号。

随机信号(random signal)不是时间 $t$ 的确定函数,它在每一个确定时刻的分布值是不确定的,只能通过大量试验测出它在某些确定时刻上取某些数值的概率。空中的噪声,电路元件中的热噪声电流等都是随机信号。

严格说来,除通过专用仪器或设备产生一些有规律的确定信号外,一般实际的信号都是随机信号。因为若传输的是确定信号,则对接收者来说,就不可能由它得知任何新的信息,从而失去了传送消息的本意。但是,对于确定信号的分析仍然有着重要的意义,因为在一定条件下,实际信号与确定信号表现出某种相似的特性,例如,在一个较长的时间内随时间变化的规律比较确定,即可近似地看成确定信号。可见确定信号是一种近似的、理想化了的信号,这样可以使实际问题分析大为简化,更便于工程的实际应用。

本书将主要研究确定信号,对于随机信号的分析与处理则在后续有关课程中去研究。

#### 2. 连续时间信号与离散时间信号

按自变量 $t$ 取值的连续与否来分,信号有连续时间信号与离散时间信号,如图 1-2 所示。

连续时间信号(continuous-time signal)是指自变量 $t$ 取值是连续的信号,如图 1-2(a)所示。该类信号在某一时间间隔内,对于一切时间值,除了若干函数不连续点外,都能给出确定的值。连续时间信号也简称为连续信号,电路基础课程中所引入的信号都是连续信号。

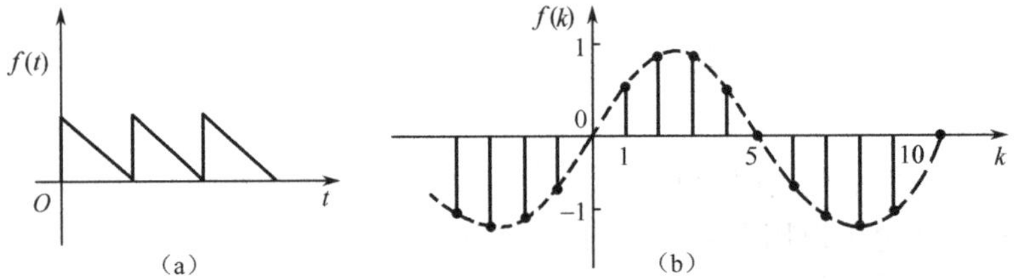


图 1-2

离散时间信号(discrete-time signal)是指自变量 $t$ 取值不是连续而是离散的信号,如图 1-2(b)所示。该类信号只在某些不连续的时间值上给出函数值,其他时间值上函数无定义。离散时间信号也简称为离散信号。

#### 3. 周期信号与非周期信号

按信号函数取值随自变量 $t$ 的重复与否,确定信号可分为周期信号与非周期信号,如图 1-3 所示。

周期信号(periodic signal)是在时间上重复某一变化规律的信号,如图 1-3(a)所示。

设信号 $f(t)$,$t \in R$,若存在一个常数 $T$,使得

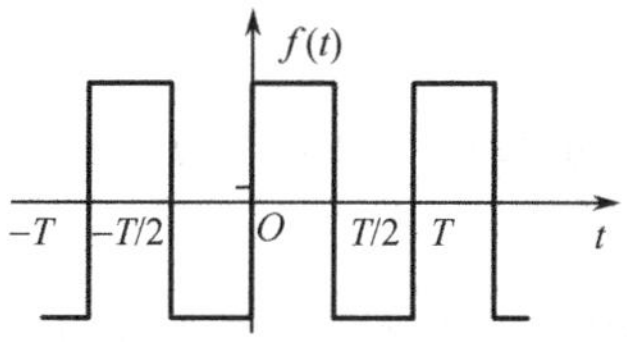

(a)

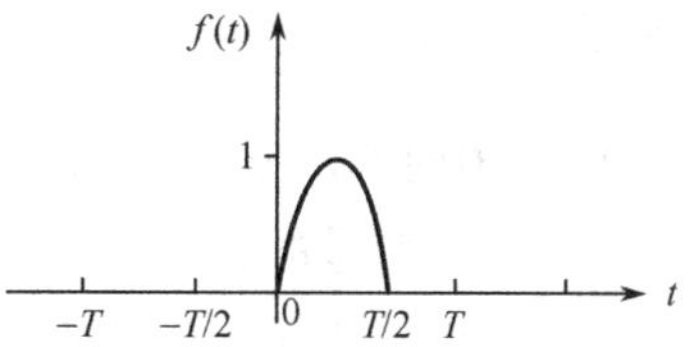

(b)

图 1-3

$$f(t-nT)=f(t)\quad n\in Z \tag{1-1}$$

则称 $f(t)$ 是以 $T$ 为周期的周期信号。从此定义看出,周期信号有三个特点:

① 周期信号必须在时间上是无始无终的,即自变量 $t$ 的定义域为 $t\in R$。

② 随时间变化的规律必须具有周期性,其周期为 $T$。

③ 在各周期内信号的波形完全一样。

非周期信号(non-periodic signal) 是指不满足式(1-1) 及上述特点的信号, 如图 1-3(b) 所示。

**4. 功率信号与能量信号**

信号还可以用它的能量特性表示,通常分为能量信号与功率信号。

为了知道信号能量或功率的特性,常常研究信号(电流或电压) 在一单位电阻上所消耗的能量或功率。

信号的能量定义为在时间区间$(-\infty,\infty)$ 内信号 $f(t)$ 的能量,记为

$$E=\lim_{T\to\infty}\int_{-T}^{T}|f(t)|^2\mathrm{d}t$$

信号的功率定义为在时间区间$(-\infty,\infty)$ 内信号 $f(t)$ 的平均功率,记为

$$P=\lim_{T\to\infty}\frac{1}{T}\int_{-T/2}^{T/2}|f(t)|^2\mathrm{d}t$$

能量信号(energy signal) 是指信号能量有限,而信号平均功率为零的信号。此类信号只能从能量去加以研究,而无法从平均功率去考察研究。例如,非周期脉冲信号、只存在于有限时间内的信号是能量信号。

功率信号(power signal) 是指信号平均功率有限,而信号总能量为无限大的信号。对于此类信号能量就没有意义,而只能从平均功率去考察研究。例如,在时间间隔无限大的情况下,所有周期信号都是功率信号。

存在于无限时间内的非周期信号可以是能量信号,也可以是功率信号,这要根据信号函数来确定。

**5. 有时限信号与无时限信号**

若在有限时间区间$(t_1<t<t_2)$ 内信号 $f(t)$ 存在,而在此时间区间以外,信号 $f(t)=0$,则此信号即为有时限信号,简称时限信号,否则即为无时限信号。

**6. 有始信号与有终信号**

设 $t_1$ 为实常数,若 $t<t_1$ 时 $f(t)=0$,$t>t_1$ 时 $f(t)\neq 0$,则 $f(t)$ 即为有始信号,其起始时刻为 $t_1$。设 $t_2$ 为实常数,若 $t>t_2$ 时 $f(t)=0$,$t<t_2$ 时 $f(t)\neq 0$,则 $f(t)$ 即为有终信号,其终止时刻为 $t_2$。

**7. 因果信号与非因果信号**

若$t<0$时$f(t)=0$,$t>0$时$f(t)\neq 0$,则$f(t)$为因果信号,可用$f(t)U(t)$表示。其中$U(t)$为单位阶跃信号。因果信号为有始信号的特例。

若$t>0$时$f(t)=0$,$t<0$时$f(t)\neq 0$,则$f(t)$为反因果信号,可用$f(t)U(-t)$表示。非因果信号为有终信号的特例。

信号还有其他分类形式,如按自变量多少还可以分为一维信号、二维信号与多维信号。声音信号是一种一维信号,而电视图像信号是二维信号。本书主要讨论的时间信号是一维信号,用$f(t)$表示。

**【例 1-1】** 试判断下列各信号$f(t)$是否为周期信号。若是,其周期$T$为多少?

(1) $f(t)=\cos(7\pi t+60°)$　(2) $f(t)=\cos 2t+\sin 3t$　(3) $f(t)=\cos 10t+\sin 10t$

(4) $f(t)=\sin 2t+\cos \pi t$　(5) $f(t)=t^2+1$　(6) $f(t)=\sin 2\pi t+\cos 5\pi t$

(7) $f(t)=(\sin 2t)^2$　(8) $f(t)=e^{-2t}\cos(2\pi t+30°)$　(9) $f(t)=10\cos 4\pi t U(t)$

**解:**(1) $f(t)$为周期信号,其周期$T=\dfrac{2\pi}{\omega}=\dfrac{2\pi}{7\pi}=\dfrac{2}{7}$(s)。

(2) $f(t)$为两个子信号$f_1(t)=\cos 2t$与$f_2(t)=\sin 3t$的和,即$f(t)=f_1(t)+f_2(t)$,且

$$f_1(t)=f_1(t\pm n_1T_1),\quad f_2(t)=f_2(t\pm n_2T_2)$$

其中,$n_1\in Z$,$n_2\in Z$($Z$表示整数域)。则当$\dfrac{T_1}{T_2}=\dfrac{n_2}{n_1}$($n_1$与$n_2$必须为不可约的整数)时,$f(t)$即为周期信号,其周期$T=n_1T_1=n_2T_2$。

子信号$\cos 2t$的周期为$T_1=\dfrac{2\pi}{2}=\pi$(s),子信号$\sin 3t$的周期为$T_2=\dfrac{2\pi}{3}$(s),故有$\dfrac{T_1}{T_2}=\dfrac{\pi}{2\pi/3}=\dfrac{3}{2}$。由于3/2已为不能再约的整数比,故$f(t)$为周期信号,其周期为

$$T=2T_1=2\pi(\text{s})\quad 或\quad T=3T_2=3\times\frac{2\pi}{3}=2\pi(\text{s})$$

(3) 子信号$\cos 10t$的周期为$T_1=2\pi/10=0.2\pi$(s),子信号$\sin 10t$的周期为$T_2=2\pi/10=0.2\pi$(s),故有$T_1/T_2=0.2\pi/0.2\pi=1/1$。可见$f(t)$为周期信号,其周期为$T=1T_1=1T_2=0.2\pi$(s)。

此题也可用下述方法判断,即

$$f(t)=\sqrt{2}\cos(10t-45°)$$

可见$f(t)$为周期信号,其周期为$T=2\pi/10=0.2\pi$(s)。

(4) 子信号$\sin 2t$与$\cos \pi t$的周期分别为$T_1=2\pi/2=\pi$(s),$T_2=2\pi/\pi=2$(s),故有$T_1/T_2=\pi/2$,可见$T_1/T_2$不是整数比,故$f(t)$不是周期信号。

(5) $f(t)$是一个二次曲线函数,显然不是周期信号。

(6) 子信号$\sin 2\pi t$与$\cos 5\pi t$的周期分别为$T_1=\dfrac{2\pi}{2\pi}=1$(s),$T_2=\dfrac{2\pi}{5\pi}=\dfrac{2}{5}$(s),故有$\dfrac{T_1}{T_2}=\dfrac{1}{2/5}=\dfrac{5}{2}$。可见$f(t)$为周期信号,其周期为$T=2T_1=5T_2=2$(s)。

(7) 因 $f(t)=(\sin 2t)^2=\frac{1}{2}-\frac{1}{2}\cos 4t$,故 $f(t)$ 为周期信号,其周期 $T=2\pi/4=0.5\pi(\mathrm{s})$。

(8) 因 $f(t)$ 的振幅是随时间按指数规律变化的,故 $f(t)$ 不是周期信号。

(9) 因 $f(t)$ 不是无始无终的信号,而是有始无终的信号,故不是周期信号。

# 1.2 常用的连续时间信号及其时域特性

在此之前的有关课程中,我们已经认识了一些常用的信号,如直流信号、正弦信号、指数信号等,本节将介绍其他几种常用的连续时间信号,常用的离散时间信号将在第 7 章引入。

**1. 单位阶跃信号**

单位阶跃信号一般用 $U(t)$ 表示,有的书上也有用 $\varepsilon(t)$ 表示的。其函数定义式为

$$U(t)=\begin{cases}0 & t<0\\ 1 & t>0\end{cases}$$

也可定义为

$$U(t)=\begin{cases}0 & t<0\\ 1/2 & t=0\\ 1 & t>0\end{cases}$$

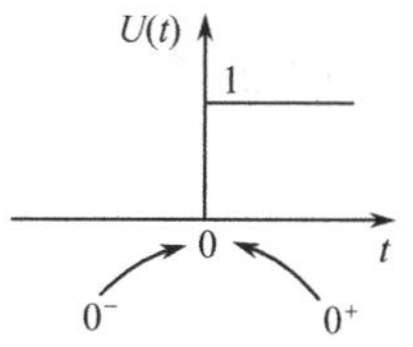

图 1-4

二维码 1-1

其波形如图 1-4 所示。可见,$U(t)$ 在 $t=0$ 时刻发生了阶跃,从 $U(0^-)=0$ 阶跃到 $U(0^+)=1$,阶跃的幅度为 1。

$U(t)$ 的 MATLAB 仿真见二维码 1-1。

$U(t)$ 具有使任意非因果信号 $f(t)$ 变为因果信号的功能,即将 $f(t)$ 乘以 $U(t)$,所得 $f(t)U(t)$ 即为因果信号,如图 1-5 所示。

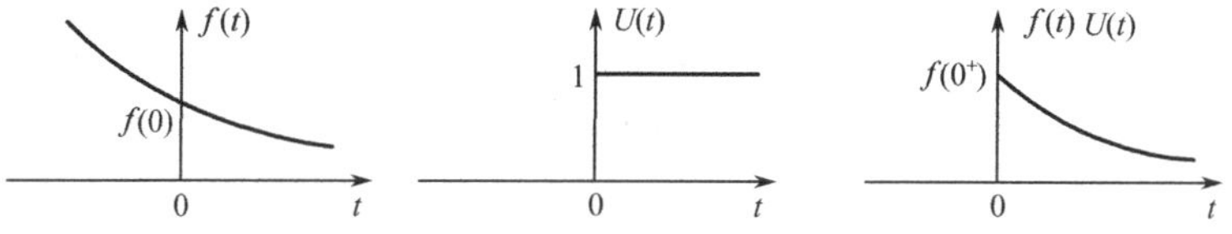

图 1-5

**【例 1-2】** 试画出下列函数的波形:

(1) $f(t)=U(t^2+3t+2)$　　　(2) $f(t)=U(\sin\pi t)$

**解:**(1) 令 $\tau=t^2+3t+2=\left(t+\frac{3}{2}\right)^2-\frac{1}{4}$,$\tau$ 是 $t$ 的一元二次函数,$\tau$ 随 $t$ 的变化曲线如图 1-6(a)所示。故有

$$f(t)=U(\tau)=\begin{cases}1 & \tau>0\\ 0 & \tau<0\end{cases}$$

$f(t)$ 的波形如图 1-6(b) 所示。

(2) $f(t)=U(\sin\pi t)=\begin{cases}1 & \sin\pi t>0\\ 0 & \sin\pi t<0\end{cases}$

故得 $f(t)$ 的波形如图 1-7 所示。可见,$f(t)$ 为一周期信号,其周期 $T=2\mathrm{s}$。

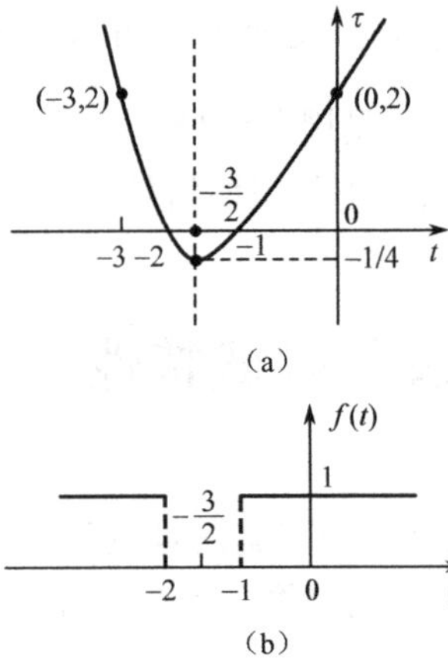


图 1-6

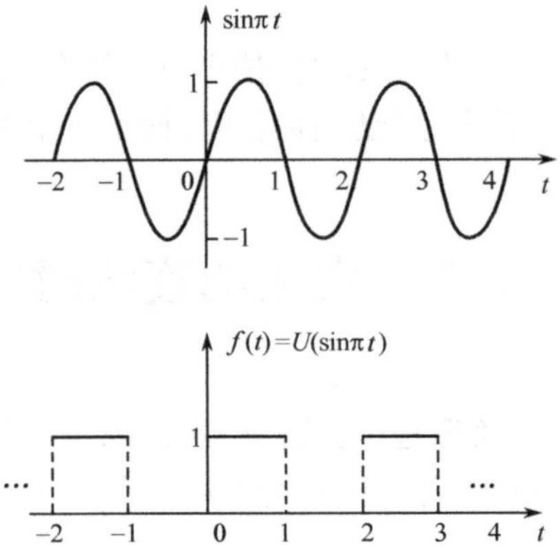


图 1-7

**2. 单位门信号**

门宽为 $\tau$、门高为 1 的单位门信号常用符号 $G_\tau(t)$ 表示,其函数定义式为

$$G_\tau(t) = \begin{cases} 1 & -\dfrac{\tau}{2} < t < \dfrac{\tau}{2} \\ 0 & t > \dfrac{\tau}{2}, t < -\dfrac{\tau}{2} \end{cases}$$

其波形如图 1-8(a) 所示。门函数的 MATLAB 仿真见二维码 1-2。

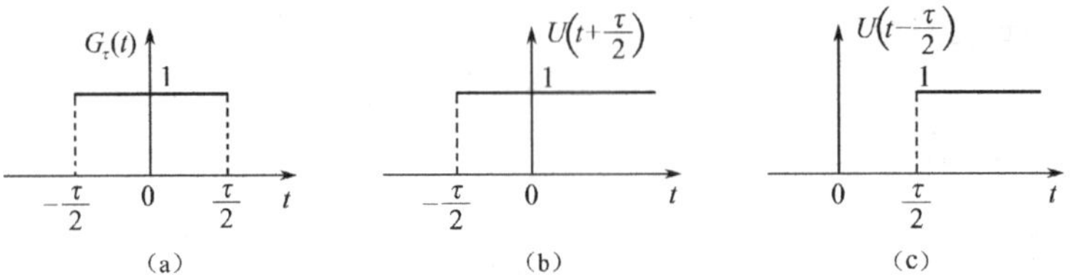


二维码 1-2

图 1-8

单位门信号可用两个分别在 $t=-\dfrac{\tau}{2}$ 和 $t=\dfrac{\tau}{2}$ 出现的单位阶跃信号之差表示,如图1-8(b) 和 (c) 所示。即

$$G_\tau(t) = U\left(t + \frac{\tau}{2}\right) - U\left(t - \frac{\tau}{2}\right)$$

**3. 单位冲激信号**

(1) 定义

单位冲激信号用 $\delta(t)$ 表示,其函数定义式为

$$\delta(t) = \begin{cases} \infty & t = 0 \\ 0 & t \neq 0 \end{cases}$$

且面积为

$$\int_{-\infty}^{\infty} \delta(t)\,\mathrm{d}t = \int_{0^-}^{0^+} \delta(t)\,\mathrm{d}t = 1$$

其图形如图 1-9(a) 所示,即用一粗箭头表示,箭头旁边标以(1),表示 $\delta(t)$ 图形下的面积为 1,称为冲激函数的强度,简称冲激强度。

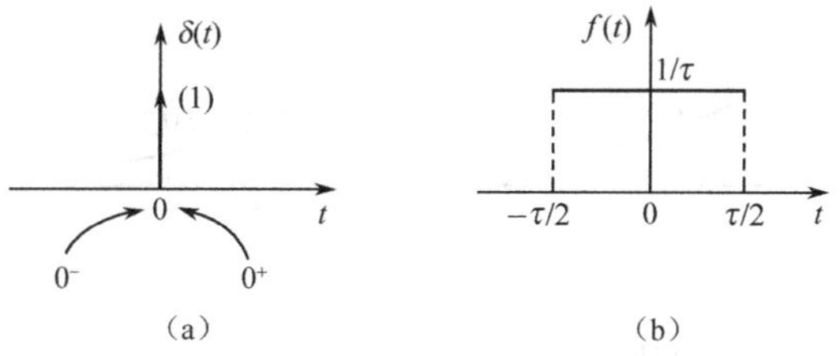


图 1-9

单位冲激信号可理解为门宽为 $\tau$、门高为 $1/\tau$ 的门函数 $f(t)$ [见图 1-9(b)] 在 $\tau \to 0$ 时的极限,即

$$\delta(t) = \lim_{\tau \to 0} f(t) = \begin{cases} \infty & t = 0 \\ 0 & t \neq 0 \end{cases}$$

且
$$\int_{-\infty}^{\infty} \delta(t)\,dt = \int_{-\infty}^{\infty} \lim_{\tau \to 0} f(t)\,dt = \lim_{\tau \to 0} \int_{-\infty}^{\infty} f(t)\,dt = 1$$

**推广:**

① 设 $t_0$ 为正的实常数,则有

$$\delta(t - t_0) = \begin{cases} \infty & t = t_0 \\ 0 & t \neq t_0 \end{cases}$$

且
$$\int_{-\infty}^{\infty} \delta(t - t_0)\,dt = \int_{t_0^-}^{t_0^+} \delta(t - t_0)\,dt = 1$$

其图形如图 1-10(a) 所示,即 $\delta(t)$ 在时间上延迟了 $t_0$。

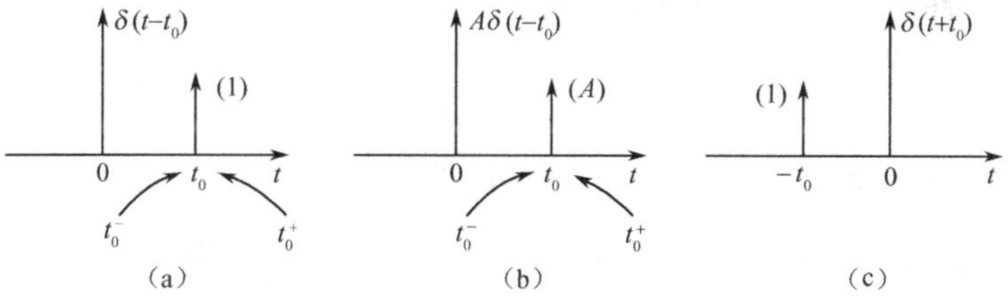


图 1-10

② 若冲激函数图形下的面积为 $A$,则可写为

$$A\delta(t - t_0) = \begin{cases} \infty & t = t_0 \\ 0 & t \neq t_0 \end{cases}$$

且
$$\int_{-\infty}^{\infty} A\delta(t - t_0)\,dt = A\int_{t_0^-}^{t_0^+} \delta(t - t_0)\,dt = A$$

即冲激强度为 $A$,其图形如图 1-10(b) 所示,箭头旁标以($A$)。

③ 若 $\delta(t)$ 在时间上超前了 $t_0$,则应写为 $\delta(t + t_0)$,其图形如图 1-10(c) 所示。

(2) 性质

① 设 $f(t)$ 为任意有界函数,且在 $t = 0$ 与 $t = t_0$ 时刻连续,其函数值分别为 $f(0)$ 和 $f(t_0)$,则有

$$f(t)\delta(t) = f(0)\delta(t)$$

$$f(t)\delta(t - t_0) = f(t_0)\delta(t - t_0)$$

即时间函数 $f(t)$ 与单位冲激函数相乘,就等于单位冲激函数出现时刻,$f(t)$ 的函数值 $f(t_0)$ 与单位冲激函数 $\delta(t - t_0)$ 相乘,亦即使冲激函数的强度变为 $f(t_0)$,如图 1-11 所示。

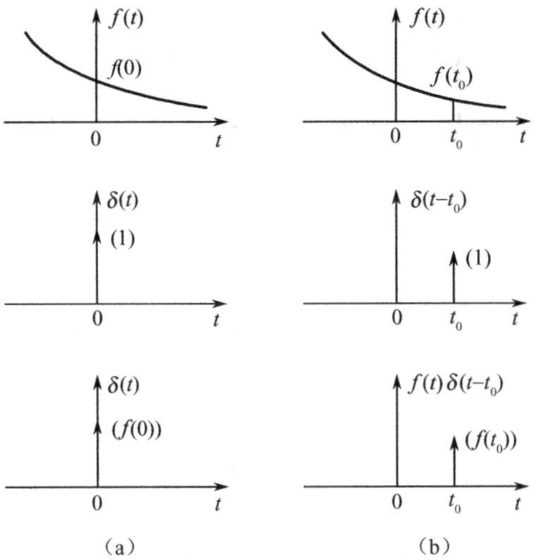

图 1-11

② 抽样性(筛选性)：

$$\int_{-\infty}^{\infty} f(t)\delta(t)\,\mathrm{d}t = \int_{-\infty}^{\infty} f(0)\delta(t)\,\mathrm{d}t = f(0)\int_{-\infty}^{\infty}\delta(t)\,\mathrm{d}t = f(0)$$

$$\int_{-\infty}^{\infty} f(t)\delta(t-t_0)\,\mathrm{d}t = \int_{-\infty}^{\infty} f(t_0)\delta(t-t_0)\,\mathrm{d}t = f(t_0)\int_{-\infty}^{\infty}\delta(t-t_0)\,\mathrm{d}t = f(t_0)$$

即任意的有界时间函数$f(t)$ 与$\delta(t)$ 或$\delta(t-t_0)$ 相乘后在无穷区间($t\in R$) 的积分值,等于单位冲激函数出现时刻$f(t)$ 的函数值$f(t_0)$。此即为冲激函数的抽样性,也称筛选性,$f(0)$ 或$f(t_0)$ 即为$f(t)$ 在抽样时刻的抽样值,$f(t)$ 为被抽样的函数。

③ $\delta(t)$ 为偶函数,即有

$$\delta(-t)=\delta(t)$$

**证明**:给上式等号两端同乘以$f(t)$ 并进行积分,即

$$\int_{-\infty}^{\infty}\delta(-t)f(t)\,\mathrm{d}t \overset{t'=-t}{=} \int_{\infty}^{-\infty}\delta(t')f(-t')\,\mathrm{d}(-t') = \int_{-\infty}^{\infty}\delta(t')f(-t')\,\mathrm{d}t'$$

$$=\int_{-\infty}^{\infty}\delta(t')f(0)\,\mathrm{d}t' = f(0)$$

又有
$$\int_{-\infty}^{\infty}\delta(t)f(t)\,\mathrm{d}t = f(0)$$

故得
$$\delta(-t)=\delta(t)$$
［证毕］

**推广**:
$$\delta(t-t_0)=\delta[-(t-t_0)]$$

④ $\delta(at)=\frac{1}{a}\delta(t)$($a$ 为大于零的实常数)

**证明**:设$t'=at$,则$t=\frac{1}{a}t'$,$\mathrm{d}t=\frac{1}{a}\mathrm{d}t'$;且当$t=-\infty$ 时,$t'=-\infty$;当$t=\infty$ 时,$t'=\infty$。故

$$\int_{-\infty}^{\infty}\delta(at)\,\mathrm{d}t = \int_{-\infty}^{\infty}\delta(t')\,\frac{1}{a}\mathrm{d}t' = \frac{1}{a}\int_{-\infty}^{\infty}\delta(t')\,\mathrm{d}t' = \frac{1}{a}$$

又
$$\int_{-\infty}^{\infty}\frac{1}{a}\delta(t)\,\mathrm{d}t = \frac{1}{a}\int_{-\infty}^{\infty}\delta(t)\,\mathrm{d}t = \frac{1}{a}$$

故得
$$\delta(at)=\frac{1}{a}\delta(t)$$

**推广:**

① $\delta(at-t_0)=\delta\left[a\left(t-\frac{t_0}{a}\right)\right]=\frac{1}{a}\delta\left(t-\frac{t_0}{a}\right)$

② $\int_{-\infty}^{\infty}f(t)\delta(at)\mathrm{d}t=\frac{1}{a}f(0)$

③ $\int_{-\infty}^{\infty}f(t)\delta(at-t_0)\mathrm{d}t=\frac{1}{a}f\left(\frac{t_0}{a}\right)$

**4. $\delta(t)$ 与 $U(t)$ 的关系**

$\delta(t)$ 与 $U(t)$ 互为微分与积分的关系,即

$$U(t)=\int_{-\infty}^{t}\delta(\tau)\mathrm{d}\tau,\quad \delta(t)=\frac{\mathrm{d}U(t)}{\mathrm{d}t}$$

现证明第一式:当 $t<0$ 时有 $\delta(t)=0$,故有

$$\int_{-\infty}^{t}\delta(\tau)\mathrm{d}\tau=\int_{-\infty}^{t}0\times\mathrm{d}\tau=0$$

当 $t>0$ 时有 $\int_{-\infty}^{t}\delta(\tau)\mathrm{d}\tau=\int_{-\infty}^{0^-}0\times\mathrm{d}\tau+\int_{0^-}^{0^+}\delta(\tau)\mathrm{d}\tau+\int_{0^+}^{t}0\times\mathrm{d}\tau=0+1+0=1$

故得 $\int_{-\infty}^{t}\delta(\tau)\mathrm{d}\tau=\begin{cases}0 & t<1\\1 & t>0\end{cases}=U(t)$ [证毕]

而 $\delta(t)=\frac{\mathrm{d}U(t)}{\mathrm{d}t}$ 的成立是不言而喻的,无须证明。

**推广:** $U(t-t_0)=\int_{-\infty}^{t}\delta(\tau-t_0)\mathrm{d}\tau$

$$\delta(t-t_0)=\frac{\mathrm{d}U(t-t_0)}{\mathrm{d}t}$$

**【例 1-3】** 试画出 $f(t)=\delta[\sin\pi t](t\geqslant 0)$ 的波形。

**解:** $f(t)=\delta[\sin\pi t]=\begin{cases}\infty & \sin\pi t=0\\0 & \sin\pi t\neq 0\end{cases}$

其波形如图 1-12 所示。

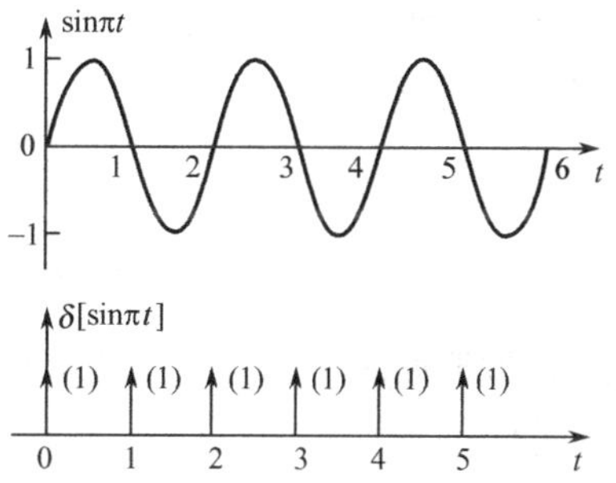

图 1-12

**【例 1-4】** 求下列积分。

(1) $\int_{-\infty}^{\infty}(t^2+2t+3)\delta(-2t)\mathrm{d}t$　　(2) $\int_{-\infty}^{\infty}(t^2+2t+3)\delta(1-2t)\mathrm{d}t$

**解:**(1) 原式 $=\int_{-\infty}^{\infty}(t^2+2t+3)\times\frac{1}{2}\delta(t)\mathrm{d}t$

$$=\int_{-\infty}^{\infty}(0^2+2\times 0+3)\times\frac{1}{2}\delta(t)\mathrm{d}t=1.5$$

(2) 原式 $=\int_{-\infty}^{\infty}(t^2+2t+3)\delta\left[-2\left(t-\frac{1}{2}\right)\right]\mathrm{d}t$

$$=\int_{-\infty}^{\infty}(t^2+2t+3)\delta\left[2\left(t-\frac{1}{2}\right)\right]\mathrm{d}t$$

$$=\int_{-\infty}^{\infty}(t^2+2t+3)\times\frac{1}{2}\delta\left(t-\frac{1}{2}\right)\mathrm{d}t$$

$$=\int_{-\infty}^{\infty}\left[\left(\frac{1}{2}\right)^2+2\times\frac{1}{2}+3\right]\times\frac{1}{2}\delta\left(t-\frac{1}{2}\right)\mathrm{d}t=\frac{17}{8}$$

**5. 单位冲激偶信号**

(1) 定义

$\delta(t)$ 的一阶导数 $\delta'(t)$ 称为单位冲激偶信号,即

$$\delta'(t)=\frac{\mathrm{d}}{\mathrm{d}t}\delta(t)$$

$\delta'(t)$ 可理解为门宽为 $\tau$、门高为 $1/\tau$ 的门函数的一阶导数在 $\tau\to 0$ 时的极限。设门宽为 $\tau$、门高为 $1/\tau$ 的门函数为

$$f(t)=\frac{1}{\tau}\left[U\left(t+\frac{\tau}{2}\right)-U\left(t-\frac{\tau}{2}\right)\right]$$

其波形如图 1-13(a) 所示。故有

$$\frac{\mathrm{d}f(t)}{\mathrm{d}t}=f'(t)=\frac{1}{\tau}\delta\left(t+\frac{\tau}{2}\right)-\frac{1}{\tau}\delta\left(t-\frac{\tau}{2}\right)$$

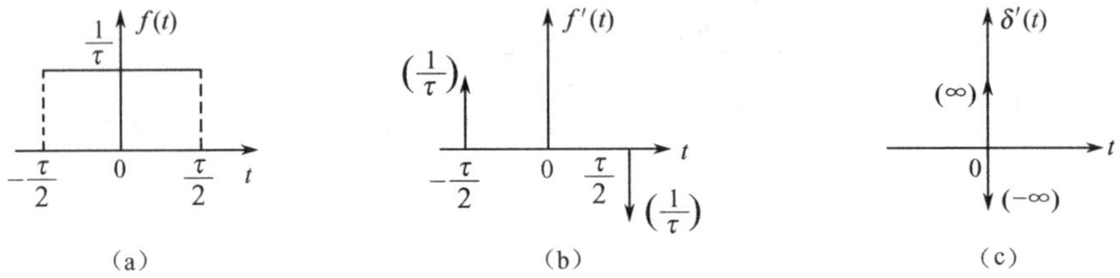


图 1-13

$f'(t)$ 的波形如图 1-13(b) 所示。可见 $f'(t)$ 是位于 $t=\pm\tau/2$ 时刻的强度均为 $1/\tau$ 的正、负两个冲激信号。又因有

$$\delta(t)=\lim_{\tau\to 0}f(t)$$

故
$$\delta'(t)=\frac{\mathrm{d}}{\mathrm{d}t}\left[\lim_{\tau\to 0}f(t)\right]=\lim_{\tau\to 0}\frac{\mathrm{d}}{\mathrm{d}t}f(t)=\lim_{\tau\to 0}f'(t)$$

$\delta'(t)$ 的波形如图 1-13(c) 所示。可见 $\delta'(t)$ 是在 $t=0$ 时刻出现的方向相反、强度均为 $\infty$ 的一对正、负冲激信号。

(2) 性质

① $\delta'(t)$ 为奇函数,即有 $\delta'(t)=-\delta'(-t)$。

$$\delta'(t-t_0)=-\delta'[-(t-t_0)]=-\delta'(t_0-t)$$

② $\int_{-\infty}^{\infty}\delta'(t)\mathrm{d}t=0$ (因 $\delta'(t)$ 为奇函数)

③ $\int_{-\infty}^{t}\delta'(\tau)\mathrm{d}\tau=\delta(t)$

④ $f(t)\delta'(t)=f(0)\delta'(t)-f'(0)\delta(t)$

**证明:** $[f(t)\delta(t)]'=f'(t)\delta(t)+f(t)\delta'(t)$

有 $[f(0)\delta(t)]'=f'(0)\delta(t)+f(t)\delta'(t)$

即 $f(0)\delta'(t)=f'(0)\delta(t)+f(t)\delta'(t)$

故得 $f(t)\delta'(t)=f(0)\delta'(t)-f'(0)\delta(t)$

这是一个很重要和很有用的公式。

**推广:**

① $f(t)\delta'(t-t_0)=f(t_0)\delta'(t-t_0)-f'(t_0)\delta(t-t_0)$

② $\int_{-\infty}^{\infty} f(t)\delta'(t)\mathrm{d}t = -f'(0)$

③ $\int_{-\infty}^{\infty} f(t)\delta'(t-t_0)\mathrm{d}t = -f'(t_0)$

**【例 1-5】** 已知$f(t)=3t^2+2t+1$,求下列积分。

(1)$\int_{-\infty}^{\infty} f(t)\delta'(t)\mathrm{d}t$ (2)$\int_{-\infty}^{\infty} f(t)\delta'(1-t)\mathrm{d}t$

**解:**(1) 原式 $=-f'(0)=-(3t^2+2t+1)'\big|_{t=0}=-(6t+2)\big|_{t=0}=-2$

(2) 原式$=-\int_{-\infty}^{\infty} f(t)\delta'(t-1)\mathrm{d}t = f'(1)$

$=(3t^2+2t+1)'\big|_{t=1}=(6t+2)\big|_{t=1}=8$

**【例 1-6】** 求下列积分:$\int_{-\infty}^{t} \mathrm{e}^{-\tau}\delta'(\tau)\mathrm{d}\tau$。

**解:**原式 $=\int_{-\infty}^{t}[\mathrm{e}^{-0}\delta'(\tau)+\mathrm{e}^{-0}\delta(\tau)]\mathrm{d}\tau=\delta(t)+U(t)$

**6. 单位符号信号**

单位符号信号用 sgn($t$) 表示,其函数定义式为

$$\mathrm{sgn}(t)=\begin{cases}1 & t>0\\ -1 & t<0\end{cases}$$

或写成 $\mathrm{sgn}(t)=U(t)-U(-t)=2U(t)-1$

其波形如图 1-14 所示。符号信号也称正负号信号。

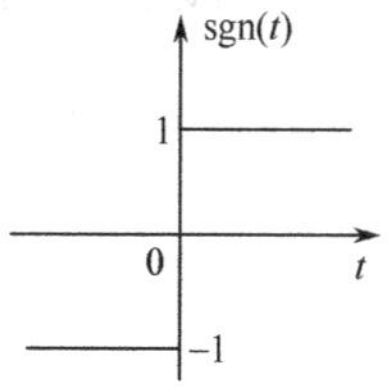

图 1-14

**【例 1-7】** 试画出函数$f(t)=\mathrm{sgn}\left(\cos\frac{\pi}{2}t\right)$的波形。

**解:**

$$f(t)=\mathrm{sgn}\left(\cos\frac{\pi}{2}t\right)=\begin{cases}1 & \cos\frac{\pi}{2}t>0\\ -1 & \cos\frac{\pi}{2}t<0\end{cases}$$

$\cos\frac{\pi}{2}t$ 与$f(t)$ 的波形如图 1-15 所示。

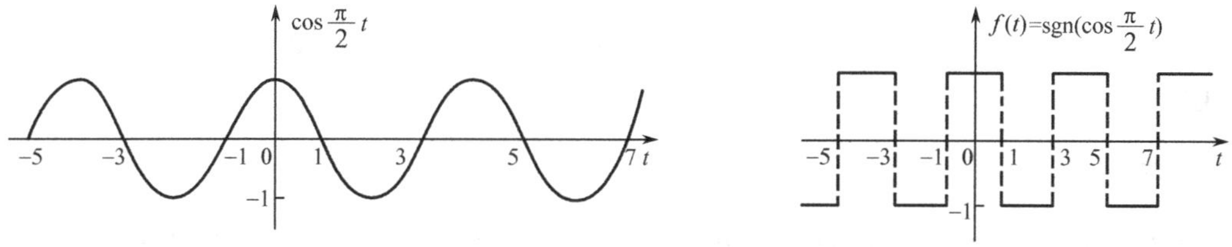

图 1-15

**7. 抽样信号**

抽样信号的函数定义式为

$$f(t)=\frac{\sin t}{t}=\mathrm{Sa}(t) \quad t\in R$$

其波形如图 1-16 所示。抽样信号有如下性质:

① 为实变量 $t$ 的偶函数,即有 $f(t)=f(-t)$;

② $\lim\limits_{t\to 0} f(t)=f(0)=\lim\limits_{t\to 0}\frac{\sin t}{t}=1$;

③ 当 $t=k\pi(k=\pm 1, \pm 2,\cdots)$ 时,$f(t)=0$,即 $t=k\pi$ 为 $f(t)$ 出现零值点的时刻;

④ $\int_{-\infty}^{\infty} f(t)\mathrm{d}t=\int_{-\infty}^{\infty}\frac{\sin t}{t}\mathrm{d}t=\pi$;

⑤ $\lim\limits_{t\to\pm\infty} f(t)=0$。

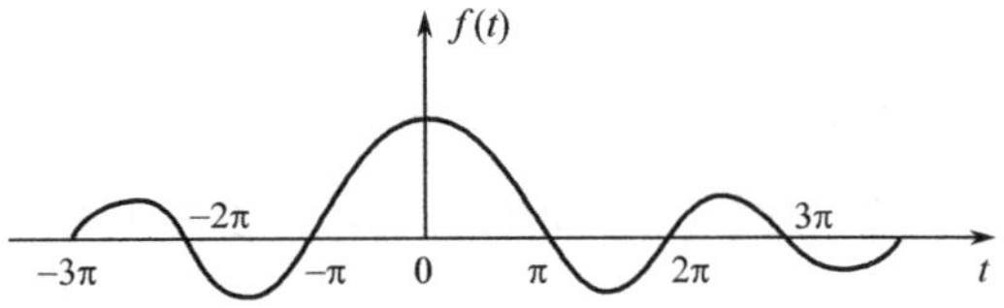

图 1-16

# 1.3 连续时间信号时域变换与运算

信号在时域中的变换有折叠、时移、展缩、倒相等。信号在时域中的运算有相加、相乘、数乘(幅度变化)、微分、积分等。实际信号的运算也属于相应的变换,只是与数学运算有对应的关系。本节只讨论连续时间信号时域变换与运算,离散时间信号的时域变换与运算将在第 7 章介绍。

## 1.3.1 时域变换

### 1. 折叠

信号的时域折叠就是将信号 $f(t)$ 的波形以纵轴为轴翻转 180°。

设信号 $f(t)$ 的波形如图 1-17(a) 所示。将 $f(t)$ 以纵轴为轴折叠,即得折叠信号 $f(-t)$。$f(-t)$ 的波形如图 1-17(b) 所示。可见,欲求得 $f(t)$ 的折叠信号 $f(-t)$,必须将 $f(t)$ 中的 $t$ 换为 $-t$,同时 $f(t)$ 定义域中的 $t$ 也必须换为 $-t$。

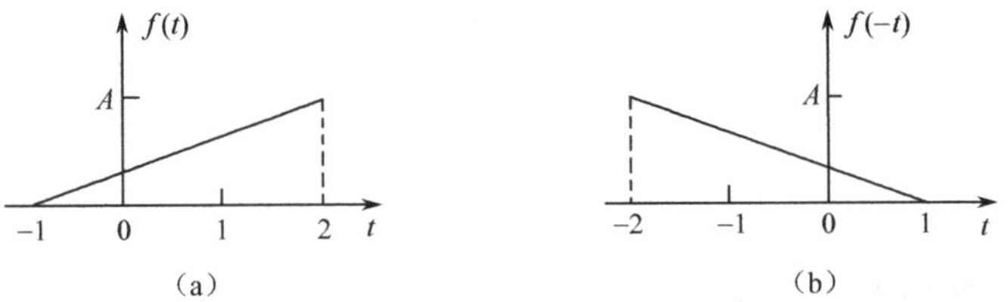

图 1-17

信号的折叠变换,就是将“未来”与“过去”互换,这显然是不能用硬件实现的,所以并无实际意义,但它具有理论意义。

### 2. 时移

信号的时移就是将信号 $f(t)$ 的波形沿时间轴 $t$ 左、右平行移动,但波形的形状不变。

设信号 $f(t)$ 的波形如图 1-18(a) 所示。将 $f(t)$ 沿 $t$ 轴平移 $t_0$,即得时移信号 $f(t-t_0)$,$t_0$ 为实常数。当 $t_0>0$ 时,为沿 $t$ 轴的正方向移动(右移);当 $t_0<0$ 时,为沿 $t$ 轴的负方向移动(左移)。$f(t-t_0)$ 的波形如图 1-18(b) 和(c) 所示。可见,欲求得 $f(t)$ 的时移信号 $f(t-t_0)$,必须将 $f(t)$ 中的 $t$ 换为 $t-t_0$,同时 $f(t)$ 定义域中的 $t$ 也必须换为 $t-t_0$。

信号的时移变换用时移器(也称延时器) 实现,如图 1-19 所示。图中 $f(t)$ 是延时器的输入信号,$y(t)=f(t-t_0)$ 是延时器的输出信号。可见 $y(t)$ 较 $f(t)$ 延迟了时间 $t_0$。

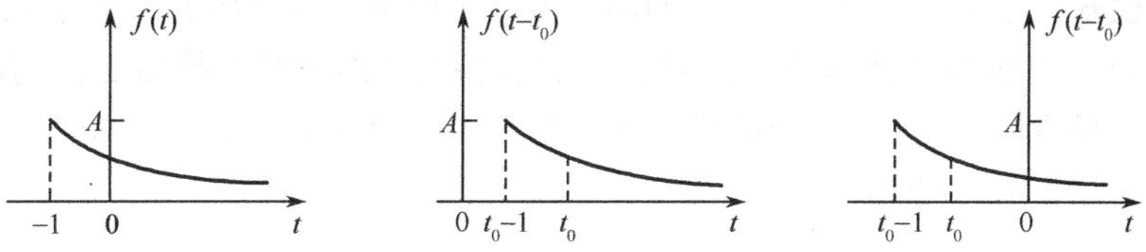


（a）　（b）　（c）

图 1-18

（a）延时器（延时$t_0$）　（b）预测器

图 1-19

需要指出的是，当$t_0 > 0$时，延时器为因果系统，是可以用硬件实现的；当$t_0 < 0$时，延时器是非因果系统，此时的延时器变成预测器。延时器与预测器都是信号处理中常见的系统。

### 3. 展缩

信号的时域展缩就是将信号$f(t)$在时间$t$轴上展宽或压缩，但纵轴上的值不变。

设信号$f(t)$的波形如图 1-20(a) 所示。以变量$at$置换$f(t)$中的$t$，$f(at)$即为信号$f(t)$的展缩信号。其中$a$为正实常数。若$0 < a < 1$，则表示将$f(t)$的波形在时间$t$轴上展宽到$1/a$倍（纵轴上的值不变），如图 1-20(b) 所示（图中取$a = 1/2$）；若$a > 1$，则表示将$f(t)$的波形在时间$t$轴上压缩到$1/a$（纵轴上的值不变），如图 1-20(c) 所示（图中取$a = 2$）。

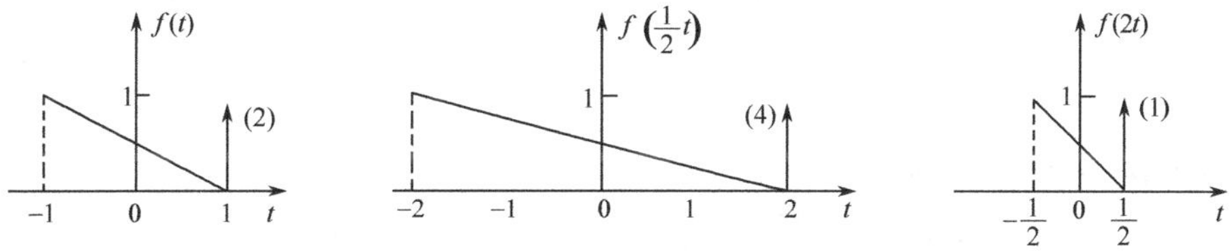


（a）　（b）　（c）

图 1-20

需要注意的是，在用$at$置换$f(t)$中的$t$时，必须同时将$f(t)$定义域中的$t$也换为$at$。

### 4. 倒相

设信号$f(t)$的波形如图 1-21(a) 所示。将$f(t)$的波形以横轴（时间$t$轴）为轴翻转 180°，即得倒相信号$-f(t)$，其波形如图 1-21(b) 所示。可见，信号进行倒相时，横轴（时间$t$轴）上的值不变，仅是纵轴上的值改变了正负号，正值变成了负值，负值变成了正值。倒相也称反相。

信号的倒相用倒相器来实现，如图 1-22 所示。图中$f(t)$为倒相器的输入信号，$y(t) = -f(t)$为倒相器的输出信号。

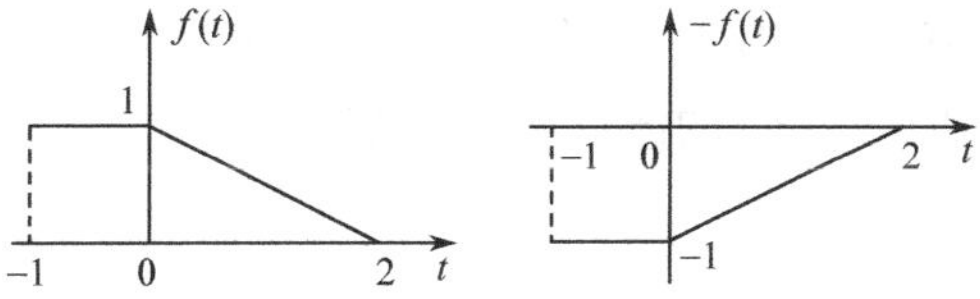


（a）　（b）

图 1-21

图 1-22

**【例 1-8】** 已知信号 $f(1-2t)$ 的波形如图 1-23(a) 所示。试画出 $f(t)$ 的波形。

**解**:信号 $f(1\text{-}2t)$ 很显然是将信号 $f(t)$ 经过折叠、时移、展缩三种变换后而得到的,但这三种变换的次序则可以是任意的,故共有六种途径。下面用其中的两种途径求解。

方法一:时移 → 折叠 → 展缩

$$f(1-2t)=f\left[-2\left(t-\frac{1}{2}\right)\right]\xrightarrow{\text{左时移}\frac{1}{2}}f\left[-2\left(t+\frac{1}{2}-\frac{1}{2}\right)\right]$$

$$=f(-2t)\xrightarrow{\text{折叠}}f(2t)\xrightarrow{\text{展宽 1 倍}}f\left(2\times\frac{1}{2}t\right)=f(t)$$

其波形依次如图 1-23(b),(c),(d) 所示。

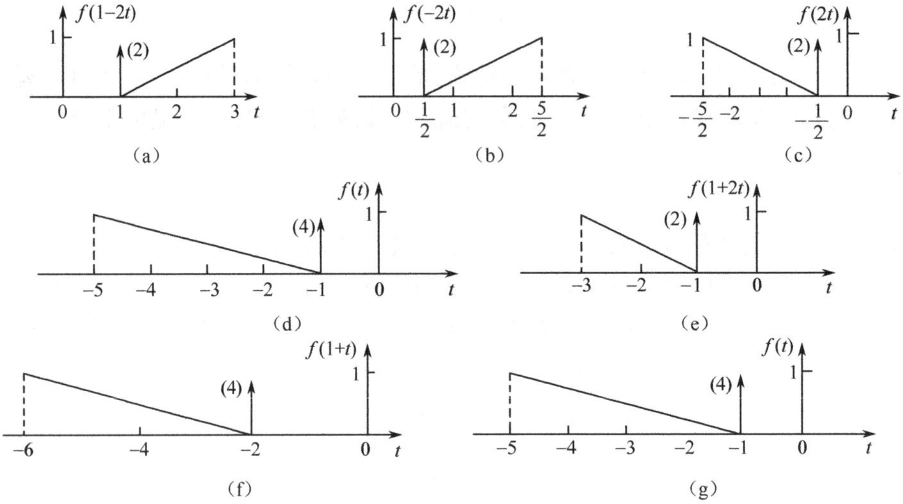


图 1-23

方法二:折叠 → 展缩 → 时移

$$f(1-2t)\xrightarrow{\text{折叠}}f(1+2t)\xrightarrow{\text{展宽 1 倍}}f\left(1+2\times\frac{1}{2}t\right)$$

$$=f(1+t)\xrightarrow{\text{右时移}}f[1+(t-1)]=f(t)$$

其波形依次如图 1-23(e),(f),(g) 所示。

可见两种途径所得结果完全相同。读者可用其余四种途径再求解之。

## 1.3.2 时域运算

### 1. 相加

将 $n$ 个信号 $f_1(t), f_2(t),\cdots,f_n(t)$ 相加,得相加信号 $y(t)$,即

$$y(t)=f_1(t)+f_2(t)+\cdots+f_n(t)\quad n=1,2,3\cdots$$

信号的时域相加运算用加法器实现,如图 1-24 所示。

信号在时域中相加时,横轴(时间 $t$ 轴) 的值不变,仅是与时间 $t$ 轴的值相对应的纵坐标值相加。两个连续时间信号 $f_1(t)$ 与 $f_2(t)$ 相加后的信号 $f(t)$ 的波形如图 1-25 所示。

### 2. 相乘

将两个信号 $f_1(t)$ 与 $f_2(t)$ 相乘,得相乘信号 $y(t)$,即

$$y(t)=f_1(t)f_2(t)$$

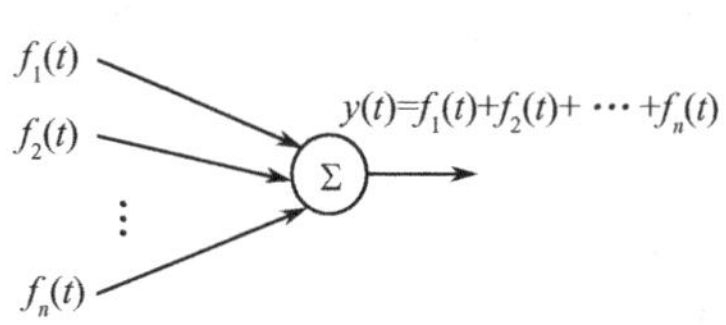


图 1-24

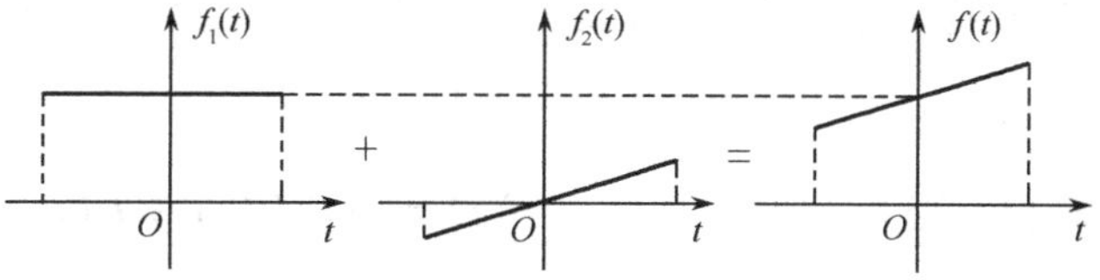


图 1-25

信号的时域相乘运算用乘法器实现,如图 1-26 所示。

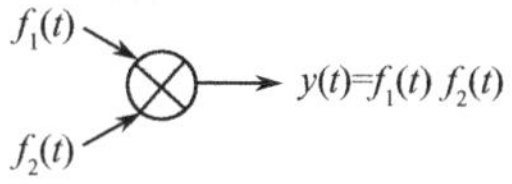


图 1-26

信号在时域中相乘时,横轴(时间 $t$ 轴) 的值不变,仅是与时间 $t$ 轴的值相对应的纵坐标值相乘。两个连续时间信号相乘后的信号波形如图 1-27 所示。

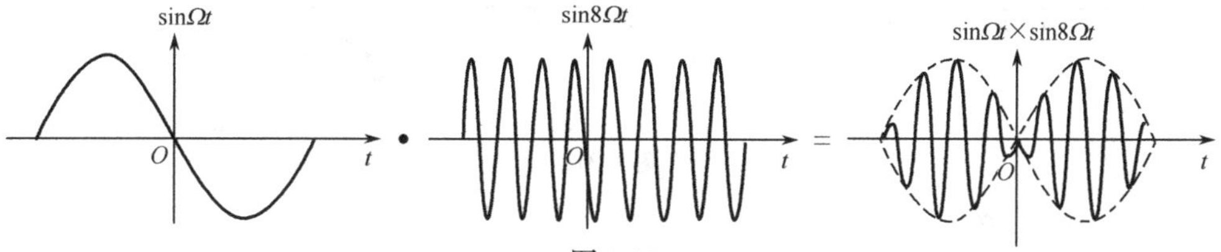


图 1-27

信号处理系统中的抽样器和调制器,都是实现信号相乘运算功能的系统。乘法器也称调制器。

**3. 数乘**

将信号 $f(t)$ 乘以实常数 $a$,称为对信号 $f(t)$ 进行数乘运算,即

$$y(t) = af(t)$$

信号的时域数乘运算用数乘器实现,如图 1-28 所示。数乘器也称比例器或标量乘法器。

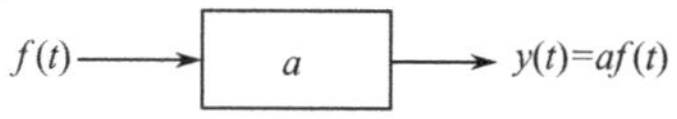


图 1-28

信号的时域数乘运算,实质上就是在对应的横坐标值上将纵坐标的值扩大到 $a$ 倍($a > 1$ 时为扩大;$0 < a < 1$ 时为缩小)。

**4. 微分**

将信号 $f(t)$ 求一阶导数,称为对信号 $f(t)$ 进行微分运算,所得信号

$$y(t) = \frac{\mathrm{d}f(t)}{\mathrm{d}t} = f'(t)$$

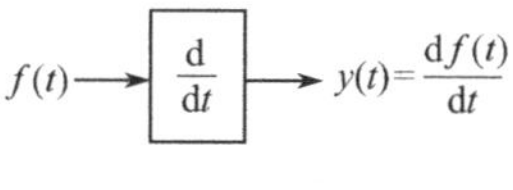


图 1-29

称为信号 $f(t)$ 的微分信号。信号的时域微分运算用微分器实现,如图 1-29 所示。

需要注意的是,当 $f(t)$ 中含有间断点时,则 $f'(t)$ 中在间断点上将有冲激函数存在,其冲激强度为间断点处函数 $f(t)$ 跳变的幅度值。

**5. 积分**

将信号 $f(t)$ 在区间$(-\infty, t)$ 内求一次积分,称为对信号 $f(t)$ 进行积分运算,所得信号 $y(t) = \int_{-\infty}^{t} f(\tau)\mathrm{d}\tau$ 称为信号 $f(t)$ 的积分信号。信号的时域积分运算用积分器实现,如图 1-30 所示。

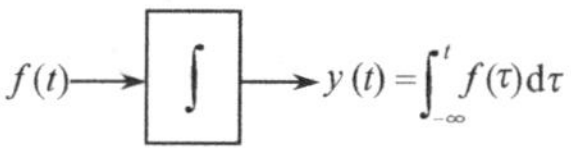


图 1-30

【例 1-9】 已知图 1-31(a) 所示半波正弦信号 $f(t)$。(1) 求 $f''(t)$，画出其波形；(2) 求 $\int_{-\infty}^{t} f(\tau)\mathrm{d}\tau$。

解：(1) 因为

$$f(t)=\sin t[U(t)-U(t-\pi)]$$

故

$$f'(t)=\cos t[U(t)-U(t-\pi)]$$

$$f''(t)=\delta(t)-\sin t[U(t)-U(t-\pi)]+\delta(t-\pi)$$

$f'(t)$，$f''(t)$ 的波形如图 1-31(b)，(c) 所示。

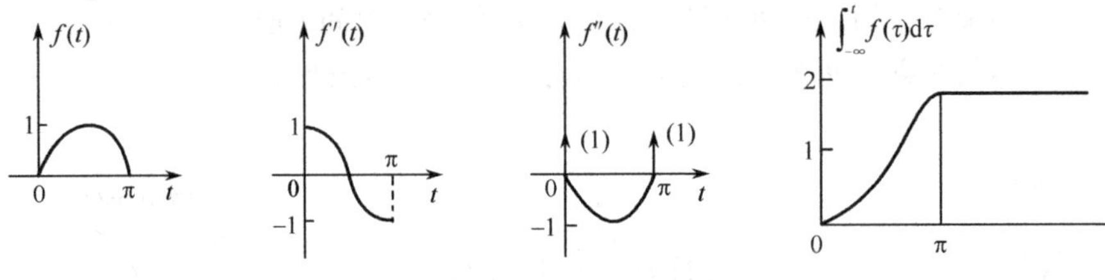


图 1-31

(2) 当 $t<0$ 时，$f(t)=0$，故

$$\int_{-\infty}^{t} f(\tau)\mathrm{d}\tau=\int_{-\infty}^{0} 0\mathrm{d}\tau=0$$

当 $0\leqslant t<\pi$ 时，$f(t)=\sin t$，故

$$\int_{-\infty}^{t} f(\tau)\mathrm{d}\tau=\int_{-\infty}^{0} f(\tau)\mathrm{d}\tau+\int_{0}^{t} f(\tau)\mathrm{d}\tau=\int_{-\infty}^{0} 0\mathrm{d}\tau+\int_{0}^{t}\sin\tau\mathrm{d}\tau=0+[-\cos\tau]_0^t=1-\cos t$$

当 $t\geqslant\pi$ 时，$f(t)=0$，故

$$\int_{-\infty}^{t} f(\tau)\mathrm{d}\tau=\int_{-\infty}^{0} 0\mathrm{d}\tau+\int_{0}^{\pi}\sin\tau\mathrm{d}\tau+\int_{\pi}^{t} 0\mathrm{d}\tau=0+[-\cos\tau]_0^{\pi}+0=2$$

故

$$\int_{-\infty}^{t} f(\tau)\mathrm{d}\tau=\begin{cases}0 & t<0\\ 1-\cos t & 0\leqslant t\leqslant\pi\\ 2 & t\geqslant\pi\end{cases}$$

其波形如图 1-31(d) 所示。

【例 1-10】 已知信号 $f(t)$ 的波形如图 1-32(a) 所示。(1) 求积分 $\int_{-\infty}^{t} f(2-\tau)\mathrm{d}\tau$，并画出波形；(2) 求微分 $\frac{\mathrm{d}}{\mathrm{d}t}[f(6-2t)]$，并画出波形。

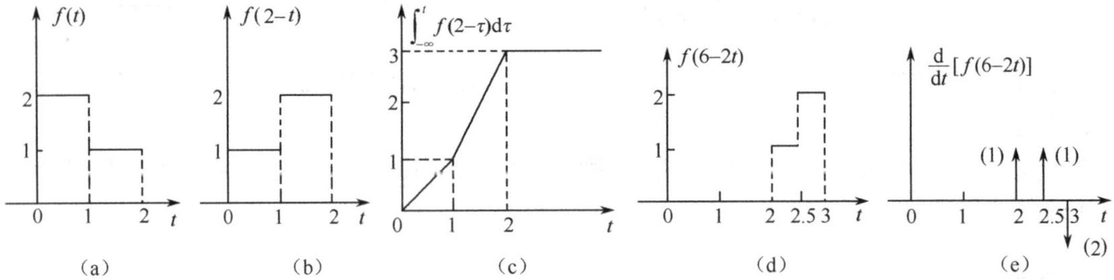


图 1-32

解：(1) 因为 $f(2-t)=f[-(t-2)]$，故得 $f(2-t)$ 的波形如图 1-32(b) 所示。

当 $t<0$ 时，$f(2-t)=0$，故

$$\int_{-\infty}^{t} f(2-\tau)\mathrm{d}\tau=\int_{-\infty}^{t} 0\mathrm{d}\tau=0$$

当 $0 < t < 1$ 时,$f(2-t)=1$,故

$$\int_{-\infty}^{t} f(2-\tau)\mathrm{d}\tau = \int_{-\infty}^{0} 0\mathrm{d}\tau + \int_{0}^{t} 1\mathrm{d}\tau = t$$

当 $1 < t < 2$ 时, $f(2-t)=2$,故

$$\int_{-\infty}^{t} f(2-\tau)\mathrm{d}\tau = \int_{-\infty}^{0} 0\mathrm{d}\tau + \int_{0}^{1} 1\mathrm{d}\tau + \int_{1}^{t} 2\mathrm{d}\tau = 0 + 1 + (2t-2) = 2t-1$$

当 $t > 2$ 时,$f(2-t)=0$,故

$$\int_{-\infty}^{t} f(2-\tau) = \int_{-\infty}^{0} 0\mathrm{d}\tau + \int_{0}^{1} 1\mathrm{d}\tau + \int_{1}^{2} 2\mathrm{d}\tau + \int_{2}^{t} 0\mathrm{d}\tau = 0+1+2+0 = 3$$

故得

$$\int_{-\infty}^{t} f(2-\tau)\mathrm{d}\tau = \begin{cases} 0 & t < 0 \\ t & 0 < t < 1 \\ 2t-1 & 1 < t < 2 \\ 3 & t > 2 \end{cases}$$

其波形如图 1-32(c) 所示。

(2) 因 $f(6-2t) = f[-2(t-3)]$,故得 $f(6-2t)$ 的波形如图 1-32(d) 所示,其函数表达式为

$$f(6-2t) = U(t-2) + U(t-2.5) - 2U(t-3)$$

故得

$$\frac{\mathrm{d}}{\mathrm{d}t}[f(6-2t)] = \delta(t-2) + \delta(t-2.5) - 2\delta(t-3)$$

其波形如图 1-32(e) 所示。

**【例 1-11】** 画出信号 $f(t) = (t-1)U(t^2-1)$ 和 $f'(t)$ 的波形,并写出 $f'(t)$ 的函数式。

**解:** $(t-1)$ 和 $U(t^2-1)$ 的波形分别如图 1-33(a)、(b) 所示;$f(t)=(t-1)U(t^2-1)$ 的波形如图 1-33(c) 所示;$f'(t)$ 的波形如图 1-33(d) 所示。由图 1-33(d) 可直接写出 $f'(t)$ 的函数式为

$$f'(t) = 2\delta(t+1) + U(t^2-1) = 2\delta(t+1) + U(t-1) + U(-t-1)$$

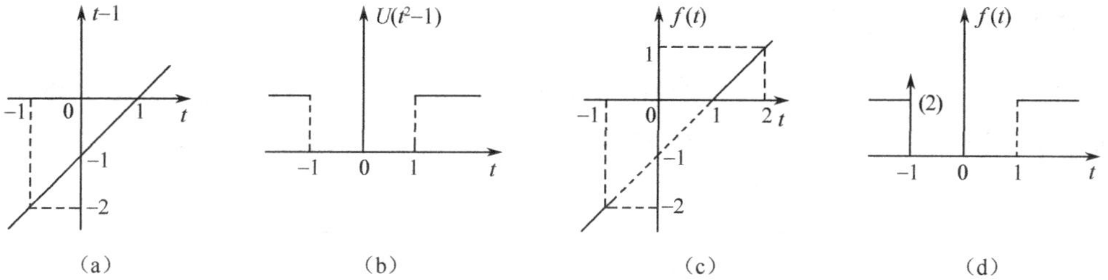


图 1-33

# 1.4 系统的定义与分类

## 1.4.1 系统的定义

系统是由若干相互作用和相互依赖的事物组合而成的具有特定功能的整体。它能够对信号完成某种变换或运算功能。从数学角度来说,系统可定义为实现某种功能的运算。设符号 $T$ 表示系统的运算,将输入信号(又称激励)$f(t)$ 作用于系统,得到输出信号(又称响应)$y(t)$, 如图 1-34 所示。

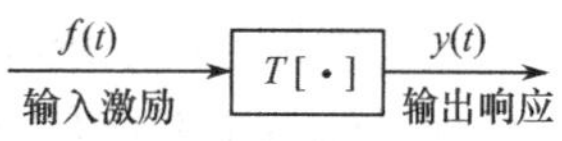


图 1-34

图中符号 $T[\cdot]$ 称为算子,表示将输入激励信号 $f(t)$ 进行某种变换或运算后即得到输出响应信号 $y(t)$。即

$$y(t) = T[f(t)]$$

例如,在 1.3.1 节和 1.3.2 节中引入的延时器、预测器、倒相器、加法器、乘法器、数乘器、微分器、积分器等都是系统,因为它们都能够对信号实现一定的变换或运算功能。

任一个大系统(如通信系统、控制系统、电力系统、计算机系统等)都可分解为若干个互相联系、互相作用的子系统。各子系统之间通过信号联系,信号在系统内部及各子系统之间流动。

### 1.4.2 系统的分类

根据不同的分类原则,系统可分为以下几种。

#### 1. 动态系统与静态系统

若系统在 $t_0$ 时刻的响应 $y(t_0)$ 不仅与 $t_0$ 时刻作用于系统的激励有关,而且与区间 $(-\infty, t_0)$ 内作用于系统的激励有关,这样的系统称为动态系统,也称具有记忆能力的系统(简称记忆系统)。凡含有记忆元件(如电感器、电容器、磁心等)与记忆电路(如延时器)的系统均为动态系统。

若系统在 $t_0$ 时刻的响应 $y(t_0)$ 只与 $t_0$ 时刻作用于系统的激励有关,而与区间 $(-\infty, t_0)$ 内作用于系统的激励无关,这样的系统称为静态系统或非动态系统,也称无记忆系统。只含有电阻元件的电路即为静态系统。

#### 2. 线性系统与非线性系统

凡能同时满足齐次性与叠加性的系统称为线性系统。满足叠加性仅是线性系统的必要条件。

凡不能同时满足齐次性与叠加性的系统称为非线性系统。

若电路中的无源元件全部是线性元件,则这样的电路系统一定是线性系统,但不能说含有非线性元件的电路系统就一定是非线性系统。

#### 3. 时不变系统与时变系统

设激励 $f(t)$ 产生的响应为 $y(t)$,若激励 $f(t-t_0)$ 产生的响应为 $y(t-t_0)$,如图 1-35 所示,此性质即称为时不变性,也称非时变性或定常性、延迟性。它说明,当激励 $f(t)$ 延迟时间 $t_0$ 时,其响应 $y(t)$ 也同样延迟时间 $t_0$,且波形不变。

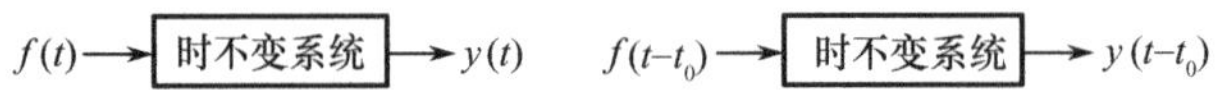


(a) (b)

图 1-35

凡能满足时不变性的系统称为时不变系统(也称非时变系统或定常系统),否则为时变系统。

若系统中元件的参数不随时间变化,则这样的系统一定是时不变系统。

#### 4. 因果系统与非因果系统

当 $t>0$ 时作用于系统的激励,在 $t<0$ 时不会在系统中产生响应,此性质称为因果性。它说明激励是产生响应的原因,响应是激励产生的结果。无原因即不会有结果,例如我们绝不会在昨天就听见了今天打钟的钟声。

凡具有因果性的系统称为因果系统;凡不具有因果性的系统称为非因果系统。

任何时间系统都具有因果性,因而都是因果系统。这是因为时间具有单方向性,时间是一去不复返的。非时间系统是否具有因果性,则要看它的自变量是否具有单方向性。一个较复杂的光学系统，即使其输入的物是单侧的，其输出的像也可能是双侧的，它就不具有因果性。在用计算机对数据进行事后处理时，可以由输入和输出之间的相对延时实现某些非因果操作。

时间因果系统是可以用硬件实现的，故也称可实现系统。时间非因果系统是不能用硬件实现的，故也称不可实现系统。

时间非因果系统在客观世界中是不存在的，但研究它的数学模型却有助于对时间因果系统的分析，可以借助延时的处理方法来逼近时间非因果系统。因此，在系统分析中，对时间非因果系统的研究也有一定意义。

由于一般都是以 $t=0$ 时刻作为计算时间的起点，从而定义了从零时刻开始的信号称为因果信号。所以，在因果信号的激励下，因果系统的响应信号也必然是因果信号。

**5. 连续时间系统与离散时间系统**

若系统的输入信号与输出信号均为连续时间信号，则这样的系统称为连续时间系统，也称模拟系统，简称连续系统。由 R，L，C 等元件组成的电路都是连续时间系统的例子。

若系统的输入信号与输出信号均为离散时间信号，则这样的系统称为离散时间系统，简称离散系统。数字计算机是典型的离散时间系统。

由连续时间系统与离散时间系统组合而成的系统称为混合系统。

**6. 集总参数系统与分布参数系统**

仅由集总参数元件组成的系统称为集总参数系统。含有分布参数元件的系统称为分布参数系统（如传输线、波导等）。

系统的分类还有其他许多方法，其中有些将在本书有关章节中引入。本书仅限于研究在确定性信号激励下的集总参数、线性、时不变系统（以后简称线性系统），包括连续时间系统与离散时间系统。

**【例 1-12】** 若 $T[f(t)]=af(t)+b=y(t)$，问该系统是否为线性系统？

**解：**因为

$$T[k_1f_1(t)+k_2f_2(t)]=a[k_1f_1(t)+k_2f_2(t)]+b$$

而

$$\begin{aligned}k_1y_1(t)+k_2y_2(t)&=k_1T[f_1(t)]+k_2T[f_2(t)]\\&=k_1[af_1(t)+b]+k_2[af_2(t)+b]\\&=a[k_1f_1(t)+k_2f_2(t)]+bk_1+bk_2\end{aligned}$$

显然

$$T[k_1f_1(t)+k_2f_2(t)]\neq k_1y_1(t)+k_2y_2(t)$$

故系统为非线性系统。

**【例 1-13】** 判断系统：$\dfrac{\mathrm{d}y(t)}{\mathrm{d}t}+a_0y(t)=b_0f(t)+b_1\dfrac{\mathrm{d}f(t)}{\mathrm{d}t}$是否为线性系统？

**解：**设 $f_1(t)\rightarrow y_1(t)$，$f_2(t)\rightarrow y_2(t)$；由已知方程得

$$k_1\left[\frac{\mathrm{d}}{\mathrm{d}t}y_1(t)+a_0y_1(t)\right]=k_1\left[b_0f_1(t)+b_1\frac{\mathrm{d}}{\mathrm{d}t}f_1(t)\right]\tag{1}$$

$$k_2\left[\frac{\mathrm{d}}{\mathrm{d}t}y_2(t)+a_0y_2(t)\right]=k_2\left[b_0f_2(t)+b_1\frac{\mathrm{d}}{\mathrm{d}t}f_2(t)\right]\tag{2}$$

将式(1)＋式(2)得

$$\begin{aligned}&\frac{\mathrm{d}}{\mathrm{d}(t)}[k_1y_1(t)+k_2y_2(t)]+a_0[k_1y_1(t)+k_2y_2(t)]\\&=b_0[k_1f_1(t)+k_2f_2(t)]+b_1\left\{\frac{\mathrm{d}}{\mathrm{d}t}[k_1f_1(t)+k_2f_2(t)]\right\}\end{aligned}$$

即 $$k_1f_1(t) + k_2f_2(t) \longrightarrow k_1y_1(t) + k_2y_2(t)$$

故系统是线性系统。

**【例 1-14】** 判断下列系统的因果性：

(1) $T[f(t)] = y(t) = f(t-2)$ (2) $T[f(t)] = y(t) = f(t+2)$

**解:**(1) 因为 $$y(t) = f(t-2)$$

输出值只取决于输入的过去值，如 $t=6$ 时，输出 $y(6) = f(4)$，故为因果系统。

(2) 因为 $$y(t) = f(t+2)$$

输出值取决于输入的将来值，如 $t=6$ 时，$y(6) = f(8)$，故为非因果系统。

## 1.5 线性时不变系统的性质

在系统理论中，线性时不变系统(Linear time-invariant system) 的分析占有特殊的重要地位，其一些重要的性质在电路基础课中已有所介绍，在此再予以总结，以便给读者一个完整的概念。

(1) 齐次性

若激励 $f(t)$ 产生的响应为 $y(t)$，则激励 $Af(t)$ 产生的响应为 $Ay(t)$，如图 1-36 所示。此性质即为齐次性，其中 $A$ 为任意常数。

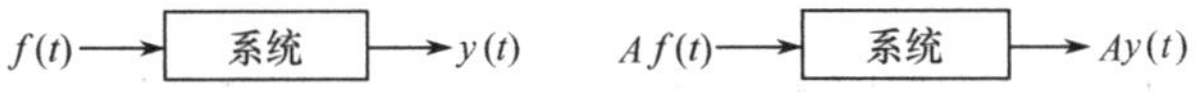


图 1-36

(2) 叠加性

若激励 $f_1(t)$ 与 $f_2(t)$ 产生的响应分别为 $y_1(t)$ 与 $y_2(t)$，则激励 $f_1(t) + f_2(t)$ 产生的响应为 $y_1(t) + y_2(t)$，如图 1-37 所示。此性质称为叠加性。

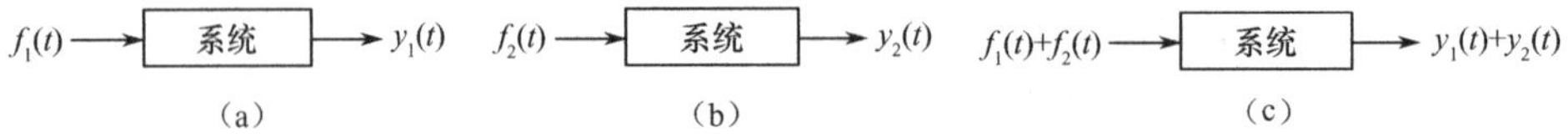


图 1-37

(3) 线性

若激励 $f_1(t)$ 与 $f_2(t)$ 产生的响应分别为 $y_1(t)$ 与 $y_2(t)$，则激励 $A_1f_1(t) + A_2f_2(t)$ 产生的响应为 $A_1y_1(t) + A_2y_2(t)$，如图 1-38 所示。此性质称为线性。

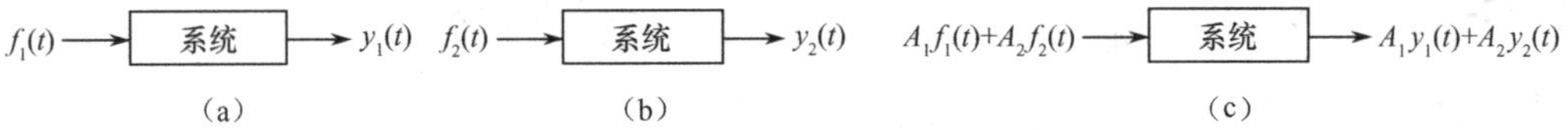


图 1-38

(4) 时不变性

若激励 $f(t)$ 产生的响应为 $y(t)$，则激励 $f(t-t_0)$ 产生的响应为 $y(t-t_0)$，如图 1-39 所示。此性质称为时不变性，也称定常性或延迟性。它说明当激励 $f(t)$ 延迟时间 $t_0$ 时，其响应 $y(t)$ 也延迟时间 $t_0$，且波形不变。

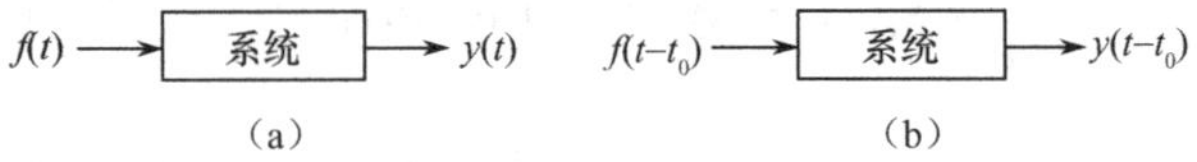


图 1-39

(5) 微分性

若激励$f(t)$产生的响应为$y(t)$，则激励$\frac{\mathrm{d}f(t)}{\mathrm{d}t}$产生的响应为$\frac{\mathrm{d}y(t)}{\mathrm{d}t}$，如图 1-40 所示。此性质即为微分性。

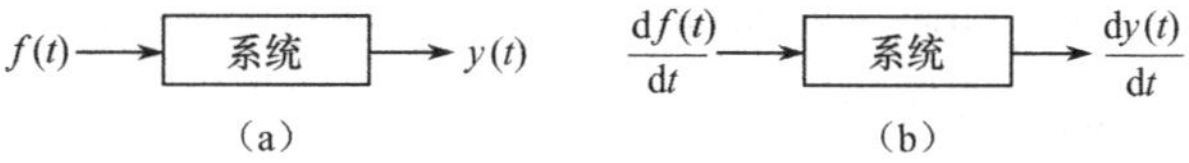


图 1-40

(6) 积分性

若激励$f(t)$产生的响应为$y(t)$，则激励$\int_{-\infty}^{t} f(\tau)\mathrm{d}\tau$产生的响应为$\int_{-\infty}^{t} y(\tau)\mathrm{d}\tau$，如图 1-41 所示。此性质称为积分性。

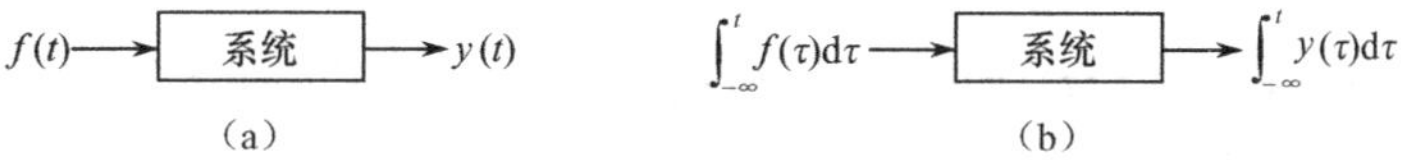


图 1-41

# 1.6 线性系统分析概论

本书仅限于研究确定信号激励下的集总参数、线性、时不变系统，简称线性系统，包括连续时间系统与离散时间系统。

对系统的研究包含三个方面：系统分析、系统综合与系统诊断。给定系统的结构、元件特性，研究系统对激励信号所产生的响应，这称为系统分析，如图 1-42(a) 所示。若已知系统的响应，而要求出系统的结构与元件特性，这称为系统综合，如图 1-42(b) 所示。若给定系统的结构与系统的响应，而要求出系统元件的特性变化，这称为系统诊断，如图 1-42(c) 所示。系统分析、综合与诊断，三者密切相关，但又有各自的体系和研究方法。学习系统分析是学习系统综合与诊断的基础。本书仅限于对系统分析的研究。

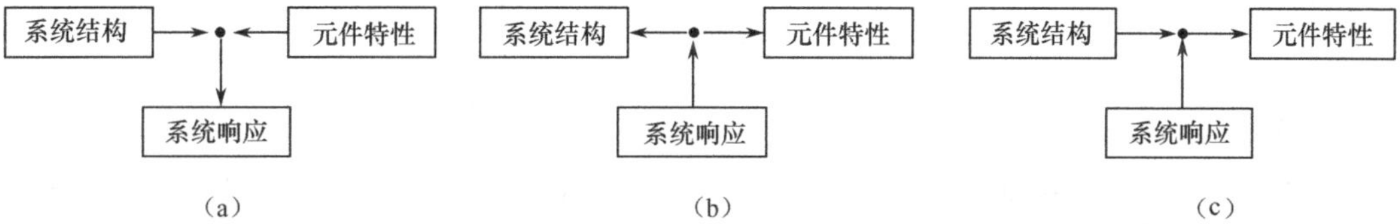


图 1-42

信号分析与系统分析密不可分。对信号进行传输与加工处理，必须借助于系统；离开了信号，系统将失去意义。分析系统就是分析某一特定信号，分析信号与信号的相互作用。所以信号分析是系统分析的基础。

线性系统分析的方法可归结为两种：

(1) 输入/输出法与状态变量法；

(2) 时域法与变域法（傅里叶变换法，拉普拉斯变换法，$Z$ 变换法）。

本书将按先输入/输出法后状态变量法，先时域法后变域法，先连续时间系统后离散时间系统的顺序，研究线性时不变系统的基本分析方法，并结合电子系统与控制系统中的一般问题，较深入地介绍这些方法在信号传输与处理以及控制系统方面的基本应用。

本课程的基本任务是：

（1）研究信号分析的方法，研究信号的时间特性与频率特性以及两者之间的关系；

（2）研究线性时不变系统（包括连续时间系统与离散时间系统）在任意信号激励下响应的各种求解方法，从而认识系统的基本特性。

读者在学习本课程时应注意以下原则：物理语言描述与数学语言描述并重；信号分析与系统分析并重；输入/输出法与状态变量法并重；时域分析法与变域分析法并重；连续时间系统与离散时间系统并重；学理论、做习题与做实验并重。

二维码 1-3

本章要点和秘笈见二维码 1-3。

## 习题 1

1-1　画出下列各信号的波形：(1) $f_1(t) = (2 - e^{-t})U(t)$；(2) $f_2(t) = e^{-t}\cos 10\pi t \times [U(t-1) - U(t-2)]$。

1-2　已知各信号的波形如图题 1-2 所示，试写出它们各自的函数式。

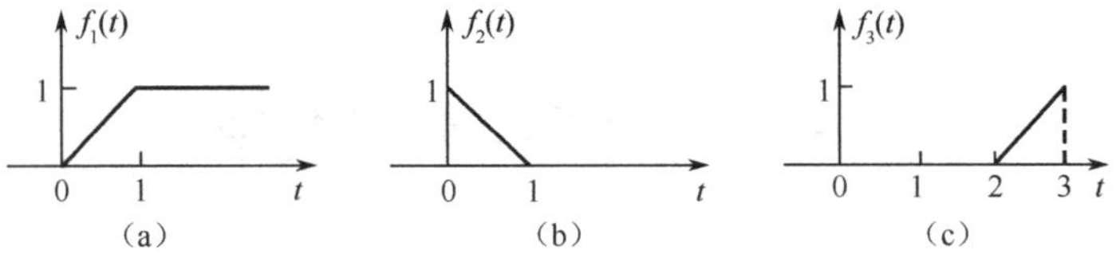


图题 1-2

1-3　写出图题 1-3 所示各信号的函数表达式。

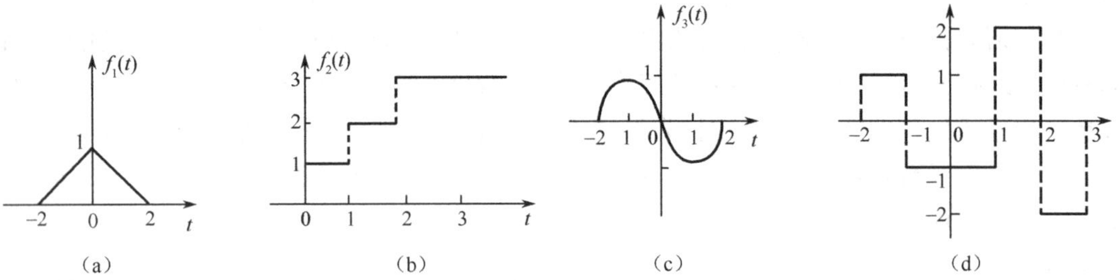


图题 1-3

1-4　画出下列各信号的波形：

(1) $f_1(t) = U(t^2 - 1)$；　(2) $f_2(t) = (t-1)U(t^2 - 1)$；　(3) $f_3(t) = U(t^2 - 5t + 6)$；　(4) $f_4(t) = U(\sin \pi t)$。

1-5　判断下列各信号是否为周期信号，若是周期信号，求其周期 $T$。

(1) $f_1(t) = 2\cos\left(3t - \frac{\pi}{4}\right)$；　(2) $f_2(t) = \left[\sin\left(t - \frac{\pi}{6}\right)\right]^2$；　(3) $f_3(t) = 3\cos 2\pi t U(t)$。

1-6　化简下列各式：

(1) $\int_{-\infty}^{t} \delta(2\tau - 1)d\tau$；　(2) $\frac{d}{dt}\left[\cos\left(t + \frac{\pi}{4}\right)\delta(t)\right]$；　(3) $\int_{-\infty}^{\infty} \frac{d}{dt}[\cos t\delta(t)]\sin t dt$。

1-7　求下列积分：

(1) $\int_0^{\infty} \cos[\omega(t-3)]\delta(t-2)dt$；　(2) $\int_0^{\infty} e^{j\omega t}\delta(t+3)dt$；　(3) $\int_0^{\infty} e^{-2t} \times \delta(t_0 - t)dt$。

1-8　试求图题 1-8 中各信号一阶导数的波形，并写出其函数表达式，其中 $f_3(t) = \cos\frac{\pi}{2}t[U(t) - U(t-5)]$。

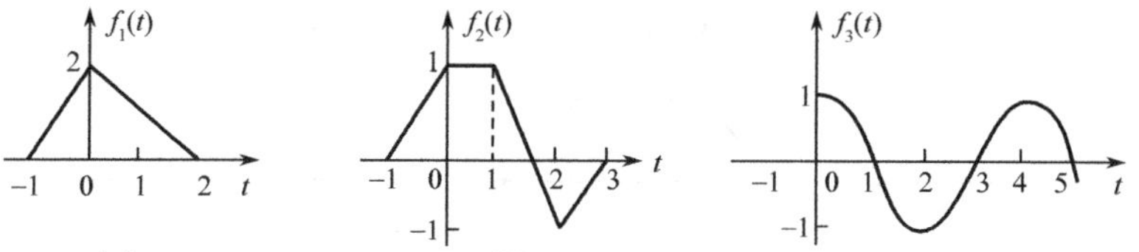

(a) (b) (c)

图题 1-8

1-9 已知信号 $f\left(-\frac{1}{2}t\right)$ 的波形如图题 1-9 所示，试画出 $y(t) = f(t+1)U(-t)$ 的波形。

1-10 已知信号 $f(t)$ 的波形如图题 1-10 所示，试画出信号 $\int_{-\infty}^{t} f(2-\tau)\mathrm{d}\tau$ 与信号 $\frac{\mathrm{d}}{\mathrm{d}t}[f(6-2t)]$ 的波形。

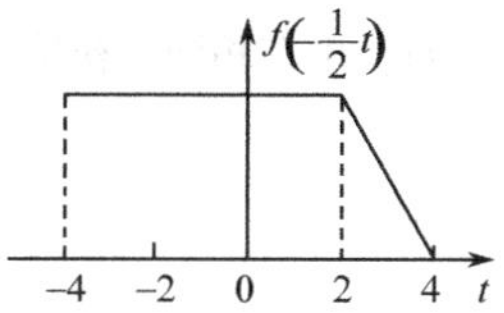

图题 1-9

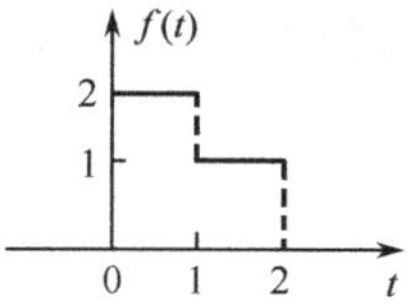

图题 1-10

1-11 已知 $f(t)$ 是已录制的声音磁带，则下列叙述中错误的是(　　　　)。

A. $f(-t)$ 是表示将磁带倒转播放产生的信号　　B. $f(2t)$ 表示磁带以二倍的速度加快播放

C. $f(2t)$ 表示磁带放音速度降低一半播放　　D. $2f(t)$ 表示将磁带音量放大一倍播放

1-12 试判断下列各方程所描述的系统是否为线性的、时不变的、因果的系统。式中 $f(t)$ 为激励，$y(t)$ 为响应。

(1) $y(t) = \frac{\mathrm{d}}{\mathrm{d}t}f(t)$　(2) $y(t) = f(t)U(t)$　(3) $y(t) = \sin[f(t)]U(t)$　(4) $y(t) = f(1-t)$

(5) $y(t) = f(2t)$　(6) $y(t) = [f(t)]^2$　(7) $y(t) = \int_{-\infty}^{t} f(\tau)\mathrm{d}\tau$　(8) $y(t) = \int_{-\infty}^{5t} f(\tau)\mathrm{d}\tau$

1-13 已知系统的激励 $f(t)$ 与响应 $y(t)$ 的关系为：$y(t) = \mathrm{e}^{-t}\int_{-\infty}^{t} f(\tau)\mathrm{e}^{\tau}\mathrm{d}\tau$，则该系统为(　　　　)。

A. 线性时不变系统　B. 线性时变系统　C. 非线性时不变系统　D. 非线性时变系统

1-14 图题 1-14(a) 所示为线性时不变系统，已知当激励 $f_1(t) = U(t)$ 时，其响应为 $y_1(t) = U(t) - 2U(t-1) + U(t-2)$。若激励为 $f_2(t) = U(t) - U(t-2)$，求图题 1-14(b) 所示系统的响应 $y_2(t)$。

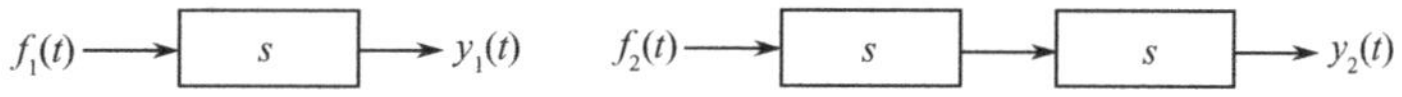

(a)　(b)

图题 1-14

1-15 图题 1-15(a) 所示为线性时不变系统，已知 $h_1(t) = \delta(t) - \delta(t-1)$，$h_2(t) = \delta(t-2) - \delta(t-3)$。

(1) 求响应 $h(t)$；　(2) 当 $f(t) = U(t)$ 时，如图题 1-15(b) 所示 求相应响应 $y(t)$。

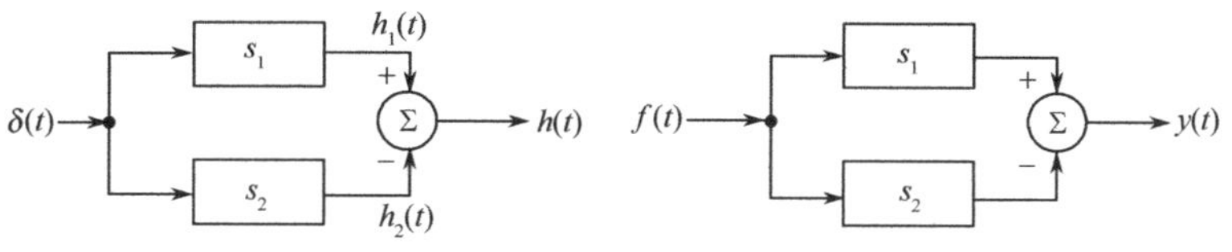

(a)　(b)

图题 1-15

1-16 已知线性时不变系统激励 $f(t)$ 的波形如图题 1-16(a) 所示，所产生的响应 $y(t)$ 的波形如图题 1-16(b) 所示。试求当激励 $f_1(t)$ 的波形如图题 1-16(c) 所示时，该系统所产生的响应 $y_1(t)$ 的波形。

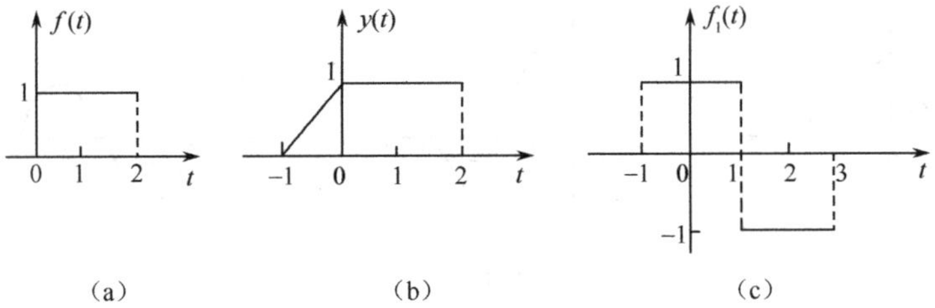


图题 1-16

1-17 已知线性时不变系统在信号 $\delta(t)$ 激励下的零状态响应为 $h(t)=U(t)-U(t-2)$。试求该系统在信号 $U(t-1)$ 激励下的零状态响应 $y(t)$，并画出 $y(t)$ 的波形。

1-18 线性非时变系统具有非零的初始状态，已知激励为 $f(t)$ 时的全响应为 $y_1(t)=2e^{-t}U(t)$；在相同的初始状态下，当激励为 $2f(t)$ 时的全响应为 $y_2(t)=(e^{-t}+\cos\pi t)U(t)$。求在相同的初始状态下，当激励为 $4f(t)$ 时的全响应 $y_3(t)$。

# 第 2 章　连续系统时域分析

时域分析方法有两种：经典时域分析方法与时域卷积分析方法。

经典时域分析方法——线性常系数微分方程方法，起源于 17 世纪牛顿的时代，在相当长的时期内，在信号与系统问题的时域分析中占据着统治地位。直到 20 世纪，随着以卷积积分为基础的时域分析方法的应用和逐步完善，这种经典的方程解法才逐渐失去它在时域分析中的主导地位。

卷积积分方法物理概念清楚，运算过程比较方便，并可借助计算机求解。在线性系统理论中，卷积积分占有十分重要的地位，是现代时域分析方法。

在本章中，首先讨论系统的经典时域分析方法，在此基础上，引入系统的零输入响应和零状态响应这两个重要的概念，使线性系统分析方法在理论上更完善。在引入系统的冲激响应以后，将冲激响应与激励信号进行卷积积分，求得系统的零状态响应。

本章还将说明微分方程的微分算子表示法，它使微分方程的表示及运算简化，同时也是从经典时域法向拉普拉斯变换法的一种过渡。

## 2.1　经典时域分析方法

### 2.1.1　系统的微分方程

研究系统，首先要建立系统的数学模型——微分方程。建立电路系统微分方程的依据是电路的两种约束：拓扑约束（KCL，KVL）与元件约束（元件的时域伏安关系）。

下面举例说明如何列写系统的数学模型——微分方程。

**【例 2-1】**　图 2-1 所示为一个含有三个独立动态元件的双网孔电路，其中 $f(t)$ 为激励。试写出以电流 $i_1(t)$，$i_2(t)$ 为响应的微分方程。

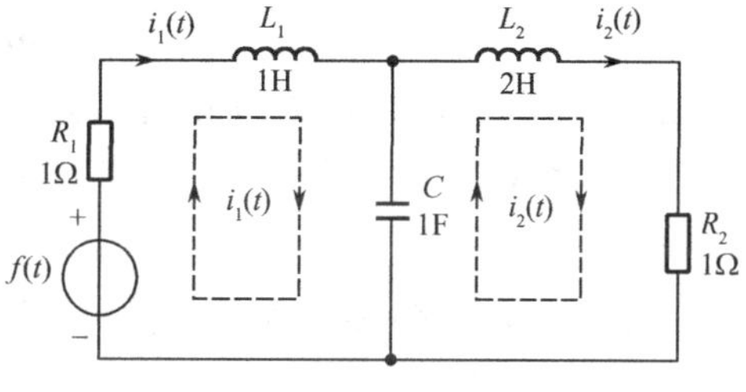


图 2-1

**解**：对两个网孔回路可列出 KVL 方程为

$$\begin{cases} L_1\dfrac{\mathrm{d}i_1}{\mathrm{d}t}+R_1i_1+\dfrac{1}{C}\displaystyle\int_{-\infty}^{t}i_1(\tau)\mathrm{d}\tau-\dfrac{1}{C}\int_{-\infty}^{t}i_2(\tau)\mathrm{d}\tau=f(t)\\ -\dfrac{1}{C}\displaystyle\int_{-\infty}^{t}i_1(\tau)\mathrm{d}\tau+L_2\dfrac{\mathrm{d}i_2}{\mathrm{d}t}+R_2i_2+\dfrac{1}{C}\int_{-\infty}^{t}i_2(\tau)\mathrm{d}\tau=0 \end{cases}$$

代入数据得

$$\begin{cases} \dfrac{\mathrm{d}i_1}{\mathrm{d}t}+i_1+\displaystyle\int_{-\infty}^{t}i_1(\tau)\mathrm{d}\tau-\int_{-\infty}^{t}i_2(\tau)\mathrm{d}\tau=f(t)\\ -\displaystyle\int_{-\infty}^{t}i_1(\tau)\mathrm{d}\tau+2\dfrac{\mathrm{d}i_2}{\mathrm{d}t}+i_2+\int_{-\infty}^{t}i_2(\tau)\mathrm{d}\tau=0 \end{cases}$$

利用消元法来求解联立方程，可得到 $i_1(t)$，$i_2(t)$ 的微分方程

$$\begin{cases}\dfrac{d^3 i_1(t)}{dt^3}+\dfrac{3}{2}\dfrac{d^2 i_1(t)}{dt^2}+2\dfrac{di_1(t)}{dt}+i_1(t)=\dfrac{d^2 f(t)}{dt^2}+\dfrac{1}{2}\dfrac{df(t)}{dt}+f(t)\\ \dfrac{d^3 i_2(t)}{dt^3}+\dfrac{3}{2}\dfrac{d^2 i_2(t)}{dt^2}+2\dfrac{di_2(t)}{dt}+i_2(t)=\dfrac{1}{2}f(t)\end{cases}$$

上式即为描述响应 $i_1(t)$, $i_2(t)$ 与激励 $f(t)$ 关系的微分方程。

推广之,对于 $n$ 阶系统,若设 $y(t)$ 为响应, $f(t)$ 为激励(如图2-2所示),则系统微分方程的一般形式为

$$\begin{aligned}&\frac{d^n y(t)}{dt^n}+a_{n-1}\frac{d^{n-1}y(t)}{dt^{n-1}}+\cdots+a_1\frac{dy(t)}{dt}+a_0 y(t)\\=\;&b_m\frac{d^m f(t)}{dt^m}+b_{m-1}\frac{d^{m-1}f(t)}{dt^{m-1}}+\cdots+b_1\frac{df(t)}{dt}+b_0 f(t)\end{aligned}\tag{2-1}$$

图 2-2

### 2.1.2　微分方程的求解

按照线性常系数微分方程理论,式(2-1) 的微分方程的解由两部分组成:一个是齐次解 $y_0(t)$,它是原方程对应的齐次方程的通解;另一个是满足原方程的一个特解 $y_d(t)$,即

$$y(t)=y_0(t)+y_d(t)\tag{2-2}$$

#### 1. 齐次解 $y_0(t)$

齐次解是当式(2-1) 中的激励信号 $f(t)$ 及其各阶导数都等于零时的解,满足

$$\frac{d^n y(t)}{dt^n}+a_{n-1}\frac{d^{n-1}y(t)}{dt^{n-1}}+\cdots+a_1\frac{dy(t)}{dt}+a_0 y(t)=0\tag{2-3}$$

式(2-3) 称为对应于式(2-1) 的齐次微分方程。

齐次解 $y_0(t)$ 的函数形式,由如下特征方程的 $n$ 个根 $\lambda_i$ 决定。

$$\lambda_i^n+a_{n-1}\lambda_i^{n-1}+\cdots+a_1\lambda_i+a_0=0\tag{2-4}$$

特征方程(2-4) 的 $n$ 个根有两种情况:一种是 $n$ 个互不相同的单根 $\lambda_i$, $i=1,2,\cdots,n$,此时齐次解 $y_0(t)$ 的一般形式为 $y_0(t)=A_1 e^{\lambda_1 t}+A_2 e^{\lambda_2 t}+\cdots+A_n e^{\lambda_n t}$;另一种是有重根,假设 $\lambda_i$ 为特征方程的 $r$ 重根,则 $\lambda_i$ 对应的齐次解有 $r$ 项,即

$$A_{i1}e^{\lambda_i t}+A_{i2}te^{\lambda_i t}+A_{i3}t^2 e^{\lambda_i t}+\cdots+A_{ir}t^{r-1}e^{\lambda_i t}$$

齐次解的形式仅取决于特征方程根的性质,而与系统的激励无关。齐次解中的待定系数需根据全解(齐次解 + 特解) 确定。

#### 2. 特解 $y_d(t)$

特解的形式与激励信号的形式有关。表 2-1 中列出几种典型激励信号对应的特解形式。特解中的待定系数可通过将特解代入式(2-1),用使方程两边系数恒等的方法来求得。

**表 2-1　几种典型激励信号对应的特解形式**

| 激励信号 | 特解形式 |
|---|---|
| $E$(常数) | $B$ |
| $e^{\alpha t}$, $\alpha\neq\lambda_i$ | $Be^{\alpha t}$ |
| $e^{\alpha t}$, $\alpha=\lambda_i$, $\lambda_i$ 为 $r$ 重根 | $\sum_{j=0}^{r-1}B_j t^j e^{\alpha t}$ |
| $\sum_{k=0}^{L}E_k t^k$, $E_k$ 为常数 | $\sum_{j=0}^{L}B_j t^j$ |
| $\sum_{k=0}^{L}E_k t^k e^{\alpha t}$, $\alpha\neq\lambda_i$ | $\sum_{j=0}^{L}B_j t^j e^{\alpha t}$ |
| $\sum_{k=0}^{L}E_k t^k e^{\alpha t}$, $\alpha=\lambda_i$, $\lambda_i$ 为 $r$ 重根 | $\sum_{j=0}^{L+r}B_j t^j e^{\alpha t}$ |

### 3. 待定系数和初始条件的确定

在式(2-2)中,待定系数需要根据系统的初始条件来确定。

设激励信号在 $t=0$ 时刻加入,而微分方程求解区间为 $t>0$,对 $n$ 阶微分方程,利用 $n$ 个独立的条件 $y(0),\frac{\mathrm{d}y(0)}{\mathrm{d}t},\cdots,\frac{\mathrm{d}y^{n-1}(0)}{\mathrm{d}t^{n-1}}$,即可决定全部待定系数,这 $n$ 个条件称为系统在 $t=0$ 时的状态。

实际上,由于 $t=0$ 时刻在系统中加入了激励,受激励的作用,$y(t)$ 及各阶导数在 $t=0$ 时刻可能发生跳变而出现不连续。为区分跳变前后的数值,我们以 $0^-$ 表示激励加入前的瞬间,而以 $0^+$ 表示激励加入后的瞬间。将 $y(0^-),\frac{\mathrm{d}y(0^-)}{\mathrm{d}t},\cdots,\frac{\mathrm{d}y^{n-1}(0^-)}{\mathrm{d}t^{n-1}}$ 称为系统的初始状态,简写为 $y^{(k)}(0^-)$,它总结了为计算未来响应所需的过去全部“信息”,而将 $y(0^+),\frac{\mathrm{d}y(0^+)}{\mathrm{d}t},\cdots,\frac{\mathrm{d}y^{n-1}(0^+)}{\mathrm{d}t^{n-1}}$ 称为系统的初始条件,简写为 $y^{(k)}(0^+)$。若 $y^{(k)}(0^+)\neq y^{(k)}(0^-)$,则表明在起始点发生了跳变。

由于经典法求解微分方程时是考虑激励作用以后的解,时间范围是 $0^+<t<\infty$,所以,需要利用 $y^{(k)}(0^+)$ 来确定待定系数,而不能利用 $y^{(k)}(0^-)$。而通常给出的只是 $y^{(k)}(0^-)$,所以必须根据激励信号和微分方程确定 $y^{(k)}(0^+)$。

下面我们研究如何确定初始条件。

在网络分析中,可以利用系统内部储能的连续性决定初始条件,即在没有受到冲激电流(或阶跃电压)作用时,电容两端的电压 $u_C(t)$ 不发生跳变;当电感没有受到冲激电压(或阶跃电流)作用时,流过电感的电流 $i_L(t)$ 不跳变。即有

$$u_C(0^-)=u_C(0^+)\quad i_L(0^-)=i_L(0^+)$$

但是,电容中流过的电流与电感两端的电压,以及电阻上的电流及电压均可能发生跳变。

对简单电路可以按照上述原则判断初始条件是否发生跳变,但对复杂电路或非电路系统,跳变值往往不易获得,这时可借助于微分方程两端奇异函数平衡的方法做出判断。下面举例说明。

**【例 2-2】** 已知微分方程为

$$\frac{\mathrm{d}^2y(t)}{\mathrm{d}t^2}+\frac{\mathrm{d}y(t)}{\mathrm{d}t}+2y(t)=\frac{\mathrm{d}^2f(t)}{\mathrm{d}t^2}+3\frac{\mathrm{d}f(t)}{\mathrm{d}t}$$

激励信号及初始条件分别为 $f(t)=U(t)$,$y(0^-)=2$,$y'(0^-)=3$,试确定初始条件 $y(0^+)$ 及 $y'(0^+)$。

**解:**将 $f(t)=U(t)$ 代入微分方程,则有

$$\frac{\mathrm{d}^2y(t)}{\mathrm{d}t^2}+\frac{\mathrm{d}y(t)}{\mathrm{d}t}+2y(t)=\delta'(t)+3\delta(t)$$

我们把匹配过程一步一步地列写如下:

(1) 先匹配最高阶项。因为方程右端奇异函数的最高阶项是 $\delta'(t)$,所以,方程左端最高阶项 $\frac{\mathrm{d}^2y(t)}{\mathrm{d}t^2}$ 中应包含 $\delta'(t)$。

(2) 判断最高阶项匹配好后对低阶项的影响。因为 $\frac{\mathrm{d}^2y(t)}{\mathrm{d}t^2}$ 项中包含 $\delta'(t)$,这样,$\frac{\mathrm{d}y(t)}{\mathrm{d}t}$ 中就应包含 $\delta(t)$,$y(t)$ 中就应包含 $U(t)$,考虑到 $y(t)$ 项前面的系数,方程左端的 $2y(t)$ 中应有 $2U(t)$。

(3) 匹配低阶项。方程左端有了 $\delta(t)$,而方程右端有 $3\delta(t)$,方程左右不平衡,那么,需要返回到最高阶项 $\frac{\mathrm{d}^2y(t)}{\mathrm{d}t^2}$ 中进行补偿,也就是说,$\frac{\mathrm{d}^2y(t)}{\mathrm{d}t^2}$ 项中还应包含 $2\delta(t)$,才能使方程两端的 $\delta(t)$ 项

相等。这又导致了$\frac{\mathrm{d}y(t)}{\mathrm{d}t}$项中还应包含 $2U(t)$，这样方程左边有 $4U(t)$，右边却没有 $U(t)$，因此$\frac{\mathrm{d}^2y(t)}{\mathrm{d}t^2}$项中还存在 $-4U(t)$。

为清楚起见，我们用下述形式来概括整个匹配过程，即

$$\frac{\mathrm{d}^2y(t)}{\mathrm{d}t^2}\xrightarrow{\text{包含}}\delta'(t)+2\delta(t)-4U(t)\qquad \frac{\mathrm{d}y(t)}{\mathrm{d}t}\xrightarrow{\text{包含}}\delta(t)+2U(t)\qquad y(t)\xrightarrow{\text{包含}}U(t)$$

这样，由上述第二个式子可看出，$\frac{\mathrm{d}y(t)}{\mathrm{d}t}$在 $t=0$ 点有一个 2 的跳变量[注意 $\delta(t)$ 不是跳变，它只是在 $t=0$ 处的瞬时冲激]；由第三个式子看出，$y(t)$ 在 $t=0$ 点有一个 1 的跳变量。即

$$\begin{cases}y'(0^+)-y'(0^-)=2\\ y(0^+)-y(0^-)=1\end{cases}$$

所以 $$y'(0^+)=y'(0^-)+2=5,\quad y(0^+)=y(0^-)+1=3$$

由例 2-2 可见，采用经典时域分析方法求解系统微分方程时，求初始条件 $y^{(k)}(0^+)$ 的过程有些麻烦，特别当阶次较高，且激励信号的奇异函数较复杂时，求初始条件非常困难。所以，在线性系统分析中，常采用其他分析方法以避开求 $y^{(k)}(0^+)$ 这一步，具体方法在后面加以讨论。

## 2.2　微分方程的微分算子表示

如前所述，$n$ 阶系统微分方程的一般形式为

$$\frac{\mathrm{d}^ny(t)}{\mathrm{d}t^n}+a_{n-1}\frac{\mathrm{d}^{n-1}y(t)}{\mathrm{d}t^{n-1}}+\cdots+a_1\frac{\mathrm{d}y(t)}{\mathrm{d}t}+a_0y(t)$$
$$=b_m\frac{\mathrm{d}^mf(t)}{\mathrm{d}t^m}+b_{m-1}\frac{\mathrm{d}^{m-1}f(t)}{\mathrm{d}t^{m-1}}+\cdots+b_1\frac{\mathrm{d}f(t)}{\mathrm{d}t}+b_0f(t)$$

为了得到只含有一个变量的微分方程，定义微分算子 $p$ 满足

$$p=\frac{\mathrm{d}}{\mathrm{d}t},p^2=\frac{\mathrm{d}^2}{\mathrm{d}t^2},\cdots,p^n=\frac{\mathrm{d}^n}{\mathrm{d}t^n}$$

$$\frac{1}{p}=p^{-1}=\int_{-\infty}^{t}(\ )\mathrm{d}\tau,\cdots,\frac{1}{p^n}=p^{-n}=\underbrace{\int_{-\infty}^{t}\int_{-\infty}^{t}\cdots\int_{-\infty}^{t}(\ )\mathrm{d}\tau\mathrm{d}\tau\cdots\mathrm{d}\tau}_{n\text{阶积分}}$$

则上述微分方程可写为

$$p^ny(t)+a_{n-1}p^{n-1}y(t)+\cdots+a_1py(t)+a_0y(t)$$
$$=b_mp^mf(t)+b_{m-1}p^{m-1}f(t)+\cdots+b_1pf(t)+b_0f(t)\tag{2-5}$$

简化为 $$(p^n+a_{n-1}p^{n-1}+\cdots+a_1p+a_0)y(t)=(b_mp^m+b_{m-1}p^{m-1}+\cdots+b_1p+b_0)f(t)$$

若令
$$\begin{cases}D(p)=p^n+a_{n-1}p^{n-1}+\cdots+a_1p+a_0\\ N(p)=b_mp^m+b_{m-1}p^{m-1}+\cdots+b_1p+b_0\end{cases}\tag{2-6}$$

则式(2-5) 可简化为
$$D(p)y(t)=N(p)f(t)\tag{2-7}$$
这是高阶微分方程的微分算子表示。

下面简略介绍与微分算子表示有关的几个问题。

**1. 算子符号基本原则**

式(2-7) 表示的 $D(p)$ 和 $N(p)$ 算子多项式仅仅是一种运算符号,代数方程中的运算规则有的适用于算子多项式,有的则不适用。这里提出两条基本原则。

① 对算子多项式可以进行因式分解,但不能进行因子相消。

② 算子的乘除顺序不能随意颠倒。即

$$p \cdot \frac{1}{p}x \neq \frac{1}{p} \cdot px$$

因为
$$p \cdot \frac{1}{p}x = \frac{\mathrm{d}}{\mathrm{d}t} \cdot \int_{-\infty}^{t} x\mathrm{d}\tau = x$$

而
$$\frac{1}{p} \cdot px = \int_{-\infty}^{t} \left(\frac{\mathrm{d}x}{\mathrm{d}t}\right) \cdot \mathrm{d}\tau = x(t) - x(-\infty) \neq x$$

这表明"先乘后除" 的算子运算(对应先微分后积分) 不能相消,而"先除后乘" 的算子运算(先积分后微分) 可以相消。

**2. 用算子符号建立微分方程**

用算子符号表示微分方程不仅书写简便,而且在建立系统数学模型时很方便。电感、电容的等效算子符号分别如下。

对电感:$u_{\mathrm{L}}(t) = L\frac{\mathrm{d}}{\mathrm{d}t}i_{\mathrm{L}}(t) = Lpi_{\mathrm{L}}(t)$,其中 $Lp$ 就是用算子符号表示的等效电感感抗值。

对电容:$u_{\mathrm{C}}(t) = \frac{1}{C}\int_{-\infty}^{t} i_{\mathrm{C}}(\tau)\mathrm{d}\tau = \frac{1}{Cp}i_{\mathrm{C}}(t)$,其中$\frac{1}{Cp}$ 就是用算子符号表示的等效电容容抗值。

现用算子符号建立电路系统的微分方程。

**【例 2-3】** 将图 2-1(a) 所示电路画在图 2-3(a) 中。求响应 $i_1(t)$,$i_2(t)$ 对激励 $f(t)$ 的微分方程。

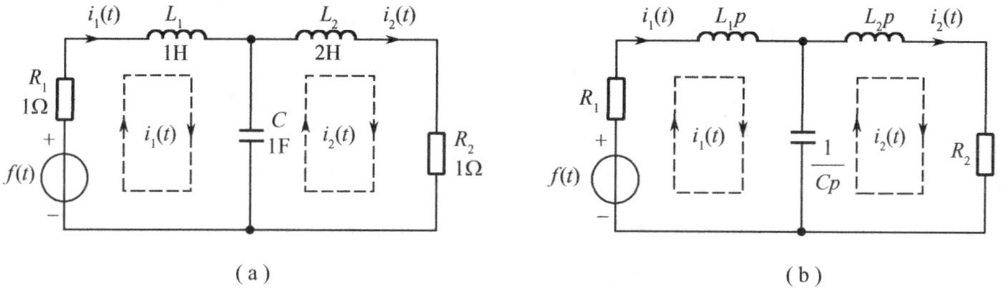


图 2-3

**解:**首先画出算子形式的电路如图 2-3(b) 所示。

算子形式的 KCL 方程为

$$\left.\begin{aligned} L_1pi_1(t) + R_1i_1(t) + \frac{1}{Cp}i_1(t) - \frac{1}{Cp}i_2(t) = f(t) \\ -\frac{1}{Cp}i_1(t) + L_2pi_2(t) + R_2i_2(t) + \frac{1}{Cp}i_2(t) = 0 \end{aligned}\right\}$$

对上面两式各项同时左乘以 $p$,由于允许"先除后乘",可消去$\frac{1}{p}$。整理得

$$\left.\begin{aligned} \left(L_1p^2 + R_1p + \frac{1}{C}\right)i_1(t) - \frac{1}{C}i_2(t) = pf(t) \\ -\frac{1}{C}i_1(t) + \left(L_2p^2 + R_2p + \frac{1}{C}\right)i_2(t) = 0 \end{aligned}\right\}$$

将已知数据代入上式，得

$$\left.\begin{aligned}(p^2+p+1)i_1(t)-i_2(t)&=pf(t)\\-i_1(t)+(2p^2+p+1)i_2(t)&=0\end{aligned}\right\}$$

用行列式法从上式可求得响应 $i_1(t)$ 为

$$i_1(t)=\frac{\begin{vmatrix}pf(t) & -1\\ 0 & 2p^2+p+1\end{vmatrix}}{\begin{vmatrix}p^2+p+1 & -1\\ -1 & 2p^2+p+1\end{vmatrix}}=\frac{p(2p^2+p+1)}{p(2p^3+3p^2+4p+2)}f(t)$$

$$=\frac{2p^2+p+1}{2p^3+3p^2+4p+2}f(t)$$

同理可得 $$i_2(t)=\frac{1}{2p^3+3p^2+4p+2}f(t)$$

故 $$\frac{d^3i_1(t)}{dt^3}+\frac{3}{2}\frac{d^2i_1(t)}{dt^2}+2\frac{di_1(t)}{dt}+i_1(t)=\frac{d^2f(t)}{dt^2}+\frac{1}{2}\frac{df(t)}{dt}+\frac{1}{2}f(t)$$

$$\frac{d^3i_2(t)}{dt^3}+\frac{3}{2}\frac{d^2i_2(t)}{dt^2}+2\frac{di_2(t)}{dt}+i_2(t)=\frac{1}{2}f(t)$$

可以看出，利用微分算子法可以较方便地列写出电路的微分方程。注意：在列写过程中一定要遵守算子运算的规则。

### 3. 传输算子

再看描述 $n$ 阶系统的微分方程

$$\frac{d^ny(t)}{dt^n}+a_{n-1}\frac{d^{n-1}y(t)}{dt^{n-1}}+\cdots+a_1\frac{dy(t)}{dt}+a_0y(t)$$

$$=b_m\frac{d^mf(t)}{dt^m}+b_{m-1}\frac{d^{m-1}f(t)}{dt^{m-1}}+\cdots+b_1\frac{dy(t)}{dt}+b_0f(t)$$

用微分算子 $p$ 表示为 $$(p^n+a_{n-1}p^{n-1}+\cdots+a_1p+a_0)y(t)$$

$$=(b_mp^m+b_{m-1}p^{m-1}+\cdots+b_1p+b_0)f(t)$$

或写成 $$D(p)y(t)=N(p)f(t)$$

又可写成 $$y(t)=\frac{N(p)}{D(p)}f(t)=H(p)f(t)$$

式中 $$D(p)=p^n+a_{n-1}p^{n-1}+\cdots+a_1p+a_0$$

称为系统或微分方程式(2-1) 的特征多项式；而

$$N(p)=b_mp^m+b_{m-1}p^{m-1}+\cdots+b_1p+b_0$$

可知 $$H(p)=\frac{N(p)}{D(p)}=\frac{b_mp^m+b_{m-1}p^{m-1}+\cdots+b_1p+b_0}{p^n+a_{n-1}p^{n-1}+\cdots+a_1p+a_0}\tag{2-8}$$

$H(p)$ 称为响应 $y(t)$ 对激励 $f(t)$ 的传输算子或转移算子，它为 $p$ 的两个实系数有理多项式之比，其分母即为微分方程的特征多项式 $D(p)$。$H(p)$ 描述了系统本身的特性，与系统的激励和响应无关。

**【例 2-4】** 图 2-3(a) 所示电路中，求响应 $i_1(t)$，$i_2(t)$ 对激励 $f(t)$ 的传输算子。

**解**:由
$$\begin{cases} i_1(t)=\dfrac{2p^2+p+1}{2p^3+3p^2+4p+2}f(t) \\ i_2(t)=\dfrac{1}{2p^3+3p^2+4p+2}f(t) \end{cases}$$

可得
$$\begin{cases} H_1(p)=\dfrac{i_1(t)}{f(t)}=\dfrac{2p^2+p+1}{2p^3+3p^2+4p+2} \\ H_2(p)=\dfrac{i_2(t)}{f(t)}=\dfrac{1}{2p^3+3p^2+4p+2} \end{cases}$$

可见,对同一系统的不同的响应 $i_1(t)$,$i_2(t)$,其特征多项式是相同的,这就是系统特征多项式的不变性与相同性。

在时域分析中,微分算子提供了简单易行的辅助分析手段,但本质上与经典方法分析系统相同,而形式上与以后用到的拉普拉斯变换分析相似。

## 2.3 零输入响应与零状态响应

从 2.2 节分析可知,系统的解可以分解为齐次解 $y_0(t)$ 和特解 $y_d(t)$。由于齐次解的函数形式依赖于系统本身的特性,与激励函数的形式无关(虽然系数与激励信号有关),所以齐次解也称为自由响应;而特解的形式由激励函数决定,所以 $y_d(t)$ 也称为系统的强迫响应。

另一种重要的响应分解是零输入响应和零状态响应。

### 2.3.1 零输入响应与零状态响应的求解

零输入响应:没有外加激励信号的作用,只是由初始状态(初始时刻系统的储能)所产生的响应,一般用 $y_x(t)$ 表示。

零状态响应:不考虑初始时刻系统的储能作用(初始状态为零),由系统的外部激励信号所产生的响应,一般用 $y_f(t)$ 表示。

**【例 2-5】** 系统的微分方程为
$$\frac{\mathrm{d}y(t)}{\mathrm{d}t}+3y(t)=3U(t)$$
且 $y(0^-)=3/2$,求零输入响应 $y_x(t)$、零状态响应 $y_f(t)$ 和全响应 $y(t)$。

**解**:(1) 求齐次解,由特征方程可方便地获得特征根为 $\lambda=-3$,所以
$$y_0(t)=A\mathrm{e}^{-3t}$$

(2) 求特解 $\qquad y_d(t)=1$

(3) 全响应为 $\qquad y(t)=A\mathrm{e}^{-3t}+1 \quad t\geqslant 0$

由方程式两端奇异函数平衡条件可以判断,$y(t)$ 在起始点无跳变,即 $y(0^+)=y(0^-)$。利用 $y(0^+)$ 可求出系数 $A=y(0^-)-1$,所以
$$y(t)=[y(0^-)-1]\mathrm{e}^{-3t}+1=\mathrm{e}^{-3t}y(0^-)+(-\mathrm{e}^{-3t}+1) \quad t\geqslant 0 \tag{2-9}$$

(4) 求零输入响应 $y_x(t)$,这时
$$\begin{cases} \dfrac{\mathrm{d}y_x(t)}{\mathrm{d}t}+3y_x(t)=0 \\ y_x(0^+)=y(0^-) \end{cases}$$

故 $$y_x(t)=y(0^-)e^{-3t}\qquad t\geqslant 0$$

(5) 求零状态响应 $y_f(t)$，这时

$$\begin{cases}\dfrac{dy_f(t)}{dt}+3y_f(t)=3U(t)\\ y_f(0^-)=0\end{cases}$$

解此非齐次微分方程，得 $$y_f(t)=-e^{-3t}+1\qquad t>0$$

因此 $$y_x(t)+y_f(t)=y(t)$$

**分析**：在式(2-9)的完全响应中，第一项只与系统的初始状态有关，这部分响应为系统的零输入响应；而第二项与初始状态无关，只与系统的激励有关，这部分响应是系统的零状态响应。由例 2-5 可知，系统的全响应为

$$y(t)=y_x(t)+y_f(t)$$

这样全响应可分解为 $$y(t)=\overbrace{\underbrace{\frac{3}{2}e^{-3t}}_{\text{零输入响应}}-e^{-3t}}^{\text{自由响应}}\underbrace{\overbrace{+1}^{\text{强迫响应}}}_{\text{零状态响应}}\qquad t>0$$

可以看出，两种分解方法有着明显的区别。虽然自由响应与零输入响应都能满足齐次方程的解，但自由响应中的待定系数是由系统的初始条件和外部激励共同作用决定的；而零输入响应仅仅由系统的初始储能 $y^{(k)}(0^-)$ 决定。在初始状态为零的条件下，必然有 $y_x(t)=0$，但 $y_f(t)$ 不为零，而且 $y_f(t)$ 中所包含的自由响应分量一般也不为零。也就是说，自由响应也可以分解为两部分，一部分由系统的初始储能产生，另一部分由激励信号产生。当系统的初始状态为零时，前一部分为零，后一部分仍可存在。

### 2.3.2　零输入响应的传输算子求解法

由前面分析可知，零输入响应满足齐次微分方程，故响应的函数形式由微分方程的特征根决定，而系统的传输算子的分母即为微分方程的特征多项式 $D(p)$，故可通过令 $D(p)=0$ 来求得系统的特征根，从而得到零输入响应的函数形式，再利用初始值确定待定系数，得到零输入响应。具体求解步骤如下：

① 求系统的特征根。

② 写出 $y_x(t)$ 的通解表达式。

③ 根据换路定律、电荷守恒定律、磁链守恒定律，根据系统的初始状态求系统的初始值 $y_x(0^+),y_x'(0^+),y_x''(0^+),\cdots,y_x^{(n-1)}(0^+)$。

④ 将已求得的初始值 $y_x(0^+),y_x'(0^+),y_x''(0^+),\cdots,y_x^{(n-1)}(0^+)$ 代入 $y_x(t)$ 的通解表达式，确定待定系数。

⑤ 由确定出的待定系数得到 $y_x(t)$。

⑥ 画出 $y_x(t)$ 的波形。

**【例 2-6】**　已知各系统的传输算子及初始值，求各系统的零输入响应 $y_x(t)$。

(1) $H(p)=\dfrac{p+4}{p(p^2+3p+2)}$，　$y_x(0^+)=0$，　$y_x'(0^+)=1$，　$y_x''(0^+)=0$；

(2) $H(p)=\dfrac{1}{p^2+2p+5}$，　$y_x(0^+)=1$，　$y_x'(0^+)=7$；

(3) $H(p)=\dfrac{2p^2+8p+3}{(p+1)(p+3)^2}$，　$y_x(0^+)=2$，　$y_x'(0^+)=1$，　$y_x''(0^+)=0$。

**解:**(1) $D(p)=p(p^2+3p+2)=p(p+1)(p+2)=0$

得系统的特征根为
$$p_1=0,\quad p_2=-1,\quad p_3=-2$$
故可写出
$$y_x(t)=A_1e^{p_1t}+A_2e^{p_2t}+A_3e^{p_3t}=A_1+A_2e^{-t}+A_3e^{-2t}$$
又
$$y_x'(t)=-A_2e^{-t}-2A_3e^{-2t}$$
$$y_x''(t)=A_2e^{-t}+4A_3e^{-2t}$$
故
$$y_x(0^+)=A_1+A_2+A_3=0$$
$$y_x'(0^+)=-A_2-2A_3=1$$
$$y_x''(0^+)=A_2+4A_3=0$$
解得
$$A_1=\frac{3}{2},\quad A_2=-2,\quad A_3=\frac{1}{2}$$
故得
$$y_x(t)=\frac{3}{2}-2e^{-t}+\frac{1}{2}e^{-2t}\qquad t>0$$

(2) $D(p)=p^2+2p+5=0$ 的根为 $p_1=-1+j2$, $p_2=-1-j2=p_1^*$。故可写出
$$y_x(t)=A_1e^{(-1+j2)t}+A_2e^{(-1-j2)t}$$
又
$$y_x'(t)=(-1+j2)A_1e^{(-1+j2)t}+(-1-j2)A_2e^{(-1-j2)t}$$
故
$$y_x(0^+)=A_1+A_2=1$$
$$y_x'(0^+)=(-1+j2)A_1+(-1-j2)A_2=7$$
解得
$$A_1=\frac{1}{2}-j2,\quad A_2=\frac{1}{2}+j2=A_1^*$$
故得
$$y_x(t)=\left(\frac{1}{2}-j2\right)e^{(-1+j2)t}+\left(\frac{1}{2}+j2\right)e^{(-1-j2)t}=e^{-t}(\cos2t+4\sin2t)\quad t>0$$

(3) $D(p)=(p+1)(p+3)^2=0$ 的根为 $p_1=-1$,$p_2=p_3=-3$(二重根)。故可写出
$$y_x(t)=A_1e^{-t}+A_2e^{-3t}+A_3te^{-3t}$$
又
$$y_x'(t)=-A_1e^{-t}-3A_2e^{-3t}-3A_3te^{-3t}+A_3e^{-3t}$$
$$y_x''(t)=A_1e^{-t}+9A_2e^{-3t}+9A_3te^{-3t}-3A_3e^{-3t}-3A_3e^{-3t}$$
故
$$y_x(0^+)=A_1+A_2=2$$
$$y_x'(0^+)=-A_1-3A_2+A_3=1$$
$$y_x''(0^+)=A_1+9A_2-6A_3=0$$
解得
$$A_1=6,\quad A_2=-4,\quad A_3=-5$$
故得
$$y_x(t)=6e^{-t}-4e^{-3t}-5te^{-3t}\quad t>0$$

**【例 2-7】** 求图 2-4(a) 所示电路中关于电流 $i(t)$ 的零输入响应 $i_x(t)$。已知 $i(0^-)=1A$，$u_C(0^-)=-7V$。

**解:**图 2-4(a) 所示电路的算子形式的电路模型如图 2-4(b) 所示,根据此电路即可列写出电流 $i(t)$ 的微分方程为
$$\left(p+5+\frac{6}{p}\right)i(t)=f(t)$$
即
$$(p^2+5p+6)i(t)=pf(t)$$

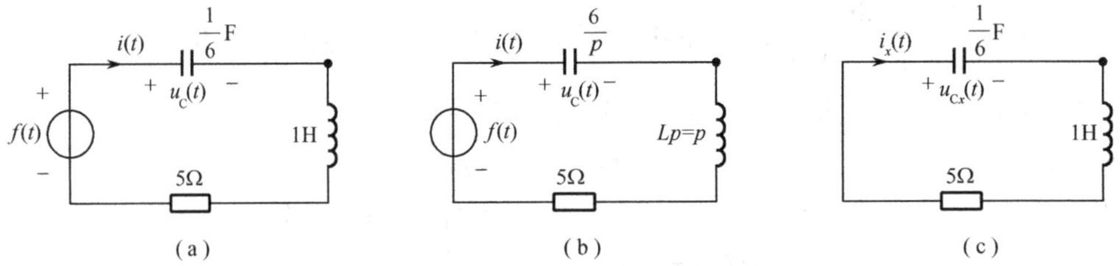


图 2-4

故
$$i(t)=\frac{p}{p^2+5p+6}f(t)$$

得
$$H(p)=\frac{p}{p^2+5p+6}$$

$$D(p)=p^2+5p+6=0$$

即
$$(p+2)(p+3)=0$$

得微分方程的特征根为 $p_1=-2,p_2=-3$。可写出零输入响应 $i_x(t)$ 的通解形式为

$$i_x(t)=A_1\mathrm{e}^{p_1t}+A_2\mathrm{e}^{p_2t}=A_1\mathrm{e}^{-2t}+A_2\mathrm{e}^{-3t}$$

$$i_x'(t)=-2A_1\mathrm{e}^{-2t}-3A_2\mathrm{e}^{-3t}$$

故
$$i_x(0^+)=A_1+A_2 \quad ①$$

$$i_x'(0^+)=-2A_1-3A_2 \quad ②$$

根据换路定律有 $i_x(0^+)=i_x(0^-)=i(0^-)=1\text{A}$。

下面求 $i_x'(0^+)$：由图 2-4(c) 可得

$$u_{\mathrm{C}x}(t)+L\frac{\mathrm{d}i_x(t)}{\mathrm{d}t}+Ri_x(t)=0\quad t>0$$

故
$$u_{\mathrm{C}x}(0^+)+Li_x'(0^+)+Ri_x(0^+)=0$$

得
$$i_x'(0^+)=\frac{-u_{\mathrm{C}x}(0^+)-Ri_x(0^+)}{L}=\frac{-u_{\mathrm{C}}(0^-)-5i_x(0^-)}{1}=\frac{-(-7)-5\times 1}{1}=2$$

将已求得的 $i_x(0^+)=1\text{A}$ 和 $i_x'(0^+)=2$ 代入式①、式②有

$$\begin{cases}A_1+A_2=1\\-2A_1-3A_2=2\end{cases}$$

解得 $A_1=5,A_2=-4$。代入 $i_x(t)$ 的通解式中，即得零输入响应为

$$i_x(t)=5\mathrm{e}^{-2t}-4\mathrm{e}^{-3t}\quad(\text{A})\qquad t>0$$

### 2.3.3 系统响应的线性特性分析

在第 1 章中曾指出，线性时不变系统满足齐次性与叠加性及微积分性质。但这些性质是在一定条件下满足的。下面举例说明。

若系统的微分方程为

$$\frac{\mathrm{d}y(t)}{\mathrm{d}t}+2y(t)=f(t)$$

初始状态 $y(0^-)=2$ 时，系统对激励 $f_1(t)=\mathrm{e}^{-t}$ 的响应 $y_1(t)$ 为

$$y_1(t)=\mathrm{e}^{-2t}+\mathrm{e}^{-t}$$

若把激励信号乘以 5，即 $f_2(t)=5\mathrm{e}^{-t}$，则可以求得响应为

$$y_2(t) = -3e^{-2t} + 5e^{-t}$$

很明显，$y_2(t) \neq 5y_1(t)$，不符合齐次性的要求，但不能据此说明该系统是一个非线性系统。产生这一现象的原因在于，虽然系统的激励被放大，但是系统的起始储能 $y(0^-)$ 没有随着外部激励而变化，所以导致系统的全响应不满足线性特性。

我们再将系统的响应分为零输入响应和零状态响应来分别计算。

在 $f_1(t) = e^{-t}$ 及 $y(0^-) = 2$ 的条件下，系统的响应为

$$y_1(t) = \underbrace{2e^{-2t}}_{\text{零输入响应}} + \underbrace{(-e^{-2t} + e^{-t})}_{\text{零状态响应}}$$

而在 $f_2(t) = 5e^{-t}$ 及 $y(0^-) = 2$ 的条件下，响应为

$$y_2(t) = \underbrace{2e^{-2t}}_{\text{零输入响应}} + \underbrace{5(-e^{-2t} + e^{-t})}_{\text{零状态响应}}$$

比较 $y_1(t)$ 和 $y_2(t)$ 可见，零状态响应满足线性系统的特性。

若把 $y(0^-)$ 也按照同样的比例放大得 $y(0^-) = 10$，则在激励 $f_2(t) = 5e^{-t}$ 下，响应为

$$y_3(t) = \underbrace{10e^{-2t}}_{\text{零输入响应}} + \underbrace{5(-e^{-2t} + e^{-t})}_{\text{零状态响应}}$$

可见，这时 $y_3(t)$ 与 $y_1(t)$ 满足线性系统的齐次性，但是，这是以改变系统的初始储能为条件的。

从上面的例子可以说明，常系数线性微分方程描述的系统在下面几点上是满足线性特性的。

（1）响应的可分解性：系统响应可分解为零输入响应和零状态响应。

（2）零状态响应线性：当初始状态为零时，系统的零状态响应对于各激励信号呈线性，且系统也为时不变系统。

（3）零输入响应线性：当激励为零时，系统的零输入响应对于各初始状态呈线性。

我们讨论了将响应分解为零输入响应和零状态响应的方法及求解方法，以及系统的线性特性。可以看出，求零输入响应比较简单，而求零状态响应比较复杂。这种响应的分解方法为现代时域分析方法——卷积分析法提供了途径。

# 2.4　系统的冲激响应与阶跃响应

## 2.4.1　冲激响应与阶跃响应的定义

冲激响应：单位冲激信号 $\delta(t)$ 作为激励在系统中产生的零状态响应称为“单位冲激响应”，简称“冲激响应”，通常用 $h(t)$ 表示，如图 2-5 所示。

阶跃响应：单位阶跃信号 $U(t)$ 作为激励在系统中产生的零状态响应称为“单位阶跃响应”，简称“阶跃响应”，通常用 $g(t)$ 表示，如图 2-6 所示。

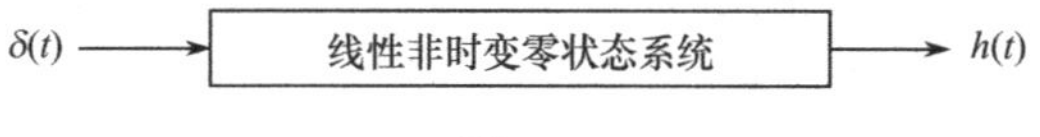

图 2-5

图 2-6

我们对这两种响应感兴趣的第一个原因是冲激信号和阶跃信号是两种典型信号，求这两种信号引起的零状态响应是线性系统分析中常见的典型问题，$h(t)$ 还与今后要介绍的系统函数及系统的稳定性等许多系统特性有关。第二个原因是为用卷积积分分析系统的零状态响应做准备。前面

介绍过，信号可以分解为阶跃信号或冲激信号的线性组合，再与叠加性和时不变性结合起来，就能够用冲激响应或阶跃响应来分析线性时不变系统的零状态响应。

### 2.4.2 冲激响应的求解

#### 1. 利用微分方程求冲激响应

若系统的微分方程为

$$\frac{d^n y(t)}{dt^n}+a_{n-1}\frac{d^{n-1}y(t)}{dt^{n-1}}+\cdots+a_1\frac{dy(t)}{dt}+a_0y(t)$$
$$=b_m\frac{d^m f(t)}{dt^m}+b_{m-1}\frac{d^{m-1}f(t)}{dt^{m-1}}+\cdots+b_1\frac{df(t)}{dt}+b_0f(t)$$

在 $f(t)=\delta(t)$ 时求得的零状态响应即为 $h(t)$。

把 $f(t)=\delta(t)$ 代入微分方程，在方程的右端将出现 $\delta(t)$ 及其各阶导数。为保证方程两端奇异函数平衡，则 $h(t)$ 中是否包含有 $\delta(t)$ 及其导数，将和 $n$ 与 $m$ 的相对大小有关。

$n>m$：方程右端最高阶次为 $\frac{d^m\delta(t)}{dt^m}$，为与之相匹配，$\frac{d^n h(t)}{dt^n}$ 中应包含有 $\frac{d^m\delta(t)}{dt^m}$，则 $\frac{d^{n-1}h(t)}{dt^{n-1}}$ 中应包含有 $\frac{d^{m-1}(t)}{dt^{m-1}}$，以此类推，$\frac{d^{n-m+1}h(t)}{dt^{n-m+1}}$ 将包含有 $\delta(t)$，而 $\frac{d^{n-m-1}h(t)}{dt^{n-m-1}},\cdots,\frac{d^n h(t)}{dt^n}$，$h(t)$ 中将不包含有 $\delta(t)$ 函数。

$n=m$：$h(t)$ 中将包含有 $\delta(t)$ 信号。

$n<m$：$h(t)$ 中除包含有 $\delta(t)$ 外还将有 $\delta(t)$ 的导数。

今后我们可以看到，为保证系统稳定，有 $n\geqslant m$ 的要求，这里我们仅讨论 $n>m$ 的情况。

由定义可知，$\delta(t)$ 及其各阶导数在 $t>0$ 时都为零，于是 $h(t)$ 的形式应与齐次解的形式相同，不包含特解。若系统的特征方程共有 $n$ 个非重根 $\alpha_i$，则

$$h(t)=\left(\sum_{i=1}^{n}A_i e^{\alpha_i t}\right)U(t) \tag{2-10}$$

下面确定系数 $A_i$。由于系统的起始状态为零，即 $h(0^-)=h'(0^-)=\cdots=h^{(n-1)}(0^-)=0$，可以利用 2.1 节所述的奇异函数平衡法来求出初始值 $h(0^+),h'(0^+),\cdots,h^{(n-1)}(0^+)$，从而代入式(2-10)来确定系数 $A_i$。但这种方法求解过程比较麻烦，容易引起错误。这里，我们再介绍一种确定 $A_i$ 的方法，即将 $h(t)$ 的表达式(2-10) 及 $h(t)$ 的各阶导数代入微分方程，使方程两端奇异函数的系数相匹配，从而求出 $A_i$。下面将举例说明。

**【例 2-8】** 系统的微分方程为

$$(L^2-M^2)\frac{d^2y(t)}{dt^2}+2RL\frac{dy(t)}{dt}+R^2y(t)=M\frac{df(t)}{dt}$$

试求其冲激响应。

**解**：方程的特征根为 $\alpha_1=-\frac{R}{L+M},\quad \alpha_2=-\frac{R}{L-M}$

故 $h(t)=(A_1e^{\alpha_1 t}+A_2e^{\alpha_2 t})U(t)$

$$\frac{dh(t)}{dt}=(A_1+A_2)\delta(t)+(A_1\alpha_1e^{\alpha_1 t}+A_2\alpha_2e^{\alpha_2 t})U(t)$$

$$\frac{d^2h(t)}{dt^2}=(A_1+A_2)\delta'(t)+(A_1\alpha_1+A_2\alpha_2)\delta(t)+(A_1\alpha_1^2e^{\alpha_1 t}+A_2\alpha_2^2e^{\alpha_2 t})U(t)$$

将 $h(t),\dfrac{dh(t)}{dt},\dfrac{d^2h(t)}{dt^2}$ 代入微分方程,令左右两端对应的奇异函数项系数相等,得

$$\begin{cases}(L^2-M^2)(A_1+A_2)=M\\2RL(A_1+A_2)+(L^2-M^2)(A_1\alpha_1+A_2\alpha_2)=0\end{cases}$$

解得

$$A_1=-\frac{1}{2(L+M)},\quad A_2=\frac{1}{2(L-M)}$$

故

$$h(t)=\frac{1}{2}\left(\frac{e^{\alpha_2 t}}{L-M}-\frac{e^{\alpha_1 t}}{L+M}\right)U(t)$$

这里我们采用了将 $h(t)$ 直接代入方程的方法求系数,避免了求 $h(0^+)$ 和 $h'(0^+)$。

**2. 利用 $H(p)$ 求冲激响应**

单位冲激响 $h(t)$ 还可通过将 $H(p)$ 展开成部分分式而求得。以下分三种情况讨论。

(1) 当 $n>m$ 时

当 $n>m$ 时,$H(p)$ 为真分式。设 $D(p=0)$ 的根为 $n$ 个单根(不论实根、虚根、复数根)$p_1$,$p_2,\cdots,p_n$,则可将 $H(p)$ 展开成部分分式,即

$$H(p)=\frac{b_mp^m+b_{m-1}p^{m-1}+\cdots+b_1p+b_0}{p^n+a_{n-1}p^{n-1}+\cdots+a_1p+a_0}=\frac{b_mp^m+\cdots+b_1p+b_0}{(p-p_1)(p-p_2)\cdots(p-p_n)}=\frac{K_1}{p-p_1}+\frac{K_2}{p-p_2}+\cdots+\frac{K_n}{p-p_n}$$

其中,$K_1,K_2,\cdots,K_n$ 为待定系数,是可以求解的,于是由

$$y(t)=\frac{N(p)}{D(p)}f(t)=H(p)f(t)$$

可得

$$h(t)=\frac{K_1}{p-p_1}\delta(t)+\frac{K_2}{p-p_2}\delta(t)+\cdots+\frac{K_n}{p-p_n}\delta(t)\tag{2-11}$$

为了求得 $h(t)$,先来研究式(2-11)中等号右端的第 $i$ 项。令

$$h_i(t)=\frac{K_i}{p-p_i}\delta(t)\qquad i=1,2,3,\cdots,n$$

可以证明

$$h_i(t)=K_ie^{p_it}U(t)\qquad i=1,2,3,\cdots,n$$

故得

$$\begin{aligned}h(t)&=K_1e^{p_1t}U(t)+K_2e^{p_2t}U(t)+\cdots+K_ne^{p_nt}U(t)\\&=\sum_{i=1}^{n}K_ie^{p_it}U(t)\qquad i=1,2,\cdots,n\end{aligned}\tag{2-12}$$

可见单位冲激响应 $h(t)$ 的形式与系统零输入响应 $y_x(t)$ 的形式相同,但两者中系数的求法不同。

若 $D(p)=0$ 的根(特征根)中含有 $r$ 重根 $p_i$,则 $H(p)$ 的部分分式中将含有形如 $\dfrac{K}{(p-p_i)^r}$ 的项,可以证明,与之对应的冲激响应的函数形式将为 $\dfrac{K}{(r-1)!}t^{r-1}e^{p_it}U(t)$。

表 2-2 给出了各种形式的 $H(p)$ 及其对应的 $h(t)$。

**表 2-2 $H(p)$ 及其对应的 $h(t)$**

| $H(p)$ | $h(t)$ |
|---|---|
| $K$ | $K\delta(t)$ |
| $p$ | $\delta'(t)$ |
| $\dfrac{K}{p-p_n}$ | $Ke^{p_nt}U(t)$ |
| $\dfrac{K_1+jK_2}{p-(a+j\omega)}+\dfrac{K_1-jK_2}{p-(a-j\omega)}$ | $2e^{at}(K_1\cos\omega t-K_2\sin\omega t)U(t)$ |
| $\dfrac{Ke^{j\theta}}{p-(a+j\omega)}+\dfrac{Ke^{-j\theta}}{p-(a-j\omega)}$ | $2Ke^{at}\cos(\omega t+\theta)U(t)$ |
| $\dfrac{K}{(p-p_i)^r}$, $r$ 为正整数 | $\dfrac{K}{(r-1)!}t^{r-1}e^{p_it}U(t)$ |

【例 2-9】 已知 $h(t)=\dfrac{p+3}{p^2+3p+2}\delta(t)$，求 $h(t)$。

**解：**

$$H(p)=\frac{2}{p+1}-\frac{1}{p+2}$$

故

$$h(t)=\left(\frac{2}{p+1}-\frac{1}{p+2}\right)\delta(t)=\frac{2}{p+1}\delta(t)-\frac{1}{p+2}\delta(t)$$

$$=2e^{-t}U(t)-e^{-2t}U(t)=(2e^{-t}-e^{-2t})U(t)$$

(2) 当 $n=m$ 时

当 $n=m$ 时，应将 $H(p)$ 用除法化为一个常数项 $b_m$ 与一个真分式 $\dfrac{N_0(p)}{N(p)}$ 之和，即

$$H(p)=b_m+\frac{N_0(p)}{N(p)}=b_m+\frac{K_1}{p-p_1}+\frac{K_2}{p-p_2}+\cdots+\frac{K_n}{p-p_n}$$

故得

$$h(t)=b_m\delta(t)+\sum_{i=1}^{n}K_ie^{p_it}U(t)\quad i=1,2,\cdots,n$$

可见，此种情况下，$h(t)$ 中将含有 $\delta(t)$。

【例 2-10】 已知 $h(t)=\dfrac{p^2+4p+5}{p^2+3p+2}\delta(t)$，求 $h(t)$。

**解：** $H(p)=\dfrac{p^2+4p+5}{p^2+3p+2}=1+\dfrac{p+3}{p^2+3p+2}=1+\dfrac{2}{p+1}-\dfrac{1}{p+2}$

故

$$h(t)=\left(1+\frac{2}{p+1}-\frac{1}{p+2}\right)\delta(t)=\delta(t)+\frac{2}{p+1}\delta(t)-\frac{1}{p+2}\delta(t)$$

$$=\delta(t)+(2e^{-t}-e^{-2t})U(t)$$

(3) 当 $n<m$ 时

当 $n<m$ 时，$h(t)$ 中除了包含指数项 $\sum\limits_{i=1}^{n}K_ie^{p_it}U(t)$ 和 $\delta(t)$ 外，还将包含有直到 $\delta^{(m-n)}(t)$ 的 $\delta(t)$ 的各阶导数。

【例 2-11】 已知 $h(t)=\dfrac{3p^3+5p^2-5p-5}{p^2+3p+2}\delta(t)$，求 $h(t)$。

**解：**

$$H(p)=\frac{3p^3+5p^2-5p-5}{p^2+3p+2}=3p-4+\frac{p+3}{p^2+3p+2}$$

$$=3p-4+\frac{2}{p+1}-\frac{1}{p+2}$$

故

$$h(t)=\left(3p-4+\frac{2}{p+1}-\frac{1}{p+2}\right)\delta(t)$$

$$=3p\delta(t)-4\delta(t)+\frac{2}{p+1}\delta(t)-\frac{1}{p+2}\delta(t)$$

$$=3\delta'(t)-4\delta(t)+(2e^{-t}-e^{-2t})U(t)$$

【例 2-12】 已知系统的微分方程为

$$(p+1)^3(p+2)y(t)=(4p^3+16p^2+23p+13)f(t)$$

求系统的冲激响应 $h(t)$。

**解：**

$$H(p)=\frac{4p^3+16p^2+23p+13}{(p+1)^3(p+2)}$$

$$=\frac{K_{11}}{(p+1)^3}+\frac{K_{12}}{(p+1)^2}+\frac{K_{13}}{p+1}+\frac{K_2}{p+2}$$

$$=\frac{2}{(p+1)^3}+\frac{1}{(p+1)^2}+\frac{3}{p+1}+\frac{1}{p+2}$$

故

$$h(t)=\frac{2}{(p+1)^3}\delta(t)+\frac{1}{(p+1)^2}\delta(t)+\frac{3}{p+1}\delta(t)+\frac{1}{p+2}\delta(t)$$

$$=\frac{2}{(3-1)!}t^2e^{-t}U(t)+\frac{1}{(2-1)!}te^{-t}U(t)+3e^{-t}U(t)+e^{-2t}U(t)$$

$$=(t^2e^{-t}+te^{-t}+3e^{-t}+e^{-2t})U(t)$$

**【例 2-13】** 求图 2-7(a) 所示电路中关于 $u_1(t)$,$u_1(t)$ 的冲激响应 $h_1(t)$,$h_2(t)$。

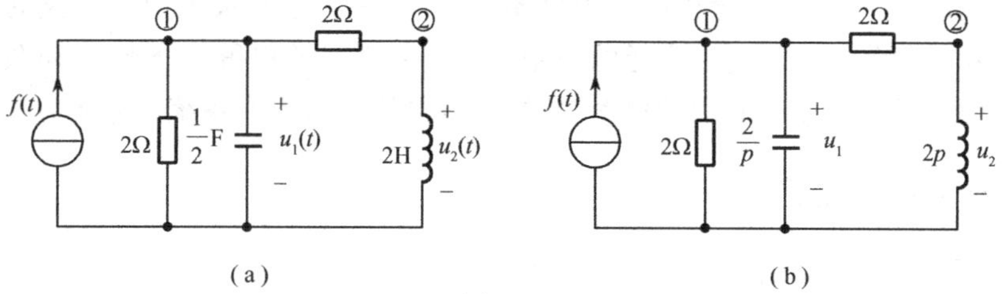


图 2-7

**解：**图 2-7(a) 所示电路算子形式的电路模型如图 2-7(b) 所示。根据图 2-7(b)，对节点 ①、② 列 KCL 方程为

$$\left(\frac{p}{2}+1\right)u_1(t)-\frac{1}{2}u_2(t)=f(t)$$

$$-\frac{1}{2}u_1(t)+\left(\frac{1}{2p}+\frac{1}{2}\right)u_2(t)=0$$

解得

$$u_1(t)=\frac{2(p+1)}{p^2+2p+2}f(t)=2\frac{p+1}{(p+1)^2+1}f(t)$$

$$u_2(t)=\frac{2p}{p^2+2p+2}f(t)=2\left[\frac{p+1}{(p+1)^2+1}-\frac{1}{(p+1)^2+1}\right]f(t)$$

故得

$$h_1(t)=\frac{2(p+1)}{p^2+2p+2}\delta(t)=2e^{-t}\cos tU(t)\quad (\mathrm{V})$$

$$h_2(t)=2\frac{p+1}{(p+1)^2+1}\delta(t)-2\frac{1}{(p+1)^2+1}\delta(t)$$

$$=(2e^{-t}\cos t-2e^{-t}\sin t)U(t)\quad (\mathrm{V})$$

### 2.4.3 阶跃响应的求解

阶跃响应 $g(t)$ 的形式与微分方程两端的阶次有关，在 $n\geqslant m$ 的情况下，$g(t)$ 中将不包含冲激函数，而且 $g(t)$ 由自由响应和强迫响应构成，当特征方程有 $n$ 个非重根时，$g(t)$ 的形式为

$$g(t)=\left(\sum_{i=1}^{n}A_ie^{\alpha_it}+B\right)U(t) \tag{2-13}$$

其中 $B$ 为常数，可用待定系数法求特解来确定，而 $A_i$ 可以通过代入微分方程之后用奇异函数平衡的方法确定，与求 $h(t)$ 的方法类似。这里不再细述。

$g(t)$ 的另一种求解方法，是根据线性系统的积分性，可通过将 $h(t)$ 进行积分而求得。即

$$g(t)=\int_{0^-}^{t} h(\tau)\mathrm{d}\tau$$

# 2.5 卷积积分

从以上的分析可以看出，用经典分析法求零状态响应比较复杂，特别是当激励函数较复杂和系统的阶次较高时，求解十分困难，而求 $h(t)$ 则相对容易，可以利用信号的分解原理，将信号分解为冲激信号的组合，然后将这些冲激信号分别通过线性系统，得到各个冲激信号所对应的冲激响应，再利用线性时不变系统的线性特性和时不变特性，将各冲激响应叠加就得到零状态响应。这就是系统的卷积积分分析的基本原理。

卷积积分是线性时不变系统分析的一个重要工具，随着信号与系统理论研究的深入以及计算机技术的发展，卷积积分得到了更为广泛的应用。我们在学习卷积积分分析时，不仅要掌握卷积积分的计算方法，而且要理解卷积的物理概念，这样对掌握线性时不变系统的分析方法有帮助。

## 2.5.1 卷积积分的定义

由第 1 章可知，由于任意信号 $f(t)$ 可以用冲激信号的组合表示，即

$$f(t)=\int_{-\infty}^{\infty} f(\tau)\delta(t-\tau)\mathrm{d}\tau$$

若把信号 $f(t)$ 作用于冲激响应为 $h(t)$ 的线性时不变系统（设信号 $f(t)$ 对应的响应为 $H[f(t)]$），则系统的响应为

$$\begin{aligned}y(t)&=H[f(t)]=H\left[\int_{-\infty}^{\infty} f(\tau)\delta(t-\tau)\mathrm{d}\tau\right]\\&=\int_{-\infty}^{\infty} f(\tau)H[\delta(t-\tau)]\mathrm{d}\tau=\int_{-\infty}^{\infty} f(\tau)h(t-\tau)\mathrm{d}\tau\end{aligned}$$

这就是 $f(t)$ 和 $h(t)$ 的卷积积分，由于 $h(t)$ 是在零状态下定义的，所以上式表示的响应为零状态响应 $y_f(t)$。

任意两个信号 $f(t)$ 与 $h(t)$ 的卷积积分（简称卷积，用符号“ * ”表示）定义为

$$y(t)=f(t)*h(t)=\int_{-\infty}^{\infty} f(\tau)h(t-\tau)\mathrm{d}\tau \tag{2-14}$$

积分限 $-\infty \sim \infty$ 是对一般函数的表达式。要根据具体函数的定义区间来选择积分限。下面根据 $f_1(t)$ 和 $f_2(t)$ 的定义区间来确定卷积积分的积分限。

## 2.5.2 卷积积分上下限的讨论

(1) 若 $f(t)$ 和 $h(t)$ 均为因果信号：

当 $\tau<0$ 时，$f(\tau)=0$，这样有 $f(\tau)h(t-\tau)=0$；

当 $(t-\tau)<0$，即 $\tau>t$ 时，$f(\tau)h(t-\tau)=0$；

故
$$\int_{-\infty}^{\infty} f(\tau)h(t-\tau)\mathrm{d}\tau=\int_{0^-}^{t} f(\tau)h(t-\tau)\mathrm{d}\tau$$

同理可得：

(2) 若 $f(t)$ 为因果信号，$h(t)$ 为非时限信号，则积分的上下限可写为 $(0^-,\infty)$，即

$$y(t)=f(t)*h(t)=\int_{0^-}^{\infty}f(\tau)h(t-\tau)\mathrm{d}\tau$$

(3) 若$f(t)$ 为非时限信号,$h(t)$ 为因果信号,则积分的上下限可写为$(-\infty,t)$,即

$$y(t)=f(t)*h(t)=\int_{-\infty}^{t}f(\tau)h(t-\tau)\mathrm{d}\tau$$

(4) 若$f(t)$ 和 $h(t)$ 均为非时限信号,则积分的上下限可写为$(-\infty,\infty)$,即

$$y(t)=f(t)*h(t)=\int_{-\infty}^{\infty}f(\tau)h(t-\tau)\mathrm{d}\tau$$

从上面几种情况可以看出,卷积积分的积分限要根据具体函数的定义域来确定,而且还要根据 $t$ 的变化而改变积分限。

### 2.5.3 卷积积分的图形解释

卷积积分的图解说明可以帮助我们理解卷积的概念,把一些抽象的关系形象化。

设有两个任意的时间函数$f(t)$ 和 $h(t)$,求它们的卷积积分可分为以下 5 个步骤:

(1) 将函数$f(t)$,$h(t)$ 中的自变量 $t$ 变为 $\tau$,从而得到$f(\tau)$,$h(\tau)$,这时函数图形与原来一样,只是横坐标由 $t$ 变为 $\tau$。

(2) 将函数 $h(\tau)$ 沿纵轴对折,得到折叠信号 $h(-\tau)$。

(3) 将$h(-\tau)$沿$\tau$轴平移$t$,得到平移信号$h[-(\tau-t)]=h(t-\tau)$。注意:这里$t$是一个变量,可以认为 $t$ 的变化范围为 $-\infty \sim \infty$,而不是一个常量。$t>0$时信号向右平移,$t<0$时信号向左平移。

(4) 将$f(\tau)$ 与$h(t-\tau)$ 相乘,得到相乘信号$f(\tau)h(t-\tau)$。这时要确定$f(\tau)$ 与$h(t-\tau)$ 两个函数的公共区间,即$f(\tau)h(t-\tau)\neq 0$ 的区间,从而确定卷积积分的区间(即上下限,一般来说,随着 $t$ 的变化,积分限也会变化)。

(5) 求函数$f(\tau)h(t-\tau)$ 的线下面积,即两个函数相乘后的新函数不为零区间的线下面积(即求积分)。

从以上分析可知,卷积运算是由反褶、位移、相乘和积分这些基本步骤组合而成的,下面举例说明这几个步骤及图形解释。

**【例 2-14】** 设$f(t)=U(t)$ 和 $h(t)=Ae^{-\alpha t}U(t)$($\alpha$ 为大于零的实常数),其波形如图 2-8 所示。求 $y_f(t)=f(t)*h(t)$。

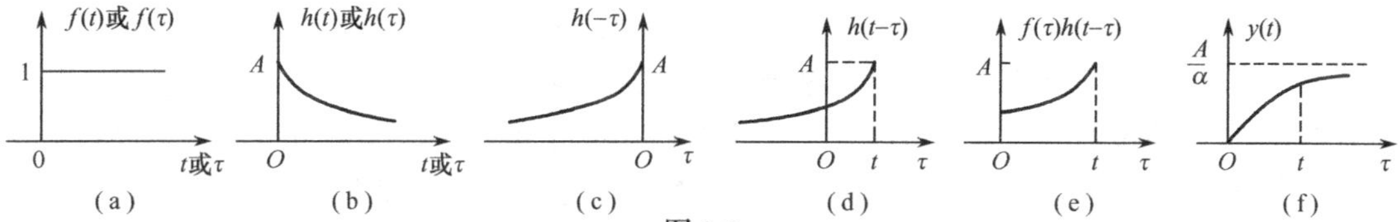


图 2-8

**解:**(1) 用 $\tau$ 代替 $t$,从而得到$f(\tau)$ 和 $h(\tau)$,波形如图 2-8(a) 和(b) 所示。

(2) 将函数 $h(\tau)$ 对折得到折叠信号 $h(-\tau)$,如图 2-8(c) 所示。

(3) 将 $h(-\tau)$ 沿 $\tau$ 轴平移 $t$,得到平移信号 $h[-(\tau-t)]=h(t-\tau)$,如图 2-8(d) 所示。

(4) 将$f(\tau)$ 与 $h(t-\tau)$ 相乘,得到相乘信号$f(\tau)h(t-\tau)$,其波形如图 2-8(e) 所示。

(5) 将函数$f(\tau)h(t-\tau)$ 在区间$(-\infty,\infty)$ 上积分得

$$y(t)=\int_{-\infty}^{\infty}f(\tau)h(t-\tau)\mathrm{d}\tau$$

由于积分变量为 $\tau$,其积分结果必为参变量 $t$ 的函数,故用 $y(t)$ 表示。该积分就是$f(\tau)h(t-\tau)$ 曲线下的面积。

观察图 2-8(e) 可以看出，当$\tau < 0^-$和$\tau > t$时，被积函数$f(\tau)h(t-\tau)=0$，这是因为$f(t)=U(t)$，$h(t)=Ae^{-\alpha t}U(t)$，均为因果函数的缘故。故式(2-14) 中的积分限可改写为$(0^-,t)$，即

$$y(t)=\int_{0^-}^{t} f(\tau)h(t-\tau)\mathrm{d}\tau \tag{2-15}$$

但要注意，卷积积分的严格定义式仍然是式(2-14)，即积分的上下限仍然是$(-\infty,\infty)$。

若将$f(t)=U(t)$，$h(t)=Ae^{-\alpha t}U(t)$ 代入式(2-15) 中，可得

$$y(t)=\int_{0^-}^{t} U(\tau)Ae^{-\alpha(t-\tau)}U(t-\tau)\mathrm{d}\tau=\int_{0^-}^{t} Ae^{-\alpha t}e^{\alpha\tau}\mathrm{d}\tau=\frac{A}{\alpha}(1-e^{-\alpha t})U(t)$$

$y(t)$ 的曲线如图 2-8(f) 所示，称为卷积积分曲线。

对于比较复杂的信号，可以用图解法确定卷积积分的上下限，而用积分来求线下面积。

### 2.5.4 卷积积分的运算规律

卷积积分的运算遵从现代数学中的一些运算规律。关于这些运算规律，留给读者自己证明(可参看有关工程数学的书籍)。

(1) 交换律：$f_1(t)*f_2(t)=f_2(t)*f_1(t)=\int_{-\infty}^{\infty} f_1(\tau)f_2(t-\tau)\mathrm{d}\tau=\int_{-\infty}^{\infty} f_2(\tau)f_1(t-\tau)\mathrm{d}\tau$

可见函数在卷积积分中的次序是可以任意交换的。此定律的物理意义是：线性时不变系统的激励信号与系统冲激响应之间有互易性，即把激励信号$f(t)$ 作为另一个系统的冲激响应$h_1(t)$，而系统的冲激响应$h(t)$ 当成另一个系统的激励$f_1(t)$，所得响应不变。用图解法解释就是交换二卷积积分的次序，即保持$h(t)$ 不变，而将$f(t)$ 进行对折并位移，这样$h(\tau)$ 与$f(t-\tau)$ 相乘以后所得函数的线下面积与$f(\tau)h(t-\tau)$ 的线下面积相同，即卷积积分相等。

(2) 分配律：　$f_1(t)*[f_2(t)+f_3(t)]=f_1(t)*f_2(t)+f_1(t)*f_3(t)$

这个定律的物理意义是：系统对几个相加信号的零状态响应等于这几个信号分别通过系统的零状态响应之和，也可以认为一个激励信号通过多个系统所得零状态响应之和等效于该激励信号通过这多个系统之和的零状态响应，这与线性时不变系统的叠加性质是一致的。

从分配律还可以得到如下结论：若将两个冲激响应分别为$h_1(t)$ 和$h_2(t)$ 的子系统并联，则并联系统总的冲激响应为

$$h(t)=h_1(t)+h_2(t)$$

(3) 结合律：$f_1(t)*[f_2(t)*f_3(t)]=[f_1(t)*f_2(t)]*f_3(t)=[f_1(t)*f_3(t)]*f_2(t)$

该定律的物理解释是：一个信号通过由二级级联而成的线性时不变系统时，这二级级联系统可以等效为一个系统，该系统的冲激响应为二个系统冲激响应的卷积，即系统是可以分解或组合的。

从结合律还可以得到如下结论：若将两个冲激响应分别为$h_1(t)$ 和$h_2(t)$ 的子系统级联，则级联系统总的冲激响应为

$$h(t)=h_1(t)*h_2(t)$$

### 2.5.5 卷积积分的主要性质

卷积积分有一些重要性质，深刻理解和掌握这些性质将对卷积的计算带来极大方便。关于这些性质，也留给读者自己证明(可参看有关工程数学的书籍)。

(1) 积分：　$\int_{-\infty}^{t}[f_1(\tau)*f_2(\tau)]\mathrm{d}\tau=f_1(t)*\int_{-\infty}^{t} f_2(\tau)\mathrm{d}\tau=f_2(t)*\int_{-\infty}^{t} f_1(\tau)\mathrm{d}\tau$

(2) 微分：　$\frac{\mathrm{d}}{\mathrm{d}t}[f_1(t)*f_2(t)]=f_1(t)*\frac{\mathrm{d}f_2(t)}{\mathrm{d}t}=f_2(t)*\frac{\mathrm{d}f_1(t)}{\mathrm{d}t}$

(3) $f_1(t)$ 的微分与$f_2(t)$ 的积分的卷积：$\frac{\mathrm{d}f_1(t)}{\mathrm{d}t} * \int_{-\infty}^{t} f_2(\tau)\mathrm{d}\tau = f_1(t) * f_2(t)$

应用性质(2)、(3) 的充要条件是必须有 $\lim\limits_{t\to-\infty} f_1(t) = f_1(-\infty) = 0$。证明如下。

**证明**：因为
$$\int_{-\infty}^{t} \frac{\mathrm{d}f_1(\tau)}{\mathrm{d}\tau} = [f_1(\tau)]_{-\infty}^{t} = f_1(t) - f_1(-\infty)$$

可见，只有当$f_1(-\infty)=0$时，才会有$\int_{-\infty}^{t} \frac{\mathrm{d}f_1(\tau)}{\mathrm{d}\tau} = [f_1(\tau)]_{-\infty}^{t} = f_1(t)$。

对$f_2(t)$ 要求的条件也是一样，即$f_2(-\infty)=0$。

(4) $f(t)$ 与 $\delta(t)$ 的卷积：
$$f(t) * \delta(t) = f(t)$$

**推论**：
$$f(t) * \delta(t-T) = f(t-T)$$
$$f(t-T_1) * \delta(t-T_2) = f(t-T_1-T_2)$$
$$\delta(t-T_1) * \delta(t-T_2) = \delta(t-T_1-T_2)$$

(5) $f(t)$ 与 $U(t)$ 的卷积：
$$f(t) * U(t) = \int_{-\infty}^{t} f(\tau)\mathrm{d}\tau$$
$$f(t) * U(t-t_0) = \int_{-\infty}^{t} f(\tau - t_0)\mathrm{d}\tau = \int_{-\infty}^{t-t_0} f(\tau)\mathrm{d}\tau$$

(6) $f(t)$ 与 $\delta'(t)$ 的卷积：$f(t) * \delta'(t) = f'(t) * \delta(t) = f'(t)$

**推论**：
$$f(t) * \delta^{(n)}(t) = f^{(n)}(t)$$
$$f(t) * \delta^{(n)}(t-t_0) = f^{(n)}(t-t_0)$$

(7) 时移性：设$f_1(t) * f_2(t) = y(t)$，则有
$$f_1(t-T_1) * f_2(t-T_2) = y(t-T_1-T_2)$$

**证明**：因为
$$f_1(t-T_1) = f_1(t) * \delta(t-T_1)$$
$$f_2(t-T_2) = f_2(t) * \delta(t-T_2)$$

故
$$\begin{aligned} f_1(t-T_1) * f_2(t-T_2) &= [f_1(t) * \delta(t-T_1)] * [f_2(t) * \delta(t-T_2)] \\ &= [f_1(t) * f_2(t)] * [\delta(t-T_1) * \delta(t-T_2)] \\ &= y(t) * \delta(t-T_1-T_2) = y(t-T_1-T_2) \end{aligned}$$
[证毕]

最后需要指出，上面所研究的卷积积分，其前提是卷积积分必须存在，即必须有$f_1(t) * f_2(t) < \infty$。而当$f_1(t) * f_2(t) = \infty$ 时，则卷积积分就没有意义了。

### 2.5.6 常用的卷积积分表

常用的卷积积分如表 2-3 所示。

**表 2-3 卷积积分表**

| | $f_1(t)$ | $f_2(t)$ | $f_1(t) * f_2(t)$ | | $f_1(t)$ | $f_2(t)$ | $f_1(t) * f_2(t)$ |
|---|---|---|---|---|---|---|---|
| 1 | $f(t)$ | $\delta'(t)$ | $f'(t)$ | 7 | $e^{-\alpha_1 t}U(t)$ | $e^{-\alpha_2 t}U(t)$ | $\frac{1}{\alpha_2-\alpha_1}(e^{-\alpha_1 t} - e^{-\alpha_2 t})U(t)$，$\alpha_2 \neq \alpha_1$ |
| 2 | $f(t)$ | $\delta(t)$ | $f(t)$ | 8 | $e^{-\alpha t}U(t)$ | $e^{-\alpha t}U(t)$ | $te^{-\alpha t}U(t)$ |
| 3 | $f(t)$ | $U(t)$ | $\int_{-\infty}^{t} f(\tau)\mathrm{d}\tau$ | 9 | $tU(t)$ | $e^{-\alpha t}U(t)$ | $\left(\frac{\alpha t-1}{\alpha^2} + \frac{1}{\alpha^2}e^{-\alpha t}\right)U(t)$ |
| 4 | $U(t)$ | $U(t)$ | $tU(t)$ | 10 | $te^{-\alpha t}U(t)$ | $e^{-\alpha t}U(t)$ | $\frac{1}{2}t^2 e^{-\alpha t}U(t)$ |
| 5 | $tU(t)$ | $U(t)$ | $\frac{1}{2}t^2U(t)$ | 11 | $f(t)$ | $tU(t)$ | $\int_{-\infty}^{t}\left[\int_{-\infty}^{t} f(\tau)\mathrm{d}\tau\right]\mathrm{d}\tau$ |
| 6 | $e^{-\alpha t}U(t)$ | $U(t)$ | $\frac{1}{\alpha}(1-e^{-\alpha t})U(t)$ | | | | |

【例 2-15】 求图 2-9(a) 和(b) 所示两函数的卷积积分 $y(t)=f_1(t)*f_2(t)$，并画出 $y(t)$ 的波形，其中 $f_1(t)=\mathrm{e}^{-(t-\frac{1}{2})}U(t-1/2)$。

**解**：因为
$$y(t)=f_1(t)*f_2(t)=\int_{-\infty}^{\infty}f_1(\tau)f_2(t-\tau)\mathrm{d}\tau$$

当 $t<0$ 时 $y(t)=\int_{1/2}^{\infty}\mathrm{e}^{-(\tau-1/2)}U(\tau-1/2)\times 1\mathrm{d}\tau=\int_{1/2}^{\infty}\mathrm{e}^{-\tau}\mathrm{e}^{1/2}\mathrm{d}\tau=-\mathrm{e}^{1/2}[\mathrm{e}^{-\tau}]_{1/2}^{\infty}=1$

当 $t>0$ 时 $y(t)=\int_{t+1/2}^{\infty}\mathrm{e}^{-(\tau-1/2)}U(\tau-1/2)\times 1\mathrm{d}\tau=-\mathrm{e}^{1/2}[\mathrm{e}^{-\tau}]_{t+1/2}^{\infty}=\mathrm{e}^{-t}$

故得
$$y(t)=\begin{cases}1 & t<0\\ \mathrm{e}^{-t} & t\geqslant 0\end{cases}=U(-t)+\mathrm{e}^{-t}U(t)$$

$y(t)$ 的波形如图 2-9(c) 所示。

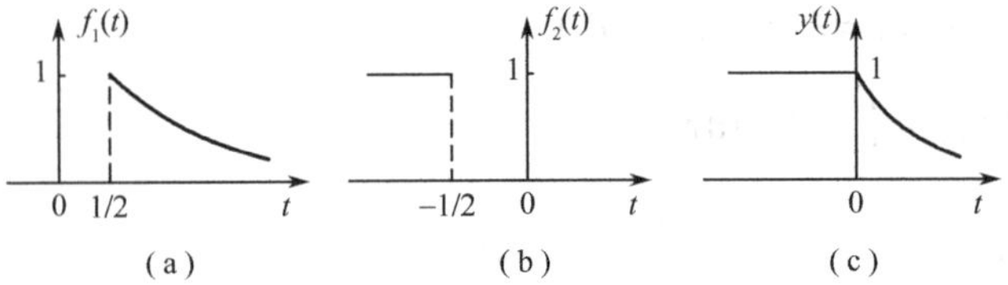


图 2-9

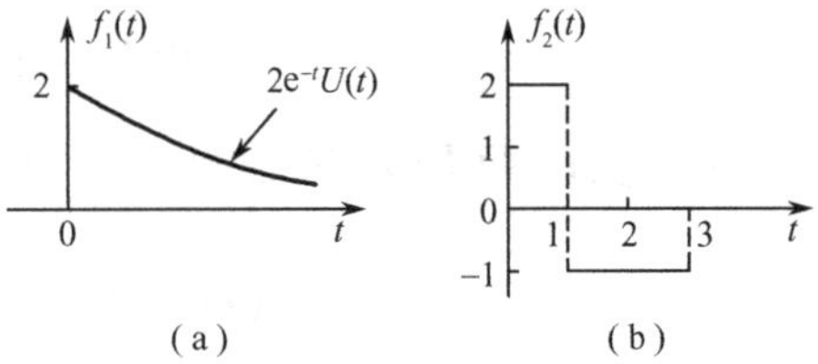


图 2-10

【例 2-16】 求图 2-10 所示两函数的卷积积分 $y(t)=f_1(t)*f_2(t)$。

**解**：
$$\begin{aligned}y(t)&=f_1(t)*f_2(t)=\int_{-\infty}^{t}f_1(\tau)\mathrm{d}\tau*f_2'(t)\\&=\int_{0}^{t}2\mathrm{e}^{-\tau}\mathrm{d}\tau*[2\delta(t)-3\delta(t-1)+\delta(t-3)]\\&=(2-2\mathrm{e}^{-t})U(t)*[2\delta(t)-3\delta(t-1)+\delta(t-3)]\\&=2(2-2\mathrm{e}^{-t})U(t)-3[2-2\mathrm{e}^{-(t-1)}]U(t-1)+[2-2\mathrm{e}^{-(t-3)}]U(t-3)\end{aligned}$$

【例 2-17】 已知 $f_1(t)*\mathrm{e}^{-t}U(t)=(1-\mathrm{e}^{-t})U(t)-[1-\mathrm{e}^{-(t-1)}]U(t-1)$，求 $f_1(t)$。

**解**：将原式等号两端同时求一阶导数，得
$$f_1(t)*[\delta(t)-\mathrm{e}^{-t}U(t)]=\mathrm{e}^{-t}U(t)-\mathrm{e}^{-(t-1)}U(t-1)$$
即
$$f_1(t)-f_1(t)*\mathrm{e}^{-t}U(t)=\mathrm{e}^{-t}U(t)-\mathrm{e}^{-(t-1)}U(t-1)$$
再将原式代入上式并计算得 $f_1(t)=U(t)-U(t-1)$

【例 2-18】 求图 2-11(a) 和(b) 所示两函数的卷积积分 $y(t)=f(t)*\delta_T(t)$，并画出 $y(t)$ 的波形。

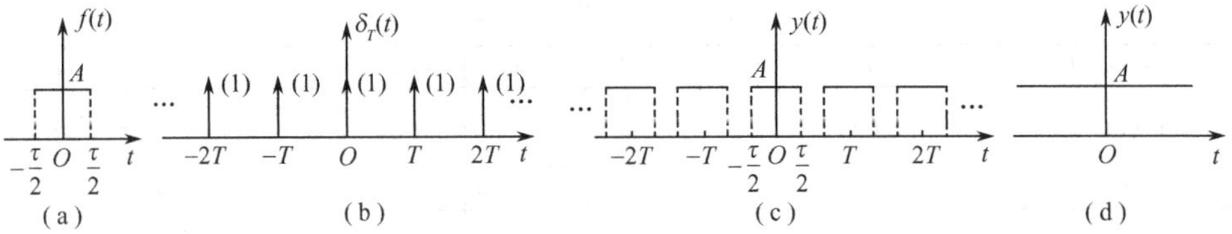


图 2-11

**解**：$\delta_T(t)$ 称为单位冲激序列，其函数表示式为
$$\delta_T(t)=\sum_{n=-\infty}^{\infty}\delta(t-nT)\quad n\in Z$$
其中 $T$ 为周期。

$$y(t)=f(t)*\delta_T(t)=f(t)*\sum_{n=-\infty}^{\infty}\delta(t-nT)=\sum_{n=-\infty}^{\infty}f(t)*\delta(t-nT)=\sum_{n=-\infty}^{\infty}f(t-nT)$$

若$\tau<T$，则$y(t)$的波形如图2-11(c)所示，可见$y(t)$的波形是$f(t)$波形的周期性延拓，延拓的周期为$T$。若$\tau=T$，则$y(t)$的波形如图2-11(d)所示。若$\tau>T$，则$y(t)$的波形如何？请读者画出。

**【例2-19】** 求图2-12(a)和(b)所示两函数的卷积积分$y(t)=f_1(t)*f_2(t)$。

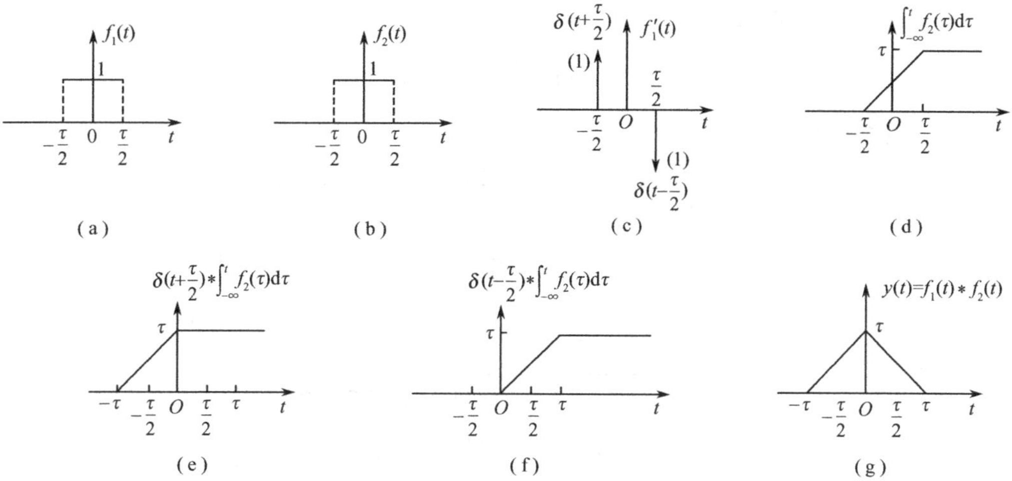


图2-12

**解：**根据卷积的微分积分性质有

$$\begin{aligned}y(t)&=f_1(t)*f_2(t)=f_1'(t)*\int_{-\infty}^{t}f_2(\tau)\mathrm{d}\tau\\&=\left[\delta\left(t+\frac{\tau}{2}\right)-\delta\left(t-\frac{\tau}{2}\right)\right]*\int_{-\infty}^{t}f_2(\tau)\mathrm{d}\tau\\&=\delta\left(t+\frac{\tau}{2}\right)*\int_{-\infty}^{t}f_2(\tau)\mathrm{d}\tau-\delta\left(t-\frac{\tau}{2}\right)*\int_{-\infty}^{t}f_2(\tau)\mathrm{d}\tau\end{aligned}$$

在上式中

$$f_1'(t)=\delta\left(t+\frac{\tau}{2}\right)-\delta\left(t-\frac{\tau}{2}\right)$$

$$\int_{-\infty}^{t}f_2(\tau)\mathrm{d}\tau=\begin{cases}0 & t<-\dfrac{\tau}{2}\\ t+\dfrac{\tau}{2} & -\dfrac{\tau}{2}<t<\dfrac{\tau}{2}\\ \tau & t>\dfrac{\tau}{2}\end{cases}$$

$f_1'(t)$和$\int_{-\infty}^{t}f_2(\tau)\mathrm{d}\tau$的波形如图2-12(c)和(d)所示。于是可得$\delta\left(t+\frac{\tau}{2}\right)*\int_{-\infty}^{t}f_2(\tau)\mathrm{d}\tau$和$\delta\left(t-\frac{\tau}{2}\right)*\int_{-\infty}^{t}f_2(\tau)\mathrm{d}\tau$的波形如图2-12(e)和(f)所示。进而可得$y(t)=f_1(t)*f_2(t)$的波形如图2-12(g)所示。可见，$y(t)$的波形为“三角形”，宽度为$2\tau$，幅度为$\tau=1\times1\times\tau$。

可见，利用信号$f(t)$与$\delta(t)$的卷积性质可以使卷积积分的计算变得简单。

但在应用时，要注意直流分量的影响。如果求导的函数含有直流分量（常数），由于常数的导数等于零，那么在求导的过程中，直流分量必损失，因此，在利用微积分性质时，应注意所求导的函数不能含有直流分量。

门函数卷积积分的MATLAB实现见二维码2-1。

二维码2-1

## 2.6 求系统零状态响应的卷积积分法

线性非时变系统对任意激励$f(t)$的零状态响应$y_f(t)$，可用$f(t)$与其单位冲激响应$h(t)$的卷积积分来求解，即

$$y_f(t)=f(t)*h(t)=\int_{-\infty}^{\infty}f(\tau)h(t-\tau)\mathrm{d}(\tau) \tag{2-16}$$

式(2-16)的说明如图2-13所示。

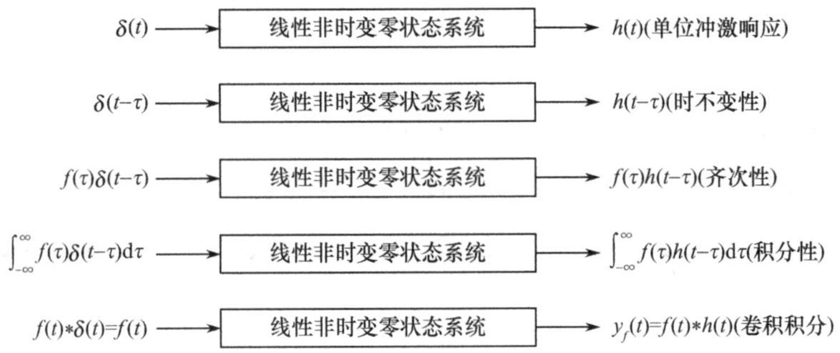


图2-13

这里$f(\tau)=f(t)\Big|_{t=\tau}$为$t=\tau$时$f(t)$的函数值。

卷积积分的物理概念就是将激励信号分解为一系列冲激信号的组合，然后让这些冲激信号依次通过系统，从而得到一系列的冲激响应，将这些冲激响应叠加起来，即得到了系统的零状态响应。

由于卷积积分利用了线性叠加和时不变特性，所以对非线性系统不能应用卷积积分。

用卷积积分法求线性非时变系统零状态响应$y_f(t)$的步骤是：

(1) 求系统的单位冲激响应$h(t)$。

(2) 按式(2-16)求系统的零状态响应$y_f(t)$。

**【例2-20】** 如图2-14(a)所示电路，激励$f(t)=U(t)-U(t-6\pi)$，其波形如图2-14(b)所示。求零状态响应$u_C(t)$，并画出波形。

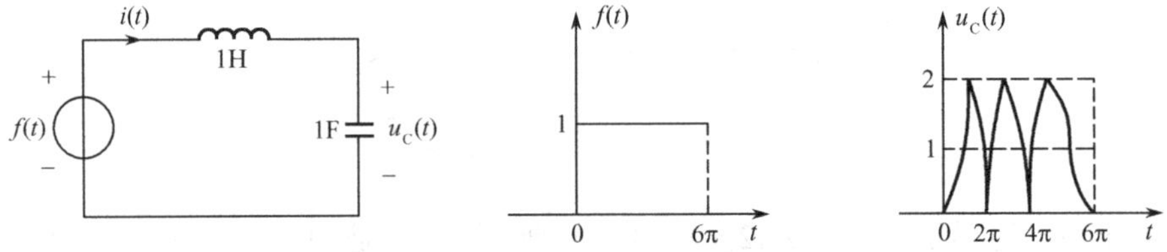


(a) (b) (c)

图2-14

**解**：该电路的微分方程为

$$\frac{\mathrm{d}^2u_C(t)}{\mathrm{d}t^2}+u_C(t)=f(t)$$

即

$$(p^2+1)u_C(t)=f(t)$$

其转移算子为

$$H(p)=\frac{1}{p^2+1}$$

单位冲激响应为

$$h(t)=\sin t\,U(t)$$

故零状态响应为 $u_C(t)=f(t)*h(t)=f'(t)*\int_{-\infty}^{t}\sin\tau\,U(\tau)\,d\tau$

$$=[\delta(t)-\delta(t-6\pi)]*\int_{0}^{t}\sin\tau\,d\tau$$
$$=[\delta(t)-\delta(t-6\pi)]*[-\cos\tau]_0^t$$
$$=[\delta(t)-\delta(t-6\pi)]*[1-\cos t]U(t)$$
$$=[1-\cos t]U(t)-[1-\cos(t-6\pi)]U(t-6\pi)$$

$u_C(t)$ 的波形如图 2-14(c) 所示。

**【例 2-21】** 如图 2-15(a) 所示电路，已知 $f(t)=\sin t\left[U(t)-U\left(t-\frac{\pi}{2}\right)\right]$，其波形如图 2-15(b) 所示。求零状态响应 $u_C(t)$。

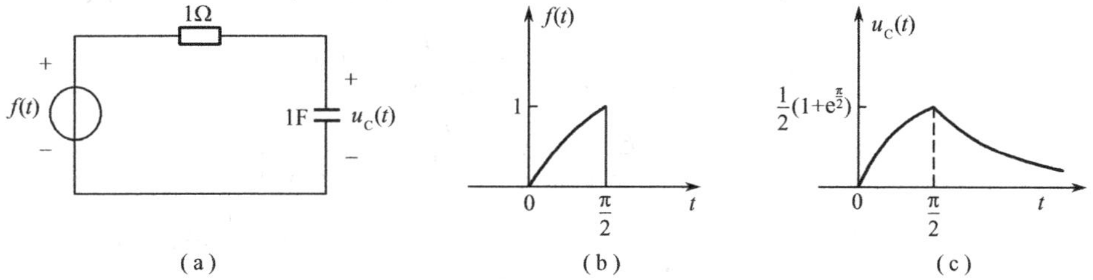


图 2-15

**解**：电路的单位冲激响应为 $h(t)=e^{-t}U(t)$ (V)

故零状态响应为 $u_C(t)=f(t)*h(t)=\int_{-\infty}^{\infty}f(\tau)h(t-\tau)\,d\tau=\int_{0}^{t}f(\tau)h(t-\tau)\,d\tau$

当 $t<0$ 时，$f(t)=0$，故

$$u_C(t)=\int_{0}^{t}f(\tau)h(t-\tau)\,d\tau=\int_{0}^{t}0\times e^{-(t-\tau)}U(t-\tau)\,d\tau=0$$

当 $0\leqslant t<\frac{\pi}{2}$ 时，$f(t)=\sin t$，故

$$u_C(t)=\int_{0}^{t}f(\tau)h(t-\tau)\,d\tau=\int_{0}^{t}\sin\tau\ e^{-(t-\tau)}U(t-\tau)\,d\tau$$
$$=\int_{0}^{t}\sin\tau\ e^{-t}e^{\tau}\times 1\,d\tau=e^{-t}\int_{0}^{t}\sin\tau\ e^{\tau}\times 1\,d\tau=\frac{1}{2}(\sin t-\cos t+e^{-t})\quad(V)$$

当 $t\geqslant\frac{\pi}{2}$ 时，$f(t)=0$，故

$$u_C(t)=\int_{0}^{t}f(\tau)h(t-\tau)\,d\tau=\int_{0}^{\frac{\pi}{2}}f(\tau)h(t-\tau)\,d\tau+\int_{\frac{\pi}{2}}^{t}f(\tau)h(t-\tau)\,d\tau$$
$$=\int_{0}^{\frac{\pi}{2}}\sin\tau\ e^{-(t-\tau)}U(t-\tau)\,d\tau+\int_{\frac{\pi}{2}}^{t}0\times e^{-(t-\tau)}U(t-\tau)\,d\tau$$
$$=\int_{0}^{\frac{\pi}{2}}\sin\tau\ e^{-t}e^{\tau}\times 1\,d\tau+0=e^{-t}\int_{0}^{\frac{\pi}{2}}\sin\tau\ e^{\tau}\,d\tau=\frac{1}{2}(1+e^{\frac{\pi}{2}})e^{-t}\quad(V)$$

故得

$$u_C(t)=\begin{cases}0 & t<0\\ \frac{1}{2}(\sin t-\cos t+e^{-t}) & 0\leqslant t<\frac{\pi}{2}\\ \frac{1}{2}(1+e^{\frac{\pi}{2}})e^{-t} & t\geqslant\frac{\pi}{2}\end{cases}$$

$u_C(t)$ 的波形如图 2-15(c) 所示。

**【例 2-22】** 图 2-16(a) 所示电路中，已知 $i_1(0^-)=2A$，$i_2(0^-)=0$，$f(t)=e^{-t}U(t)$ A。求关于 $u(t)$ 的单位冲激响应 $h(t)$、零输入响应 $u_x(t)$、零状态响应 $u_f(t)$ 及全响应 $u(t)$。

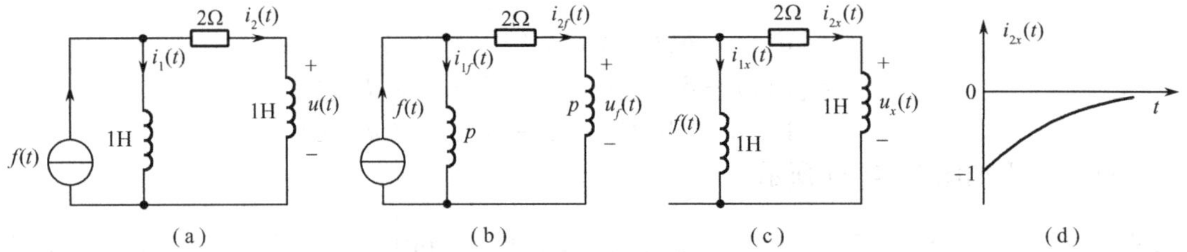


图 2-16

**解：**(1) 求 $h(t)$。图 2-16(a) 所示电路的算子电路模型如图 2-16(b) 所示。故

$$i_2(t)=\frac{p}{p+2+p}f(t)=\frac{p}{2(p+1)}f(t)$$

$$u(t)=pi_2(t)=\frac{1}{2}\times\frac{p^2}{p+1}f(t)=\frac{1}{2}\left(p-1+\frac{1}{p+1}\right)f(t)$$

故
$$h(t)=\frac{1}{2}\left(p-1+\frac{1}{p+1}\right)\delta(t)=\frac{1}{2}\left[p\delta(t)-\delta(t)+\frac{1}{p+1}\delta(t)\right]$$

$$=\frac{1}{2}\delta'(t)-\frac{1}{2}\delta(t)+\frac{1}{2}e^{-t}U(t)\quad(V)$$

(2) 求 $u_x(t)$。求零输入响应 $u_x(t)$ 的电路如图 2-16(c) 所示。由磁链守恒定律与 KCL 有

$$-1i_{1x}(0^+)+1i_{2x}(0^+)=-1i_{1x}(0^-)+1i_{2x}(0^-)=-2+0=-2$$

$$-1i_{1x}(0^+)=i_{2x}(0^+)$$

解得
$$i_{2x}(0^+)=-1\quad(A)$$

又因 $D(p)=p+1=0$，故得特征根 $p_1=-1$。故

$$i_{2x}(t)=Ae^{p_1t}=Ae^{-t}$$

故
$$i_{2x}(0^+)=A=-1$$

故得
$$i_{2x}(t)=-e^{-t}\quad(A)\qquad t>0$$

$i_{2x}(t)$ 的波形如图 2-16(d) 所示。进而得

$$u_x(t)=\frac{d}{dt}i_{2x}(t)=e^{-t}\quad(V)\quad t>0$$

(3) 求 $f(t)=e^{-t}U(t)$ 激励下的零状态响应 $u_f(t)$，即

$$u_f(t)=f(t)*h(t)=e^{-t}U(t)*\frac{1}{2}[\delta'(t)-\delta(t)+e^{-t}U(t)]$$

$$=\frac{1}{2}[e^{-t}U(t)*\delta'(t)-e^{-t}U(t)+te^{-t}U(t)]$$

$$=\frac{1}{2}\left\{[e^{-t}U(t)]'*\delta(t)-e^{-t}U(t)+te^{-t}U(t)\right\}$$

$$=\frac{1}{2}[\delta(t)-e^{-t}U(t)-e^{-t}U(t)+te^{-t}U(t)]$$

$$=\frac{1}{2}[\delta(t)-2e^{-t}U(t)+te^{-t}U(t)]$$

$$=\frac{1}{2}\delta(t)-e^{-t}U(t)+\frac{1}{2}te^{-t}U(t)\quad(V)$$

（4）全响应，即 $u(t)=u_x(t)+u_f(t)=\frac{1}{2}te^{-t}$ （V） $t>0$

【**例 2-23**】 已知线性时不变系统对激励 $f(t)=\sin tU(t)$ 的零状态响应 $y_f(t)$ 如图 2-17(a) 所示。求该系统的单位冲激响应 $h(t)$，写出 $h(t)$ 的表示式，并画出其波形。

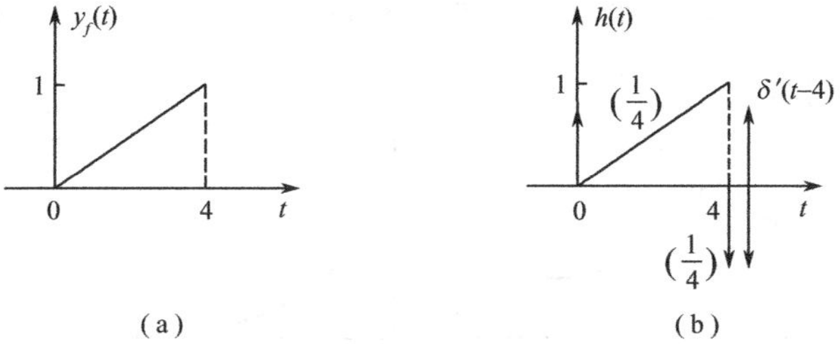


图 2-17

**解**：由图 2-17(a) 可写出 $y_f(t)=\frac{1}{4}t[U(t)-U(t-4)]$

又因为 $$y_f(t)=f(t)*h(t)=\sin tU(t)*h(t)$$

故有 $$y_f'(t)=\cos t\ U(t)*h(t)$$

$$y_f''(t)=[\delta(t)-\sin t\ U(t)]*h(t)=h(t)-\sin t\ U(t)*h(t)=h(t)-y_f(t) \quad ①$$

又 $$y_f'(t)=\frac{1}{4}[U(t)-U(t-4)]-\delta(t-4)$$

$$y_f''(t)=\frac{1}{4}[\delta(t)-\delta(t-4)]-\delta'(t-4) \quad ②$$

式 ① 和式 ② 相等，即得

$$h(t)=\frac{1}{4}[\delta(t)-\delta(t-4)]-\delta'(t-4)+y_f(t)$$

$$=\frac{1}{4}[\delta(t)-\delta(t-4)]-\delta'(t-4)+\frac{1}{4}t[U(t)-U(t-4)]$$

$h(t)$ 的波形如图 2-17(b) 所示。

## * 2.7 卷积积分的数值计算

卷积积分不仅可以通过直接求积分的方法求解，而且还可以利用数值计算方法来求解。特别是当激励信号较复杂或只有一组测试数据或曲线时，要直接进行积分计算，显然是无能为力的，这时用近似的数值计算方法更便于分析信号通过系统的响应。

数值卷积积分的基础是导出卷积公式的近似公式，激励信号 $f(t)$（设为因果信号）可以近似表示为一系列冲激信号的组合。

$$f(t)\approx\sum_{k=0}^{n}f(kT)\delta(t-kT)$$

其中，$T$ 为冲激信号的间隔。

当 $f(t)$ 通过冲激响应为 $h(t)$（也为因果信号）的系统时，所得到的响应近似为

$$y(t)\approx\sum_{k=0}^{n}f(kT)h(t-kT) \quad (2\text{-}17)$$

式(2-17) 中 $n$ 的范围可为 $-\infty\sim\infty$，具体要求要根据信号及冲激响应的情况而确定。而 $T$ 越

小则越精确。

这种数值计算实际上是用若干个宽度为 $T$ 的矩形窄脉冲去逼近 $f(t)$ 和 $h(t)$，然后再对 $h(t)$ 进行折叠、位移，求二信号 $f(kT)$ 和 $h(t-kT)$ 相乘后不为零的区间内函数的线下面积并进行累加求和，所不同的是每次位移必须是 $T$ 的整数倍。下面举例说明。

**【例 2-24】** 已知 $f(t)$ 和 $h(t)$ 的波形如图 2-18 所示，用数值计算法求两信号的卷积积分。

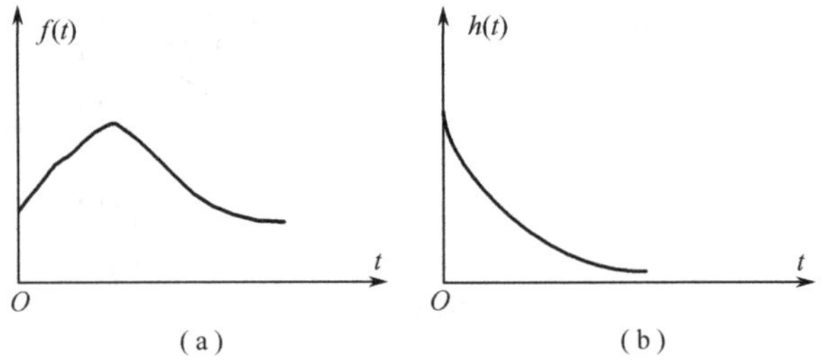


图 2-18

**解**：将 $f(t)$ 和 $h(t)$ 分解为若干宽度为 $T$ 的矩形脉冲，脉冲幅度分别为 $f(0)$，$f(T)$，$f(2T)\cdots$ 和 $h(T)$，$h(2T)\cdots$，这些值分别用 $f_0$，$f_1$，$f_2\cdots$ 和 $h_1$，$h_2\cdots$ 表示。这样就得到了 $f(t)$ 和 $h(t)$ 的近似表达式 $f_a(t)$ 和 $h_a(t)$，按卷积积分的方法进行变量置换、反褶、位移（位移为 $T$ 的整数倍）、相乘和求线下面积等几个步骤，从而得到 $y(t)$ 的近似函数 $y_a(t)$，数值卷积积分运算过程如图 2-19 所示。从示意图可以看出

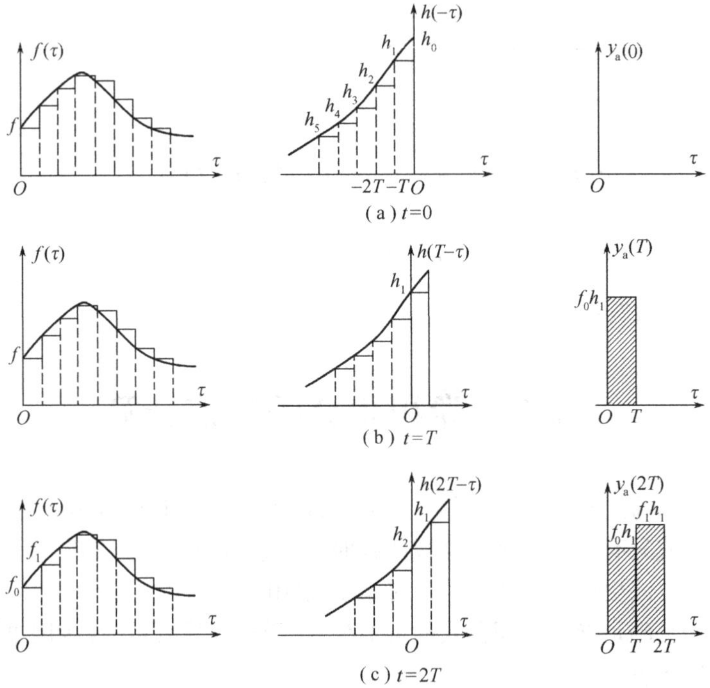


图 2-19

$$y_a(0)=0$$
$$y_a(T)=f_0h_1T=y_1$$
$$y_a(2T)=(f_0h_2+f_1h_1)T=y_2$$
$$y_a(3T)=(f_0h_3+f_1h_2+f_2h_1)T=y_3$$
$$\cdots$$

推广到一般情况，当 $t=nT$ 时有

$$y_{\mathrm{a}}(nT)=T\sum_{k=1}^{n}f_{n-k}h_{k} \tag{2-18}$$

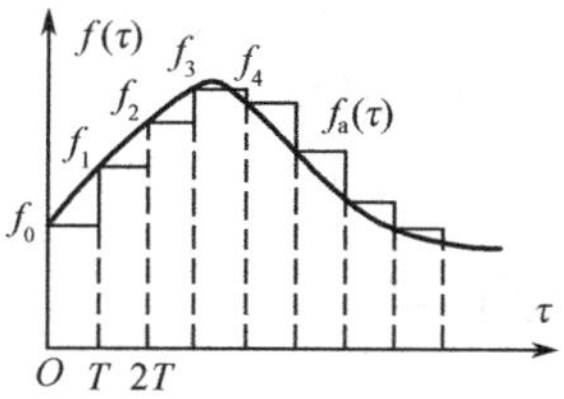

图 2-20

二维码 2-2

所得响应如图 2-20 所示。

此公式导出的条件是 $x(t)$ 与 $h(t)$ 两函数均为因果信号，也即限于因果系统在 $t=0$ 时刻接入激励信号。若对于一般情况，则式(2-18) 的 $k$ 值一般取$(-\infty,+\infty)$。

本章要点和秘笈见二维码 2-2。

## 习题 2

2-1 图题 2-1 所示电路，写出以电压 $u_2(t)$ 为响应的系统的微分方程。

2-2 图题 2-2 所示电路，写出以电流 $i(t)$ 为响应的系统的微分方程。

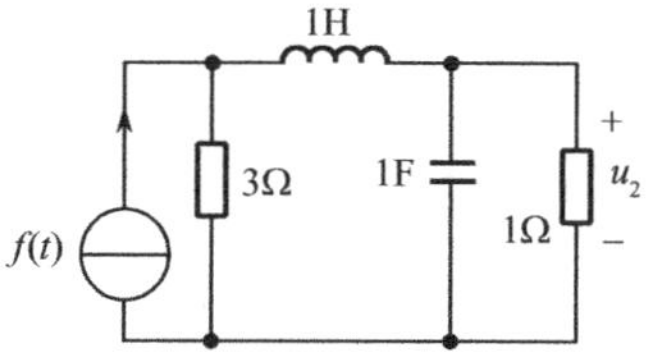

图题 2-1

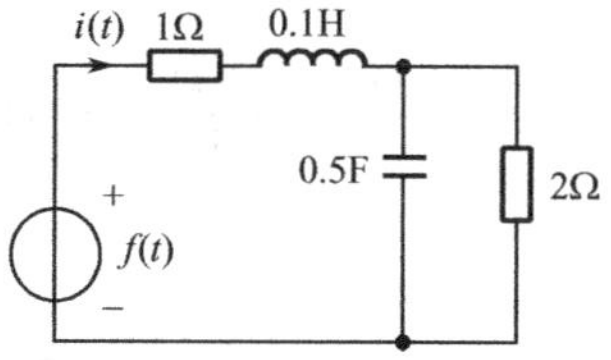

图题 2-2

2-3 给定系统微分方程，初始状态及激励分别如下，试判断在起始点是否发生跳变，并据此求出 $y^{(k)}(0^+)$ 的值。

(1) $\dfrac{\mathrm{d}y(t)}{\mathrm{d}t}+2y(t)=f(t),\quad y(0^-)=0,\quad f(t)=U(t)$

(2) $\dfrac{\mathrm{d}y(t)}{\mathrm{d}t}+2y(t)=3\dfrac{\mathrm{d}f(t)}{\mathrm{d}t},\quad y(0^-)=0,\quad f(t)=U(t)$

(3) $2\dfrac{\mathrm{d}^2y(t)}{\mathrm{d}t^2}+3\dfrac{\mathrm{d}y(t)}{\mathrm{d}t}+4y(t)=\dfrac{\mathrm{d}f(t)}{\mathrm{d}t},\quad y(0^-)=1,y'(0^-)=1,f(t)=\delta(t)$

2-4 给定系统微分方程为

$$\frac{\mathrm{d}^2y(t)}{\mathrm{d}t^2}+3\frac{\mathrm{d}y(t)}{\mathrm{d}t}+2y(t)=\frac{\mathrm{d}f(t)}{\mathrm{d}t}+3f(t)$$

若激励信号与初始状态为以下两种情况时，分别求全响应，并指出其零输入响应、零状态响应、自由响应、强迫响应(应注意在起始点是否发生跳变)。

(1) $f(t)=U(t),y(0^-)=1,\ y'(0^-)=2$

(2) $f(t)=\mathrm{e}^{-3t}U(t),\ y(0^-)=1,y'(0^-)=2$

2-5 图题 2-1 所示电路中，求响应 $u_2(t)$ 对激励 $f(t)$ 的转移算子 $H(p)$ 及微分方程。

2-6 图题 2-2 所示电路，求响应 $i(t)$ 对激励 $f(t)$ 的转移算子 $H(p)$ 及微分方程。

2-7 图题 2-7 所示电路，已知 $u_{\mathrm{C}}(0^-)=1\mathrm{V},i(0^-)=2\mathrm{A}$，求 $t>0$ 时的零输入响应 $i(t)$ 和 $u_{\mathrm{C}}(t)$。

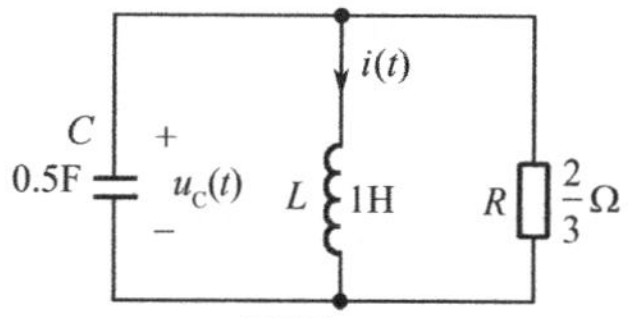

图题 2-7

2-8 图题 2-8 所示电路，$t<0$ 时 S 打开，已知 $u_{\mathrm{C}}(0^-)=6\mathrm{V},i(0^-)=0$。(1) $t=0$ 时刻闭合 S，求 $t>0$ 时的零输入响应 $u_{\mathrm{C}}(t)$ 和 $i(t)$；(2) 为使电路在临界阻尼状态下放电，并保持 $L$ 和 $C$ 的值不变，求 $R$ 的值。

2-9 一线性系统在相同初始状态下，当输入为 $f(t)$ 时，全响应为 $(2\mathrm{e}^{-t}+\cos 2t)U(t)$；当输入为 $2f(t)$ 时，全响应为 $(\mathrm{e}^{-t}+2\cos 2t)U(t)$。求输入为 $4f(t)$ 时的全响应。

2-10 已知当激励 $f(t)=U(t)$ 时，系统的零状态响应为 $y_f(t)=(1-\mathrm{e}^{-2t})U(t)$，初始状态不为零。(1) 若激励 $f(t)=\mathrm{e}^{-t}U(t)$，全响应 $y(t)=2\mathrm{e}^{-t}U(t)$，求零输入响应 $y_x(t)$；(2) 若系统无突变情况，求初始状态 $y_x(0^-)=4$，

激励 $f(t)=\delta'(t)$ 时的全响应 $y(t)$。

2-11 图题2-11所示电路,(1) 求激励 $f(t)=\delta(t)$ 时的单位冲激响应 $u_C(t)$ 和 $i(t)$;(2) 求激励 $f(t)=U(t)$ 时对应于 $i(t)$ 的单位阶跃响应 $g(t)$。

2-12 图题2-12所示电路,以 $u_C(t)$ 为响应,求电路的单位冲激响应 $h(t)$ 和单位阶跃响应 $g(t)$。

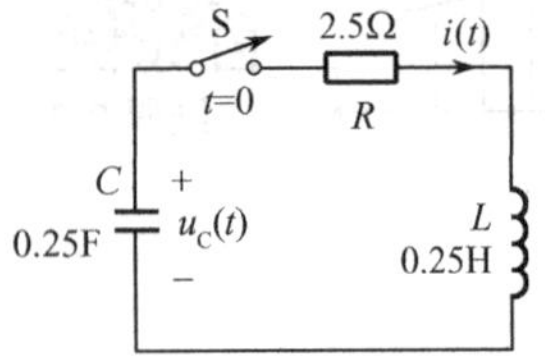


图题 2-8

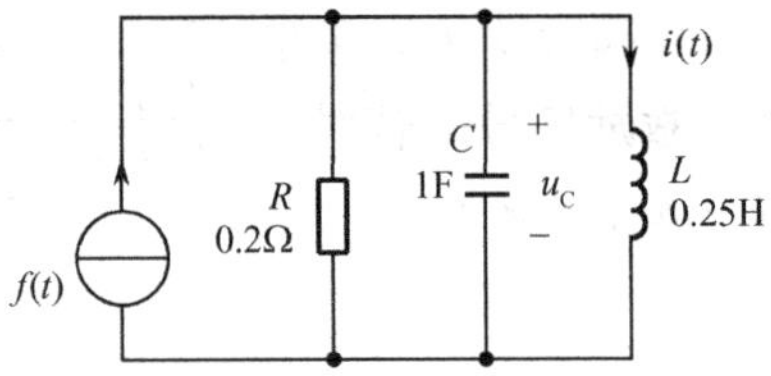


图题 2-11

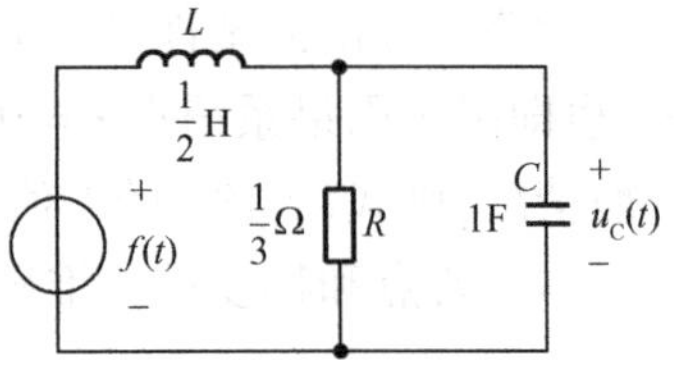


图题 2-12

2-13 系统的微分方程由下列各式描述,分别求单位冲激响应 $h(t)$ 和单位阶跃响应 $g(t)$。

(1) $\dfrac{d^2y(t)}{dt^2}+\dfrac{dy(t)}{dt}+y(t)=\dfrac{df(t)}{dt}+f(t)$　　(2) $\dfrac{dy(t)}{dt}+3y(t)=2\dfrac{df(t)}{dt}$

(3) $\dfrac{dy(t)}{dt}+2y(t)=\dfrac{d^2f(t)}{dt^2}+3\dfrac{df(t)}{dt}+3f(t)$

2-14 求下列卷积积分:

(1) $t[U(t)-U(t-2)]*\delta(1-t)$　　(2) $[(1-3t)\delta'(t)]*e^{-3t}U(t)$

2-15 已知信号 $f_1(t)$ 和 $f_2(t)$ 的波形如图题2-15所示,求 $y(t)=f_1(t)*f_2(t)$,并画出 $y(t)$ 的波形。

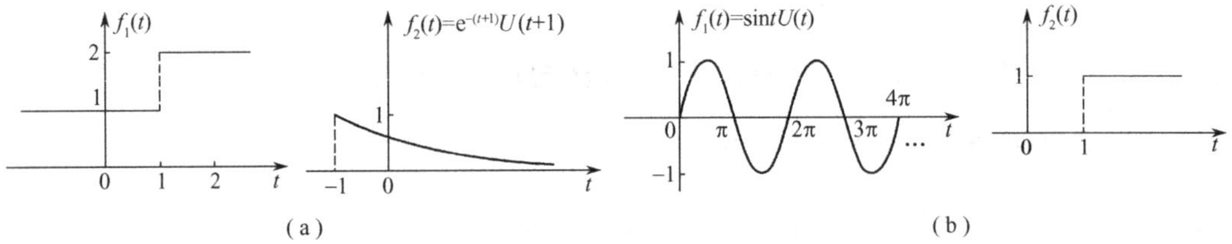


图题 2-15

2-16 如图题2-16所示信号,求 $y(t)=f_1(t)*f_2(t)$,并画出 $y(t)$ 的波形。

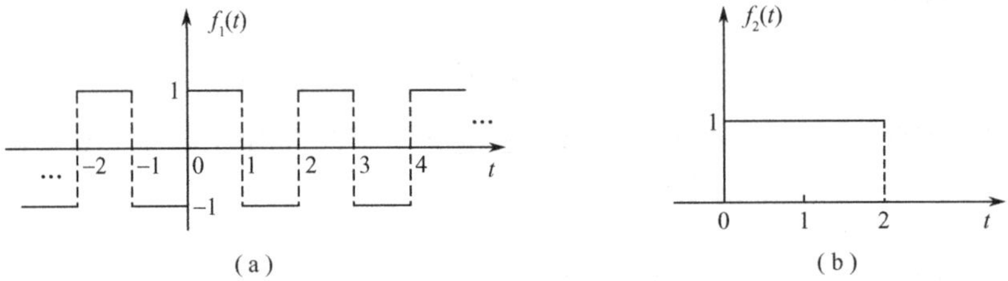


图题 2-16

2-17 已知信号 $f_1(t)$ 与 $f_2(t)$ 的波形如图题2-17所示,试求 $y(t)=f_1(t)*f_2(t)$,并画出 $y(t)$ 的波形。

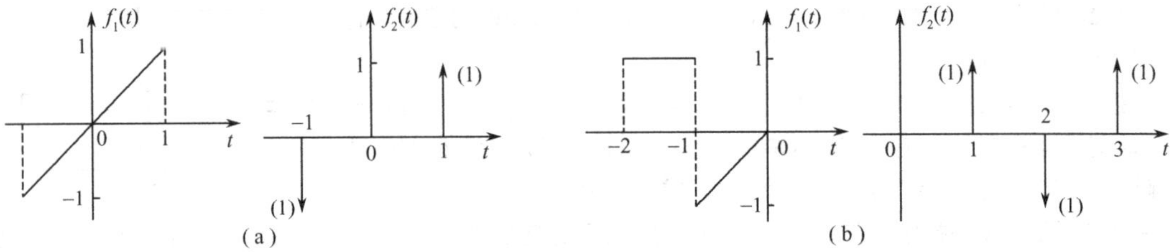


图题 2-17

2-18 试证明线性时不变系统的微分性质与积分性质,即若激励 $f(t)$ 产生的响应为 $y(t)$,则激励 $\dfrac{df(t)}{dt}$ 产生的响应为$\frac{\mathrm{d}y(t)}{\mathrm{d}t}$(微分性质),激励$\int_{-\infty}^{t} f(\tau)\mathrm{d}\tau$产生的响应为$\int_{-\infty}^{t} y(\tau)\mathrm{d}\tau$(积分性质)。

2-19 已知系统的单位冲激响应 $h(t) = \mathrm{e}^{-t}U(t)$,激励 $f(t) = U(t)$。

(1) 求系统的零状态响应 $y(t)$。

(2) 如图题 2-19 所示系统,$h_1(t) = \frac{1}{2}[h(t) + h(-t)]$,$h_2 = \frac{1}{2}[h(t) - h(-t)]$,求响应 $y_1(t)$ 和 $y_2(t)$

(3) 说明图题 2-19(a) 和(b) 哪个是因果系统,哪个是非因果系统。

2-20 已知激励 $f(t) = \mathrm{e}^{-5t}U(t)$ 产生的响应为 $y(t) = \sin\omega t\, U(t)$,试求该系统的单位冲激响应 $h(t)$。

2-21 已知系统的微分方程为 $y''(t) + 3y'(t) + 2y(t) = f(t)$。(1) 求系统的单位冲激响应 $h(t)$;(2) 若激励 $f(t) = \mathrm{e}^{-t}U(t)$,求系统的零状态响应 $y(t)$。

2-22 如图题 2-22 所示系统,其中 $h_1(t) = U(t)$(积分器),$h_2(t) = \delta(t-1)$(单位延时器),$h_3(t) = -\delta(t)$(倒相器),激励 $f(t) = \mathrm{e}^{-t}U(t)$。

(1) 求系统的单位冲激响应 $h(t)$;　　(2) 求系统的零状态响应 $y(t)$。

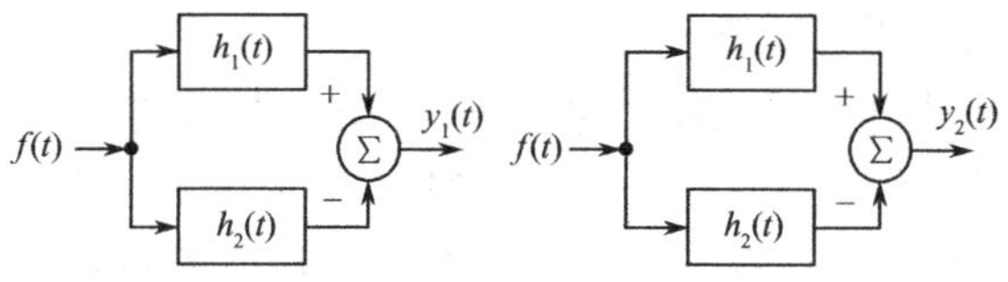


图题 2-19

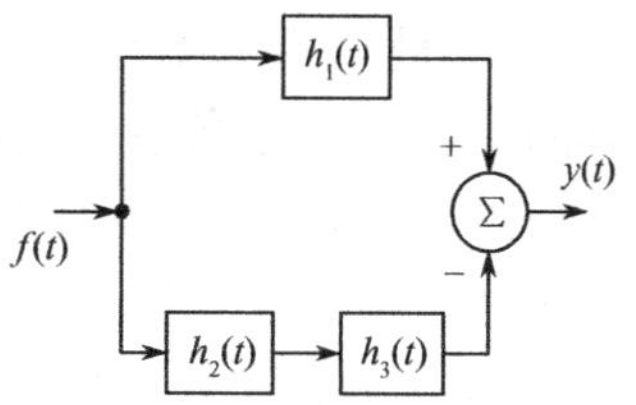


图题 2-22

2-23 图题 2-23 所示系统,$h_1(t) = h_2(t) = U(t)$,激励 $f(t) = U(t) - U(t-6\pi)$。求系统的单位冲激响应 $h(t)$ 和零状态响应 $y(t)$,并画出它们的波形。

2-24 图题 2-24(a) 所示系统,已知 $h_A(t) = \frac{1}{2}\mathrm{e}^{-4t}U(t)$,子系统 B 和 C 的单位阶跃响应分别为 $g_B(t) = (1 - \mathrm{e}^{-t})U(t)$,$g_C(t) = 2\mathrm{e}^{-3t}U(t)$。

(1) 求整个系统的单位阶跃响应 $g(t)$;

(2) 激励 $f(t)$ 的波形如图题 2-24(b) 所示,求整个系统的零状态响应 $y(t)$。

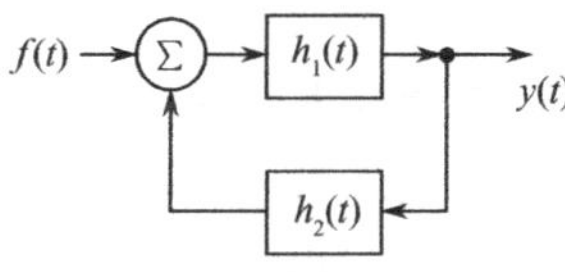


图题 2-23

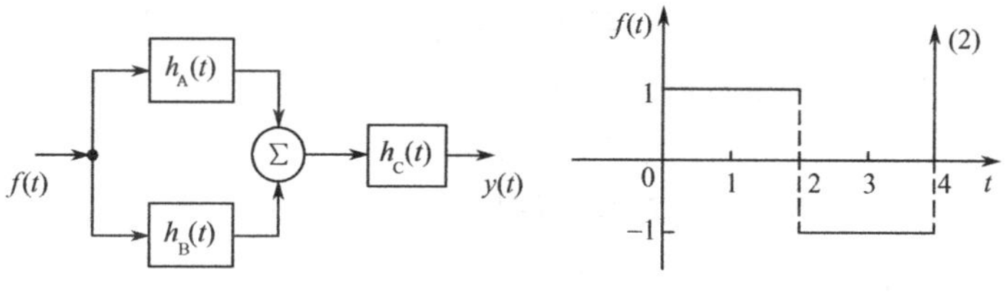


(a)　　(b)

图题 2-24

# 第 3 章　连续信号频域分析

## 3.1 引　　言

在第 2 章，通过把信号表示为移位冲激的线性组合，引入了信号的卷积积分表示和 LTI 系统的卷积分析法。本章和第 4 章，将讨论信号与 LTI 系统的另一种表示，即信号的频域表示和 LTI 系统的频域分析法。与第 2 章一样，研究的出发点是将信号表示成一组基本信号的线性组合，所不同的是现在的基本信号是复指数信号，由此得到连续时间信号的傅里叶级数和傅里叶变换。正像下面即将看到的，这种表示法能够构成广泛且非常有用的一类信号。

根据叠加原理，LTI 系统对任意一个由这些基本信号的线性组合组成的输入信号的响应，就是系统对这些基本信号单独作用所产生的响应的线性组合。在第 2 章，这些基本响应是单位冲激响应的时移，从而导出了卷积积分。在本章，我们将会发现，LTI 对复指数信号的响应具有特别简单的形式，这就提供了一种非常方便的 LTI 系统的表示和分析方法，并且据此可以深入洞察 LTI 的性质。

本章将集中研究连续时间周期信号的傅里叶级数和连续时间非周期有限能量信号的傅里叶变换。这些表示为分析、设计和理解 LTI 系统提供了重要的和强有力的工具。同时，本章及第 4 章还将讨论傅里叶分析的应用。

## 3.2 LTI 系统对复指数信号的响应

如上所述，在研究 LTI 系统时，把信号表示成基本信号的线性组合是非常有益的，为了便于系统分析，所选择的基本信号应该具有以下两个特性：

① 基本信号可以构成广泛、有用的信号；

② 线性时不变系统对基本信号的响应应该十分简单，以便求解系统对任意输入信号的响应。

傅里叶分析的重要性大多来源于复指数信号集的这两个特性。复指数信号在分析 LTI 时之所以重要，是由于一个 LTI 系统对复指数信号的响应是同样的复指数信号，系统对复指数的影响只是在幅度上有变化，即对连续时间时不变系统有：

$$e^{\eta t} \to H(\eta)e^{\eta t}$$

其中，$H(\eta)$ 是复振幅因了，通常它是复变量 $\eta$ 的函数。

通常称函数 $\psi(t)=e^{\eta t}$ 是 LTI 系统的特征函数，其特征值为 $H(\eta)$，因为 $\psi$ 满足由下式描述的特征值问题（回想一下矩阵的特征值问题）：

$$H\{\psi(t)\} = \lambda\psi(t) \tag{3-1}$$

为了证明复指数信号确实是 LTI 系统的特征函数，即它满足式(3-1)，考虑单位冲激响应为 $h(t)$ 的连续时间 LTI 系统。对于任意输入 $f(t)$，由卷积积分可以求其输出。现设 $f(t)=e^{\eta t}$，则有

$$y(t)=\int_{-\infty}^{+\infty}h(\tau)f(t-\tau)\mathrm{d}\tau=\int_{-\infty}^{+\infty}h(\tau)e^{\eta(t-\tau)}\mathrm{d}\tau=e^{\eta t}\int_{-\infty}^{+\infty}h(\tau)e^{-\eta\tau}\mathrm{d}\tau \tag{3-2}$$

假定式(3-2) 右边的积分收敛,则系统对$f(t)=\mathrm{e}^{\eta t}$ 的响应为

$$y(t)=H(\eta)\mathrm{e}^{\eta t} \tag{3-3}$$

式中,$H(\eta)$ 是复常数,其值取决于$\eta$,它与系统单位冲激响应的关系为

$$H(\eta)=\int_{-\infty}^{+\infty}h(\tau)\mathrm{e}^{-\eta\tau}\mathrm{d}\tau \tag{3-4}$$

从而证明了复指数函数(信号) 确是LTI系统的特征函数,对于给定的$\eta$值,常数$H(\eta)$ 就是与特征函数 $\mathrm{e}^{\eta t}$ 相对应的特征值。

为了理解在进行LTI系统分析时,把一般信号分解为系统特征函数的线性组合所带来的方便,考虑由三个复指数信号线性组合而成的信号,即

$$f(t)=a_1\mathrm{e}^{\eta_1 t}+a_2\mathrm{e}^{\eta_2 t}+a_3\mathrm{e}^{\eta_3 t} \tag{3-5}$$

根据特征函数的性质,系统对每一复指数信号的响应分别为

$$a_1\mathrm{e}^{\eta_1 t}\to a_1H(\eta_1)\mathrm{e}^{\eta_1 t} \qquad a_2\mathrm{e}^{\eta_2 t}\to a_2H(\eta_2)\mathrm{e}^{\eta_2 t} \qquad a_3\mathrm{e}^{\eta_3 t}\to a_3H(\eta_3)\mathrm{e}^{\eta_3 t}$$

由叠加原理可得,系统的响应为

$$y(t)=a_1H(\eta_1)\mathrm{e}^{\eta_1 t}+a_2H(\eta_2)\mathrm{e}^{\eta_2 t}+a_3H(\eta_3)\mathrm{e}^{\eta_3 t} \tag{3-6}$$

更一般地,若一个连续时间LTI系统的输入可以表示成复指数信号的线性组合,即

$$f(t)=\sum_k a_k\mathrm{e}^{\eta_k t} \tag{3-7}$$

则可求得系统的输出为

$$y(t)=\sum_k a_kH(\eta_k)\mathrm{e}^{\eta_k t} \tag{3-8}$$

由此可以得出:如果一个LTI系统的输入能够表示为复指数信号的线性组合,则系统的输出也能表示成相同复指数信号的线性组合,且在输出表达式中,每一项的系数是输入信号中相应的复指数信号的系数和该复指数信号对应的特征值的乘积。一般来说,上述复指数信号中的$\eta$可以是任意复数,但在傅里叶分析中仅限于$\eta$的某些特殊形式,在连续时间信号和系统情况下,取$\eta=\mathrm{j}\omega$,因此在连续时间LTI系统分析中,仅考虑形如 $\mathrm{e}^{\mathrm{j}\omega}$ 的复指数信号。

## 3.3 信号的完备正交函数集表示

正如在3.2节所讨论的那样,复指数信号是LTI系统的特征信号,它具有特征信号的两个重要性质。除此之外,复指数信号还具有某种正交性,这在把一般信号表示为复指数信号的线性组合时,为组合系数的计算提供了很大方便。关于信号的正交性问题,严格意义上应在信号空间上进行讨论,但这需要比较艰深的数学知识。为了方便,下面利用类比的方法从矢量的正交性引入函数的正交性。

### 3.3.1 正交矢量

在平面空间中,两个矢量正交是指两个矢量相互垂直。如图3-1(a) 所示,$\boldsymbol{A}_1$ 和 $\boldsymbol{A}_2$ 是正交的,它们之间的夹角为90°。显然,平面空间两个矢量正交的条件是

$$\boldsymbol{A}_1\cdot\boldsymbol{A}_2=0 \tag{3-9}$$

这样,可将一个平面中任意矢量$\boldsymbol{A}$,在笛卡儿坐标系中分解为两个正交矢量的组合

$$\boldsymbol{A}=c_1\boldsymbol{A}_1+c_2\boldsymbol{A}_2 \tag{3-10}$$

同理,对一个三维空间中的矢量$\boldsymbol{A}$必须用三维的正交矢量集$\{\boldsymbol{A}_1,\boldsymbol{A}_2,\boldsymbol{A}_3\}$ 来表示,如图3-1(b) 所示,有

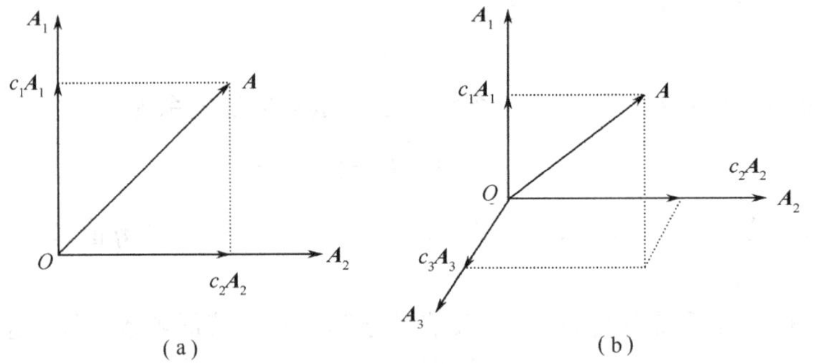


图 3-1

$$A = c_1A_1 + c_2A_2 + c_3A_3 \tag{3-11}$$

其中 $A_1, A_2, A_3$ 相互正交。在三维空间中 $\{A_1, A_2, A_3\}$ 是一个完备的正交矢量集,而二维正交矢量集则在此情况下是不完备的。

以此类推,在 $n$ 维空间中,只有 $n$ 个正交矢量 $A_1, A_2, A_3, \cdots, A_n$ 构成的正交矢量集 $\{A_1, A_2, A_3, \cdots, A_n\}$ 才是完备的。也就是说,在 $n$ 维空间中的任一矢量 $A$,必须用 $n$ 维正交矢量集 $\{A_1, A_2, A_3, \cdots, A_n\}$ 来表示,即

$$A = c_1A_1 + c_2A_2 + c_3A_3 + \cdots + c_nA_n$$

虽然 $n$ 维矢量空间在客观世界中并不存在,但是这种概念有许多应用。例如,$n$ 个独立变量的线性方程,可看成 $n$ 维坐标系中 $n$ 个分量组成的矢量。

### 3.3.2 正交函数与正交函数集

正交矢量分解的概念,可推广应用于信号分析。信号常以时间函数来表示,故信号的分解,也就是时间函数的分解。仿照矢量正交的概念,也可定义函数的正交。

设 $f_1(t)$ 和 $f_2(t)$ 是定义在 $(t_1, t_2)$ 区间上的两个实变函数(信号),若在 $(t_1, t_2)$ 区间上有

$$\int_{t_1}^{t_2} f_1(t) f_2(t)\,\mathrm{d}t = 0 \tag{3-12}$$

则称 $f_1(t)$ 和 $f_2(t)$ 在 $(t_1, t_2)$ 内正交。

若 $f_1(t), f_2(t), \cdots, f_n(t)$ 定义在区间 $(t_1, t_2)$ 上,并且

$$\int_{t_1}^{t_2} f_i(t) f_r(t)\,\mathrm{d}t = \begin{cases} 0 & i \neq r \\ k_i & i = r \end{cases} \tag{3-13}$$

则 $\{f_1(t), f_2(t), \cdots, f_n(t)\}$ 在 $(t_1, t_2)$ 内称为正交函数集,其中 $i, r = 1, 2, \cdots, n$;$k_i$ 为一正数。

如果

$$\int_{t_1}^{t_2} f_i(t) f_r(t)\,\mathrm{d}t = \begin{cases} 0 & i \neq r \\ 1 & i = r \end{cases} \tag{3-14}$$

则称 $\{f_1(t), f_2(t), \cdots, f_n(t)\}$ 为归一化正交函数集。

对于在区间 $(t_1, t_2)$ 内的复变函数集 $\{f_1(t), f_2(t), \cdots f_n(t)\}$,若满足

$$\int_{t_1}^{t_2} f_i(t) \overset{*}{f}_r(t)\,\mathrm{d}t = \begin{cases} 0 & i \neq r \\ 1 & i = r \end{cases} \tag{3-15}$$

则称此复变函数集为正交复变函数集。其中 $\overset{*}{f}_r(t)$ 为 $f_r(t)$ 的共轭复变函数。

### 3.3.3 完备正交函数集

如果在正交函数集 $\{f_1(t), f_2(t), \cdots, f_n(t)\}$ 之外,找不到另外一个非零函数与该函数集 $\{f_i(t)\}$

中每一个函数都正交,则称该函数集为完备正交函数集;否则,称其为不完备正交函数集。

对于完备正交函数集,有两个重要定理。

**定理 3-1** 设$\{f_1(t),f_2(t),\cdots,f_n(t)\}$是在区间$(t_1,t_2)$内某一类信号(函数)的完备正交函数集,则这一类信号中的任何一个信号$f(t)$都可以精确地表示为$\{f_1(t),f_2(t),\cdots,f_n(t)\}$的线性组合。即

$$f(t)=c_1 f_1(t)+c_2 f_2(t)+\cdots+c_n f_n(t) \tag{3-16}$$

式中,$c_i$为加权系数,且有

$$c_i=\frac{\int_{t_1}^{t_2} f(t)\,f_i^*(t)\,\mathrm{d}t}{\int_{t_1}^{t_2}|f_i(t)|^2\mathrm{d}t} \tag{3-17}$$

式(3-16)称为信号的正交展开式,有时也称为欧拉-傅里叶公式或广义傅里叶级数,而$c_i$称为傅里叶级数系数。

**定理 3-2** 在式(3-16)条件下,有

$$\int_{t_1}^{t_2}|f(t)|^2\mathrm{d}t=\sum_i\int_{t_1}^{t_2}|c_i f_i(t)|^2\mathrm{d}t \tag{3-18}$$

式(3-18)可以理解为:$f(t)$的能量等于各个分量的能量之和,即反映能量守恒。定理3-2也称为巴塞伐尔定理。

**【例 3-1】** 已知余弦函数集$\{\cos t,\cos 2t,\cdots,\cos nt\}$($n$为整数)。

(1) 证明该函数集在区间$(0,2\pi)$内为正交函数集;

(2) 该函数集在区间$(0,2\pi)$内是完备正交函数集吗?

(3) 该函数集在区间$(0,\pi/2)$内是正交函数集吗?

**解:**(1) 当$i\neq r$时,有 $\int_0^{2\pi}\cos it\,\cos rt\,\mathrm{d}t=\frac{1}{2}\left[\frac{\sin[(i+r)t]}{i+r}+\frac{\sin[(i-r)t]}{i-r}\right]_0^{2\pi}=0$

当$i=r$时,有 $\int_0^{2\pi}\cos it\,\cos rt\,\mathrm{d}t=\frac{1}{2}\left[t+\frac{1}{2i}\sin 2it\right]_0^{2\pi}=\pi$

可见该函数集在区间$(0,2\pi)$内满足式(3-13),故它在区间$(0,2\pi)$内是一个正交函数集。

(2) 对于非零函数$\sin t$,有:

当$n\neq 1$时,$\int_0^{2\pi}\sin t\,\cos nt\,\mathrm{d}t=0$;当$n=1$时,$\int_0^{2\pi}\sin t\,\cos t\,\mathrm{d}t=0$

即$\sin t$在区间$(0,2\pi)$内与$\{\cos nt\}$正交。故函数集$\{\cos nt\}$在区间$(0,2\pi)$内不是完备正交函数集。

(3) 当$i\neq r$时 $\int_0^{\pi/2}\cos it\,\cos rt\,\mathrm{d}t=\frac{1}{i^2-r^2}\left[i\sin\frac{i\pi}{2}\cos\frac{r\pi}{2}-r\cos\frac{i\pi}{2}\sin\frac{r\pi}{2}\right]$

对于任意整数$i$、$r$,上式并不恒等于零。因此,根据正交函数集的定义,函数集$\{\cos nt\}$在区间$(0,\pi/2)$内不是正交函数集。

由上例可以看到,一个函数集是否是正交函数集,与它所在区间有关,在某一区间可能正交,而在另一区间又可能不正交。此外,当一个函数集正交时,该函数集中所有函数应两两正交,而不能仅从一个函数集中的某$n$个函数相互正交,就判断该函数集是正交函数集。

### 3.3.4 常见的完备正交函数集

(1) 三角函数集$\{\cos n\Omega t,\sin m\Omega t\}$($n,m=0,1,2,\cdots$)在区间$(t_0,t_0+T)$内,有

$$\int_{t_0}^{t_0+T}\cos(n\Omega t)\cos(m\Omega t)\,\mathrm{d}t=\begin{cases}0 & (n\neq m)\\ T/2 & (n=m\neq 0)\\ T & (n=m=0)\end{cases}$$

$$\int_{t_0}^{t_0+T}\sin(n\Omega t)\sin(m\Omega t)\,\mathrm{d}t=\begin{cases}0 & (n\neq m,n=m=0)\\ T/2 & n=m\neq 0\end{cases}$$

$$\int_{t_0}^{t_0+T}\sin(n\Omega t)\cos(m\Omega t)\,\mathrm{d}t=0$$

式中，$T=2\pi/\Omega$。

可见在区间$(t_0,t_0+T)$内，三角函数集$\{\cos n\Omega t,\sin m\Omega t\}$对于周期为$T$的信号构成正交函数集，而且是完备的正交函数集（其完备性在此不讨论）。而函数集$\{\cos n\Omega t\}$，$\{\sin m\Omega t\}$也是正交函数集，但它们均不是完备的。

（2）函数集$\{e^{jn\Omega t}\}$ $(n=0,\pm1,\pm2,\cdots)$在区间$(t_0,t_0+T)$内，对于周期为$T$的一类周期信号来说，也是一个完备的正交函数集。

（3）函数集$\left\{\mathrm{Sa}\left[\frac{\pi}{T}(t-nT)\right]\right\}$ $(n=0,\pm1,\pm2,\cdots)$在区间$(-\infty,\infty)$内，对于有限带宽信号类来说是一个完备的正交函数集。这里$\mathrm{Sa}(x)=\frac{\sin x}{x}$，称为抽样函数。

（4）沃尔什函数集$w(k,t)$在区间$(0,1)$内，对于周期为1的一类信号来说是一个完备的正交函数集。图3-2示出了前5个沃尔什函数波形。

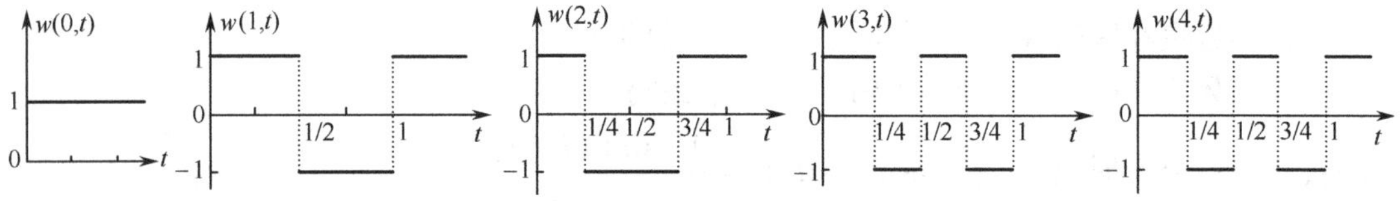


图3-2

（5）勒让德多项式$\left\{P_n(t)=\frac{1}{2^n n!}\frac{\mathrm{d}^n}{\mathrm{d}t^n}(t^2-1)^n\right\}$ $(n=0,1,2,\cdots)$在区间$(-1,+1)$内构成一个完备正交函数集，即

$$\left\{P_0(t)=1,P_1(t)=t,P_2(t)=\left(\frac{3}{2}t^2-\frac{1}{2}\right),P_3(t)=\left(\frac{5}{2}t^3-\frac{3}{2}t\right),\cdots\right\}$$

此外，还有一些多项式也可构成正交函数集。例如，雅可比多项式、切比雪夫多项式等。

## 3.4 连续时间周期信号的傅里叶级数表示

周期信号是定义在$(-\infty,\infty)$区间，每隔一定时间$T$按相同规律重复变化的信号。周期信号一般表示为

$$f(t)=f(t+nT)\quad t\in(-\infty,+\infty)\tag{3-19}$$

式中，$T$为该信号的重复周期，其倒数称为该信号的频率，记为$f=1/T$，或角频率$\Omega=2\pi/T=2\pi f$。

对于非正弦周期函数，根据定理3-1，它可以用在区间$(t_0,t_0+T)$内完备正交函数集来表示。下面讨论几种不同形式的表示式。

### 3.4.1 三角函数表示式

由上节讨论可知,三角函数集$\{\cos(n\Omega t),\sin(m\Omega t)\}$ $(n,m=0,1,2,\cdots)$ 在区间$(t_0,t_0+T)$ 内为完备正交函数集。根据定理 3-1,对于周期为 $T$ 的一类信号(函数) 中任意一个信号$f(t)$ 都可以精确地表示为$\{\cos(n\Omega t),\sin(m\Omega t)\}$ 的线性组合,即对于

$$f(t)=f(t+nT)$$

有

$$f(t)=\frac{a_0}{2}+\sum_{n=1}^{\infty}[a_n\cos(n\Omega t)+b_n\sin(n\Omega t)] \tag{3-20}$$

由式(3-17),得

$$\begin{cases}a_n=\dfrac{2}{T}\displaystyle\int_{-T/2}^{T/2}f(t)\cos(n\Omega t)\mathrm{d}t\\ b_n=\dfrac{2}{T}\displaystyle\int_{-T/2}^{T/2}f(t)\sin(n\Omega t)\mathrm{d}t\\ a_0=\dfrac{2}{T}\displaystyle\int_{-T/2}^{T/2}f(t)\mathrm{d}t\\ \Omega=2\pi/T\end{cases} \tag{3-21}$$

式(3-20) 称为周期信号$f(t)$ 的三角型傅里叶级数展开式。

若将式(3-20) 中同频率项加以合并,还可写成另一种形式,即

$$f(t)=A_0+\sum_{n=1}^{\infty}A_n\cos(n\Omega t+\varphi_n) \tag{3-22}$$

比较式(3-20) 和式(3-22),可看出傅里叶级数中各量之间有如下关系:

$$\begin{cases}A_n=\sqrt{a_n^2+b_n^2}\\ \varphi_n=-\arctan\dfrac{b_n}{a_n}\\ a_n=A_n\cos\varphi_n\\ b_n=-A_n\sin\varphi_n\\ A_0=a_0/2\end{cases} \tag{3-23}$$

式(3-22) 称为周期信号$f(t)$ 的余弦型傅里叶级数展开式。

式(3-20) 和式(3-22) 表明,任何周期信号,只要满足狄里赫利条件,都可以分解为许多频率成整数倍关系的正(余) 弦信号的线性组合。在式(3-20) 中,$a_0/2$ 是直流成分;$a_1\cos\Omega t$,$b_1\sin\Omega t$ 为基波分量,$\Omega=2\pi/T$ 为基波频率;$a_n\cos n\Omega t$,$b_n\sin n\Omega t$ 为 $n$ 次谐波分量。直流分量的大小,基波分量和各次谐波的振幅、相位,取决于周期信号$f(t)$ 的波形。从式(3-21) 和式(3-23) 可知,各分量的振幅 $a_n$,$b_n$,$A_n$ 和相位 $\varphi_n$ 都是 $n\Omega$ 的函数,且有:

$A_n$,$a_n$ 是$n\Omega$的偶函数,即$\begin{cases}a_n=a_{-n}\\ A_n=A_{-n}\end{cases}$;$\varphi_n$,$b_n$ 是$n\Omega$的奇函数,即$\begin{cases}-\varphi_n=\varphi_{-n}\\ b_n=-b_{-n}\end{cases}$。

**【例 3-2】** 图 3-3 所示锯齿波,求其三角型傅里叶级数展开式。

**解:**由图 3-3 可知,对于信号$f(t)$,在一个周期区间$(-\pi,\pi)$ 内有

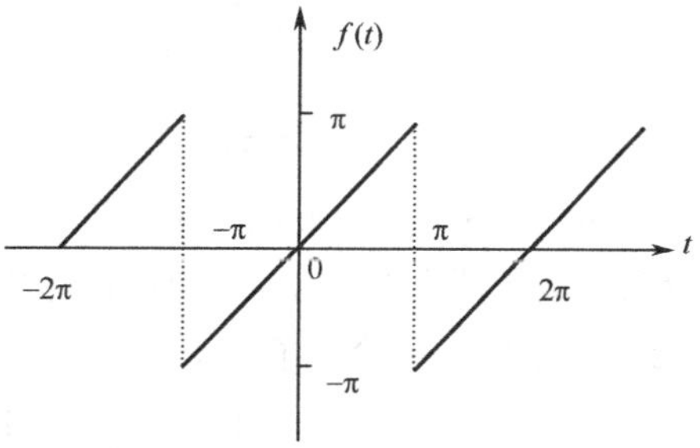

图 3-3

$$f(t)=\begin{cases}t & -\pi<t<\pi\\0 & t=\pm\pi\end{cases}$$

$$T=2\pi,\quad \Omega=2\pi/T=1$$

由式(3-21)，得

$$a_n=0\quad n=0,1,2,\cdots$$

$$b_n=\frac{1}{\pi}\int_{-\pi}^{\pi}t\sin n\Omega t\mathrm{d}t=-\frac{2}{n}\cos n\pi=(-1)^{n+1}\frac{2}{n}$$

故信号 $f(t)$ 的三角型傅里叶级数展开式为

$$f(t)=2\left(\sin\Omega t-\frac{1}{2}\sin 2\Omega t+\frac{1}{3}\sin 3\Omega t+\cdots\right)$$

### 3.4.2 指数形式

复指数函数集$\{\mathrm{e}^{\mathrm{j}n\Omega t}\}$($n=0,\ \pm1,\ \pm2,\cdots$)在区间$(t_0,t_0+T)$内也是一个完备正交函数集，其中$T=2\pi/\Omega$。因此，根据定理3-1，对于任意周期为$T$的信号$f(t)$，可在区间$(t_0,t_0+T)$内表示为$\{\mathrm{e}^{\mathrm{j}n\Omega t}\}$的线性组合，即

$$f(t)=\sum_{n=-\infty}^{\infty}F_n\mathrm{e}^{\mathrm{j}n\Omega t}\tag{3-24}$$

式中，$F_n$可由式(3-17)求得，即

$$F_n=\frac{1}{T}\int_{-T/2}^{T/2}f(t)\mathrm{e}^{-\mathrm{j}n\Omega t}\mathrm{d}t\tag{3-25}$$

式(3-24)称为周期信号$f(t)$的指数型傅里叶级数展开式。$F_n$通常为复数，式(3-24)又称为复系数傅里叶级数展开式。

同一个周期信号$f(t)$，既可以展开成式(3-20)所示的三角型傅里叶级数式，也可以展开成式(3-24)所示的指数型傅里叶级数式，二者之间必有确定的关系。

因为

$$\cos(n\Omega t)=\frac{\mathrm{e}^{\mathrm{j}n\Omega t}+\mathrm{e}^{-\mathrm{j}n\Omega t}}{2},\quad \sin(n\Omega t)=\frac{\mathrm{e}^{\mathrm{j}n\Omega t}-\mathrm{e}^{-\mathrm{j}n\Omega t}}{2\mathrm{j}}$$

代入式(3-20)，得

$$\begin{aligned}f(t)&=\frac{a_0}{2}+\sum_{n=1}^{\infty}[a_n\cos(n\Omega t)+b_n\sin(n\Omega t)]\\&=\frac{a_0}{2}+\sum_{n=1}^{\infty}\frac{a_n}{2}(\mathrm{e}^{\mathrm{j}n\Omega t}+\mathrm{e}^{-\mathrm{j}n\Omega t})+\sum_{n=1}^{\infty}\frac{b_n}{2\mathrm{j}}(\mathrm{e}^{\mathrm{j}n\Omega t}-\mathrm{e}^{-\mathrm{j}n\Omega t})=\sum_{n=-\infty}^{\infty}F_n\mathrm{e}^{\mathrm{j}n\Omega t}\end{aligned}$$

其中

$$F_0=a_0/2=A_0$$

$$F_n=\begin{cases}\dfrac{1}{2}(a_n-\mathrm{j}b_n)=\dfrac{A_n}{2}\mathrm{e}^{\mathrm{j}\varphi_n} & n=1,2,\cdots\\[2ex]\dfrac{1}{2}(a_n+\mathrm{j}b_n)=\dfrac{A_n}{2}\mathrm{e}^{-\mathrm{j}\varphi_n} & n=-1,-2,\cdots\end{cases}\tag{3-26}$$

在周期信号展开式(3-24)中，$f(t)$表示成复频率为$0,\ \pm\Omega,\ \pm2\Omega,\ \pm3\Omega,\cdots$的指数函数的和式。虽然由于引用$-n$而出现了角频率$-n\Omega$，但这并不表示实际上存在负频率，而只是将第$n$项谐波分量写成了两个指数项而出现的一种数学形式。事实上，$\mathrm{e}^{\mathrm{j}n\Omega t}$和$\mathrm{e}^{-\mathrm{j}n\Omega t}$必然成对出现，且都振荡在$n\Omega$上，它们的和给出了一个振荡频率为$n\Omega$的时间实函数，即

$$\frac{A_n}{2}\mathrm{e}^{\mathrm{j}\varphi_n}\mathrm{e}^{\mathrm{j}n\Omega t}+\frac{A_n}{2}\mathrm{e}^{-\mathrm{j}\varphi_n}\mathrm{e}^{-\mathrm{j}n\Omega t}=A_n\cos(n\Omega t+\varphi_n)$$

### 3.4.3 傅里叶级数的收敛

傅里叶级数的收敛问题是指周期信号在满足什么条件时,可以表示成傅里叶级数。关于傅里叶级数收敛的详细讨论超出了本书范围,下面只给出一些结果。

一个周期信号 $f(t)$ 用成谐波关系的有限项复指数信号的线性组合来近似,即用下列有限项级数来近似 $f(t)$:

$$f_N(t) = \sum_{n=-N}^{N} F_n e^{jn\Omega t}$$

令 $e_N(t)$ 为近似误差,即

$$e_N(t) = f(t) - f_N(t) = f(t) - \sum_{n=-N}^{N} F_n e^{jn\Omega t}$$

在信号处理中通常采用一个周期的误差能量 $E_N$ 来度量用有限项级数 $f_N(t)$ 与 $f(t)$ 的近似程度。一个周期的误差能量 $E_N$ 定义为

$$E_N = \int_T |e_N(t)|^2 dt \tag{3-27}$$

可以证明在项数 $N$ 给定时,当 $f_N(t)$ 中的系数取傅里叶级数的系数时,误差能量最小。

现在来研究在什么条件下,周期信号 $f(t)$ 确实可以用傅里叶级数表示,或者说傅里叶级数收敛于 $f(t)$。定义

$$\hat{f}(t) = \sum_{n=-\infty}^{\infty} F_n e^{jn\Omega t}$$

其中 $F_n$ 按式(3-25)计算,则可以证明,当信号 $f(t)$ 在一个周期内平方可积,即

$$\frac{1}{T}\int_T |f(t)|^2 dt < \infty$$

时,下式成立:

$$\frac{1}{T}\int_T |f(t) - \hat{f}(t)|^2 dt = 0 \tag{3-28}$$

上式说明,在一个周期上具有有限能量的周期信号,保证了其傅里叶级数均方收敛。这个结果非常有用,工程实际中的信号大都满足在一个周期具有有限能量的条件,因而它们均可表示为傅里叶级数。应该注意的是,均方误差为零,并不意味着 $f(t)$ 和 $\hat{f}(t)$ 逐点相等,即对任意的 $t$ 均有 $f(t) = \hat{f}(t)$ 成立。均方误差为零只说明 $f(t)$ 与 $\hat{f}(t)$ 的误差能量为零。

关于 $\hat{f}(t)$ 逐点收敛于 $f(t)$ 有下面的结果。如果信号满足狄里赫利条件:

① $f(t)$ 有界(或等价地,$f(t)$ 在一个周期内绝对可积);

② $f(t)$ 在一个周期内有有限个最大最小点;

③ $f(t)$ 在一个周期内有有限个间断点。

则 $\hat{f}(t)$ 在除不连续点外逐点收敛于 $f(t)$,在不连续点收敛于 $f(t)$ 左极限与右极限的平均值。

### 3.4.4 周期信号的对称性与傅里叶系数的关系

要把已知的周期信号 $f(t)$ 展开为傅里叶级数,如果 $f(t)$ 为实函数,且它的波形满足某种对称性,则在其傅里叶级数中有些项将不出现,留下的各项系数的表示式也变得比较简单。周期信号的对称关系主要有两种:一种是整个周期相对于纵坐标轴的对称关系,这取决于周期信号是偶函数还

是奇函数，也就是展开式中是否含有正弦项或余弦项；另一种是整个周期前后的对称关系，这将决定傅里叶级数展开式中是否含有偶次项或奇次项。下面简单说明函数的对称性与傅里叶系数的关系。

**1. 偶函数**

若周期信号 $f(t)$ 的波形相对于纵轴是对称的，即满足

$$f(t)=f(-t) \tag{3-29}$$

则 $f(t)$ 是偶函数，其傅里叶级数展开式中只含直流分量和余弦分量，即

$$\left.\begin{aligned} b_n &= 0 \\ a_n &= \frac{4}{T}\int_0^{T/2} f(t)\cos(n\Omega t)\,\mathrm{d}t \end{aligned}\right\} \quad (n=0,1,2,\cdots)$$

**2. 奇函数**

若周期信号 $f(t)$ 的波形相对于纵坐标轴是反对称的，即满足

$$f(t)=-f(-t) \tag{3-30}$$

则 $f(t)$ 为奇函数，其傅里叶级数展开式中只含有正弦项，即

$$\left.\begin{aligned} a_n &= 0 \\ b_n &= \frac{4}{T}\int_0^{T/2} f(t)\sin(n\Omega t)\,\mathrm{d}t \end{aligned}\right\} \quad (n=0,1,2,\cdots)$$

**3. 奇谐函数**

若周期信号 $f(t)$ 的波形沿时间轴平移半个周期后与原波形相对于时间轴对称，即有

$$f(t)=-f\left(t\pm\frac{T}{2}\right) \tag{3-31}$$

则 $f(t)$ 为奇谐信号或半波对称信号。这类函数的傅里叶级数展开式中只含有正弦和余弦项的奇次谐波分量。

**4. 偶谐函数**

若周期信号 $f(t)$ 的波形沿时间轴平移半个周期后与原波形完全重叠，即满足

$$f(t)=f\left(t\pm\frac{T}{2}\right) \tag{3-32}$$

则 $f(t)$ 为偶谐函数或半周期重叠函数，其傅里叶级数展开式中只含有正弦波和余弦波的偶次谐波分量。

熟悉并掌握了周期信号的奇、偶和奇谐、偶谐等性质后，对于一些波形所包含的谐波分量常可以做出迅速判断，并使傅里叶级数系数的计算得到一定简化。

表 3-1 给出了周期信号的性质及对应的傅里叶系数 $a_n$ 和 $b_n$ 的计算公式。

**表 3-1　周期信号的性质及傅里叶系数的计算公式**

| 函数 $f(t)$ | 性　质 | $a_0$ | $a_n(n\neq 0)$ | $b_n(n\neq 0)$ |
|---|---|---|---|---|
| 偶函数 $f(t)=f(-t)$ | 只有直流分量和余弦项 | $\frac{4}{T}\int_0^{T/2} f(t)\,\mathrm{d}t$ | $\frac{4}{T}\int_0^{T/2} f(t)\cos(n\Omega t)\,\mathrm{d}t$ | 0 |

续表

| 函数$f(t)$ | 性　质 | $a_0$ | $a_n(n\neq 0)$ | $b_n(n\neq 0)$ |
|---|---|---|---|---|
| 奇函数<br>$f(t)=-f(-t)$ | 只有正弦项 | 0 | 0 | $\frac{4}{T}\int_0^{T/2}f(t)\sin(n\Omega t)\mathrm{d}t$ |
| 奇谐函数<br>$f(t)=-f\left(t\pm\frac{T}{2}\right)$ | 只有奇次谐波分量 | 0 | $\frac{4}{T}\int_0^{T/2}f(t)\cos(n\Omega t)\mathrm{d}t$<br>($n$为奇数) | $\frac{4}{T}\int_0^{T/2}f(t)\sin(n\Omega t)\mathrm{d}t$<br>($n$为奇数) |
| 偶谐函数<br>$f(t)=f\left(t\pm\frac{T}{2}\right)$ | 只有偶次谐波分量 | $\frac{4}{T}\int_0^{T/2}f(t)\mathrm{d}t$ | $\frac{4}{T}\int_0^{T/2}f(t)\cos(n\Omega t)\mathrm{d}t$<br>($n$为偶数) | $\frac{4}{T}\int_0^{T/2}f(t)\sin(n\Omega t)\mathrm{d}t$<br>($n$为偶数) |

### 3.4.5　傅里叶级数的性质

若$f(t)=\sum_{n=-\infty}^{\infty}F_n\mathrm{e}^{\mathrm{j}n\Omega t}$,则$f(t)$的傅里叶级数展开式具有以下性质(证明略):

(1) $f(-t)=\sum_{n=-\infty}^{\infty}F_{-n}\mathrm{e}^{\mathrm{j}n\Omega t}$

(2) $f(t-t_0)=\sum_{n=-\infty}^{\infty}F_n\mathrm{e}^{-\mathrm{j}n\Omega t_0}\mathrm{e}^{\mathrm{j}n\Omega t}$

(3) $f'(t)=\sum_{n=-\infty}^{\infty}\mathrm{j}n\Omega F_n\mathrm{e}^{\mathrm{j}n\Omega t}$,　$f^{(k)}(t)=\sum_{n=-\infty}^{\infty}(\mathrm{j}n\Omega)^kF_n\mathrm{e}^{\mathrm{j}n\Omega t}$

(4) $f(t)\cos\Omega t=\sum_{n=-\infty}^{\infty}\frac{F_{n+1}+F_{n-1}}{2}\mathrm{e}^{\mathrm{j}n\Omega t}$

(5) $f(t)\sin\Omega t=\sum_{n=-\infty}^{\infty}\frac{F_{n-1}-F_{n+1}}{2\mathrm{j}}\mathrm{e}^{\mathrm{j}n\Omega t}$

## 3.5　周期信号的频谱

### 3.5.1　周期信号频谱的概念

一个周期信号$f(t)$,只要满足狄里赫利条件,则可分解为一系列谐波分量之和,其各次谐波分量可以是正弦函数或余弦函数,也可以是指数函数。不同的周期信号,其展开式组成情况也不尽相同。在实际工作中,为了表征不同信号的谐波组成情况,常画出周期信号各次谐波的分布图形,这种图形称为信号的频谱,它是信号频域表示的一种方式。

描述各次谐波振幅与频率关系的图形称为振幅频谱,描述各次谐波相位与频率关系的图形称为相位频谱。根据周期信号表示成傅里叶级数的不同形式,又分为单边频谱和双边频谱。

**1. 单边频谱**

若周期信号$f(t)$的傅里叶级数展开式为

$$f(t)=A_0+\sum_{n=1}^{\infty}A_n\cos(n\Omega t+\varphi_n)\tag{3-33}$$

则对应的振幅频谱$A_n$和相位频谱$\varphi_n$称为单边频谱。

**【例 3-3】**　求图 3-4 所示周期矩形信号$f(t)$的单边振幅频谱。

**解**：由$f(t)$的波形可知，$f(t)$为偶函数，其傅里叶系数为

$$a_0 = \frac{4}{T}\int_0^{T/2} f(t)\,\mathrm{d}t = \frac{1}{2},\quad a_n = \frac{4}{T}\int_0^{T/2} f(t)\cos(n\Omega t)\,\mathrm{d}t = \frac{2\sin(n\pi/4)}{n\pi},\quad b_n = 0$$

故
$$f(t) = \frac{a_0}{2} + \sum_{n=1}^{\infty} a_n\cos(n\Omega t) = \frac{1}{4} + \sum_{n=1}^{\infty}\frac{2\sin(n\pi/4)}{n\pi}\cos(n\Omega t)$$

因此
$$A_0 = \frac{1}{4},\qquad A_n = \left|\frac{2\sin(n\pi/4)}{n\pi}\right|$$

即 $A_1 = 0.45,\ A_2 \approx 0.32,\ A_3 \approx 0.15,\ A_4 = 0,\ A_5 \approx 0.09,\ A_6 \approx 0.106,\ \cdots$

$f(t)$的单边振幅频谱如图 3-5 所示。

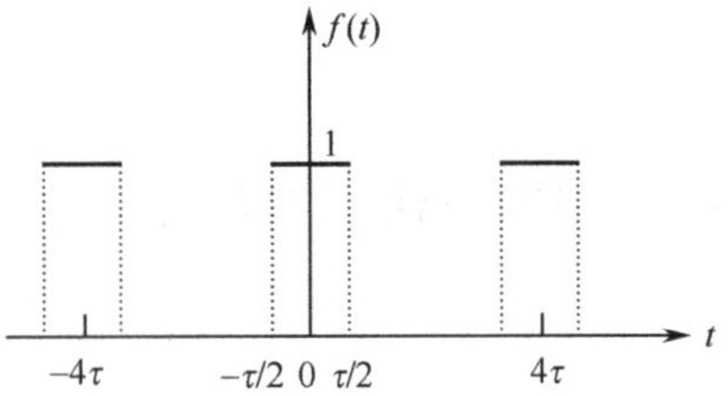

图 3-4

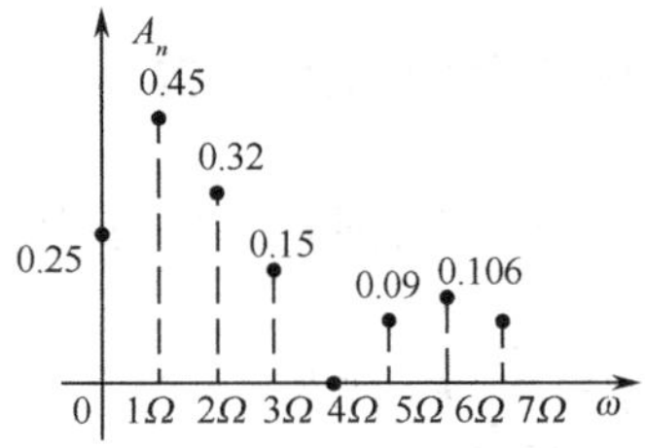

图 3-5

**2. 双边频谱**

若周期信号$f(t)$的傅里叶级数展开式为

$$f(t) = \sum_{n=-\infty}^{\infty} F_n \mathrm{e}^{\mathrm{j}n\Omega t} \tag{3-34}$$

则$|F_n|$与$n\Omega$所描述的振幅频谱以及$F_n$的相位$\arctan F_n = \theta_n$与$n\Omega$所描述的相位频谱称为双边频谱。

**【例 3-4】** 画出图 3-4 所示矩形周期信号$f(t)$的双边频谱图形。

**解**：由式(3-25)和图 3-4 可知

$$F_n = \frac{1}{T}\int_{-T/2}^{T/2} f(t)\,\mathrm{e}^{-\mathrm{j}n\Omega t}\,\mathrm{d}t = \frac{1}{4}\times\frac{\sin(n\pi/4)}{n\pi/4}$$

$$F_0 = \frac{1}{4}, F_{\pm1} = 0.225, F_{\pm2} = 0.159, F_{\pm3} = 0.075, F_{\pm4} = 0, F_{\pm5} = -0.045, F_{\pm6} = 0.053, \cdots$$

故$|F_n|$，$\arctan F_n$的双边频谱如图 3-6 所示。

从上例的频谱图可以看出，单边振幅频谱是指$A_n = 2|F_n|$与正$n$值的关系，双边振幅频谱是指$|F_n|$与正负$n$值的关系。应注意$|F_n| = |F_{-n}|$，所以将双边振幅频谱$|F_n|$-$n$围绕纵轴将负$n$一边对折到正$n$一边，并将振幅相加，便得到单边振幅$A_n$的频谱。

当$F_n$为实数，且$f(t)$各谐波分量的相位为零或$\pm\pi$，图形比较简单时，也可将振幅频谱和相位频谱合在一幅图中。比如，例 3-4 中$f(t)$的频谱可用$F_n$与$n\Omega$关系图形反映，如图 3-7 所示。

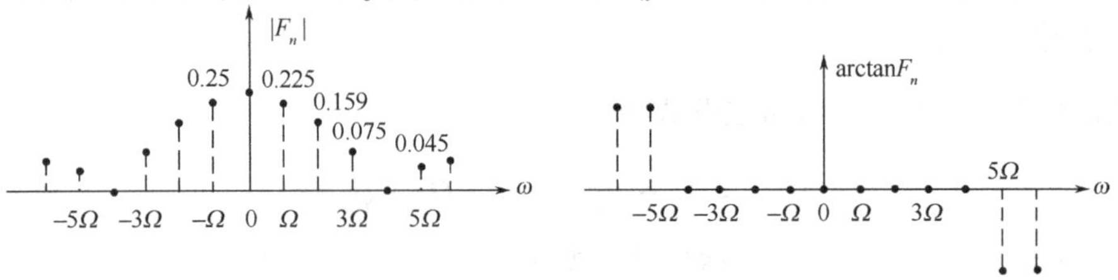

(a) (b)

图 3-6

### 3. 周期信号频谱的特点

图 3-7 反映了周期矩形信号 $f(t)$ 频谱的一些性质,实际上这些性质也是所有周期信号频谱的普遍性质。

(1) 离散性:指频谱由频率离散而不连续的谱线组成,这种频谱称为离散频谱或线谱。

(2) 谐波性:指各次谐波分量的频率都是基波频率 $\Omega=2\pi/T$ 的整数倍,而且相邻谐波的频率间隔是均匀的,即谱线在频率轴上的位置是 $\Omega$ 的整数倍。

(3) 收敛性:若谱线幅度随 $n\to\infty$ 而衰减到零,则这种频谱具有收敛性或衰减性。

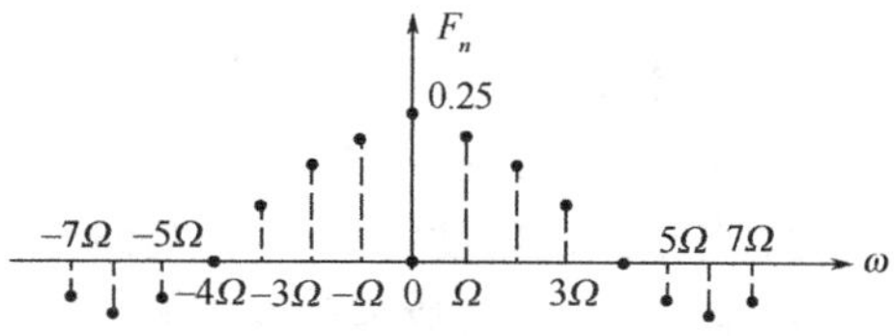


图 3-7

## 3.5.2 周期信号的有效频谱宽度

在周期信号的频谱分析中,周期矩形脉冲信号的频谱具有典型的意义,已得到广泛的应用。下面以图 3-8 所示的周期矩形脉冲信号为例,进一步研究其频谱宽度与脉冲宽度之间的关系。

图 3-8 所示信号 $f(t)$ 的脉冲宽度为 $\tau$,脉冲幅度为 $E$,重复周期为 $T$,重复角频率为 $\Omega=2\pi/T$。若将 $f(t)$ 展开为式(3-24) 所示的傅里叶级数,则由式(3-25) 可得

$$F_n=\frac{1}{T}\int_{-\tau/2}^{\tau/2}E\mathrm{e}^{-\mathrm{j}n\Omega t}\mathrm{d}t=\frac{E\tau}{T}\mathrm{Sa}\left(\frac{n\Omega\tau}{2}\right) \tag{3-35}$$

在这里 $F_n$ 为实数。因此一般把振幅频谱和相位频谱合画在一幅图中,如图 3-9 所示。

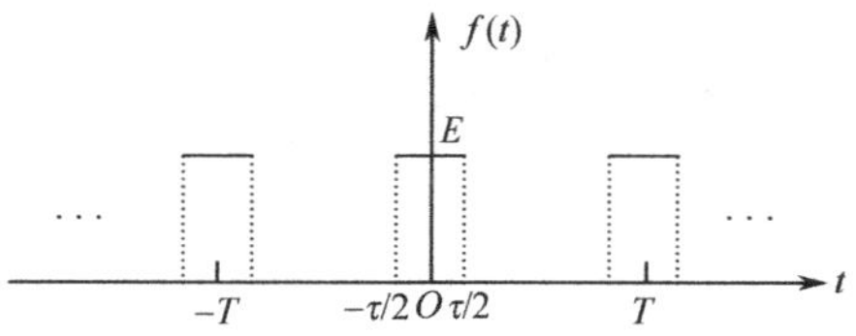


图 3-8

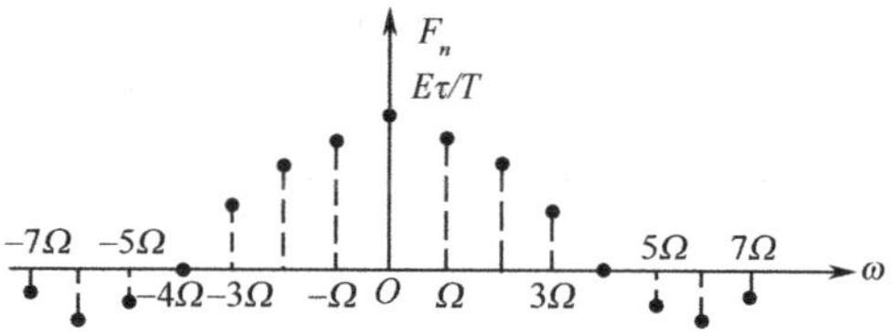


图 3-9

由图 3-9 可以看出:

(1) 周期矩形脉冲信号的频谱是离散的,两谱线间隔为 $\Omega=2\pi/T$。

(2) 直流分量、基波及各次谐波分量的大小正比于脉冲幅度 $E$ 和脉宽 $\tau$,反比于周期 $T$,其变化受包络线 $\sin x/x$ 的牵制。

(3) 当 $\omega=2m\pi/\tau(m=\pm1,\pm2,\cdots)$ 时,谱线的包络线过零点。因此 $\omega=2m\pi/\tau$ 称为零分量频率。

(4) 周期矩形脉冲信号包含无限多条谱线,它可分解为无限多个频率分量,但其主要能量集中在第一个零分量频率之内。因此通常把 $\omega=0\sim2\pi/\tau$ 这段频率范围称为矩形信号的有效频谱宽度或信号的占有频带,记为

$$B_\omega=2\pi/\tau,\ B_f=1/\tau \tag{3-36}$$

显然,有效频谱宽度只与脉冲宽度 $\tau$ 有关,而且成反比关系。有效频谱宽度是研究信号与系统频率特性的重要内容,要使信号通过线性系统不失真,就要求系统本身所具有的频率特性必须与信号的频宽相适应。

对于一般周期信号,同样也可得到离散频谱,也存在零分量频率和信号的占有频带。

### 3.5.3 周期信号频谱与周期 $T$ 的关系

下面仍以图 3-8 所示的周期矩形信号为例进行分析。因为

$$F_n = \frac{E\tau}{T}\mathrm{Sa}\left(\frac{n\Omega\tau}{2}\right)$$

所以在脉冲宽度 $\tau$ 保持不变的情况下，若增大周期 $T$，则可以看出：

(1) 离散谱线的间隔 $\Omega = 2\pi/T$ 将变小，即谱线变密；

(2) 各谱线的幅度将变小，包络线变化缓慢，即振幅收敛速度变慢；

(3) 由于 $\tau$ 不变，故零分量频率位置不变，信号有效频谱宽度也不变。

图 3-10 示出了脉冲宽度 $\tau$ 相同而周期 $T$ 不同的周期矩形脉冲信号的频谱。由图 3-10 可见：当频谱包络线的零点所在位置不变，而周期 $T$ 增大时，频谱线变密，即在信号占有频带内谐波分量增多，同时振幅减小。当周期无限增大时，$f(t)$ 变为非周期信号，相邻谱线间隔趋近于零，相应振幅趋于无穷小量，从而使周期信号的离散频谱过渡到非周期信号的连续频谱，这将在下一节中讨论。

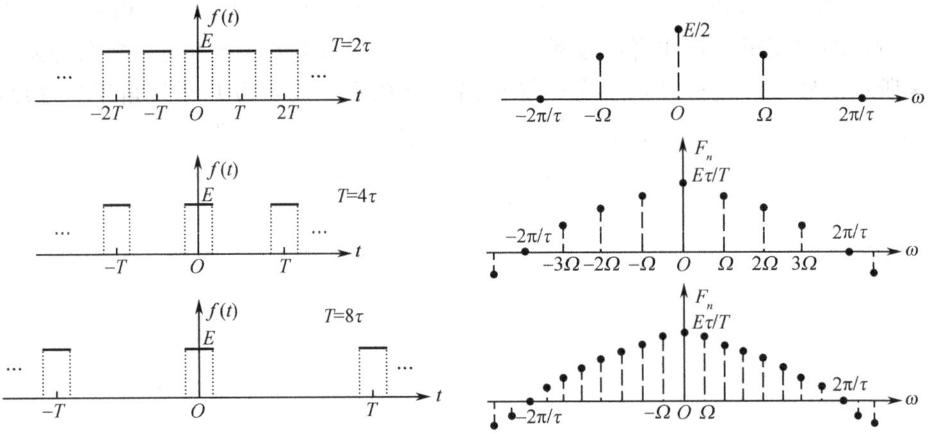


图 3-10

如果保持周期矩形信号的周期 $T$ 不变，而改变脉冲宽度 $\tau$，则可知此时谱线间隔不变。若减小 $\tau$，则信号频谱中的第一个零分量频率 $\omega = 2\pi/\tau$ 增大，即信号的频谱宽度增大，同时出现零分量频率的次数减小，相邻两个零分量频率间所含的谐波分量增大，并且各次谐波的振幅减小，即振幅收敛速度变慢。若 $\tau$ 增大，则反之。

### 3.5.4 周期信号的功率谱

周期信号 $f(t)$ 的平均功率可定义为在 1Ω 电阻上消耗的平均功率，即

$$P = \frac{1}{T}\int_{-T/2}^{T/2} f^2(t)\,\mathrm{d}t \tag{3-37}$$

周期信号 $f(t)$ 的平均功率可以用式(3-37)在时域进行计算，也可以在频域进行计算。若 $f(t)$ 的指数型傅里叶级数展开式为

$$f(t) = \sum_{n=-\infty}^{\infty} F_n \mathrm{e}^{\mathrm{j}n\Omega t}$$

将其代入式(3-37)，并利用 $F_n$ 的有关性质，可得

$$P = \frac{1}{T}\int_{-T/2}^{T/2} f^2(t)\,\mathrm{d}t = \sum_{n=-\infty}^{\infty} |F_n|^2 \tag{3-38}$$

该式称为巴塞伐尔(Parseval) 定理。它表明,周期信号的平均功率完全可以在频域用 $F_n$ 加以确定。实际上它反映周期信号在时域的平均功率等于频域中的直流功率分量和各次谐波平均功率分量之和。$|F_n|^2$ 与 $n\Omega$ 的关系称为周期信号的功率频谱,简称功率谱。显然,周期信号的功率谱也是离散谱。

**【例3-5】** 试求图3-8所示周期矩形脉冲信号$f(t)$在有效频谱宽度内,谐波分量所具有的平均功率占整个信号平均功率的百分比。设 $E=1, T=1/4, \tau=1/20$。

**解:**因为 $F_n=\dfrac{E\tau}{T}\mathrm{Sa}\left(\dfrac{n\Omega\tau}{2}\right)=\dfrac{1}{5}\dfrac{\sin(n\pi/5)}{n\pi/5}$

作出频谱和功率谱图,如图 3-11 所示。第一个零分量频率为

$$\omega_0=2\pi/\tau=40\pi$$

所以在信号频谱宽度内,包含一个直流分量和 4 个谐波分量。

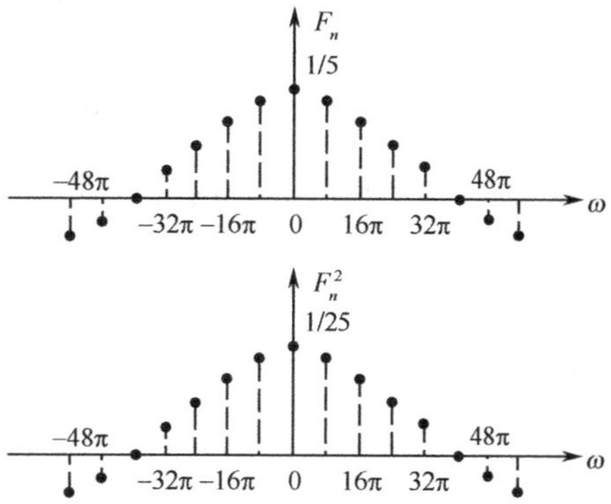


图 3-11

周期信号的平均功率为

$$P=\frac{1}{T}\int_{-T/2}^{T/2}f^2(t)\,\mathrm{d}t=0.2\ (\mathrm{W})$$

在有效频谱宽度内信号的平均功率为

$$\begin{aligned}P_{\mathrm{B}}&=|F_0|^2+2\{|F_1|^2+|F_2|^2+|F_3|^2+|F_4|^2\}\\&=\frac{1}{5^2}+\frac{2}{5^2}\left[\mathrm{Sa}^2\left(\frac{\pi}{5}\right)+\mathrm{Sa}^2\left(\frac{2\pi}{5}\right)+\mathrm{Sa}^2\left(\frac{3\pi}{5}\right)+\mathrm{Sa}^2\left(\frac{4\pi}{5}\right)\right]=0.1806\ (\mathrm{W})\end{aligned}$$

故 $$P_{\mathrm{B}}/P=0.1806/0.2=0.9$$

从上式可以看出,在所给出的周期矩形脉冲情况下,包含在有效频谱宽度内的信号平均功率约占整个信号平均功率的 90%。

# 3.6 非周期信号的频谱

## 3.6.1 非周期信号的频谱函数

对于周期信号$f(t)$,已知它可表示为

$$f(t)=\sum_{n=-\infty}^{\infty}F_n\mathrm{e}^{\mathrm{j}n\Omega t} \tag{3-39}$$

式中 $$F_n=\frac{1}{T}\int_{-T/2}^{T/2}f(t)\,\mathrm{e}^{-\mathrm{j}n\Omega t}\mathrm{d}t \tag{3-40}$$

将式(3-40) 改写为

$$F_nT=\frac{2\pi F_n}{\Omega}=\frac{F_n}{f}=\int_{-T/2}^{T/2}f(t)\,\mathrm{e}^{-\mathrm{j}n\Omega t}\mathrm{d}t \tag{3-41}$$

当信号$f(t)$ 的周期 $T$ 趋于无限大时,由 3.5 节讨论可知谱线间隔趋于无穷小,谱线密集成为连续频谱,离散变量变为连续变量,即 $T\to\infty$, $\Omega\to \mathrm{d}\omega$, $n\Omega\to\omega$,此时记

$$F(\mathrm{j}\omega)=\lim_{T\to\infty}F_nT=\int_{-\infty}^{\infty}f(t)\,\mathrm{e}^{-\mathrm{j}\omega t}\mathrm{d}t \tag{3-42}$$

$F(j\omega)$ 称为频谱密度函数,简称频谱函数,其意义为单位频率上的谐波幅度。$F(j\omega)$ 为 $\omega$ 的复函数,可写成

$$F(j\omega) = |F(j\omega)| e^{j\theta(\omega)}$$

其中 $|F(j\omega)|$ 代表非周期信号中各频率分量幅值的相对大小,辐角 $\theta(\omega)$ 则代表相应各频率分量的相位。

由于
$$F(j\omega) = \lim_{T\to\infty} F_n T = \lim_{T\to\infty} \frac{2\pi}{\Omega} F_n$$

可得
$$\lim_{T\to\infty} F_n = \lim_{T\to\infty} \frac{F(j\omega)\Omega}{2\pi} = \frac{F(j\omega)}{2\pi} d\omega$$

所以式(3-39) 在 $T\to\infty$ 时为

$$f(t) = \int_{-\infty}^{\infty} \frac{F(j\omega)}{2\pi} e^{j\omega t} d\omega = \frac{1}{2\pi}\int_{-\infty}^{\infty} F(j\omega) e^{j\omega t} d\omega \tag{3-43}$$

该式表明,一个非周期信号可以看成无限多个幅度无限小的复指数谐波之和,而其中每一个分量的复数振幅为 $\frac{F(j\omega)}{2\pi}d\omega$。

### 3.6.2 傅里叶变换

式(3-42) 和式(3-43) 是一对很重要的变换式,现重写为

$$F(j\omega) = \int_{-\infty}^{\infty} f(t) e^{-j\omega t} dt \tag{3-44a}$$

$$f(t) = \frac{1}{2\pi}\int_{-\infty}^{\infty} F(j\omega) e^{j\omega t} d\omega \tag{3-44b}$$

式(3-44a) 由信号的时间函数变换成频率函数,称为傅里叶正变换式,有时记为

$$\mathscr{F}\{f(t)\} = F(j\omega) \quad 或 \quad f(t) \to F(j\omega)$$

式(3-44b) 由信号的频率函数变换为时间函数,称为傅里叶反变换式,有时记为

$$\mathscr{F}^{-1}\{F(j\omega)\} = f(t) \quad 或 \quad F(j\omega) \to f(t)$$

如果上述变换中的自变量不是角频率 $\omega$ 而是频率 $f$,则由于 $\omega = 2\pi f$,可写为

$$\left.\begin{aligned} F(jf) &= \int_{-\infty}^{\infty} f(t) e^{-j2\pi ft} dt \\ f(t) &= \int_{-\infty}^{\infty} F(jf) e^{j2\pi ft} df \end{aligned}\right\} \tag{3-45}$$

频谱密度函数 $F(j\omega)$ 是一个复变函数,可以写为

$$F(j\omega) = |F(j\omega)| e^{j\theta(\omega)} = R(\omega) + jX(\omega)$$

式中,$|F(j\omega)|$ 和 $\theta(\omega)$ 分别为 $F(j\omega)$ 的模和相位,$R(\omega)$ 和 $X(\omega)$ 分别为 $F(j\omega)$ 的实部和虚部。傅里叶反变换式也可写成

$$\begin{aligned} f(t) &= \frac{1}{2\pi}\int_{-\infty}^{\infty} F(j\omega) e^{j\omega t} d\omega = \frac{1}{2\pi}\int_{-\infty}^{\infty} |F(j\omega)| e^{j[\omega t + \theta(\omega)]} d\omega \\ &= \frac{1}{2\pi}\left\{\int_{-\infty}^{\infty} |F(j\omega)| \cos[\omega t + \theta(\omega)] + j\int_{-\infty}^{\infty} |F(j\omega)| \sin[\omega t + \theta(\omega)] d\omega\right\} \\ &= f_r(t) + jf_i(t) \end{aligned}$$

可见,一个非周期信号 $f(t)$ 可以分解成许多不同频率的正、余弦分量,也可以分解为 $t$ 的复变函数。若 $f(t)$ 是实函数,则 $|F(j\omega)|$ 和 $\theta(\omega)$ 分别是 $\omega$ 的偶函数和奇函数,并且

$$f(t)=\frac{1}{\pi}\int_{0}^{\infty}F(\mathrm{j}\omega)\cos[\omega t+\theta(\omega)]\mathrm{d}\omega \tag{3-46}$$

## 3.6.3 傅里叶变换的存在条件

前面根据周期信号的傅里叶级数导出了傅里叶变换。但从理论上讲,傅里叶变换也应满足一定条件才能存在。傅里叶变换存在的必要和充分条件的证明需要较多的数学基础理论,在此仅对其充分条件加以讨论。

令

$$\hat{f}(t)=\frac{1}{2\pi}\int_{-\infty}^{\infty}F(\mathrm{j}\omega)\mathrm{e}^{\mathrm{j}\omega t}\mathrm{d}\omega \tag{3-47}$$

若信号 $f(t)$ 能量有限,即

$$\int_{-\infty}^{\infty}|f(t)|^{2}\mathrm{d}t<\infty$$

那么 $F(\mathrm{j}\omega)$ 就是有限的,即式(3-44b) 收敛。此时便有

$$\int_{-\infty}^{\infty}|f(t)-\hat{f}(t)|^{2}\mathrm{d}t=0 \tag{3-48}$$

式(3-47) 和式(3-48) 表明,当 $f(t)$ 能量有限时,$f(t)$ 和它的傅里叶变换表示 $\hat{f}(t)$ 在某些点可能明显不同,但是在能量上没有任何差异。

和周期信号一样,如果信号 $f(t)$ 满足如下条件:

(1) $f(t)$ 绝对可积,即

$$\int_{-\infty}^{\infty}|f(t)|\mathrm{d}t<\infty \tag{3-49}$$

(2) 在任何有限区间内,$f(t)$ 仅有有限个最大最小值;

(3) 在任何有限区间内,$f(t)$ 有有限个第一类间断点。

则信号 $f(t)$ 的傅里叶变换 $F(\mathrm{j}\omega)$ 存在,并满足反变换式。

在实际工程中的信号大多满足上述条件,因而它们的傅里叶变换都是存在的。值得注意的是,上述条件是傅里叶变换存在的充分条件,而不是必要条件。一些不满足绝对可积条件的函数也可有傅里叶变换,例如抽样函数 $\frac{\sin\omega t}{\omega t}$、阶跃函数 $U(t)$、符号函数和周期函数等;当在傅里叶变换中引入冲激函数时,它们的傅里叶变换都存在,这样就可以在一个统一的框架内研究傅里叶级数和傅里叶变换。

## 3.6.4 典型信号的频谱函数

### 1. 单边指数信号

单边指数信号 $f_1(t)$ 的表达式为

$$f_{1}(t)=\begin{cases}\mathrm{e}^{-\alpha t} & t>0\\ 0 & t<0\end{cases}\quad \alpha>0 \tag{3-50}$$

代入式(3-44a) 得

$$F_{1}(\mathrm{j}\omega)=\mathscr{F}\{f_{1}(t)\}=\int_{0}^{\infty}\mathrm{e}^{-\alpha t}\mathrm{e}^{-\mathrm{j}\omega t}\mathrm{d}t=\frac{1}{\alpha+\mathrm{j}\omega} \tag{3-51}$$

幅度频谱为 $|F_1(\mathrm{j}\omega)|=\frac{1}{\sqrt{\alpha^2+\omega^2}}$,相位频谱为 $\theta_1(\omega)=-\arctan\frac{\omega}{\alpha}$。可见,幅度频谱和相位频谱函数分别是频率 $\omega$ 的偶函数和奇函数。单边指数信号 $f_1(t)$ 的波形、幅度谱 $|F_1(\mathrm{j}\omega)|$ 和相位谱

$\theta_1(\omega)$ 如图 3-12 所示,其 MATLAB 仿真见二维码 3-1。

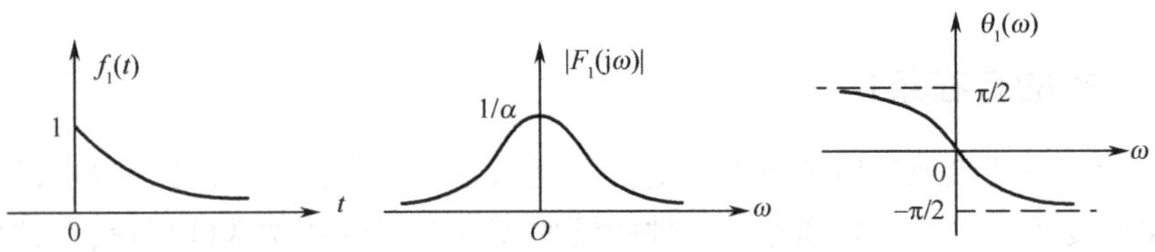


二维码 3-1

图 3-12

### 2. 偶双边指数信号

偶双边指数信号$f_2(t)$ 的表达式为

$$f_2(t) = e^{-\alpha|t|} \qquad -\infty < t < \infty, \alpha > 0 \tag{3-52}$$

其频谱函数为

$$F_2(j\omega) = \int_{-\infty}^{0} e^{\alpha t} e^{-j\omega t} dt + \int_{0}^{\infty} e^{-\alpha t} e^{-j\omega t} dt = \frac{2\alpha}{\alpha^2 + \omega^2} \tag{3-53}$$

故幅度频谱 $|F_2(j\omega)| = \dfrac{2\alpha}{\alpha^2 + \omega^2}$,相位频谱 $\theta_2(\omega) = 0$。$f_2(t)$ 的波形和幅度频谱 $|F_2(j\omega)|$ 如图 3-13 所示。

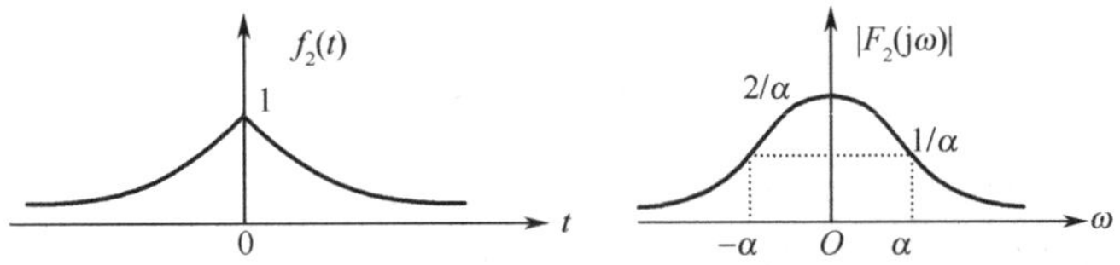


图 3-13

### 3. 奇双边指数信号

对于奇双边指数信号

$$f_3(t) = \begin{cases} -e^{\alpha t} & t < 0 \\ e^{-\alpha t} & t > 0 \end{cases} \qquad (\alpha > 0) \tag{3-54}$$

其频谱函数

$$F_3(j\omega) = -\int_{-\infty}^{0} e^{\alpha t} e^{-j\omega t} dt + \int_{0}^{\infty} e^{-\alpha t} e^{-j\omega t} dt = -j\frac{2\omega}{\alpha^2 + \omega^2} \tag{3-55}$$

故

$$|F_3(j\omega)| = \left|\frac{2\omega}{\alpha^2 + \omega^2}\right|, \qquad \theta_3(\omega) = \begin{cases} \pi/2 & \omega < 0 \\ -\pi/2 & \omega > 0 \end{cases}$$

$f_3(t)$ 的波形和幅度频谱如图 3-14 所示。

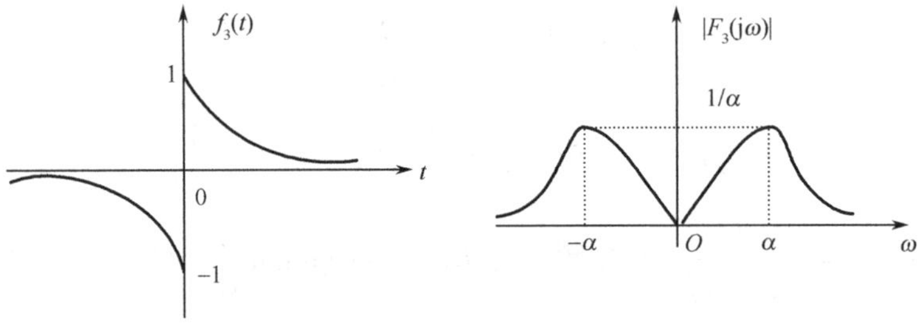


图 3-14

**4. 符号函数信号**

符号函数或正负号函数以 sgn 记，其表达式为

$$f_4(t) = \text{sgn}(t) = \begin{cases} +1 & t > 0 \\ -1 & t < 0 \end{cases} \tag{3-56}$$

显然，这种信号不满足绝对可积条件，但它却存在傅里叶变换。对奇双边指数信号

$$f_3(t) = \begin{cases} -e^{\alpha t} & t < 0 \\ e^{-\alpha t} & t > 0 \end{cases} \quad \alpha > 0$$

当 $\alpha \to 0$ 时，有$\lim\limits_{\alpha \to 0} f_3(t) = \text{sgn}(t)$，故符号函数的频谱函数为

$$F_4(j\omega) = \lim_{\alpha \to 0}\left(-j\frac{2\omega}{\alpha^2 + \omega^2}\right) = \frac{2}{j\omega} \tag{3-57}$$

且 $$|F_4(j\omega)| = \frac{2}{|\omega|} \qquad \theta_4(\omega) = \begin{cases} \pi/2 & \omega < 0 \\ -\pi/2 & \omega > 0 \end{cases}$$

其波形和幅度频谱如图 3-15 所示。

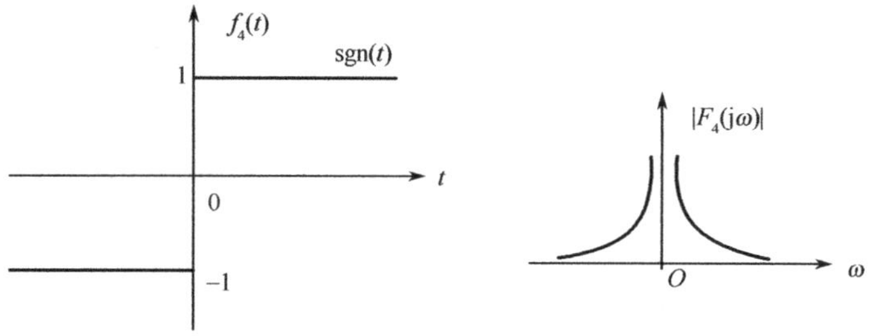


图 3-15

**5. 单位直流信号**

对于单位直流信号，其表达式为

$$f_5(t) = 1 \qquad -\infty < t < \infty \tag{3-58}$$

可见该信号也不满足绝对可积条件，但可利用上述 $f_2(t)$ 取极限，可求得其傅里叶变换。即

$$f_5(t) = \lim_{\alpha \to 0} f_2(t) = \lim_{\alpha \to 0} e^{-\alpha|t|} = 1$$

故 $$F_5(j\omega) = \lim_{\alpha \to 0} F_2(j\omega) = \lim_{\alpha \to 0}\frac{2\alpha}{\alpha^2 + \omega^2} = \begin{cases} 0 & \omega \neq 0 \\ \infty & \omega = 0 \end{cases}$$

且 $$\int_{-\infty}^{\infty} \frac{2\alpha}{\alpha^2 + \omega^2} d\omega = 2\pi$$

显然 $F_5(j\omega)$ 为一个冲激强度为 $2\pi$、出现在 $\omega = 0$ 的冲激函数，即

$$F_5(j\omega) = 2\pi\delta(\omega) \tag{3-59}$$

其波形和频谱如图 3-16 所示。

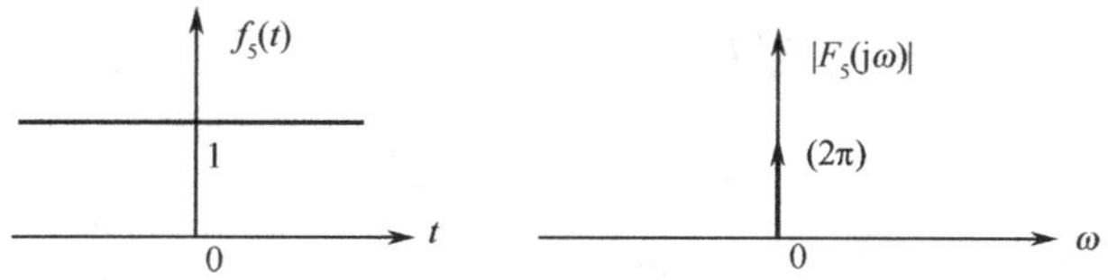


图 3-16

**6. 单位阶跃信号 $U(t)$**

对于单位阶跃信号
$$f_6(t) = U(t)$$
可利用$f_1(t)$ 求其傅里叶变换，即
$$f_6(t) = U(t) = \lim_{\alpha\to 0} f_1(t) = \lim_{\alpha\to 0} \mathrm{e}^{-\alpha t}U(t)$$
故
$$F_6(\mathrm{j}\omega) = \lim_{\alpha\to 0} F_1(\mathrm{j}\omega) = \lim_{\alpha\to 0}\frac{1}{\alpha+\mathrm{j}\omega} = \lim_{\alpha\to 0}\left[\frac{\alpha}{\alpha^2+\omega^2}+\frac{\omega}{\mathrm{j}(\alpha^2+\omega^2)}\right]$$
利用
$$\lim_{\alpha\to 0}\frac{\alpha}{\alpha^2+\omega^2} = \pi\delta(\omega)$$
有
$$F_6(\mathrm{j}\omega) = \pi\delta(\omega) + \frac{1}{\mathrm{j}\omega} \tag{3-60}$$
$f_6(t)$ 的波形和频谱如图 3-17 所示。

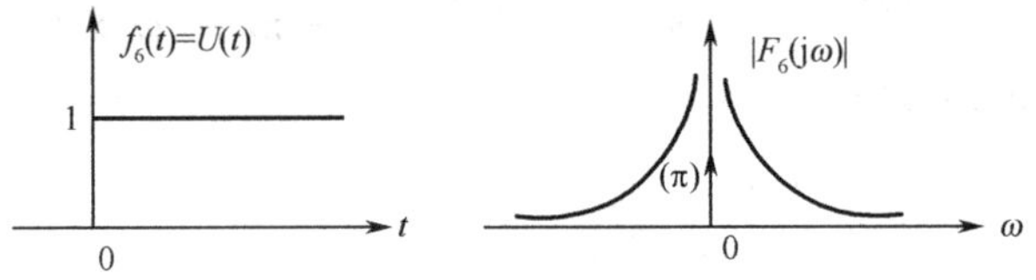


图 3-17

**7. 单位冲激信号 $\delta(t)$**

单位冲激信号的时域表达式为
$$\left.\begin{aligned} &f_7(t) = \begin{cases} 0 & t \neq 0 \\ \infty & t = 0 \end{cases} \\ &\int_{-\infty}^{\infty} f_7(t)\,\mathrm{d}t = 1 \end{aligned}\right\}$$
其傅里叶变换式为
$$F_7(\mathrm{j}\omega) = \mathscr{F}\{f_7(t)\} = 1 \tag{3-61}$$
可见，单位冲激信号的频谱函数是常数 1，它均匀分布于整个频率范围。其波形和频谱如图 3-18 所示。

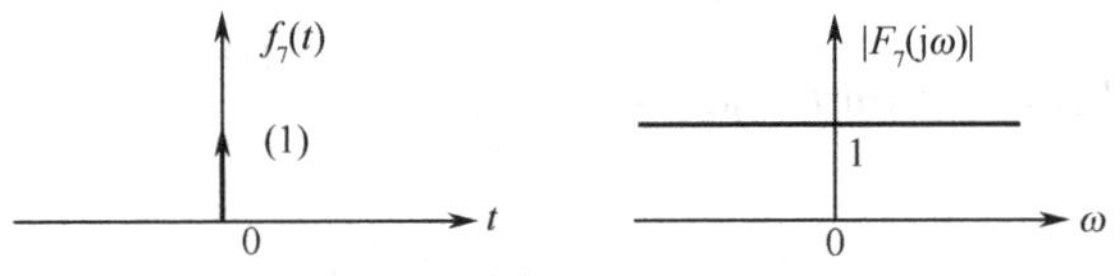


图 3-18

**8. 矩形脉冲信号 $G_\tau(t)$**

矩形脉冲信号 $G_\tau(t)$ 的表达式为
$$f_8(t) = \begin{cases} E & |t| < \tau/2 \\ 0 & |t| > \tau/2 \end{cases}$$
其频谱函数
$$F_8(\mathrm{j}\omega) = \int_{-\tau/2}^{\tau/2} E\mathrm{e}^{-\mathrm{j}\omega t}\mathrm{d}t = E\tau\frac{\sin\left(\frac{\omega\tau}{2}\right)}{\frac{\omega\tau}{2}} = E\tau\mathrm{Sa}\left(\frac{\omega\tau}{2}\right) \tag{3-62}$$

且有

$$|F_8(\mathrm{j}\omega)| = E\tau\left|\frac{\sin\left(\frac{\omega\tau}{2}\right)}{\frac{\omega\tau}{2}}\right|$$

$$\theta(\omega) = \begin{cases} 0 & \mathrm{Sa}\left(\frac{\omega\tau}{2}\right) > 0 \\ \pi & \mathrm{Sa}\left(\frac{\omega\tau}{2}\right) < 0 \end{cases}$$

$f_8(t)$ 的波形和频谱如图 3-19 所示。可以看出,矩形脉冲信号在时域中处于有限范围内,而其频谱却以$\mathrm{Sa}\left(\frac{\omega\tau}{2}\right)$的规律变化,分布于无限宽的频率范围内,但其主要能量处于$0 \sim 2\pi/\tau$范围内。所以,通常认为这种信号的占有频带为 $B_\omega = 2\pi/\tau$ 或 $B_f = 1/\tau$。

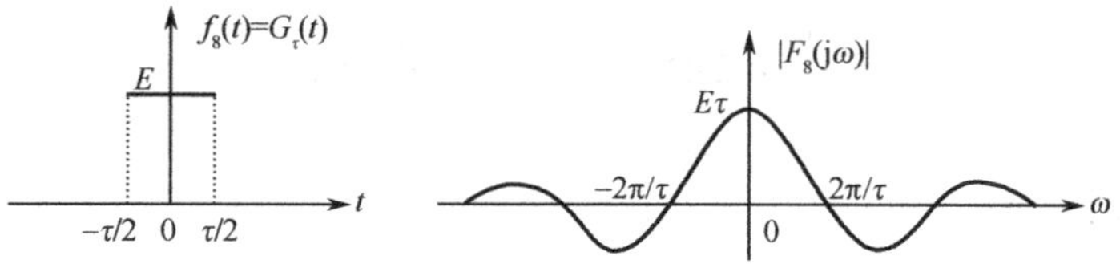


图 3-19

表 3-2 示出了常用信号的傅里叶变换。

**表 3-2 常用信号的傅里叶变换**

| 时间函数 $f(t)$ | 傅里叶变换 $F(\mathrm{j}\omega)$ | 时间函数 $f(t)$ | 傅里叶变换 $F(\mathrm{j}\omega)$ |
|---|---|---|---|
| 单边指数信号 $f(t) = \mathrm{e}^{-\alpha t}U(t) \quad \alpha > 0$ | $1/(\alpha + \mathrm{j}\omega)$ | 单位阶跃信号 $U(t) = \begin{cases} 1 & t > 0 \\ 0 & t < 0 \end{cases}$ | $\pi\delta(\omega) + \frac{1}{\mathrm{j}\omega}$ |
| 偶双边指数信号 $f(t) = \mathrm{e}^{-\alpha\|t\|} \quad \alpha > 0$ | $2\alpha/(\alpha^2 + \omega^2)$ | | |
| 奇双边指数信号 $f(t) = \begin{cases} -\mathrm{e}^{\alpha t} & t < 0 \\ \mathrm{e}^{-\alpha t} & t > 0 \end{cases} \quad \alpha > 0$ | $-\mathrm{j}2\omega/(\alpha^2 + \omega^2)$ | 单位冲激信号 $\left.\begin{array}{l} \delta(t) = \begin{cases} 0 & t \neq 0 \\ \infty & t = 0 \end{cases} \\ \int_{-\infty}^{\infty} \delta(t)\mathrm{d}t = 1 \end{array}\right\}$ | 1 |
| 符号函数 $\mathrm{sgn}(t) = \begin{cases} +1 & t > 0 \\ -1 & t < 0 \end{cases}$ | $\frac{2}{\mathrm{j}\omega}$ | 矩形脉冲信号 $f(t) = \begin{cases} E & \|t\| < \tau/2 \\ 0 & \|t\| > \tau/2 \end{cases}$ | $\tau E[\mathrm{Sa}(\omega\tau/2)]$ |
| 直流信号 $f(t) = E \quad -\infty < t < \infty$ | $2\pi E\delta(\omega)$ | 三角脉冲信号 $f(t) = \begin{cases} 1 - \|t\|/\tau & \|t\| < \tau \\ 0 & \|t\| > \tau \end{cases}$ | $\tau[\mathrm{Sa}(\omega\tau/2)]^2$ |

# 3.7 傅里叶变换的基本性质

傅里叶变换建立了时间函数和频谱函数之间的转换关系。在实际信号分析中,经常需要对信号的时域和频域之间的对应关系及转换规律有一个清楚而深入的理解。因此,有必要讨论傅里叶变换的基本性质,并说明其应用。

### 3.7.1 线性性

傅里叶变换是一种线性运算，它满足齐次性和叠加性，即若

$$f_1(t)\leftrightarrow F_1(\mathrm{j}\omega) \qquad f_2(t)\leftrightarrow F_2(\mathrm{j}\omega)$$

则

$$af_1(t)+bf_2(t)\leftrightarrow aF_1(\mathrm{j}\omega)+bF_2(\mathrm{j}\omega) \tag{3-63}$$

式中，$a$ 和 $b$ 均为常数。该性质的证明只需根据傅里叶变换的定义即可得出。线性性可以推广至任意个信号的线性组合。

**【例 3-6】** 利用傅里叶变换的线性性求单位阶跃信号的频谱函数 $F(\mathrm{j}\omega)$。

**解：**

$$f(t)=U(t)=\frac{1}{2}+\frac{1}{2}\mathrm{sgn}(t)$$

由式(3-60)得

$$F(\mathrm{j}\omega)=\mathscr{F}\{U(t)\}=\frac{1}{2}\mathscr{F}\{1\}+\frac{1}{2}\mathscr{F}\{\mathrm{sgn}(t)\}$$

$$=\frac{1}{2}\times 2\pi\delta(\omega)+\frac{1}{2}\times\frac{2}{\mathrm{j}\omega}=\pi\delta(\omega)+\frac{1}{\mathrm{j}\omega}$$

### 3.7.2 对称性

若 $f(t)\leftrightarrow F(\mathrm{j}\omega)$，则

$$F(\mathrm{j}t)\leftrightarrow 2\pi f(-\omega) \tag{3-64}$$

**证明：**因为

$$f(t)=\frac{1}{2\pi}\int_{-\infty}^{\infty}F(\mathrm{j}\omega)\mathrm{e}^{\mathrm{j}\omega t}\mathrm{d}\omega$$

有

$$2\pi f(t)=\int_{-\infty}^{\infty}F(\mathrm{j}\omega)\mathrm{e}^{\mathrm{j}\omega t}\mathrm{d}\omega$$

$$2\pi f(-t)=\int_{-\infty}^{\infty}F(\mathrm{j}\omega)\mathrm{e}^{-\mathrm{j}\omega t}\mathrm{d}\omega$$

将上式中变量 $\omega$ 换为 $x$，积分结果不变，即

$$2\pi f(-t)=\int_{-\infty}^{\infty}F(\mathrm{j}x)\mathrm{e}^{-\mathrm{j}xt}\mathrm{d}x$$

再将 $t$ 用 $\omega$ 代替，上述关系依然成立，即

$$2\pi f(-\omega)=\int_{-\infty}^{\infty}F(\mathrm{j}x)\mathrm{e}^{-\mathrm{j}\omega x}\mathrm{d}x$$

最后将 $x$ 用 $t$ 代替，则得

$$2\pi f(-\omega)=\int_{-\infty}^{\infty}F(\mathrm{j}t)\mathrm{e}^{-\mathrm{j}\omega t}\mathrm{d}t=\mathscr{F}\{F(\mathrm{j}t)\}$$

所以

$$F(\mathrm{j}t)\leftrightarrow 2\pi f(-\omega)$$

［证毕］

若 $f(t)$ 是一个偶函数，即 $f(-t)=f(t)$，相应地有 $f(-\omega)=f(\omega)$，则式(3-64)成为

$$F(\mathrm{j}t)\leftrightarrow 2\pi f(\omega) \tag{3-65}$$

可见，傅里叶变换之间存在着对称关系，即信号波形与信号频谱函数的波形有着互相置换的关系，其幅度之比为常数 $2\pi$。式(3-64)中的"$-\omega$"表示频谱函数坐标轴必须正负对调。例如：

$$f(t)=\delta(t)\leftrightarrow F(\mathrm{j}\omega)=1$$

$$F(\mathrm{j}t)=1\leftrightarrow 2\pi f(\omega)=2\pi\delta(\omega)$$

**【例 3-7】** 若信号 $f(t)$ 的傅里叶变换如下，试求 $f(t)$。

$$F(\mathrm{j}\omega)=\begin{cases}2\pi A & |\omega|<\tau/2\\ 0 & |\omega|>\tau/2\end{cases}$$

**解：**将 $F(\mathrm{j}\omega)$ 中的 $\omega$ 换成 $t$，并考虑 $F(\mathrm{j}\omega)$ 为 $\omega$ 的实函数，有

$$F(\mathrm{j}t) = F(t) = \begin{cases} 2\pi A & |t| < \tau/2 \\ 0 & |t| > \tau/2 \end{cases}$$

由式(3-62)可知该信号的傅里叶变换为

$$\mathscr{F}\{F(t)\} = 2\pi A\tau \mathrm{Sa}\left(\frac{\omega\tau}{2}\right)$$

根据对称性 $F(t) \leftrightarrow 2\pi f(-\omega)$

故 $f(-\omega) = A\tau \mathrm{Sa}\left(\frac{\omega\tau}{2}\right)$

再将 $f(-\omega)$ 中的"$-\omega$"换成 $t$,则得

$$f(t) = A\tau \mathrm{Sa}\left(\frac{\tau t}{2}\right)$$

$f(t)$ 为抽样函数,其波形和频谱如图 3-20 所示。

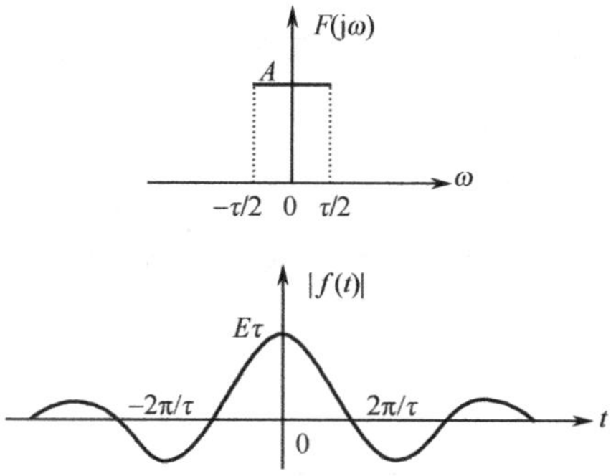


图 3-20

### 3.7.3 折叠性

若 $f(t) \leftrightarrow F(\mathrm{j}\omega)$,则

$$f(-t) \leftrightarrow F(-\mathrm{j}\omega) = \begin{cases} \overset{*}{F}(\mathrm{j}\omega) & f(t)\text{ 为实函数} \\ -\overset{*}{F}(\mathrm{j}\omega) & f(t)\text{ 为虚函数} \end{cases} \tag{3-66}$$

### 3.7.4 尺度变换性

若 $f(t) \leftrightarrow F(\mathrm{j}\omega)$,则对任意实常数 $a$ 有

$$f(at) \leftrightarrow \frac{1}{|a|} F\left(\mathrm{j}\frac{\omega}{a}\right) \tag{3-67}$$

**证明**:对于 $a > 0$,由 $\mathscr{F}\{f(at)\} = \int_{-\infty}^{\infty} f(at)\mathrm{e}^{-\mathrm{j}\omega t}\mathrm{d}t$,令 $x = at$,则 $\mathrm{d}x = a\mathrm{d}t$,于是可得

$$\mathscr{F}\{f(x)\} = \int_{-\infty}^{\infty} f(x)\mathrm{e}^{-\mathrm{j}\omega x/a}\frac{\mathrm{d}x}{a} = \frac{1}{a}F\left(\mathrm{j}\frac{\omega}{a}\right)$$

类似地可以证明,当 $a < 0$ 时,有

$$\mathscr{F}\{f(x)\} = \int_{-\infty}^{\infty} f(x)\mathrm{e}^{-\mathrm{j}\omega x/a}\frac{\mathrm{d}x}{(-a)} = -\frac{1}{a}F\left(\mathrm{j}\frac{\omega}{a}\right)$$

从而式(3-67)得证。

函数 $f(at)$ 表示将 $f(t)$ 沿时间轴压缩(或时间尺度扩展)$a$ 倍,而 $F\left(\mathrm{j}\frac{\omega}{a}\right)$ 则表示 $F(\mathrm{j}\omega)$ 沿频率轴扩展(或频率尺度压缩)$a$ 倍。

该性质反映了信号的持续时间与其占有频带成反比,信号持续时间压缩的倍数恰好等于占有频带的展宽倍数,反之亦然。

**【例 3-8】** 已知 $f(t) = \begin{cases} E & |t| < \tau/4 \\ 0 & |t| > \tau/4 \end{cases}$,求频谱函数 $F(\mathrm{j}\omega)$。

**解**:前面已讨论了 $f_8(t) = \begin{cases} E & |t| < \tau/2 \\ 0 & |t| > \tau/2 \end{cases}$ 的频谱函数,且

$$F_8(\mathrm{j}\omega) = E\tau \mathrm{Sa}\left(\frac{\omega\tau}{2}\right)$$

根据尺度变换性，信号 $f(t)$ 比 $f_8(t)$ 的时间尺度扩展一倍，即波形压缩了一半，因此其频谱函数为

$$F(\mathrm{j}\omega)=\frac{1}{2}F\left(\mathrm{j}\frac{\omega}{2}\right)=\frac{E\tau}{2}\mathrm{Sa}\left(\frac{\omega\tau}{4}\right)$$

两种信号的波形及频谱如图 3-21 所示。

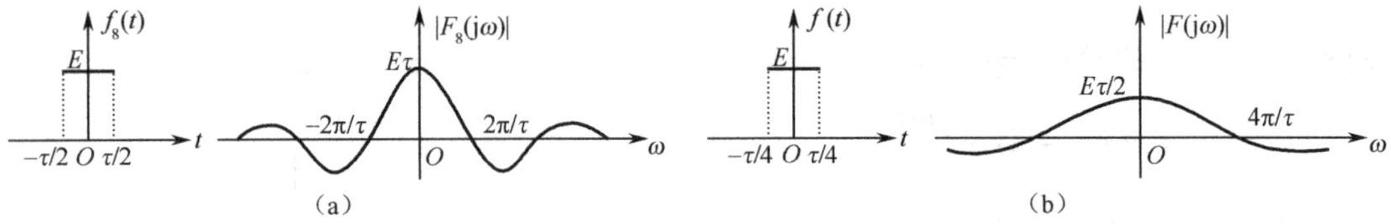


图 3-21

### 3.7.5 时移性

若 $f(t)\leftrightarrow F(\mathrm{j}\omega)$，则 $$f(t\pm t_0)\leftrightarrow F(\mathrm{j}\omega)\mathrm{e}^{\pm\mathrm{j}\omega t_0} \tag{3-68}$$

此性质根据傅里叶变换定义不难得到证明。它表明若在时域将 $f(t)$ 平移时间 $t_0$，则其频谱函数的振幅并不改变，但其相位将改变 $\omega t_0$。

**【例 3-9】** 求 $f(t)=\begin{cases}E & 0<t<\tau\\ 0 & t<0\text{ 或 }t>\tau\end{cases}$ 的频谱函数 $F(\mathrm{j}\omega)$。

**解：** 根据前面所讨论的矩形脉冲信号和傅里叶变换的时移性，有

$$F(\mathrm{j}\omega)=E\tau\mathrm{Sa}\left(\frac{\omega\tau}{2}\right)\mathrm{e}^{-\mathrm{j}\omega\tau/2}$$

### 3.7.6 频移性

若 $f(t)\leftrightarrow F(\mathrm{j}\omega)$，则 $$f(t)\mathrm{e}^{\pm\mathrm{j}\omega_0 t}\leftrightarrow F[\mathrm{j}(\omega\mp\omega_0)] \tag{3-69}$$

**证明：** $\mathscr{F}\{f(t)\mathrm{e}^{\pm\mathrm{j}\omega_0 t}\}=\int_{-\infty}^{\infty}f(t)\mathrm{e}^{\pm\mathrm{j}\omega_0 t}\mathrm{e}^{-\mathrm{j}\omega t}\mathrm{d}t=\int_{-\infty}^{\infty}f(t)\mathrm{e}^{-\mathrm{j}(\omega\mp\omega_0)t}\mathrm{d}t=F[\mathrm{j}(\omega\mp\omega_0)]$

频移性说明若信号 $f(t)$ 乘以 $\mathrm{e}^{\pm\mathrm{j}\omega_0 t}$，相当于信号所分解的每一指数分量都乘以 $\mathrm{e}^{\pm\mathrm{j}\omega_0 t}$，这就使频谱中的每条谱线都必须平移 $\omega_0$，亦即整个频谱相应地搬移到了 $\omega_0$ 位置。因此，频移性也称调制特性。频谱搬移技术在通信系统中得到了广泛应用，诸如调幅、同步解调、变频等过程都是在频谱搬移的基础上完成的。由于 $\mathrm{e}^{\mathrm{j}\omega_0 t}$ 不是一个可以产生的实信号，实际中的频谱搬移是将信号 $f(t)$ 乘以载频信号 $\cos\omega_0 t$ 或 $\sin\omega_0 t$，即

$$f(t)\cos\omega_0 t\leftrightarrow\frac{1}{2}\{F[\mathrm{j}(\omega+\omega_0)]+F[\mathrm{j}(\omega-\omega_0)]\}$$

$$f(t)\sin\omega_0 t\leftrightarrow\frac{\mathrm{j}}{2}\{F[\mathrm{j}(\omega+\omega_0)]-F[\mathrm{j}(\omega-\omega_0)]\}$$

$f(t)$ 乘以 $\cos\omega_0 t$ 等于对正弦信号的幅度进行调制。这种调制形式称为幅度调制。正弦信号 $\cos\omega_0 t$ 称为载波，信号 $f(t)$ 称为调制信号，而 $f(t)\cos\omega_0 t$ 是已调信号。

**【例 3-10】** 求出信号 $f(t)\cos10t$ 的傅里叶变换，其中 $f(t)$ 是图 3-22(a) 所示的门信号。

**解：** 根据欧拉恒等式，有 $$f(t)\cos10t=f(t)\left[\frac{\mathrm{e}^{\mathrm{j}10t}+\mathrm{e}^{-\mathrm{j}10t}}{2}\right]$$

由傅里叶变换的频移性知 $$f(t)\cos10t\leftrightarrow\frac{1}{2}\{F[\mathrm{j}(\omega+10)]+F[\mathrm{j}(\omega-10)]\}$$

由傅里叶变换的对称性知 $f(t)\leftrightarrow4\mathrm{Sa}(2\omega)$[其频谱图如图 3-22(b) 所示]。因此

$$f(t)\cos 10t \Leftrightarrow 2\mathrm{Sa}[2(\omega+10)] + 2\mathrm{Sa}[2(\omega-10)]$$

$f(t)$ 经调制后的频谱图如图 3-22(d) 所示。

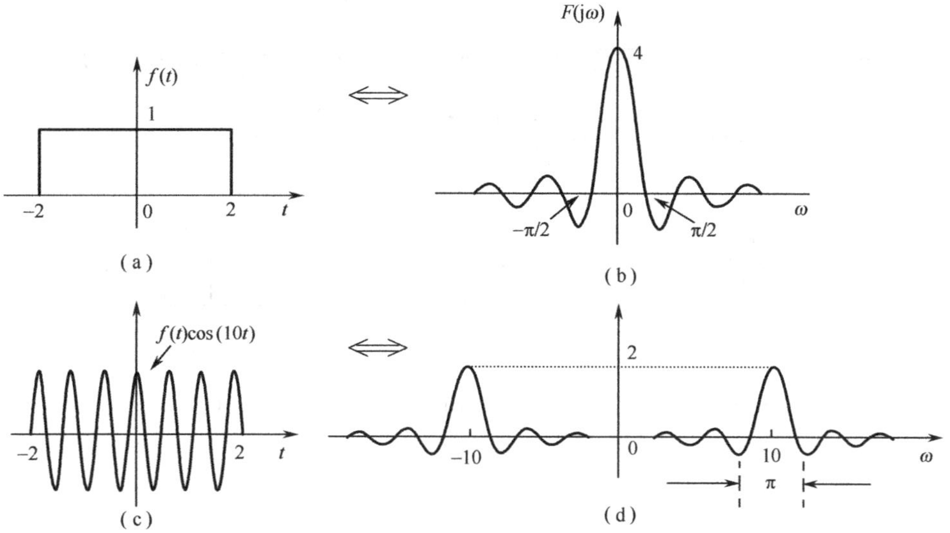


图 3-22

### 3.7.7 时域微分性

若 $f(t)\leftrightarrow F(\mathrm{j}\omega)$,则
$$\frac{\mathrm{d}f(t)}{\mathrm{d}t}\leftrightarrow(\mathrm{j}\omega)F(\mathrm{j}\omega) \tag{3-70}$$

**证明:**因为
$$f(t)=\frac{1}{2\pi}\int_{-\infty}^{\infty}F(\mathrm{j}\omega)\mathrm{e}^{\mathrm{j}\omega t}\mathrm{d}\omega$$

两边对 $t$ 求导数,得
$$\frac{\mathrm{d}f(t)}{\mathrm{d}t}=\frac{1}{2\pi}\int_{-\infty}^{\infty}\mathrm{j}\omega F(\mathrm{j}\omega)\mathrm{e}^{\mathrm{j}\omega t}\mathrm{d}\omega$$

所以
$$\frac{\mathrm{d}f(t)}{\mathrm{d}t}\leftrightarrow(\mathrm{j}\omega)F(\mathrm{j}\omega)$$

信号在时域的微分对应于它的傅里叶变换在频域乘以 jω。由此可知,信号的时域微分增强了信号的高频成分,但它同时除去了信号的直流分量,故微分信号在 $\omega=0$ 处的傅里叶变换为零。上述微分运算可以重复进行,于是可得
$$\frac{\mathrm{d}^n f(t)}{\mathrm{d}t^n}\leftrightarrow(\mathrm{j}\omega)^n F(\mathrm{j}\omega) \tag{3-71}$$

在应用时域微分性时,应该注意 $\mathrm{d}f(t)/\mathrm{d}t$ 的傅里叶变换必须存在,换言之,$\mathrm{d}f(t)/\mathrm{d}t$ 必须满足狄里赫利条件。此外,还应当有 $t\to\pm\infty$,$f(t)\to 0$;否则,$f(t)$ 中包含有直流分量,它在微分时会丢失,这样 $f(t)$ 和 $\mathrm{d}f(t)/\mathrm{d}t$ 之间就不存在一一对应关系。

**【例 3-11】** 求 $f(t)=\delta^{(n)}(t)$ 的频谱函数 $F(\mathrm{j}\omega)$。

**解:**因为 $\delta(t)\leftrightarrow 1$,由时域微分性得
$$F(\mathrm{j}\omega)=(\mathrm{j}\omega)^n$$

**【例 3-12】** 如图 3-23 所示,信号 $f(t)$ 为三角形函数,求其频谱函数 $F(\mathrm{j}\omega)$。
$$f(t)=\Lambda\left(\frac{t}{2}\right)=\begin{cases}1-\dfrac{|t|}{\tau} & |t|<\tau\\ 0 & |t|>\tau\end{cases}$$

**解**:将$f(t)$微分两次后,得到图 3-23(c) 所示函数,其表达式为

$$f''(t)=\frac{1}{\tau}\delta(t+\tau)-\frac{2}{\tau}\delta(t)+\frac{1}{\tau}\delta(t-\tau)$$

由微分性 $\mathscr{F}\{f''(t)\}=(\mathrm{j}\omega)^2\mathscr{F}\{f(t)\}=\frac{1}{\tau}(\mathrm{e}^{\mathrm{j}\omega\tau}-2+\mathrm{e}^{-\mathrm{j}\omega\tau})=\frac{2}{\tau}(\cos\omega\tau-1)$

所以 $\mathscr{F}\{f(t)\}=\frac{2(\cos\omega\tau-1)}{\tau(\mathrm{j}\omega)^2}=\frac{\tau\sin^2(\omega\tau/2)}{(\omega\tau/2)^2}=\tau\mathrm{Sa}^2\left(\frac{\omega\tau}{2}\right)$

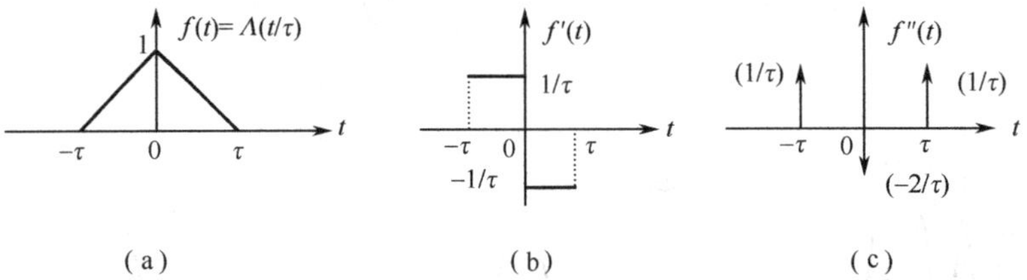


图 3-23

### 3.7.8 频域微分性

若$f(t)\leftrightarrow F(\mathrm{j}\omega)$,则 $tf(t)\leftrightarrow \mathrm{j}\frac{\mathrm{d}F(\mathrm{j}\omega)}{\mathrm{d}\omega},\ t^nf(t)\leftrightarrow(\mathrm{j})^n\frac{\mathrm{d}^nF(\mathrm{j}\omega)}{\mathrm{d}\omega^n}$ (3-72)

**【例 3-13】** 求$f(t)=t\,U(t)$的频谱函数$F(\mathrm{j}\omega)$。

**解**:因为 $U(t)\leftrightarrow\pi\delta(\omega)+\frac{1}{\mathrm{j}\omega}$

根据频域微分性,有 $t\,U(t)\leftrightarrow \mathrm{j}\frac{\mathrm{d}}{\mathrm{d}\omega}\left[\pi\delta(\omega)+\frac{1}{\mathrm{j}\omega}\right]=\mathrm{j}\pi\delta'(\omega)-\frac{1}{\omega^2}$

### 3.7.9 时域积分性

若$f(t)\leftrightarrow F(\mathrm{j}\omega)$,则 $\int_{-\infty}^{t}f(x)\mathrm{d}x\leftrightarrow\frac{F(\mathrm{j}\omega)}{\mathrm{j}\omega}+\pi F(0)\delta(\omega)$ (3-73)

该性质可用时域卷积定理证明。

**【例 3-14】** 根据$\delta(t)\leftrightarrow 1$和积分性求$f(t)=U(t)$的频谱函数。

**解**:因为$\delta(t)\leftrightarrow 1$,又$U(t)=\int_{-\infty}^{t}\delta(x)\mathrm{d}x$,则根据时域积分性有

$$U(t)\leftrightarrow\frac{1}{\mathrm{j}\omega}+\pi\delta(\omega)$$

**【例 3-15】** 求图 3-24 所示信号$f(t)$的频谱函数$F(\mathrm{j}\omega)$。

**解**:$f(t)$对$t$求两次微分后,得

$$f''(t)=\frac{1}{\tau}\delta(t+\tau/2)-\frac{1}{\tau}\delta(t-\tau/2)$$

且 $f''(t)\leftrightarrow\frac{1}{\tau}\mathrm{e}^{\mathrm{j}\omega\tau/2}-\frac{1}{\tau}\mathrm{e}^{-\mathrm{j}\omega\tau/2}=\mathrm{j}\frac{2}{\tau}\sin\left(\frac{\omega\tau}{2}\right)$

由时域积分性 $f'(t)=\int_{-\infty}^{t}f''(x)\mathrm{d}x\leftrightarrow\frac{2}{\tau\omega}\sin\left(\frac{\omega\tau}{2}\right)+\pi\times 0\delta(\omega)=\frac{2}{\tau\omega}\sin\left(\frac{\omega\tau}{2}\right)=\mathrm{Sa}\left(\frac{\omega\tau}{2}\right)$

$$f(t)=\int_{-\infty}^{t} f'(x)\mathrm{d}x \leftrightarrow \frac{2}{\mathrm{j}\omega^2\tau}\sin\left(\frac{\omega\tau}{2}\right)+\pi\mathrm{Sa}(0)\delta(\omega)=\pi\delta(\omega)+\frac{1}{\mathrm{j}\omega}\mathrm{Sa}\left(\frac{\omega\tau}{2}\right)$$

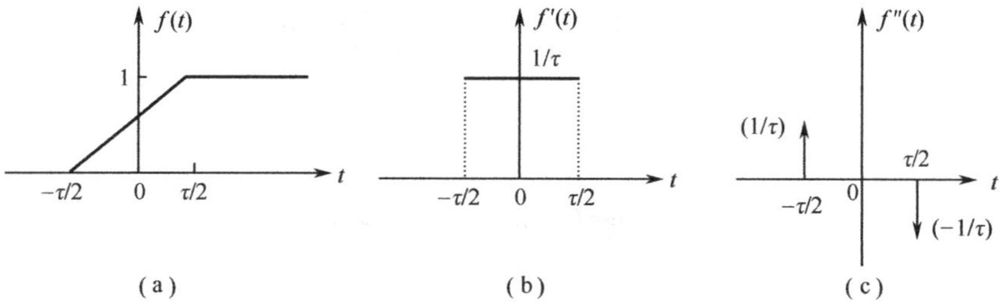


图 3-24

### 3.7.10 频域积分性

若$f(t)\leftrightarrow F(\mathrm{j}\omega)$,则
$$\frac{1}{\mathrm{j}}\pi f(0)\delta(t)+\frac{1}{t}f(t)\leftrightarrow\frac{1}{\mathrm{j}}\int_{-\infty}^{\omega}F(\mathrm{j}x)\mathrm{d}x \tag{3-74}$$

**【例 3-16】** 已知$f(t)=\dfrac{\sin t}{t}$,求 $F(\mathrm{j}\omega)$。

**解:** $\sin t=\dfrac{1}{2\mathrm{j}}(\mathrm{e}^{\mathrm{j}t}-\mathrm{e}^{-\mathrm{j}t})\leftrightarrow\dfrac{2\pi}{2\mathrm{j}}[\delta(\omega-1)-\delta(\omega+1)]=\mathrm{j}\pi[\delta(\omega+1)-\delta(\omega-1)]$

根据频域积分性得 $\dfrac{\sin(t)}{t}\leftrightarrow\dfrac{1}{\mathrm{j}}\displaystyle\int_{-\infty}^{\omega}\mathrm{j}\pi[\delta(x+1)-\delta(x-1)]\mathrm{d}x=\pi[U(\omega+1)-U(\omega-1)]$

### 3.7.11 时域卷积定理

若$f_1(t)\leftrightarrow F_1(\mathrm{j}\omega)$,$f_2(t)\leftrightarrow F_2(\mathrm{j}\omega)$,则
$$f_1(t)*f_2(t)\leftrightarrow F_1(\mathrm{j}\omega)F_2(\mathrm{j}\omega) \tag{3-75}$$

**证明:** $\mathscr{F}\{f_1(t)*f_2(t)\}=\displaystyle\int_{-\infty}^{\infty}\left[\int_{-\infty}^{\infty}f_1(\tau)f_2(t-\tau)\mathrm{d}\tau\right]\mathrm{e}^{-\mathrm{j}\omega t}\mathrm{d}t=\int_{-\infty}^{\infty}f_1(\tau)\left[\int_{-\infty}^{\infty}f_2(t-\tau)\mathrm{e}^{-\mathrm{j}\omega t}\mathrm{d}t\right]\mathrm{d}\tau$

$$=\int_{-\infty}^{\infty}f_1(\tau)F_2(\mathrm{j}\omega)\mathrm{e}^{-\mathrm{j}\omega\tau}\mathrm{d}\tau=F_2(\mathrm{j}\omega)\int_{-\infty}^{\infty}f_1(\tau)\mathrm{e}^{-\mathrm{j}\omega\tau}\mathrm{d}\tau=F_2(\mathrm{j}\omega)F_1(\mathrm{j}\omega)$$

**【例3-17】** 图3-25(a)所示的三角形函数,可看成两个图3-25(b)所示门函数$G_\tau(t)$的卷积。试利用时域卷积定理求其频谱函数$F(\mathrm{j}\omega)$。

$$f(t)=\begin{cases}1-\dfrac{|t|}{\tau} & |t|<\tau\\ 0 & |t|>\tau\end{cases}$$

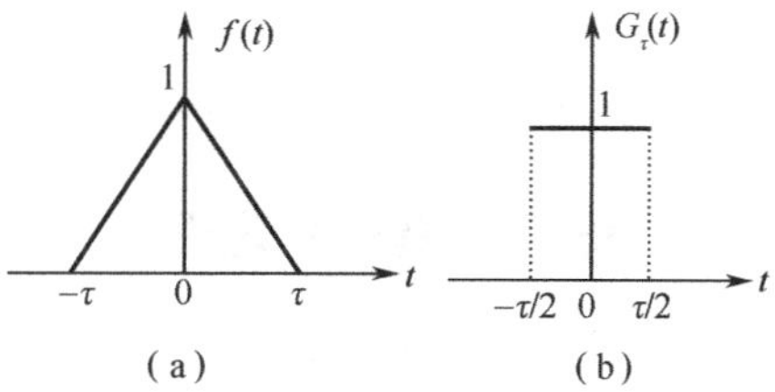


图 3-25

**解:** 因 $G_\tau(t)\leftrightarrow\tau\dfrac{\sin\left(\dfrac{\omega\tau}{2}\right)}{\dfrac{\omega\tau}{2}}=\tau\,\mathrm{Sa}\left(\dfrac{\omega\tau}{2}\right)$

又 $$f(t)=G_\tau(t)*G_\tau(t)\frac{1}{\tau}$$

所以 $$F(\mathrm{j}\omega)=\tau\,\mathrm{Sa}^2\left(\frac{\omega\tau}{2}\right)$$

【例 3-18】 一个信号 $f(t)$ 的希伯特变换 $\hat{f}(t)$ 是 $f(t)$ 和 $\frac{1}{\pi t}$ 的卷积，求它的傅里叶变换。

$$\hat{f}(t)=f(t)*\frac{1}{\pi t}=\frac{1}{\pi}\int_{-\infty}^{\infty}\frac{f(\tau)}{(t-\tau)}\mathrm{d}\tau$$

**解**：因为
$$\operatorname{sgn}(t)\leftrightarrow\frac{2}{\mathrm{j}\omega}$$

由对称性
$$\frac{2}{\mathrm{j}t}\leftrightarrow 2\pi\operatorname{sgn}(-\omega)=-2\pi\operatorname{sgn}(\omega)$$

有
$$\frac{1}{\pi t}\leftrightarrow-\mathrm{j}\operatorname{sgn}(\omega)$$

由时域卷积定理
$$\hat{f}(t)=f(t)*\frac{1}{\pi t}\leftrightarrow-\mathrm{j}\operatorname{sgn}(\omega)F(\mathrm{j}\omega)$$

即
$$\hat{F}(\mathrm{j}\omega)=-\mathrm{j}\operatorname{sgn}(\omega)F(\mathrm{j}\omega)$$

### 3.7.12 频域卷积定理

若 $f_1(t)\leftrightarrow F_1(\mathrm{j}\omega)$，$f_2(t)\leftrightarrow F_2(\mathrm{j}\omega)$，则

$$f_1(t)f_2(t)\leftrightarrow\frac{1}{2\pi}F_1(\mathrm{j}\omega)*F_2(\mathrm{j}\omega)\tag{3-76}$$

或
$$f_1(t)f_2(t)\leftrightarrow F_1(\mathrm{j}2\pi f)*F_2(\mathrm{j}2\pi f)$$

【例 3-19】 利用频域卷积定理求 $f(t)=tU(t)$ 的傅里叶变换 $F(\mathrm{j}\omega)$。

**解**：因为
$$\delta'(t)\leftrightarrow\mathrm{j}\omega$$

由对称性
$$\mathrm{j}t\leftrightarrow 2\pi\delta'(-\omega)=-2\pi\delta'(\omega)$$

有
$$t\leftrightarrow\mathrm{j}2\pi\delta'(\omega)$$

$$U(t)\leftrightarrow\pi\delta(\omega)+\frac{1}{\mathrm{j}\omega}$$

所以根据频域卷积定理
$$f(t)=tU(t)$$

有
$$F(\mathrm{j}\omega)=\frac{1}{2\pi}[\mathrm{j}2\pi\delta'(\omega)]*\left[\pi\delta(\omega)+\frac{1}{\mathrm{j}\omega}\right]$$
$$=\mathrm{j}\pi\delta'(\omega)+\delta'(\omega)*\frac{1}{\omega}=\mathrm{j}\pi\delta'(\omega)+\delta(\omega)*\left(\frac{1}{\omega}\right)'$$

即
$$F(\mathrm{j}\omega)=\mathrm{j}\pi\delta'(\omega)-\left(\frac{1}{\omega^2}\right)$$

### 3.7.13 巴塞伐尔定理

若 $f_1(t)\leftrightarrow F_1(\mathrm{j}\omega)$，$f_2(t)\leftrightarrow F_2(\mathrm{j}\omega)$，则

$$\int_{-\infty}^{\infty}f_1(t)\overset{*}{f_2}(t)\mathrm{d}t=\frac{1}{2\pi}\int_{-\infty}^{\infty}F_1(\mathrm{j}\omega)\overset{*}{F_2}(\mathrm{j}\omega)\mathrm{d}\omega\tag{3-77}$$

可推广
$$\int_{-\infty}^{\infty}|f_1(t)|^2\mathrm{d}t=\frac{1}{2\pi}\int_{-\infty}^{\infty}|F_1(\mathrm{j}\omega)|^2\mathrm{d}\omega\tag{3-78}$$

若 $f_1(t)$ 为实函数，则
$$\int_{-\infty}^{\infty}f_1^2(t)\mathrm{d}t=\frac{1}{2\pi}\int_{-\infty}^{\infty}F_1^2(\mathrm{j}\omega)\mathrm{d}\omega\tag{3-79}$$

若$f_1(t)$,$f_2(t)$为实函数,则

$$\int_{-\infty}^{\infty} f_1(t)f_2(t)\,dt = \frac{1}{2\pi}\int_{-\infty}^{\infty} F_1(-j\omega)F_2(j\omega)\,d\omega \tag{3-80}$$

**【例 3-20】** 求$\int_{-\infty}^{\infty} \mathrm{Sa}^2(\omega)\,d\omega$。

**解:**因
$$\int_{-\infty}^{\infty} \mathrm{Sa}^2(\omega)\,d\omega = \frac{2\pi}{4}\times\frac{1}{2\pi}\int_{-\infty}^{\infty} 2\mathrm{Sa}(\omega)\ 2\mathrm{Sa}(\omega)\,d\omega$$

又
$$2\mathrm{Sa}(\omega)\leftrightarrow G_2(t)$$

由巴塞伐尔定理可得
$$\int_{-\infty}^{\infty} \mathrm{Sa}^2(\omega)\,d\omega = \frac{\pi}{2}\int_{-\infty}^{\infty} G_2(t)G_2(t)\,dt = \pi$$

### 3.7.14 奇偶虚实性

若$f(t)\leftrightarrow F(j\omega)=F(\omega)e^{j\varphi(\omega)}=R(\omega)+jX(\omega)$,则:

(1) 当$f(t)$为实函数时,则:

$$\left.\begin{aligned}F(\omega)=|F(j\omega)|=F(-\omega)\\ \varphi(\omega)=-\varphi(-\omega)\end{aligned}\right\}\qquad \left.\begin{aligned}R(\omega)=R(-\omega)\\ X(\omega)=-X(-\omega)\end{aligned}\right\} \tag{3-81}$$

若$f(t)$为实偶函数,即$f(t)=f(-t)$,则

$$\left.\begin{aligned}F(j\omega)=F(\omega)=R(\omega)\\ X(\omega)=0\end{aligned}\right\}\quad (\text{实偶函数}) \tag{3-82}$$

若$f(t)$为实奇函数,即$f(t)=-f(-t)$,则

$$\left.\begin{aligned}F(j\omega)=jX(\omega)\\ R(\omega)=0\end{aligned}\right\}\quad (\text{虚奇函数}) \tag{3-83}$$

(2) 当$f(t)$为虚函数,即$f(t)=jx(t)$时,则

$$\left.\begin{aligned}F(\omega)=F(-\omega)\\ \varphi(\omega)=-\varphi(-\omega)\end{aligned}\right\}\qquad \left.\begin{aligned}R(\omega)=-R(-\omega)\\ X(\omega)=X(-\omega)\end{aligned}\right\} \tag{3-84}$$

傅里叶变换的基本性质如表 3-3 所示。

**表 3-3 傅里叶变换的基本性质**

| 性质名称 | 时域 | 频域 | 性质名称 | 时域 | 频域 |
|---|---|---|---|---|---|
| 1. 线性性 | $af_1(t)+bf_2(t)$ | $aF_1(j\omega)+bF_2(j\omega)$ | 8. 频域微分性 | $t^n f(t)$ | $(j)^n\dfrac{d^nF(j\omega)}{d\omega^n}$ |
| 2. 对称性 | $F(jt)$ | $2\pi f(-\omega)$ | 9. 时域积分性 | $\int_{-\infty}^{t} f(x)\,dx$ | $\dfrac{F(j\omega)}{j\omega}+\pi F(0)\delta(\omega)$ |
| 3. 折叠性 | $f(-t)$ | $F(-j\omega)$ | 10. 频域积分性 | $\dfrac{1}{j}\pi f(0)\delta(t)+\dfrac{1}{t}f(t)$ | $\dfrac{1}{j}\int_{-\infty}^{\omega} F(jx)\,dx$ |
| 4. 尺度变换性 | $f(at)$ | $\dfrac{1}{\lvert a\rvert}F\left(j\dfrac{\omega}{a}\right)$ | 11. 时域卷积定理 | $f_1(t)*f_2(t)$ | $F_1(j\omega)F_2(j\omega)$ |
| 5. 时移性 | $f(t\pm t_0)$ | $F(j\omega)e^{\pm j\omega t_0}$ | 12. 频域卷积定理 | $f_1(t)f_2(t)$ | $\dfrac{1}{2\pi}F_1(j\omega)*F_2(j\omega)$ |
| 6. 频移性 | $e^{\pm j\omega_0 t}f(t)$ | $F[j(\omega\mp\omega_0)]$ | | | |
| 7. 时域微分性 | $\dfrac{d^nf(t)}{dt^n}$ | $(j\omega)^nF(j\omega)$ | 13. 巴塞伐尔定理 | $\int_{-\infty}^{\infty} f_1(t)\overset{*}{f}_2(t)\,dt=\dfrac{1}{2\pi}\int_{-\infty}^{\infty} F_1(j\omega)\overset{*}{F}_2(j\omega)\,d\omega$ | |

# 3.8　周期信号的傅里叶变换

周期信号虽然不满足绝对可积的条件，但在频域引入冲激函数后，其傅里叶变换是存在的。由于周期信号的频谱是离散的，所以它的傅里叶变换必然也是离散的，而且是由一系列冲激信号组成的。下面先讨论几种常见的周期信号的傅里叶变换，然后讨论一般周期信号的傅里叶变换。

## 3.8.1　复指数信号的傅里叶变换

对于复指数信号　$f(t) = e^{\pm j\omega_0 t} \quad -\infty < t < \infty$

因为　$1 \leftrightarrow 2\pi\delta(\omega)$

由频移性　$1e^{j\omega_0 t} \leftrightarrow 2\pi\delta(\omega - \omega_0),\quad 1e^{-j\omega_0 t} \leftrightarrow 2\pi\delta(\omega + \omega_0)$　(3-85)

复指数信号表示一个单位长度的相量以固定的角频率 $\omega_0$ 随时间旋转，经傅里叶变换后，其频谱为集中于 $\omega_0$、强度为 $2\pi$ 的冲激序列。这说明信号时间特性的相移对应于频域中的频率转移。

## 3.8.2　余弦、正弦信号的傅里叶变换

对于余弦信号　$f_1(t) = \cos\omega_0 t = \dfrac{e^{j\omega_0 t} + e^{-j\omega_0 t}}{2} \quad -\infty < t < \infty$

其频谱函数 $F_1(j\omega) = \dfrac{1}{2}[2\pi\delta(\omega - \omega_0) + 2\pi\delta(\omega + \omega_0)] = \pi[\delta(\omega - \omega_0) + \delta(\omega + \omega_0)]$　(3-86)

对于正弦信号　$f_2(t) = \sin\omega_0 t = \dfrac{e^{j\omega_0 t} - e^{-j\omega_0 t}}{2j} \quad -\infty < t < \infty$

有　$F_2(j\omega) = \dfrac{1}{2j}[2\pi\delta(\omega - \omega_0) - 2\pi\delta(\omega + \omega_0)] = j\pi[\delta(\omega + \omega_0) - \delta(\omega - \omega_0)]$　(3-87)

它们的波形及频谱如图 3-26 所示。

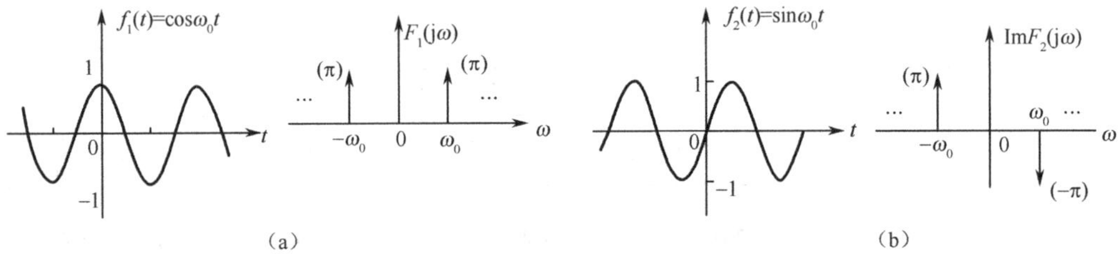


图 3-26

## 3.8.3　单位冲激序列 $\delta_T(t)$ 的傅里叶变换

若信号 $f(t)$ 为单位冲激序列，即

$$f(t) = \delta_T(t) = \sum_{n=-\infty}^{\infty} \delta(t - nT) \tag{3-88}$$

则其傅里叶级数展开式为

$$f(t) = \sum_{n=-\infty}^{\infty} \frac{1}{T} e^{j\Omega n t} \tag{3-89}$$

对其进行傅里叶变换，并利用线性性和频移性得

$$F(\mathrm{j}\omega)=\frac{1}{T}\sum_{n=-\infty}^{\infty}2\pi\delta(\omega-n\Omega)=\Omega\sum_{n=-\infty}^{\infty}\delta(\omega-n\Omega)\tag{3-90}$$

式中，$\Omega=2\pi/T$。

可见，时域周期为 $T$ 的单位冲激序列，其傅里叶变换也是周期冲激序列，而频域周期为 $\Omega$，冲激强度相等，均为 $\Omega$。周期单位冲激序列波形、傅里叶系数 $F_n$ 与频谱函数 $F(\mathrm{j}\omega)$ 如图 3-27 所示。

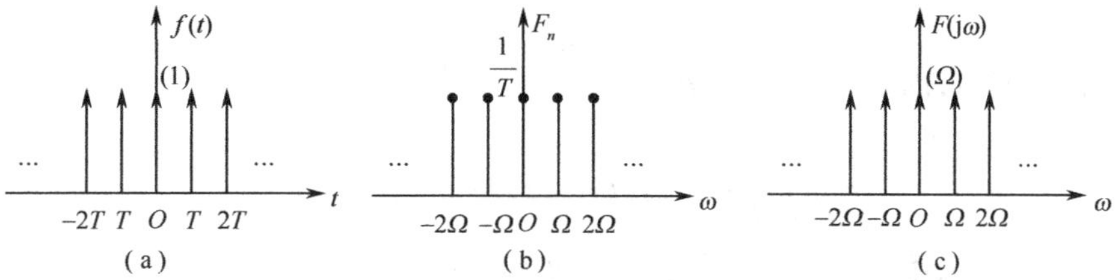


图 3-27

### 3.8.4 一般周期信号的傅里叶变换

对于一般周期为 $T$ 的周期信号 $f(t)$，其指数型傅里叶级数展开式为

$$f(t)=\sum_{n=-\infty}^{\infty}F_n\mathrm{e}^{\mathrm{j}n\Omega t}$$

式中，$\Omega=\dfrac{2\pi}{T}$，$F_n=\dfrac{1}{T}\int_{-T/2}^{T/2}f(t)\,\mathrm{e}^{-\mathrm{j}n\Omega t}\mathrm{d}t$。对上式两边取傅里叶变换，并利用其线性性和频移性，且考虑到 $F_n$ 与时间 $t$ 无关，可得

$$F(\mathrm{j}\omega)=\sum_{n=-\infty}^{\infty}F_n2\pi\delta(\omega-n\Omega)=2\pi\sum_{n=-\infty}^{\infty}F_n\delta(\omega-n\Omega)\tag{3-91}$$

式(3-91)表明：一般周期信号的傅里叶变换(频谱函数)由无穷多个冲激函数组成，这些冲激函数位于信号的各谐波频率 $n\Omega(n=0,\ \pm1,\ \pm2,\cdots)$ 处，其强度为相应傅里叶级数系数 $F_n$ 的 $2\pi$ 倍。

可见，周期信号的频谱是离散的。但由于傅里叶变换是反映频谱密度的概念，因此周期信号 $f(t)$ 的傅里叶变换 $F(\mathrm{j}\omega)$ 不同于傅里叶系数 $F_n$，它不是有限值，而是冲激函数，这表明在无穷小的频带范围(即谐频点)取得了无穷大的频谱密度。

**【例 3-21】** 图 3-28(a)表示一周期为 $T$、脉冲宽度为 $\tau$、幅度为 1 的周期性矩形脉冲信号，记为 $P_{\mathrm{T}}(t)$。试求其频谱函数。

**解**：由式(3-25)可知，图 3-28(a)所示周期性矩形脉冲信号 $f(t)=P_{\mathrm{T}}(t)$ 的傅里叶系数为

$$F_n=\frac{\tau}{T}\mathrm{Sa}\left(\frac{n\Omega\tau}{2}\right)$$

代入式(3-91)，得

$$\begin{aligned}F(\mathrm{j}\omega)&=\frac{2\pi\tau}{T}\sum_{n=-\infty}^{\infty}\mathrm{Sa}\left(\frac{n\Omega\tau}{2}\right)\delta(\omega-n\Omega)\\&=\sum_{n=-\infty}^{\infty}\frac{2\sin\left(\dfrac{n\Omega\tau}{2}\right)}{n}\delta(\omega-n\Omega)\end{aligned}\tag{3-92}$$

式中，$\Omega=2\pi/T$。可见，$P_{\mathrm{T}}(t)$ 的傅里叶变换由位于 $\omega=0,\ \pm\Omega,\ \pm2\Omega,\cdots$ 处的冲激函数所组成，其在 $\omega=\pm n\Omega$ 处的强度为 $\dfrac{2\sin\left(\dfrac{n\Omega\tau}{2}\right)}{n}$。图 3-28(b)示出了 $T=2\tau$ 情况下的频谱图。

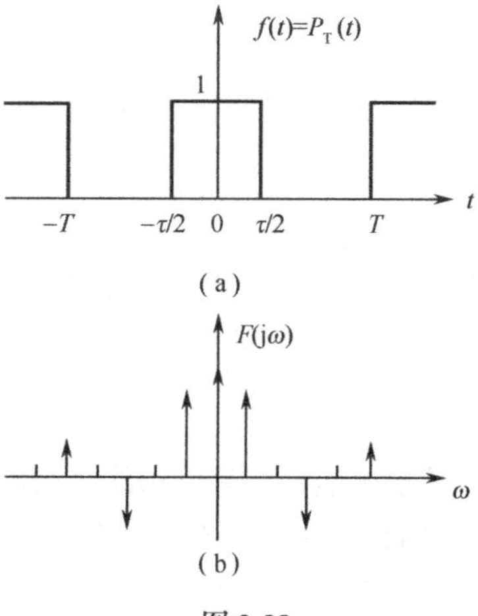


图 3-28

# 3.9 功率谱与能量谱

## 3.9.1 功率谱

对于周期信号$f(t)$,因 $$f(t)=\sum_{n=-\infty}^{\infty}F_n e^{jn\Omega t}$$

由功率信号定义可知 $$P=\lim_{T\to\infty}\frac{1}{T}\int_{-T/2}^{T/2}[f(t)]^2 dt=F_0^2+\sum_{n=1}^{\infty}2|F_n|^2$$

所以对于周期信号,可以用功率振幅频谱描述其功率的频率特性。

对于非周期功率信号,可定义一个功率密度函数$D(\omega)$,即单位频率的信号功率,从而信号的总功率为

$$P=\frac{1}{2\pi}\int_{-\infty}^{\infty}D(\omega)d\omega=\int_{-\infty}^{\infty}D(2\pi f)df \tag{3-93}$$

若信号$f(t)$的频谱函数为$F(j\omega)$,则由巴塞伐尔定理

$$\int_{-\infty}^{\infty}|f(t)|^2 dt=\frac{1}{2\pi}\int_{-\infty}^{\infty}|F(j\omega)|^2 d\omega$$

可知 $$P=\lim_{T\to\infty}\frac{1}{T}\int_{-T/2}^{T/2}|f(t)|^2 dt=\frac{1}{2\pi}\int_{-\infty}^{\infty}\frac{|F(j\omega)|^2}{T}\Big|_{T\to\infty}d\omega \tag{3-94}$$

由功率的定义和式(3-93),有

$$D(\omega)=\lim_{T\to\infty}\frac{|F(j\omega)|^2}{T} \tag{3-95}$$

所以,对于非周期功率信号,可用功率密度函数$D(\omega)$描述其功率的频率特性,简称功率谱函数。$D(\omega)$是$\omega$的偶函数,它仅取决于频谱函数的模值,而与相位无关,单位为瓦·秒(W·s)。

对于周期信号,很容易求得其功率谱:

$$D(\omega)=2\pi\sum_{n=-\infty}^{\infty}|F_n|^2\delta(\omega-n\Omega)$$

## 3.9.2 能量谱

对于能量信号,同样可用密度的概念表示信号能量在各频率点的分布情况,即定义单位频率内的信号能量为能量密度函数,记为$G(\omega)$,从而信号$f(t)$的总能量为

$$E=\frac{1}{2\pi}\int_{-\infty}^{\infty}G(\omega)d\omega=\int_{-\infty}^{\infty}G(2\pi f)df \tag{3-96}$$

若信号$f(t)$的频谱函数为$F(j\omega)$,由巴塞伐尔定理,有

$$E=\int_{-\infty}^{\infty}|f(t)|^2 dt=\frac{1}{2\pi}\int_{-\infty}^{\infty}|F(j\omega)|^2 d\omega \tag{3-97}$$

因此 $$G(\omega)=|F(j\omega)|^2 \tag{3-98}$$

故对于能量信号可用能量密度函数$G(\omega)$描述其能量的频率特性,简称能量谱函数。$G(\omega)$只与信号的$|F(j\omega)|$有关,而与相位无关,单位为焦/赫(J/Hz)。

由以上讨论可知,信号的功率或能量既可在时域内求得,也可以在频域内求得。这是能量守恒定律在信号分析中的体现,也反映信号的时域特性与频域特性的一个重要关系。

【例 3-22】 求信号 $f(t)=2\cos997t\cdot\dfrac{\sin5t}{\pi t}$ 的能量。

**解:**由式(3-54)可知,对于单位矩形脉冲信号

$$G_\tau(t)\leftrightarrow\tau\mathrm{Sa}\left(\frac{\omega\tau}{2}\right)$$

当 $\tau=10$ 时,有
$$G_{10}(t)\leftrightarrow10\mathrm{Sa}(5\omega)=10\frac{\sin5\omega}{5\omega}$$

根据傅里叶变换的对称性,有

$$10\frac{\sin5t}{5t}=2\frac{\sin5t}{t}\leftrightarrow2\pi G_{10}(\omega)$$

则有
$$\frac{\sin5t}{\pi t}\leftrightarrow G_{10}(\omega)$$

又
$$2\cos(997t)\leftrightarrow2\pi\delta(\omega+997)+2\pi\delta(\omega-997)$$

所以,利用频域卷积定理,得

$$F(\mathrm{j}\omega)=\frac{1}{2\pi}\{G_{10}(\omega)*2[\pi\delta(\omega+997)+\pi\delta(\omega-997)]\}$$
$$=G_{10}(\omega+997)+G_{10}(\omega-997)$$

故信号的能量为
$$E=\int_{-\infty}^{\infty}|f(t)|^2\mathrm{d}t=\frac{1}{2\pi}\int_{-\infty}^{\infty}|F(\mathrm{j}\omega)|^2\mathrm{d}\omega=\frac{10}{\pi}\ (\mathrm{J})$$

本章要点和秘笈见二维码 3-2。

二维码 3-2

## 习题 3

3-1 图题 3-1 所示矩形波信号 $f(t)$,将 $f(t)$ 用下列正弦函数来近似,求 $C_1,C_2,\cdots,C_n$。

$$f(t)=C_1\sin t+C_2\sin2t+\cdots+C_n\sin nt$$

3-2 求图题 3-2 所示周期锯齿波 $f(t)$ 的傅里叶级数。

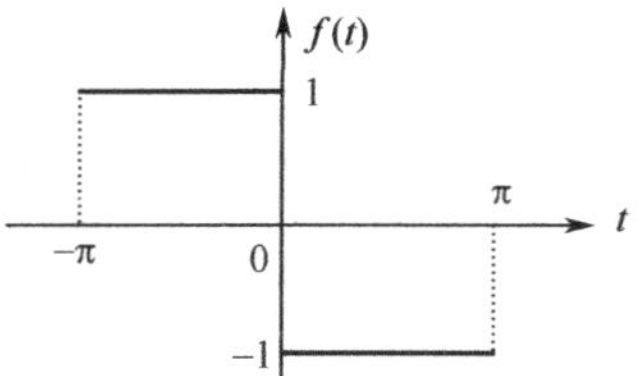


图题 3-1

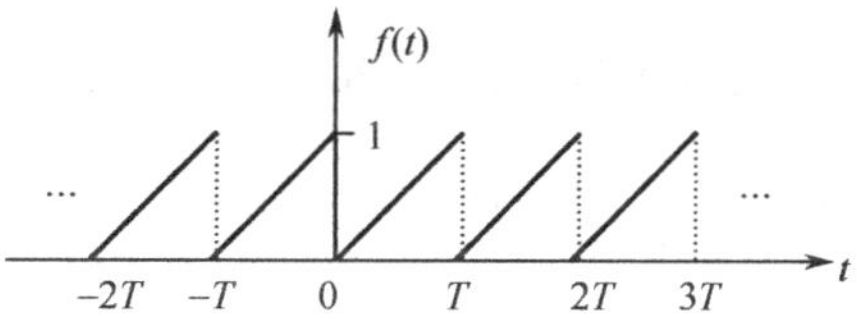


图题 3-2

3-3 求图题 3-3 所示信号 $f(t)$ 的傅里叶级数。

3-4 求图题 3-4 所示信号 $f(t)$ 的傅里叶级数,$T=1\mathrm{s}$。

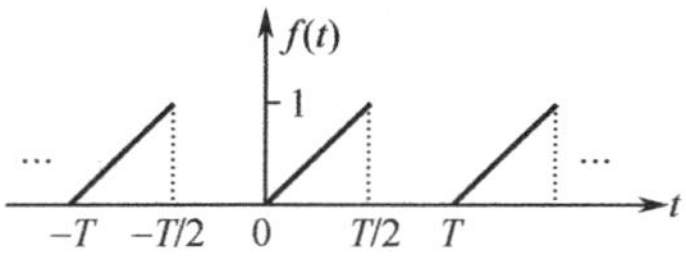


图题 3-3

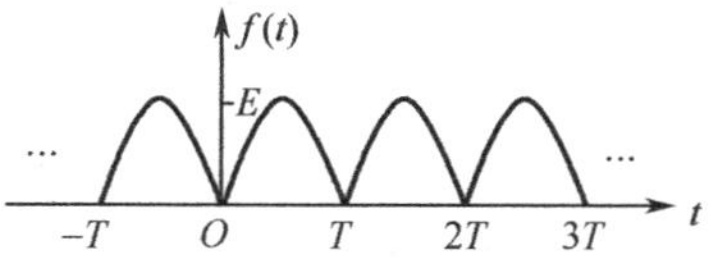


图题 3-4

3-5 假定 $f(t)$ 是一实周期信号,其傅里叶级数用正弦 - 余弦形式表示,即

$$f(t)=\frac{a_0}{2}+\sum_{n=1}^{\infty}(a_n\cos n\Omega t+b_n\sin n\Omega t)$$

(1) 求信号 $f(t)$ 的偶部和奇部的指数形式的傅里叶级数表示式,也即求以下两式中的 $\alpha_n$ 和 $\beta_n$。

$$E_v(f(t)) = \sum_{n=-\infty}^{\infty} \alpha_n e^{jn\Omega t}, \quad O_d(f(t)) = \sum_{n=-\infty}^{\infty} \beta_n e^{jn\Omega t}$$

(2) 在问题(1)中，$\alpha_n$ 和 $\alpha_{-n}$ 之间有什么关系？$\beta_n$ 和 $\beta_{-n}$ 有什么关系？

3-6　(1) 证明函数 $\varphi_m(t)$ 和 $\varphi_n(t)$ 在 $(0,T)$ 区间上正交，其中，$T = 2\pi/\Omega$，$\varphi_k(t) = \frac{1}{\sqrt{T}}(\cos k\Omega t + \sin k\Omega t)$。

(2) 设 $f(t)$ 是任意实信号，$f_o(t)$ 和 $f_e(t)$ 分别为 $f(t)$ 的奇部和偶部，证明 $f_o(t)$ 和 $f_e(t)$ 在 $(-T,T)$ 上正交，其中 $T$ 为任意值。

3-7　(1) 设 $[\varphi_l(t)]$，$l = 0, \pm 1, \pm 2, \cdots$，是区间 $[a,b]$ 上的归一正交函数集，$f(t)$ 是一给定信号，$f(t)$ 在区间 $[a,b]$ 上的近似式 $\hat{f}(t)$、近似误差 $e_N(t)$ 和误差能量 $E$ 分别为

$$\hat{f}(t) = \sum_{i=-N}^{N} a_i \varphi_i(t) \qquad e_N(t) = f(t) - \hat{f}(t) \qquad E = \int_a^b |e_N(t)|^2 dt$$

证明：当选取 $a_i = \int_a^b f(t)\varphi_i^*(t)dt$ 时，误差能量 $E$ 达到最小。

(2) 设 $\varphi_n(t) = e^{jn\Omega t}$，$T = 2\pi/\Omega$。证明：使误差能量最小的 $a_n$ 为 $a_n = \frac{1}{T}\int_T f(t)e^{-jn\Omega t}dt$。

3-8　设 $f(t)$ 是周期信号，其周期为 $T$。求下列信号的傅里叶系数（以 $F_n$ 表示）：

(1) $f(t-t_0)$　(2) $f(-t)$　(3) $f^*(t)$　(4) $\frac{df(t)}{dt}$

3-9　已知周期 $T = 2$ 的周期信号 $f(t)$ 的傅里叶系数 $F_n = \left(\frac{1}{2}\right)^{|n|} e^{jn\pi/20}$，求信号 $f(t)$。

3-10　图题 3-10(a) 是直流 - 交流变换器。该变换器的电子开关每 1/100 秒改变位置一次，电子开关可在两种模式下工作：(1) 通断工作模式；(2) 交替改变极性模式。两种模式下产生的输出波形分别如图题 3-10(b) 和 (c) 所示。计算两种模式下的转换效率，即基波功率/直流输入功率。

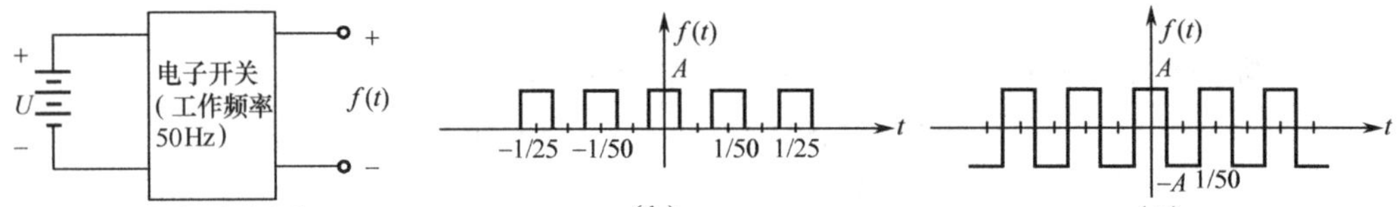


(a) 直流-交流变换器　(b)　(c)

图题 3-10

3-11　设 $f(t)$ 为复数函数，可表示为实部 $f_r(t)$ 与虚部 $f_i(t)$ 之和，即 $f(t) = f_r(t) + jf_i(t)$，且设 $f(t) \leftrightarrow F(j\omega)$。

证明：$F[f_r(t)] = \frac{1}{2}[F(j\omega) + \dot{F}(-j\omega)]$，　$F[f_i(t)] = \frac{1}{2j}[F(j\omega) - \dot{F}(-j\omega)]$

其中　$\dot{F}(-j\omega) = F[\dot{f}(t)]$

3-12　求图题 3-12 所示信号 $f(t)$ 的 $F(j\omega)$。

3-13　求图题 3-13 所示信号 $f(t)$ 的 $F(j\omega)$。

3-14　求图题 3-14 所示信号 $f(t)$ 的 $F(j\omega)$。

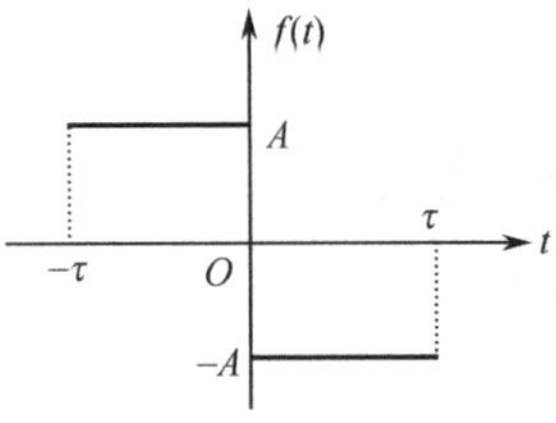


图题 3-12

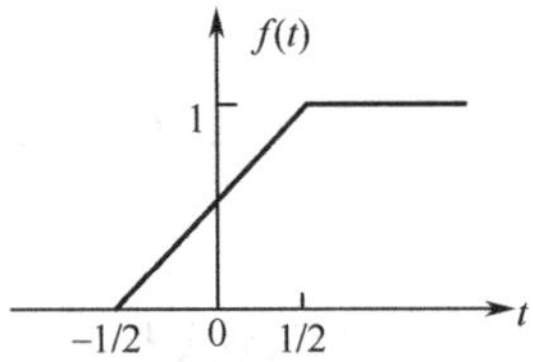


图题 3-13

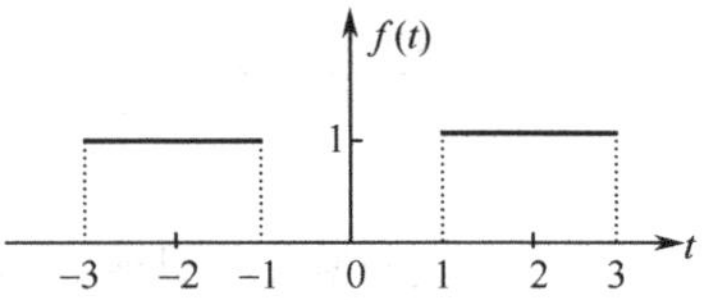


图题 3-14

3-15　设 $f(t) \leftrightarrow F(j\omega)$。试证：(1) $F(0) = \int_{-\infty}^{\infty} f(t)dt$；　(2) $f(0) = \frac{1}{2\pi}\int_{-\infty}^{\infty} F(j\omega)d\omega$。

3-16 已知$f(t)\leftrightarrow F(\mathrm{j}\omega)$,求下列信号的傅里叶变换:

(1) $tf(2t)$　　(2) $(t-2)f(t)$　　(3) $(t-2)f(-2t)$　　(4) $t\dfrac{\mathrm{d}f(t)}{\mathrm{d}t}$

(5) $f(1-t)$　　(6) $(1-t)f(1-t)$　　(7) $f(2t-5)$　　(8) $tU(t)$

3-17 求图题 3-17 所示信号$f(t)$ 的 $F(\mathrm{j}\omega)$。

3-18 求图题 3-18 所示信号$f(t)$ 的 $F(\mathrm{j}\omega)$。

3-19 求下列各时间函数的傅里叶变换:(1) $\dfrac{1}{\pi t}$;　(2) $-\dfrac{1}{\pi t^2}$;　(3)$t^n$。

3-20 已知图题 3-20(a) 所示信号$f(t)$ 的频谱函数 $F(\mathrm{j}\omega)=a(\omega)-\mathrm{j}b(\omega)$,其中 $a(\omega)$ 和 $b(\omega)$ 均为 $\omega$ 的实函数。试求 $x(t)=[f_0(t+1)+f_0(t-1)]\cos\omega_0 t$ 的频谱函数 $X(\mathrm{j}\omega)$,其中$f_0(t)=f(t)+f(-t)$,其波形如图题 3-20(b) 所示。

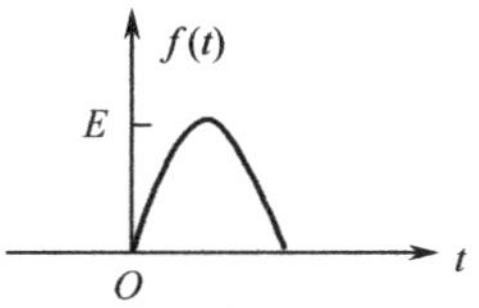

图题 3-17

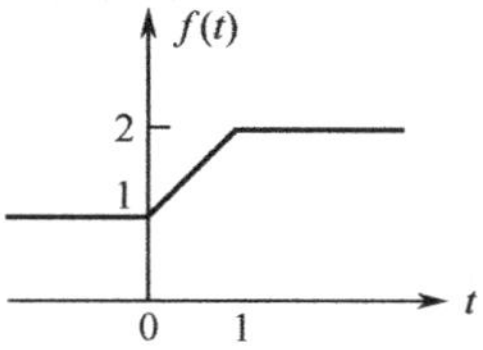

图题 3-18

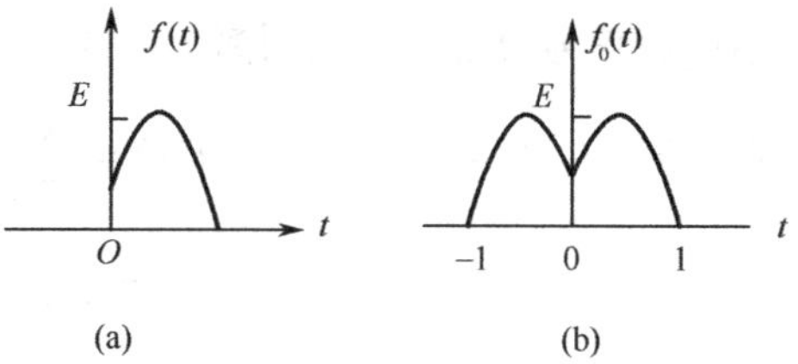

图题 3-20

3-21 已知 $F(\mathrm{j}\omega)$ 的幅度频谱与相应频谱分别为

$$|F(\mathrm{j}\omega)|=2[U(\omega+3)-U(\omega-3)],\quad \varphi(\omega)=-\frac{3}{2}\omega+\pi$$

求 $F(\mathrm{j}\omega)$ 的原函数$f(t)$ 及$f(t)=0$ 时的 $t$ 值。

3-22 求下列各频谱函数所对应的时间函数$f(t)$:

(1) $\omega^2$　(2) $\dfrac{1}{\omega^2}$　(3) $\delta(\omega-2)$　(4) $2\cos\omega$　(5) $\mathrm{e}^{a\omega}U(-\omega)$　(6) $6\pi\delta(\omega)+\dfrac{5}{(\mathrm{j}\omega-2)(\mathrm{j}\omega+3)}$

3-23 $F(\mathrm{j}\omega)$ 的图形如图题 3-23 所示,求反变换$f(t)$。

3-24 用傅里叶变换法求图题 3-24 所示周期信号$f(t)$ 的傅里叶级数。

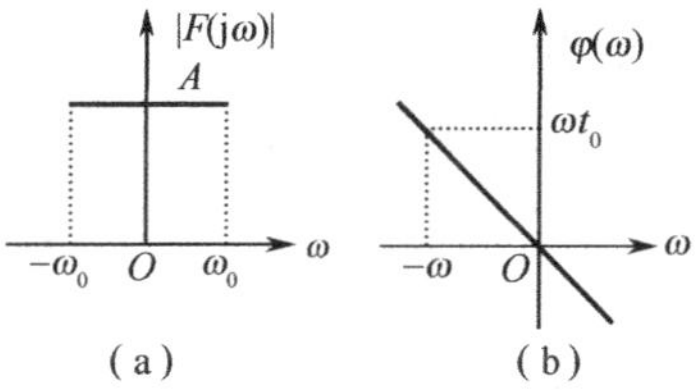

图题 3-23

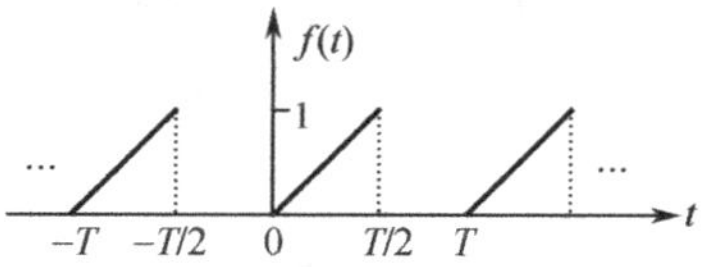

图题 3-24

3-25 已知信号$f(t)$ 的傅里叶变换为

$$F(\mathrm{j}\omega)=\delta(\omega)+\begin{cases}1, & 2<|\omega|<4\\ 0, & \text{其他}\end{cases}$$

求$[f(t)]^2$ 的傅里叶变换 $Y(\mathrm{j}\omega)$。

3-26 应用信号的能量公式 $W=\int_{-\infty}^{\infty}f^2(t)\mathrm{d}t=\dfrac{1}{2\pi}\int_{-\infty}^{\infty}|F(\mathrm{j}\omega)|^2\mathrm{d}\omega$,求下列各积分:

(1) $f(t)=\int_{-\infty}^{\infty}\mathrm{Sa}^2(at)\mathrm{d}t$　(2) $f(t)=\int_{-\infty}^{\infty}\mathrm{Sa}^4(at)\mathrm{d}t$　(3) $f(t)=\int_{-\infty}^{\infty}\dfrac{1}{(a^2+t^2)^2}\mathrm{d}t$

3-27 求信号$f(t)=\dfrac{2\sin 2t}{t}\cos(1000t)$ 的能量 $W$。

3-28 求信号$f(t)=\dfrac{2\sin 5t}{\pi t}\cos(997t)$ 的能量 $W$。

# 第 4 章　连续系统频域分析

## 4.1　引　　言

线性时不变连续时间系统的频域分析，是依据线性系统的叠加性和齐次性，运用傅里叶级数或傅里叶变换，将信号分解成一系列离散的或连续的复指数信号之和，即：

对周期信号$f(t)$，有
$$f(t)=\sum_{n=-\infty}^{\infty}F_n e^{jn\Omega t} \tag{4-1}$$
$$F_n=\frac{1}{T}\int_{-T/2}^{T/2}f(t)e^{-jn\Omega t}dt \tag{4-2}$$
式中，$\Omega=2\pi/T$。

对非周期信号$f(t)$，有
$$f(t)=\frac{1}{2\pi}\int_{-\infty}^{\infty}F(j\omega)e^{j\omega t}dt \tag{4-3}$$
$$F(j\omega)=\int_{-\infty}^{\infty}f(t)e^{-j\omega t}dt \tag{4-4}$$

在求解任意信号（能量有限或平均功率有限）作用于线性系统的响应时，利用傅里叶级数或傅里叶变换先将激励信号分解为复指数信号的叠加，然后将这些基本复指数信号作用于系统，并把所得的响应取和，即可给出系统对于信号$f(t)$的完整响应。

因此，频域分析法是应用傅里叶变换把系统的激励和响应关系从时域变换到频域来研究，从处理时间变量$t$转换成处理频率变量$\omega$，从求解系统的微分方程转化为解代数方程，通过响应的频谱函数来研究响应信号的频谱结构和系统的频率响应及其功能。

本章将研究不同信号通过线性系统的响应，信号通过线性系统不失真的条件，理想低通模型及信号抽样、调制等。

## 4.2　系统对非正弦周期信号的响应

### 4.2.1　基本信号 $e^{j\omega t}$ 通过线性系统

对于一个单位冲激响应为$h(t)$的线性时不变系统，若激励信号为
$$f(t)=e^{j\omega t}\quad -\infty<t<\infty$$
则根据时域分析可知，系统对这一基本信号的零状态响应为
$$y_f(t)=e^{j\omega t}*h(t)=\int_{-\infty}^{\infty}h(\tau)e^{j\omega(t-\tau)}d\tau=e^{j\omega t}\int_{-\infty}^{\infty}h(\tau)e^{-j\omega\tau}d\tau \tag{4-5}$$
由傅里叶变换的定义，记
$$H(j\omega)=\int_{-\infty}^{\infty}h(t)e^{-j\omega t}dt \tag{4-6}$$
有
$$y_f(t)=H(j\omega)e^{j\omega t}=|H(j\omega)|e^{j[\omega t+\varphi(\omega)]} \tag{4-7}$$

式中，$H(\mathrm{j}\omega)=|H(\mathrm{j}\omega)|\mathrm{e}^{\mathrm{j}\varphi(\omega)}$ 是一个与时间 $t$ 无关的频域函数，称为频域系统函数，或系统的频率响应。$h(t)$ 描述系统的时域特性，而 $H(\mathrm{j}\omega)$ 反映系统的频域特性。

可见，当基本信号 $\mathrm{e}^{\mathrm{j}\omega t}$ 通过线性系统时，其零状态响应就是用基本信号 $\mathrm{e}^{\mathrm{j}\omega t}$ 乘以系统函数 $H(\mathrm{j}\omega)$。而 $H(\mathrm{j}\omega)$ 就是系统单位冲激响应 $h(t)$ 的傅里叶变换，正如第 3 章指出的，复指数信号是线性时不变系统的特征信号，系统对特征信号的响应是该特征信号乘以系统的特征值，此处的特征值为 $H(\mathrm{j}\omega)$，即系统的频率响应在给定频率 $\omega$ 处的值。

### 4.2.2 正弦信号通过线性系统

#### 1. 正弦信号

正弦信号
$$f(t)=A\cos\Omega t \qquad -\infty<t<\infty$$
通过线性系统的分析，在电路分析中已研究过。因
$$f(t)=A\cos\Omega t=\frac{A}{2}(\mathrm{e}^{\mathrm{j}\Omega t}+\mathrm{e}^{-\mathrm{j}\Omega t})$$
由式(4-7) 可知，此时系统的零状态响应为
$$\begin{aligned}y_f(t)&=\frac{A}{2}H(\mathrm{j}\Omega)(\mathrm{e}^{\mathrm{j}\Omega t}+\mathrm{e}^{-\mathrm{j}\Omega t})=\frac{A}{2}H(\mathrm{j}\Omega)\mathrm{e}^{\mathrm{j}\Omega t}+\frac{A}{2}H(-\mathrm{j}\Omega)\mathrm{e}^{-\mathrm{j}\Omega t}\\&=A|H(\mathrm{j}\Omega)|\cos[\Omega t+\varphi(\Omega)]\end{aligned}\tag{4-8}$$
式中
$$H(\mathrm{j}\Omega)=H(\mathrm{j}\omega)|_{\omega=\Omega}=|H(\mathrm{j}\Omega)|\mathrm{e}^{\mathrm{j}\varphi(\Omega)}$$

所以，线性系统对正弦信号激励的响应为与激励同频率的正弦量，其振幅为激励的振幅与系统函数 $H(\mathrm{j}\Omega)$ 模值之乘积，其相位为激励的初相位与系统函数 $H(\mathrm{j}\Omega)$ 相位之和，此结果与正弦稳态中用相量法分析的结论完全一致。

#### 2. 非正弦周期信号通过线性系统

对于周期为 $T$ 的非正弦周期信号 $f(t)$，可展开为
$$f(t)=\sum_{n=-\infty}^{\infty}F_n\mathrm{e}^{\mathrm{j}n\Omega t}$$
式中
$$F_n=\frac{1}{T}\int_{-T/2}^{T/2}f(t)\mathrm{e}^{-\mathrm{j}n\Omega t}\mathrm{d}t$$
由式(4-7) 和式(4-8) 可知，此时系统的零状态响应为
$$\begin{aligned}y_f(t)&=\sum_{n=-\infty}^{\infty}F_nH(\mathrm{j}n\Omega)\mathrm{e}^{\mathrm{j}n\Omega t}=\sum_{n=-\infty}^{\infty}|F_n|\,|H(\mathrm{j}n\Omega)|\,\mathrm{e}^{\mathrm{j}[n\Omega t+\varphi(n\Omega)+\theta(n\Omega)]}\\&=F_0+2\sum_{n=1}^{\infty}|F_n|\,|H(\mathrm{j}n\Omega)|\cos[n\Omega t+\varphi(n\Omega)+\theta(n\Omega)]\end{aligned}\tag{4-9}$$
式中，$F_n=|F_n|\mathrm{e}^{\mathrm{j}\theta(n\Omega)}$，$H(\mathrm{j}n\Omega)=|H(\mathrm{j}n\Omega)|\mathrm{e}^{\mathrm{j}\varphi(n\Omega)}$。

因此，当周期信号 $f(t)$ 作用于线性系统时，其零状态响应 $y_f(t)$ 仍为周期信号，其周期和 $f(t)$ 的周期相同，只是相应于指数型傅里叶级数扩大了 $H(\mathrm{j}n\Omega)$ 倍，从而可得到 $y_f(t)$ 的三角形傅里叶级数。

由于周期信号都是周而复始、无始无终的信号，当其作用于线性系统时，其激励作用的起点只能在 $t\to-\infty$ 时。这意味着系统零输入响应为零。另一方面，系统响应中所有随时间而衰减的暂态分量也将由于时间的无穷延续而消失，只有稳态分量存在。因此，正如式(4-9) 所表示的，周期信号作用于系统的零状态响应就是稳态响应。所以，对于一个线性电路，可根据电路分析课程中的

谐波分析方法求其稳态响应。

下面从傅里叶变换的观点来研究周期信号作用于线性系统时其响应的频谱。

因为 $$\mathscr{F}[f(t)]=F(\mathrm{j}\omega)=2\pi\sum_{n=-\infty}^{\infty}F_n\delta(\omega-n\Omega)$$

所以 $$\mathscr{F}[y(t)]=Y(\mathrm{j}\omega)=2\pi\sum_{n=-\infty}^{\infty}F_nH(\mathrm{j}n\Omega)\delta(\omega-n\Omega) \tag{4-10}$$

式中 $$H(\mathrm{j}n\Omega)=H(\mathrm{j}\omega)\big|_{\omega=n\Omega}$$

可见,响应的频谱和激励信号的频谱一样,也由无穷项冲激序列 $\delta(\omega-n\Omega)$ 组成,是离散频谱,只是响应频谱的冲激强度被系统函数加权。

**【例 4-1】** 图 4-1(a) 所示电路,响应为电流 $i(t)$,激励为电压 $u(t)$。

(1) 求系统函数 $H(\mathrm{j}\omega)$;

(2) 若激励 $u(t)$ 如图 4-1(b) 所示,求其响应 $i(t)$;

(3) 确定响应的频谱密度函数 $I(\mathrm{j}\omega)$,画出其振幅频谱图。

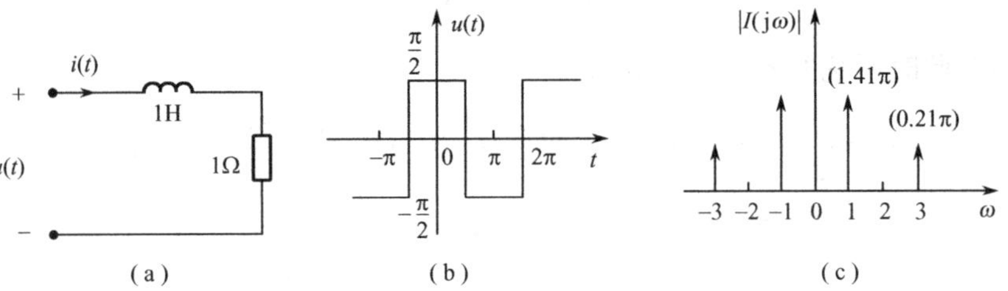


图 4-1

**解:**(1) 当 $u(t)=\delta(t)$ 时,电路的冲激响应为

$$h(t)=\mathrm{e}^{-t}u(t)$$

故电路的系统函数为 $H(\mathrm{j}\omega)=\dfrac{1}{1+\mathrm{j}\omega}$。

(2) 若激励 $u(t)$ 为图 4-1(b) 所示波形,有 $\Omega=2\pi/T=1\mathrm{rad/s}$,则 $u(t)$ 可表示为

$$u(t)=\sum_{n=-\infty}^{\infty}\frac{1}{n}\sin\frac{n\pi}{2}\mathrm{e}^{\mathrm{j}nt}$$

或 $$u(t)=2\cos t-\frac{2}{3}\cos(3t)+\frac{2}{5}\cos(5t)+\cdots$$

由式(4-9) 可知,电流响应为

$$i(t)=2\left|\frac{1}{1+\mathrm{j}}\right|\cos(t-\arctan 1)-\frac{2}{3}\left|\frac{1}{1+\mathrm{j}3}\right|\cos(3t-\arctan 3)+\cdots$$

$$=1.414\cos(t-45^\circ)-0.21\cos(3t-71.6^\circ)+0.08\cos(5t-78.8^\circ)+\cdots$$

(3) 由式(4-10) 可知,响应的频谱函数为

$$I(\mathrm{j}\omega)=2\pi\left[\sum_{n=-\infty}^{\infty}\frac{1}{n}\sin\frac{n\pi}{2}H(\mathrm{j}n)\delta(\omega-n)\right]=\sum_{n=-\infty}^{\infty}\frac{2\pi}{n}\sin\frac{n\pi}{2}\frac{1}{\mathrm{j}n+1}\delta(\omega-n)$$

$$=\begin{cases}\dfrac{2\pi}{n(\mathrm{j}n+1)}\sin\dfrac{n\pi}{2}\delta(\omega-n) & n=\pm1,\ \pm3,\cdots\\ 0 & n=0,\ \pm2,\ \pm4,\cdots\end{cases}$$

$I(\mathrm{j}\omega)$ 的振幅频谱如图 4-1(c) 所示。

## 4.3 系统对非周期信号的响应

非周期信号通过线性系统的响应与周期信号有所不同。由于非周期信号对系统的激励是有确定时间的，所以对于零状态系统，其响应只含零状态响应，并且既有稳态分量，也有随时间衰减的暂态分量。若系统初始状态不为零，则其响应还应包含零输入响应分量。本节重点讨论零状态系统对非周期信号的响应。

由时域分析可知，当线性时不变系统的单位冲激响应为 $h(t)$，激励为 $f(t)$ 时，系统的零状态响应为

$$y(t)=f(t)*h(t) \tag{4-11}$$

将上式两端取傅里叶变换，并利用时域卷积定理可得

$$Y(\mathrm{j}\omega)=F(\mathrm{j}\omega)H(\mathrm{j}\omega) \tag{4-12}$$

即系统零状态响应的频谱函数等于系统函数与激励的频谱函数之乘积。在求得 $Y(\mathrm{j}\omega)$ 后，则可利用

$$y(t)=\mathscr{F}^{-1}\{Y(\mathrm{j}\omega)\} \tag{4-13}$$

求得系统的时域响应。

**【例 4-2】** 某线性时不变系统的冲激响应 $h(t)=(\mathrm{e}^{-2t}-\mathrm{e}^{-3t})U(t)$，求激励信号 $f(t)=\mathrm{e}^{-t}U(t)$ 时系统的零状态响应。

**解：**因为 $$F(\mathrm{j}\omega)=\mathscr{F}\{f(t)\}=\frac{1}{\mathrm{j}\omega+1}$$

$$H(\mathrm{j}\omega)=\mathscr{F}\{h(t)\}=\frac{1}{\mathrm{j}\omega+2}-\frac{1}{\mathrm{j}\omega+3}=\frac{1}{(\mathrm{j}\omega+2)(\mathrm{j}\omega+3)}$$

由式(4-12) 可知系统零状态响应 $y(t)$ 的频谱函数为

$$Y(\mathrm{j}\omega)=F(\mathrm{j}\omega)H(\mathrm{j}\omega)=\frac{1}{(\mathrm{j}\omega+1)(\mathrm{j}\omega+2)(\mathrm{j}\omega+3)}$$

将 $Y(\mathrm{j}\omega)$ 用部分分式展开得 $$Y(\mathrm{j}\omega)=\frac{1/2}{\mathrm{j}\omega+1}+\frac{(-1)}{\mathrm{j}\omega+2}+\frac{1/2}{\mathrm{j}\omega+3}$$

进行反变换，可得 $$y(t)=\left[\frac{1}{2}\mathrm{e}^{-t}-\mathrm{e}^{-2t}+\frac{1}{2}\mathrm{e}^{-3t}\right]U(t)$$

从上例可知，在利用傅里叶变换求系统的零状态响应时，必须首先求得激励的频谱函数和频域系统函数，然后可求出零状态响应的频谱函数。这样从频谱改变的观点来解释激励与响应波形的差异，物理概念比较清楚，反映了系统本身是一个信号处理器。它依照自身的系统函数 $H(\mathrm{j}\omega)$ 的特性对输入信号的频谱 $F(\mathrm{j}\omega)$ 进行处理，使得输出响应的频谱 $Y(\mathrm{j}\omega)$ 为 $H(\mathrm{j}\omega)F(\mathrm{j}\omega)$。但是傅里叶变换分析法求反变换一般比较困难，因此，频域分析的目的通常不是求系统的时域响应，而重点在于频域分析信号的频谱、系统的频率特性和频带宽度，以及研究信号通过系统传输时对信号频谱的影响等。

**【例 4-3】** 图 4-2 所示电路，若激励电压 $f(t)=U(t)$，试求两种电路的零状态响应，并从频谱的观点对结果进行解释。

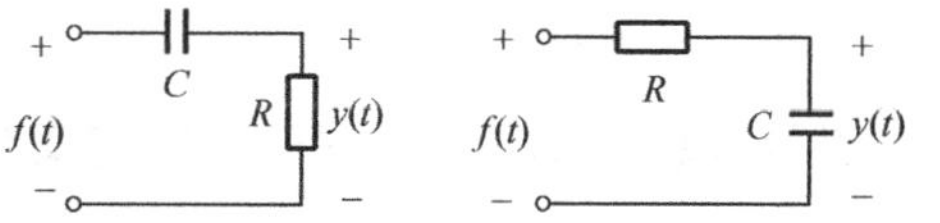


图 4-2

**解：** $F(\mathrm{j}\omega)=\mathscr{F}\{f(t)\}=\pi\delta(\omega)+\dfrac{1}{\mathrm{j}\omega}$

对图 4-2(a) 所示电路，由电路分析理论可得

$$H_a(j\omega)=\frac{j\omega\tau}{1+j\omega\tau}$$

式中 $\tau=RC$，为电路的时间常数。响应的频谱为

$$Y_a(j\omega)=H_a(j\omega)F(j\omega)=\frac{j\omega\tau}{1+j\omega\tau}\left[\pi\delta(\omega)+\frac{1}{j\omega}\right]=\frac{\tau}{1+j\omega\tau}$$

所以

$$y_a(t)=e^{-t/\tau}U(t)=e^{-t/(RC)}U(t)$$

对于图 4-2(b) 所示电路，可得

$$H_b(j\omega)=\frac{1}{1+j\omega\tau}$$

$$Y_b(j\omega)=H_b(j\omega)F(j\omega)=\pi\delta(\omega)+\frac{1}{j\omega(j\omega\tau+1)}$$

所以

$$y_b(t)=(1-e^{-t/\tau})U(t)=(1-e^{-t/(RC)})U(t)$$

图 4-3 示出了 $f(t)$ 和 $y(t)$ 的波形及其频谱，以及传输函数 $H(j\omega)$ 的幅频特性。由图 4-3 可知，在 $f(t)=U(t)$ 通过系统 $H_a(j\omega)$ 后，低频分量受到削弱，并失去了冲激线谱，而高频分量几乎不变。高频分量的存在意味着输出波形会与输入波形一样，产生突变；冲激线谱的失去使 $Y_a(j\omega)$ 变为连续谱，这意味着输出波形是一个脉冲，因而 $y_a(t)$ 最终必衰减到零。

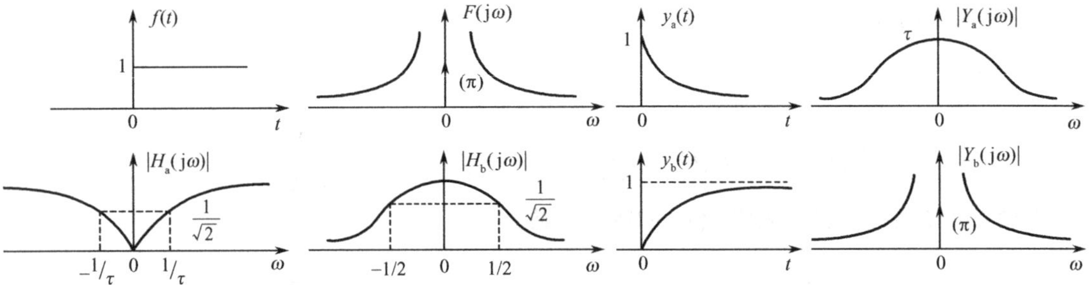


图 4-3

在 $f(t)=U(t)$ 通过系统 $H_b(j\omega)$ 后，其高频分量受到抑制，但低频分量几乎不变，并含有冲激。在频域中 $\omega=0$ 处的冲激表明，在时域中含有平均值，因而当 $t\to\infty$ 时，$y_b(t)$ 仍有一定数值。而高频分量失去较多，表明时域中波形不能急剧变化。因此输出波形只能逐渐地上升到稳态值。

## 4.4 频域系统函数

从前面信号通过线性系统的分析中可以看到，系统函数 $H(j\omega)$ 在系统频域分析中占有重要的地位，本节将进一步研究 $H(j\omega)$。

### 4.4.1 定义

系统函数 $H(j\omega)$ 可由式(4-12) 定义为

$$H(j\omega)=\frac{Y(j\omega)}{F(j\omega)}\tag{4-14}$$

即 $H(j\omega)$ 等于零状态响应的频谱函数 $Y(j\omega)$ 与激励的频谱函数 $F(j\omega)$ 之比，也就是电路分析中的

网络函数或传输函数。随着激励信号与待求响应的关系不同,在电路分析中 $H(\mathrm{j}\omega)$ 将有不同的含义。它可以是阻抗函数、导纳函数、电压比或电流比。

### 4.4.2 $H(\mathrm{j}\omega)$ 的物理意义

由式(4-6),即
$$H(\mathrm{j}\omega)=\mathscr{F}\{h(t)\}$$
可知 $H(\mathrm{j}\omega)$ 是系统单位冲激响应 $h(t)$ 的频谱函数。反之,有
$$h(t)=\frac{1}{2\pi}\int_{-\infty}^{\infty}H(\mathrm{j}\omega)\mathrm{e}^{\mathrm{j}\omega t}\mathrm{d}\omega \tag{4-15}$$
即 $H(\mathrm{j}\omega)$ 是将 $h(t)$ 分解为无穷多个指数信号之和时,与其相应的频谱密度函数。

由式(4-7),即
$$y_f(t)=H(\mathrm{j}\omega)\mathrm{e}^{\mathrm{j}\omega t}$$
可知,$H(\mathrm{j}\omega)$ 的另一个物理意义是当激励为 $\mathrm{e}^{\mathrm{j}\omega t}$ 时系统零状态响应的加权函数,而且可以看出,零状态响应 $y_f(t)$ 随时间 $t$ 的变化规律与 $\mathrm{e}^{\mathrm{j}\omega t}$ 的变化规律完全相同,仅差一个加权函数 $H(\mathrm{j}\omega)$。

### 4.4.3 $H(\mathrm{j}\omega)$ 的求法

频域系统函数 $H(\mathrm{j}\omega)$ 的求解方法主要有:

(1) 当给定激励与零状态响应时,根据定义求解,即
$$H(\mathrm{j}\omega)=\frac{Y(\mathrm{j}\omega)}{F(\mathrm{j}\omega)}$$
(2) 当已知系统单位冲激响应 $h(t)$ 时,由式(4-6)求解,即
$$H(\mathrm{j}\omega)=\int_{-\infty}^{\infty}h(t)\mathrm{e}^{-\mathrm{j}\omega t}\mathrm{d}t$$
(3) 当给定系统的电路模型时,用相量法求解。

(4) 当给定系统的数学模型(微分方程)时,用傅里叶变换法求解。

**【例 4-4】** 试求图 4-4(a)中以 $i_2(t)$ 为响应时的系统函数 $H(\mathrm{j}\omega)$。

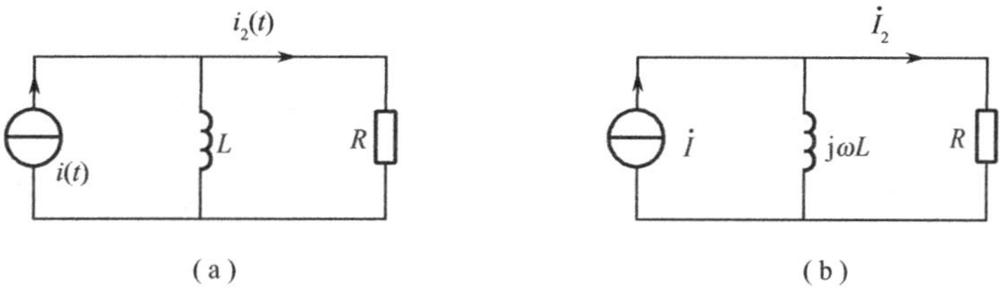


图 4-4

**解:** 图 4-4(a)所示电路对应的频域电路模型如图 4-4(b)所示。根据相量分析法可知
$$H(\mathrm{j}\omega)=\frac{\dot{I}_2}{\dot{I}}=\frac{\mathrm{j}\omega L}{R+\mathrm{j}\omega L}$$

**【例 4-5】** 已知描述系统的微分方程为
$$y''(t)+3y'(t)+2y(t)=f(t)$$
求系统函数 $H(\mathrm{j}\omega)$。

**解:** 对原微分方程两边取傅里叶变换,并根据时域微分性,可得
$$[(\mathrm{j}\omega)^2+3(\mathrm{j}\omega)+2]Y(\mathrm{j}\omega)=F(\mathrm{j}\omega)$$
所以
$$H(\mathrm{j}\omega)=\frac{Y(\mathrm{j}\omega)}{F(\mathrm{j}\omega)}=\frac{1}{(\mathrm{j}\omega)^2+\mathrm{j}3\omega+2}=\frac{1}{(2-\omega^2)+\mathrm{j}3\omega}$$

### 4.4.4 系统频率特性

由于$H(j\omega)$是冲激响应$h(t)$的频谱函数，而$h(t)$取决于系统本身的结构，它描述了系统的时域固有性质，因此$H(j\omega)$同样仅取决于系统本身的结构。系统一旦给定，系统函数$H(j\omega)$也随之确定，它反映了系统的频域特性，所以$H(j\omega)$是表征系统特征的重要物理量。已知

$$H(j\omega) = |H(j\omega)| e^{j\varphi(\omega)} \tag{4-16}$$

式中，$|H(j\omega)|$称为系统的幅频特性，$\varphi(\omega)$称为系统的相频特性；因此，通过研究$H(j\omega)$就可了解系统的整个频率特性，从而了解系统的功能。

**【例 4-6】** 试求图 4-5(a) 中以$u_R(t)$为响应的系统函数$H(j\omega)$，并画出其频率特性曲线。

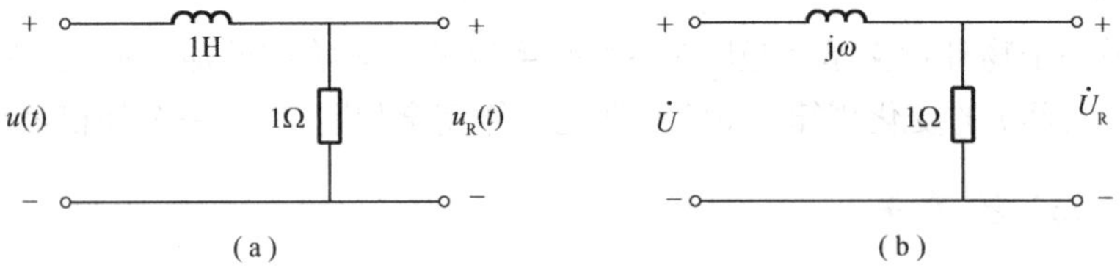


图 4-5

**解**：图 4-5(a) 所示电路对应的频域模型如图 4-5(b) 所示。由相量分析法有

$$H(j\omega) = \frac{\dot{U}_R}{\dot{U}} = \frac{1}{1 + j\omega}$$

所以，该系统的幅频特性为 $$|H(j\omega)| = \frac{1}{\sqrt{1 + \omega^2}}$$

相频特性为 $$\varphi(\omega) = -\arctan\omega$$

其曲线如图 4-6 所示。可见该系统为一个低通滤波器。

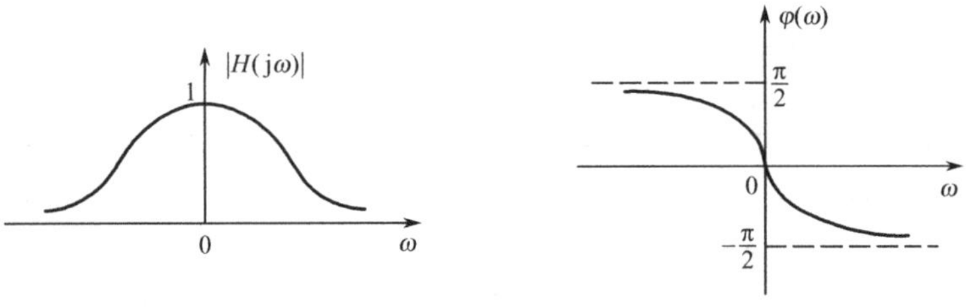


图 4-6

如果$h(t)$是实函数，则系统幅频特性是$\omega$的偶函数，相频特性是$\omega$的奇函数。即

$$\left.\begin{aligned} |H(j\omega)| &= |H(-j\omega)| \\ \varphi(\omega) &= -\varphi(-\omega) \end{aligned}\right\} \tag{4-17}$$

### 4.4.5 应用举例

**【例 4-7】** 图 4-7(a) 所示系统的激励$f(t)$如图 4-7(b) 所示，系统的幅频特性如图 4-7(c) 所示，相频特性$\varphi(\omega) = 0$，求系统的零状态响应$y(t)$。

**解**：由于激励$f(t)$为周期信号，故系统零状态响应仅含稳态响应。

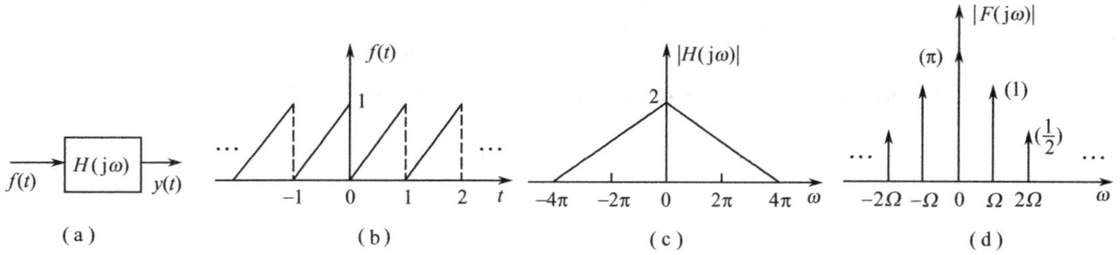


图 4-7

因为
$$f(t)=\sum_{-\infty}^{\infty}F_n e^{jn\Omega t}$$

式中，$\Omega=2\pi,F_0=1/2,F_n=\dfrac{j}{2n\pi}$。其频谱函数为

$$F(j\omega)=2\pi\sum_{n=-\infty}^{\infty}F_n\delta(\omega-n\Omega)=\sum_{n=-\infty}^{-1}\frac{j}{n}\delta(\omega-2n\pi)+\pi\delta(\omega)+\sum_{n=1}^{\infty}\frac{j}{n}\delta(\omega-2n\pi)$$

其幅频函数如图 4-7(d) 所示。

由式(4-12) 可得　$Y(j\omega)=F(j\omega)H(j\omega)=-j\delta(\omega+2\pi)+2\pi\delta(\omega)+j\delta(\omega-2\pi)$

所以，系统响应为　$y(t)=\mathscr{F}^{-1}\{Y(j\omega)\}=1-j\dfrac{e^{-j2\pi t}}{2\pi}+j\dfrac{e^{j2\pi t}}{2\pi}=1-\dfrac{1}{\pi}\sin 2\pi t$

**【例 4-8】**　图 4-8 所示系统，已知

$$f(t)=\frac{\sin 2t}{2\pi t}\quad -\infty<t<\infty;\quad s(t)=\cos 1000t\quad -\infty<t<\infty$$

系统 $H(j\omega)$ 的幅频特性如图 4-8(b) 所示，相频特性 $\varphi(\omega)=0$。求响应 $y(t)$。

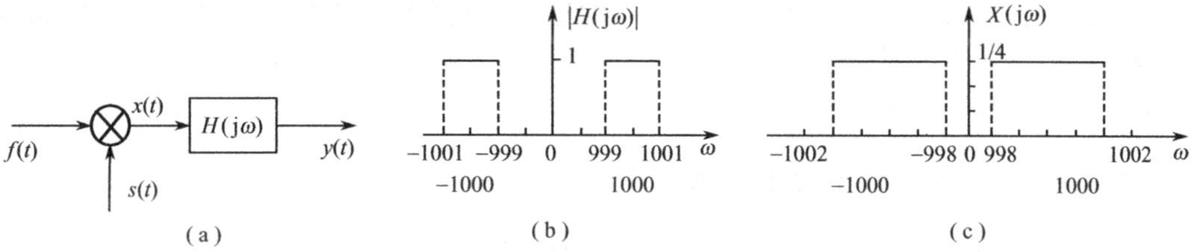


图 4-8

**解：**因为
$$4\times\frac{\sin 2t}{2t}\leftrightarrow 2\pi G_4(\omega)$$

故
$$F(j\omega)=\frac{1}{2}G_4(\omega)$$

$$S(j\omega)=\pi[\delta(\omega+1000)+\delta(\omega-1000)]$$

又 $x(t)=f(t)s(t)$，由频域卷积定理得

$$X(j\omega)=\frac{1}{2\pi}F(j\omega)*S(j\omega)=\frac{1}{4}[G_4(\omega+1000)+G_4(\omega-1000)]$$

其频谱如图 4-8(c) 所示。

$$Y(j\omega)=X(j\omega)H(j\omega)=\frac{1}{4}H(j\omega)=\frac{1}{4\pi}G_2(\omega)*\pi[\delta(\omega+1000)+\delta(\omega-1000)]$$

$$=\frac{1}{2\pi}F_1(j\omega)*F_2(j\omega)$$

式中 $$F_1(j\omega)=\frac{1}{2}G_2(\omega)\leftrightarrow f_1(t)=\frac{1}{2\pi}\frac{\sin t}{t}$$

$$F_2(j\omega)=\pi[\delta(\omega+1000)+\delta(\omega-1000)]\leftrightarrow f_2(t)=\cos 1000t$$

所以 $$y(t)=f_1(t)f_2(t)=\frac{\sin t}{2\pi t}\cos(1000t)$$

# 4.5 信号传输失真及无失真传输条件

## 4.5.1 信号传输失真

对一个频率响应为 $H(j\omega)$ 的系统,式(4-12) 给出了当系统输入的傅里叶变换为 $F(j\omega)$ 时系统响应的傅里叶变换:

$$Y(j\omega)=F(j\omega)H(j\omega)$$

上式进一步可表示为 $$|Y(j\omega)|e^{j\angle Y(j\omega)}=|F(j\omega)||H(j\omega)|e^{j[\angle F(j\omega)+\angle H(j\omega)]}$$

由此有 $$|Y(j\omega)|=|F(j\omega)||H(j\omega)|$$

$$\angle Y(j\omega)=\angle F(j\omega)+\angle H(j\omega)$$

在信号传输中,系统将输入信号的频谱幅度 $|F(j\omega)|$ 改变为 $|F(j\omega)||H(j\omega)|$,而将输入信号的相位 $\angle F(j\omega)$ 改变为 $\angle F(j\omega)+\angle H(j\omega)$。系统对激励信号傅里叶变换模值的作用就是将其乘以系统频率响应的模,为此,通常称 $|H(j\omega)|$ 为系统的增益。与此同时,线性时不变系统对输入信号的相位进行修改,给它增加一个附加相移 $\angle H(j\omega)$。系统的相移改变了输入信号中各频率分量之间的相对相位关系,因此,即使系统的增益对所有频率都相同的情况下,也可能使系统的输出和输入信号之间有很大的变化。系统对输入信号的这种改变有时是有益的,如滤波器可以滤除不需要的干扰信号;有时系统对信号的模和相位的改变是所不希望的,此时系统会产生失真,这种失真称为线性失真,包括幅度失真和相位失真。

## 4.5.2 信号无失真传输及其条件

对于一个线性系统,一般要求能够无失真地传输信号。信号的无失真传输从时域来说就是要求系统输出响应的波形应当与系统输入激励信号的波形完全相同,而幅度大小可以不同,时间前后可以有所差异,即

$$y(t)=kf(t-t_0) \tag{4-18}$$

式中,$k$ 为与 $t$ 无关的实常数,称为波形幅度衰减的比例系数;$t_0$ 为延迟时间。

这样,虽然输出响应 $y(t)$ 的幅度有 $k$ 倍的变化,而且有 $t_0$ 时间的滞后,但整个波形的形状不变,如图 4-9 所示。

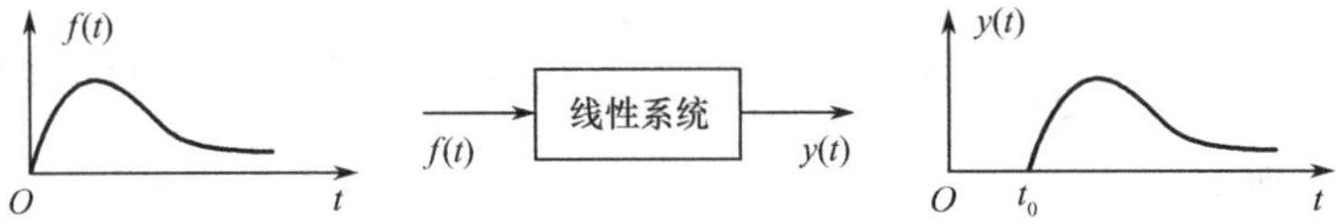


图 4-9

若要保持系统无失真传输信号,从频域分析来看,可对式(4-18) 两边取傅里叶变换,并利用其时移性,有

$$Y(\mathrm{j}\omega)=kF(\mathrm{j}\omega)\mathrm{e}^{-\mathrm{j}\omega t_0}$$

由于

$$Y(\mathrm{j}\omega)=F(\mathrm{j}\omega)H(\mathrm{j}\omega)$$

所以无失真传输的系统函数为

$$H(\mathrm{j}\omega)=k\mathrm{e}^{-\mathrm{j}\omega t_0} \tag{4-19}$$

即

$$|H(\mathrm{j}\omega)|=k,\quad \varphi(\omega)=-\omega t_0$$

因此,无失真传输系统在频域应满足两个条件:

(1) 系统的幅频特性在整个频率范围内应为常数 $k$,即系统的通频带为无穷大,系统对输入信号中每一频率分量都乘以常数 $k$,如图 4-10(a) 所示;

(2) 系统的相移在整个频率范围内应与 $\omega$ 成正比,即 $\varphi(\omega)=-\omega t_0$,意味着系统对所有频率分量都延迟 $t_0$,如图 4-10(b) 所示。

若对式(4-19) 取傅里叶反变换,则可知系统的单位冲激响应为

$$h(t)=k\delta(t-t_0) \tag{4-20}$$

式(4-20) 表明:一个无失真传输系统,其单位冲激响应仍为一个冲激函数,不过在强度上不一定为单位 1,冲激的位置也不一定位于 $t=0$ 处。因此,式(4-20) 从时域给出了无失真传输系统的条件。

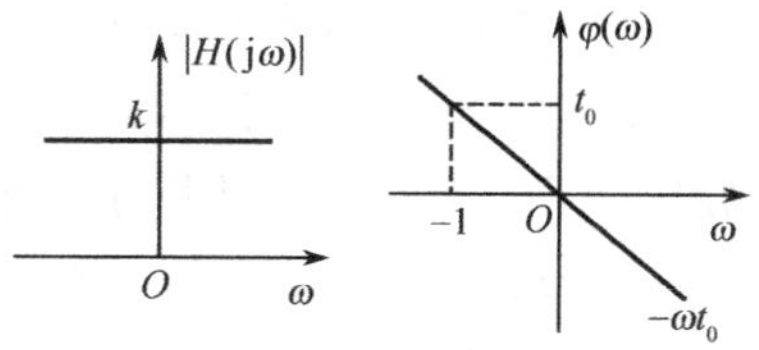


(a)　　(b)

图 4-10

无失真传输系统的幅频特性应在无限宽的频率范围内保持常量,这是不可能实现的。实际上,由于所有信号其能量总是随频率的增高而减少的,因此,系统只要有足够大的频宽,以保证包含绝大多数能量的频率分量能够通过,就可以获得较满意的传输质量。

### 4.5.3 群时延

无失真传输系统的一个要求是系统应具有线性相位。这个相位不仅应是频率的线性函数,而且还应通过坐标原点。实际上,很多系统仅具有近似线性相位特性。判定系统相位线性度的一种常用方法,就是求系统频率响应 $H(\mathrm{j}\omega)$ 的相位函数 $\angle H(\mathrm{j}\omega)$ 的斜率。对一个理想的线性相位系统来说,这个斜率是一个常数,而在一般情况下,该斜率是频率 $\omega$ 的函数。倘若这个斜率不是常数,则时延将随频率而变化,也即信号的不同频率分量具有不同时延(常称为色散),其结果是系统的输出波形不同于输入波形。

在通信系统中,通常传输信号的频谱在载频 $\omega_0$ 附近的很小的范围内,并且频带宽度 $B_w$ 与载频 $\omega_0$ 之比远小于 1,这种系统称为窄带带通系统。对带通系统,无失真传输的条件可以稍微放宽一点。如前所述,低通系统的无失真传输,要求其相位不仅是线性的,而且还要通过坐标原点。对带通系统,相位特性在所关心的频带内必须是线性的,但不必通过坐标原点。此时,系统的相位特性可表示为

$$\angle H(\mathrm{j}\omega)=-\varphi_0-\omega t_g \tag{4-21}$$

这样就有

$$Y(\mathrm{j}\omega)=F(\mathrm{j}\omega)|H(\mathrm{j}\omega)|\mathrm{e}^{-\mathrm{j}\varphi_0}\mathrm{e}^{-\mathrm{j}\omega t_g} \tag{4-22}$$

因此,系统对窄带输入信号的频谱的作用由两部分组成:对应于 $|H(\mathrm{j}\omega)|$ 的幅度部分,乘以恒定的复数因子 $\mathrm{e}^{-\mathrm{j}\varphi_0}$(对应于载波的时延) 以及对应于时延 $t_g$ 的线性相移项 $\mathrm{e}^{-\mathrm{j}\omega t_g}$,其中 $t_g$ 称为系统在 $\omega=\omega_0$ 的群时延,它代表了以 $\omega=\omega_0$ 为中心的一个很小的频带或很少的一组频率上所受到的有效公共时延。

在每个频率上的群时延就等于在该频率上相位特性的斜率的负值,即群时延定义为

$$t_g(\omega)=-\frac{\mathrm{d}}{\mathrm{d}\omega}\angle H(\mathrm{j}\omega) \tag{4-23}$$

### 4.5.4 信号失真的类型

通常将失真分为非线性失真和线性失真两大类。

**1. 非线性失真**

如果一个系统输出响应中出现有输入激励信号中所没有的新的频率分量,则称之为非线性失真。在线性系统中,不会出现非线性失真。

**2. 线性失真**

在线性系统中出现的信号失真称为线性失真。在线性失真中,响应信号中不会出现激励信号中所没有的新的频率成分。线性失真是由于系统函数 $H(j\omega)$ 不满足式(4-19) 而引起的。

当 $|H(j\omega)|$ 不等于常数 $k$ 时所引起的失真称为振幅失真。振幅失真的原因在于系统对激励信号所有频率分量的幅度衰减不是均等的,一部分频率分量严重衰减,而另一部分频率分量可能畅通无阻,从而使输出波形不同于激励波形。

当 $\varphi(\omega) \neq -\omega t_0$ 时所产生的失真称为相位失真。不难想象,尽管信号所有频率分量的幅度衰减相等,但如果各频率分量的相移没有一定规律,致使各次谐波间相对位置发生变化,也将引起信号的失真。

**【例 4-9】** 要使图 4-11(a) 所示电路为一个无失真传输系统,试确定 $R_1$ 和 $R_2$ 的值,激励为正弦稳态函数。

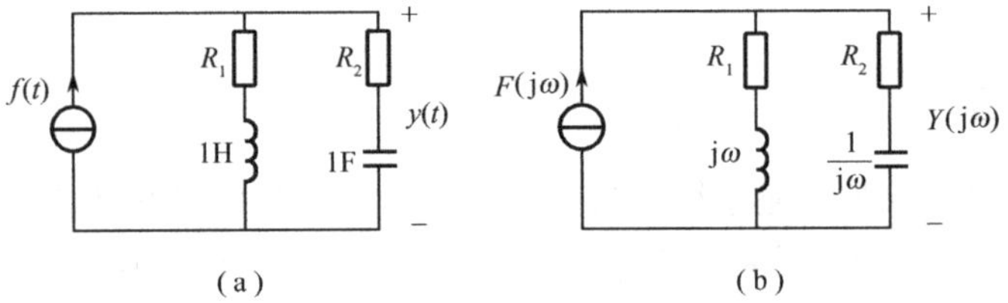


图 4-11

**解:** 图 4-11(a) 所示电路的频域模型如图 4-11(b) 所示。由相量法可得

$$Y(j\omega)=\frac{(R_1+j\omega)\left(R_2+\dfrac{1}{j\omega}\right)}{R_1+R_2+j\left(\omega-\dfrac{1}{\omega}\right)}F(j\omega)$$

故系统函数为

$$H(j\omega)=\frac{Y(j\omega)}{F(j\omega)}=\frac{(R_1R_2+1)+j\left(\omega R_2-\dfrac{R_1}{\omega}\right)}{(R_1+R_2)+j\left(\omega-\dfrac{1}{\omega}\right)}$$

若该电路为一个无失真传输系统,则应满足式(4-19),即

$$|H(j\omega)|=k,\qquad \varphi(\omega)=-\omega t_0$$

可见,当 $R_1=R_2=1\Omega$ 时,可满足此条件,即

$$|H(j\omega)|=1,\qquad \varphi(\omega)=0$$

所以

$$R_1=R_2=1\Omega$$

# 4.6 理想低通滤波器及其响应

理想滤波器是将滤波网络的某些特性理想化而定义的滤波网络。理想滤波器可按不同的实际需要从不同的角度给予定义。本节主要讨论具有矩形幅频特性和线性相频特性的理想低通滤波器。

## 4.6.1 理想低通滤波器及其频率特性

具有图4-12所示幅频特性和相频特性的网络称为理想低通滤波器,即

$$H(j\omega)=\begin{cases}ke^{-j\omega t_0} & |\omega|<\omega_c\\ 0 & |\omega|>\omega_c\end{cases}$$

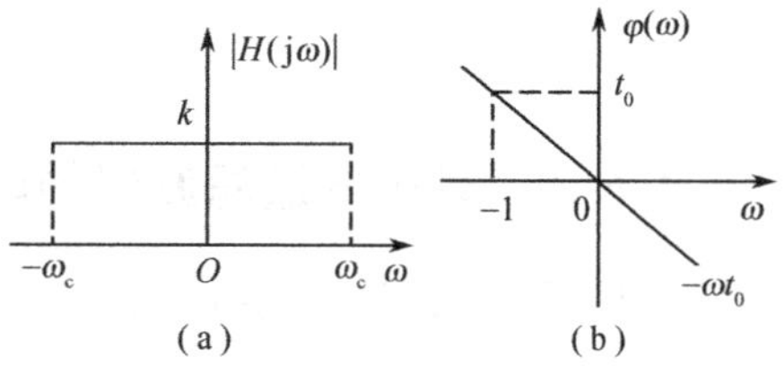


图4-12

式中,$\omega_c$ 称为截止频率。

因此,从理想低通滤波器的频率特性可以看出,对于低于 $\omega_c$ 的所有信号,系统能无失真地传输,而将高于 $\omega_c$ 的信号完全阻塞,无法传送。所以,$|\omega|<\omega_c$ 的频率范围称为通带;$|\omega|>\omega_c$ 的频率范围称为阻带。只有在通带内,理想低通滤波器才满足无失真传输条件。

## 4.6.2 理想低通滤波器的冲激响应

由 $H(j\omega)$ 的物理意义可知,对理想低通滤波器的频率特性直接求傅里叶反变换可得到理想低通滤波器的冲激响应,即

$$h(t)=\mathscr{F}^{-1}\{H(j\omega)\}=\frac{1}{2\pi}\int_{-\infty}^{\infty}H(j\omega)e^{j\omega t}d\omega$$

$$=\frac{1}{2\pi}\int_{-\omega_c}^{\omega_c}ke^{j\omega(t-t_0)}d\omega=\frac{\omega_c k}{\pi}\text{Sa}[\omega_c(t-t_0)] \tag{4-24}$$

由此可见,冲激响应 $h(t)$ 的波形是抽样函数。若取 $k=1$,则其波形如图4-13所示。峰值 $\omega_c/\pi$ 与截止频率 $\omega_c$ 成正比,波形的主瓣持续时间为 $2\pi/\omega_c$,即与 $\omega_c$ 成反比。

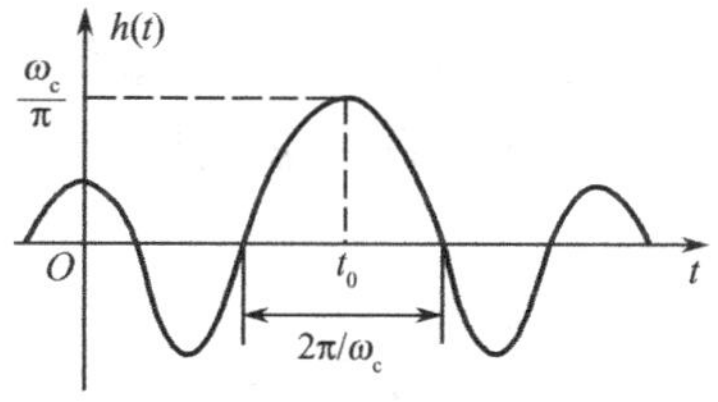


图4-13

由图4-13可知,对于理想低通滤波器,其冲激响应 $h(t)$ 的波形不同于激励信号 $\delta(t)$ 的波形,它产生了严重失真。这是因为理想低通滤波器是通频带有限系统,而冲激信号 $\delta(t)$ 的频带是无限宽的,经过理想低通滤波器的加工,它必然对信号波形产生影响。凡是高于 $\omega_c$ 的频率分量都衰减为零。同时可以看到,冲激响应主峰出现的时刻 $t_0$ 比激励信号 $\delta(t)$ 延迟了一段时间,即 $t_0$,它正是低通滤波器相频特性的斜率。如果截止频率 $\omega_c$ 增大,则 $h(t)$ 峰值增加,主瓣宽度压缩。当 $\omega_c\to\infty$ 时,系统将失去低通滤波特性,而变成一个无失真传输系统。

另外,由图4-13可以看到,冲激响应 $h(t)$ 在 $t<0$ 时已存在,即系统响应在时间上超前于激励,显然,这是违背因果律的。因此,理想低通滤波器属于非因果系统,现实中在物理上是无法实现的。然而,只要可实现的滤波器能够做到相当接近于理想滤波特性,则有关理想滤波器的研究就不

会因无法实现而失去价值。图 4-14(a) 所示为一个二阶低通滤波器。若 $R=\sqrt{L/2C}$，$\omega_c=1/\sqrt{LC}$，则其冲激响应 $h(t)$ 和频率特性如图 4-14(b) 和(c) 所示。可以看到，其特性接近于理想低通滤波器。

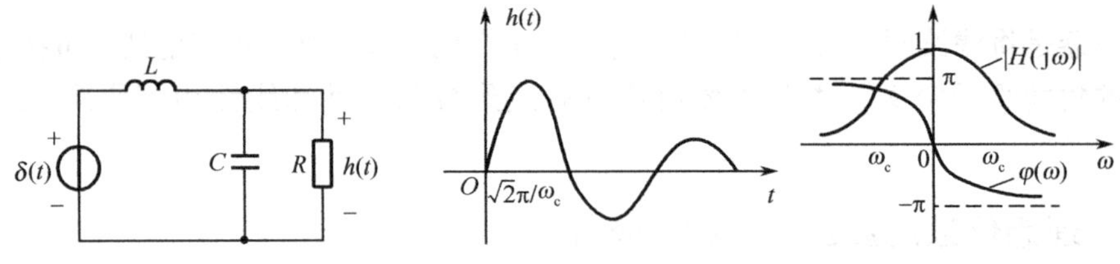


(a) (b) (c)

图 4-14

### 4.6.3 理想低通滤波器的阶跃响应

若理想低通滤波器的阶跃响应记为 $g(t)$，则根据时域分析可知，$g(t)$ 和冲激响应 $h(t)$ 有如下关系：

$$g(t)=\int_{-\infty}^{t}h(\tau)\mathrm{d}\tau$$

代入式(4-24)，得

$$g(t)=\int_{-\infty}^{t}\frac{k\omega_c}{\pi}\mathrm{Sa}[\omega_c(\tau-t_0)]\mathrm{d}\tau \tag{4-25}$$

为了求解方便，令 $\omega_c(\tau-t_0)=x$，则 $\mathrm{d}\tau=\dfrac{\mathrm{d}x}{\omega_c}$，式(4-25) 可写成

$$g(t)=\frac{k}{\pi}\int_{-\infty}^{\omega_c(t-t_0)}\frac{\sin x}{x}\mathrm{d}x=\frac{k}{\pi}\int_{-\infty}^{0}\frac{\sin x}{x}\mathrm{d}x+\frac{k}{\pi}\int_{0}^{\omega_c(t-t_0)}\frac{\sin x}{x}\mathrm{d}x \tag{4-26}$$

对式(4-26) 中第一项积分

$$\int_{-\infty}^{0}\frac{\sin x}{x}\mathrm{d}x=\int_{0}^{\infty}\frac{\sin x}{x}\mathrm{d}x=\frac{\pi}{2} \tag{4-27}$$

对第二项积分，记为

$$\mathrm{Si}(y)=\int_{0}^{y}\frac{\sin x}{x}\mathrm{d}x \tag{4-28}$$

我们称此为正弦积分，其函数值可从专门的正弦积分表中查得。

所以，理想低通滤波器的阶跃响应式(4-25) 可以写为

$$g(t)=\frac{k}{2}+\frac{k}{\pi}\mathrm{Si}[\omega_c(t-t_0)] \tag{4-29}$$

当取 $k=1$ 时，$g(t)$ 的波形如图 4-15 所示。由图可见，阶跃响应不像阶跃信号那样陡直，而是逐渐上升的。响应上升的时间取决于滤波器的截止频率 $\omega_c$，$\omega_c$ 越低，$g(t)$ 上升越缓慢。

通常定义响应从最小值上升到最大值所需时间 $t_r$ 为上升时间。由图 4-15 可以看出

$$t_r=2\pi/\omega_c=1/f_c \tag{4-30}$$

式中，$f_c=\omega_c/(2\pi)$ 为低通滤波器的带宽。该式说明阶跃响应的上升时间 $t_r$ 与理想低通滤波器的通频带宽度 $f_c$(或 $\omega_c$) 成反比。$\omega_c$ 越宽，$t_r$ 就越短；而当 $\omega_c\to\infty$ 时，则 $t_r\to 0$，滤波器无低通特性而成为一个无失真传输系统。

此外，由图 4-15 可以看到，阶跃响应 $g(t)$ 在 $t<0$ 时也不等于零，它同样反映了理想滤波器的非因果性和不可实现性。实际上，可实现的低通滤波器的阶跃响应 $g(t)$ 接近于图 4-15 所示波形。例如，图 4-14(a) 所示二阶低通滤波器的阶跃响应 $g(t)$ 如图 4-16 所示。

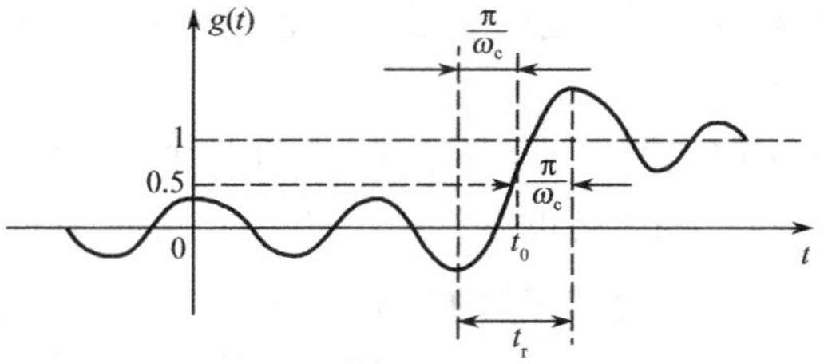


图 4-15

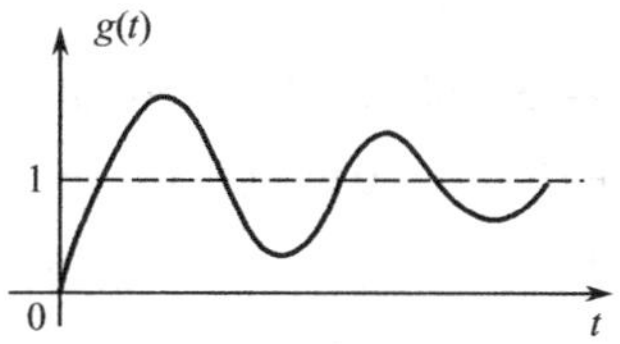


图 4-16

### 4.6.4 理想低通滤波器的矩形脉冲响应

对于图 4-17(a) 所示的矩形脉冲 $f(t)$，有

$$f(t) = U(t) - U(t-\tau)$$

因此，理想低通滤波器对此信号激励产生的响应可直接利用线性时不变性写为

$$y(t) = \frac{1}{\pi}\{\mathrm{Si}[\omega_0(t-t_0)] - \mathrm{Si}[\omega_0(t-t_0-\tau)]\} \tag{4-31}$$

此响应波形如图 4-17(b) 所示。必须注意，这里画出的是 $\pi/\omega_c \ll \tau$ 的情形。如果 $\pi/\omega_c$ 与 $\tau$ 接近或大于 $\tau$，$y(t)$ 波形失真将更加严重。因此，矩形脉冲经过理想低通滤波器时，必须使脉宽 $\tau \gg \pi/\omega_c$，才能得到接近于矩形的脉冲响应。

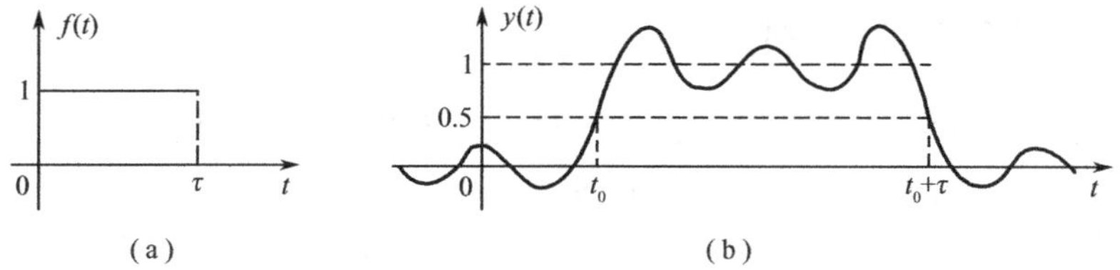


图 4-17

### 4.6.5 系统的物理可实现性及佩利 - 维纳准则

理想低通滤波器在物理上是不可实现的，然而，传输特性接近于理想特性的滤波系统却不难构成。而要在物理上实现这种系统，其数学模型又具有何种特征呢？下面给出系统可实现的准则。

#### 1. 时域准则

一个物理可实现系统的冲激响应 $h(t)$ 在 $t<0$ 时必须为零。或者说，$h(t)$ 波形的出现必须是有起因的，不能在冲激作用之前就产生响应，即 $h(t)$ 应该是因果信号，可写为

$$h(t) = 0 \quad t < 0$$

#### 2. 频域准则

$H(\mathrm{j}\omega)$ 物理可实现的必要条件是

$$\int_{-\infty}^{\infty} \frac{|\ln|H(\mathrm{j}\omega)||}{1+\omega^2}\mathrm{d}\omega < \infty \tag{4-32}$$

而且，$|H(\mathrm{j}\omega)|$ 必须是平方可积的，即

$$\int_{-\infty}^{\infty} |H(\mathrm{j}\omega)|^2 \mathrm{d}\omega < \infty \tag{4-33}$$

式(4-32)也叫作佩利－维纳(Paley-Wiener)准则。不满足此准则的幅度函数,其对应系统的冲激响应将是非因果的。

由式(4-33)可以看出,$|H(\mathrm{j}\omega)|$ 可以在某些离散点上为零,但不能在一个有限频带内为零,这是因为在 $H(\mathrm{j}\omega)=0$ 的频带内,$\ln|H(\mathrm{j}\omega)|=\infty$。同时还可以看到,$|H(\mathrm{j}\omega)|$ 趋于零的速度不能快于指数函数。例如 $H(\mathrm{j}\omega)=k\mathrm{e}^{-\alpha|\omega|}$ 是允许的,但高斯函数 $H(\mathrm{j}\omega)=k\mathrm{e}^{-\alpha\omega^2}$ 则是物理不可实现的。由于所有理想滤波器的 $|H(\mathrm{j}\omega)|$ 都是物理不可实现的,所以滤波器的设计问题,实际上是研究如何选择一个 $|H(\mathrm{j}\omega)|$,使它既要逼近所要求的 $|H(\mathrm{j}\omega)|$,又能在物理上可以实现。

佩利－维纳准则只是从系统幅频特性上提出要求,而在相位特性上却没有给出约束。因此,该准则是系统物理可实现的必要条件,而不是充分条件。如果 $|H(\mathrm{j}\omega)|$ 已被检验满足此准则,便可找到适当的相位函数 $\varphi(\omega)$ 与 $|H(\mathrm{j}\omega)|$ 一起构成物理可实现的系统函数。

## 4.7 抽样信号与抽样定理

前面主要研究了连续信号,除此之外,还有离散信号,它仅在离散时刻才有定义。实际工程中大多数离散信号是从每隔一定时间对连续信号进行抽样而获得的。本节将讨论对连续信号进行抽样所引起的问题,从而得出无论在理论上还是在实践上都有重要意义的抽样定理。

### 4.7.1 限带信号和抽样信号

限带信号 $f(t)$ 是指其频谱宽度有限的信号,即频谱函数 $F(\mathrm{j}\omega)$ 满足

$$F(\mathrm{j}\omega)=0 \quad 当\ |\omega|>\omega_{\mathrm{m}}\ 时 \tag{4-34}$$

式中,$\omega_{\mathrm{m}}$ 称为信号 $f(t)$ 的最高频率。对于图4-18(a)所示信号 $f(t)$,若其频谱函数如图4-18(b)所示,则称 $f(t)$ 为限带信号。实际工程中,对于脉冲信号,若忽略其占有频带之外的频率分量,则该脉冲信号也可视为限带信号。本节仅讨论限带信号的抽样问题。

抽样信号是指利用抽样序列 $s(t)$ 从连续信号 $f(t)$ 中“抽取”一系列离散样值而得的离散信号,或称为取样信号,用 $f_{\mathrm{s}}(t)$ 表示。连续信号抽取的过程可用图4-19所示的数学模型表示,即抽样信号

$$f_{\mathrm{s}}(t)=f(t)s(t) \tag{4-35}$$

式中,抽样序列 $s(t)$ 也称为开关函数。若抽样序列的间隔时间相同,均为 $T_{\mathrm{s}}$,则称该抽样均匀抽样。$T_{\mathrm{s}}$ 称为抽样周期,$f_{\mathrm{s}}=1/T_{\mathrm{s}}$ 称为抽样频率,$\omega_{\mathrm{s}}=2\pi f_{\mathrm{s}}$ 称为抽样角频率。

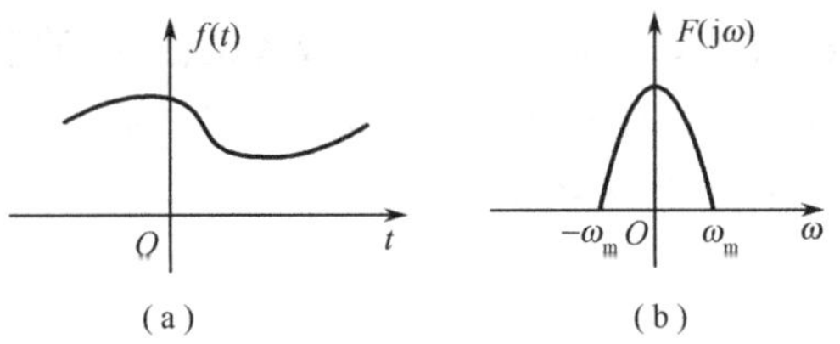


图 4-18

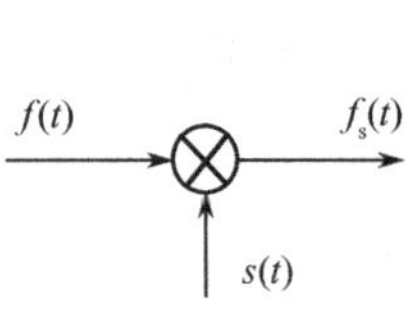


图 4-19

### 4.7.2 抽样信号 $f_{\mathrm{s}}(t)$ 的频谱

抽样信号 $f_{\mathrm{s}}(t)=f(t)s(t)$,随抽样序列 $s(t)$ 不同,$f_{\mathrm{s}}(t)$ 也不尽相同。下面讨论常用的两种抽样信号频谱。

**1. 均匀冲激抽样**

如果抽样序列 $s(t)$ 是周期冲激函数序列 $\delta_{T_s}(t)$，即

$$s(t)=\delta_{T_s}(t)=\sum_{n=-\infty}^{\infty}\delta(t-nT_s) \tag{4-36}$$

则由式(3-90)可知，其频谱函数

$$S(j\omega)=\mathscr{F}\{s(t)\}=\mathscr{F}\{\delta_{T_s}(t)\}=\omega_s\sum_{n=-\infty}^{\infty}\delta(\omega-n\omega_s) \tag{4-37}$$

式中，$\omega_s=2\pi/T_s$。

由式(4-35)知 $$f_s(t)=f(t)s(t)=f(t)\delta_{T_s}(t)$$

设 $\mathscr{F}\{f(t)\}=F(j\omega)$，根据频域卷积定理，得抽样信号 $f_s(t)$ 的频谱函数为

$$F_s(j\omega)=\frac{1}{2\pi}F(j\omega)*S(j\omega)=\frac{1}{2\pi}F(j\omega)*\omega_s\sum_{n=-\infty}^{\infty}\delta(\omega-n\omega_s)$$

由于 $F(j\omega)$ 与 $n$ 无关，故利用冲激函数卷积的性质，得

$$F_s(j\omega)=\frac{\omega_s}{2\pi}\sum_{n=-\infty}^{\infty}F[j(\omega-n\omega_s)]=\frac{1}{T_s}\sum_{n=-\infty}^{\infty}F[j(\omega-n\omega_s)] \tag{4-38}$$

图4-20示出了 $s(t)$，$f(t)$ 和 $f_s(t)$ 及其频谱 $S(j\omega)$，$F(j\omega)$ 和 $F_s(j\omega)$ 的关系，其中取 $\omega_s\geqslant 2\omega_m$，即抽样频率大于信号 $f(t)$ 最高频率的两倍。

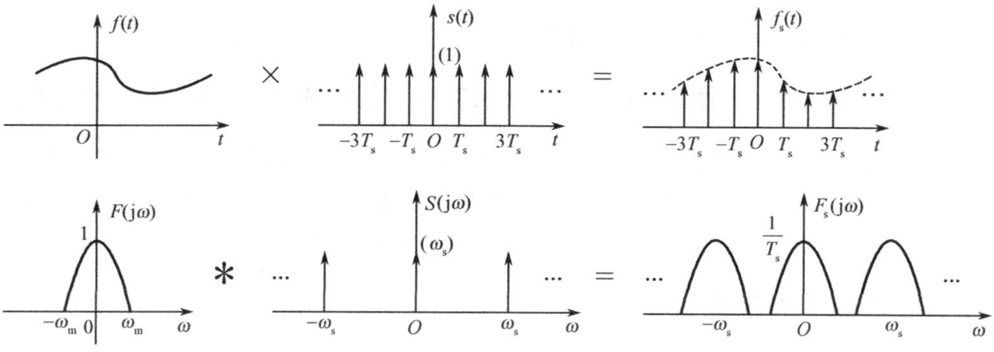


图 4-20　均匀冲激抽样

由图4-20可知，当 $\omega_s\geqslant 2\omega_m$ 时，抽样信号 $f_s(t)$ 的频谱函数 $F_s(j\omega)$ 是原信号 $f(t)$ 频谱函数 $F(j\omega)$ 的周期性重复，每隔 $\omega_s$ 重复出现一次。因此，$f_s(t)$ 中含有 $f(t)$ 的全部信息，可从 $f_s(t)$ 恢复原信号 $f(t)$。均匀冲激抽样也称为理想抽样。

**2. 矩形脉冲抽样**

如果抽样序列 $s(t)$ 是周期矩形脉冲序列，即

$$s(t)=p_{T_s}(t)$$

其波形如图4-21所示，则由式(3-91)得其频谱函数

$$S(j\omega)=\mathscr{F}\{s(t)\}=\mathscr{F}\{p_{T_s}(t)\}=\frac{2\pi\tau}{T_s}\sum_{n=-\infty}^{\infty}\mathrm{Sa}\left(\frac{n\omega_s\tau}{2}\right)\delta(\omega-n\omega_s) \tag{4-39}$$

如图4-21所示，它是频域周期 $\omega_s=2\pi/T_s$ 的冲激函数序列，冲激强度的包络线是抽样函数，即

$$\frac{2\pi\tau}{T_s}\mathrm{Sa}(\omega\tau/2)$$

由 $f_s(t)=f(t)s(t)=f(t)p_{T_s}(t)$，根据频域卷积定理可得 $f_s(t)$ 的频谱函数为

$$F_s(\mathrm{j}\omega)=\frac{1}{2\pi}F(\mathrm{j}\omega)*S(\mathrm{j}\omega)=\frac{\tau}{T_s}F(\mathrm{j}\omega)*\sum_{n=-\infty}^{\infty}\mathrm{Sa}\left(\frac{n\omega_s\tau}{2}\right)\delta(\omega-n\omega_s)$$

$$=\frac{\tau}{T_s}\sum_{n=-\infty}^{\infty}\mathrm{Sa}\left(\frac{n\omega_s\tau}{2}\right)F[\mathrm{j}(\omega-n\omega_s)] \tag{4-40}$$

若取 $\omega_s \geqslant 2\omega_m$，则 $f(t)$，$f_s(t)$ 及其频谱 $F(\mathrm{j}\omega)$，$F_s(\mathrm{j}\omega)$ 如图 4-21 所示。

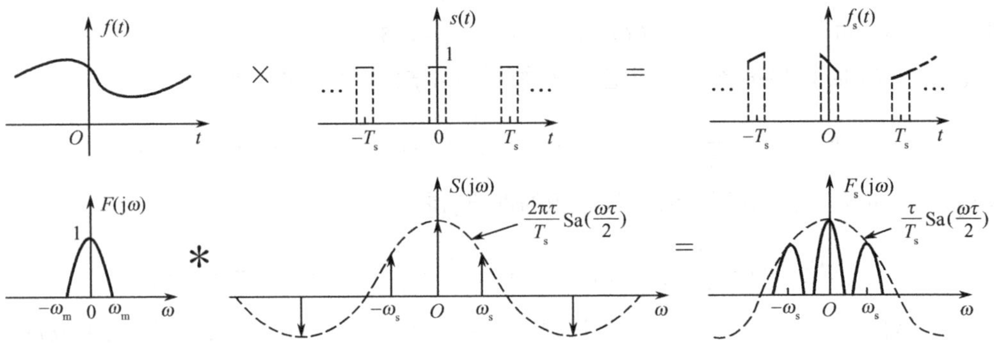


图 4-21　矩形冲激抽样

由图 4-21 可以看出，当 $\omega_s \geqslant 2\omega_m$ 时，抽样信号 $f_s(t)$ 的频谱由原信号 $f(t)$ 的频谱 $F(\mathrm{j}\omega)$ 的无限个频移组成，其频移的角频率为 $n\omega_s(n=0, \pm1, \pm2,\cdots)$，其振幅随 $\frac{\tau}{T_s}\mathrm{Sa}(\omega\tau/2)$ 变化。因此，可以利用低通滤波器从 $f_s(t)$ 中恢复原信号。而当 $\omega_s < 2\omega_m$ 时，各频移的频谱将相互有重叠部分，无法将它们分开，因而不能再恢复原信号。频谱重叠的这种现象可称为混叠现象。显然，在均匀冲激抽样时，也可能会出现混叠现象。矩形脉冲抽样有时也称为自然抽样。

## 4.7.3　时域抽样定理

### 1. 时域抽样定理概述

前面分析了均匀冲激抽样信号和脉冲抽样信号的频谱，可以看到：一个最高频率为 $f_m$（角频率为 $\omega_m$）的限带信号 $f(t)$ 可以用均匀等间隔 $T_s \leqslant \frac{1}{2f_m}$ 的抽样信号 $f_s(t)=f_s(nT_s)$ 唯一确定。这就是时域抽样定理，简称抽样定理。

抽样定理给出了连续信号离散化时的最大允许抽样间隔 $T_s=\frac{1}{2f_m}$，此间隔称为奈奎斯特（Nyquist）间隔。对应的抽样频率 $f_s=2f_m$ 称为奈奎斯特频率（或 $\omega_s=2\omega_m$），即最低允许的抽样频率。同时该定理说明，在满足 $\omega_s \geqslant 2\omega_m$ 条件下所得到的离散信号 $f(nT_s)$ 包含原连续信号 $f(t)$ 的全部信息。因此，对 $f(nT_s)$ 的传输就是相应 $f(t)$ 的传输，这在信号的多路传输等方面有着重要的意义。

抽样信号与抽样定理的 MATLAB 仿真见二维码 4-1。

二维码 4-1

**2. 原信号 $f(t)$ 的恢复**

若使均匀冲激抽样信号 $f_s(t)$ 通过一个系统函数为

$$H(j\omega)=\begin{cases}T_s & |\omega|<\omega_m \\ 0 & |\omega|>\omega_m\end{cases} \tag{4-41}$$

的理想低通滤波器，则可恢复出原信号 $f(t)$，其中 $T_s \leqslant \dfrac{1}{2f_m}=\dfrac{\pi}{\omega_m}$。$f(t)$ 的恢复式为

$$f(t)=\sum_{n=-\infty}^{\infty} f(nT_s)\frac{\sin\left[\dfrac{\pi}{T_s}(t-nT_s)\right]}{\dfrac{\pi}{T_s}(t-nT_s)}=\sum_{n=-\infty}^{\infty} f(nT_s)\mathrm{Sa}\left[\frac{\pi}{T_s}(t-nT_s)\right] \tag{4-42}$$

**证明**：对于图 4-22(a) 所示的理想低通滤波器，其频率特性如图 4-22(b) 所示。

由频域分析可知　$Y(j\omega)=F_s(j\omega)H(j\omega)$

从图 4-20 中的 $F_s(j\omega)$ 和图 4-22(b) 可以看出

$$Y(j\omega)=F(j\omega)$$

所以　$$y(t)=f(t)$$

即在满足抽样定理的条件下，均匀冲激抽样信号 $f_s(t)$ 通过式(4-41) 描述的理想低通滤波器后，可完全恢复信号 $f(t)$。

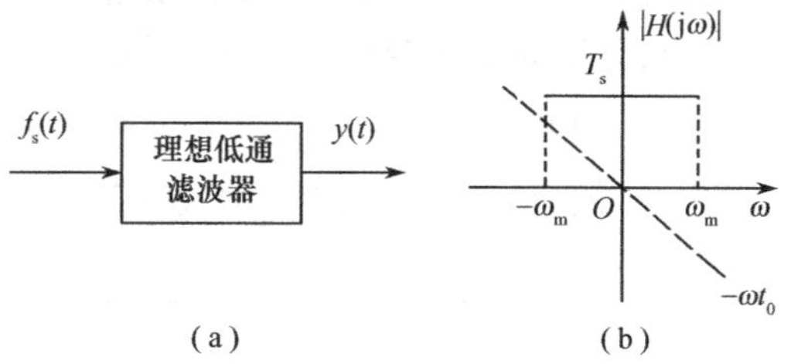


图 4-22

由时域分析可知，图 4-22 所示理想低通滤波器的冲激响应为

$$h(t)=\mathrm{Sa}\left(\frac{\pi}{T_s}t\right)$$

又　$$f_s(t)=\sum_{n=-\infty}^{\infty} f(nT_s)\delta(t-nT_s)$$

故　$$y(t)=f(t)=h(t)*f_s(t)=\sum_{n=-\infty}^{\infty} f(nT_s)\mathrm{Sa}\left[\frac{\pi}{T_s}(t-nT_s)\right]$$　[证毕]

**【例 4-10】**　黑白电视每秒发送 30 幅图像，每幅图像又分为 525 条水平扫描线，每条水平扫描线又在 650 个点上采样，求采样频率 $f_s$。若此频率为奈奎斯特频率，求黑白电视信号的最高频率 $f_m$。

**解**：采样频率(即每秒传送的采样点数) 为

$$f_s = 30\times 525\times 650\text{Hz} = 10\ 237\ 500\text{Hz}$$

因 $f_s=2f_m$，故 $f_m=f_s/2\approx 5\text{MHz}$。

**【例 4-11】**　图 4-23(a) 所示系统，已知 $f_0(t)=\dfrac{\omega_m}{\pi}\mathrm{Sa}(\omega_m t)$，$H_1(j\omega)$ 的频率特性如图 4-23(b) 所示，$H_2(j\omega)$ 为一个理想低通滤波器。

(1) 画出 $f(t)$ 的频谱图。

(2) 若使 $f_s(t)$ 包含 $f(t)$ 的全部信息，$\delta_{T_s}(t)$ 的最大间隔 $T_s$ 应为多少？

(3) 分别画出在奈奎斯特频率及 $\omega_s=4\omega_m$ 时的抽样信号的频谱图 $F_s(j\omega)$。

(4) 在 $\omega_s=4\omega_m$ 情况下，若 $y(t)=f(t)$，则理想低通滤波器截止频率应为多少？幅频特性应具有何种形式？

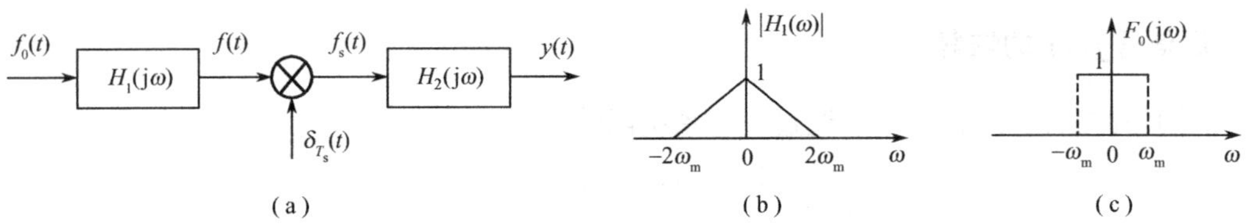

(a) (b) (c)

图 4-23

**解**:(1) 由给出的 $f_0(t)$ 可知其频谱为 $F_0(j\omega)=\begin{cases}1 & |\omega|<\omega_m\\ 0 & |\omega|>\omega_m\end{cases}$,如图 4-23(c) 所示。

因为 $F(j\omega)=F_0(j\omega)H_1(j\omega)$,可画出 $F(j\omega)$ 如图 4-24(a) 所示。

(2) 根据抽样定理,抽样频率应满足 $2\pi f_s \geqslant 2\omega_m$,即 $2\pi\dfrac{1}{T_s}\geqslant 2\omega_m$,所以最大间隔 $T_s$ 应为$\dfrac{\pi}{\omega_m}$,即奈奎斯特间隔。

(3) 奈奎斯特频率是 $\omega_s=2\omega_m$。由抽样定理可分别画出 $\omega_s=2\omega_m$ 和 $\omega_s=4\omega_m$ 时的抽样信号频谱 $F_s(j\omega)$,分别如图 4-24(b) 和(c) 所示。

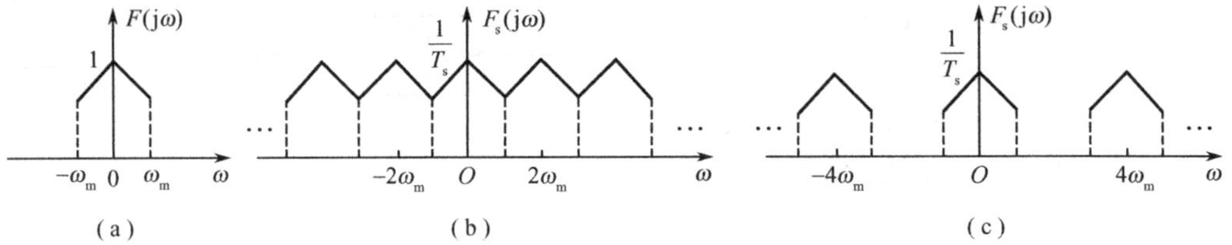

(a) (b) (c)

图 4-24

(4) 若 $y(t)=f(t)$,则应有 $Y(j\omega)=F(j\omega)$,故理想低通滤波器的截止频率 $\omega_c$ 应满足 $\omega_m\leqslant\omega_c\leqslant(\omega_s-\omega_m)$,一般取 $\omega_c=\omega_s/2$。其频率特性应为 $H_2(j\omega)=\begin{cases}T_s & |\omega|<\omega_c\\ 0 & |\omega|>\omega_c\end{cases}$。

### 4.7.4 频域抽样定理

根据时域与频域的对偶性,可得频域抽样定理为:

一个在时域区间 $(-t_m,t_m)$ 以外为零的有限时宽信号 $f(t)$ 的频谱函数 $F(j\omega)$,可唯一地由其在均匀间隔 $\omega_s\left(\omega_s\leqslant\dfrac{1}{2t_m}\right)$ 上的样点值 $F(jn\omega_s)$ 所确定。类似于式(4-42),有

$$F(j\omega)=\sum_{n=-\infty}^{\infty}F\left(j\frac{n\pi}{t_m}\right)\mathrm{Sa}(\omega t_m-n\pi) \tag{4-43}$$

此定理的证明与时域抽样定理类似,这里不再推导。有关频域抽样、恢复等分析也类似于时域抽样,在此也不再讨论。从物理概念上不难理解,因为在频域中对 $F(j\omega)$ 进行抽样,等效于 $f(t)$ 在时域重复。只要抽样间隔不大于$\dfrac{1}{2t_m}$,则在时域中波形就不会产生混叠。故用矩形脉冲作为选通信号,就可以无失真地恢复出原信号 $f(t)$。

## 4.8 调制与解调

在通信和信息传输系统、工业自动化或电子工程技术中,调制和解调应用最为广泛。而调制和

解调的基本原理是：利用信号与系统的频域分析和傅里叶变换的基本性质，将信号的频谱进行搬移，使之满足一定需要，从而完成信号的传输或处理。本节仅介绍有关基本概念。

### 4.8.1 调制

图 4-25 所示为一个幅度调制（AM，简称调幅）系统。其中 $f(t)$ 为调制信号，亦即待传输或处理的信号；$s(t)=\cos\omega_0 t$ 为载波信号，$\omega_0$ 为载波频率。因此，系统输出的响应为

$$y(t)=f(t)s(t)=f(t)\cos\omega_0 t \tag{4-44}$$

可见 $y(t)$ 是一个幅度随 $f(t)$ 变化的振荡信号，故称为调幅信号。

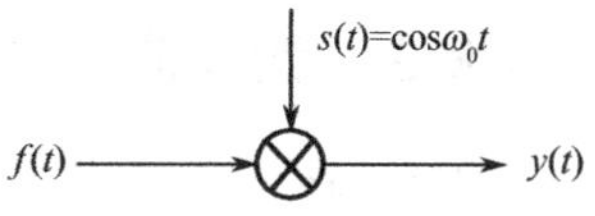


图 4-25

若记 $y(t)\leftrightarrow Y(\mathrm{j}\omega)$，$f(t)\leftrightarrow F(\mathrm{j}\omega)$，$s(t)\leftrightarrow S(\mathrm{j}\omega)$

则由频域卷积定理，有

$$Y(\mathrm{j}\omega)=\frac{1}{2\pi}F(\mathrm{j}\omega)*S(\mathrm{j}\omega) \tag{4-45}$$

式中

$$S(\mathrm{j}\omega)=\pi[\delta(\omega-\omega_0)+\delta(\omega+\omega_0)]$$

所以

$$Y(\mathrm{j}\omega)=\frac{1}{2}\{F[\mathrm{j}(\omega-\omega_0)]+F[\mathrm{j}(\omega+\omega_0)]\} \tag{4-46}$$

若 $F(\mathrm{j}\omega)$ 和 $S(\mathrm{j}\omega)$ 如图 4-26(a) 和(b) 所示，则调幅信号 $y(t)$ 的频谱 $Y(\mathrm{j}\omega)$ 如图 4-26(c) 所示。

由图 4-26 可知，经调制后，原信号的频谱被重新复制并搬移至 $\pm\omega_0$ 处，即所需要的高频范围内。这种经过调制的高频信号很容易以电磁波形式进行辐射和传播。

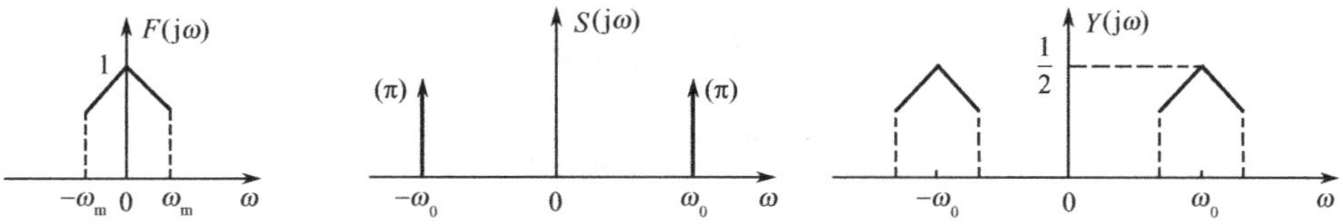


(a) (b) (c)

图 4-26

除幅度调制外，还有频率调制（FM）和相位调制（PM），它们比幅度调制具有更好的抑制噪声和抗干扰的能力。

### 4.8.2 解调

由已调制高频信号 $y(t)$ 恢复原调制信号 $f(t)$ 的过程称为解调。图 4-27(a) 所示为一个调幅信号的解调系统，其中 $s(t)=\cos\omega_0 t$ 称为本地载波信号，它与原调幅的载波信号同频率同相位。可见该系统是把接收到的调幅信号经本地载波信号进行再调制，即

$$g(t)=y(t)s(t)=f(t)\cos^2\omega_0 t=\frac{1}{2}[f(t)+f(t)\cos 2\omega_0 t]$$

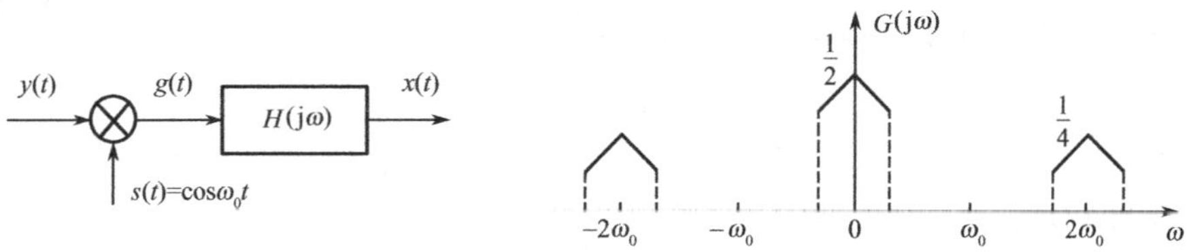


(a) (b)

图 4-27

两端取傅里叶变换得 $G(\mathrm{j}\omega)=\frac{1}{2}F(\mathrm{j}\omega)+\frac{1}{4}\{F[\mathrm{j}(\omega+2\omega_0)]+F[\mathrm{j}(\omega-2\omega_0)]\}$ (4-47)

由图4-27(b)所示 $G(\mathrm{j}\omega)$ 的频谱图可知,其中含有原信号 $f(t)$ 的全部信息 $F(\mathrm{j}\omega)$,此外还有附加的高频分量。当 $g(t)$ 通过理想低通滤波器时,只要使该滤波器幅度为2,截止频率 $\omega_c$ 满足

$$\omega_m\leqslant\omega_c\leqslant 2\omega_0-\omega_m$$

由输出响应 $x(t)=f(t)$ 就可达到恢复调制信号 $f(t)$、完成解调的目的。

### 4.8.3 调幅信号作用于线性系统

下面举例说明调幅信号作用于线性系统的响应求解问题。

**【例4-12】** 已知某线性时不变系统的系统函数为

$$H(\mathrm{j}\omega)=\frac{U_2(\mathrm{j}\omega)}{U_1(\mathrm{j}\omega)}=\frac{\mathrm{j}2\omega}{(\mathrm{j}\omega+1)^2+100^2}$$

求调幅信号 $u_1(t)=(1+\cos t)\cos(100t)$ 作用于此系统时的稳态响应 $u_2(t)$。

**解:**根据三角函数关系,$u_1(t)$ 可写为

$$u_1(t)=\cos 100t+\frac{1}{2}\cos 101t+\frac{1}{2}\cos 99t$$

$$H(\mathrm{j}\omega)=\frac{\mathrm{j}2\omega}{(\mathrm{j}\omega)^2+\mathrm{j}2\omega+1+100^2}\approx\frac{2}{2+\mathrm{j}\dfrac{(\omega+100)(\omega-100)}{\omega}}$$

考虑到 $u_1(t)$ 频率范围仅在 $\omega=100$ 附近,取近似条件 $\omega+100\approx 2\omega$,有

$$H(\mathrm{j}\omega)\approx\frac{1}{1+\mathrm{j}(\omega-100)}$$

因为 $H(\mathrm{j}100)=1$,$H(\mathrm{j}101)=\frac{\sqrt{2}}{2}\mathrm{e}^{-\mathrm{j}45^\circ}$,$H(\mathrm{j}99)=\frac{\sqrt{2}}{2}\mathrm{e}^{\mathrm{j}45^\circ}$,所以响应为

$$\begin{aligned}u_2(t)&=\cos 100t+\frac{1}{2}\left[\frac{\sqrt{2}}{2}\cos(101t-45^\circ)+\frac{\sqrt{2}}{2}\cos(99t+45^\circ)\right]\\&=\cos 100t+\frac{\sqrt{2}}{2}\cos(100t)\cos(t-45^\circ)=\left[1+\frac{\sqrt{2}}{2}\cos(t-45^\circ)\right]\cos(100t)\end{aligned}$$

可见,由于系统频率特性 $H(\mathrm{j}\omega)$ 的影响使信号频谱产生变化,从而使响应信号的两个边频分量 $\cos 99t$ 和 $\cos 101t$ 相对于载频分量 $\cos 100t$ 有所削弱,在相位上分别产生了 $\pm 45^\circ$ 的相移。所以经此系统以后,调幅波包络相对强度减小,而且包络产生时延,其相移为 $45^\circ$,而载波点相移为零。

**习题4**

二维码4-2

4-1 求图题4-1所示电路的频域系统函数 $H(\mathrm{j}\omega)=\dfrac{U_2(\mathrm{j}\omega)}{U_1(\mathrm{j}\omega)}$。

4-2 求图题4-2所示电路的频域系统函数 $H_1(\mathrm{j}\omega)=\dfrac{U_C(\mathrm{j}\omega)}{F(\mathrm{j}\omega)}$、$H_2(\mathrm{j}\omega)=\dfrac{I(\mathrm{j}\omega)}{F(\mathrm{j}\omega)}$ 及相应的单位冲激响应 $h_1(t)$ 与 $h_2(t)$。

4-3 图题4-3所示电路中,$f(t)=[10\mathrm{e}^{-t}+2]U(t)\mathrm{V}$。求关于 $i(t)$ 的单位冲激响应 $h(t)$ 和零状态响应 $i(t)$。

4-4 已知频域系统函数 $H(\mathrm{j}\omega)=\dfrac{-\omega^2+\mathrm{j}4\omega+5}{-\omega^2+\mathrm{j}3\omega+2}$,激励 $f(t)=\mathrm{e}^{-3t}U(t)$。求零状态响应 $y(t)$。

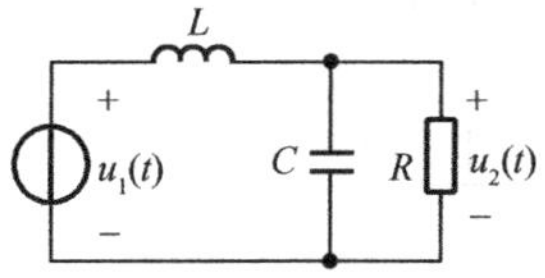

图题 4-1

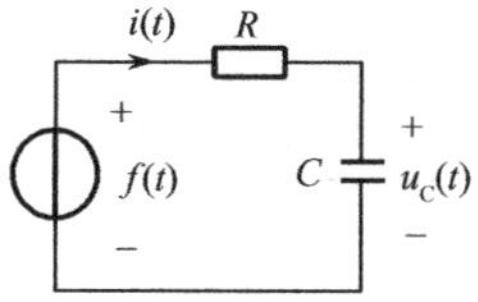

图题 4-2

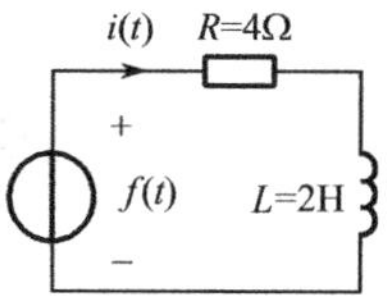

图题 4-3

4-5 已知频域系统函数 $H(\mathrm{j}\omega)=\dfrac{\mathrm{j}\omega}{-\omega^2+\mathrm{j}5\omega+6}$，系统的初始状态 $y(0)=2, y'(0)=1$，激励 $f(t)=\mathrm{e}^{-t}U(t)$。求全响应 $y(t)$。

4-6 在图题 4-6 所示系统中，$f(t)$ 为已知的激励，$h(t)=\dfrac{1}{\pi t}$，求零状态响应 $y(t)$。

4-7 图题 4-7(a) 所示系统中，已知信号 $f(t)$ 如图题 4-7(b) 所示，$f_1(t)=\cos\omega_0 t, f_2(t)=\cos2\omega_0 t$，求响应 $y(t)$ 的频谱函数 $Y(\mathrm{j}\omega)$。

图题 4-6

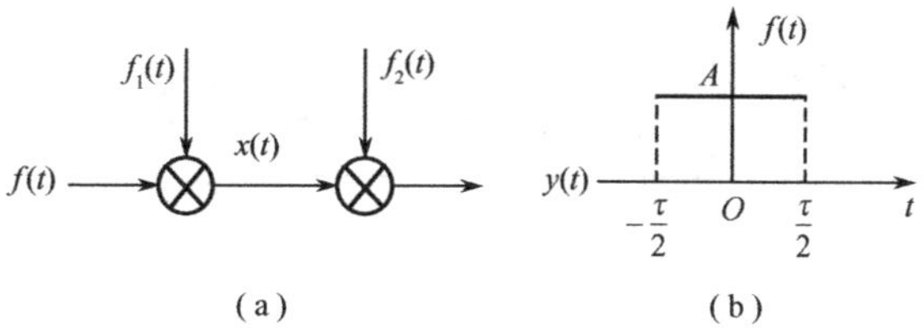

图题 4-7

4-8 理想低通滤波器的传输函数 $H(\mathrm{j}\omega)=G_{2\pi}(\omega)$，求输入为下列各信号时的响应 $y(t)$。

(1) $f(t)=\mathrm{Sa}(\pi t)$；(2) $f(t)=\dfrac{\sin4\pi t}{\pi t}$。

4-9 图题 4-9 所示系统中，已知 $f(t)=20\cos100t\cos^2(10^4t)$，理想低通滤波器的传输函数 $H(\mathrm{j}\omega)=G_{240}(\omega)$。求零状态响应 $y(t)$。

4-10 图题 4-10 是一个低通滤波器的振幅频率响应 $|H(\mathrm{j}\omega)|$。当具有下列相位特性时，确定该滤波器的冲激响应。

(1) $\angle H(\mathrm{j}\omega)=0$； (2) $\angle H(\mathrm{j}\omega)=\omega T$，其中 $T$ 为常数； (3) $\angle H(\mathrm{j}\omega)=\begin{cases}\pi/2, \omega>0\\ -\pi/2, \omega<0\end{cases}$

4-11 已知一线性滤波器的频率响应为 $H(\mathrm{j}\omega)=\begin{cases}A_0\mathrm{e}^{+\mathrm{j}\theta_0}, \omega>0\\ A_0\mathrm{e}^{-\mathrm{j}\theta_0}, \omega<0\end{cases}$，如图题 4-11 所示。确定其冲激响应 $h(t)$。

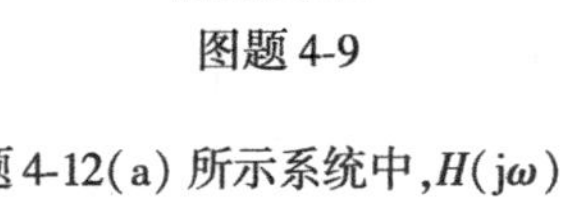

图题 4-9

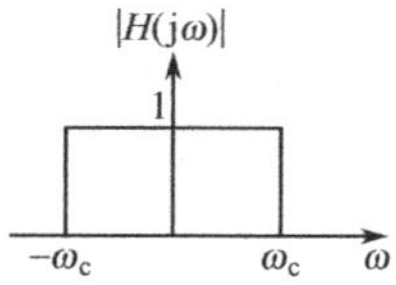

图题 4-10

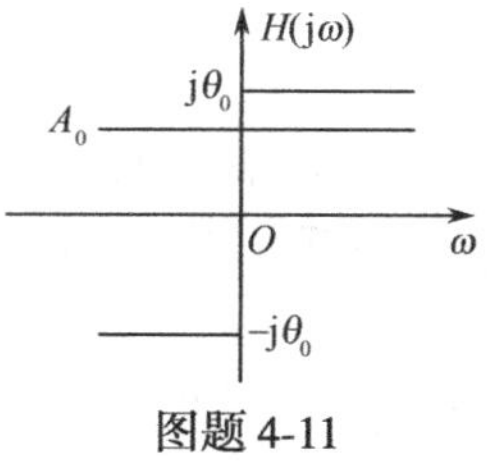

图题 4-11

4-12 在图题 4-12(a) 所示系统中，$H(\mathrm{j}\omega)$ 为理想低通滤波器的传输函数，其图形如图题 4-12(b) 所示。$\varphi(\omega)=0$；$f(t)=f_0(t)\cos(1000t), -\infty<t<\infty, f_0(t)=\dfrac{1}{\pi}\mathrm{Sa}(t)$；$s(t)=\cos(1000t), -\infty<t<\infty$。求响应 $y(t)$。

4-13 在图题 4-13(a) 所示系统中，已知 $f(t)=2\cos\omega_m t, -\infty<t<\infty, x(t)=50\cos\omega_0 t, -\infty<t<\infty$，且 $\omega_0\gg\omega_m$，理想低通滤波器的 $H(\mathrm{j}\omega)=G_{2\omega_0}(\omega)$，如图题 4-13(b) 所示。求响应 $y(t)$。

4-14 图题 4-14(a) 所示系统中输入信号 $f(t)$ 的傅里叶变换为 $F(\mathrm{j}\omega)$，如图题 4-14(b) 所示。确定并画出 $y(t)$ 的频谱 $Y(\mathrm{j}\omega)$。

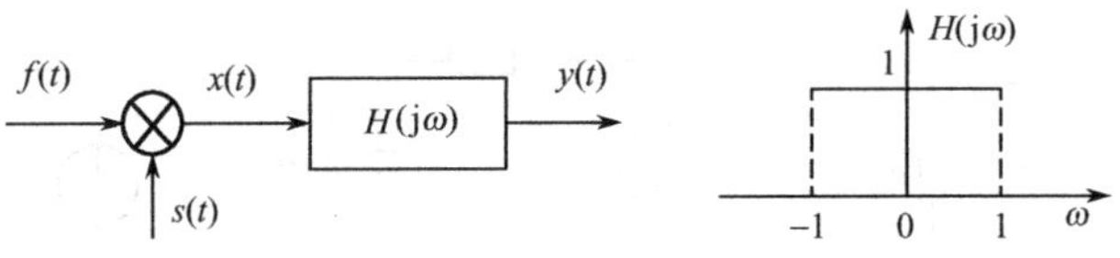


(a) (b)

图题 4-12

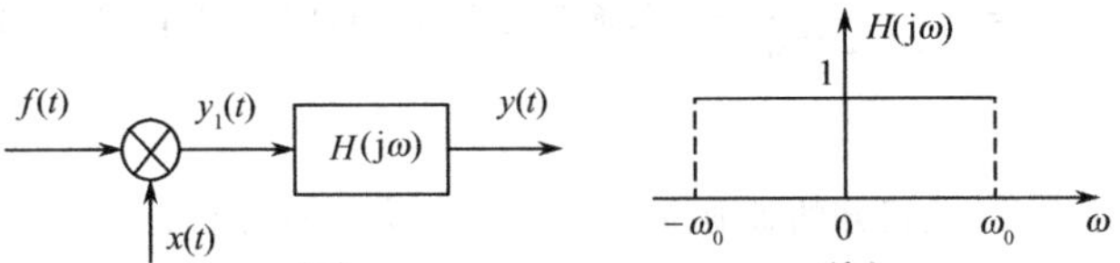


(a) (b)

图题 4-13

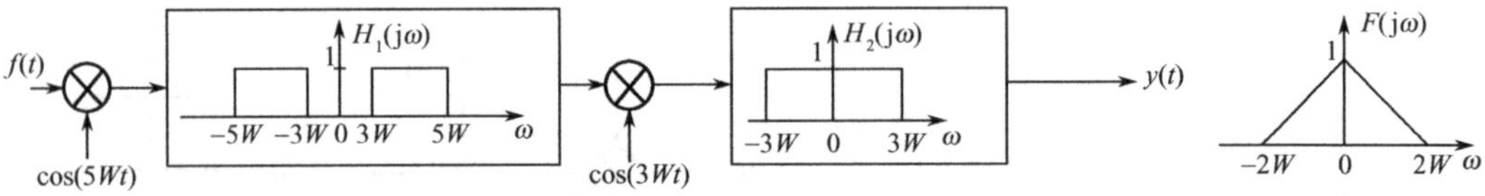


(a) (b)

图题 4-14

4-15 在图题 4-15(a) 所示系统中,已知 $f(t) = \dfrac{1}{\pi}\mathrm{Sa}(2t), -\infty < t < \infty; s(t) = \cos(1000t), -\infty < t < \infty$;带通滤波器的频率响应 $H(\mathrm{j}\omega)$ 如图题 4-15(b) 所示,$\varphi(\omega) = 0$。求零状态响应 $y(t)$。

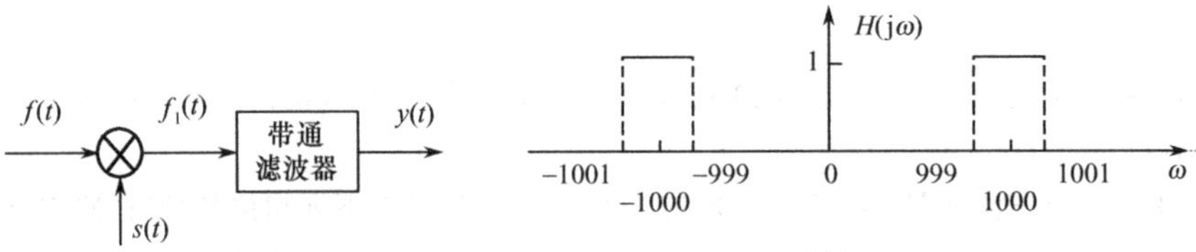


(a) (b)

图题 4-15

4-16 假定在图题 4-16(a) 和(b) 所示振幅调制和调解系统中,$\theta_c - \theta_d = 0$,调制器的载波频率为 $\omega_c$,解调的载波频率为 $\omega_d$,它们之间的频差 $\Delta\omega = \omega_d - \omega_c$。此外,假定 $f(t)$ 是带限的,即 $|\omega| \geqslant \omega_M$ 时,$F(\mathrm{j}\omega) = 0$,且假定调制器中低通滤波器的截止频率满足不等式

$$\omega_M + \Delta\omega < \omega < 2\omega_c + \Delta\omega - \omega_M$$

(1) 证明解调器的低通滤波器的输出正比于 $f(t)\cos(\Delta\omega t)$;

(2) 若 $f(t)$ 的频谱如图 4-16(c) 所示,画出解调器输出的频谱。

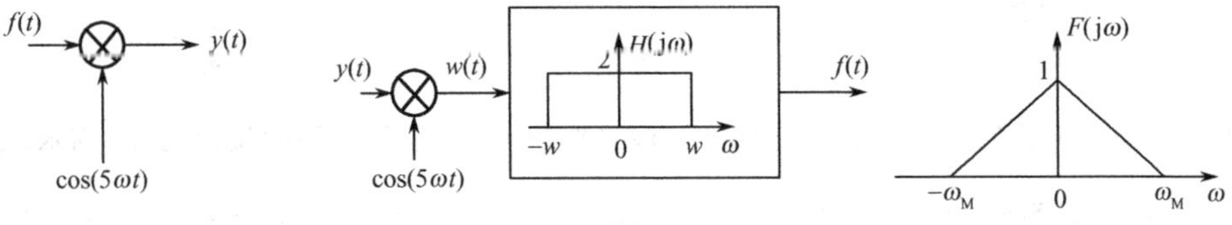


(a) (b) (c)

图题 4-16

4-17 图题 4-17 所示为系统的幅频与相频特性,系统的激励 $f(t) = 2 + 4\cos(5t) + 4\cos(10t)$,求系统响应 $y(t)$。

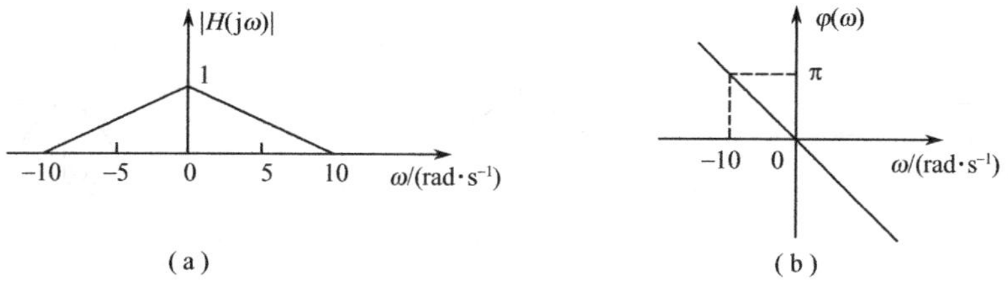


图题 4-17

4-18 已知系统函数 $H(\mathrm{j}\omega)$ 如图题 4-18(a) 所示，激励 $f(t)$ 的波形如图题 4-18(b) 所示。求系统的响应 $y(t)$，并画出 $y(t)$ 的频谱图。

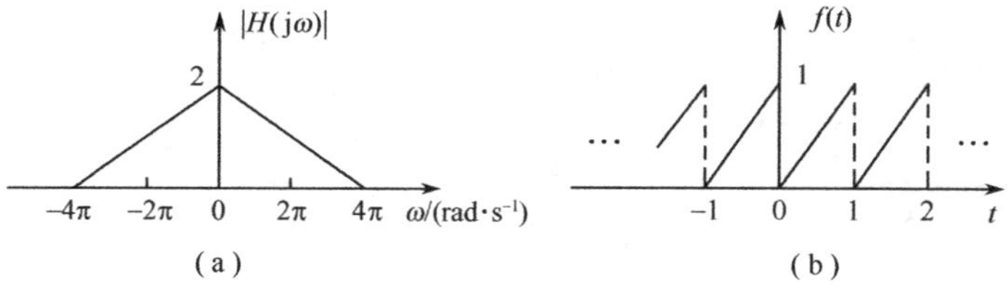


图题 4-18

4-19 图题 4-19(a) 所示系统中，输入为 $f(t)$，输出为 $y(t)$，低通滤波器的 $|H_1(\mathrm{j}\omega)|$ 如图题 4-20(b) 所示。其中正交信号频率 $\omega_0 \gg \omega_2 > \omega_1$。(1) 求系统的频率响应 $H(\mathrm{j}\omega)$；(2) 画出 $|H(\mathrm{j}\omega)|$，并说明此系统的作用。

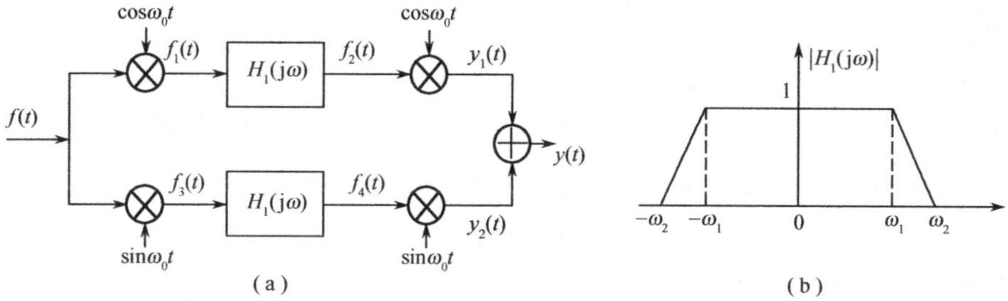


图题 4-19

4-20 一种不要求相位同步，但要求频率同步的解调系统如图题 4-20 所示。两个低通滤波器的截止频率都是 $\omega_M$，而 $y(t) = [f(t) + A]\cos(\omega_c t + \theta_c)$，其中 $\theta_c$ 是个未知的常数。$f(t)$ 是带限信号，即当 $|\omega| > \omega_M$ 时，$F(\mathrm{j}\omega) = 0$，且 $\omega_M < \omega_c$。设对所有的 $t$ 都满足 $f(t) + A > 0$。证明可以用图题 4-21 所示的系统从 $y(t)$ 恢复 $f(t)$，而不需要知道调制器的相位 $\theta_c$。

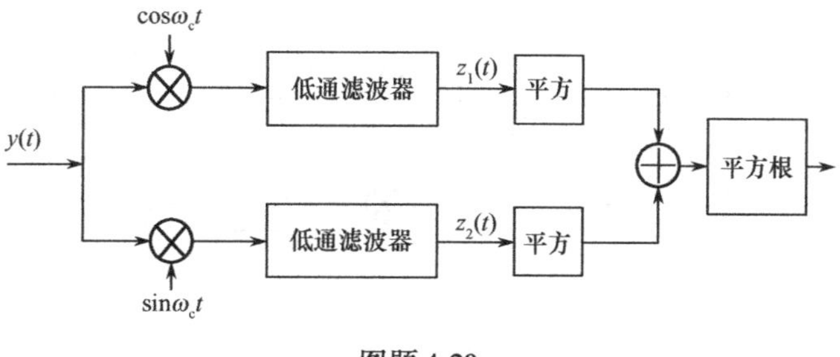


图题 4-20

4-21 图题 4-21(a) 所示系统中，$H(\mathrm{j}\omega)$ 的图形如图题 4-21(b) 所示，$f(t)$ 的波形如图题 4-21(c) 所示。求响应 $y(t)$ 的频谱 $Y(\mathrm{j}\omega)$，并画出 $Y(\mathrm{j}\omega)$ 的图形。

4-22 图题 4-22 表示用正弦调制和低通滤波器构成带通滤波器的方案。证明该系统的输出 $y(t)$ 与图题 4-22(a) 中只保留 $\mathrm{Re}\{f(t)\}$ 所得的输出相同。

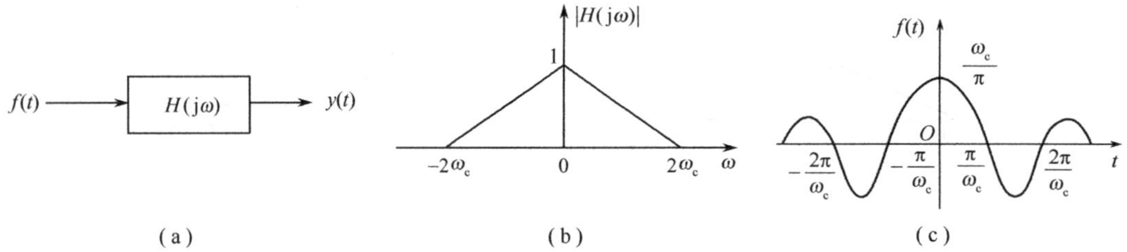


图题 4-21

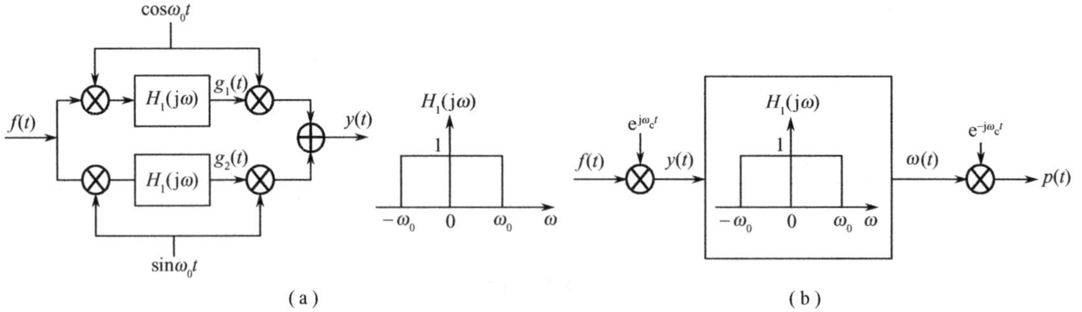


图题 4-22

4-23 求信号 $f(t)=\mathrm{Sa}(100t)$ 的频宽(只计正频率部分);若对 $f(t)$ 进行均匀冲激抽样,求奈奎斯特频率 $f_N$ 与奈奎斯特周期 $T_N$。

4-24 若下列各信号被抽样,求奈奎斯特间隔 $T_N$ 与奈奎斯特频率 $f_N$。

(1) $f(t)=\mathrm{Sa}(100t)$;  (2) $f(t)=\mathrm{Sa}^2(100t)$;  (3) $f(t)=\mathrm{Sa}(100t)+\mathrm{Sa}^{10}(100t)$。

4-25 $f(t)=\mathrm{Sa}(1000\pi t)\mathrm{Sa}(2000\pi t)$,$s(t)=\sum\limits_{n=-\infty}^{\infty}\delta(t-nT)$,$f_s(t)=f(t)s(t)$。

(1) 若要从 $f_s(t)$ 无失真地恢复 $f(t)$,求最大抽样周期 $T_N$;

(2) 当抽样周期 $T=T_N$ 时画出 $f_s(t)$ 的频谱图。

4-26 图题 4-26(a) 表示用来实现低通滤波器的系统,其中 $H(\mathrm{j}\omega)$ 是一个理想的 90° 相移器,其频率响应为 $H(\mathrm{j}\omega)=\mathrm{j}\,\mathrm{sgn}(\omega)$,整个系统的输出 $y(t)$ 是复信号 $r_3(t)$ 的虚部。

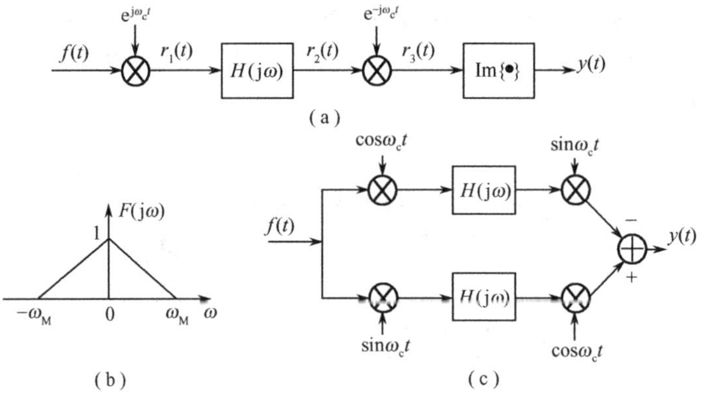


图题 4-26

(1) 当 $F(\mathrm{j}\omega)$ 为图题 4-26(b) 所示的实函数时,画出 $r_1(t)$,$r_2(t)$,$r_3(t)$ 及 $y(t)$ 的频谱。证明此系统实现了一个理想的低通滤波器,并用调制频率 $\omega_c$ 来表示该低通滤波器的截止频率。

(2) 证明图题 4-26(c) 的系统与图题 4-27(a) 的系统等效,其中在两种情况下系统 $H(\mathrm{j}\omega)$ 是完全相同的,而且$f(t)$为实信号。

4-27　图题 4-27 所示为一个斩波放大器。它根据调幅原理将低频信号搬到较高频段上。

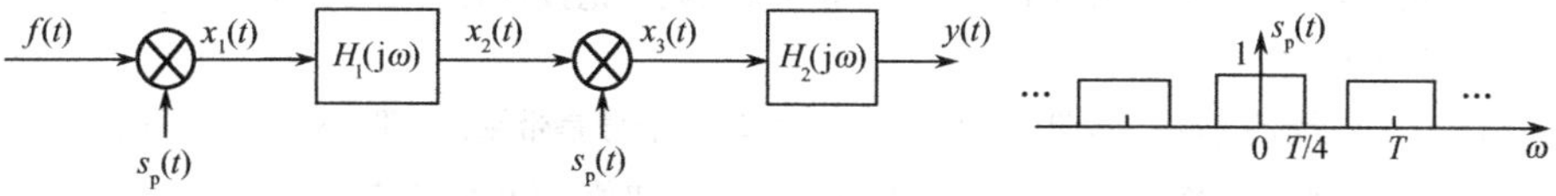


图题 4-27

（1）若$y(t)$正比于$f(t)$（即如果整个系统等效于一个放大器），根据$T$确定$f(t)$中允许存在的最高频率。

（2）若$f(t)$为（1）中所述的带限信号，确定图题 4-27 中整个系统的增益。

4-28　一种多路复用系统如图题 4-28(a) 所示，解复用系统如图题 4-28(b) 所示。假定$f_1(t)$和$f_2(t)$都是带限的，其最高频率为$\omega_M$，因此当$|\omega| > \omega_M$时，$F_1(j\omega) = F_2(j\omega) = 0$。假定载波频率$\omega_c$大于$\omega_M$，证明$y_1(t) = f_1(t)$，$y_2(t) = f_2(t)$。

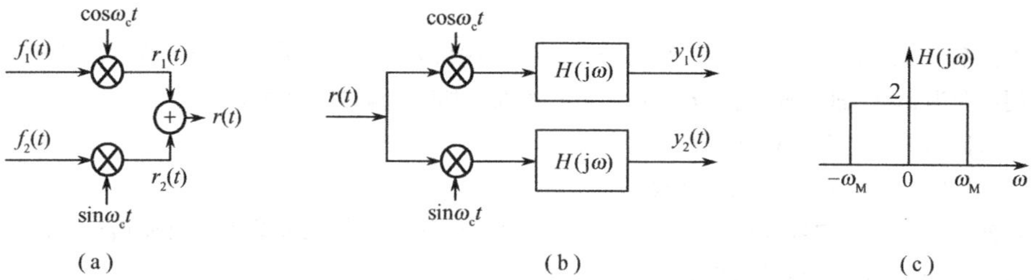


图题 4-28

4-29　图题 4-29(a) 表示保留下边带的单边系统，而图题 4-29(b) 表示保留上边带的单边带系统。

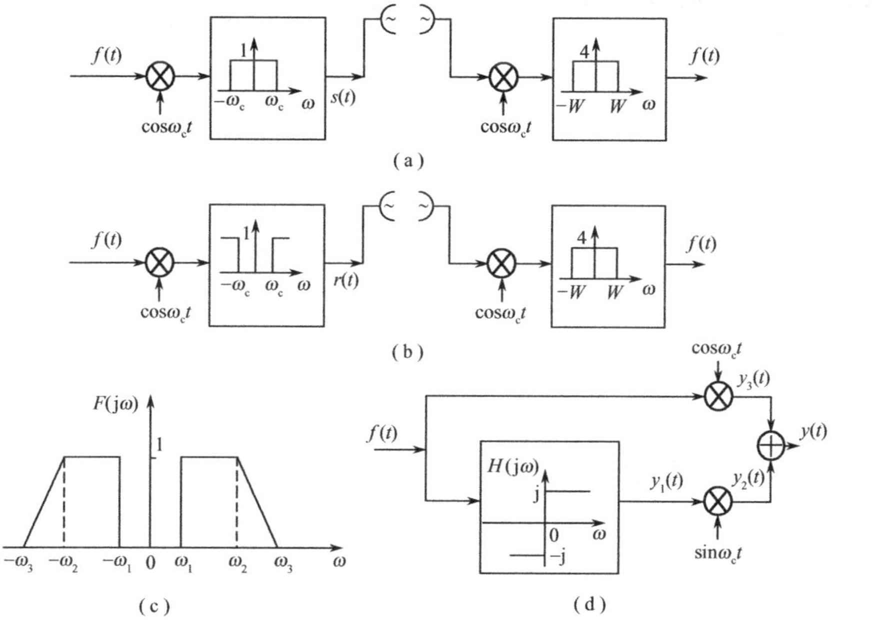


图题 4-29

（1）当$F(j\omega)$如图题 4-29(c) 所示时，确定并画出下边带已调信号的傅里叶变换$S(j\omega)$和上边带已调信号的傅里叶变换$R(j\omega)$，假定$\omega_c > \omega_s$。

（2）图题 4-29(d) 表示相移法的单边带系统。证明它所产生的单边带信号与图题 4-29(a) 的下边带调制方案所产生的单边带信号成比例[即 $y(t)$ 与 $s(t)$ 成比例]。

(3) 所有三种振幅调制单边带信号(AM-SSB)都可以用图题 4-29(a)右边所示方案来调解。证明:只要接收机的振荡器与发射机的振荡器同相,且 $W=\omega_c$,则无论接收到的信号是 $s(t)$,$r(t)$ 或 $y(t)$,解调器的输出都是 $f(t)$。

4-30 假设在图题 4-30 所示系统中,周期方波的周期为 $T$,输入信号是带限的,即 $|F(j\omega)|=0$, $|\omega|>\omega_M$。

(1) 当 $\Delta=T/3$,根据 $\omega_M$ 确定可由 $W(t)$ 恢复 $f(t)$ 的最大 $T$ 值,并由此确定一个从 $W(t)$ 恢复 $f(t)$ 的系统。

(2) 当 $\Delta=T/4$ 时,重做(1)。

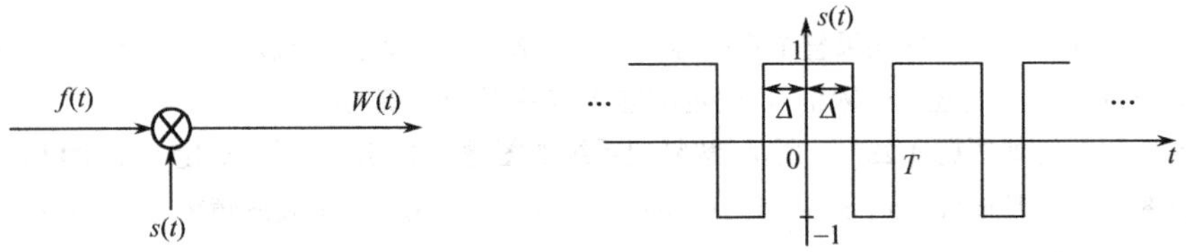


图题 4-30

4-31 某一线性系统如图题 4-31(a)所示,输入信号 $f(t)$ 的频谱 $F(j\omega)$ 如图题 4-31(b)所示,它通过网络 $H_1(j\omega)$ 后便用冲激串 $\delta_T(t)$ 进行抽样,$|H_1(j\omega)|$ 的特性曲线如图题 4.31(c)所示。

(1) 为保证不出现混叠效应,求最低抽样频率 $f_s$。

(2) 求抽样输出信号 $y(t)$ 的频谱函数。

(3) 若抽样输出的脉冲调幅信号通过理想信道,为了使接收端能无失真地恢复原信号 $f(t)$,接入的网络 $H_2(j\omega)$ 应具有什么样的特性?

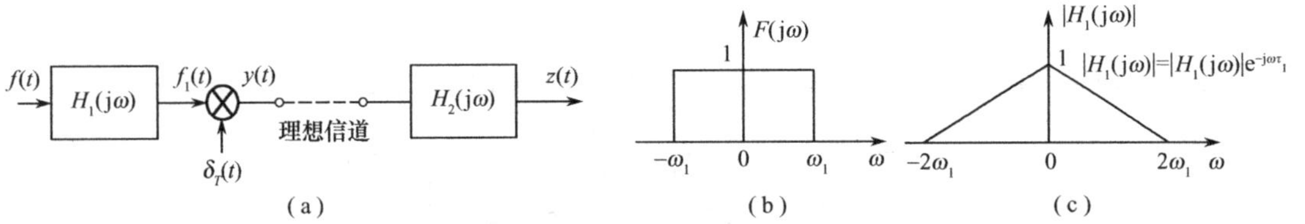


图题 4-31

# 第5章　连续系统复频域分析

## 5.1　拉普拉斯变换

### 5.1.1　从傅里叶变换到拉普拉斯变换

一个信号$f(t)$满足狄里赫利条件并且绝对可积时，便可构成一对傅里叶变换式，即

$$F(\mathrm{j}\omega)=\int_{-\infty}^{\infty}f(t)\mathrm{e}^{-\mathrm{j}\omega t}\mathrm{d}t \quad (正变换) \tag{5-1}$$

$$f(t)=\frac{1}{2\pi}\int_{-\infty}^{\infty}F(\mathrm{j}\omega)\mathrm{e}^{\mathrm{j}\omega t}\mathrm{d}\omega \quad (反变换) \tag{5-2}$$

若$f(t)$不满足绝对可积的条件，则其傅里叶变换不一定存在。

例如，信号$U(t)$在引入冲激函数后其傅里叶变换存在，而信号$\mathrm{e}^{at}U(t)(a>0)$的傅里叶变换不存在。将$\mathrm{e}^{at}U(t)$乘以$\mathrm{e}^{-\sigma t}(\sigma>a)$，得到信号$\mathrm{e}^{-(\sigma-a)t}U(t)$它满足绝对可积条件，因此其傅里叶变换存在。

当函数$f(t)$不满足绝对可积条件时，可将$f(t)$乘以因子$\mathrm{e}^{-\sigma t}$（$\sigma$为任意实常数）得到$f(t)\mathrm{e}^{-\sigma t}$，若能根据$f(t)$的具体性质恰当地选取$\sigma$的值，从而使当$t\to\infty$时函数$f(t)\mathrm{e}^{-\sigma t}\to 0$，即满足条件

$$\lim_{t\to\infty}f(t)\mathrm{e}^{-\sigma t}=0$$

则$f(t)\mathrm{e}^{-\sigma t}$满足绝对可积条件，因而它的傅里叶变换一定存在。可见因子$\mathrm{e}^{-\sigma t}$起着使$f(t)$收敛的作用，故称$\mathrm{e}^{-\sigma t}$为收敛因子。

设$f(t)\mathrm{e}^{-\sigma t}$满足狄里赫利条件且绝对可积（通过恰当地选取$\sigma$的值），根据傅里叶变换的定义，则有

$$F(\mathrm{j}\omega)=\int_{0^-}^{\infty}f(t)\mathrm{e}^{-\sigma t}\mathrm{e}^{-\mathrm{j}\omega t}\mathrm{d}t=\int_{0^-}^{\infty}f(t)\mathrm{e}^{-(\sigma+\mathrm{j}\omega)t}\mathrm{d}t$$

式中，$\mathrm{j}\omega$是以$(\sigma+\mathrm{j}\omega)$的形式出现的。令$s=\sigma+\mathrm{j}\omega$，$s$为一复数变量，称为复频率。$\sigma$的单位为1/s，$\omega$的单位为rad/s。这样，上式变为

$$F(\mathrm{j}\omega)=\int_{0^-}^{\infty}f(t)\mathrm{e}^{-st}\mathrm{d}t$$

由于上式中的积分变量为$t$，所以积分结果必为复变量$s$的函数，故应将$F(\mathrm{j}\omega)$改写为$F(s)$，即

$$F(s)=\int_{0^-}^{\infty}f(t)\mathrm{e}^{-st}\mathrm{d}t \tag{5-3}$$

复变量函数$F(s)$称为时间函数$f(t)$的单边拉普拉斯变换，简称拉普拉斯变换。$F(s)$称为$f(t)$的像函数，$f(t)$称为$F(s)$的原函数。一般记为

$$F(s)=\mathscr{L}[f(t)]$$

符号$\mathscr{L}[\cdot]$为一算子，表示对括号内的时间函数$f(t)$进行拉普拉斯变换。

利用式(5-2)可推导出求$F(s)$反变换（也称逆变换）的公式，即

$$f(t)e^{-\sigma t}=\frac{1}{2\pi}\int_{-\infty}^{\infty}F(s)e^{j\omega t}d\omega$$

对上式等号两边同乘以 $e^{\sigma t}$，并考虑到 $e^{\sigma t}$ 不是 $\omega$ 的函数而可置于积分号内。于是得

$$f(t)=\frac{1}{2\pi}\int_{-\infty}^{\infty}F(s)e^{\sigma t}e^{j\omega t}d\omega=\frac{1}{2\pi}\int_{-\infty}^{\infty}F(s)e^{(\sigma+j\omega)t}d\omega=\frac{1}{2\pi}\int_{-\infty}^{\infty}F(s)e^{st}d\omega \tag{5-4}$$

由于式(5-4)中被积函数是 $F(s)$，而积分变量却是实变量 $\omega$，所以积分时必须进行变量代换。因 $s=\sigma+j\omega$，故 $ds=d(\sigma+j\omega)=jd\omega$（因 $\sigma$ 为任意实常数），即

$$d\omega=\frac{1}{j}ds$$

且当 $\omega=-\infty$ 时，$s=\sigma-j\infty$；当 $\omega=\infty$ 时，$s=\sigma+j\infty$。将以上这些关系代入式(5-4)即得

$$f(t)=\frac{1}{2\pi j}\int_{\sigma-j\infty}^{\sigma+j\infty}F(s)e^{st}ds,\quad t>0 \tag{5-5a}$$

或写成

$$f(t)=\left[\frac{1}{2\pi j}\int_{\sigma-j\infty}^{\sigma+j\infty}F(s)e^{st}ds\right]U(t) \tag{5-5b}$$

式(5-5b)称为拉普拉斯反变换，可从已知的像函数 $F(s)$ 求出与之对应的原函数 $f(t)$。一般记为

$$f(t)=\mathscr{L}^{-1}[F(s)]$$

符号 $\mathscr{L}^{-1}[\cdot]$ 也为一算子，表示对括号内的像函数 $F(s)$ 进行拉普拉斯反变换。

式(5-3)与式(5-5)构成了拉普拉斯变换对，一般记为

$$f(t)\Leftrightarrow F(s)\ \text{或}\ F(s)\Leftrightarrow f(t)$$

若 $f(t)$ 不是因果信号，则拉普拉斯变换式(5-3)的积分下限应改写为 $-\infty$，即

$$F(s)=\int_{-\infty}^{\infty}f(t)e^{-st}dt \tag{5-6}$$

式(5-6)称为双边拉普拉斯变换。

一般常用信号均为因果信号（即有始信号），故本书主要讨论并应用单边拉普拉斯变换。以后提到拉普拉斯变换，均指单边拉普拉斯变换。

由以上所述可见，傅里叶变换建立了信号的时域与频域之间的关系，即 $f(t)\Leftrightarrow F(j\omega)$；而拉普拉斯变换则是建立了信号的时域与复频域之间的关系，即 $f(t)\Leftrightarrow F(s)$。

### 5.1.2 拉普拉斯变换存在的条件与收敛域

当函数 $f(t)$ 乘以收敛因子 $e^{-\sigma t}$ 后，所得新的时间函数 $f(t)e^{-\sigma t}$ 便有可能满足绝对可积条件。但是否一定满足，则还要视 $f(t)$ 的性质与 $\sigma$ 值的相对关系而定。下面就来说明这个问题。

因

$$F(s)=\int_{0^-}^{\infty}f(t)e^{-st}dt=\int_{0^-}^{\infty}f(t)e^{-\sigma t}e^{-j\omega t}dt$$

由此式可见，欲使 $F(s)$ 存在，则必须使 $f(t)e^{-\sigma t}$ 满足条件

$$\lim_{t\to\infty}f(t)e^{-\sigma t}=0,\quad \sigma>\sigma_0 \tag{5-7}$$

式(5-7)中的 $\sigma_0$ 值指出了函数 $f(t)e^{-\sigma t}$ 的收敛条件。$\sigma_0$ 的值由函数 $f(t)$ 的性质确定。根据 $\sigma_0$ 的值，可将 $s$ 平面（以复频率 $s=\sigma+j\omega$ 的实部 $\sigma$ 和虚部 $j\omega$ 为相互垂直的坐标轴而构成的平面，称为复频率平面，简称 $s$ 平面）分为两个区域，如图5-1所示。通过 $\sigma_0$ 点的垂直于 $\sigma$ 轴的直线是两个区域的分界线，称为收敛轴，$\sigma_0$ 称为收敛坐

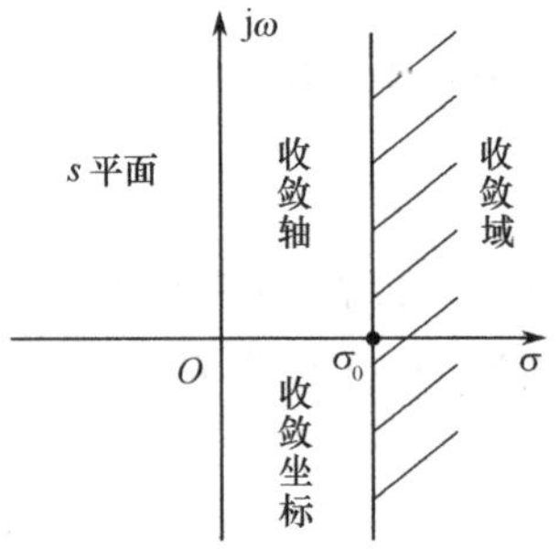

图 5-1

标。收敛轴以右的区域(不包括收敛轴在内)即为收敛域,收敛轴以左的区域(包括收敛轴在内)则为非收敛域。可见 $f(t)$ 或 $F(s)$ 的收敛域就是在 $s$ 平面上使式(5-7)成立的 $\sigma$ 的取值范围,亦即 $\sigma$ 只有在收敛域内取值,$f(t)$ 的拉普拉斯变换 $F(s)$ 才能存在,且一定存在。

**【例 5-1】** 求下列各单边函数拉普拉斯变换的收敛域(即求收敛坐标 $\sigma_0$)。

(1) $f(t)=\delta(t)$　　(2) $f(t)=U(t)$　　(3) $f(t)=\mathrm{e}^{-at}U(t), a>0$

(4) $f(t)=\mathrm{e}^{at}U(t), a>0$　　(5) $f(t)=\cos\omega_0 tU(t)$

**解:** (1) 欲使 $\lim\limits_{t\to\infty}\delta(t)\mathrm{e}^{-\sigma t}=0$,则必须有 $\sigma>-\infty$,故其收敛域为全 $s$ 平面,此处 $\sigma_0=-\infty$。

(2) 欲使 $\lim\limits_{t\to\infty}U(t)\mathrm{e}^{-\sigma t}=0$,则必须有 $\sigma>0$。故其收敛域为 $s$ 平面的右半开平面,如图 5-2(a)所示,此处 $\sigma_0=0$。

(3) 欲使 $\lim\limits_{t\to\infty}\mathrm{e}^{-at}\mathrm{e}^{-\sigma t}=\lim\limits_{t\to\infty}\mathrm{e}^{-(a+\sigma)t}=0$,则必须有 $a+\sigma>0$,即 $\sigma>-a$。故其收敛域如图 5-2(b)所示,此处 $\sigma_0=-a$。

(4) 欲使 $\lim\limits_{t\to\infty}\mathrm{e}^{at}\mathrm{e}^{-\sigma t}=\lim\limits_{t\to\infty}\mathrm{e}^{-(\sigma-a)t}=0$,则必须有 $\sigma-a>0$,即 $\sigma>a$。故其收敛域如图 5-2(c)所示,此处 $\sigma_0=a$。

(5) 欲使 $\lim\limits_{t\to\infty}\cos(\omega_0 t)\mathrm{e}^{-\sigma t}=0$,则必须有 $\sigma>0$。故其收敛域为 $s$ 平面的右半开平面,此处 $\sigma_0=0$。

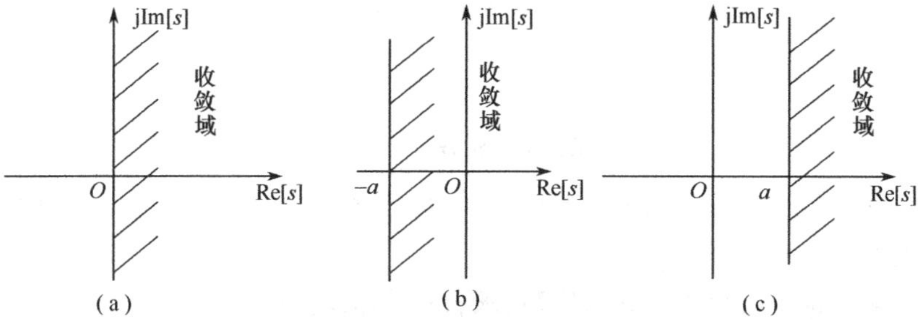


图 5-2

二维码 5-1

对于实际工程中的信号,只要把 $\sigma$ 的值选得足够大,式(5-7)总是可以满足的,所以它们的拉普拉斯变换都存在。又由于本书仅讨论并应用单边拉普拉斯变换,其收敛域必定存在,故在后面的讨论中,一般将不再说明函数是否收敛,也不再注明其收敛域。

拉普拉斯变换三维曲面绘制的 MATLAB 实现见二维码 5-1。

## 5.1.3 拉普拉斯变换的基本性质

拉普拉斯变换的性质进一步反映了不同形式的信号与其拉普拉斯变换的对应规律。应用这些性质并结合常用变换对是求解拉普拉斯变换和反变换的重要方法。

### 1. 线性性

若　$f_1(t)\leftrightarrow F_1(s),\quad \mathrm{Re}[s]>\sigma_1;\quad f_2(t)\leftrightarrow F_2(s),\quad \mathrm{Re}[s]>\sigma_2$

则
$$A_1f_1(t)+A_2f_2(t)\leftrightarrow A_1F_1(s)+A_2F_2(s),\quad \mathrm{Re}[s]>\max(\sigma_1,\sigma_2)\tag{5-8}$$
其中,$A_1$ 和 $A_2$ 为复常数。

### 2. 时移性

若　$f(t)\leftrightarrow F(s),\quad \mathrm{Re}[s]>\sigma_0$

则 $$f(t-t_0)U(t-t_0)\leftrightarrow e^{-t_0 s}F(s),\quad \mathrm{Re}[s]>\sigma_0 \tag{5-9}$$
式中,$t_0$ 为实常数,$t_0>0$。

其中$f(t-t_0)U(t-t_0)$ 是$f(t)U(t)$ 的右移。若$f(t)$ 为因果信号,则$f(t-t_0)=f(t-t_0)U(t-t_0)$,$f(t-t_0)$与$f(t-t_0)U(t-t_0)$的单边拉普拉斯变换相同;若$f(t)$为非因果信号,则$f(t-t_0)\neq f(t-t_0)U(t-t_0)$,$f(t-t_0)$的单边拉普拉斯变换不等于$f(t-t_0)U(t-t_0)$的单边拉普拉斯变换,$f(t-t_0)$的单边拉普拉斯变换应等于$f(t-t_0)U(t)$的单边拉普拉斯变换;若$t_0<0$,即$f(t)$左移,则时移性质一般不成立。

**【例 5-2】** $f_1(t)=e^{-2(t-1)}U(t-1)$,$f_2(t)=e^{-2(t-1)}U(t)$,求$f_1(t)+f_2(t)$的像函数。

**解:**因为 $$e^{-2t}U(t)\leftrightarrow\frac{1}{s+2},\quad \mathrm{Re}[s]>-2$$

由时移性,得 $$F_1(s)=\frac{e^{-s}}{s+2},\quad \mathrm{Re}[s]>-2$$

因为 $$f_2(t)=e^{-2(t-1)}U(t)=e^2e^{-2t}U(t)$$

所以 $$F_2(s)=\frac{e^2}{s+2},\quad \mathrm{Re}[s]>-2$$

则 $$\mathscr{L}[f_1(t)+f_2(t)]=F_1(s)+F_2(s)=\frac{e^2+e^{-s}}{s+2},\quad \mathrm{Re}[s]>-2$$

**3. 复频移性**

若 $$f(t)\leftrightarrow F(s),\quad \mathrm{Re}[s]>\sigma_1$$

则 $$e^{s_0t}f(t)\leftrightarrow F(s-s_0),\quad \mathrm{Re}[s]>\sigma_1+\sigma_0 \tag{5-10}$$
式中,$s_0$ 为复常数,$\sigma_0=\mathrm{Re}[s_0]$。

**【例 5-3】** 已知$f(t)=e^{-at}\cos(\omega_0t)U(t)$,$a$为实数,求$f(t)$的像函数。

**解:**因为$U(t)\leftrightarrow\frac{1}{s}$,$\mathrm{Re}[s]>0$,根据复频移性,则有

$$e^{j\omega_0t}U(t)\leftrightarrow\frac{1}{s-j\omega_0},\quad \mathrm{Re}[s]>0;\quad e^{-j\omega_0t}U(t)\leftrightarrow\frac{1}{s+j\omega_0},\quad \mathrm{Re}[s]>0$$

由线性性,得 $$\mathscr{L}[\cos(\omega_0t)U(t)]=\frac{1}{2}\left(\frac{1}{s-j\omega_0}+\frac{1}{s+j\omega_0}\right)=\frac{s}{s^2+\omega_0^2},\quad \mathrm{Re}[s]>0$$

根据复频移性,则有

$$F(s)=\mathscr{L}[f(t)]=\frac{s+a}{(s+a)^2+\omega_0^2},\quad \mathrm{Re}[s]>-a$$

**4. 尺度变换性**

若 $$f(t)\leftrightarrow F(s),\quad \mathrm{Re}[s]>\sigma_0$$

则 $$f(at)\leftrightarrow\frac{1}{a}F\left(\frac{s}{a}\right),\quad \mathrm{Re}[s]>a\sigma_0 \tag{5-11}$$

式中,$a$ 为实常数,$a>0$。

**5. 时域卷积定理**

若$f_1(t)$,$f_2(t)$为因果信号,并且

$$f_1(t) \leftrightarrow F_1(s),\quad \mathrm{Re}[s] > \sigma_1;\quad f_2(t) \leftrightarrow F_2(s),\quad \mathrm{Re}[s] > \sigma_2$$

则
$$f_1(t) * f_2(t) \leftrightarrow F_1(s)F_2(s),\quad \mathrm{Re}[s] > \max(\sigma_1,\sigma_2) \tag{5-12}$$

**证明**:根据信号卷积积分的定义,并且$f_1(t)$ 和$f_2(t)$ 是因果信号,则

$$f_1(t) * f_2(t) = \int_{0^-}^{\infty} f_1(\tau) f_2(t-\tau)\mathrm{d}\tau$$

$f_1(t) * f_2(t)$ 仍为因果信号。由拉普拉斯变换的定义,得

$$\mathscr{L}[f_1(t) * f_2(t)] = \int_{0^-}^{\infty}\left[\int_{0^-}^{\infty} f_1(\tau)f_2(t-\tau)\mathrm{d}\tau\right]\mathrm{e}^{-st}\mathrm{d}t = \int_{0^-}^{\infty} f_1(\tau)\left[\int_{0^-}^{\infty} f_2(t-\tau)\mathrm{e}^{-st}\mathrm{d}t\right]\mathrm{d}\tau$$

由于$f_2(t)$ 为因果信号,根据时移性,则

$$\int_{0^-}^{\infty} f_2(t-\tau)\mathrm{e}^{-st}\mathrm{d}t = \mathrm{e}^{-s\tau}F_2(s)$$

于是
$$\begin{aligned}\mathscr{L}[f_1(t) * f_2(t)] &= \int_{0^-}^{\infty} f_1(\tau)F_2(s)\mathrm{e}^{-s\tau}\mathrm{d}\tau = F_2(s)\int_{0^-}^{\infty} f_1(\tau)\mathrm{e}^{-s\tau}\mathrm{d}\tau \\ &= F_1(s)F_2(s),\quad \mathrm{Re}[s] > \max(\sigma_1,\sigma_2)\end{aligned}$$

**6. 时域微分性**

若
$$f(t) \leftrightarrow F(s),\qquad \mathrm{Re}[s] > \sigma_0$$

则
$$f^{(1)}(t) \leftrightarrow sF(s) - f(0^-),\qquad \mathrm{Re}[s] > \sigma_0 \tag{5-13}$$
$$f^{(2)}(t) \leftrightarrow s^2F(s) - sf(0^-) - f^{(1)}(0^-),\ \mathrm{Re}[s] > \sigma_0 \tag{5-14}$$
$$f^{(n)}(t) \leftrightarrow s^nF(s) - \sum_{i=0}^{n-1} s^{n-1-i}f^{(i)}(0^-),\quad \mathrm{Re}[s] > \sigma_0 \tag{5-15}$$

式中,$f^{(1)}(t)$、$f^{(2)}(t)$、$f^{(n)}(t)$ 分别表示$f(t)$ 的1次、2次、$n$次导数,$f(0^-)$、$f^{(1)}(0^-)$、$f^{(i)}(0^-)$ 分别表示$f(t)$、$f^{(1)}(t)$、$f^{(i)}(t)$ 在$t=0^-$ 时刻的值。

**证明**:根据拉普拉斯变换的定义,有

$$\mathscr{L}[f(t)] = \int_{0^-}^{\infty}\frac{\mathrm{d}f(t)}{\mathrm{d}t}\mathrm{e}^{-st}\mathrm{d}t = \int_{0^-}^{\infty}\mathrm{e}^{-st}\mathrm{d}f(t) = \mathrm{e}^{-st}f(t)\Big|_{0^-}^{\infty} + s\int_{0^-}^{\infty} f(t)\mathrm{e}^{-st}\mathrm{d}t$$

由于$f(t)$ 的单边拉普拉斯变换$F(s)$ 在$\mathrm{Re}[s] > \sigma_0$ 收敛,所以$t=\infty$ 时$\mathrm{e}^{-st}f(t)$ 的值为零,并且和式的第二项在$\mathrm{Re}[s] > \sigma_0$ 时也收敛。因此

$$\mathscr{L}[f^{(1)}(t)] = sF(s) - f(0^-),\quad \mathrm{Re}[s] > \sigma_0$$

因为$f^2(t) = \dfrac{\mathrm{d}}{\mathrm{d}t}f^{(1)}t$,应用式(5-13) 得

$$\begin{aligned}\mathscr{L}[f^{(2)}(t)] &= s[sF(s) - f(0^-)] - f^{(1)}(0^-) \\ &= s^2F(s) - sf(0^-) - f^{(1)}(0^-),\quad \mathrm{Re}[s] > \sigma_0\end{aligned}$$

式(5-13)、式(5-14) 已证,反复应用式(5-13) 可证得式(5-15)。

**【例 5-4】** $f_1(t) = \dfrac{\mathrm{d}}{\mathrm{d}t}[\mathrm{e}^{-2t}U(t)]$,$f_2(t) = \left(\dfrac{\mathrm{d}}{\mathrm{d}t}\mathrm{e}^{-2t}\right)U(t)$,求$f_1(t)$ 和$f_2(t)$ 的单边拉普拉斯变换。

**解**:(1)
$$f_1(t) = \frac{\mathrm{d}}{\mathrm{d}t}[\mathrm{e}^{-2t}U(t)] = \delta(t) - 2\mathrm{e}^{-2t}U(t)$$

若根据线性性,得
$$F_1(s) = 1 - \frac{2}{s+2} = \frac{s}{s+2}$$

若根据时域微分性,得
$$F_1(s) = s\mathscr{L}[\mathrm{e}^{-2t}U(t)] - \mathrm{e}^{-2t}U(t)\Big|_{t=0^-} = \frac{s}{s+2}$$

(2) $$f_2(t)=\left(\frac{\mathrm{d}}{\mathrm{d}t}\mathrm{e}^{-2t}\right)U(t)=-2\mathrm{e}^{-2t}U(t)$$

因此得 $$F_2(s)=\mathscr{L}[f_2(t)]=\frac{-2}{s+2}$$

**7. 时域积分性**

若 $$f(t)\leftrightarrow F(s),\quad \mathrm{Re}[s]>\sigma_0$$

则 $$f^{(-1)}(t)=\int_{0^-}^{t}f(\tau)\mathrm{d}\tau\leftrightarrow\frac{F(s)}{s},\quad \mathrm{Re}[s]>\max(0,\sigma_0) \tag{5-16}$$

$$f^{(-1)}(t)=\int_{-\infty}^{t}f(\tau)\mathrm{d}\tau\leftrightarrow\frac{F(s)}{s}+\frac{f^{(-1)}(0^-)}{s},\quad \mathrm{Re}[s]>\max(0,\sigma_0) \tag{5-17}$$

**证明：** $$\int_{0^-}^{t}f(\tau)\mathrm{d}\tau=\int_{-\infty}^{\infty}f(\tau)U(t)U(t-\tau)\mathrm{d}\tau=f(t)U(t)*U(t)$$

根据时域卷积定理，有 $$\mathscr{L}\left[\int_{0^-}^{t}f(\tau)\mathrm{d}\tau\right]=\mathscr{L}[f(t)U(t)*U(t)]=\frac{F(s)}{s}$$

由于 $$f(t)=\int_{-\infty}^{0^-}f(\tau)\mathrm{d}\tau+\int_{0^-}^{t}f(\tau)\mathrm{d}\tau=f^{(-1)}(0^-)+\int_{0^-}^{t}f(\tau)\mathrm{d}\tau$$

$f^{(-1)}(0^-)$ 为实常数，其拉普拉斯变换为

$$\mathscr{L}[f^{(-1)}(0^-)]=\mathscr{L}[f^{-1}(0^-)U(t)]=\frac{f^{(-1)}(0^-)}{s}$$

所以 $$f^{(-1)}(t)=\int_{-\infty}^{t}f(\tau)\mathrm{d}\tau\leftrightarrow\frac{F(s)}{s}+\frac{f^{(-1)}(0^-)}{s}$$

**8. 复频域微分**

若 $$f(t)\leftrightarrow F(s),\quad \mathrm{Re}[s]>\sigma_0$$

则 $$(-t)f(t)\leftrightarrow\frac{\mathrm{d}F(s)}{\mathrm{d}s},\quad \mathrm{Re}[s]>\sigma_0 \tag{5-18}$$

$$(-t)^n f(t)\leftrightarrow\frac{\mathrm{d}^nF(s)}{\mathrm{d}s^n},\quad \mathrm{Re}[s]>\sigma_0 \tag{5-19}$$

**【例 5-5】** 求 $f(t)=t^nU(t)$ 的拉普拉斯变换。

**解：**由于 $U(t)\leftrightarrow\frac{1}{s}$，$\mathrm{Re}[s]>0$，根据式(5-19)得

$$F(s)=\frac{n!}{s^{n+1}},\quad \mathrm{Re}[s]>0$$

**9. 复频域积分**

若 $$f(t)\leftrightarrow F(s),\quad \mathrm{Re}[s]>\sigma_0$$

则 $$\frac{f(t)}{t}\leftrightarrow\int_{s}^{\infty}F(\lambda)\mathrm{d}\lambda \tag{5-20}$$

式中，$\lim\limits_{t\to0}\frac{f(t)}{t}$ 存在，$\frac{f(t)}{t}$ 的拉普拉斯变换的收敛域为 $\mathrm{Re}[s]>0$ 和 $\mathrm{Re}[s]>\sigma_0$ 的公共部分。

**10. 初值和终值定理**

(1) 初值定理

若信号 $f(t)$ 不包含冲激函数 $\delta(t)$ 及其各阶导数,并且

$$f(t) \leftrightarrow F(s), \quad \mathrm{Re}[s] > \sigma_0$$

则信号 $f(t)$ 的初值为

$$f(0^+) = \lim_{t\to 0^+} f(t) = \lim_{s\to\infty} sF(s) \tag{5-21}$$

(2) 终值定理

若 $f(t)$ 在 $t\to\infty$ 时的极限 $f(\infty)$ 存在,并且

$$f(t) \leftrightarrow F(s), \quad \mathrm{Re}[s] > \sigma_0;\ -\infty < \sigma_0 < 0$$

则 $f(t)$ 的终值为

$$f(\infty) = \lim_{t\to\infty} f(t) = \lim_{s\to 0} sF(s) \tag{5-22}$$

终值存在的条件:$F(s)$ 在 $s$ 右半平面和 $j\omega$ 轴上无极点。

初值定理和终值定理可以根据拉普拉斯变换的定义,以及时域微分性质证明。

**【例 5-6】** 已知 $F(s) = \dfrac{2s}{s+1}$,求 $f(0^+)$。

**解:**

$$F(s) = \frac{2s}{s+1} = 2 - \frac{2}{s+1}$$

所以

$$f(0^+) = \lim_{s\to\infty}\left[s\left(2 - \frac{2}{s+1}\right) - 2s\right] = \lim_{s\to\infty}\left[\frac{-2s}{s+1}\right] = -2$$

$f(0^+) = -2$,$f(t)$ 中含有 $2\delta(t)$ 项。

**【例 5-7】** 已知 $f(t) = e^{-t}\cos t \cdot U(t)$,求 $f(\infty)$。

**解:**因为 $\cos t\, U(t) \leftrightarrow \dfrac{s}{s^2+1}$,根据复频移性,则有

$$F(s) = \mathscr{L}[f(t)] = \frac{s+1}{(s+1)^2+1}$$

根据终值定理得

$$f(\infty) = \lim_{s\to 0} sF(s) = \lim_{s\to 0}\frac{s(s+1)}{(s+1)^2+1} = 0$$

为了便于查询,将拉普拉斯变换的基本性质和常用信号的拉普拉斯变换分别列于表 5-1 和表 5-2 中。

**表 5-1 拉普拉斯变换的基本性质**

| 序号 | 性质名称 | $f(t)U(t)$ | $F(s)$ |
|---|---|---|---|
| 1 | 唯一性 | $f(t)$ | $F(s)$ |
| 2 | 齐次性 | $Af(t)$ | $AF(s)$ |
| 3 | 叠加性 | $f_1(t) + f_2(t)$ | $F_1(s) + F_2(s)$ |
| 4 | 线性性 | $A_1f_1(t) + A_2f_2(t)$ | $A_1F_1(s) + A_2F_2(s)$ |
| 5 | 尺度变换性 | $f(at), a > 0$ | $\frac{1}{a}F\left(\frac{s}{a}\right)$ |
| 6 | 时移性 | $f(t-t_0)U(t-t_0), t_0 > 0$ | $F(s)e^{-t_0s}$ |
| 7 | 复频移性 | $f(t)e^{-at}$ | $F(s+a)$ |

续表

| 序号 | 性质名称 | $f(t)U(t)$ | $F(s)$ |
|---|---|---|---|
| 8 | 时域微分 | $f'(t)$ | $sF(s)-f(0^-)$ |
| | | $f''(t)$ | $s^2F(s)-sf(0^-)-f'(0^-)$ |
| | | $f^{(n)}(t)$ | $s^nF(s)-s^{n-1}f(0^-)-s^{n-2}f'(0^-)-\cdots-f^{(n-1)}(0^-)$ |
| 9 | 时域积分 | $\left(\int_{0^-}^{t}\right)^n f(\tau)\mathrm{d}\tau$ | $\frac{1}{s^n}F(s)$ |
| | | $f^{(-1)}(t)=\int_{-\infty}^{t}f(\tau)\mathrm{d}\tau$ | $\frac{1}{s}F(s)+\frac{1}{s}f^{(-1)}(0^-)$ |
| | | $f^{(-n)}(t)=\left(\int_{-\infty}^{t}\right)^n f(\tau)\mathrm{d}\tau$ | $\frac{1}{s^n}F(s)+\sum_{m=1}^{n}\frac{1}{s^{n-m+1}}f^{(-m)}(0^-)$ |
| 10 | 时域卷积 | $f_1(t)*f_2(t)$ | $F_1(s)F_2(s)$ |
| 11 | 时域相乘 | $f_1(t)f_2(t)$ | $\frac{1}{2\pi\mathrm{j}}\int_{c-\mathrm{j}\infty}^{c+\mathrm{j}\infty}F_1(\lambda)F_2(s-\lambda)\mathrm{d}\lambda$<br>$\sigma>\sigma_1+\sigma_2,\sigma_1<c<\sigma-\sigma_2$ |
| 12 | 复频域微分 | $(-t)^nf(t)$ | $F^{(n)}(s)$ |
| 13 | 复频域积分 | $\frac{f(t)}{t}$ | $\int_s^{\infty}F(\lambda)\mathrm{d}\lambda$ |
| 14 | 复频域卷积 | $f_1(t)f_2(t)$ | $\frac{1}{2\pi\mathrm{j}}F_1(s)*F_2(s)$ |
| 15 | 调制定理 | $f(t)\cos\omega_0t$ | $\frac{1}{2}[F(s-\mathrm{j}\omega_0)+F(s+\mathrm{j}\omega_0)]$ |
| | | $f(t)\sin\omega_0t$ | $\frac{1}{2\mathrm{j}}[F(s-\mathrm{j}\omega_0)-F(s+\mathrm{j}\omega_0)]$ |
| 16 | 初值定理 | $f(0^+)=\lim_{t\to0^+}f(t)=\lim_{s\to\infty}sF(s)$ | |
| 17 | 终值定理 | $f(\infty)=\lim_{t\to\infty}f(t)=\lim_{s\to0}sF(s)$ | |

**表 5-2　常用信号的拉普拉斯变换表**

| 序号 | $f(t)U(t)$ | $F(s)$ | 序号 | $f(t)U(t)$ | $F(s)$ |
|---|---|---|---|---|---|
| 1 | $\delta(t)$ | 1 | 11 | $\cos\omega_0t$ | $\frac{s}{s^2+\omega_0^2}$ |
| 2 | $\delta^{(n)}(t)$ | $s^n$ | 12 | $\mathrm{e}^{-at}\sin\omega_0t$ | $\frac{\omega_0}{(s+a)^2+\omega_0^2}$ |
| 3 | $U(t)$ | $\frac{1}{s}$ | 13 | $\mathrm{e}^{-at}\cos\omega_0t$ | $\frac{s+a}{(s+a)^2+\omega_0^2}$ |
| 4 | $t$ | $\frac{1}{s^2}$ | 14 | $t\sin\omega_0t$ | $\frac{2\omega_0s}{(s^2+\omega_0^2)^2}$ |
| 5 | $t^n$($n$为正整数) | $\frac{n!}{s^{n+1}}$ | 15 | $t\cos\omega_0t$ | $\frac{s^2-\omega_0^2}{(s^2+\omega_0^2)^2}$ |
| 6 | $\mathrm{e}^{-at}$ | $\frac{1}{s+a}$ | 16 | $\mathrm{sh}\omega_0t$ | $\frac{\omega_0}{s^2-\omega_0^2}$ |
| 7 | $t\mathrm{e}^{-at}$ | $\frac{1}{(s+a)^2}$ | 17 | $\mathrm{ch}\omega_0t$ | $\frac{s}{s^2-\omega_0^2}$ |
| 8 | $t^n\mathrm{e}^{-at}$($n$为正整数) | $\frac{n!}{(s+a)^{n+1}}$ | 18 | $\sum_{n=0}^{\infty}\delta(t-nT)$ | $\frac{1}{1-\mathrm{e}^{-sT}}$ |
| 9 | $\mathrm{e}^{-\mathrm{j}\omega_0t}$ | $\frac{1}{s+\mathrm{j}\omega_0}$ | 19 | $\sum_{n=0}^{\infty}f_0(t-nT)$ | $\frac{F_0(s)}{1-\mathrm{e}^{-sT}}$ |
| 10 | $\sin\omega_0t$ | $\frac{\omega_0}{s^2+\omega_0^2}$ | 20 | $\sum_{n=0}^{\infty}[U(t-nT)-U(t-nT-\tau)],T>\tau$ | $\frac{1-\mathrm{e}^{-s\tau}}{s(1-\mathrm{e}^{-sT})}$ |

## 5.1.4 拉普拉斯反变换

从已知的像函数 $F(s)$ 求出与之对应的原函数 $f(t)$，称为拉普拉斯反变换（或逆变换）。通常有查表法、部分分式展开法、留数法三种方法。

### 1. 部分分式展开法

由于实际工程中系统响应的像函数 $F(s)$ 通常都是复变量 $s$ 的两个有理多项式之比，也就是说是 $s$ 的一个有理分式，即

$$F(s)=\frac{N(s)}{D(s)}=\frac{b_m s^m+b_{m-1}s^{m-1}+\cdots+b_1 s+b_0}{s^n+a_{n-1}s^{n-1}+\cdots+a_1 s+a_0} \tag{5-23}$$

式中，$a_0,a_1,\cdots,a_{n-1}$ 和 $b_1,b_2,\cdots,b_m$ 均为实系数；$m$ 和 $n$ 均为正整数。故可将像函数 $F(s)$ 展开成部分分式，再辅以查拉普拉斯变换表，即可求得对应的原函数 $f(t)$。

欲将 $F(s)$ 展开成部分分式，首先应将式(5-23) 化成真分式。即当 $m \geqslant n$ 时，应先用除法将 $F(s)$ 表示成一个 $s$ 的多项式与一个余式 $\dfrac{N_0(s)}{D(s)}$ 之和，即

$$F(s)=\frac{N(s)}{D(s)}=B_{m-n}s^{m-n}+\cdots+B_1 s+B_0+\frac{N_0(s)}{D(s)}$$

这样余式 $N_0(s)/D(s)$ 已为一真分式。对应于多项式 $Q(s)=B_{m-n}s^{m-n}+\cdots+B_1 s+B_0$ 各项的时间函数是冲激函数的各阶导数与冲激函数本身。所以，在下面的分析中，均按 $F(s)=N(s)/D(s)$ 已是真分式的情况进行讨论。分两种情况研究：

（1）分母多项式 $D(s)=s^n+a_{n-1}s^{n-1}+\cdots+a_1 s+a_0=0$ 的根为 $n$ 个单根 $p_1,p_2,\cdots,p_i,\cdots,p_n$。由于 $D(s)=0$ 时即有 $F(s)=\infty$，故称 $D(s)=0$ 的根 $p_i(i=1,2,\cdots,n)$ 为 $F(s)$ 的极点。此时可将 $D(s)$ 进行因式分解，而将式(5-23) 写成如下形式，并展开成部分分式。即

$$F(s)=\frac{N(s)}{D(s)}=\frac{b_m s^m+b_{m-1}s^{m-1}+\cdots+b_1 s+b}{(s-p_1)(s-p_2)\cdots(s-p_i)\cdots(s-p_n)}$$

$$=\frac{K_1}{s-p_1}+\frac{K_2}{s-p_2}+\cdots+\frac{K_i}{s-p_i}+\cdots+\frac{K_n}{s-p_n} \tag{5-24}$$

式中，$K_i(i=1,2,\cdots,n)$ 为待定常数。

可见，只要将待定常数 $K_i$ 求出，则 $F(s)$ 的原函数 $f(t)$ 即可通过查表 5-2 中序号 6 的公式而求得，即

$$f(t)=K_1 e^{p_1 t}+K_2 e^{p_2 t}+\cdots+K_i e^{p_i t}+\cdots+K_n e^{p_n t}=\sum_{i=1}^{n}K_i e^{p_i t}U(t)$$

待定常数 $K_i$ 按下式求得

$$K_i=\frac{N(s)}{D(s)}(s-p_i)\bigg|_{s=p_i} \tag{5-25}$$

现对式(5-25) 推导如下：将式(5-24) 等号两端同乘以 $(s-p_i)$，即有

$$F(s)(s-p_i)=\frac{K_1}{s-p_1}(s-p_i)+\frac{K_2}{s-p_2}(s-p_i)+\cdots+K_i+\cdots+\frac{K_n}{s-p_n}(s-p_i)$$

由于此式为恒等式，故可取 $s=p_i$ 代入，并考虑到 $p_1\neq p_i,p_2\neq p_i,\cdots,p_n\neq p_i$，故得

$$F(s)(s-p_i)\big|_{s=p_i}=0+0+\cdots+K_i+\cdots+0$$

于是得 $$K_i = F(s)(s-p_i)\Big|_{s=p_i} = \frac{N(s)}{D(s)}(s-p_i)\Big|_{s=p_i}$$ 证毕。

**【例 5-8】** 求像函数 $F(s)=\dfrac{s^2+s+2}{s^3+3s^2+2s}$ 的原函数 $f(t)$。

**解**：$D(s)=s^3+3s^2+2s=s(s+1)(s+2)=0$ 的根(即极点)为 $p_1=0, p_2=-1, p_3=-2$。这是单实根的情况。故 $F(s)$ 的部分分式为

$$F(s)=\frac{s^2+s+2}{s(s+1)(s+2)}=\frac{K_1}{s+0}+\frac{K_2}{s+1}+\frac{K_3}{s+2} \tag{5-26}$$

其中

$$K_1=\frac{s^2+s+2}{s(s+1)(s+2)}(s+0)\Big|_{s=0}=1$$

$$K_2=\frac{s^2+s+2}{s(s+1)(s+2)}(s+1)\Big|_{s=-1}=-2$$

$$K_3=\frac{s^2+s+2}{s(s+1)(s+2)}(s+2)\Big|_{s=-2}=2$$

代入式(5-26)有

$$F(s)=\frac{1}{s}-\frac{2}{s+1}+\frac{2}{s+2}$$

故得

$$f(t)=U(t)-2e^{-t}U(t)+2e^{-2t}U(t)=(1-2e^{-t}+2e^{-2t})U(t)$$

**【例 5-9】** 求像函数 $F(s)=\dfrac{2s^2+6s+6}{(s+2)(s^2+2s+2)}$ 的原函数 $f(t)$。

**解**：$D(s)=(s+2)(s^2+2s+2)=(s+2)(s+1+\mathrm{j}1)(s+1-\mathrm{j}1)=0$ 的根(即极点)为 $p_1=-2$，$p_2=-1-\mathrm{j}1, p_3=-1+\mathrm{j}1=\overset{*}{p}_2$。这是有单复数根的情况。复数根一定是共轭成对出现的。故 $F(s)$ 的部分分式为

$$F(s)=\frac{2s^2+6s+6}{(s+2)(s+1+\mathrm{j}1)(s+1-\mathrm{j}1)}=\frac{K_1}{s+2}+\frac{K_2}{s+1+\mathrm{j}1}+\frac{K_3}{s+1-\mathrm{j}1} \tag{5-27}$$

其中

$$K_1=\frac{2s^2+6s+6}{(s+2)(s+1+\mathrm{j}1)(s+1-\mathrm{j}1)}(s+2)\Big|_{s=-2}=1$$

$$K_2=\frac{2s^2+6s+6}{(s+2)(s+1+\mathrm{j}1)(s+1-\mathrm{j}1)}(s+1+\mathrm{j}1)\Big|_{s=-1-\mathrm{j}1}=\frac{1}{2}+\mathrm{j}\frac{1}{2}=\frac{1}{\sqrt{2}}e^{\mathrm{j}45^\circ}$$

$$K_3=\frac{2s^2+6s+6}{(s+2)(s+1+\mathrm{j}1)(s+1-\mathrm{j}1)}(s+1-\mathrm{j}1)\Big|_{s=-1+\mathrm{j}1}=\frac{1}{2}-\mathrm{j}\frac{1}{2}=\frac{1}{\sqrt{2}}e^{-\mathrm{j}45^\circ}=\overset{*}{K}_2$$

可见 $K_3$ 与 $K_2$ 也是互为共轭的。故当求得 $K_2$ 时，$K_3$ 即可根据共轭关系直接写出，而无须再详细求解。代入式(5-27)有

$$F(s)=\frac{1}{s+2}+\frac{1}{\sqrt{2}}e^{\mathrm{j}45^\circ}\frac{1}{s+1+\mathrm{j}1}+\frac{1}{\sqrt{2}}e^{-\mathrm{j}45^\circ}\frac{1}{s+1-\mathrm{j}1}$$

故得

$$f(t)=e^{-2t}U(t)+\frac{1}{\sqrt{2}}e^{\mathrm{j}45^\circ}e^{-(1+\mathrm{j}1)t}U(t)+\frac{1}{\sqrt{2}}e^{-\mathrm{j}45^\circ}e^{-(1-\mathrm{j}1)t}U(t)$$

$$=\left\{e^{-2t}+\frac{1}{\sqrt{2}}e^{-t}\left[e^{-\mathrm{j}(t-45^\circ)}+e^{-\mathrm{j}(t-45^\circ)}\right]\right\}U(t)$$

$$=\left[e^{-2t}+\sqrt{2}e^{-t}\cos(t-45^\circ)\right]U(t)$$

**【例 5-10】** 求像函数 $F(s)=\dfrac{s}{s^2+4}$ 的原函数 $f(t)$。

**解**:$D(s)=s^2+4=(s+j2)(s-j2)=0$ 的根(即极点)为 $p_1=-j2, p_2=j2=\overset{*}{p}_1$。这是单虚根的情况。故 $F(s)$ 的部分分式为

$$F(s)=\frac{s}{s^2+4}=\frac{s}{(s+j2)(s-j2)}=\frac{K_1}{s+j2}+\frac{K_2}{s-j2} \tag{5-28}$$

其中

$$K_1=\frac{s}{(s+j2)(s-j2)}(s+j2)\Big|_{s=-j2}=\frac{1}{2}$$

$$K_2=\frac{s}{(s+j2)(s-j2)}(s-j2)\Big|_{s=j2}=\frac{1}{2}=\overset{*}{K}_1$$

代入式(5-28)有

$$F(s)=\frac{1}{2}\frac{1}{s+j2}+\frac{1}{2}\frac{1}{s-j2}$$

故得

$$f(t)=\frac{1}{2}e^{-j2t}U(t)+\frac{1}{2}e^{j2t}U(t)=\cos 2tU(t)$$

**【例 5-11】** 求 $F(s)=\dfrac{s^3+5s^2+9s+7}{s^2+3s+2}$ 的原函数 $f(t)$。

**解**:因 $F(s)$ 是假分式(即 $m=3>n=2$),故应先化为真分式,然后再展开成部分分式。

$D(s)=s^2+3s+2=(s+1)(s+2)=0$ 的根(即极点)为 $p_1=-1, p_2=-2$。故有

$$F(s)=s+2+\frac{s+3}{s^2+3s+2}=s+2+\frac{s+3}{(s+1)(s+2)}=s+2+\frac{2}{s+1}-\frac{1}{s+2}$$

故得

$$f(t)=\delta'(t)+2\delta(t)+(2e^{-t}-e^{-2t})U(t)$$

**【例 5-12】** 求 $F(s)=\dfrac{1-e^{-2s}}{s^2+7s+12}$ 的原函数 $f(t)$。

**解**:

$$F(s)=\frac{1}{s^2+7s+12}-\frac{1}{s^2+7s+12}e^{-2s}=F_0(s)-F_0(s)e^{-2s}$$

其中

$$F_0(s)=\frac{1}{s^2+7s+12}=\frac{1}{(s+3)(s+4)}=\frac{1}{s+3}-\frac{1}{s+4}$$

故

$$f_0(t)=\mathscr{L}^{-1}[F_0(s)]=(e^{-3t}-e^{-4t})U(t)$$

故得

$$\begin{aligned}f(t)&=\mathscr{L}^{-1}[F(s)]=\mathscr{L}^{-1}[F_0(s)-F_0(s)e^{-2s}]\\&=f_0(t)-f_0(t-2)=(e^{-3t}-e^{-4t})U(t)-[e^{-3(t-2)}-e^{-4(t-2)}]U(t-2)\end{aligned}$$

(2) $D(s)=s^n+a_{n-1}s^{n-1}+\cdots+a_1s+a_0=0$ 的根(即极点)含有重根,例如含有一个三重根 $p_1$ 和一个单根 $p_2$,则部分分式的展开形式应为

$$F(s)=\frac{N(s)}{D(s)}=\frac{N(s)}{(s-p_1)^3(s-p_2)}=\frac{K_{11}}{(s-p_1)^3}+\frac{K_{12}}{(s-p_1)^2}+\frac{K_{13}}{(s-p_1)}+\frac{K_2}{(s-p_2)} \tag{5-29}$$

为了求得 $K_{11}$,可将上式等号两端同乘以 $(s-p_1)^3$,即

$$\frac{N(s)}{D(s)}(s-p_1)^3=K_{11}+K_{12}(s-p_1)+K_{13}(s-p_1)^2+(s-p_1)^3\frac{K_2}{s-p_2} \tag{5-30}$$

由于式(5-30)为恒等式,故可令 $s=p_1$,于是得

$$K_{11}=\frac{N(s)}{D(s)}(s-p_1)^3\Big|_{s=p_1}$$

为了求得 $K_{12}$,可将式(5-30)对 $s$ 求一阶导数,即

$$\frac{d}{ds}\left[\frac{N(s)}{D(s)}(s-p_1)^3\right]=0+K_{12}+2K_{13}(s-p_1)+\frac{d}{ds}\left[(s-p_1)^3\frac{K_2}{s-p_2}\right] \tag{5-31}$$

由于式(5-31)也为恒等式,故可令 $s=p_1$,于是得

$$K_{12}=\frac{\mathrm{d}}{\mathrm{d}s}\left[\frac{N(s)}{D(s)}(s-p_1)^3\right]\bigg|_{s=p_1}$$

为了求得 $K_{13}$,可将式(5-30)对 $s$ 求二阶导数(亦即对式(5-31)求一阶导数),即

$$\frac{\mathrm{d}^2}{\mathrm{d}^2s}\left[\frac{N(s)}{D(s)}(s-p_1)^3\right]=0+0+2K_{13}+\frac{\mathrm{d}^2}{\mathrm{d}^2s}\left[(s-p_1)^3\frac{K_2}{s-p_2}\right]$$

由于上式仍为恒等式,故可令 $s=p_1$,于是得

$$K_{13}=\frac{1}{2!}\frac{\mathrm{d}^2}{\mathrm{d}^2s}\left[\frac{N(s)}{D(s)}(s-p_1)^3\right]\bigg|_{s=p_1}$$

推广之,当 $D(s)=0$ 的根含有 $m$ 阶重根 $p_1$ 时,则待定系数 $K_{1m}$ 为

$$K_{1m}=\frac{1}{(m-1)!}\frac{\mathrm{d}^{m-1}}{\mathrm{d}s^{(m-1)}}\left[\frac{N(s)}{D(s)}(s-p_1)^m\right]\bigg|_{s=p_1}\tag{5-32}$$

至于式(5-30)中系数 $K_2$ 的求法仍与前面的(1)相同,即

$$K_2=\frac{N(s)}{D(s)}(s-p_2)\bigg|_{s=p_2}$$

**【例 5-13】** 求 $F(s)=\dfrac{s+2}{(s+1)^2(s+3)s}$ 的原函数 $f(t)$。

**解:**$D(s)=(s+1)^2(s+3)s=0$ 的根(即极点)为 $p_1=-1$(二重根),$p_2=-3$,$p_3=0$。故 $F(s)$ 的部分分式为

$$F(s)=\frac{K_{11}}{(s+1)^2}+\frac{K_{12}}{s+1}+\frac{K_2}{s+3}+\frac{K_3}{s}\tag{5-33}$$

式中

$$K_{11}=\frac{s+2}{(s+1)^2(s+3)s}(s+1)^2\bigg|_{s=-1}=-\frac{1}{2}$$

$$K_{12}=\frac{\mathrm{d}}{\mathrm{d}s}\frac{s+2}{(s+1)^2(s+3)s}(s+1)^2\bigg|_{s=-1}=-\frac{3}{4}$$

$$K_2=\frac{s+2}{(s+1)^2(s+3)s}(s+3)\bigg|_{s=-3}=\frac{1}{12}$$

$$K_3=\frac{s+2}{(s+1)^2(s+3)s}(s+0)\bigg|_{s=0}=\frac{2}{3}$$

代入式(5-33)有

$$F(s)=-\frac{1}{2}\frac{1}{(s+1)^2}-\frac{3}{4}\frac{1}{s+1}+\frac{1}{12}\frac{1}{s+3}+\frac{2}{3}\frac{1}{s}$$

故得

$$f(t)=\left(-\frac{1}{2}t\mathrm{e}^{-t}-\frac{3}{4}\mathrm{e}^{-t}+\frac{1}{12}\mathrm{e}^{-3t}+\frac{2}{3}\right)U(t)$$

**【例 5-14】** 求 $F(s)=\dfrac{1/3}{s^2(s^2+4)}$ 的原函数 $f(t)$。

**解:**$D(s)=s^2(s^2+4)=s^2(s+\mathrm{j}2)(s-\mathrm{j}2)$ 的根(即极点)为 $p_1=0$(二重根),$p_2=-\mathrm{j}2$,$p_3=\mathrm{j}2=\overset{*}{p}_2$。故 $F(s)$ 的部分分式为

$$F(s)=\frac{K_{11}}{s^2}+\frac{K_{12}}{s}+\frac{K_2}{s+\mathrm{j}2}+\frac{K_3}{s-\mathrm{j}2}\tag{5-34}$$

式中

$$K_{11}=\frac{1/3}{s^2(s^2+4)}s^2\bigg|_{s=0}=\frac{1}{12},\quad K_{12}=\frac{\mathrm{d}}{\mathrm{d}s}\left[\frac{1/3}{s^2(s^2+4)}s^2\right]\bigg|_{s=0}=0$$

$$K_2 = \left.\frac{\frac{1}{3}(s+2\mathrm{j})}{s^2(s+\mathrm{j}2)(s-\mathrm{j}2)}\right|_{s=-\mathrm{j}2} = \frac{1}{\mathrm{j}48} = \frac{1}{48}\mathrm{e}^{-\mathrm{j}90^\circ}, \quad K_3 = \overset{*}{K}_2 = \frac{1}{48}\mathrm{e}^{\mathrm{j}90^\circ}$$

代入式(5-34)有 $$F(s) = \frac{1}{12}\frac{1}{s^2} + \frac{0}{s} + \frac{1}{48}\mathrm{e}^{-\mathrm{j}90^\circ}\frac{1}{s+\mathrm{j}2} + \frac{1}{48}\mathrm{e}^{\mathrm{j}90^\circ}\frac{1}{s-\mathrm{j}2}$$

故得 $$f(t) = \left(\frac{1}{12}t + \frac{1}{48}\mathrm{e}^{-\mathrm{j}90^\circ}\mathrm{e}^{-\mathrm{j}2t} + \frac{1}{48}\mathrm{e}^{\mathrm{j}90^\circ}\mathrm{e}^{\mathrm{j}2t}\right)U(t) = \frac{1}{12}\left[t + \frac{1}{2}\cos(2t+90^\circ)\right]U(t)$$

**【例 5-15】** 求 $F(s) = \dfrac{s+1}{[(s+2)^2+1]^2}$ 的原函数 $f(t)$。

**解：** $D(s) = [(s+2)^2+1]^2 = (s+2-\mathrm{j}1)^2(s+2+\mathrm{j}1)^2 = 0$ 的根(即极点)为 $p_1 = -2+\mathrm{j}1$(二重根)，$p_2 = -2-\mathrm{j}1$(二重根)。故 $F(s)$ 的部分分式为

$$F(s) = \frac{K_{11}}{(s+2-\mathrm{j}1)^2} + \frac{K_{12}}{(s+2-\mathrm{j}1)} + \frac{K_{21}}{(s+2+\mathrm{j}1)^2} + \frac{K_{22}}{(s+2+\mathrm{j}1)} \tag{5-35}$$

式中

$$K_{11} = \left.\frac{(s+2)}{(s+2-\mathrm{j}1)^2(s+2+\mathrm{j}1)^2}(s+2-\mathrm{j}1)^2\right|_{s=-2+\mathrm{j}1} = \frac{\sqrt{2}}{4}\mathrm{e}^{-\mathrm{j}45^\circ}$$

$$K_{12} = \left.\frac{\mathrm{d}}{\mathrm{d}s}\frac{(s+2)}{(s+2-\mathrm{j}1)^2(s+2+\mathrm{j}1)^2}(s+2-\mathrm{j}1)^2\right|_{s=-2+\mathrm{j}1} = \frac{1}{4}\mathrm{e}^{\mathrm{j}90^\circ}$$

$$K_{21} = \overset{*}{K}_{11} = \frac{\sqrt{2}}{4}\mathrm{e}^{\mathrm{j}45^\circ}, \qquad K_{22} = \overset{*}{K}_{12} = \frac{1}{4}\mathrm{e}^{-\mathrm{j}90^\circ}$$

代入式(5-35)有 $$F(s) = \frac{\frac{\sqrt{2}}{4}\mathrm{e}^{-\mathrm{j}45^\circ}}{(s+2-\mathrm{j}1)^2} + \frac{\frac{1}{4}\mathrm{e}^{\mathrm{j}90^\circ}}{s+2-\mathrm{j}1} + \frac{\frac{\sqrt{2}}{4}\mathrm{e}^{\mathrm{j}45^\circ}}{(s+2+\mathrm{j}1)^2} + \frac{\frac{1}{4}\mathrm{e}^{-\mathrm{j}90^\circ}}{s+2+\mathrm{j}1}$$

$$= \left[\frac{\sqrt{2}}{2}t\mathrm{e}^{-2t}\cos(t-45^\circ) + \frac{1}{2}\mathrm{e}^{-2t}\cos(t+90^\circ)\right]U(t)$$

### *2. 留数法(Residue Method)

根据式(5-5)知，拉普拉斯反变换式为

$$f(t) = \frac{1}{2\pi\mathrm{j}}\int_{\sigma-\mathrm{j}\infty}^{\sigma+\mathrm{j}\infty}F(s)\mathrm{e}^{st}\mathrm{d}s, \quad t>0$$

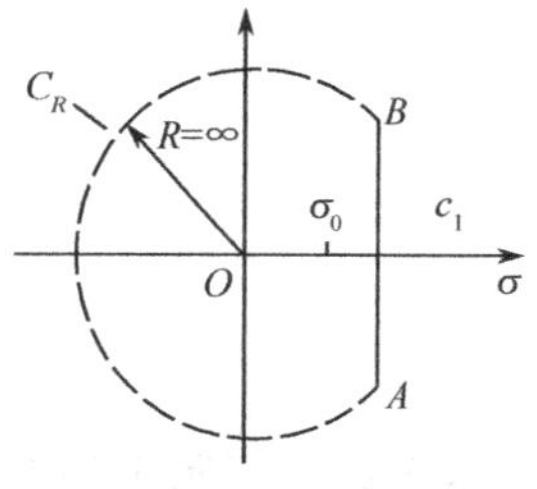

图 5-3

这是一个复变函数的线积分，其积分路径是 $s$ 平面内平行于 $\mathrm{j}\omega$ 轴的 $\sigma = c_1 > \sigma_0$ 的直线 $AB$(亦即直线 $AB$ 必须在收敛轴以右)，如图 5-3 所示。直接求这个积分是很困难的，但从复变函数论知，可将求此线积分的问题，转化为求 $F(s)$ 的全部极点在一个闭合回线内部的全部留数的代数和。这种方法称为留数法，也称围线积分法。闭合回线确定的原则是：必须把 $F(s)$ 的全部极点都包围在此闭合回线的内部。因此，从普遍性考虑，此闭合回线应由直线 $AB$ 与直线 $AB$ 左侧半径 $R=\infty$ 的圆 $C_R$ 所组成。这样，拉普拉斯反变换的运算，就转化为求被积函数 $F(s)\mathrm{e}^{st}$ 在 $F(s)$ 的全部极点上留数的代数和，即

$$f(t) = \frac{1}{2\pi\mathrm{j}}\int_{\sigma-\mathrm{j}\infty}^{\sigma+\mathrm{j}\infty}F(s)\mathrm{e}^{st}\mathrm{d}s = \frac{1}{2\pi\mathrm{j}}\int_{AB}F(s)\mathrm{e}^{st}\mathrm{d}s + \frac{1}{2\pi\mathrm{j}}\int_{C_R}F(s)\mathrm{e}^{st}\mathrm{d}s$$

$$= \frac{1}{2\pi\mathrm{j}}\oint_{AB+C_R}F(s)\mathrm{e}^{st}\mathrm{d}s = \sum_{i=1}^{n}\mathrm{Res}[p_i]$$

式中 $$\int_{AB}F(s)\mathrm{e}^{st}\mathrm{d}s = f(t) = \int_{\sigma-\mathrm{j}\infty}^{\sigma+\mathrm{j}\infty}F(s)\mathrm{e}^{st}\mathrm{d}s$$

$$\int_{C_R} F(s)\mathrm{e}^{st}\mathrm{d}s = 0$$

$p_i(i=1,2,3,\cdots)$ 为 $F(s)$ 的极点，亦即 $D(s)=0$ 的根；$\mathrm{Res}[p_i]$ 为极点 $p_i$ 的留数。以下分两种情况介绍留数的具体求法。

(1) 若 $p_i$ 为 $D(s)=0$ 的单根[即为 $F(s)$ 的一阶极点]，则其留数为

$$\mathrm{Res}[p_i] = F(s)\mathrm{e}^{st}(s-p_i)\Big|_{s=p_i} \tag{5-36}$$

(2) 若 $p_i$ 为 $D(s)=0$ 的 $m$ 阶重根[即为 $F(s)$ 的 $m$ 阶极点]，则其留数为

$$\mathrm{Res}[p_i] = \frac{1}{(m-1)!}\frac{\mathrm{d}^{m-1}}{\mathrm{d}s^{m-1}}[F(s)\mathrm{e}^{st}(s-p_i)^m]\Big|_{s=p_i} \tag{5-37}$$

将式(5-36)、式(5-37) 分别与式(5-25)、式(5-32) 相比较，可以看出部分分式的系数与留数的差别，这些差别表现在形式上，但在本质上是一致的。

与部分分式相比，留数法的优点在于它不仅能处理有理函数，也能处理无理函数。若 $F(s)$ 有重阶极点，此时用留数法求拉普拉斯反变换要略为简便些(见例 5-16)。

**【例 5-16】** 用留数法求 $F(s)=\dfrac{s+2}{(s+1)^2(s+3)s}$ 的原函数 $f(t)$。

**解：**$D(s)=(s+1)^2(s+3)s=0$ 的根(即极点) 为 $p_1=-1$(二重根，即二阶极点)，$p_2=-3$，$p_3=0$。故根据式(5-36) 和式(5-37) 可求得各极点上的留数为

$$\begin{aligned}\mathrm{Res}[p_1] &= \frac{1}{(2-1)!}\frac{\mathrm{d}^{2-1}}{\mathrm{d}s^{2-1}}\left[\frac{s+2}{(s+1)^2(s+3)s}\mathrm{e}^{st}(s+1)^2\right]\Big|_{s=-1}\\ &= \frac{\mathrm{d}}{\mathrm{d}s}\left[\frac{s+2}{(s+3)s}\mathrm{e}^{st}\right]\Big|_{s=-1} = \frac{s+2}{(s+3)s}t\mathrm{e}^{st}\Big|_{s=-1} + \frac{s(s+3)-(s+2)(2s+3)}{s^2(s+3)^2}\mathrm{e}^{st}\Big|_{s=-1}\\ &= -\frac{1}{2}t\mathrm{e}^{-t} - \frac{3}{4}\mathrm{e}^{-t}\end{aligned}$$

$$\mathrm{Res}[p_2] = \frac{s+2}{(s+1)^2(s+3)s}\mathrm{e}^{st}(s+3)\Big|_{s=-3} = \frac{1}{12}\mathrm{e}^{-3t}$$

$$\mathrm{Res}[p_3] = \frac{s+2}{(s+1)^2(s+3)s}\mathrm{e}^{st}(s+0)\Big|_{s=0} = \frac{2}{3}$$

故得

$$\begin{aligned}f(t) &= \sum_{i=1}^{3}\mathrm{Res}[p_i] = \mathrm{Res}[p_1] + \mathrm{Res}[p_2] + \mathrm{Res}[p_3]\\ &= \left(-\frac{1}{2}t\mathrm{e}^{-t} - \frac{3}{4}\mathrm{e}^{-t} + \frac{1}{12}\mathrm{e}^{-3t} + \frac{2}{3}\right)U(t)\end{aligned}$$

这个结果与例 5-13 的结果完全相同，但计算过程要比例 5-13 稍简便些。

## 5.2 基尔霍夫定律与电路元件的复频域形式

### 5.2.1 基尔霍夫定律的复频域形式

#### 1. KCL 的复频域形式

从电路理论中已经知道，对于电路中的任一个节点 A 或割集 C，其时域形式的 KCL 方程为

$$\sum_{k=1}^{n} i_k(t) = 0 \qquad k = 1,2,3,\cdots,n$$

式中,$n$ 为连接在节点 A 上的支路数或割集 C 中所包含的支路数。对上式进行拉普拉斯变换得

$$\mathscr{L}\left[\sum_{k=1}^{n} i_k(t)\right] = \mathscr{L}[0]$$

即

$$\sum_{k=1}^{n} \mathscr{L}[i_k(t)] = 0$$

故

$$\sum_{k=1}^{n} I_k(s) = 0$$

式中,$I_k(s) = \mathscr{L}[i_k(t)]$ 为支路电流 $i_k(t)$ 的像函数。上式即为 KCL 的复频域形式。它说明集中于电路中任一节点 A 的所有支路电流像函数的代数和等于零;或者电路的任一割集 C 中所有支路电流像函数的代数和等于零。

**2. KVL 的复频域形式**

对于电路中任一个回路,其时域形式的 KVL 方程为

$$\sum_{k=1}^{n} u_k(t) = 0 \qquad k = 1,2,3,\cdots,n$$

式中,$n$ 为回路中所含支路的个数。对上式进行拉普拉斯变换得

$$\sum_{k=1}^{n} U_k(s) = 0$$

式中,$U_k(s) = \mathscr{L}[u_k(t)]$ 为支路电压 $u_k(t)$ 的像函数。上式即为 KVL 的复频域形式。它说明任一回路中所有支路电压像函数的代数和等于零。

### 5.2.2 电路元件伏安关系的复频域形式

电路中的无源元件有电阻 R,电容 C,电感 L,耦合电感元件。

**1. 电阻元件**

电阻元件的时域电路模型如图 5-4(a) 所示,其时域伏安关系为

$$u(t) = R\,i(t)$$

或

$$i(t) = \frac{1}{R}u(t) = G\,u(t)$$

对上两式求拉普拉斯变换,即得其复频域伏安关系为

$$U(s) = R\,I(s)$$

或

$$I(s) = GU(s)$$

式中,$U(s) = \mathscr{L}[u(t)]$,$I(s) = \mathscr{L}[i(t)]$。其复频域电路模型如图 5-4(b) 所示。

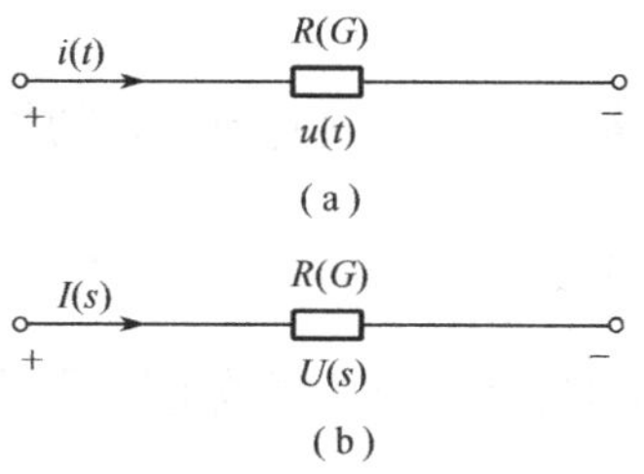

图 5-4

**2. 电容元件**

电容元件的时域电路模型如图 5-5(a) 所示,其时域伏安关系为

$$i(t) = C\frac{\mathrm{d}u(t)}{\mathrm{d}t}$$

或

$$u(t) = u(0^-) + \frac{1}{C}\int_{0^-}^{t} i(\tau)\,\mathrm{d}\tau$$

式中，$u(0^-)$ 为 $t=0^-$ 时刻电容 C 上的初始电压。对上两式求拉普拉斯变换，即得其复频域伏安关系为

$$I(s)=CsU(s)-Cu(0^-)=\frac{U(s)}{\dfrac{1}{Cs}}-Cu(0^-)$$

或
$$U(s)=\frac{1}{s}u(0^-)+\frac{1}{Cs}I(s)$$

式中，$I(s)=\mathscr{L}[i(t)]$，$U(s)=\mathscr{L}[u(t)]$；$\frac{1}{Cs}$ 称为电容 C 的复频域容抗，其倒数 $Cs$ 称为电容 C 的复频域容纳；$\frac{1}{s}u(0^-)$ 为电容元件初始电压 $u(0^-)$ 的像函数，可等效表示为附加的独立电压源；$Cu(0^-)$ 可等效表示为附加的独立电流源。$\frac{1}{s}u(0^-)$ 和 $Cu(0^-)$ 均称为电容 C 的内激励。根据以上两式即可画出电容元件的复频域电路模型，如图 5-5(b) 和(c) 所示，前者为并联电路模型，后者为串联电路模型。

**3. 电感元件**

电感元件的时域电路模型如图 5-6(a) 所示，其时域伏安关系为

$$u(t)=L\frac{\mathrm{d}i(t)}{\mathrm{d}t}$$

或
$$i(t)=i(0^-)+\frac{1}{L}\int_{0^-}^{t}u(\tau)\mathrm{d}\tau$$

式中，$i(0^-)$ 为 $t=0^-$ 时刻电感 L 中的初始电流。对以上两式求拉普拉斯变换，即得其复频域伏安关系为

$$U(s)=LsI(s)-Li(0^-)$$

或
$$I(s)=\frac{1}{s}i(0^-)+\frac{1}{Ls}U(s)$$

式中，$U(s)=L[u(t)]$，$I(s)=L[i(t)]$；$Ls$ 称为电感 L 的复频域感抗，其倒数 $\frac{1}{Ls}$ 称为电感 L 的复频域感纳；$\frac{1}{s}i(0^-)$ 为电感元件初始电流 $i(0^-)$ 的像函数，可等效表示为附加的独立电流源；$Li(0^-)$ 可等效表示为附加的独立电压源。$\frac{1}{s}i(0^-)$ 和 $Li(0^-)$ 均称为电感 L 的内激励。根据以上两式即可画出电感元件的复频域电路模型，如图 5-6(b) 和(c) 所示，前者为串联电路模型，后者为并联电路模型。

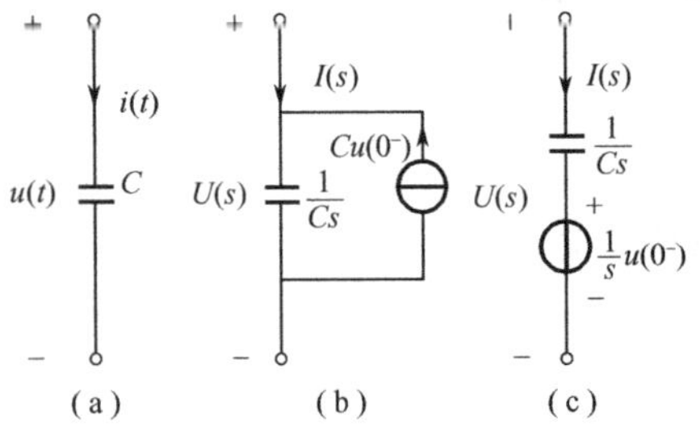

图 5-5

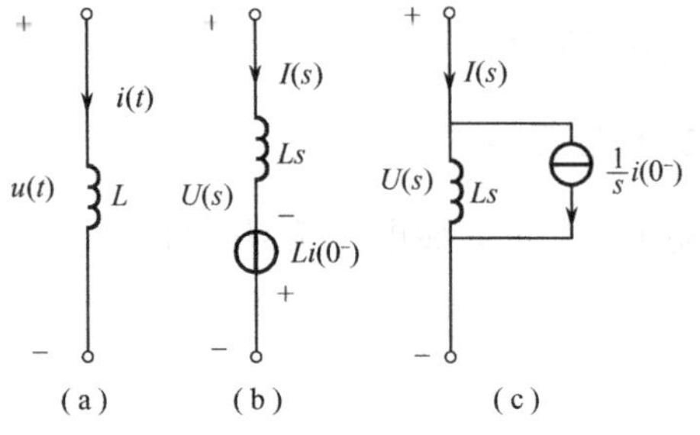

图 5-6

#### 4. 耦合电感元件

耦合电感元件的时域电路模型如图 5-7(a) 所示,其时域伏安关系为

$$u_1(t)=L_1\frac{\mathrm{d}i_1(t)}{\mathrm{d}t}+M\frac{\mathrm{d}i_2(t)}{\mathrm{d}t}$$

$$u_2(t)=M\frac{\mathrm{d}i_1(t)}{\mathrm{d}t}+L_2\frac{\mathrm{d}i_2(t)}{\mathrm{d}t}$$

对以上两式求拉普拉斯变换,即得其复频域伏安关系为

$$U_1(s)=L_1sI_1(s)-L_1i_1(0^-)+MsI_2(s)-Mi_2(0^-)$$

$$U_2(s)=MsI_1(s)-Mi_1(0^-)+L_2sI_2(s)-L_2i_2(0^-)$$

式中,$U_1(s)=\mathscr{L}[u_1(t)]$,$U_2(s)=\mathscr{L}[u_2(t)]$,$I_1(s)=\mathscr{L}[i_1(t)]$,$I_2(s)=\mathscr{L}[i_2(t)]$;$i_1(0^-)$,$i_2(0^-)$分别为电感 $L_1$,$L_2$ 中的初始电流;$Ms$ 称为耦合电感元件的复频域互感抗;$L_1i_1(0^-)$,$L_2i_2(0^-)$,$M_{i1}(0^-)$,$M_{i2}(0^-)$ 均可等效表示为附加的独立电压源,均为耦合电感元件的内激励。根据以上两式即可画出耦合电感元件的复频域电路模型,如图 5-7(b) 所示。

将图 5-7(a) 所示耦合电感的去耦等效电路画出,如图 5-7(c) 所示,与之对应的 $s$ 域电路模型如图 5-7(d) 所示。

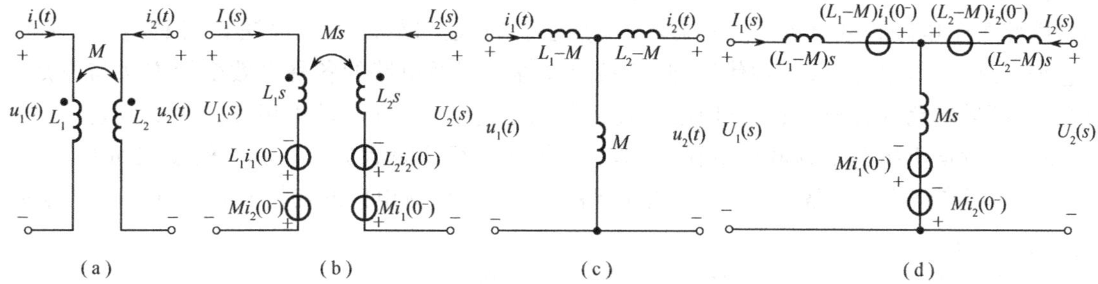


图 5-7

### 5.2.3 复频域形式的欧姆定律

图 5-8(a) 所示为时域 RLC 串联电路模型,设电感 L 中的初始电流为 $i(0^-)$,电容 C 上的初始电压为 $u_C(0^-)$。于是可画出其复频域电路模型如图 5-8(b) 所示,进而可写出其 KVL 方程为

$$U(s)=\left(R+Ls+\frac{1}{Cs}\right)I(s)-Li(0^-)+\frac{1}{s}u_C(0^-)$$

故得

$$I(s)=\frac{U(s)+Li(0^-)-\frac{1}{s}u_C(0^-)}{R+Ls+\frac{1}{Cs}}=\underbrace{\frac{U(s)}{Z(s)}}_{s\text{域零状态响应}}+\underbrace{\frac{Li(0^-)-\frac{1}{s}u_C(0^-)}{Z(s)}}_{s\text{域零输入响应}}\tag{5-38}$$

式中

$$Z(s)=R+Ls+\frac{1}{Cs}$$

$Z(s)$ 称为支路的复频域阻抗,它只与电路参数 $R,L,C$ 及复频率 $s$ 有关,而与电路的激励(包括内激励) 和响应无关。

令

$$Y(s)=\frac{1}{Z(s)}=\frac{1}{R+Ls+\frac{1}{Cs}}$$

$Y(s)$ 称为支路的复频域导纳。可见 $Y(s)$ 与 $Z(s)$ 互倒，即有 $Y(s)Z(s)=1$。

式(5-38)中等号右端的第一项只与激励 $U(s)$ 有关，故为 $s$ 域中的零状态响应；等号右端的第二项只与初始条件 $i(0^-)$，$u_C(0^-)$ 有关，故为 $s$ 域中的零输入响应；等号左端的 $I(s)$ 则为 $s$ 域中的全响应。

若 $i(0^-)=u_C(0^-)=0$，则式(5-38)变为

$$I(s)=\frac{U(s)}{Z(s)}=Y(s)U(s) \tag{5-39}$$

或

$$U(s)=Z(s)I(s)=\frac{I(s)}{Y(s)} \tag{5-40}$$

式(5-39)、式(5-40)即为复频域形式的欧姆定律。

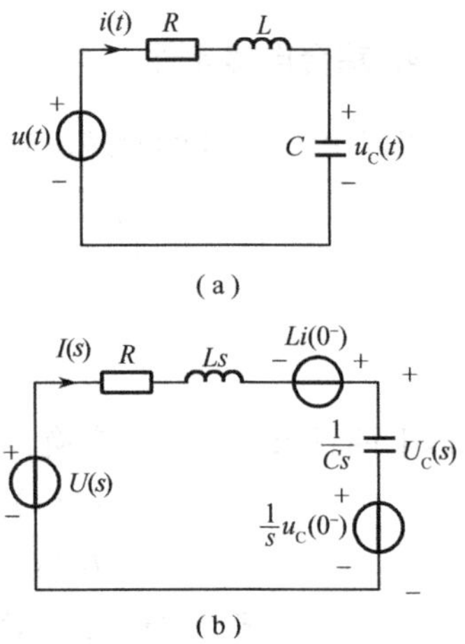

图 5-8

## 5.3 线性系统复频域分析法

由于复频域形式的 KCL、KVL、欧姆定律，在形式上与相量形式的 KCL、KVL、欧姆定律完全相同，因此关于电路频域分析的各种方法（节点法、割集法、网孔法、回路法）、各种定理（齐次定理、叠加定理、等效电源定理、替代定理、互易定理等），以及电路的各种等效变换方法与原则，均适用于复频域电路的分析，只是此时必须在复频域中进行，所有电量用相应的像函数表示，各无源支路用复频域阻抗或复频域导纳代替，但相应的运算仍为复数运算。其一般步骤如下：

(1) 根据换路前的电路（即 $t<0$ 时的电路）求 $t=0^-$ 时刻电感的初始电流 $i_L(0^-)$ 和电容的初始电压 $u_C(0^-)$；

(2) 求电路激励（电源）的拉普拉斯变换（即像函数）；

(3) 画出换路后电路（即 $t>0$ 时的电路）的复频域电路模型；

(4) 应用节点法、割集法、网孔法、回路法及电路的各种等效变换、电路定理等，对复频域电路模型列写 KCL、KVL 方程组，并求解此方程组，从而求得全响应解的像函数；

(5) 对所求得的全响应解的像函数进行拉普拉斯反变换，即得时域中的全响应，并画出其波形。

**【例 5-17】** 图 5-9(a) 所示电路，$R_1=R_2=1\Omega$，$L=2\text{H}$，$C=2\text{F}$，$g=0.5\text{s}$，$u_1(0^-)=-2\text{V}$，$i(0^-)=1\text{A}$，$u_s(t)=\cos t U(t)\text{V}$。求零输入响应 $u_{2x}(t)$。

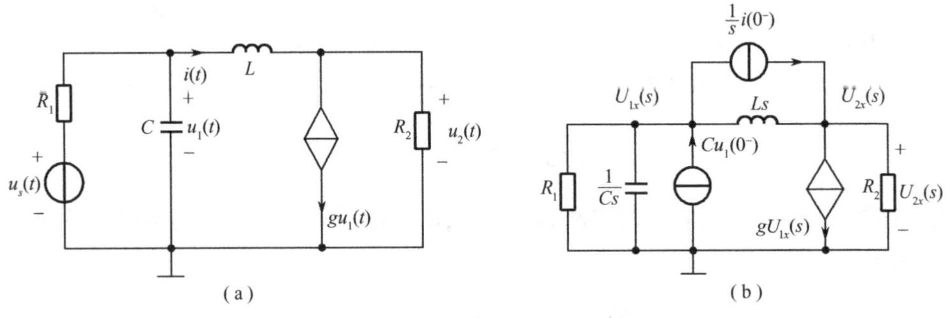

图 5-9

**解**:因只求零输入响应,故应使激励源 $u_s(t)=0$,进而可画出求零输入响应的 $s$ 域电路模型,如图 5-9(b) 所示。故可列出两个独立节点的 KCL 方程为

$$\left(\frac{1}{R_1}+Cs+\frac{1}{Ls}\right)U_{1x}(s)-\frac{1}{Ls}U_{2x}(s)=Cu_1(0^-)-\frac{1}{s}i(0^-)$$

$$-\frac{1}{Ls}U_{1x}(s)+\left(\frac{1}{R_2}+\frac{1}{Ls}\right)U_{2x}(s)=-gU_{1x}(s)+\frac{1}{s}i(0^-)$$

将已知数据代入并整理求解,即得

$$U_{2x}(s)=\frac{2s-\frac{1}{4}}{s^2+s+\frac{5}{8}}=\frac{2\left(s+\frac{1}{2}\right)}{\left(s+\frac{1}{2}\right)^2+\left(\sqrt{\frac{3}{8}}\right)^2}-\frac{\frac{5}{4}\sqrt{\frac{8}{3}}\times\sqrt{\frac{3}{8}}}{\left(s+\frac{1}{2}\right)^2+\left(\sqrt{\frac{3}{8}}\right)^2}$$

即
$$u_{2x}(t)=\mathscr{L}^{-1}[U_{2x}(s)]=\left(2e^{-\frac{1}{2}}\cos\sqrt{\frac{3}{8}}t-\frac{5}{4}\sqrt{\frac{8}{3}}e^{-\frac{1}{2}t}\sin\sqrt{\frac{3}{8}}t\right)U(t)\quad (\mathrm{V})$$

**【例 5-18】** 图 5-10(a) 所示电路,$i_1(t)=tU(t)\,\mathrm{A}$,$i_2(t)=e^{-2t}U(t)\,\mathrm{A}$,$u_2(0^-)=\frac{1}{4}\mathrm{V}$,$i(0^-)=0$,$R=1\Omega$,$L=1\mathrm{H}$,$C=1\mathrm{F}$。求全响应 $u_2(t)$。

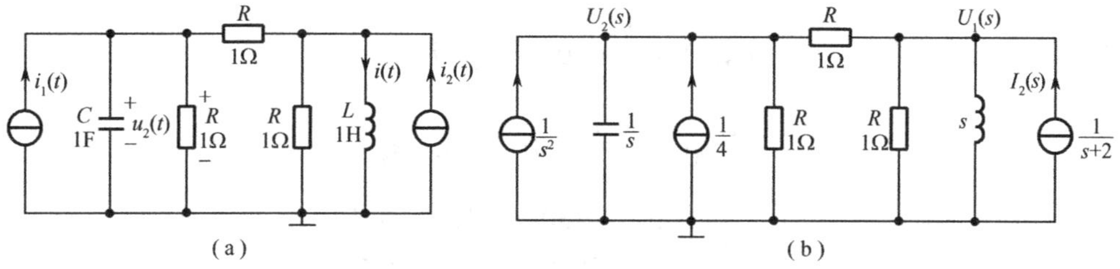


图 5-10

**解**:该电路的 $s$ 域电路模型如图 5-10(b) 所示。其中 $I_1(s)=\mathscr{L}[i_1(t)]=\frac{1}{s^2}$,$I_2(s)=\mathscr{L}[i_2(t)]=\frac{1}{s+2}$。故可列出独立节点的 KCL 方程为

$$\left(1+1+\frac{1}{s}\right)U_1(s)-U_2(s)=\frac{1}{s+2}$$

$$-U_1(s)+(1+1+s)U_2(s)=\frac{1}{s^2}+\frac{1}{4}$$

联立求解并化简得
$$U_2(s)=\frac{1}{2}\frac{1}{s^2}+\frac{5}{4}\frac{1}{s+1}-\frac{9}{8}\frac{1}{(s+1)^2}-\frac{1}{s+2}$$

故
$$u_2(t)=\mathscr{L}^{-1}[U_2(s)]=\left(\frac{1}{2}t+\frac{5}{4}e^{-t}-\frac{9}{8}te^{-t}-e^{-2t}\right)U(t)$$

**【例 5-19】** 图 5-11(a) 所示电路。已知 $C_1=1\mathrm{F}$,$C_2=2\mathrm{F}$,$R=3\Omega$,$u_1(0^-)=10\mathrm{V}$,$u_2(0^-)=0$。令于 $t=0$ 时刻闭合 K,求 $t>0$ 时的响应 $i_1(t)$,$u_1(t)$,$u_2(t)$,$i_2(t)$,$i_R(t)$,并画出波形。

**解**:$t>0$ 时的 $s$ 域电路模型如图 5-11(b) 所示,进而可列出独立节点的 KCL 方程为

$$\left(C_1s+C_2s+\frac{1}{R}\right)U_2(s)=\frac{1}{s}u_1(0^-)C_1s=10$$

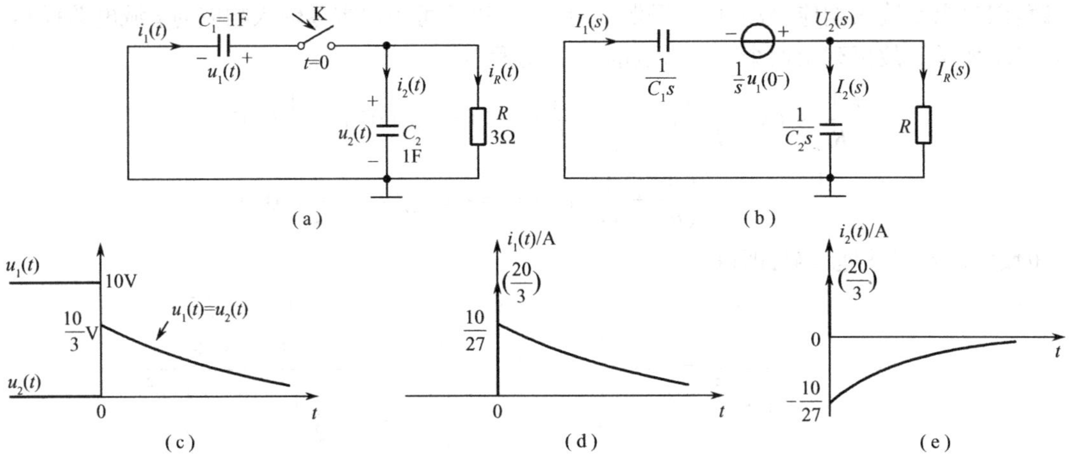


图 5-11

代入数据解得
$$U_2(s)=\frac{30}{9s+1}=\frac{10/3}{s+1/9}$$

故得
$$u_2(t)=\mathscr{L}^{-1}[U_2(s)]=\frac{10}{3}\mathrm{e}^{-\frac{1}{9}t}\quad t>0$$

又有
$$U_2(s)=\frac{1}{s}u_1(0^-)-\frac{1}{C_1 s}I_1(s)$$

故
$$\frac{1}{C_1 s}I_1(s)=\frac{1}{s}u_1(0^-)-U_2(s)$$

即
$$\frac{1}{s}I_1(s)=\frac{10}{s}-\frac{30}{9s+1}=\frac{10(6s+1)}{s(9s+1)}$$

故
$$I_1(s)=10\times\frac{6s+1}{9s+1}=10\left[\frac{2}{3}+\frac{1/3}{9s+1}\right]=10\left[\frac{2}{3}+\frac{1}{27}\frac{1}{s+1/9}\right]=\frac{20}{3}+\frac{10}{27}\times\frac{1}{s+1/9}$$

故得
$$i_1(t)=\left[\frac{20}{3}\delta(t)+\frac{10}{27}\mathrm{e}^{-\frac{1}{9}t}\right]\quad t>0$$

又
$$I_2(s)=C_2 sU_2(s)=\frac{60s}{9s+1}=\frac{20}{3}-\frac{20}{27}\times\frac{1}{s+1/9}$$

故得
$$i_2(t)=\left[\frac{20}{3}\delta(t)-\frac{20}{27}\mathrm{e}^{-\frac{1}{9}t}\right]\quad t>0$$

又
$$I_R(s)=\frac{U_2(s)}{R}=\frac{1}{3}\,\frac{30}{9s+1}=\frac{10}{9}\times\frac{1}{s+1/9}$$

故得
$$i_R(t)=\frac{10}{9}\mathrm{e}^{\frac{1}{9}t}$$

可以验证有
$$i_1(t)=i_2(t)+i_R(t)$$

也可以用以下方法求 $i_1(t)$，$u_1(t)$，$i_2(t)$，$i_R(t)$。从图 5-11(a) 可看出有

$$u_1(t)=u_2(t)=\frac{10}{3}\mathrm{e}^{-\frac{1}{9}t},\quad t>0$$

故
$$i_1(t)=-C_1\frac{\mathrm{d}u_1(t)}{\mathrm{d}t}=\left[\frac{20}{3}\delta(t)+\frac{10}{27}\mathrm{e}^{-\frac{1}{9}t}\right],\quad t>0$$

$$i_2(t)=-C_2\frac{\mathrm{d}u_{21}(t)}{\mathrm{d}t}=\left[\frac{20}{3}\delta(t)-\frac{10}{27}\mathrm{e}^{-\frac{1}{9}t}\right],\quad t>0$$

$$i_{\mathrm{R}}(t)=\frac{1}{R}u_2(t)=\frac{10}{9}\mathrm{e}^{-\frac{1}{9}t},\quad t>0$$

其波形如图 5-11(c) ~ (e) 所示。可见 $i_1(t)$ 和 $i_2(t)$ 中出现了冲激,这是因为在电路的换路瞬间(即 $t=0$ 时刻),$C_1,C_2$ 上的电压 $u_1(t),u_2(t)$ 发生了突变。

**【例 5-20】** 如图 5-12(a) 所示电路。已知 K 打开时 $u_1(0^-)=U_{\mathrm{m}},u_2(0^-)=0,i(0^-)=0,C_1=C_2=C$。今于 $t=0$ 时刻闭合 K。求 $t>0$ 时的响应 $u_1(t),u_2(t)$,并画出波形。

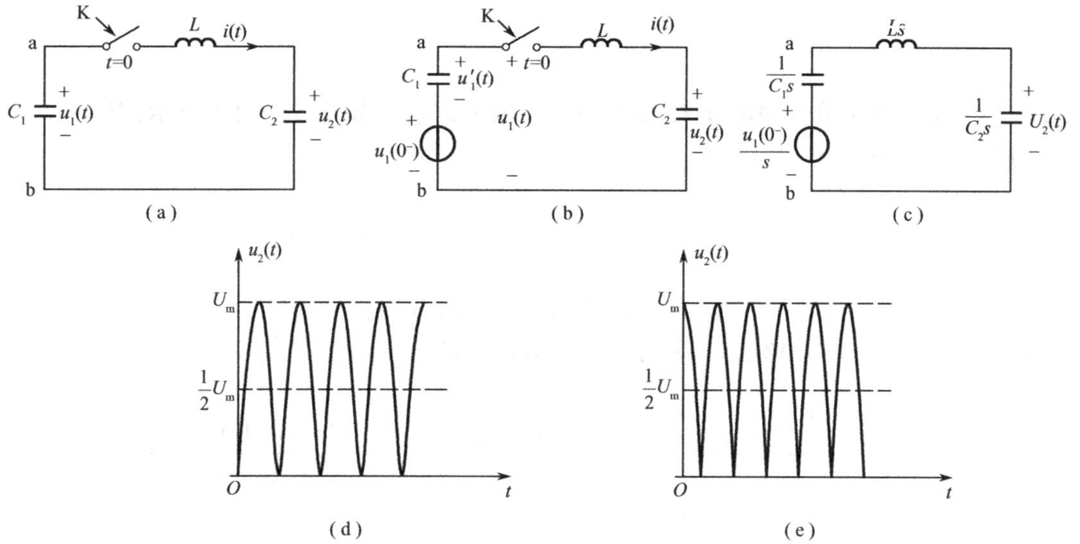


图 5-12

**解**:K 打开时的时域等效电路如图 5-12(b) 所示。$t>0$ 时的 $s$ 域电路模型如图 5-12(c) 所示。

$$Z(s)=\frac{1}{C_1s}+Ls+\frac{1}{C_2s}=\frac{2}{Cs}+Ls$$

$$I(s)=\frac{u_1(0^-)/s}{Z(s)}=\frac{U_{\mathrm{m}}}{s\left(Ls+\frac{2}{Cs}\right)}=\frac{U_{\mathrm{m}}}{Ls^2+\frac{2}{C}}$$

$$U_2(s)=\frac{1}{C_2s}I(s)=\frac{U_{\mathrm{m}}}{LCs\left(s^2+\frac{2}{LC}\right)}=\frac{\frac{U_{\mathrm{m}}}{2}}{s}-\frac{U_{\mathrm{m}}}{2}\frac{s}{s^2+\omega_0^2}$$

式中,$\omega_0=\sqrt{\frac{2}{LC}}$。故得

$$u_2(t)=\mathscr{L}^{-1}[U_2(s)]=\frac{U_{\mathrm{m}}}{2}[1-\cos\omega_0t]U(t)=-u_1'(t)$$

又
$$u_1(t)=u_1(0^-)+u_1'(t)=U_{\mathrm{m}}-u_2(t)=\frac{U_{\mathrm{m}}}{2}[1+\cos\omega_0t]U(t)$$

其波形如图 5-12(d) 和(e) 所示。

**【例 5-21】** 图 5-13(a) 所示电路,$u_{\mathrm{c}}(t)$ 为响应。(1) 求单位冲激响应 $h(t)$;(2) 求电路的初

始状态 $i(0^-)$, $u_C(0^-)$，以使电路的零输入响应 $u_{Cx}(t)=h(t)$；(3) 求电路的初始状态 $i(0^-)$, $u_C(0^-)$，以使电路对 $U(t)$ 的全响应 $u_C(t)$ 仍为 $U(t)$。

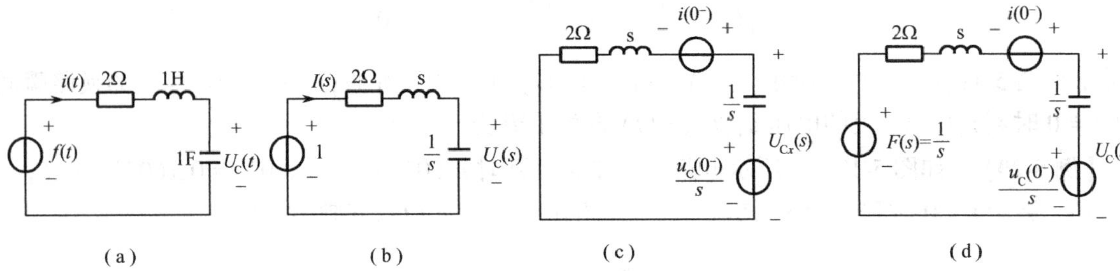


图 5-13

**解**：(1) 该电路在单位冲激 $\delta(t)$ 激励下的 $s$ 域电路模型如图 5-13(b) 所示，其中 $H(s)=\mathscr{L}[h(t)]$, $1=\mathscr{L}[\delta(t)]$。故得

$$H(s)=\frac{1}{2+s+\frac{1}{s}}\ \frac{1}{s}=\frac{1}{s^2+2s+1}=\frac{1}{(s+1)^2}$$

得
$$h(t)=\mathscr{L}^{-1}[H(s)]=te^{-t}U(t)$$

(2) 在零输入条件下电路的 $s$ 域模型如图 5-13(c) 所示。故得

$$U_{Cx}(s)=\frac{i(0^-)-\frac{1}{s}u_C(0^-)}{2+s+\frac{1}{s}}\ \frac{1}{s}+\frac{1}{s}u_C(0^-)=\frac{(s+2)u_C(0^-)+i(0^-)}{s^2+2s+1}$$

依题意要求，应使 $U_{Cx}=H(s)$，即

$$\frac{(s+2)u_C(0^-)+i(0^-)}{s^2+2s+1}=\frac{1}{s^2+2s+1}$$

故得
$$(s+2)u_C(0^-)+i(0^-)=1$$

即
$$su_C(0^-)+2u_C(0^-)+i(0^-)=1$$

故有
$$\begin{cases}su_C(0^-)=0\\2u_C(0^-)+i(0^-)=1\end{cases}$$

故得
$$u_C(0^-)=0,\qquad i(0^-)=1$$

(3) 当激励 $f(t)=U(t)$ 时，$F(s)=\mathscr{L}[U(t)]=\frac{1}{s}$，其 $s$ 域电路模型如图 5-13(d) 所示。故得

$$U_C(s)=\frac{\frac{1}{s}+i(0^-)-\frac{1}{s}u_C(0^-)}{2+s+\frac{1}{s}}\times\frac{1}{s}+\frac{1}{s}u_C(0^-)$$

$$=\frac{1}{s(s^2+2s+1)}+\frac{(s+2)u_C(0^-)+i(0^-)}{s^2+2s+1}$$

$$=\frac{1}{s}-\frac{s+2}{s^2+2s+1}+\frac{(s+2)u_C(0^-)+i(0^-)}{s^2+2s+1}$$

按题意要求，应使 $U_C(s)=\frac{1}{s}$。即

$$\frac{1}{s}-\frac{s+2}{s^2+2s+1}+\frac{(s+2)u_C(0^-)+i(0^-)}{s^2+2s+1}=\frac{1}{s}$$

故有
$$-\frac{s+2}{s^2+2s+1}+\frac{(s+2)u_C(0^-)+i(0^-)}{s^2+2s+1}=0$$

即
$$(s+2)u_C(0^-)+i(0^-)=s+2$$

即
$$su_C(0^-)+2u_C(0^-)+i(0^-)=s+2$$

故有
$$\begin{cases}su_C(0^-)=s\\2u_C(0^-)+i(0^-)=2\end{cases}$$

故得
$$u_C(0^-)=1,\quad i(0^-)=0$$

**【例 5-22】** 图 5-14(a) 所示电路,以 $i(t)$ 为响应。(1) 求单位冲激响应 $h(t)$;(2) 已知 $f(t)=U(t)$,$u_1(0^-)u_2(0^-)=2\text{V}$,求全响应 $i(t)$。

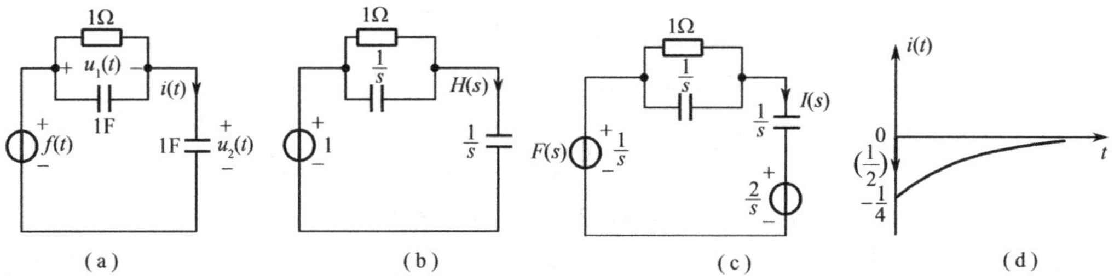


图 5-14

**解:** (1) $f(t)=\delta(t)$ 时的 $s$ 域电路模型如图 5-14(b) 所示,其中 $\mathscr{L}[\delta(t)]=1$。故得

$$H(s)=\frac{1}{\frac{1}{1+s}+\frac{1}{s}}=\frac{s(s+1)}{2s+1}=\frac{1}{2}s+\frac{1}{4}-\frac{1}{8}\frac{1}{s+\frac{1}{2}}$$

得
$$h(t)=\mathscr{L}[H(s)]=\left[\frac{1}{2}\delta'(t)+\frac{1}{4}\delta(t)-\frac{1}{8}e^{-\frac{1}{2}t}U(t)\right]$$

(2) 此时的 $s$ 域电路模型如图 5-14(c) 所示。得

$$I(s)=\frac{\frac{1}{s}-\frac{2}{s}}{\frac{1}{s+1}+\frac{1}{s}}=-\frac{s+1}{2s+1}=-\left(\frac{1}{2}+\frac{1}{4}\times\frac{1}{s+\frac{1}{2}}\right)$$

故得
$$i(t)=\mathscr{L}^{-1}[I(s)]=\left[-\frac{1}{2}\delta(t)-\frac{1}{4}e^{-\frac{1}{2}t}U(t)\right]$$

$i(t)$ 的波形如图 5-14(d) 所示。

**【例 5-23】** 图 5-15(a) 所示电路,$t<0$ 时 K 闭合,电路已工作于稳定状态。今于 $t=0$ 时刻打开 K。(1) 列出 $t>0$ 时关于变量 $u_C(t)$ 的微分方程;(2) 用拉普拉斯变换法求解此微分方程的解 $u_C(t)$。

**解:** $t<0$ 时 K 闭合,电路已工作于稳定状态,L 相当于短路,C 相当于开路,有

$$i(0^-)=\frac{15}{3+2}=3,\quad u_C(0^-)=2i(0^-)=2\times3=6$$

$t>0$ 时 K 打开,其算子电路模型如图 5-15(b) 所示。故可列出算子形式的 KVL 方程为

$$\left(p+\frac{10}{p}+2\right)i(t)=0$$

因 $i(t)=\dfrac{u_C(t)}{10/p}=\dfrac{p}{10}u_C(t)$

代入上式得 $(p^2+2p+10)u_C(t)=0$

故关于变量 $u_C(t)$ 的微分方程为

$$\begin{cases}u''_C(t)+2u'_C(t)+10u_C(t)=0\\ i(0^-)=3\\ u_C(0^-)=6\end{cases}$$

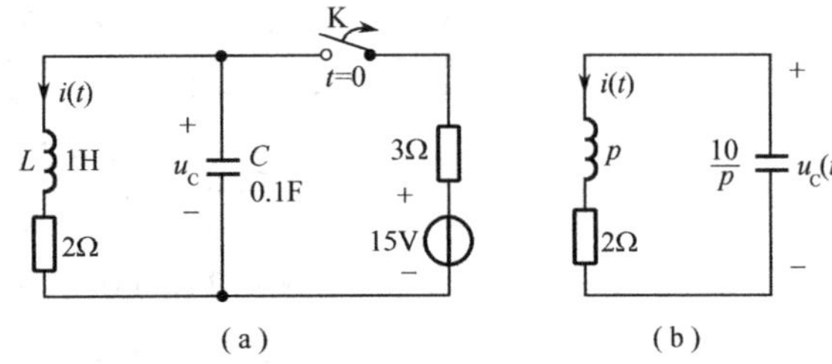


图 5-15

对此方程求拉普拉斯变换,有

$$s^2U_C(s)-su_C(0^-)-u'_C(0^-)+2sU_C(s)-2u_C(0^-)+10U_C(s)=0$$

故有
$$(s^2+2s+10)U_C(s)=(s+2)u_C(0^-)+u'_C(0^-)$$

因为
$$u'_C(t)=-\frac{1}{C}i(t)$$

故有
$$u'_C(0^-)=-30$$

则
$$(s^2+2s+10)U_C(s)=6s-18$$

$$U_C(s)=6\frac{s-3}{s^2+2s+10}=6\frac{s+1}{(s+1)^2+9}-\frac{8\times 3}{(s+1)^2+9}$$

故有
$$u_C(t)=(6e^{-t}\cos 3t-8e^{-t}\sin 3t)U(t)$$

**【例 5-24】** 已知系统的微分方程为 $y''(t)+5y'(t)+6y(t)=3f(t)$,激励 $f(t)=e^{-t}U(t)$,初始状态为 $y(0^-)=3, y'(0^-)=1$。求系统的零输入响应 $y_x(t)$、零状态响应 $y_f(t)$、全响应 $y(t)$。

**解**:根据拉普拉斯变换的齐次性和微分性,对方程的等号两边同时求拉普拉斯变换,有

$$s^2Y(s)-sy(0^-)-y'(0^-)+5sY(s)-5y(0^-)+6Y(s)=3F(s)$$

整理得
$$Y(s)=\frac{(s+5)y(0^-)+y'(0^-)}{s^2+5s+6}+\frac{3F(s)}{s^2+5s+6}$$

故
$$Y_x(s)=\frac{(s+5)y(0^-)+y'(0^-)}{s^2+5s+6}=\frac{1}{(s+2)(s+3)}=\frac{1}{s+2}+\frac{-1}{s+3}$$

$$F(s)=\frac{1}{s+1}$$

$$Y_f(s)=\frac{3F(s)}{s^2+5s+6}=\frac{-3}{s+2}+\frac{3/2}{s+3}+\frac{3/2}{s+1}$$

则
$$y_x(t)=(e^{-2t}-e^{-3t})U(t)$$

$$y_f(t)=\left(-3e^{-2t}+\frac{3}{2}e^{-3t}+\frac{3}{2}e^{-t}\right)U(t)$$

全响应为
$$y(t)=y_x(t)+y_f(t)=\left(-2e^{-2t}+\frac{1}{2}e^{-3t}+\frac{3}{2}e^{-t}\right)U(t)$$

## 5.4 拉普拉斯变换与傅里叶变换的关系

在本章一开始,从傅里叶变换的基本原理引出拉普拉斯变换的概念。现在,作为这章的结束,讨论从拉普拉斯变换求得傅里叶变换的方法。

读者可能会想到这样的问题:能否利用已知某信号的拉普拉斯变换式以“jω”置换“s”而求得

其傅里叶变换呢？对此的回答是，先来讨论傅里叶变换、双边拉普拉斯变换与单边拉普拉斯变换三者之间的关系。参见图 5-16 的示意说明：双边拉普拉斯变换的积分限是取 $t \in (-\infty, +\infty)$，而 $f(t)$ 所乘的因子为复指数 $e^{-st}$，$s=\sigma+j\omega$，它涉及全部 $s$ 平面。如果不改变积分限，而是将复指数的 $\sigma$ 取零值，$s=j\omega$，也即局限于 $s$ 平面的虚轴，则得到傅里叶变换。双边拉普拉斯变换为广义的傅里叶变换。如果不改变双边拉普拉斯变换式中的复指数因子 $e^{-st}$，仍取 $s=\sigma+j\omega$，但将积分限限制于 $0\sim+\infty$，就得到单边拉普拉斯变换。在进行傅里叶变换时，若 $t<0$ 满足函数 $f(t)=0$，并将 $f(t)$ 乘以衰减因子 $e^{-\sigma t}$，也就成为单边拉普拉斯变换。

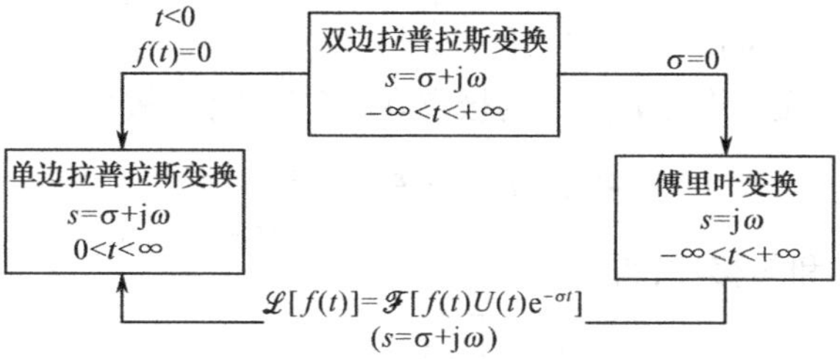


图 5-16　傅里叶变换与拉普拉斯变换的区别和联系

如果要从已知的单边拉普拉斯变换求傅里叶变换，首先应判明函数为有始信号，即当 $t<0$ 时 $f(t)=0$，然后根据收敛边界的不同，按以下三种情况分别对待。

**1. $\sigma_0<0$**

如果 $\sigma_0<0$，则 $F(s)$ 的收敛域包含 $j\omega$ 轴（虚轴），$F(s)$ 在 $j\omega$ 轴上收敛。若令 $\sigma=0$，即令 $s=j\omega$，则 $F(s)$ 存在。这时，$f(t)$ 的傅里叶变换存在，并且令 $s=j\omega$，则 $F(s)$ 等于 $F(j\omega)$。即

$$F(j\omega)=F(s)\Big|_{s=j\omega} \tag{5-41}$$

例如
$$\mathscr{L}[e^{-\alpha t}\sin(\omega_0 t)u(t)]=\frac{\omega_0}{(s+\alpha)^2+\omega_0^2}$$

$$\mathscr{F}[e^{-\alpha t}\sin(\omega_0 t)u(t)]=\frac{\omega_0}{(j\omega+\alpha)^2+\omega_0^2}$$

**2. $\sigma_0=0$**

若 $\sigma_0=0$，$F(s)$ 的收敛域为 $\mathrm{Re}[s]>0$，$F(s)$ 的收敛域不包含 $j\omega$ 轴，故 $F(s)$ 在 $j\omega$ 轴上不收敛。这种情况下，函数具有拉普拉斯变换，而其傅里叶变换也可以存在，但不能简单地将拉普拉斯变换中的 $s$ 代以 $j\omega$ 来求傅里叶变换。在它的傅里叶变换中将包括奇异函数项。例如，对于单位阶跃函数有：

$$\mathscr{L}[u(t)]=\frac{1}{s}\quad(\sigma>0)$$

$$\mathscr{F}[u(t)]=\frac{1}{j\omega}+\pi\delta(\omega)\quad(\sigma>0)$$

当 $\sigma_0=0$ 时，$F(s)$ 在 $j\omega$ 轴上必然有极点。$F(s)$ 在 $j\omega$ 轴上的极点有 $s=0$ 和虚极点两种，为了分析方便，把极点 $s=0$ 也归入虚极点。此外，$F(s)$ 在左半平面也可能有极点。设 $F(s)$ 为有理分式，$F(s)$ 在左半平面和虚轴上都有极点，并且虚轴上的极点为 $m$ 个一阶极点 $j\beta_i(i=1,2,\cdots,m)$。

将 $F(s)$ 展开为部分分式，表示为

$$F(s) = F_N(s) + \sum_{i=1}^{m} \frac{K_i}{s - \mathrm{j}\beta_i} \tag{5-42}$$

式中，$F_N(s)$ 的极点位于 $s$ 平面之左半平面。令 $F_N(s)$ 的原函数为 $f_N(t)$，则 $F(s)$ 的原函数为

$$f(t) = \mathscr{L}^{-1}[F(s)] = f_N(t) + \sum_{i=1}^{m} K_i \mathrm{e}^{\mathrm{j}\beta_i t} = f_N(t) + f_M(t)$$

$$f_M(t) = \sum_{i=1}^{m} K_i \mathrm{e}^{\mathrm{j}\beta_i t} U(t)$$

$f(t)$ 的傅里叶变换为 $\quad F(\mathrm{j}\omega) = \mathscr{F}[f(t)] = \mathscr{F}[f_N(t)] + \mathscr{F}[f_M(t)]$

由于 $f_N(t)$ 为 $F_N(s)$ 的原函数，并且 $F_N(s)$ 的极点在 $s$ 左半平面，故由式(5-41)得

$$\mathscr{F}[f_N(t)] = F_N(s)\Big|_{s=\mathrm{j}\omega}$$

根据傅里叶变换的线性性和频移性，得

$$\mathscr{F}[f_M(t)] = \sum_{i=1}^{m} K_i \left[\pi\delta(\omega - \beta_i) + \frac{1}{\mathrm{j}\omega - \mathrm{j}\beta_i}\right]$$

于是 $\quad F(\mathrm{j}\omega) = \mathscr{F}[f_N(t)] + \mathscr{F}[f_M(t)] = F_N(s)\Big|_{s=\mathrm{j}\omega} + \sum_{i=1}^{m} K_i \left[\pi\delta(\omega - \beta_i) + \frac{1}{\mathrm{j}\omega - \mathrm{j}\beta_i}\right]$

$$= F_N(s)\Big|_{s=\mathrm{j}\omega} + \sum_{i=1}^{m} \frac{K_i}{\mathrm{j}\omega - \mathrm{j}\beta_i} + \sum_{i=1}^{m} K_i[\pi\delta(\omega - \beta_i)] \tag{5-43}$$

比较式(5-42)和式(5-43)可知，式(5-43)的前两项正好是 $F_N(s)\big|_{s=\mathrm{j}\omega}$。因此，当 $F(s)$ 在虚轴上有一个一阶极点 $\mathrm{j}\beta_i$，其余极点在 $s$ 左半平面时，$F(s)$ 的原函数 $f(t)$ 的傅里叶变换为

$$F(\mathrm{j}\omega) = F(s)\Big|_{s=\mathrm{j}\omega} + \sum_{i=1}^{m} K_i[\pi\delta(\omega - \beta_i)] \tag{5-44}$$

如果 $F(s)$ 具有虚轴上的多重极点，对应的傅里叶变换还可能出现冲激函数的各阶导数项。例如，若

$$F(s) = F_N(s) + \frac{K_0}{(s - \mathrm{j}\omega_n)^k}$$

式中，$F_N(s)$ 的极点位于 $s$ 平面左半平面，在虚轴上有 $k$ 重极点，$K_0$ 为系数。此时，可求得

$$\mathscr{F}[f(t)] = F(s)\big|_{s=\mathrm{j}\omega} + \frac{K_0 \pi \mathrm{j}^{k-1}}{(k-1)!}\delta^{(k-1)}(\omega - \omega_n) \tag{5-45}$$

式中 $\delta^{(k-1)}(\omega - \omega_0)$ 为求 $\delta(\omega - \omega_0)$ 的 $(k-1)$ 阶导数。

### 3. $\sigma_0 > 0$

$\sigma_0 > 0$，则 $F(s)$ 的收敛域不包含 $\mathrm{j}\omega$ 轴，因此，不能用式(5-41)求得 $F(\mathrm{j}\omega)$。这相应于一些增长函数的情况，例如

$$f(t) = \mathrm{e}^{at}U(t) \tag{5-46}$$

其拉普拉斯变换为 $\quad \mathscr{L}[\mathrm{e}^{at}U(t)] = \dfrac{1}{s-a} \quad$（收敛域 $\sigma > a$）

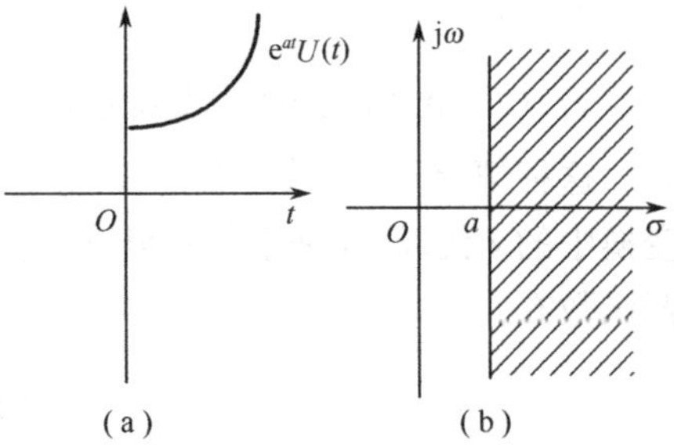

图 5-17　与式(5-46)相应的波形及其收敛域

函数波形和 $s$ 平面收敛域分别如图 5-17(a)和(b)所示。对于这种情况，依靠因子 $\mathrm{e}^{-\sigma t}$ 使增长信号衰减下来得到拉普拉斯变换。显然，它的傅里叶变换是不存在的，因而不能盲目地由拉普拉斯变换求傅里叶变换。

【例 5-25】 求 $f(t)=\sin(\omega_0 t)U(t)$ 的傅里叶变换和拉普拉斯变换。

**解：** 由表 5-2 容易求出 $\mathscr{L}[\sin(\omega_0 t)U(t)]=\dfrac{\omega_0}{s^2+\omega_0^2}$

利用式(5-44)可求出 $\mathscr{F}[\sin(\omega_0 t)U(t)]=\dfrac{\omega_0}{\omega_0^2-\omega^2}+\mathrm{j}\dfrac{\pi}{2}[\delta(\omega+\omega_0)-\delta(\omega-\omega_0)]$

【例 5-26】 求 $f(t)=tU(t)$ 的傅里叶变换和拉普拉斯变换。

**解：** 由表 5-2 查到 $F(s)=\dfrac{1}{s^2}$，利用式(5-45)求出

$$F(\mathrm{j}\omega)=\mathscr{F}[f(t)]=-\frac{1}{\omega^2}+\mathrm{j}\pi\delta'(\omega)$$

二维码 5-2

本章要点和秘笈见二维码 5-2。

## 习题 5

5-1 求下列各时间函数 $f(t)$ 的像函数 $F(s)$。

(1) $f(t)=(1-\mathrm{e}^{-at})U(t)$  (2) $f(t)=(\sin t+2\cos t)U(t)$  (3) $f(t)=t\mathrm{e}^{-2t}U(t)$

(4) $f(t)=\mathrm{e}^{-t}\sin(2t)\ U(t)$  (5) $f(t)=(1+2t)\mathrm{e}^{-t}U(t)$  (6) $f(t)=[1-\cos(\alpha t)]\mathrm{e}^{-\beta t}U(t)$

(7) $f(t)=(t^2+2t)U(t)$  (8) $f(t)=2\delta(t)-3\mathrm{e}^{-7t}U(t)$  (9) $f(t)=t\mathrm{e}^{-(t-2)}U(t-1)$

(10) $f(t)=t^2\cos(2t)\ U(t)$  (11) $f(t)=\dfrac{1}{t}(1-\mathrm{e}^{-at})U(t)$  (12) $f(t)=\dfrac{\sin at}{t}U(t)$

5-2 求下列各像函数 $F(s)$ 的原函数 $f(t)$。

(1) $F(s)=\dfrac{(s+1)(s+3)}{s(s+2)(s+4)}$  (2) $F(s)=\dfrac{2s^2+16}{(s^2+5s+6)(s+12)}$  (3) $F(s)=\dfrac{2s^2+9s+9}{s^2+3s+2}$

(4) $F(s)=\dfrac{s^3}{(s^2+3s+2)s}$  (5) $F(s)=\dfrac{s^3+6s^2+6s}{s^2+6s+8}$  (6) $F(s)=\dfrac{1}{s^2(s+1)^2}$

(7) $F(s)=\dfrac{2+\mathrm{e}^{-(s-1)}}{(s-1)^2+4}$  (8) $F(s)=\dfrac{1}{s(1-\mathrm{e}^{-s})}$  (9) $F(s)=\left[\dfrac{1-\mathrm{e}^{-s}}{s}\right]^2$

(10) $F(s)=\dfrac{s}{(s+\alpha)[(s+\alpha)^2+\beta^2]}$  (11) $F(s)=\dfrac{\mathrm{e}^{-s}}{4s(s^2+1)}$  (12) $F(s)=\ln\left(\dfrac{s}{s+9}\right)$

5-3 用留数法求像函数 $F(s)=\dfrac{4s^2+17s+16}{(s+2)^2(s+3)}$ 的原函数 $f(t)$。

5-4 求下列各像函数 $F(s)$ 的原函数 $f(t)$ 的初值 $f(0^+)$ 与终值 $f(\infty)$。

(1) $F(s)=\dfrac{s^2+2s+1}{s^3-s^2-s+1}$  (2) $F(s)=\dfrac{s^3}{s^2+s+1}$  (3) $F(s)=\dfrac{2s+1}{s^3+3s^2+2s}$

(4) $F(s)=\dfrac{1-\mathrm{e}^{-2s}}{s(s^2+4)}$  (5) $F(s)=\dfrac{s+6}{(s+2)(s+5)}$  (6) $F(s)=\dfrac{s+3}{(s+1)^2(s+2)}$

5-5 已知系统的微分方程为 $y''(t)+3y'(t)+2y(t)=f'(t)+3f(t)$
激励 $f(t)=\mathrm{e}^{-3t}U(t)$ 系统的初始状态为 $y(0^-)=1$，$y'(0^-)=2$。试求系统全响应 $y(t)$ 的初始值 $y(0^+)$ 和 $y'(0^+)$。

5-6 图题 5-6 所示电路，$f(t)$ 为激励，$i(t)$ 为响应。求单位冲激响应 $h(t)$ 与单位阶跃响应 $g(t)$。

5-7 图题 5-7 所示电路，当 $t<0$ 时 K 打开，电路已达稳定，且 $u_1(0^-)=3\mathrm{V}$。今于 $t=0$ 时刻闭合 K，求 $t>0$ 时的全响应 $i(t)$。

5-8 图题 5-8 所示电路，$f(t)=U(t)$，求零状态响应 $u_L(t)$。

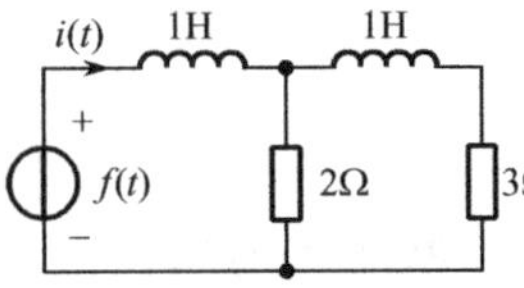


图题 5-6

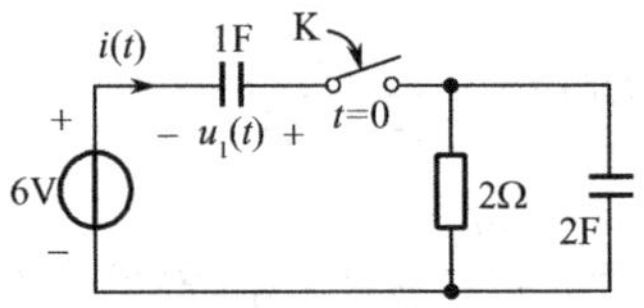


图题 5-7

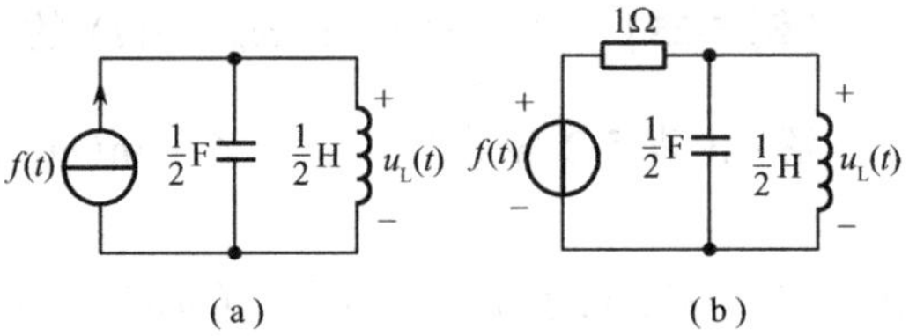


图题 5-8

5-9　图题 5-9 所示电路，$f_1(t) = 3e^{-t}U(t)$ V，$f_2(t) = e^{-2t}U(t)$ V，求零状态响应 $i_2(t)$。

5-10　图题 5-10 所示电路，$u_1(0^-) = u_2(0^-) = 1$V，以 $u_1(t)$ 和 $u_2(t)$ 为响应。

(1) 求零输入响应 $u_{1x}(t)$，$u_{2x}(t)$；

(2) 设 $f_1(t) = U(t)$ V，$f_2(t) = \delta(t)$ V，求零状态响应 $u_1(t)$，$u_2(t)$；

(3) 设 $f_1(t) = \delta(t)$ V，$f_2(t) = 0$，求零状态响应 $u_2(t)$。

5-11　图题 5-11 所示电路，$i(0^-) = 1$A，$u_C(0^-) = 2$V，求零输入响应 $u_{Cx}(t)$。

5-12　图题 5-12 所示电路，$f(t) = \dfrac{1}{3}(1 - e^{-2t})U(t)$ V，求零状态响应 $u_C(t)$。

5-13　图题 5-13 所示电路，$f(t) = 10\sin t\ U(t)$ V，求零状态响应 $y(t)$。

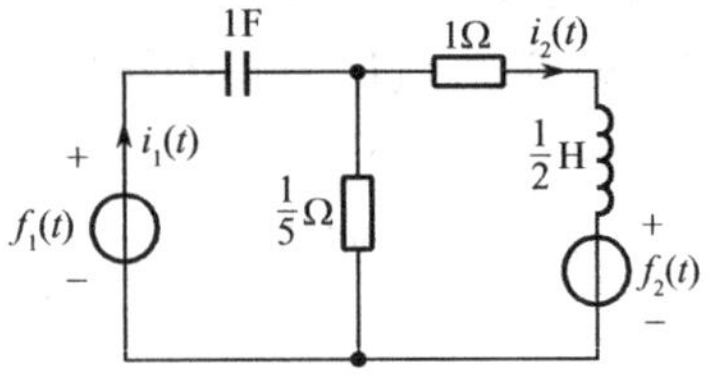


图题 5-9

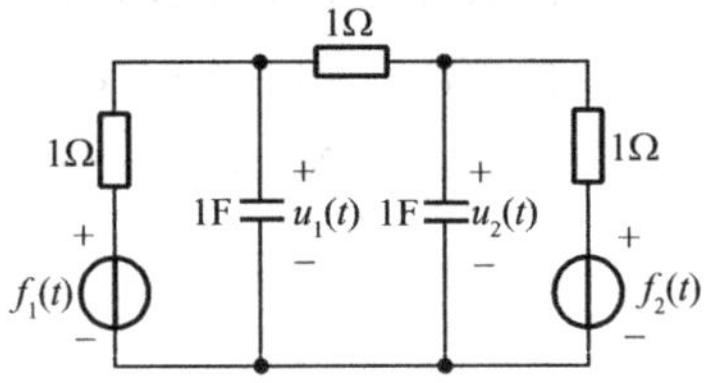


图题 5-10

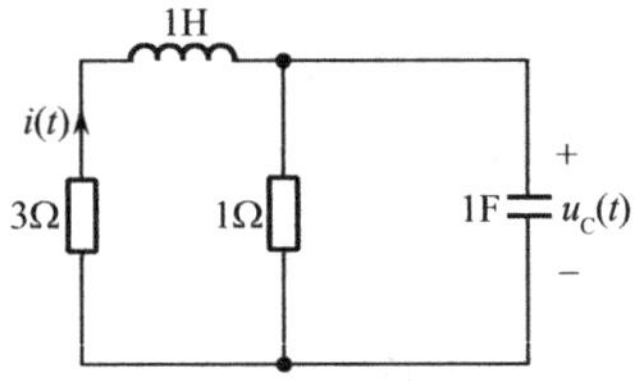


图题 5-11

5-14　图题 5-14 所示电路，$i_2(0^-) = 4$A，$u_C(0^-) = 5$V，$f(t) = 10U(t)$ V。求全响应 $i_1(t)$，$i_2(t)$。

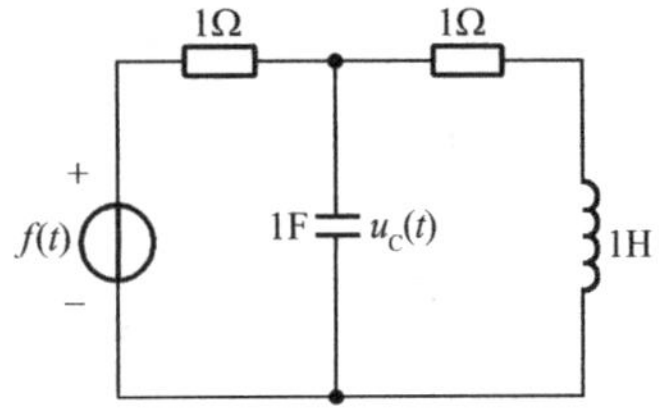


图题 5-12

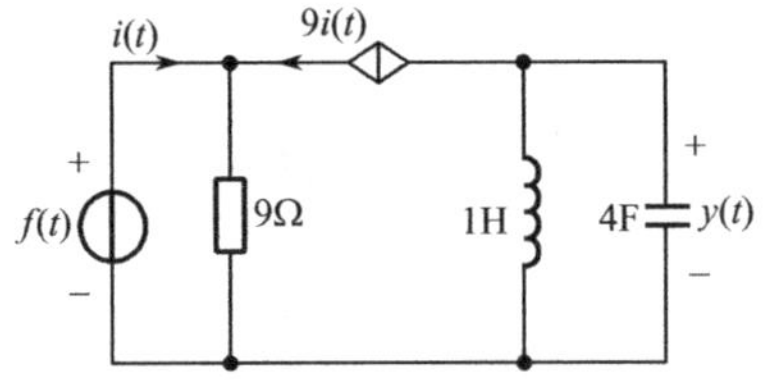


图题 5-13

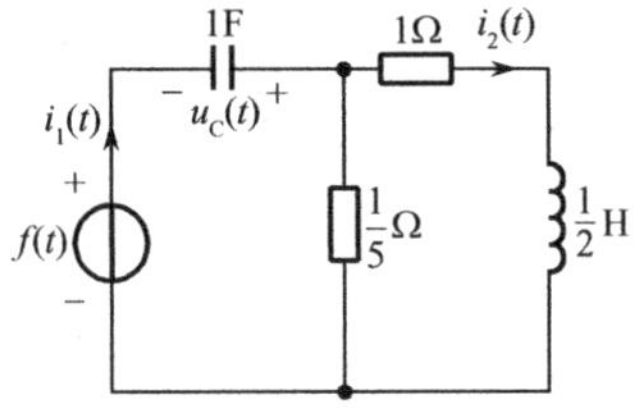


图题 5-14

5-15　图题 5-15 所示电路，以 $y(t)$ 为响应，求阶跃响应 $g(t)$ 与冲激响应 $h(t)$。

5-16　图题 5-16 所示电路，以 $u(t)$ 为响应。(1) 求单位冲激响应 $y(t)$；(2) 已知 $f(t) = U(t)A$，$i_1(0^-) = 2$A，$i_2(0^-) = 0$。求全响应 $u(t)$。

5-17　图题 5-17 所示的零状态电路，$f(t) = U(t)$ V，求 $u_2(t)$。

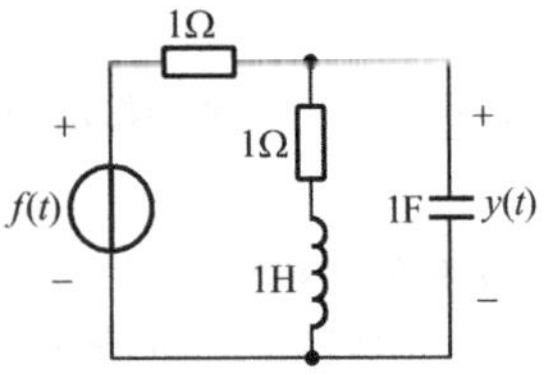


图题 5-15

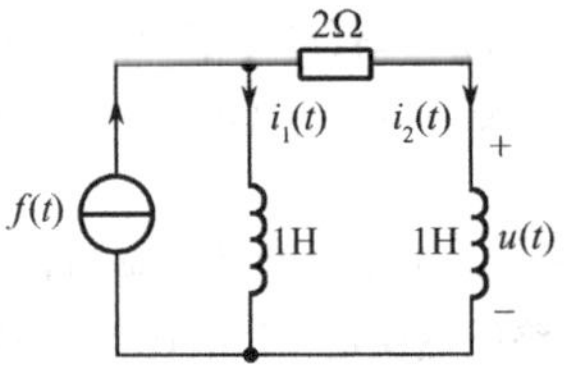


图题 5-16

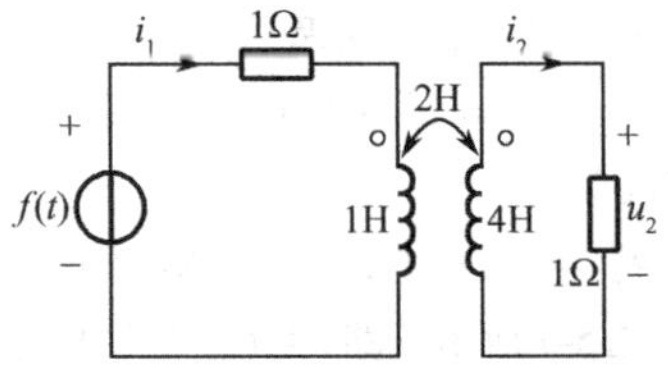


图题 5-17

5-18　图题 5-18 所示电路，$t < 0$ 时 K 闭合，电路已工作于稳态。今于 $t = 0$ 时刻打开 K，求 $t > 0$ 时的 $i_1(t)$ 和 $i_2(t)$。

5-19　图题 5-19 所示电路，$t < 0$ 时 K 打开，电路已工作于稳态。今于 $t = 0$ 时刻闭合 K，求 $t > 0$ 时关于 $u(t)$ 的零输入响应、零状态响应、全响应。

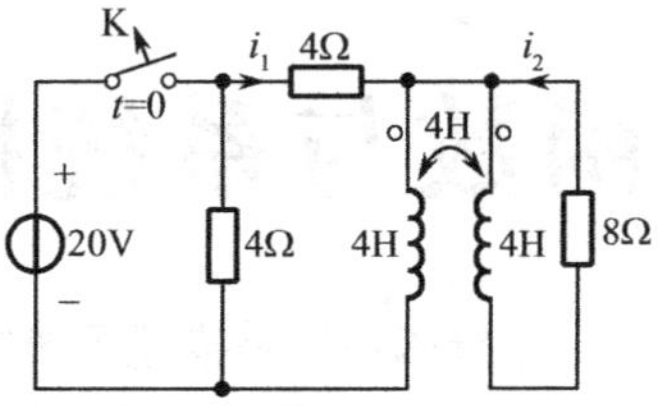


图题 5-18

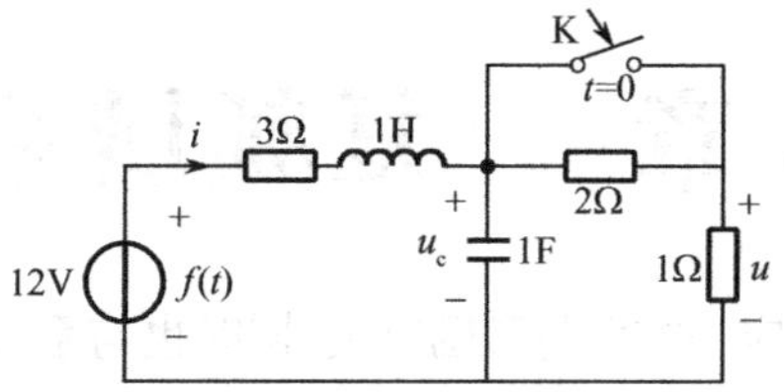


图题 5-19

5-20 已知系统的微分方程为 $y''(t) + 5y'(t) + 6y(t) = 2f'(t) + 8f(t)$

激励 $f(t) = e^{-t}U(t)$，初始状态为 $y(0^-) = 3$，$y'(0^-) = 2$。求系统的全响应 $y(t)$，并指出零输入响应 $y_x(t)$、零状态响应 $y_f(t)$。

# 第 6 章　复频域系统函数与系统模拟

系统的响应一方面与激励有关,同时也与系统本身有关。系统函数就是描述系统本身特性的,它在电路与系统分析理论中占有重要地位。本章将介绍系统函数的定义、物理意义、求法、零点与极点概念及其应用;还要介绍系统的框图、系统的模拟、信号流图、系统稳定性的概念及其判定方法。

## 6.1　复频域系统函数及其零、极点图

### 6.1.1　复频域系统函数

**1. 定义**

图 6-1 所示零状态系统,$f(t)$ 为激励,$y_f(t)$ 为零状态响应,设系统的单位冲激响应为 $h(t)$,则有

$$y_f(t) = h(t) * f(t)$$

图 6-1

对上式等号两端同时求拉普拉斯变换,并设

$$Y_f(s) = \mathscr{L}[y_f(t)], \quad F(s) = \mathscr{L}[f(t)], \quad H(s) = \mathscr{L}[h(t)]$$

则有

$$Y_f(s) = H(s)F(s) \tag{6-1}$$

故有

$$H(s) = Y_f(s)/F(s) \tag{6-2}$$

$H(s)$ 称为复频域系统函数,简称系统函数。可见 $H(s)$ 就是 $y_f(t)$ 的像函数 $Y_f(s)$ 与激励 $f(t)$ 的像函数 $F(s)$ 之比,也是系统单位冲激响应 $h(t)$ 的拉普拉斯变换。

描述一般 $n$ 阶零状态系统的微分方程为

$$a_n \frac{\mathrm{d}^n y_f(t)}{\mathrm{d}t^n} + a_{n-1} \frac{\mathrm{d}^{n-1} y_f(t)}{\mathrm{d}t^{n-1}} + \cdots + a_1 \frac{\mathrm{d}y_f(t)}{\mathrm{d}t} + a_0 y_f(t)$$

$$= b_m \frac{\mathrm{d}^m f(t)}{\mathrm{d}t^m} + b_{m-1} \frac{\mathrm{d}^{m-1} f(t)}{\mathrm{d}t^{m-1}} + \cdots + b_1 \frac{\mathrm{d}f(t)}{\mathrm{d}t} + b_0 f(t)$$

式中,$f(t)$,$y_f(t)$ 分别为系统的激励与零状态响应。由于为零状态系统,故必有

$$y_f(0^-) = y'_f(0^-) = y''_f(0^-) = \cdots = y_f^{(n-1)}(0^-) = 0$$

又由于 $t < 0$ 时 $f(t) = 0$,故必有

$$f(0^-) = f'(0^-) = f''(0^-) = \cdots = f^{(m-1)}(0^-) = 0$$

对上式等号两端同时进行拉普拉斯变换得

$$(a_n s^n + a_{n-1} s^{n-1} + \cdots + a_1 s + a_0) Y_f(s) = (b_m s^m + b_{m-1} s^{m-1} + \cdots b_1 s + b_0) F(s)$$

故得

$$H(s) = \frac{Y_f(s)}{F(s)} = \frac{b_m s^m + b_{m-1} s^{m-1} + \cdots + b_1 s + b_0}{a_n s^n + a_{n-1} s^{n-1} + \cdots + a_1 s + a_0} \tag{6-3}$$

式中,$Y_f(s) = \mathscr{L}[y_f(t)]$,$F(s) = \mathscr{L}[f(t)]$。可见 $H(s)$ 的一般形式为复数变量 $s$ 的两个实系数多项式之比。令

$$D(s) = a_n s^n + a_{n-1} s^{n-1} + \cdots + a_1 s + a_0$$

$$N(s) = b_m s^m + b_{m-1} s^{m-1} + \cdots + b_1 s + b_0$$

则式(6-3) 可写为

$$H(s) = N(s)/D(s) \tag{6-4}$$

对于线性时不变系统，式(6-3)中的 $n$，$m$ 均为正整数；系数 $a_r(r=1,2,\cdots,n)$，$b_i(i=1,2,\cdots,m)$ 均为实数；$n$ 可大于、等于、小于 $m$。

从 $H(s)$ 的定义可知，由于 $H(s)$ 是响应与激励的两个像函数之比，所以 $H(s)$ 与系统的激励和响应无关，它只与系统本身的结构与元件参数有关。它完整地描述了系统本身的特性。因此，研究系统的特性，也就归结为对 $H(s)$ 进行研究。

**2. $H(s)$ 的物理意义**

$H(s)$ 的物理意义可以从两个方面阐述和理解：

(1) $H(s)$ 就是系统单位冲激响应 $h(t)$ 的拉普拉斯变换，即

$$H(s)=\mathscr{L}[h(t)]$$

也就是 $H(s)$ 与 $h(t)$ 为一对拉普拉斯变换对，即 $H(s)\leftrightarrow h(t)$。

(2) 设系统的激励 $f(t)=\mathrm{e}^{st}$，$\mathrm{e}^{st}$ 称为 $s$ 域本征信号或单元信号。此时系统的零状态响应为

$$y_f(t)=h(t)*\mathrm{e}^{st}=\int_{-\infty}^{\infty}h(\tau)\mathrm{e}^{s(t-\tau)}\mathrm{d}\tau=\mathrm{e}^{st}\int_{-\infty}^{\infty}h(\tau)\mathrm{e}^{-st}\mathrm{d}\tau=H(s)\mathrm{e}^{st} \tag{6-5}$$

式中，$H(s)=\int_{-\infty}^{\infty}h(\tau)\mathrm{e}^{st}\mathrm{d}\tau=\mathscr{L}[h(t)]$，为 $h(t)$ 的拉普拉斯变换。可见，$H(s)$ 就是当激励为 $\mathrm{e}^{st}$ 时系统零状态响应的加权函数。而且由式(6-5)可以看出，此时零状态响应 $y_f(t)$ 的变化规律与激励 $\mathrm{e}^{st}$ 的变化规律相同，且均为同一的复频率 $s$。

**3. $H(s)$ 的求法**

(1) 由系统的单位冲激响应 $h(t)$ 求 $H(s)$，即 $H(s)=\mathscr{L}[h(t)]$。

(2) 由系统的传输算子 $H(p)$ 求 $H(s)$，即 $H(s)=H(p)\big|_{p=s}$。

(3) 根据 $s$ 域电路模型，按定义式(6-2)求系统响应与激励的像函数之比，即得 $H(s)$。

(4) 对零状态系统的微分方程进行拉普拉斯变换，再按定义式(6-2)求 $H(s)$。

(5) 根据系统的模拟图求 $H(s)$。

(6) 由系统的信号流图，根据梅森公式求 $H(s)$。

以上各种求法，将在以下各节中逐一介绍。

### 6.1.2 零、极点图

将式(6-4)等号右边的分子 $N(s)$、分母 $D(s)$ 多项式分解因式(设为单根情况)，即可将其写成如下形式

$$H(s)=\frac{b_m(s-z_1)(s-z_2)\cdots(s-z_i)\cdots(s-z_m)}{a_n(s-p_1)(s-p_2)\cdots(s-p_r)\cdots(s-p_n)}=H_0\frac{\prod\limits_{i=1}^{m}(s-z_i)}{\prod\limits_{r=1}^{n}(s-p_r)} \tag{6-6}$$

式中，$H_0=\dfrac{b_m}{a_n}$ 为实常数；符号 $\prod$ 表示连乘；$p_r(r=1,2,\cdots,n)$ 为 $D(s)=0$ 的根；$z_i(i=1,2,\cdots,m)$ 为 $N(s)=0$ 的根。

由式(6-6)可见，当复数变量 $s=z_i$ 时，$H(s)=0$，故称 $z_i$ 为系统函数 $H(s)$ 的零点，且 $z_i$ 就是分子多项式 $N(s)=b_ms^m+b_{m-1}s^{m-1}+\cdots+b_1s+b_0=0$ 的根；当复数变量 $s=p_r$ 时，$H(s)\to\infty$，故称 $p_r$ 为 $H(s)$ 的极点，且 $p_r$ 就是分母多项式 $D(s)=a_ns^n+a_{n-1}s^{n-1}+\cdots+a_1s+a_0=0$ 的根。$H(s)$ 的极点也称为系统的自然频率或固有频率。

将 $H(s)$ 的零点与极点画在 $s$ 平面(复频率平面)上所构成的图形，称为 $H(s)$ 的零、极点图。其中零点用符号“∘”表示，极点用符号“×”表示，同时在图中将 $H_0$ 的值也标出。若 $H_0=1$，也可不标出。

在描述系统特性方面，$H(s)$ 与零、极点图是等价的。

**【例 6-1】** 求图 6-2(a) 所示电路的驱动点阻抗 $Z(s)$ 与驱动点导纳 $Y(s)$，并画出零、极点图。已知 $R=1\Omega$，$L=1\text{H}$，$C=0.25\text{F}$。

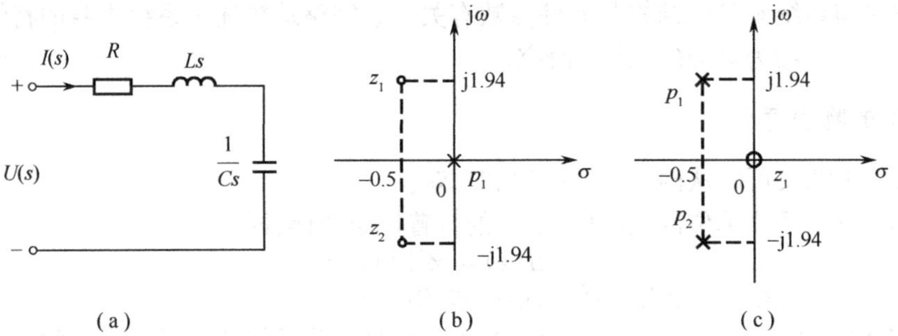


图 6-2

**解：**

$$Z(s)=\frac{U(s)}{I(s)}=R+Ls+\frac{1}{Cs}=1+s+\frac{4}{s}=\frac{s^2+s+4}{s}$$

$$=\frac{(s+0.5-\text{j}1.94)(s+0.5+\text{j}1.94)}{s}$$

式中，$H_0=1$。可见 $Z(s)$ 有一个极点 $p_1=0$；有两个零点：$z_1=-0.5+\text{j}1.94$，$z_2=-0.5-\text{j}1.94=z_1^*$。其零、极点分布如图 6-2(b) 所示。

$$Y(s)=\frac{I(s)}{U(s)}=\frac{1}{Z(s)}=\frac{s}{s^2+s+4}=\frac{s}{(s+0.5-\text{j}1.94)(s+0.5+\text{j}1.94)}$$

可见 $Y(s)$ 有两个极点：$p_1=-0.5+\text{j}1.94$，$p_2=-0.5-\text{j}1.94=p_1$；有一个零点 $z_1=0$。其零、极点分布如图 6-2(c) 所示。

比较 $Z(s)$ 和 $Y(s)$ 的零、极点关系可看出，$Z(s)$ 的零点就是 $Y(s)$ 的极点，$Z(s)$ 的极点就是 $Y(s)$ 的零点。反过来也成立，而且两者的零、极点都位于 $s$ 平面的左半闭平面。这些都是驱动点函数的特点。

**【例 6-2】** 求图 6-3(a) 所示电路的转移导纳函数 $H(s)=I_2(s)/U_1(s)$，并画出零、极点图。已知 $R_1=R_2=R_3=1\Omega$，$C_1=C_2=1\text{F}$。

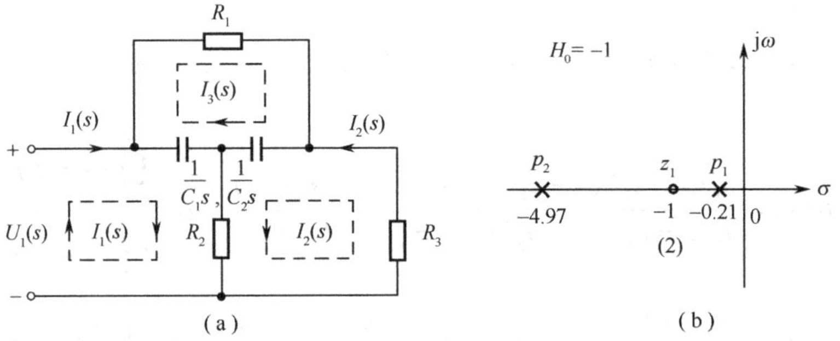


图 6-3

**解：**对三个网孔回路列 KVL 方程为

$$\left(\frac{1}{C_1s}+R_2\right)I_1(s)+R_2I_2(s)-\frac{1}{C_1s}I_3(s)=U_1(s)$$

$$R_2I_1(s)+\left(R_2+R_3+\frac{1}{C_2s}\right)I_2(s)+\frac{1}{C_2s}I_3(s)=0$$

$$-\frac{1}{C_1s}I_1(s)+\frac{1}{C_2s}I_2(s)+\left(\frac{1}{C_1s}+\frac{1}{C_2s}+R_1\right)I_3(s)=0$$

代入数据并联立求解得

$$H(s)=\frac{I_2(s)}{U_1(s)}=-\frac{s^2+2s+1}{s^2+5s+1}=-\frac{(s+1)^2}{(s+0.21)(s+4.79)}$$

式中,$H_0=-1$。可见 $H(s)$ 有一个二重零点 $z_1=-1$,有两个极点:$p_1=-0.21$,$p_2=-4.79$,其分布如图 6-3 (b) 所示。图中零点旁边标注"(2)",表示该零点是二重的。

由于该电路中只有一种性质的动态元件(即只有电容而无电感),故其极点一定位于负实轴上。

【例 6-3】 图 6-4 (a) 所示电路,求电压比函数 $H(s)=U_2(s)/U_1(s)$,并画出零、极点图。

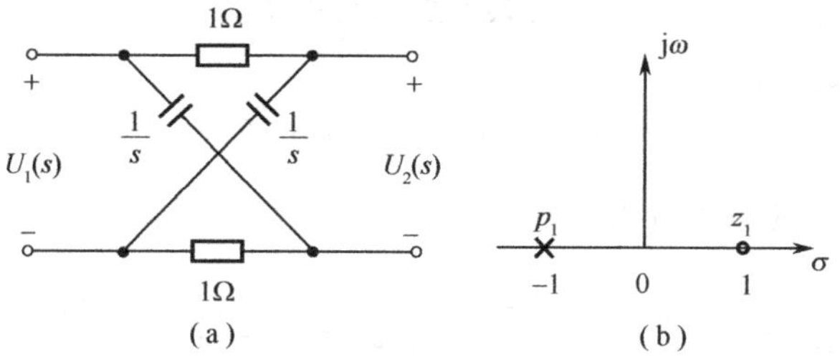


图 6-4

**解:**

$$U_2(s)=\frac{U_1(s)}{1+\frac{1}{s}}\times\frac{1}{s}-\frac{U_1(s)}{\frac{1}{s}+1}\times 1=-\frac{s-1}{s+1}U_1(s)$$

故得

$$H(s)=\frac{U_2(s)}{U_1(s)}=-\frac{s-1}{s+1}$$

其中 $H_0=-1$。可见 $H(s)$ 有一个零点 $z_1=1$,一个极点 $p_1=-1$,其分布如图 6-4 (b) 所示。其零点与极点的分布是以 jω 轴左右对称的,具有这种特点的网络称为全通网络或全通系统。

【例 6-4】 已知 $H(s)$ 的零、极点分布如图 6-5 所示,并知 $H(\infty)=4$。求 $H(s)$ 的表示式。

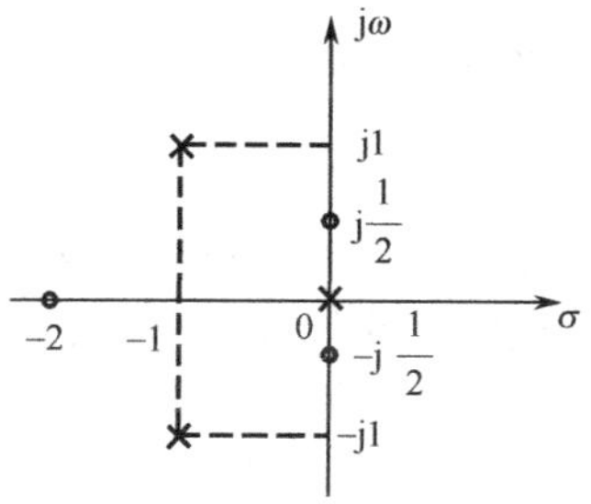


图 6-5

**解:**

$$H(s)=H_0\frac{(s+2)\left(s+\mathrm{j}\frac{1}{2}\right)\left(s-\mathrm{j}\frac{1}{2}\right)}{s(s+1-\mathrm{j}1)(s+1+\mathrm{j}1)}$$

$$=H_0\times\frac{1}{4}\times\frac{4s^3+8s^2+s+2}{s^3+2s^2+2s}$$

故

$$\lim_{s\to\infty}H(s)=H_0\times\frac{1}{4}\lim_{s\to\infty}\frac{4s^3+8s^2+s+2}{s^3+2s^2+2s}$$

即

$$H(\infty)=H_0\times\frac{1}{4}\times 4=H_0=4$$

从而得

$$H(s)=\frac{4s^3+8s^2+s+2}{s^3+2s^2+2s}$$

## 6.2 系统函数的应用

由于系统函数 $H(s)$ 描述了系统本身的特性,所以对系统特性的研究,就归结为对 $H(s)$ 的研究。本节将从 8 个方面来讨论 $H(s)$ 的应用。

### 6.2.1 求单位冲激响应 $h(t)$

因有
$$H(s)=\mathscr{L}[h(t)]$$
故得
$$h(t)=\mathscr{L}^{-1}[H(s)] \tag{6-7}$$

**【例6-5】** 已知:(1) $H(s)=\dfrac{1-\mathrm{e}^{-s\tau}}{s}$;(2) $H(s)=\dfrac{1-\mathrm{e}^{-s\tau}}{s(1-\mathrm{e}^{-sT})}$, $T>\tau$。分别求 $H(s)$ 的零点与极点,画出零、极点图;并求 $h(t)$,画出 $h(t)$ 的波形。

**解:**(1) 该 $H(s)$ 只有一个极点 $p_1=0$;其零点求解如下。

令 $1-\mathrm{e}^{-s\tau}=0$,变换整理得

$$\mathrm{e}^{s\tau}=1=\mathrm{e}^{\mathrm{j}2k\pi},\quad k\in Z$$

得 $s\tau=\mathrm{j}2k\pi$,即 $s=\mathrm{j}\dfrac{2k\pi}{\tau}$,故得零点为

$$z_0=0;z_1=-\mathrm{j}\frac{2\pi}{\tau};z_2=\mathrm{j}\frac{2\pi}{\tau}=\overset{*}{z}_1;z_3=-\mathrm{j}\frac{4\pi}{\tau};z_4=\mathrm{j}\frac{4\pi}{\tau}=\overset{*}{z}_3;\cdots$$

其零、极点分布如图 6-6 (a) 所示。故 $H(s)$ 又可写为

$$H(s)=\frac{s\left(s+\mathrm{j}\dfrac{2\pi}{\tau}\right)\left(s-\mathrm{j}\dfrac{2\pi}{\tau}\right)\left(s+\mathrm{j}\dfrac{4\pi}{\tau}\right)\left(s-\mathrm{j}\dfrac{4\pi}{\tau}\right)\cdots\left(s+\mathrm{j}\dfrac{2k\pi}{\tau}\right)\left(s-\mathrm{j}\dfrac{2k\pi}{\tau}\right)}{s}$$
$$=\left(s+\mathrm{j}\frac{2\pi}{\tau}\right)\left(s-\mathrm{j}\frac{2\pi}{\tau}\right)\left(s+\mathrm{j}\frac{4\pi}{\tau}\right)\left(s-\mathrm{j}\frac{4\pi}{\tau}\right)\cdots\left(s+\mathrm{j}\frac{2k\pi}{\tau}\right)\left(s-\mathrm{j}\frac{2k\pi}{\tau}\right)$$

其中位于坐标原点上的极点与零点对消了,即分母与分子中的公因子 $s$ 相抵消了,从而使该 $H(s)$ 在 $s$ 平面上没有极点而只有零点。

将 $H(s)$ 的表示式改写为
$$H(s)=\frac{1}{s}-\frac{1}{s}\mathrm{e}^{-s\tau}$$
经反变换得
$$h(t)=\mathscr{L}^{-1}[H(s)]=U(t)-U(t-\tau)$$
$h(t)$ 的波形如图6-6 (b) 所示。可见 $h(t)$ 为一时限信号。由此可得到一个结论:所有时限信号在 $s$ 平面上没有极点,只有零点,且零点全都分布在 $\mathrm{j}\omega$ 轴上。

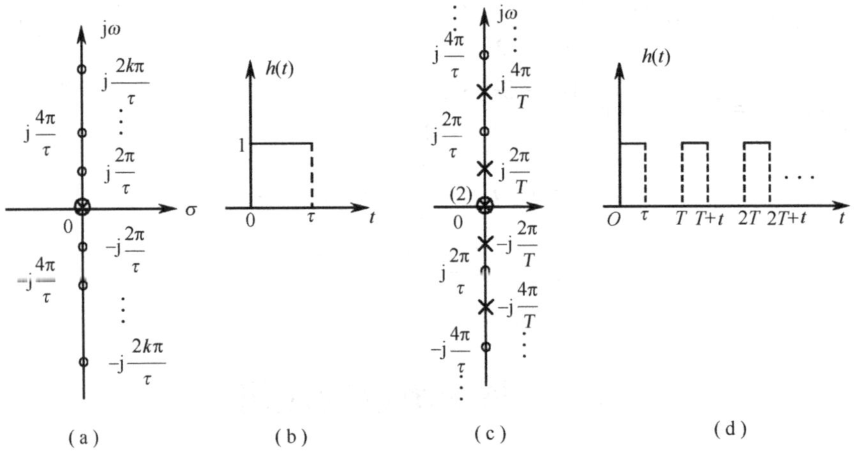


图 6-6 (注:坐标原点的极点为二阶的,用(2) 表示)

(2) 仿照上面(1) 的方法,可将该 $H(s)$ 的分子、分母分别分解因式,从而

$$H(s)=\frac{s\left(s+\mathrm{j}\frac{2\pi}{\tau}\right)\left(s-\mathrm{j}\frac{2\pi}{\tau}\right)\left(s+\mathrm{j}\frac{4\pi}{\tau}\right)\left(s-\mathrm{j}\frac{4\pi}{\tau}\right)\cdots\left(s+\mathrm{j}\frac{2k\pi}{\tau}\right)\left(s-\mathrm{j}\frac{2k\pi}{\tau}\right)}{ss\left(s+\mathrm{j}\frac{2\pi}{T}\right)\left(s-\mathrm{j}\frac{2\pi}{T}\right)\left(s+\mathrm{j}\frac{4\pi}{T}\right)\left(s-\mathrm{j}\frac{4\pi}{T}\right)\cdots\left(s+\mathrm{j}\frac{2k\pi}{T}\right)\left(s-\mathrm{j}\frac{2k\pi}{T}\right)}$$

可画出零、极点分布如图 6-6 (c) 所示。其冲激响应为

$$h(t)=\mathscr{L}^{-1}[H(s)]=\mathscr{L}^{-1}\left[\frac{1-\mathrm{e}^{-s\tau}}{s}\frac{1}{1-\mathrm{e}^{-sT}}\right]=\mathscr{L}^{-1}\left[\frac{1-\mathrm{e}^{-s\tau}}{s}\right]*\mathscr{L}^{-1}\left[\frac{1}{1-\mathrm{e}^{-sT}}\right]$$

$$=[U(t)-U(t-\tau)]*\sum_{n=0}^{\infty}\delta(t-nT)=\sum_{n=0}^{\infty}\{[U(t)-U(t-\tau)]*\delta(t-nT)\}$$

$$=\sum_{n=0}^{\infty}[U(t-nT)-U(t-nT-\tau)]\qquad n=0,1,2,\cdots$$

$h(t)$ 的波形如图 6-6 (d) 所示,可见为一有始的周期函数,周期为 $T$。

### 6.2.2 研究 $H(s)$ 的零、极点分布对 $h(t)$ 的影响

$H(s)$ 的极点分布与 $h(t)$ 波形的关系如表 6-1 中所示。

**表 6-1 $H(s)$ 的极点分布与 $h(t)$ 波形的关系**

| 序号 | $H(s)$ | $s$ 平面上的零、极点 | $h(t)$ | 波形 |
|---|---|---|---|---|
| 1 | $\frac{1}{s}$ | 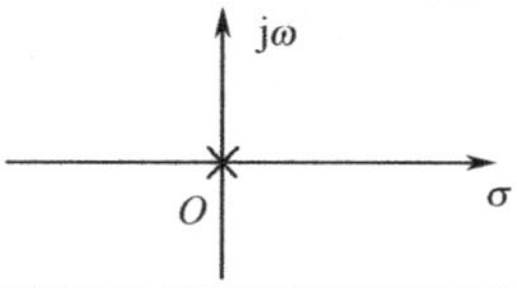  | $U(t)$ | 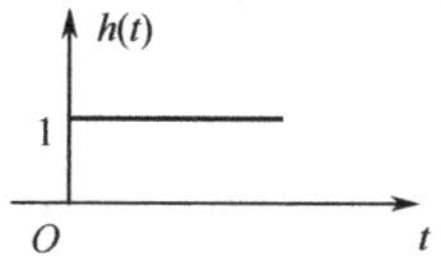  |
| 2 | $\frac{1}{s-\alpha}$ $(\alpha>0)$ | 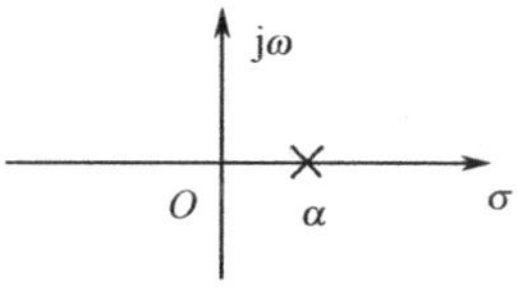  | $\mathrm{e}^{\alpha t}U(t)$ | 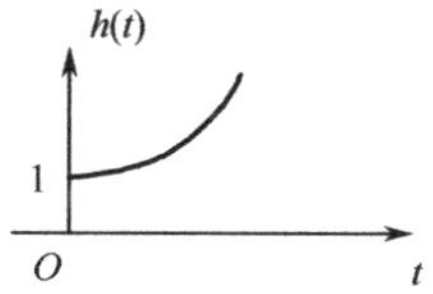  |
| 3 | $\frac{1}{s+\alpha}$ $(\alpha>0)$ | 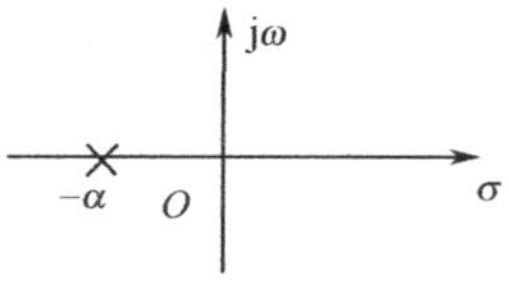  | $\mathrm{e}^{-\alpha t}(t)$ | 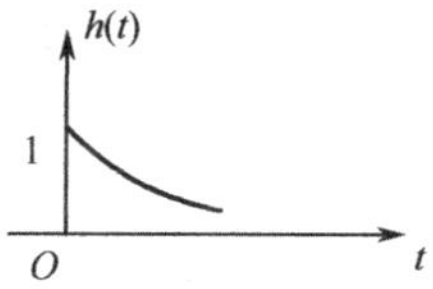  |
| 4 | $\frac{1}{(s+\alpha)^2}$ $(\alpha>0)$ | 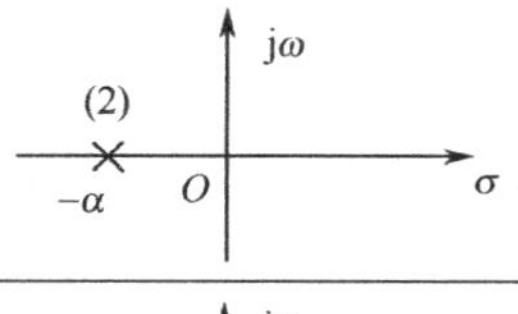  | $t\mathrm{e}^{-\alpha t}U(t)$ | 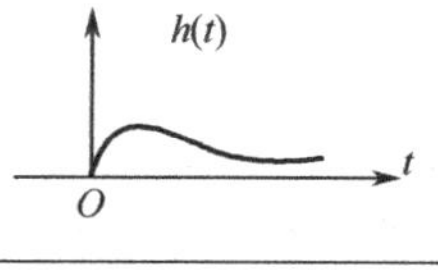  |
| 5 | $\frac{\omega_0}{s^2+\omega_0^2}$ | 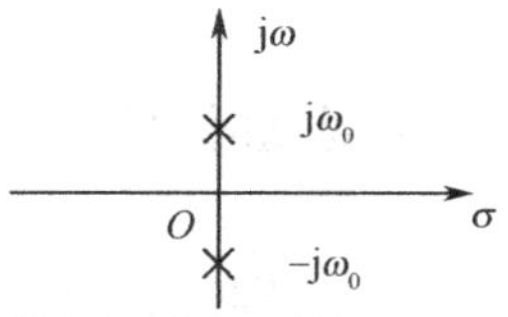  | $\sin(\omega_0 t)U(t)$ | 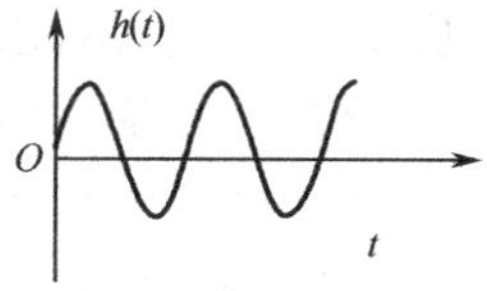  |
| 6 | $\frac{s}{s^2+\omega_0^2}$ | 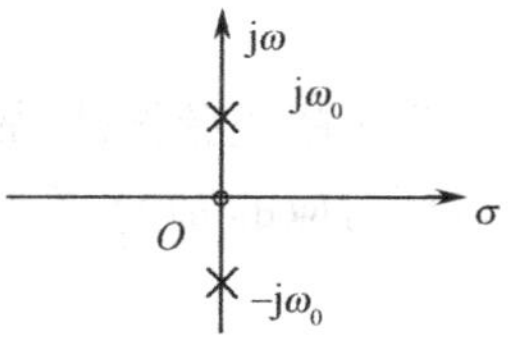  | $\cos(\omega_0 t)U(t)$ | 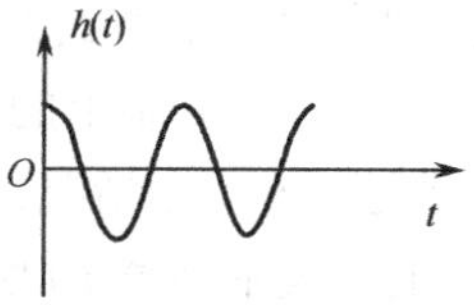  |

续表

| 序号 | $H(s)$ | $s$ 平面上的零、极点 | $h(t)$ | 波形 |
|---|---|---|---|---|
| 7 | $\dfrac{\omega_0}{(s-\alpha)^2+\omega_0^2}$ $(\alpha>0)$ | 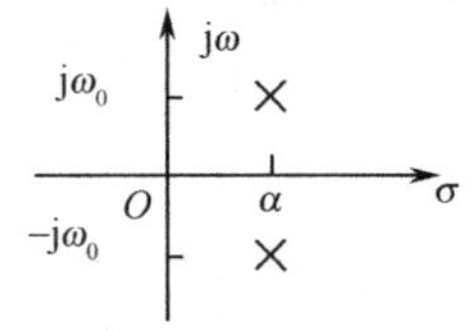 | $e^{\alpha t}\sin(\omega_0 t)U(t)$ | 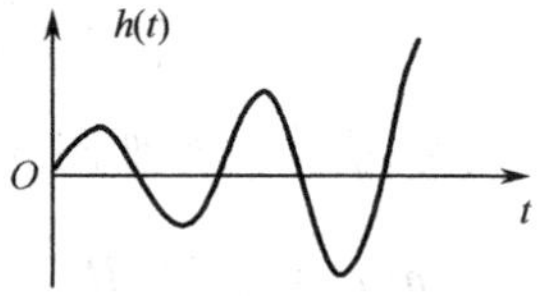 |
| 8 | $\dfrac{\omega_0}{(s+\alpha)^2+\omega_0^2}$ $(\alpha>0)$ | 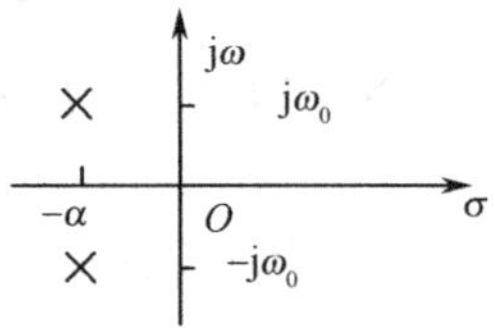 | $e^{-\alpha t}\sin(\omega_0 t)U(t)$ | 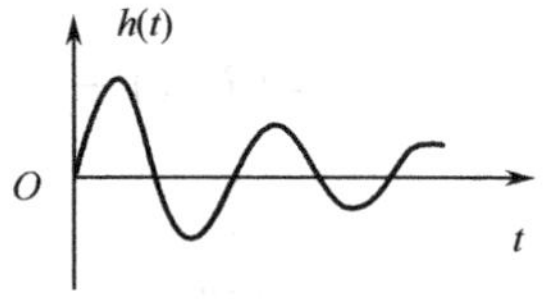 |
| 9 | $\dfrac{1}{s^2}$ | 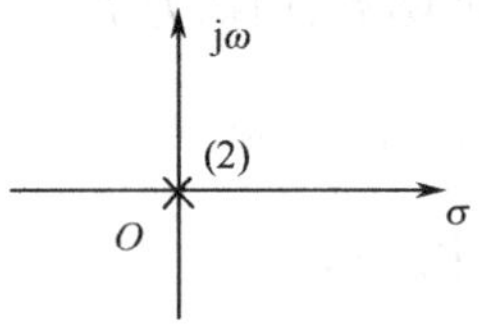 | $tU(t)$ | 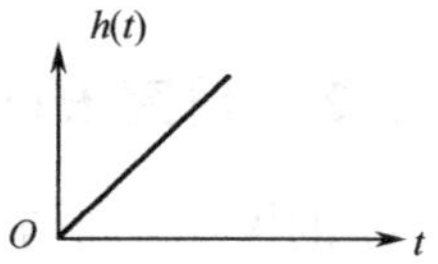 |
| 10 | $\dfrac{2\omega_0 s}{(s^2+\omega_0^2)^2}$ | 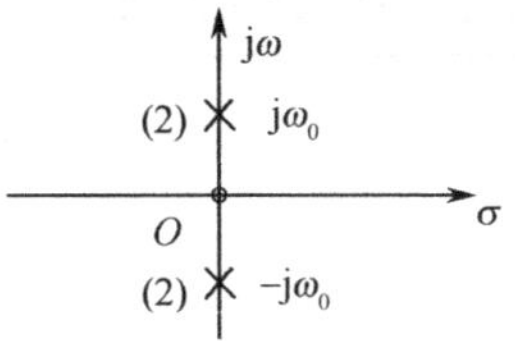 | $t\sin(\omega_0 t)U(t)$ | 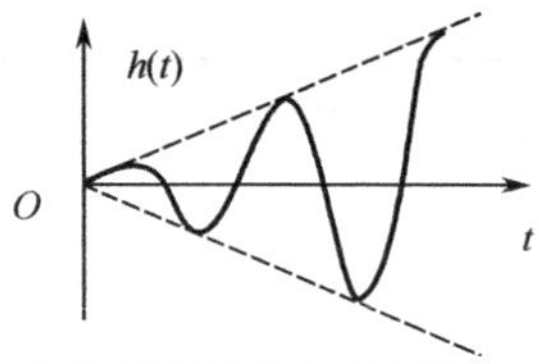 |
| 11 | $\dfrac{1-e^{-s\tau}}{s}$ | 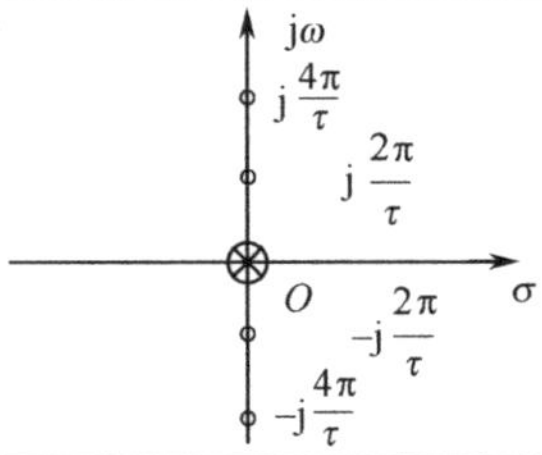 | $U(t)-U(t-\tau)$ | 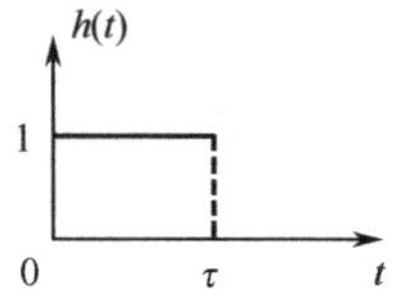 |
| 12 | $\dfrac{1}{1-e^{-sT}}$ | 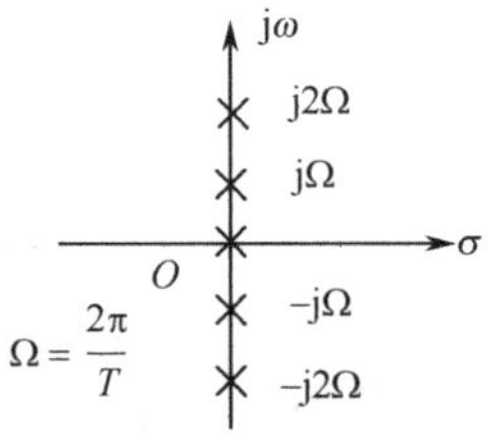 | $\sum\limits_{n=0}^{\infty}\delta(t-nT)$ | 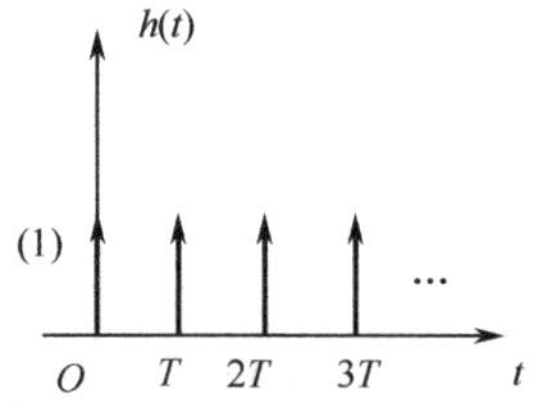 |

注：图中极点“×”旁的数字表示极点的阶数，无数字者为一阶极点。

从表 6-1 中可以看出：

(1) 位于 $s$ 平面左半开平面上的极点所对应的 $h(t)$，是随时间的增长而衰减的，故系统是稳定的，如表中的序号 3,4,8 所示情况。

(2) 位于 $s$ 平面右半开平面上的极点所对应的 $h(t)$，是随时间的增长而增长的，故系统是不稳定的，如表中的序号 2,7 所示情况。

(3) 位于 $j\omega$ 轴上的单阶共轭极点所对应的 $h(t)$ 为等幅正弦振荡，故系统是临界稳定的，如表中的序号 5,6 所示情况；位于 $j\omega$ 轴上的重阶共轭极点所对应的 $h(t)$ 是增幅正弦振荡，故系统是不稳定的，如表中序号 10 所示情况。

(4) 位于坐标原点上的单阶极点所对应的 $h(t)$ 为阶跃信号，故系统是临界稳定的，如表中的序号 1 所示情况；位于坐标原点上的二阶极点所对应的 $h(t)$ 为斜坡信号，故系统是不稳定的，如表中的序号 9 所示情况。

(5) 所有时限信号在 $s$ 平面上没有极点而只有零点（其中有的零点和极点对消了），而且零点全部分布在 $j\omega$ 轴上，如表中的序号 11 所示情况。

(6) 所有周期为 $T$ 的有始周期信号，其极点均分布在 $j\omega$ 轴上的 $\pm j\frac{2k\pi}{T}$ $(k=0,1,2,\cdots)$ 点上，而且一定是单阶的（其中有的极点可能被零点对消了）。有始周期信号每对共轭极点的位置正好是该周期信号傅里叶级数展开式中相应谐波分量的频率，如表中的序号 12 所示情况和例 6-5 中的 (2) 小题。

$H(s)$ 的零点分布只影响 $h(t)$ 波形的幅度和相位，不影响 $h(t)$ 的时域波形模式。但 $H(s)$ 零点阶次的变化，则不仅影响 $h(t)$ 的波形幅度和相位，还可能使波形中出现冲激函数 $\delta(t)$。下面通过例题说明。

**【例 6-6】** 分别画出下列各系统函数的零、极点分布及冲激响应 $h(t)$ 的波形。

(1) $H(s)=\dfrac{s+1}{(s+1)^2+2^2}$；(2) $H(s)=\dfrac{s}{(s+1)^2+2^2}$；(3) $H(s)=\dfrac{(s+1)^2}{(s+1)^2+2^2}$。

**解：** 所给三个系统函数的极点相同，均为 $p_1=-1+j2, p_2=-1-j2=\overset{*}{p}_1$，但零点是各不相同的。

(1) $h(t)=\mathscr{L}^{-1}\left[\dfrac{s+1}{(s+1)^2+2^2}\right]=e^{-t}\cos(2t)U(t)$

(2) $h(t)=\mathscr{L}^{-1}\left[\dfrac{s}{(s+1)^2+2^2}\right]=\mathscr{L}^{-1}\left[\dfrac{s+1}{(s+1)^2+2^2}-\dfrac{1}{2}\dfrac{2}{(s+1)^2+2^2}\right]$

$$=e^{-t}\cos(2t)U(t)-\frac{1}{2}e^{-t}\sin(2t)U(t)=e^{-t}\left[\cos(2t)-\frac{1}{2}\sin(2t)\right]U(t)$$

$$=\frac{\sqrt{5}}{2}e^{-t}\cos(2t+26.57^\circ)U(t)$$

(3) $h(t)=\mathscr{L}^{-1}\left[\dfrac{(s+1)^2}{(s+1)^2+2^2}\right]=\mathscr{L}^{-1}\left[1-2\dfrac{2}{(s+1)^2+2^2}\right]$

$$=\delta(t)-2e^{-t}\sin(2t)U(t)=\delta(t)-2e^{-t}\cos(2t-90^\circ)U(t)$$

它们的零、极点分布及其波形如图 6-7 所示。

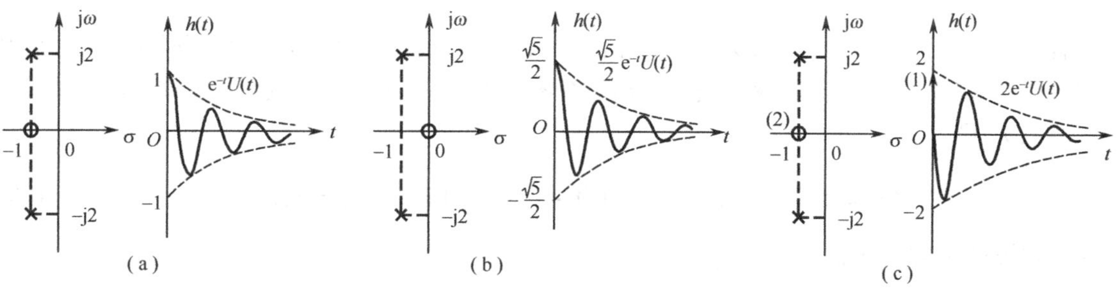


图 6-7

从上述分析结果和图 6-7 可以看出，当零点从 $-1$ 移到 0 时，$h(t)$ 的波形幅度与相位发生了变化；当 $-1$ 处的零点由一阶变为二阶时，则不仅 $h(t)$ 波形的幅度和相位发生了变化，而且其中还出现了冲激函数 $\delta(t)$。

零、极点分布图及对应 $h(t)$ 的波形的 MATLAB 实现见二维码 6-1。

二维码 6-1

### 6.2.3 根据 $H(s)$ 的极点分布判断系统的稳定性

在时域中,若满足$\lim\limits_{t\to\infty}h(t)=0$,则系统是稳定的(这是系统稳定的必要条件,而不是充分条件;其充分条件是$\int_{-\infty}^{\infty}|h(t)|\mathrm{d}t<\infty$)。因此,对于稳定系统,它的 $H(s)$ 的极点必须全部位于 $s$ 平面的左半开平面上,即必须有 $\mathrm{Re}[s]=\sigma<0$。

在时域中,若满足$\lim\limits_{t\to\infty}h(t)=$有限值(定值或不定值),则系统是临界稳定的。因此,对于临界稳定系统,它的 $H(s)$ 的极点必须全部位于 $s$ 平面的左半闭平面上,即必须有 $\mathrm{Re}[s]=\sigma\leqslant 0$,且位于 $\mathrm{j}\omega$ 轴上的极点必须是单阶的。

在时域中,若满足$\lim\limits_{t\to\infty}h(t)=\infty$,则系统是不稳定的。因此,对于不稳定系统,它的 $H(s)$ 的极点中至少要有一个位于 $s$ 平面的右半开平面上;若极点是位于 $\mathrm{j}\omega$ 轴上且是重阶的,则系统也是不稳定的。

所有工程实际中的系统都必须是稳定的。

因 $H(s)$ 的极点为其分母多项式 $D(s)=0$ 的根,故系统稳定与否,就归结为 $D(s)=0$ 的根是否均有负的实部,即 $\mathrm{Re}[s]<0$。数学上称根均具有负实部的多项式为霍尔维茨多项式(Hurwitz Polynomial),简写为H·P。故系统的稳定性又归结为 $D(s)$ 是否为H·P。$D(s)$ 为H·P的必要条件是:多项式中无 $s$ 幂的缺项,全部系数符号相同;$D(s)$ 为H·P的充要条件是:罗斯阵列中第一列的数字符号相同。关于系统稳定性的详细讨论见6-5节。

### 6.2.4 根据 $H(s)$ 可写出系统的微分方程

若 $H(s)$ 的分子、分母多项式无公因式相消,则可根据 $H(s)$ 的表达式写出它所联系的响应 $y(t)$ 与激励 $f(t)$ 之间关系的微分方程。例如设

$$H(s)=\frac{s+2}{s^3+4s^2+5s+10}$$

则其微分方程为

$$\frac{\mathrm{d}^3}{\mathrm{d}t^3}y(t)+4\frac{\mathrm{d}^2}{\mathrm{d}t^2}y(t)+5\frac{\mathrm{d}}{\mathrm{d}t}y(t)+10y(t)=\frac{\mathrm{d}f(t)}{\mathrm{d}t}+2f(t)$$

### 6.2.5 根据给定或求得的系统的初始值,从 $H(s)$ 的极点求系统的零输入响应 $y_x(t)$

若 $H(s)$ 的分子、分母多项式无公因式相消,则 $H(s)$ 的极点即为系统微分方程的特征根,即系统的自然频率,故可由 $H(s)$ 的极点直接写出系统零输入响应 $y_x(t)$ 的时域变化模式。若为单极点 $p_1,p_2,\cdots,p_n$,则

$$y_x(t)=A_1\mathrm{e}^{p_1t}+A_2\mathrm{e}^{p_2t}+\cdots+A_n\mathrm{e}^{p_nt}=\sum_{i=1}^{n}A_i\mathrm{e}^{p_it}\qquad i=1,2,\cdots,n \tag{6-8}$$

若为 $n$ 重极点 $p$,即 $p_1=p_2=\cdots=p_n=p$,则

$$y_x(t)=A_1\mathrm{e}^{pt}+A_2t\mathrm{e}^{pt}+\cdots+A_nt^{n-1}\mathrm{e}^{pt} \tag{6-9}$$

式中,系数 $A_1,A_2,\cdots,A_n$ 由系统的初始值 $y_x(0^+),y'_x(0^+),y''_x(0^+),\cdots,y_x^{(n-1)}(0^+)$ 确定。

根据 $s$ 域电路求系统自然频率[即 $H(s)$ 的极点]的方法,与在第2章中所研究的根据算子电路求自然频率[即 $H(p)$ 的极点]的方法完全相同,所得一切结论也完全相同,不再重复。在具体求解时,仅是将 $p$ 换成 $s$ 即可。

**【例6-7】** 图6-8(a)所示电路,已知 $i(0^-)=-2\mathrm{A}$,$u(0^-)=2\mathrm{V}$。求零输入响应 $u(t)$。

**解**:由于电路的自然频率(即 $H(s)$ 的极点)与激励和响应无关,所以可以利用图 6-8(b) 所示电路来求电路的自然频率,即求输入导纳函数 $Y(s)$ 的极点。这是因为同一个电路中,不管对哪一个响应,电路的自然频率都是相同的。即

$$H(s)=Y(s)=\frac{I_1(s)}{U_1(s)}=\frac{1}{\dfrac{U_1(s)}{I_1(s)}}=\frac{1}{Z(s)}$$

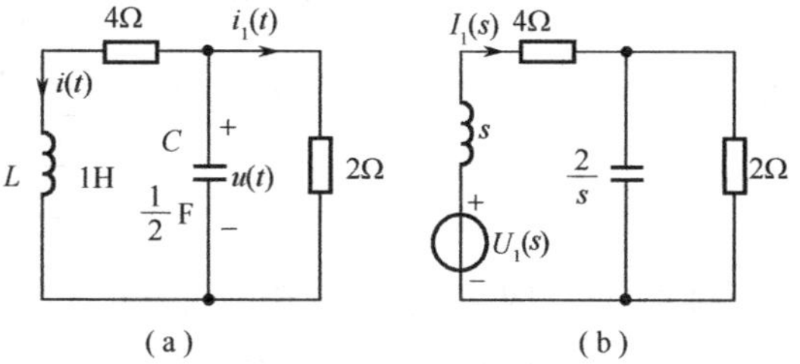


图 6-8

令 $\quad Z(s)=4+s+\dfrac{2\times 2/s}{2+2/s}=\dfrac{s^2+5s+6}{s+1}$

得 $\quad H(s)=Y(s)=\dfrac{1}{Z(s)}=\dfrac{s+1}{s^2+5s+6}$

令 $\quad D(s)=s^2+5s+6=(s+2)(s+3)=0$

得两个极点为 $p_1=-2,p_2=-3$。故零输入响应为

$$u(t)=A_1e^{-2t}+A_2e^{-3t} \qquad ①$$

又 $$u'(t)=-2A_1e^{-2t}-3A_2e^{-3t}$$

故 $$u(0^+)=u(0^-)=A_1+A_2=2 \qquad ②$$

$$u'(0^+)=-2A_1-3A_2 \qquad ③$$

从图 6-8 (a) 得 $$i_1(0^+)=u(0^+)/2=2/2=1$$

又有 $$Cu'(t)=-i(t)-i_1(t)$$

故 $$\frac{1}{2}u'(0^+)=-i(0^+)-i_1(0^+)=-i(0^-)-i_1(0^+)=2-1=1$$

故得 $u'(0^+)=2$,代入式 ③ 有

$$-2A_1-3A_2=2 \qquad ④$$

将式 ②,④ 联立求解得 $A_1=8,A_2=-6$,代入式 ① 得

$$u(t)=(8e^{-2t}-6e^{-3t}) \quad t\geqslant 0$$

当然,此题也可用第 5 章讲述的方法求解,请读者自行求解。

### 6.2.6 对给定的激励 $f(t)$ 求系统的零状态响应 $y_f(t)$

设 $$F(s)=\mathscr{L}[f(t)],\quad Y_f(s)=\mathscr{L}[y_f(t)]$$

则根据式(6-1) $$Y_f(s)=H(s)F(s)$$

进行反变换即得零状态响应为

$$y_f(t)=\mathscr{L}^{-1}[Y_f(s)]=\mathscr{L}^{-1}[H(s)F(s)]$$

若 $Y_f(s)$ 的分子、分母没有公因式相消,则 $Y_f(s)$ 的极点中包括了 $H(s)$ 和 $F(s)$ 的全部极点。其中 $H(s)$ 的极点确定了 $y_f(t)$ 中自由响应分量的时间模式;而 $F(s)$ 的极点则确定了 $y_f(t)$ 中强迫响应分量的时间模式(见例 6-8)。

**【例 6-8】** 图 6-9 (a) 所示电路,已知 $f(t)=20e^{-2t}U(t)$V,求零状态响应 $u(t)$。

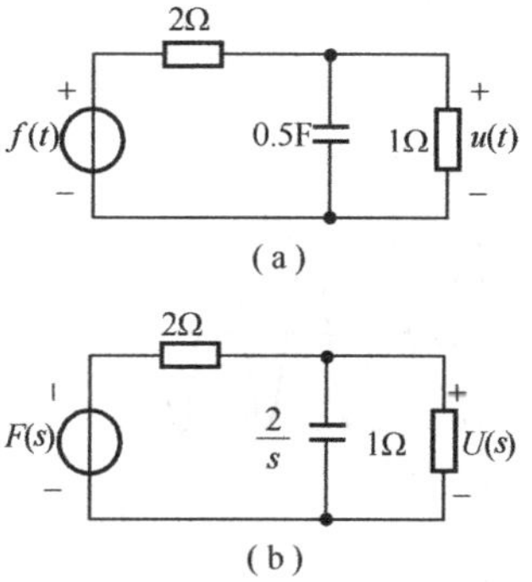


图 6-9

**解**:其复频域电路如图 6-9 (b) 所示。

$$H(s)=\frac{U(s)}{F(s)}=\frac{1}{2+\dfrac{1}{1+0.5s}}\cdot\frac{1}{1+0.5s}=\frac{1}{s+3}$$

$$F(s)=\mathscr{L}[f(t)]=\frac{20}{s+2}$$

$$U(s)=H(s)F(s)=\frac{1}{s+3}\frac{20}{s+2}=\frac{-20}{s+3}+\frac{20}{s+2}$$

故得

$$u(t)=\underbrace{\underbrace{\underbrace{-20e^{-3t}U(t)}_{\text{自由响应}}+\underbrace{20e^{-2t}U(t)}_{\text{强迫响应}}}_{\text{瞬态响应}}}_{\text{零状态响应}}$$

**【例 6-9】** 图 6-10 (a) 所示电路，已知激励：(1) $f(t)=\cos(\omega_0 t)U(t)\mathrm{V}$；(2) $f(t)=\sin(\omega_0 t)U(t)\mathrm{V}$，其中 $\omega_0=1/\sqrt{LC}$。求零状态响应 $i(t)$，$i_1(t)$，$i_2(t)$，并画出波形。

**解：**(1) $s$ 域电路如图 6-10 (b) 所示。

$$H(s)=\frac{I(s)}{F(s)}=Cs+\frac{1}{Ls}=C\left(s+\frac{1}{LC}\frac{1}{s}\right)=C\left(\frac{s^2+\omega_0^2}{s}\right)$$

$$F(s)=\mathscr{L}[f(t)]=\frac{s}{s^2+\omega_0^2}$$

$$I(s)=H(s)F(s)=C\left(\frac{s^2+\omega_0^2}{s}\right)\frac{s}{s^2+\omega_0^2}=C\times 1$$

故得

$$i(t)=C\delta(t)$$

$$I_1(s)=CsF(s)=Cs\left(\frac{s}{s^2+\omega_0^2}\right)=C\left(1-\frac{\omega_0^2}{s^2+\omega_0^2}\right)$$

$$=C-C\omega_0\left(\frac{\omega_0}{s^2+\omega_0^2}\right)=C-\sqrt{\frac{C}{L}}\frac{\omega_0}{s^2+\omega_0^2}$$

故得

$$i_1(t)=C\delta(t)-\sqrt{\frac{C}{L}}\sin(\omega_0 t)U(t),\quad i_2(t)=\sqrt{\frac{C}{L}}\sin(\omega_0 t)U(t)$$

$i(t)$，$i_1(t)$，$i_2(t)$ 的波形如图 6-10 (c)，(d)，(e) 所示。

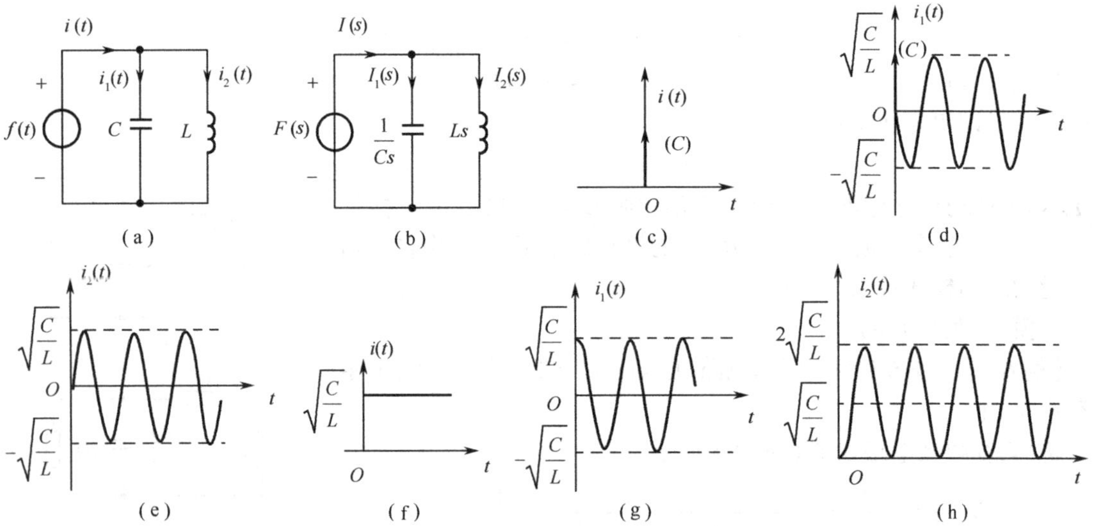


图 6-10

(2) $$F(s)=\mathscr{L}[f(t)]=\frac{\omega_0}{s^2+\omega_0^2}$$

$$I(s)=H(s)F(s)=C\left(\frac{s^2+\omega_0^2}{s}\right)\frac{\omega_0}{s^2+\omega_0^2}=C\omega_0\frac{1}{s}$$

故 $$i(t)=C\omega_0 U(t)=\sqrt{\frac{C}{L}}U(t)$$

$$I_1(s)=CsF(s)=Cs\left(\frac{\omega_0}{s^2+\omega_0^2}\right)=\sqrt{\frac{C}{L}}\frac{s}{s^2+\omega_0^2}$$

$$I_2(s)=\frac{1}{Ls}F(s)=\frac{1}{L}\frac{\omega_0}{s(s^2+\omega_0^2)}=\frac{1}{L\omega_0}\left(\frac{1}{s}-\frac{s}{s^2+\omega_0^2}\right)=\sqrt{\frac{C}{L}}\frac{1}{s}-\sqrt{\frac{C}{L}}\frac{s}{s^2+\omega_0^2}$$

故得 $$i_1(t)=\sqrt{\frac{C}{L}}\cos(\omega_0 t)U(t),\quad i_2(t)=\sqrt{\frac{C}{L}}U(t)-\sqrt{\frac{C}{L}}\cos(\omega_0 t)U(t)$$

其波形如图 6-10(f),(g),(h) 所示。

### 6.2.7 求系统的频率特性(即频率响应)$H(j\omega)$

对于稳定和临界稳定系统[即 $H(s)$ 的收敛域包括 $j\omega$ 轴在内],可令 $H(s)$ 中的 $s=j\omega$ 而求得 $H(j\omega)$(对于不稳定的系统不存在 $H(j\omega)$,不能用式 $H(s)\big|_{s=j\omega}=H(j\omega)$ 求 $H(j\omega)$)。即

$$H(j\omega)=H(s)\Big|_{s=j\omega}=\frac{b_m s^m+\cdots+b_1 s+b_0}{a_n s^n+\cdots+a_1 s+a_0}\Big|_{s=j\omega}=\frac{b_m(j\omega)^m+\cdots+b_1 j\omega+b_0}{a_n(j\omega)^n+\cdots+a_1 j\omega+a_0} \tag{6-10}$$

$H(j\omega)$ 一般为 $j\omega$ 的复数函数,故可写为

$$H(j\omega)=|H(j\omega)|e^{j\varphi(\omega)}$$

$|H(j\omega)|$ 和 $\varphi(\omega)$ 分别称为系统的模频特性与相频特性(合称频率特性)。它们可用解析法或图解法求得。

#### 1. 解析法

可以通过下面的各例说明解析法的求解过程及在工程中的应用。

**【例 6-10】** 用解析法求图 6-11 所示两个电路的频率特性。图 6-11 (a) 所示为一阶低通滤波电路,图 6-11 (b) 所示为一阶高通滤波电路。

**解:**先求图(a) 所示低通滤波电路的频率特性,即

$$H(s)=\frac{U_2(s)}{U_1(s)}=\frac{\frac{1}{Cs}}{R+\frac{1}{Cs}}=\frac{1}{1+CRs}$$

故 $$H(j\omega)=|H(j\omega)|e^{j\varphi(\omega)}=\frac{1}{1+j\omega RC}$$

即 $$|H(j\omega)|=\frac{1}{\sqrt{1+(\omega RC)^2}}$$

$$\varphi(\omega)=-\arctan(RC\omega)$$

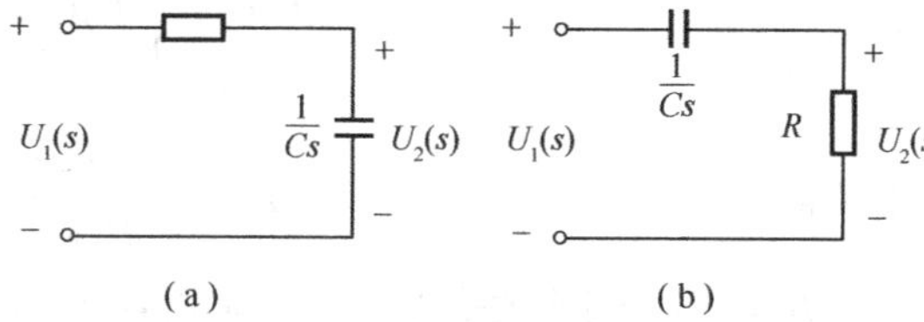


图 6-11

根据上两式即可画出模频特性与相频特性，如图 6-12 所示。由图可见此电路为一个低通滤波器。当 $\omega_c = 1/RC$ 时，$|H(j\omega)| = 1/\sqrt{2}$，$\varphi(\omega) = -45°$，$\omega_c = 1/RC$ 称为截止频率，0 到 $\omega_c$ 的频率范围称为低通滤波器的通频带。即通频带为 $\omega_c$。

再求图(b) 所示高通滤波电路的频率特性：

$$H(s) = \frac{U_2(s)}{U_1(s)} = \frac{R}{R + \frac{1}{Cs}} = \frac{RCs}{RCs + 1}$$

故
$$H(j\omega) = |H(j\omega)| e^{j\varphi(\omega)} = \frac{j\omega RC}{j\omega RC + 1}$$

即
$$|H(j\omega)| = \frac{RC\omega}{\sqrt{1 + (\omega RC)^2}}, \quad \varphi(\omega) = \arctan \frac{1}{RC\omega}$$

其频率特性如图 6-13 所示，为一个高通滤波器。当 $\omega = \omega_c = 1/RC$ 时，$|H(j\omega)| = 1/\sqrt{2}$，$\varphi(\omega) = 45°$。$\omega_c = 1/RC$ 为其截止频率，$\omega_c$ 到 $\infty$ 的频率范围为其通频带。

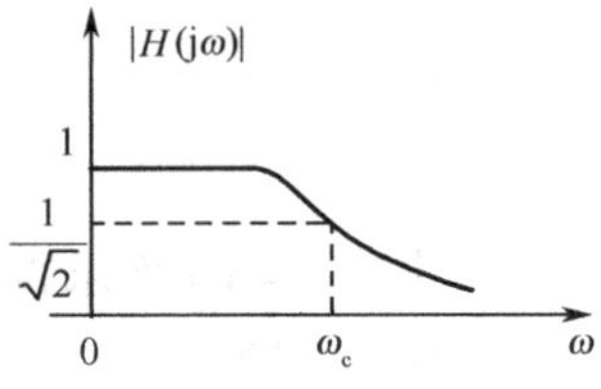


(a) (b)

图 6-12

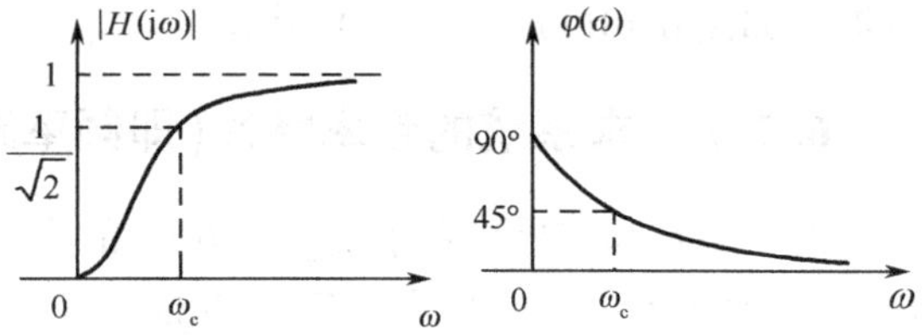


(a) (b)

图 6-13

**【例 6-11】** 用解析法求图 6-14(a) 所示有源二阶电路的频率特性。

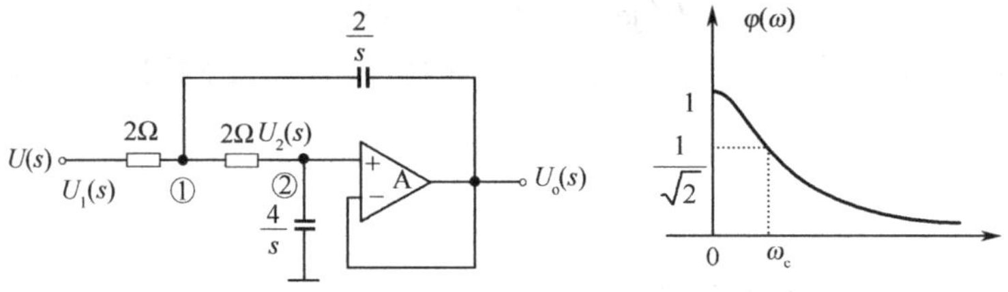


(a) (b)

图 6-14

**解**：对节点 ① 和节点 ② 分别列写 KCL 方程。

节点 ①：
$$\frac{U_1(s) - U(s)}{2} + \frac{U_1(s) - U_2(s)}{2} + \frac{U_1(s) - U_o(s)}{2/s} = 0$$

节点 ②：
$$\frac{U_2(s)}{4/s} + \frac{U_2(s) - U_1(s)}{2} = 0$$

联立求解得
$$H(s) = \frac{U_o(s)}{U(s)} = \frac{2}{s^2 + 2s + 2}$$

由于 $H(s)$ 的分母多项式为二次多项式，各项中的系数均为正实数，故电路必为稳定的。故得

$$H(j\omega) = |H(j\omega)| e^{j\varphi(\omega)} = \frac{2}{(j\omega)^2 + j2\omega + 2}$$

$$= \frac{2}{(2-\omega^2)+\mathrm{j}2\omega} = \frac{2}{\sqrt{(2-\omega^2)^2+4\omega^2}}\mathrm{e}^{-\mathrm{j}\arctan\frac{2\omega}{2-\omega^2}}$$

则
$$|H(\mathrm{j}\omega)| = \frac{2}{\sqrt{(2-\omega^2)^2+4\omega^2}} = \frac{2}{\sqrt{4+\omega^4}}$$

$$\varphi(\omega) = -\arctan\frac{2\omega}{2-\omega^2}$$

当 $\omega=0$ 时，$|H(\mathrm{j}\omega)|=1$；当 $\omega=\omega_c=\sqrt{2}$ rad/s 时，$|H(\mathrm{j}\omega)|=1/\sqrt{2}$；当 $\omega\to\infty$ 时，$|H(\mathrm{j}\omega)|=0$。其模频特性如图 6-14(b) 所示，为一个有源二阶 RC 低通滤波器。$\omega_c=\sqrt{2}$ rad/s 为其截止频率。

需要指出，含有运算放大器的 RC 电路，其 $|H(\mathrm{j}\omega)|$ 的最大值是可以设计成大于等于 1 的。

**2. 图解法**

将式(6-10) 等号右端的分子、分母分解因式，即

$$H(\mathrm{j}\omega) = |H(\mathrm{j}\omega)|\mathrm{e}^{\mathrm{j}\varphi(\omega)} = \frac{b_m(\mathrm{j}\omega-z_1)(\mathrm{j}\omega-z_2)\cdots(\mathrm{j}\omega-z_i)\cdots(\mathrm{j}\omega-z_m)}{a_n(\mathrm{j}\omega-p_1)(\mathrm{j}\omega-p_2)\cdots(\mathrm{j}\omega-p_r)\cdots(\mathrm{j}\omega-p_n)} = H_0\frac{\prod_{i=1}^{m}(\mathrm{j}\omega-z_i)}{\prod_{r=1}^{n}(\mathrm{j}\omega-p_r)}$$

其中 $H_0=b_m/a_n$。设零点矢量因子 $(\mathrm{j}\omega-z_i)=N_i\mathrm{e}^{\mathrm{j}\psi_i}$，极点矢量因子 $(\mathrm{j}\omega-p_r)=M_r\mathrm{e}^{\mathrm{j}\theta_r}$。于是上式可写为

$$H(\mathrm{j}\omega) = |H(\mathrm{j}\omega)|\mathrm{e}^{\mathrm{j}\varphi(\omega)} = H_0\frac{\prod_{i=1}^{m}N_i\mathrm{e}^{\mathrm{j}\psi_i}}{\prod_{r=1}^{n}M_r\mathrm{e}^{\mathrm{j}\theta_r}} = H_0\frac{\prod_{i=1}^{m}N_i\mathrm{e}^{\mathrm{j}\sum_{i=1}^{m}\psi_i}}{\prod_{r=1}^{n}M_r\mathrm{e}^{\mathrm{j}\sum_{r=1}^{n}\theta_r}} = H_0\frac{\prod_{i=1}^{m}N_i}{\prod_{r=1}^{n}M_r}\mathrm{e}^{\mathrm{j}\left(\sum_{i=1}^{m}\psi_i-\sum_{r=1}^{n}\theta_r\right)}$$

故得模频与相频特性为

$$|H(\mathrm{j}\omega)| = H_0\frac{\prod_{i=1}^{m}N_i}{\prod_{r=1}^{n}M_r} = H_0\frac{N_1N_2\cdots N_i\cdots N_m}{M_1M_2\cdots M_r\cdots M_n}$$

$$\varphi(\omega) = \sum_{i=1}^{m}\psi_i - \sum_{r=1}^{n}\theta_r = (\psi_1+\psi_2+\cdots+\psi_i+\cdots+\psi_m) - (\theta_1+\theta_2+\cdots+\theta_i+\cdots+\theta_n)$$

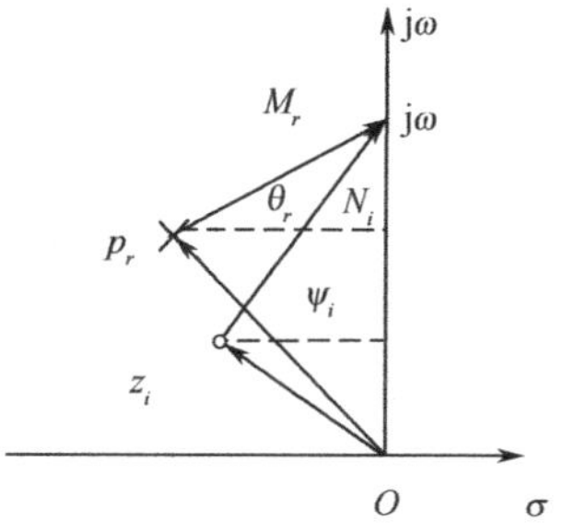

图 6-15

式中的 $N_i,\psi_i,M_r,\theta_r$ 均可用图解法求得，如图 6-15 所示。故当 $\omega$ 沿 $\mathrm{j}\omega$ 轴变化时，即可根据上式求得 $|H(\mathrm{j}\omega)|$ 与 $\varphi(\omega)$。具体求法见后面的例 6-12。

## 6.2.8 求系统的正弦稳态响应 $y_s(t)$

**1. 定义**

因为只有在稳定的系统中才有可能存在稳态响应。所以研究系统正弦稳态响应问题的前提是，系统必须具有稳定性。

对于稳定系统，当正弦激励信号 $f(t)=F_m\cos(\omega_0t)U(t)$ 在 $t=0$ 时刻作用于系统时，经过无穷长的时间(实际上只需要有限长时间) 后，系统即达到稳定工作状态。此时系统中的所有瞬态响应已

衰减为零,系统中只剩有稳态响应了,此稳态响应即为系统的正弦稳态响应。

**2. 求法**

设系统为稳定系统且为零状态,其系统函数为

$$H(s)=\frac{N(s)}{D(s)}=\frac{N(s)}{s^n+a_{n-1}s^{n-1}+\cdots+a_1s+a_0}=\frac{N(s)}{(s-p_1)(s-p_2)\cdots(s-p_r)\cdots(s-p_n)}$$

式中,$p_r(r=1,2,\cdots,n)$ 为 $H(s)$ 的单阶极点(这里以单阶极点为例来研究)。设系统的激励 $f(t)$ 为正弦信号,且在 $t=0$ 时刻作用于系统,即

$$f(t)=F_m\cos\omega_0 tU(t)$$

式中,$\omega_0$ 为正弦激励信号 $f(t)$ 的角频率。$f(t)$ 的像函数为

$$F(s)=\frac{F_m s}{s^2+\omega_0^2}=\frac{F_m s}{(s-\mathrm{j}\omega_0)(s+\mathrm{j}\omega_0)}$$

于是得系统零状态响应的像函数为

$$Y_f(s)=H(s)F(s)=H(s)\frac{F_m s}{(s-\mathrm{j}\omega_0)(s+\mathrm{j}\omega_0)}=\frac{N(s)}{D(s)}\frac{F_m s}{(s-\mathrm{j}\omega_0)(s+\mathrm{j}\omega_0)} \tag{6-11a}$$

或

$$\begin{aligned}Y_f(s)&=\frac{N(s)F_m s}{(s-p_1)(s-p_2)\cdots(s-p_r)\cdots(s-p_n)(s-\mathrm{j}\omega_0)(s+\mathrm{j}\omega_0)}\\&=\frac{K_1}{s-p_1}+\frac{K_2}{s-p_2}+\cdots+\frac{K_r}{s-p_r}+\cdots+\frac{K_n}{s-p_n}+\frac{C_1}{s-\mathrm{j}\omega_0}+\frac{C_2}{s+\mathrm{j}\omega_0}\\&=\left(\sum_{r=1}^{n}\frac{K_r}{s-p_r}\right)+\frac{C_1}{s-\mathrm{j}\omega_0}+\frac{C_2}{s+\mathrm{j}\omega_0}\end{aligned} \tag{6-11b}$$

式(6-11b) 中的 $K_r(r=1,2,\cdots,n)$,$C_1$,$C_2$ 均为部分分式的系数,其值由 $H(s)$ 与 $F(s)$ 共同决定,只要 $H(s)$ 和 $F(s)$ 知道了,都是可以求得的。下面只具体地求 $C_1$ 和 $C_2$。

$$\begin{aligned}C_1&=H(s)\frac{F_m s}{(s-\mathrm{j}\omega_0)(s+\mathrm{j}\omega_0)}(s-\mathrm{j}\omega_0)\Big|_{s=\mathrm{j}\omega_0}=H(\mathrm{j}\omega_0)\frac{F_m\mathrm{j}\omega_0}{2\mathrm{j}\omega_0}\\&=\frac{1}{2}F_mH(\mathrm{j}\omega_0)=\frac{1}{2}F_m|H(\mathrm{j}\omega_0)|\mathrm{e}^{\mathrm{j}\varphi(\omega_0)}\end{aligned}$$

$$\begin{aligned}C_2&=H(s)\frac{F_m s}{(s-\mathrm{j}\omega_0)(s+\mathrm{j}\omega_0)}(s+\mathrm{j}\omega_0)\Big|_{s=-\mathrm{j}\omega_0}=H(-\mathrm{j}\omega_0)\frac{F_m(-\mathrm{j}\omega_0)}{-2\mathrm{j}\omega_0}\\&=\frac{1}{2}F_mH(-\mathrm{j}\omega_0)=\frac{1}{2}F_m|H(-\mathrm{j}\omega_0)|\mathrm{e}^{\mathrm{j}\varphi(-\omega_0)}=\frac{1}{2}F_m|H(\mathrm{j}\omega_0)|\mathrm{e}^{-\mathrm{j}\varphi(\omega_0)}=\overset{*}{C}_1\end{aligned}$$

代入式(6-11b) 得

$$Y_f(s)=\left(\sum_{r=1}^{n}\frac{K_r}{s-p_r}\right)+\frac{1}{2}F_m|H(\mathrm{j}\omega_0)|\mathrm{e}^{\mathrm{j}\varphi(\omega_0)}\frac{1}{s-\mathrm{j}\omega_0}+\frac{1}{2}F_m|H(\mathrm{j}\omega_0)|\mathrm{e}^{-\mathrm{j}\varphi(\omega_0)}\frac{1}{s+\mathrm{j}\omega_0}$$

经反变换即得系统零状态响应的时域解为

$$\begin{aligned}y_f(t)&=\left(\sum_{r=1}^{n}K_r\mathrm{e}^{p_rt}\right)+\frac{1}{2}F_m|H(\mathrm{j}\omega_0)|\left[\mathrm{e}^{\mathrm{j}\varphi(\omega_0)}\mathrm{e}^{\mathrm{j}\omega_0t}+\mathrm{e}^{-\mathrm{j}\varphi(\omega_0)}\mathrm{e}^{-\mathrm{j}\omega_0t}\right]\\&=\left(\sum_{r=1}^{n}K_r\mathrm{e}^{p_rt}\right)+F_m|H(\mathrm{j}\omega_0)|\frac{\mathrm{e}^{\mathrm{j}[\varphi(\omega_0)+\omega_0t]}+\mathrm{e}^{-\mathrm{j}[\varphi(\omega_0)+\omega_0t]}}{2}\end{aligned}$$

$$= \underbrace{\left(\sum_{r=1}^{n} K_r e^{p_r t}\right)}_{\substack{\text{自由响应}\\ \text{(瞬态响应)}}} + \underbrace{F_m |H(j\omega_0)| \cos[\varphi(\omega_0) + \omega_0 t]}_{\substack{\text{强迫响应}\\ \text{(正弦稳态响应)}}} \tag{6-12}$$

式中，$|H(j\omega_0)|$ 和 $\varphi(\omega_0)$ 分别为系统的模频特性 $|H(j\omega_0)|$ 与相频特性 $\varphi(\omega)$ 在 $\omega=\omega_c$ 频率上的函数值。

由于系统为稳定的，因而必有 $\mathrm{Re}[p_r]=\sigma_r<0$，故式(6-12)等号右边的和式 $\sum_{r=1}^{n} K_r e^{p_r t}$ 将随着 $t\to\infty$ 而趋近于零。故当 $t\to\infty$，即系统达到稳定工作状态时，系统的零状态响应 $y_f(t)$ 中就只存在正弦稳态响应 $y_s(t)$ 了。即系统的正弦稳态响应为

$$y_s(t) = F_m |H(j\omega_0)| \cos[\omega_0 t + \varphi(\omega_0)] \tag{6-13}$$

**推广**：若系统的激励为 $f(t) = F_m\cos(\omega_0 t + \psi)U(t)$

则系统的正弦稳态响应为

$$y_s(t) = F_m |H(j\omega_0)| \cos[\omega_0 t + \psi + \varphi(\omega_0)] \tag{6-14}$$

可见 $y_s(t)$ 仍为与 $f(t)$ 同频率 $\omega_0$ 的正弦函数，但振幅增大为 $|H(j\omega_0)|$ 倍，相位增加了 $\varphi(\omega_0)$。

求解系统正弦稳态响应 $y_s(t)$ 的步骤如下：

(1) 求系统函数 $H(s)$。

(2) 求系统的频率特性 $H(j\omega)$，即 $H(j\omega) = H(s)\big|_{s=j\omega} = |H(j\omega)| e^{j\varphi(\omega)}$。

(3) 求 $|H(j\omega_0)|$ 和 $\varphi(\omega_0)$，即 $|H(j\omega)|\big|_{\omega=\omega_0} = |H(j\omega_0)|$，$\varphi(\omega)\big|_{\omega=\omega_0} = \varphi(\omega_0)$。

(4) 将所求得的 $|H(j\omega_0)|$ 和 $\varphi(\omega_0)$ 代入式(6-14)，即得正弦稳态响应 $y_s(t)$。

**【例 6-12】** 已知 $H(s) = 4\times\dfrac{s}{s^2+2s+2}$。

(1) 用解析法求 $|H(j\omega)|$ 和 $\varphi(\omega)$，并画出曲线；

(2) 已知正弦激励 $f(t) = 100\cos(2t+45^\circ)U(t)$，求正弦稳态响应 $y_s(t)$；

(3) 用图解法求 $|H(j2)|$，$\varphi(2)$ 及 $|H(j\omega)|$ 与 $\varphi(\omega)$。

**解**：(1) 由于 $H(s)$ 的分母为二次多项式且各项中的系数均为正实数，故系统是稳定的。

$$H(j\omega) = H(s)\Big|_{s=j\omega} = \frac{4j\omega}{(j\omega)^2 + 2j\omega + 2} = \frac{4\omega\angle 90^\circ}{2-\omega^2 + j2\omega}$$

故

$$|H(j\omega)| = \frac{4\omega}{\sqrt{(2-\omega^2)^2 + (2\omega)^2}},\quad \varphi(\omega) = 90^\circ - \arctan\frac{2\omega}{2-\omega^2}$$

根据以上两式画出的曲线如图 6-16(b)，(c) 所示，为一个带通滤波器。

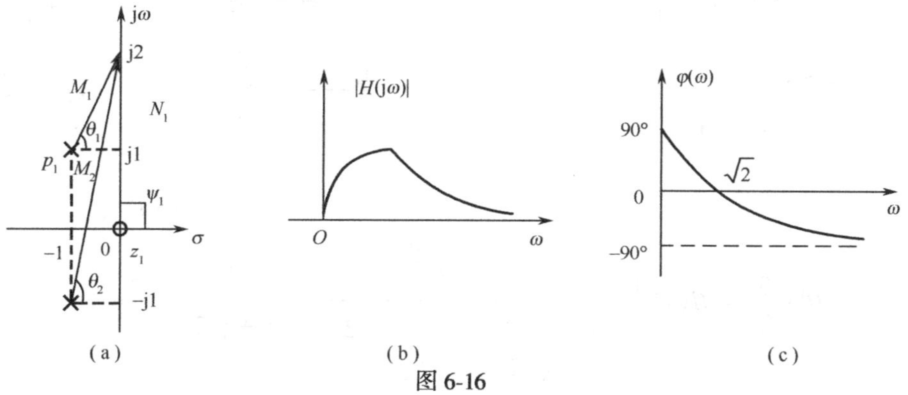


图 6-16

(2) 将 $\omega = 2$ rad/s 代入以上两式可得 $|H(\mathrm{j}2)| = 1.79, \varphi(2) = -26.57°$，故得正弦稳态响应为

$$y_s(t) = |H(\mathrm{j}2)| F_m \cos[2t + 45° + \varphi(2)]$$
$$= 1.79 \times 100\cos[2t + 45° - 26.57°] = 179\cos(2t + 18.43°)$$

(3)
$$H(s) = 4 \times \frac{s}{(s + 1 + \mathrm{j}1)(s + 1 - \mathrm{j}1)}$$

故得一个零点：$z_1 = 0$，两个极点：$p_1 = -1 - \mathrm{j}1, p_2 = -1 + \mathrm{j}1$。其零、极点分布如图 6-16 (a) 所示。

$$H(\mathrm{j}\omega) = |H(\mathrm{j}\omega)| \mathrm{e}^{\mathrm{j}\varphi(\omega)} = 4 \times \frac{\mathrm{j}\omega}{(\mathrm{j}\omega + 1 + \mathrm{j}1)(\mathrm{j}\omega + 1 - \mathrm{j}1)}$$

当 $\omega = 2$ rad/s 时，可画出零、极点矢量因子，如图 6-16 (a) 所示，于是可得

$$N_1 = 2, \quad \psi_1 = 90°; \quad M_1 = \sqrt{2}, \quad \theta_1 = 45°; \quad M_2 = \sqrt{10}, \quad \theta_2 = 71.57°$$

故得
$$|H(\mathrm{j}2)| = 4 \times \frac{N_1}{M_1 M_2} = 1.79, \quad \varphi(2) = \psi_1 - (\theta_1 + \theta_2) = -26.57°$$

用同样的方法，可求得 $\omega$ 取不同值时的 $|H(\mathrm{j}\omega)|$ 和 $\varphi(\omega)$ 的值，如表 6-2 中所示；其相应的曲线仍如图 6-16 (b)，(c) 所示。可见，其为一个带通滤波器。

**表 6-2　例 6-12 的计算结果**

| $\omega/(\mathrm{rad \cdot s^{-1}})$ | 0 | 1 | $\sqrt{2}$ | 2 | 3 | 5 | 10 | $\infty$ |
|---|---|---|---|---|---|---|---|---|
| $\lvert H(\mathrm{j}\omega) \rvert$ | 0 | 1.79 | 2 | 1.79 | 1.3 | 0.8 | 0.4 | 0 |
| $\varphi(\omega)$ | 90° | 25.8° | 0° | −26.75° | −50° | −66° | −78.5° | −90° |

**【例 6-13】** 已知系统函数 $H(s)$ 的零、极点分布如图 6-17(a) 所示，且知 $h(0^+) = 2$，激励 $f(t) = \sin\frac{\sqrt{3}}{2}tU(t)$，求正弦稳态响应 $y_s(t)$。

**解**：由图 6-17 (a) 可写出

$$H(s) = H_0 \frac{s}{\left(s + 1 + \mathrm{j}\frac{\sqrt{3}}{2}\right)\left(s + 1 - \mathrm{j}\frac{\sqrt{3}}{2}\right)} = H_0 \frac{s}{(s+1)^2 + \left(\frac{\sqrt{3}}{2}\right)^2}$$

根据初值定理有

$$\lim_{t \to 0^+} h(t) = h(0^+) = \lim_{s \to \infty} sH(s)$$
$$= \lim_{s \to \infty} s \frac{H_0 s}{(s+1)^2 + \left(\frac{\sqrt{3}}{2}\right)^2} = H_0 = 2$$

故
$$H(s) = 2 \times \frac{s}{(s+1)^2 + \left(\frac{\sqrt{3}}{2}\right)^2}$$

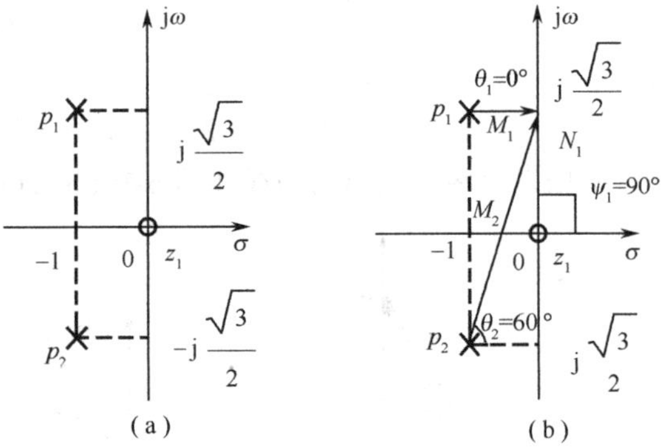


图 6-17

$$H\left(\mathrm{j}\frac{\sqrt{3}}{2}\right) = H(s)\Big|_{s=\mathrm{j}\frac{\sqrt{3}}{2}} = \frac{2\mathrm{j}\frac{\sqrt{3}}{2}}{\left(\mathrm{j}\frac{\sqrt{3}}{2} + 1\right)^2 + \left(\frac{\sqrt{3}}{2}\right)^2} = \frac{\mathrm{j}\sqrt{3}}{1 + \mathrm{j}\sqrt{3}} = \frac{\sqrt{3}}{2}\mathrm{e}^{\mathrm{j}30°}$$

得正弦稳态响应为 $$y_s(t)=\frac{\sqrt{3}}{2}\sin\left(\frac{\sqrt{3}}{2}t+30^\circ\right)$$

此题若用图解法求解则更为简便,如图 6-17 (b) 所示。由图可求得

$$H\left(\mathrm{j}\frac{\sqrt{3}}{2}\right)=2\times\frac{N_1}{M_1M_2}\mathrm{e}^{\mathrm{j}[\psi_1-(\theta_1+\theta_2)]}=2\frac{\frac{\sqrt{3}}{2}}{1\times 2}\mathrm{e}^{\mathrm{j}[90^\circ-(0^\circ+60^\circ)]}=\frac{\sqrt{3}}{2}\mathrm{e}^{\mathrm{j}30^\circ}$$

与上面用解析法所求相同。

# 6.3 连续系统的模拟图与框图

## 6.3.1 三种运算器

系统模拟中应用的运算器有三种:加法器、数乘器(也称标量乘法器)和积分器。三种运算器的表示符号及其时域、$s$ 域中输入与输出的关系,如表 6-3 中所示。

表 6-3 三种运算器的表示符号及其输入与输出的关系

| 名称 | 时域表示 | $s$ 域表示 | 信号流图表示 |
|---|---|---|---|
| 加法器 | 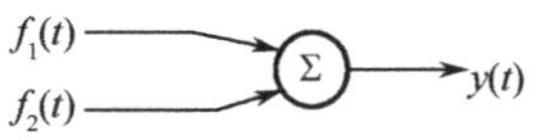<br>$y(t)=f_1(t)+f_2(t)$ | 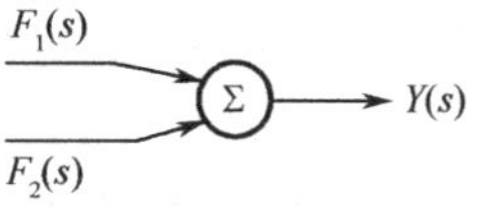<br>$Y(s)=F_1(s)+F_2(s)$ | 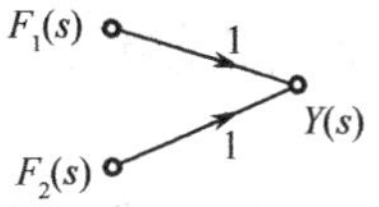<br>$Y(s)=F_1(s)+F_2(s)$ |
| 数乘器 | 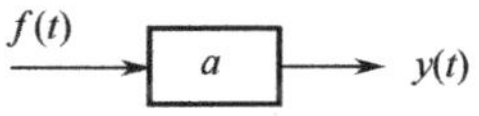<br>$y(t)=af(t)$ | 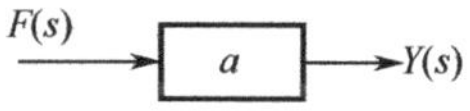<br>$Y(s)=aF(s)$ | 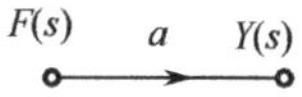<br>$Y(s)=aF(s)$ |
| 积分器 | 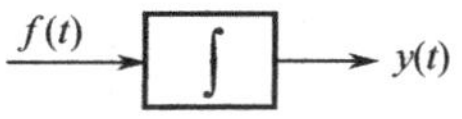<br>$y(t)=\int_{-\infty}^{t}f(\tau)\mathrm{d}\tau=y(0^-)+\int_{0^-}^{t}f(\tau)\mathrm{d}\tau$<br>其中 $y(0^-)=\int_{-\infty}^{0^-}f(\tau)\mathrm{d}\tau$ | 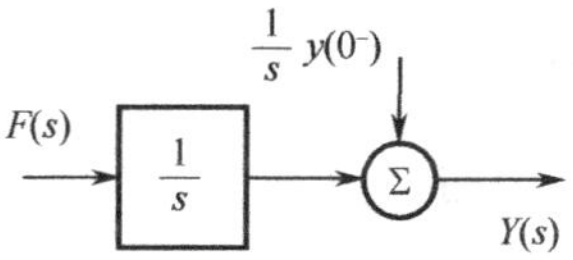<br>$Y(s)=\frac{1}{s}F(s)+\frac{1}{s}y(0^-)$ | 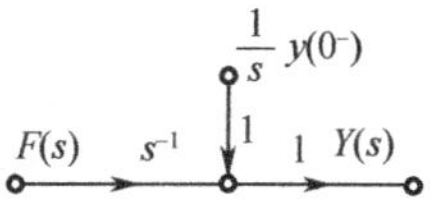<br>$Y(s)=\frac{1}{s}F(s)+\frac{1}{s}y(0^-)$ |

## 6.3.2 系统模拟的定义与系统的模拟图

在实验室中用三种运算器:加法器、数乘器和积分器来模拟给定系统的数学模型——微分方程或系统函数 $H(s)$,称为线性系统的模拟,简称系统模拟。经过模拟而得到的系统称为模拟系统。

从系统模拟的定义可看出,所谓系统模拟,仅指数学意义上的模拟。模拟的不是实际的系统,而是系统的数学模型——微分方程或系统函数 $H(s)$。这就是说,不管是任何实际系统,只要它们的数学模型相同,则它们的模拟系统就一样,就可以在实验室里用同一个模拟系统对该系统的特性进行研究。例如当系统参数或输入信号改变时,系统的响应如何变化,系统的工作是否稳定,系统的性能指标能否满足要求,系统的频率响应如何变化,等等。所有这些都可用实验仪器直接观测,或在计算机的输出装置上直接显示出来。模拟系统的输出信号,就是系统微分方程的解,称为模拟

解。这不仅比直接求解系统的微分方程来得简便,而且便于确定系统的最佳参数和最佳工作状态。这正是系统模拟的重要实用意义和理论价值。

在工程实际中,三种运算器:加法器、数乘器和积分器,都用含有运算放大器的电路来实现,这在电路基础课程中已进行了研究,不再赘述。系统模拟一般用模拟计算机或数字计算机实现,也可在专用的实验设备上实现。

由加法器、数乘器和积分器连接而成的图称为系统模拟图,简称模拟图。模拟图与系统的微分方程(或系统函数 $H(s)$) 在描述系统特性方面是等价的。

### 6.3.3 常用的模拟图形式

常用的模拟图有 4 种形式:直接形式、并联形式、级联形式和混联形式。它们都可以根据系统的微分方程或系统函数 $H(s)$ 画出。在模拟计算机中,每一个积分器都备有专用的输入初始条件的引入端,当进行模拟实验时,每一个积分器都要引入它应有的初始条件。有了这样的理解,下面画系统模拟图时,为简明方便,先设系统的初始状态为零,即系统为零状态。此时,模拟系统的输出信号,就只是系统的零状态响应了。

**1. 直接形式**

设系统微分方程为二阶的,即

$$y''(t)+a_1y'(t)+a_0y(t)=f(t) \tag{6-15}$$

为了画出其直接形式的模拟图,将式(6-15) 改写为

$$y''(t)=-a_1y'(t)-a_0y(t)+f(t)$$

根据此式即可画出时域直接形式的模拟图,如图 6-18(a) 所示。可见图中有 2 个积分器(因为微分方程是二阶的)、2 个数乘器和 1 个加法器,图中各变量之间的关系一目了然,无须赘述。

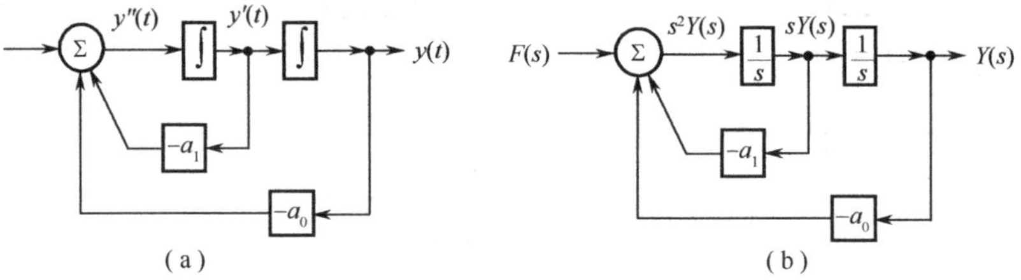


图 6-18

将式(6-15) 进行拉普拉斯变换,即有

$$s^2Y(s)+a_1sY(s)+a_0Y(s)=F(s) \tag{6-16}$$

或

$$s^2Y(s)=-a_1sY(s)-a_0Y(s)+F(s) \tag{6-17}$$

根据此式即可画出 $s$ 域直接形式的模拟图,如图 6-18 (b) 所示。

将图 6-18(a) 和 (b) 进行对照,可看出两者的结构完全相同,仅变量表示形式不同,图(a) 中是时域变量,图(b) 中则是 $s$ 域变量,而且两者完全是对应的。所以,为简便,以后就不必将两种图都画出了,而只需画出两者之一即可。

根据式(6-16) 可求出系统函数为

$$H(s)=\frac{Y(s)}{F(s)}=\frac{1}{s^2+a_1s+a_0}=\frac{s^{-2}}{1+a_1s^{-1}+a_0s^{-2}} \tag{6-18}$$

将式(6-18) 与图6-18(b) 进行对比,不难看出,若系统函数 $H(s)$ 已知,则根据 $H(s)$ 直接画出 $s$ 域直

接形式模拟图的方法也是一目了然的。

若系统的微分方程为

$$y''(t)+a_1y'(t)+a_0y(t)=b_2f''(t)+b_1f'(t)+b_0f(t) \tag{6-19}$$

则其系统函数(这里取 $m=n=2$) 为

$$H(s)=\frac{Y(s)}{F(s)}=\frac{b_2s^2+b_1s+b_0}{s^2+a_1s+a_0}=\frac{b_2+b_1s^{-1}+b_0s^{-2}}{1+a_1s^{-1}+a_0s^{-2}} \tag{6-20}$$

为了画出与上述微分方程或 $H(s)$ 相对应的直接形式的模拟图,可引入中间变量 $x(t)$,使之满足下式

$$x''(t)+a_1x'(t)+a_0x(t)=f(t) \tag{6-21}$$

故有

$$x''(t)=-a_1x'(t)-a_0x(t)+f(t) \tag{6-22}$$

与此式相对应的模拟图如图 6-19(a) 的下半部分所示。

将式(6-21) 分别乘以 $b_0,b_1,b_2$ 系数,即有

$$b_0x''(t)+a_1[b_0x'(t)]+a_0[b_0x(t)]=b_0f(t) \tag{6-23}$$

$$b_1x''(t)+a_1[b_1x'(t)]+a_0[b_1x(t)]=b_1f(t) \tag{6-24}$$

$$b_2x''(t)+a_1[b_2x'(t)]+a_0[b_2x(t)]=b_2f(t) \tag{6-25}$$

将式(6-24) 求导一次,将式(6-25) 求导两次,即有

$$[b_1x''(t)]'+a_1[b_1x'(t)]'+a_0[b_1x(t)]'=b_1f'(t)$$

$$[b_2x''(t)]''+a_1[b_2x'(t)]''+a_0[b_2x(t)]''=b_2f''(t)$$

以上两式又可写为

$$[b_1x'(t)]''+a_1[b_1x'(t)]'+a_0[b_1x'(t)]=b_1f'(t) \tag{6-26}$$

$$[b_2x''(t)]''+a_1[b_2x''(t)]'+a_0[b_2x''(t)]=b_2f''(t) \tag{6-27}$$

将式(6-23)、式(6-26)、式(6-27) 相加并归并同类项即得

$$[b_2x''(t)+b_1x'(t)+b_0x(t)]''+a_1[b_2x''(t)+b_1x'(t)+b_0x(t)]'+ \\ a_0[b_2x''(t)+b_1x'(t)+b_0x(t)]=b_2f''(t)+b_1f'(t)+b_0f(t) \tag{6-28}$$

将式(6-28) 与式(6-19) 比较,可看出必有

$$y(t)=b_2x''(t)+b_1x'(t)+b_0x(t) \tag{6-29}$$

根据式(6-29) 即可画出与之对应的模拟图,如图 6-19 (a) 中的上半部分所示。这样,就得到了与式(6-19) 相对应的完整的直接形式的模拟图,如图 6-19 (a) 所示。

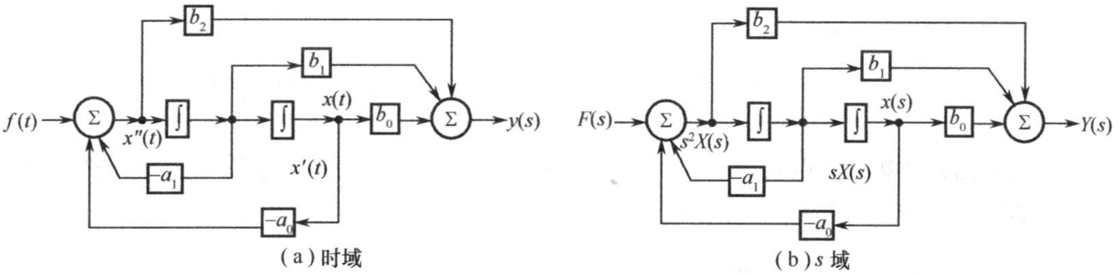


图 6-19

与式(6-19) 相对应的 $s$ 域直接形式的模拟图如图 6-19 (b) 所示。此图也可根据系统函数 $H(s)$ 的表示式(6-20) 直接画出,其步骤和方法一目了然,也无须赘述。

从图 6-19 可看出,图中有 2 个积分器(因微分方程是二阶的)、2 个加法器[因式(6-19) 中等号左端和右端各有一个求和式] 和 5 个数乘器。

**推广**:若系统的微分方程为 $n$ 阶的,且设 $m=n$,即

$$y^n(t)+a_{n-1}y^{n-1}(t)+\cdots+a_1y'(t)+a_0y(t)$$
$$=b_mf^m(t)+b_{m-1}f^{m-1}(t)+\cdots+b_1f'(t)+b_0f(t) \tag{6-30a}$$

则其系统函数为
$$H(s)=\frac{Y(s)}{F(s)}=\frac{b_ms^m+b_{m-1}s^{m-1}+\cdots+b_1s+b_0}{s^n+a_{n-1}s^{n-1}+\cdots+a_1s+a_0} \tag{6-30b}$$

或
$$H(s)=\frac{Y(s)}{F(s)}=\frac{b_m+b_{m-1}s^{-1}+\cdots+b_1s^{-(m-1)}+b_0s^{-m}}{1+a_{n-1}s^{-1}+\cdots+a_1s^{-(n-1)}+a_0s^{-n}} \tag{6-30c}$$

仿照上面的结论,可以很容易地画出与以上两式相对应的时域和 $s$ 域直接形式的模拟图(请读者自己画出)。

需要指出,直接形式的模拟图,只适用于 $m \leqslant n$ 的情况。因为当 $m>n$ 时,就无法模拟了。

**2. 并联形式**

设系统函数仍为式(6-20),即
$$H(s)=\frac{b_2s^2+b_1s+b_0}{s^2+a_1s+a_0} \tag{6-31a}$$

将上式化成真分式并将余式 $N_0(s)$ 展开成部分分式,即
$$H(s)=b_2+\frac{N_0(s)}{s^2+a_1s+a_0}=b_2+\frac{N_0(s)}{(s-p_1)(s-p_2)}$$
$$=b_2+\frac{K_1}{s-p_1}+\frac{K_2}{s-p_2} \tag{6-31b}$$

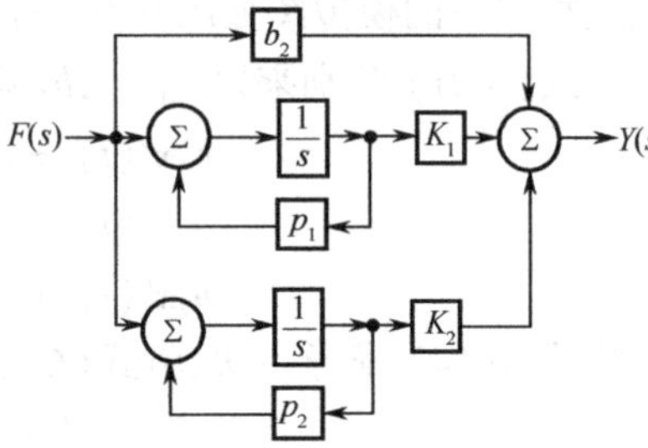

图 6-20

式中 $p_1,p_2$ 为 $H(s)$ 的单阶极点;$K_1,K_2$ 为部分分式的待定系数;它们都是可以求得的。根据式(6-31b) 即可画出其并联形式的模拟图,如图 6-20 所示。

**特例:**若 $b_2=0$,则图中最上面的支路断开。

若系统函数 $H(s)$ 为 $n$ 阶的,则其并联形式的模拟图,也可如法炮制(请读者研究)。

并联形式模拟图的特点是,各子系统之间相互独立,互不干扰和影响。

它也只适用于 $m \leqslant n$ 的情况。

**3. 级联形式**

设系统函数仍为式(6-20),即
$$H(s)=\frac{b_2s^2+b_1s+b_0}{s^2+a_1s+a_0}=\frac{b_2(s-z_1)(s-z_2)}{(s-p_1)(s-p_2)}=b_2\frac{s-z_1}{s-p_1}\frac{s-z_2}{s-p_2} \tag{6-32}$$

式中,$p_1,p_2$ 为 $H(s)$ 的单阶极点;$z_1,z_2$ 为 $H(s)$ 的单阶零点;它们都是可以求得的。根据式(6-32) 即可画出其级联形式的模拟图,如图 6-21 所示。

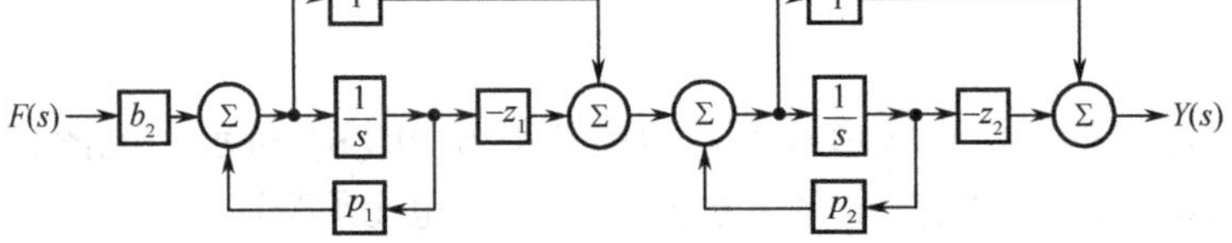

图 6-21

若系统函数 $H(s)$ 为 $n$ 阶的,则其级联形式的模拟图也可仿效画出。它也只适用于 $m \leqslant n$ 的情况。

**4. 混联形式**

例如,设 $H(s)=\dfrac{2s+3}{s^4+7s^3+16s^2+12s}=\dfrac{2s+3}{s(s+3)(s+2)^2}=\dfrac{1/4}{s}+\dfrac{1}{s+3}+\dfrac{-5/4}{s+2}+\dfrac{1/2}{(s+2)^2}$

进而再改写成

$$H(s)=\frac{1}{s}\times\frac{1}{4}\times\frac{5s+3}{s+3}+\frac{-5/4}{s+2}+\frac{1/2}{s^2+4s+4} \tag{6-33}$$

根据式(6-33) 即可画出其混联形式的模拟图,如图 6-22 所示。

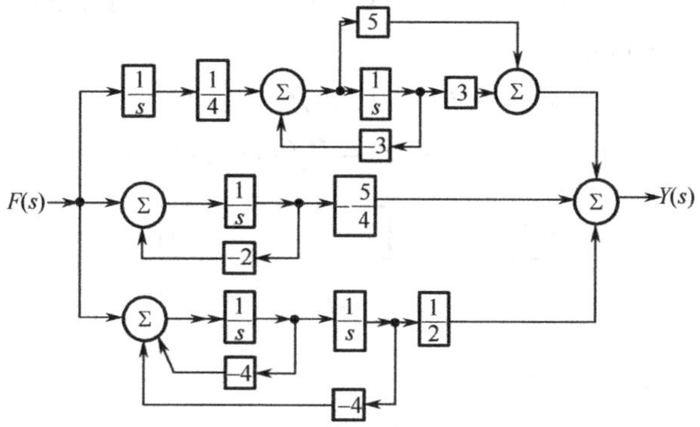


图 6-22

最后还要指出两点:

(1) 一个给定的微分方程或系统函数 $H(s)$,与之对应的模拟图可以有无穷多种,上面仅给出了四种常用的形式。同时也要指出,实际模拟时,究竟应采用哪一种形式的模拟图,要根据所研究问题的目的、需要和方便性而定。每一种形式的模拟图都有其工程应用背景。

(2) 按照模拟图利用模拟计算机进行模拟实验时,还有许多实际的技术性问题要考虑。例如,需要做有关物理量幅度或时间的比例变换等,以便各种运算单元都能在正常条件下工作。因此,实际的模拟图会有些不一样。

## 6.3.4　系统的框图

一个系统是由许多部件或单元组成的,将这些部件或单元用能完成相应运算功能的方框表示,然后将这些方框按系统的功能要求及信号流动的方向连接起来而构成的图,称为系统的框图表示,简称系统的框图。图 6-23 所示为一个子系统的框图,其中图 6-23(a) 为时域框图,它完成激励 $f(t)$ 与单位冲激响应 $h(t)$ 的卷积积分运算功能;图 6-23(b) 为 $s$ 域框图,它完成 $F(s)$ 与系统函数 $H(s)$ 的乘积运算功能。

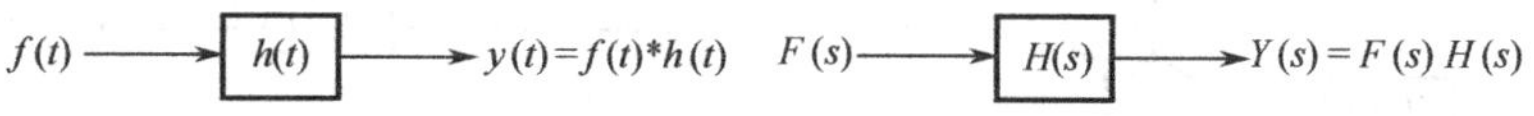


(a)时域框图　　(b)$s$ 域框图

图 6-23

系统框图表示的好处是,可以一目了然地看出一个大系统是由哪些小系统(子系统) 组成的,各子系统之间是的关系,以及信号是如何在系统内部流动的。

**应该注意:**系统的框图与模拟图不是一个概念,两者含义不同。

【例 6-14】 已知 $H(s)=\dfrac{2s+3}{s^4+7s^3+16s^2+12s}$,试用级联形式、并联形式和混联形式的框图表示之。

**解**:(1) 级联形式:将 $H(s)$ 改写为

$$H(s)=\frac{2s+3}{s(s+3)(s+2)^2}=\frac{1}{s}\frac{2s+3}{s+3}\frac{1}{(s+2)^2}=H_1(s)H_2(s)H_3(s)$$

式中 $$H_1(s)=\frac{1}{s},\quad H_2(s)=\frac{2s+3}{s+3},\quad H_3(s)=\frac{1}{(s+2)^2}$$

其框图如图 6-24 所示。由图可得

$$Y(s)=F(s)H_1(s)H_2(s)H_3(s)$$

故得 $$H(s)=Y(s)/F(s)=H_1(s)H_2(s)H_3(s)$$

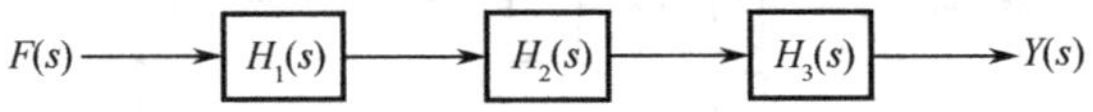


图 6-24

(2) 并联形式:将上面的 $H(s)$ 改为

$$H(s)=\frac{1/4}{s}+\frac{1}{s+3}+\frac{-5/4}{s+2}+\frac{1/2}{(s+2)^2}=H_1(s)+H_2(s)+H_3(s)+H_4(s)$$

式中 $$H_1(s)=\frac{1/4}{s},\quad H_2(s)=\frac{1}{s+3},\quad H_3(s)=\frac{-5/4}{s+2},\quad H_4(s)=\frac{1/2}{(s+2)^2}$$

其框图如图 6-25 所示。由图可得

$$Y(s)=F(s)H_1(s)+F(s)H_2(s)+F(s)H_3(s)+F(s)H_4(s)$$

故得 $$H(s)=Y(s)/F(s)=H_1(s)+H_2(s)+H_3(s)+H_4(s)$$

(3) 混联形式:将 $H(s)$ 改写为

$$H(s)=\frac{1/4}{s}\cdot\frac{5s+3}{s+3}+\frac{-5/4}{s+2}+\frac{1/2}{s^2+4s+4}=H_1(s)H_2(s)+H_3(s)+H_4(s)$$

式中 $$H_1(s)=\frac{1/4}{s},\quad H_2(s)=\frac{5s+3}{s+3},\quad H_3(s)=\frac{-5/4}{s+2},\quad H_4(s)=\frac{1/2}{s^2+4s+4}$$

其框图如图 6-26 所示。由图可得

$$Y(s)=F(s)H_1(s)H_2(s)+F(s)H_3(s)+F(s)H_4(s)$$

故得 $$H(s)=Y(s)/F(s)=H_1(s)H_2(s)+H_3(s)+H_4(s)$$

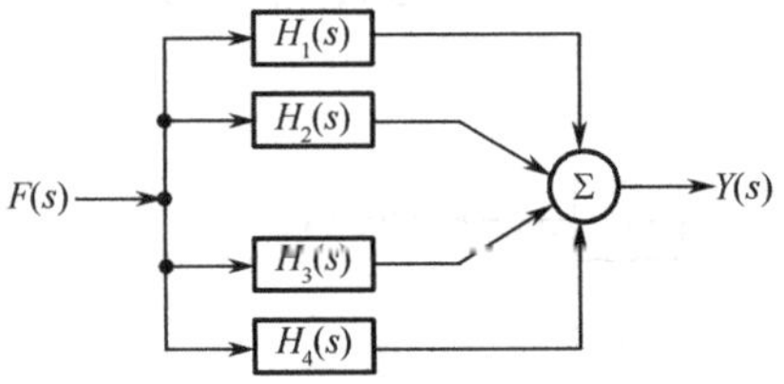


图 6-25

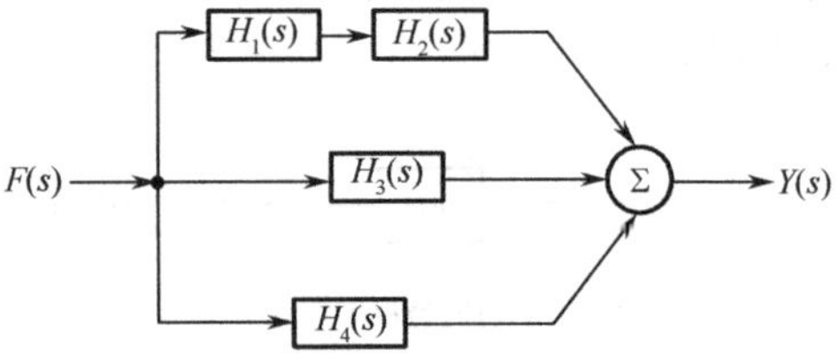


图 6-26

【例 6-15】 求图 6-27 所示系统的系统函数 $H(s)=Y(s)/F(s)$。

**解**:引入中间变量 $X_1(s)$,$X_2(s)$,如图 6-27 中所示。故有

$$Y(s)=\frac{5}{s+10}X_1(s)=\frac{5}{s+10}\frac{1}{s+2}X_2(s)=\frac{5}{s+10}\frac{1}{s+2}\left[F(s)-\frac{1}{s+1}Y(s)\right]$$

解得 $$H(s)=\frac{Y(s)}{F(s)}=\frac{5(s+1)}{(s+10)(s+2)(s+1)}=\frac{5s+5}{s^3+13s^2+32s+25}$$

【例 6-16】 如图 6-28 所示系统,今欲使 $H(s)=Y(s)/F(s)=2$,求 $H_1(s)$。

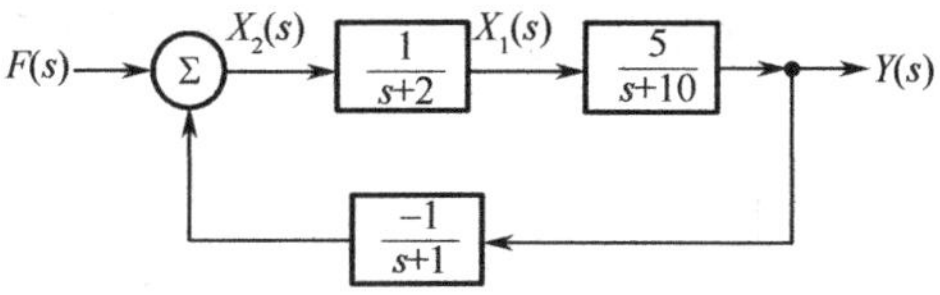


图 6-27

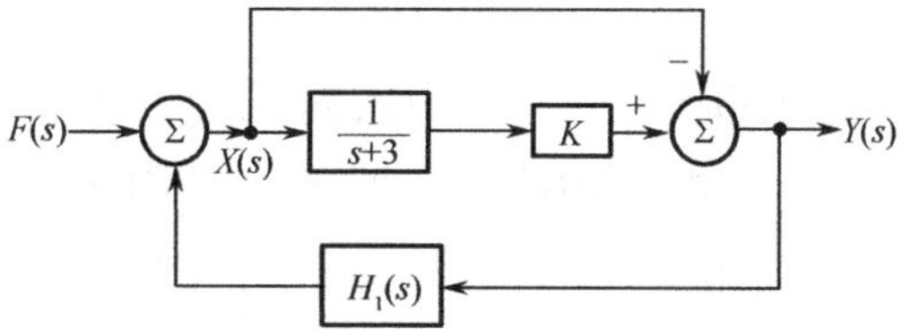


图 6-28

**解**:引入中间变量 $X(s)$,如图 6-28 中所示。故有

$$X(s)=F(s)+H_1(s)Y(s)$$

$$Y(s)=\frac{1}{s+3}X(s)K-X(s)=\left(\frac{K}{s+3}-1\right)X(s)=\frac{K-s-3}{s+3}X(s)$$

又有 $$H(s)=Y(s)/F(s)=2$$

对以上三式联立求解,得 $$H_1(s)=\frac{-(3s+9-K)}{2(s+3-K)}$$

# 6.4 连续系统的信号流图与梅森公式

## 6.4.1 信号流图的定义

我们将由节点与有向支路构成的、能表征系统功能与信号流动方向的图,称为系统的信号流图,简称信号流图或流图。例如,图 6-29 中,图(a) 所示的系统框图,可用图(b) 来表示,图(b) 即为图(a) 的信号流图。图(b) 中的小圆圈"∘" 代表变量,有向支路代表一个子系统及信号传输(或流动) 方向,支路上标注的 $H(s)$ 代表支路(子系统) 的传输函数。这样,根据图 6-29(b),同样可写出系统各变量之间的关系,即

$$Y(s)=H(s)F(s)$$

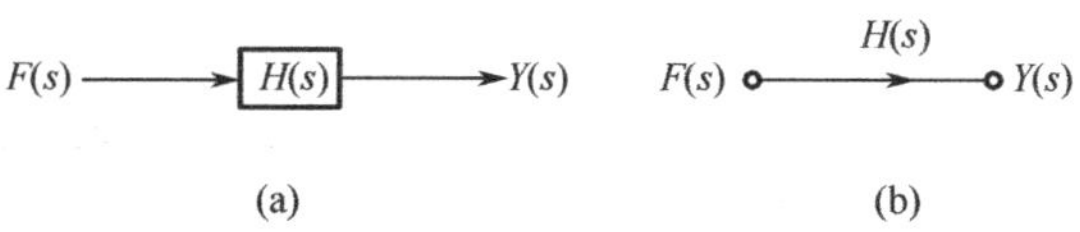


图 6-29

## 6.4.2 三种运算器的信号流图表示

三种运算器:加法器、数乘器和积分器的信号流图如表 6-3 中所列。由该表可以看出:在信号流图中,节点"∘" 除代表变量外,它还对流入节点的信号具有相加(求和) 的作用,如表中第一行中的节点 $Y(s)$。

## 6.4.3 模拟图与信号流图的相互转换规则

模拟图与信号流图都可用来表示系统,两者之间可以相互转换,其规则是:

（1）在转换中，信号流动的方向（即支路方向）及正、负号不能改变。

（2）模拟图（或框图）中先是“和点”后是“分点”的地方，在信号流图中应画成一个“混合”节点，如图 6-30 所示。根据此两图写出的各变量之间的关系式是相同的，即

$$Y(s)=F_1(s)+F_2(s)$$

（3）模拟图（或框图）中先是“分点”后是“和点”的地方，在信号流图中应在“分点”与“和点”之间，增加一条传输函数为 1 的支路，如图 6-31 所示。

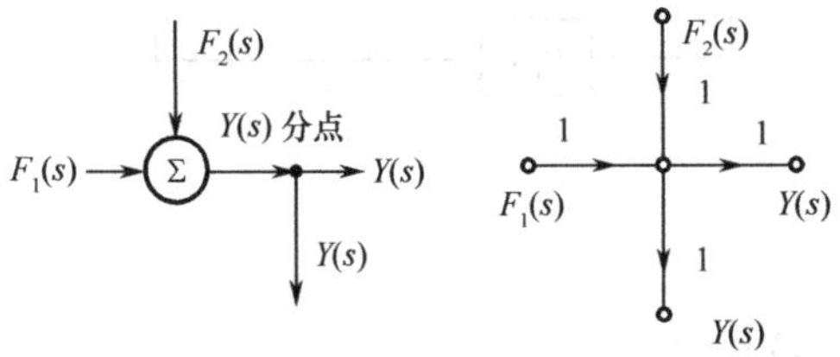


（a）模拟图　　（b）信号流图

图 6-30

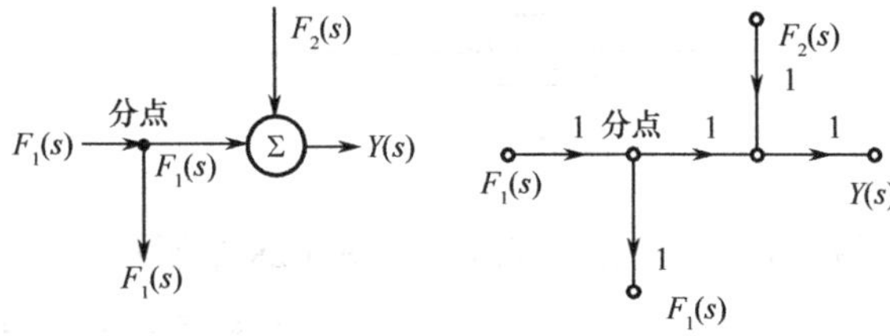


（a）模拟图　　（b）信号流图

图 6-31

（4）模拟图（或框图）中的两个“和点”之间，在信号流图中有时要增加一条传输函数为 1 的支路（若不增加，就会出现环路的接触，此时就必须增加），但有时则不需增加（若不增加，也不会出现环路的接触，此时即可以不增加。详见例 6-17）。

（5）在模拟图（或框图）中，若激励节点上有反馈信号与输入信号叠加，在信号流图中应在激励节点与此“和点”之间增加一条传输函数为 1 的支路（详见例 6-17）。

（6）在模拟图（或框图）中，若响应节点上有反馈信号流出，在信号流图中可从响应节点上增加一条传输函数为 1 的支路（也可以不增加，详见例 6-17）。

**【例 6-17】**　试将图 6-19 ~ 图 6-22 所示各形式的模拟图画成信号流图。

**解：**与图 6-19 ~ 图 6-22 相对应的信号流图如图 6-32 所示。

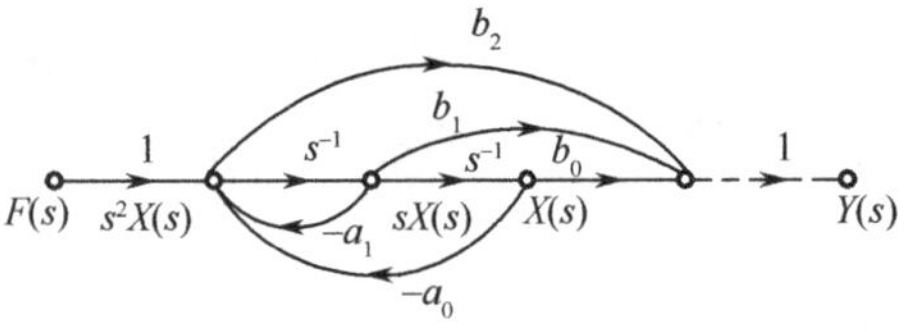


（a）直接形式的信号流图

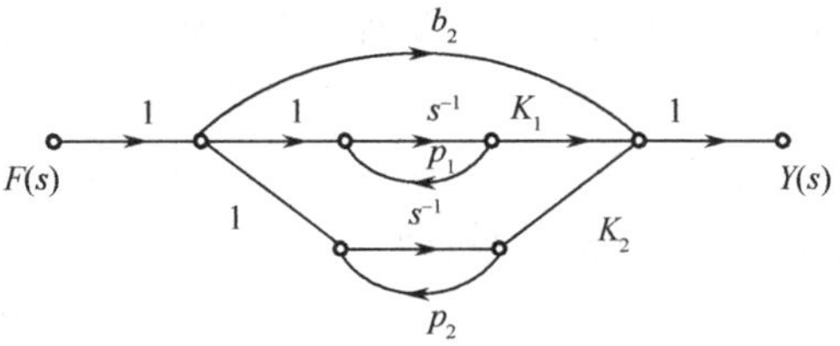


（b）并联形式的信号流图

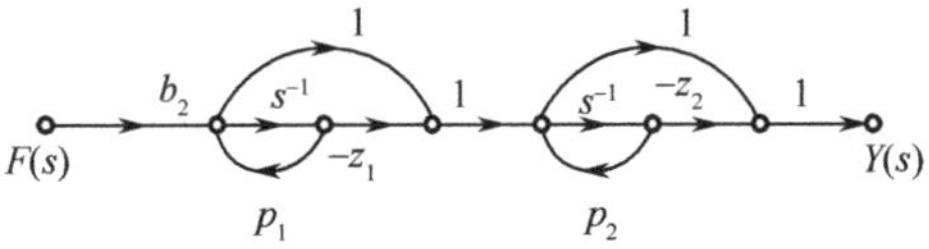


（c）级联形式的信号流图

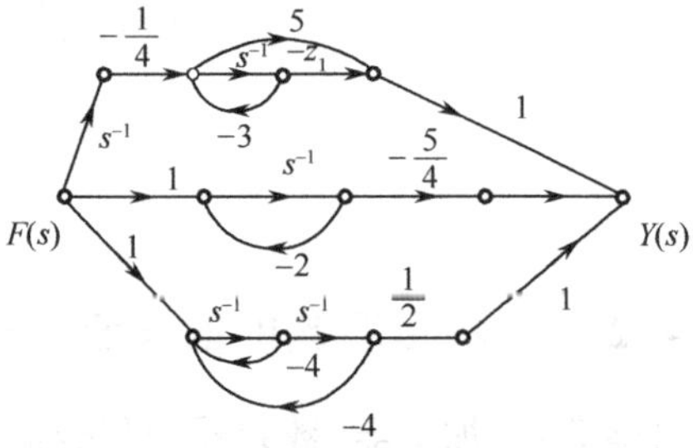


（d）混联形式的信号流图

图 6-32

信号流图实际上是线性代数方程组的图示形式，即用图把线性代数方程组表示出来。有了系统的信号流图，利用梅森公式即可很容易地求得系统函数 $H(s)$。这要比从解线性代数方程组求 $H(s)$ 容易得多。

信号流图的优点是：

(1) 用它来表示系统，要比用模拟图或框图表示系统更加清晰明了，而且图也易画。

(2) 信号流图也是求系统函数 $H(s)$ 的有力工具。即根据信号流图，利用梅森(Mason) 公式可以很容易地求得 $H(s)$。

**【例 6-18】** 已知系统的信号流图如图 6-33(a) 所示。试画出其模拟图。

**解：**根据模拟图与信号流图的转换规则，即可画出其模拟图，如图 6-33(b) 所示。于是可求得(请读者求之) 为

$$H(s)=\frac{Y(s)}{F(s)}=\frac{5(s+1)}{s^3+13s^2+32s+25}$$

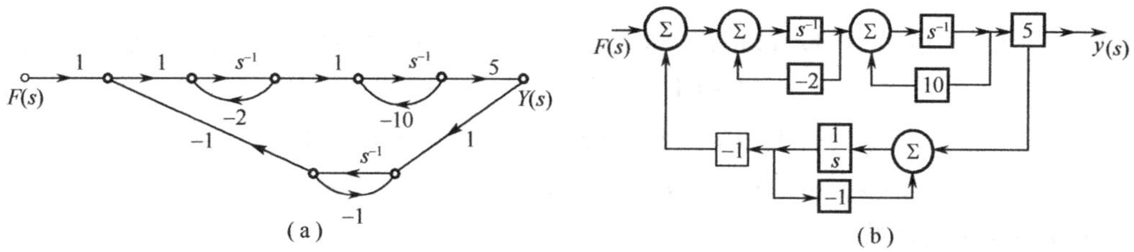


图 6-33

## 6.4.4 信号流图中的名词术语

下面以图 6-32(a) 为例，介绍信号流图中的一些名词术语。

(1) 节点

表示系统变量(即信号) 的点，称为节点。如图中的点 $F(s)$，$s^2X(s)$，$sX(s)$，$X(s)$，$Y(s)$；或者说每一个节点代表一个变量。该图中共有 5 个变量，故共有 5 个节点。

(2) 支路

连接两个节点之间的有向线段(或线条) 称为支路。每一条支路代表一个子系统，支路的方向表示信号的传输(或流动) 方向，支路旁标注的 $H(s)$ 代表支路(子系统) 的传输函数。例如图中的 $1, s^{-1}, -a_1, -a_0, b_2, b_1, b_0$ 均为相应支路的传输函数。

(3) 激励节点

激励节点是代表系统激励信号的节点，如图中的节点 $F(s)$。激励节点的特点是，连接在它上面的支路只有流出去的支路，而没有流入它的支路。激励节点也称源节点或源点。

(4) 响应节点

响应节点代表所求响应变量的节点，如图中的节点 $Y(s)$。有时为了把响应节点更突出地显示出来，也可从响应节点上再增加一条传输函数为 1 的有向支路，如图 6-32(a) 中最右边的虚线条所示。

(5) 混合节点

若在一个节点上既有输入支路，又有输出支路，则这样的节点即为混合节点。混合节点除了代表变量，还对输入它的信号有求和的功能，它所代表的变量就是所有输入信号的和，此和信号就是它的输出信号。

(6) 通路

从任一节点出发，沿支路箭头方向(不能是相反方向) 连续地经过各相连支路而到达另一节点的路径称为通路。

(7) 环路

若通路的起始节点就是通路的终止节点，而且除起始节点外，该通路与其余节点相遇的次数不多于 1，则这样的通路称为闭合通路或称环路。如图 6-32(a) 中共有两个环路：

$$s^2X(s) \to s^{-1} \to sX(s) \to (-a_1) \to s^2X(s);$$

$$s^2X(s) \to s^{-1} \to sX(s) \to s^{-1} \to X(s) \to (-a_0) \to s^2X(s)$$

环路也称回路。

(8) 开通路

与任一节点相遇的次数不多于 1 的通路称为开通路，它的起始节点与终止节点不是同一节点。

(9) 前向开通路

从激励节点至响应节点的开通路，简称前向通路。如图 6-32(a) 中共有三条前向通路：

$$F(s) \to 1 \to s^2X(s) \to b_2 \to Y(s);$$

$$F(s) \to 1 \to s^2X(s) \to s^{-1} \to sX(s) \to b_1 \to Y(s);$$

$$F(s) \to 1 \to s^2X(s) \to s^{-1} \to sX(s) \to X(s) \to b_0 \to Y(s)。$$

(10) 互不接触的环路

没有公共节点的两个环路称为互不接触的环路。在图 6-32(a) 中不存在互不接触的环路。

(11) 自环路

只有一个节点和一条支路的环路称为自环路，简称自环。

(12) 环路传输函数

环路中各支路传输函数的乘积称为环路传输函数。

(13) 前向开通路的传输函数

前向开通路中各支路传输函数的乘积，称为前向开通路的传输函数。

### 6.4.5 梅森公式(Mason's Formula)

从系统的信号流图直接求系统函数 $H(s)=Y(s)/F(s)$ 的计算公式，称为梅森公式。即

$$H(s)=\frac{Y(s)}{F(s)}=\frac{1}{\Delta}\sum_k P_k\Delta_k \tag{6-34}$$

此公式的证明甚繁，此处略去。现从应用角度对此公式予以说明。

$$\Delta = 1-\sum_i L_i+\sum_{m,n} L_mL_n-\sum_{p,q,r} L_pL_qL_r+\cdots \tag{6-35}$$

式中，$\Delta$ 称为信号流图的特征行列式；

$L_i$ 为第 $i$ 个环路的传输函数，$\sum\limits_i L_i$ 为所有环路传输函数之和；

$L_mL_n$ 为两个互不接触环路传输函数的乘积，$\sum\limits_{m,n} L_mL_n$ 为所有两个互不接触环路传输函数乘积之和；

$L_pL_qL_r$ 为三个互不接触环路传输函数的乘积，$\sum\limits_{p,q,r} L_pL_qL_r$ 为所有三个互不接触环路传输函数乘积之和；

$P_k$ 为由激励节点至所求响应节点的第 $k$ 条前向开通路所有支路传输函数的乘积；

$\Delta_k$ 为除去第 $k$ 条前向通路中所包含的支路和节点后，所剩子流图的特征行列式。求 $\Delta_k$ 的公式仍然是式(6-35)。

**【例 6-19】** 系统如图 6-34(a) 所示。求其系统函数 $H(s)=Y(s)/F(s)$。

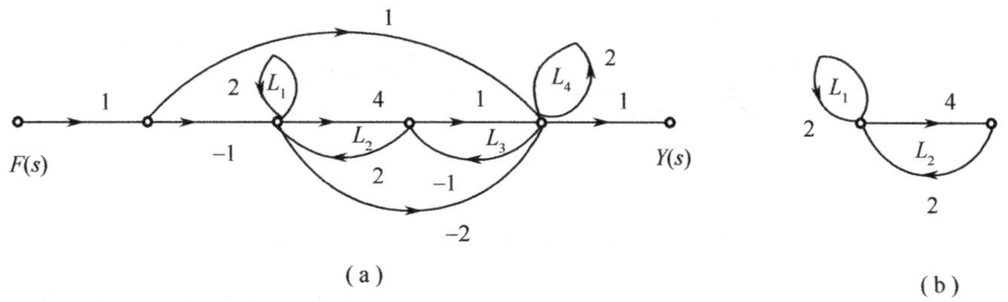


图 6-34

**解**：(1) 求 $\Delta$

① 求 $\sum_i L_i$：该图共有 5 个环路，其传输函数分别为

$$L_1=2,\quad L_2=2\times4=8,\quad L_3=1\times(-1)=-1,\quad L_4=2,\quad L_5=-2\times(-1)\times2=4$$

故
$$\sum_i L_i=L_1+L_2+L_3+L_4+L_5=15$$

② 求 $\sum_{m,n} L_mL_n$：该图中两两互不接触的环路共有三组：

$$L_1L_3=2\times(-1)=-2,\quad L_1L_4=2\times2=4,\quad L_2L_4=8\times2=16$$

故
$$\sum_{m,n} L_mL_n=L_1L_3+L_1L_4+L_2L_4=18$$

该图中没有三个和三个以上互不接触的环路，故有 $\sum_{p,q,r} L_pL_qL_r=0$。

故得
$$\Delta=1-\sum_i L_i+\sum_{m,n}L_mL_n-\sum_{p,q,r}L_pL_qL_r+\cdots=1-15+18=4$$

(2) 求 $\sum_k P_k\Delta_k$

① 求 $P_k$：该图共有 3 个前向通路，其传输函数分别为

$$P_1=1\times1\times1=1,\quad P_2=1\times(-1)\times4\times1\times1=-4,\quad P_3=1\times(-1)\times(-2)\times1=2$$

② 求 $\Delta_k$：除去 $P_1$ 前向通路中所包含的支路和节点后，所剩子图如图 6-34(b) 所示。该子图中共有两个环路，故

$$\sum_i L_i=L_1+L_2=2+2\times4=2+8=10$$

故
$$\Delta=1-\sum_i L_i=1-10=-9$$

除去 $P_2$，$P_3$ 前向通路中所包含的支路和节点后，已无子图存在，故有

$$\Delta_2=\Delta_3=1$$

故得
$$\sum_k P_k\Delta_k=P_1\Delta_1+P_2\Delta_2+P_3\Delta_3=1\times(-9)+(-4)\times1+2\times1=-11$$

$$H(s)=\frac{Y(s)}{F(s)}=\frac{1}{\Delta}\sum_k P_k\Delta_k=\frac{1}{4}(-11)=-\frac{11}{4}$$

**【例 6-20】** 系统如图 6-35(a) 所示。求 $H_1(s)=Y_1(s)/F(s)$，$H_2(s)=Y_2(s)/F(s)$。

**解**：(1) 求 $H_1(s)=Y_1(s)/F(s)$。该系统共有 5 个环路：

$$L_1=AC,\quad L_2=ABD,\quad L_3=GI,\quad L_4=GHJ,\quad L_5=AEGQ$$

故
$$\sum_i L_i=L_1+L_2+L_3+L_4+L_5=AC+ABD+GI+GHJ+AEGQ$$

该系统共有 4 组两两互不接触的环路：

$$L_1L_3=ACGI,\quad L_1L_4=ACGHJ,\quad L_2L_3=ABDGI,\quad L_2L_4=ABDGHJ$$

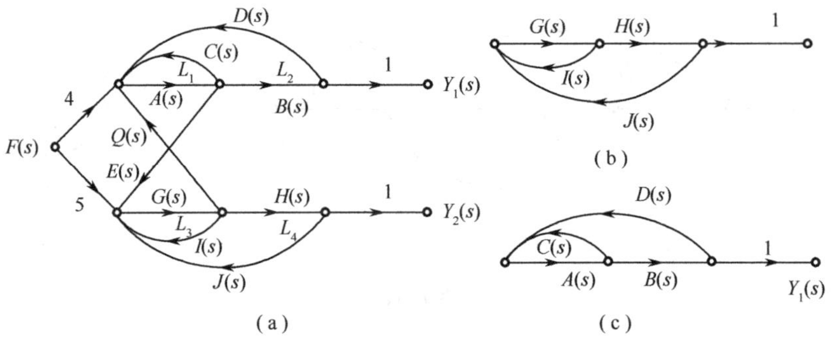


图 6-35

故 $$\sum_{m,n} L_m L_n = L_1L_3 + L_1L_4 + L_2L_3 + L_2L_4$$

$$= ACGI + ACGHJ + ABDGI + ABDGHJ = AG(I + HJ)(C + BD)$$

该系统中没有三个和三个以上互不接触的环路，故有 $\sum_{p,q,r} L_pL_qL_r = 0$。

故得 $$\Delta = 1 - \sum_i L_i + \sum_{m,n} L_mL_n - \sum_{p,q,r} L_pL_qL_r + \cdots$$

$$= 1 - (AC + ABD + GI + GHJ + AEGQ) + AG(I + HJ)(C + BD)$$

该系统从 $F(s)$ 到 $Y_1(s)$ 共有两个前向通路，即

$$F(s) \to 4 \to A(s) \to B(s) \to 1 \to Y(s)$$

$$F(s) \to 5 \to G(s) \to Q(s) \to A(s) \to B(s) \to 1 \to Y(s)$$

故有 $$P_1 = 4AB \times 1 = 4AB, \quad P_2 = 5GQAB \times 1 = 5GQAB$$

求 $\Delta_1$ 的子信号流图如图 6. 35(b) 所示，故有

$$\Delta_1 = 1 - \sum_i L_i = 1 - (L_3 + L_4) = 1 - (GI + GHI)$$

因除去与 $P_2$ 前向通路中所包含的支路和节点后，已无子图存在，故有

$$\Delta_2 = 1$$

$$\sum_k P_k\Delta_k = P_1\Delta_1 + P_2\Delta_2 = 4AB[1 - (GI + GHJ)] + 5GQAB \times 1$$

得 $$H_1(s) = \frac{Y_1(s)}{F(s)} = \frac{1}{\Delta}\sum_k P_k\Delta_k = \frac{1}{\Delta}[4AB(1 - GI - GHJ) + 5GQAB]$$

(2) 求 $H_2(s) = Y_2(s)/F(s)$。

$\Delta$ 的求法及结果完全同上。该系统从 $F(s)$ 到 $Y_2(s)$ 共有两个前向通路：

$$P_1 = 5GH \times 1 = 5GH, \quad \Delta_1 = 1 - (AC + ABD)$$

求 $\Delta_1$ 的子信号流图如图 6-35(c) 所示；同理可求得

$$P_2 = 4AEGH \times 1 = 4AEGH, \quad \Delta_2 = 1$$

$$\sum_k P_k\Delta_k = P_1\Delta_1 + P_2\Delta_2 = 5GH[1 - (AC + ABD)] + 4AEGH$$

$$= 5GH(1 - AC - ABD) + 4AEGH$$

故 $$H_2(s) = \frac{Y_2(s)}{F(s)} = \frac{1}{\Delta}\sum_k P_k\Delta_k = \frac{1}{\Delta}[5GH(1 - AC - ABD) + 4AEGH]$$

**【例 6-21】** 试画出图 6-28 所示用框图表示的系统的信号流图，并用梅森公式求子系统函数 $H_1(s)$。

**解：** 所画出的信号流图如图 6-36 所示。下面用梅森公式求 $H_1(s)$。

$$L_1(s)=H_1(s)\ \frac{K}{s+3}\times 1=H_1(s)\left(\frac{K}{s+3}\right)$$

$$L_2(s)=H_1(s)\times(-1)\times 1=-H_1(s)$$

$$\sum_i L_1(i)=L_1(s)+L_2(s)=H_1(s)\ \left(\frac{K}{s+3}-1\right)=H_1(s)\ \left(\frac{K-s-3}{s+3}\right)$$

$$\Delta=1-\sum_i L_i=1-H_1(s)\ \left(\frac{K-s-3}{s+3}\right)=\frac{s+3-H_1(s)(K-s-3)}{s+3}$$

$$P_1=1\times(-1)\times 1\times 1=-1,\quad \Delta_1=1,\quad P_1\Delta_1=(-1)\times 1=-1$$

$$P_2=1\times\frac{1}{s\times 3}\times K\times 1\times 1=\frac{K}{s+3},\quad \Delta_2=1,\quad P_2\Delta_2=\frac{K}{s+3}$$

$$\sum_k P_k\Delta_k=P_1\Delta_1+P_2\Delta_2=(-1)+\frac{K}{s+3}=\frac{K-s-3}{s+3}$$

故

$$H(s)=\frac{Y(s)}{F(s)}=\frac{1}{\Delta}\sum_k P_k\Delta_k=\frac{\dfrac{K-s-3}{s+3}}{\dfrac{s+3-H_1(s)(K-s-3)}{s+3}}=2$$

得

$$H_1(s)=\frac{-(3s+9-K)}{2(s+3-K)}$$

可见与例 6-16 所得结果相同。

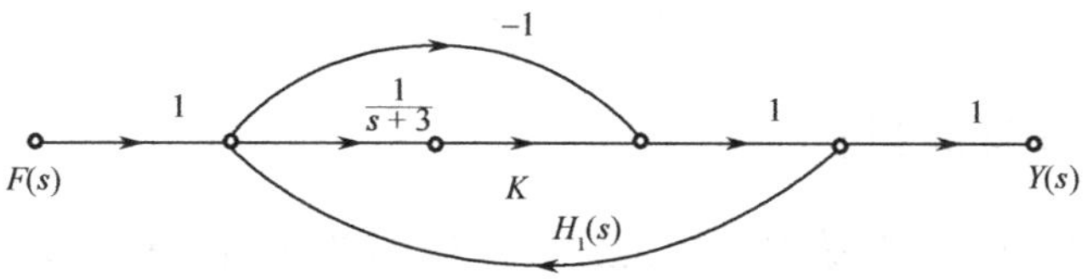


图 6-36

# 6.5 连续系统的稳定性及其判定

所有实际工程系统都应该具有稳定性,所以对系统稳定性的研究十分重要。本节将介绍系统稳定性的意义及其判定方法。

## 6.5.1 系统稳定性的意义

若系统对有界激励 $f(t)$ 产生的零状态响应 $y_f(t)$ 也是有界的,即当 $|f(t)|\leqslant M_f$ 时,若有 $|y_f(t)|\leqslant M_y$(式中 $M_f$ 和 $M_y$ 均为有界的正实常数),则称系统为稳定系统或系统具有稳定性(研究不同问题时,“稳定” 的定义不尽相同。这里的定义是“有界输入、有界输出” 意义下的稳定),否则即为不稳定系统或系统具有不稳定性。

可以证明,系统具有稳定性的必要与充分条件,在时域中是系统的单位冲激响应 $h(t)$ 绝对可积,即

$$\int_{-\infty}^{\infty}|h(t)|\mathrm{d}t<\infty \tag{6-36}$$

**证明**：设激励 $f(t)$ 为有界，即

$$|f(t)| \leq M_f$$

式中，$M_f$ 为有界的正实常数。又因有

$$y_f(t) = f(t) * h(t) = \int_{-\infty}^{\infty} h(\tau) f(t-\tau) \mathrm{d}\tau$$

故有

$$|y_f(t)| = \left| \int_{-\infty}^{\infty} h(\tau) f(t-\tau) \mathrm{d}\tau \right| \leq \left| \int_{-\infty}^{\infty} |h(\tau)| |f(t-\tau)| \right| \mathrm{d}\tau$$

$$\leq M_f \int_{-\infty}^{\infty} |h(\tau)| f(t-\tau) \mathrm{d}\tau \tag{6-37}$$

由上式看出，若满足

$$\int_{-\infty}^{\infty} |h(t)| \mathrm{d}t < \infty$$

则一定有

$$|y_f(t)| \leq M_y$$

即 $y_f(t)$ 也一定有界。式中 $M_y$ 为有界的正实常数。　　［证毕］

由式(6-36)还可看出，系统具有稳定性的必要条件是

$$\lim_{t \to \pm\infty} h(t) = 0 \tag{6-38}$$

式(6-36)和式(6-38)都说明了系统的稳定性所描述的是系统本身的特性，它只取决于系统的结构与参数，与系统的激励和初始状态均无关。

若系统为因果系统，则式(6-36)和式(6-38)可写为

$$\int_{-\infty}^{\infty} |h(t)| \mathrm{d}t < \infty \tag{6-39}$$

$$\lim_{t \to \infty} h(t) = 0 \tag{6-40}$$

### 6.5.2　系统稳定性的判定

判断系统是否稳定，可以在时域中进行，也可以在 $s$ 域中进行。在时域中就是按式(6-36)和式(6-38)判断，前面已经详细讲述。下面研究如何从 $s$ 域中判定。

#### 1. 从 $H(s)$ 的极点［即 $D(s)=0$ 的根］分布来判定

若系统函数 $H(s)$ 的所有极点均位于 $s$ 平面的左半开平面，则系统是稳定的。

若 $H(s)$ 在 $\mathrm{j}\omega$ 轴上有单阶极点分布，而其余的极点都位于 $s$ 平面的左半开平面，则系统是临界稳定的。

若 $H(s)$ 的极点中至少有一个极点位于 $s$ 平面的右半开平面，则系统是不稳定的；若在 $\mathrm{j}\omega$ 轴上有重阶极点分布，则系统也是不稳定的。

#### 2. 用罗斯准则判定

用上述方法判定系统的稳定与否，必须先要求出 $H(s)$ 的极点。但当 $H(s)$ 分母多项式 $D(s)$ 的幂次较高时，此时要具体求得 $H(s)$ 的极点就困难了。所以必须寻求另外的方法。其实，在判定系统的稳定性时，并不要求知道 $H(s)$ 极点的具体数值，而只需要知道 $H(s)$ 极点的分布区域就可以了。利用罗斯准则即可解决此问题。罗斯准则判定的内容如下：

多项式 $D(s)$ 的各项系数均为大于零的实常数；多项式中无缺项（即 $s$ 的幂从 $n$ 到 0，一项也不缺）。这是系统稳定的必要条件。

若多项式 $D(s)$ 各项的系数均为正实常数，则对于二阶系统肯定是稳定的；但当系统的阶数 $n>2$ 时，系统是否稳定，还须排出如下的罗斯阵列。

设　　$D(s) = a_n s^n + a_{n-1}s^{n-1} + \cdots + a_1 s + a_0$

则罗斯阵列的排列规则如下(共有 $n+1$ 行):

| | | | | | | |
|---|---|---|---|---|---|---|
| 第1行 | $s^n$ | $\cdots$ | $a_n$ | $a_{n-2}$ | $a_{n-4}$ | $\cdots$ |
| 第2行 | $s^{n-1}$ | $\cdots$ | $a_{n-1}$ | $a_{n-3}$ | $a_{n-5}$ | $\cdots$ |
| 第3行 | $s^{n-2}$ | $\cdots$ | $b_{n-1}$ | $b_{n-3}$ | $b_{n-5}$ | $\cdots$ |
| 第4行 | $s^{n-3}$ | $\cdots$ | $c_{n-1}$ | $c_{n-3}$ | $c_{n-5}$ | $\cdots$ |
| $\vdots$ | $\vdots$ | | $\vdots$ | $\vdots$ | $\vdots$ | |
| 第 $n+1$ 行 | $s^0$ | $\cdots$ | $\cdots$ | $\cdots$ | $\cdots$ | |

阵列中第1、第2行各元素的意义不言而喻,第3行及以后各行的元素按以下各式计算:

$$b_{n-1} = -\frac{1}{a_{n-1}}\begin{vmatrix} a_n & a_{n-2} \\ a_{n-1} & a_{n-3} \end{vmatrix}, b_{n-3} = -\frac{1}{a_{n-1}}\begin{vmatrix} a_n & a_{n-4} \\ a_{n-1} & a_{n-5} \end{vmatrix}, \cdots;\quad c_{n-1} = -\frac{1}{b_{n-1}}\begin{vmatrix} a_{n-1} & a_{n-3} \\ b_{n-1} & b_{n-3} \end{vmatrix}, c_{n-3} = -\frac{1}{b_{n-1}}\begin{vmatrix} a_{n-1} & a_{n-5} \\ b_{n-1} & b_{n-5} \end{vmatrix}, \cdots$$

如法炮制地依次排列下去,共有 $(n+1)$ 行,最后一行中将只留有一个不等于零的数字。

若所排出的数字阵列中第一列的 $(n+1)$ 个数字全部是正号,则 $H(s)$ 的极点全部位于 $s$ 平面的左半开平面,系统是稳定的;若第一列 $(n+1)$ 个数字的符号不完全相同,则符号改变的次数即等于在 $s$ 平面右半开平面上出现的 $H(s)$ 极点的个数,因而系统是不稳定的。

在排列罗斯阵列时,有时会出现如下两种特殊情况:

(1) 阵列的第一列中出现数字为零的元素。此时可用一个无穷小量 $\varepsilon$(认为 $\varepsilon$ 是正或负均可)来代替该零元素,这不影响所得结论的正确性。

(2) 阵列的某一行元素全部为零。当 $D(s)=0$ 的根中出现有共轭虚根 $\pm j\omega_0$ 时,就会出现此种情况。此时可利用前一行的数字构成一个辅助的 $s$ 多项式 $P(s)$,然后将 $P(s)$ 对 $s$ 求导一次,再用该导数的系数组成新的一行,来代替全为零元素的行即可;而辅助多项式 $P(s)=0$ 的根就是 $H(s)$ 极点的一部分。

**【例 6-22】** 已知 $H(s)$ 的分母 $D(s) = s^4 + 2s^3 + 3s^2 + 2s + 1$。试判断系统的稳定性。

**解:** 因 $D(s)$ 中无缺项且各项系数均为大于零的实常数,满足系统稳定的必要条件,故进一步排出罗斯阵列如下:

$$\begin{array}{llll}
s^4 & 1 & 3 & 1 \\
s^3 & 2 & 2 & 0 \\
s^2 & -\dfrac{1\times 2 - 2\times 3}{2} = 2 & -\dfrac{1\times 0 - 2\times 1}{2} = 1 & 0 \\
s^1 & -\dfrac{2\times 1 - 2\times 2}{2} = 1 & -\dfrac{2\times 0 - 2\times 0}{2} = 0 & 0 \\
s^0 & -\dfrac{2\times 0 - 1\times 1}{2} = 0.5 & -\dfrac{2\times 0 - 1\times 0}{2} = 0 & 0
\end{array}$$

可见阵列中的第一列数字符号无变化,故该 $H(s)$ 所描述的系统是稳定的,即 $H(s)$ 的极点全部位于 $s$ 平面的左半开平面上。

**【例 6-23】** 已知 $H(s) = \dfrac{s^3 + 2s^2 + s + 2}{s^4 + 2s^3 + 8s^2 + 20s + 1}$,试判断系统的稳定性。

**解:** 因 $D(s) = s^4 + 2s^3 + 8s^2 + 20s + 1$ 中无缺项且各项系数均为大于零的实常数,满足系统稳定的必要条件,故进一步排出罗斯阵列如下:

| | | | |
|---|---|---|---|
| $s^4$ | 1 | 8 | 1 |
| $s^3$ | 2 | 20 | 0 |
| $s^2$ | $-\dfrac{1\times 20-2\times 8}{2}=-2$ | $-\dfrac{1\times 0-2\times 1}{2}=1$ | 0 |
| $s^1$ | $-\dfrac{2\times 1-(-2)\times 20}{-2}=21$ | $-\dfrac{2\times 0-(-2)\times 0}{-2}=0$ | 0 |
| $s^0$ | $-\dfrac{-2\times 0-1\times 21}{21}=1$ | $-\dfrac{-2\times 0-21\times 0}{21}=0$ | 0 |

可见阵列中的第一列数字符号有两次变化,即从 +2 变为 -2,又从 -2 变为 +21。故 $H(s)$ 的极点中有两个极点位于 $s$ 平面的右半开平面上,故该系统是不稳定的。

**【例 6-24】** 已知 $H(s)=\dfrac{s^3+2s^2+s+1}{s^5+2s^4+2s^3+4s^2+11s+10}$,试判断系统是否稳定。

**解:** 因 $D(s)=s^5+2s^4+2s^3+4s^2+11s+10$ 中的系数均为大于零的实常数且无缺项,满足系统稳定的必要条件,故进一步排出罗斯阵列如下:

| | | | |
|---|---|---|---|
| $s^5$ | 1 | 2 | 11 |
| $s^4$ | 2 | 4 | 10 |
| $s^3$ | 0 | 6 | 0 |
| $s^2$ | $-\dfrac{12}{0}$ | | |

由于第 3 行的第一个元素为 0,从而使第 4 行的第一个元素 $-\dfrac{12}{0}$ 成为 $-\infty$,使阵列无法继续排列下去。对于此种情况,可用一个任意小的正数 $\varepsilon$ 来代替第 3 行的第一个元素 0,然后按照上述方法继续排列下去。在计算过程中可忽略含有 $\varepsilon,\varepsilon^2,\varepsilon^3,\cdots$ 的项。最后将发现,阵列第一列数字符号改变的次数将与 $\varepsilon$ 无关。按此种处理方法,继续完成上面的阵列:

| | | | | |
|---|---|---|---|---|
| $s^5$ | 1 | 2 | 11 | |
| $s^4$ | 2 | 4 | 10 | |
| $s^3$ | $\varepsilon$ | 6 | 0 | |
| $s^2$ | $-\dfrac{12}{\varepsilon}$ | 10 | 0 | $\left(-\dfrac{12-4\varepsilon}{\varepsilon}\approx-\dfrac{12}{\varepsilon}\right)$ |
| $s^1$ | 6 | 0 | 0 | $\left[-\dfrac{10\varepsilon-\left(-\dfrac{12}{\varepsilon}\right)\times 6}{-\dfrac{12}{\varepsilon}}\approx 6\right]$ |
| $s^0$ | 10 | 0 | 0 | |

可见阵列中第一列数字的符号有两次变化,即从 $\varepsilon$ 变为 $-\dfrac{12}{\varepsilon}$,又从 $-\dfrac{12}{\varepsilon}$ 变为 6。故 $H(s)$ 的极点中有两个极点位于 $s$ 平面的右半开平面上,故系统是不稳定的。

**【例 6-25】** 已知 $H(s)=\dfrac{2s^2+3s+5}{s^4+3s^3+4s^2+6s+4}$,试判断系统的稳定性。

**解:** 因 $D(s)=s^4+3s^3+4s^2+6s+4$ 中无缺项且各项系数均为大于零的实常数,满足系统稳定的必要条件,故进一步排出罗斯阵列如下:

$$\begin{array}{llll} s^4 & 1 & 4 & 4 \\ s^3 & 3 & 6 & 0 \\ s^2 & 2 & 4 & 0 \\ s^1 & 0 & 0 & 0 \end{array}$$

可见第 4 行全为零元素。处理此种情况的方法之一是：以前一行的元素值构建一个 $s$ 的多项式 $P(s)$，即

$$P(s) = 2s^2 + 4 \tag{6-41}$$

将式(6-41)对 $s$ 求一阶导数，即 $$\frac{\mathrm{d}P(s)}{\mathrm{d}s} = 4s + 0$$

现以此一阶导数的系数组成原阵列中全零行($s^1$ 行)的元素，然后再按原方法继续排列下去。即

$$\begin{array}{llll} s^4 & 1 & 4 & 4 \\ s^3 & 3 & 6 & 0 \\ s^2 & 2 & 4 & 0 \\ s^1 & 4 & 0 & 0 \\ s^0 & 4 & 0 & 0 \end{array}$$

可见阵列中的第一列数字符号没有变化，故 $H(s)$ 在 $s$ 平面的右半开平面上无极点，因而系统肯定不是不稳定的。但到底是稳定的还是临界稳定的，则需进行下面的分析工作。

令 $$P(s) = 2s^2 + 4 = 2(s - \mathrm{j}\sqrt{2})(s + \mathrm{j}\sqrt{2}) = 0$$

解得两个纯虚数的极点：$p_1 = \mathrm{j}\sqrt{2}$，$p_2 = -\mathrm{j}\sqrt{2} = \overset{*}{p}_1$。这说明系统是临界稳定的。

实际上，若将 $D(s)$ 分解因式，即

$$s^4 + 3s^3 + 4s^2 + 6s + 4 = (2s^2 + 4)(s + 1)(s + 2) = 2(s + \mathrm{j}\sqrt{2})(s - \mathrm{j}\sqrt{2})(s + 1)(s + 2)$$

可见 $H(s)$ 共有 4 个极点：$p_1 = \mathrm{j}\sqrt{2}$，$p_2 = -\mathrm{j}\sqrt{2}$，位于 $\mathrm{j}\omega$ 轴上；$p_3 = -1$，$p_4 = -2$，位于 $s$ 平面的左半开平面。故该系统是临界稳定的。

**【例 6-26】** 图 6-37 所示系统，试分析反馈系数 $K$ 对系统稳定性的影响。

**解：** $$Y(s) = \frac{10}{s(s+1)}X_1(s) = \frac{10}{s(s+1)}[X_2(s) - KY(s)]$$

$$= \frac{10}{s(s+1)}\left[\frac{s+1}{s}X_3(s) - KY(s)\right] = \frac{10}{s(s+1)}\left\{\frac{s+1}{s}[F(s) - Y(s)] - KY(s)\right\}$$

解得 $$H(s) = \frac{Y(s)}{F(s)} = \frac{10(s+1)}{s^3 + s^2 + 10(K+1)s + 10}$$

此系统稳定的必要条件是 $D(s) = s^3 + s^2 + 10(K+1)s + 10$ 中的各项系数均为大于零的实常数，故应有 $K > -1$。但此条件并不是充分条件，还应进一步排出罗斯阵列如下：

$$\begin{array}{lll} s^3 & 1 & 10(K+1) \\ s^2 & 1 & 10 \\ s^1 & 10K & 0 \\ s^0 & 10 & 0 \end{array}$$

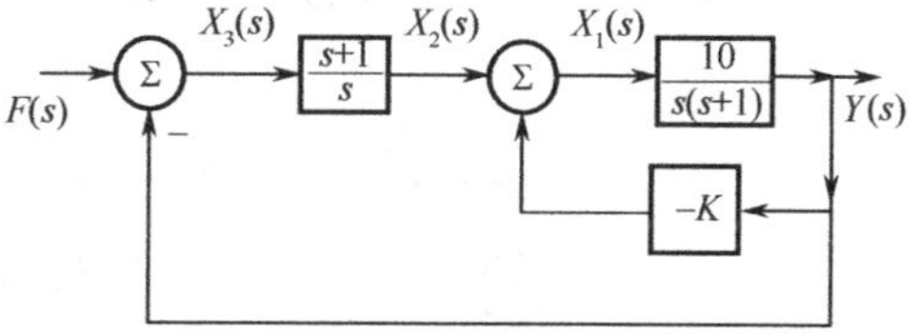

图 6-37

可见，欲使该系统稳定，则必须有 $10K > 0$，即 $K > 0$。

若取 $K=0$,则阵列中第三行的元素全为 0,此时系统变为临界稳定(等幅振荡),其振荡频率可由辅助方程 $P(s)=s^2+10=0$ 求得,为 $p_1=\mathrm{j}\sqrt{10}$,$p_2=-\mathrm{j}\sqrt{10}$,即振荡角频率为 $\omega=\sqrt{10}\,\mathrm{rad/s}$。

二维码 6-2

本章要点和秘笈见二维码 6-2。

### 习题 6

6-1　图题 6-1 所示电路,求 $u(t)$ 对 $i(t)$ 的系统函数 $H(s)=U(s)/I(s)$。

6-2　图题 6-2 所示电路,求 $u_2(t)$ 对 $u_1(t)$ 的系统函数 $H(s)=U_2(s)/U_1(s)$。

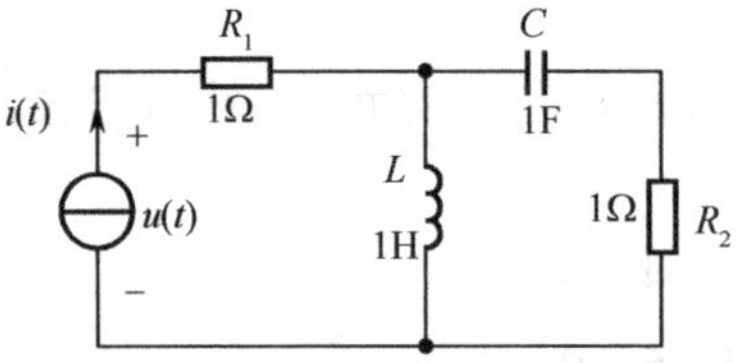


图题 6-1

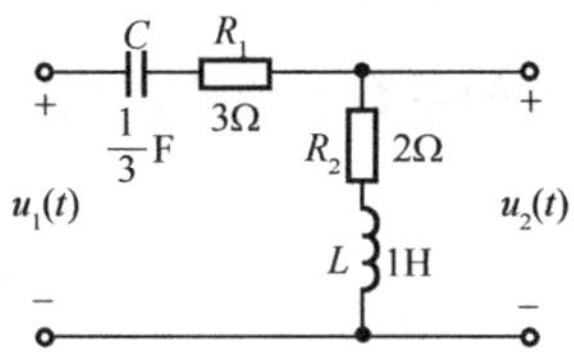


图题 6-2

6-3　已知两个系统函数 $H(s)$ 的零、极点分布如图题 6-3 所示,且知 $H_0=1$,求 $H(s)$。

6-4　已知图题 6-4(a) 所示电路驱动点阻抗函数 $Z(s)$ 的零、极点分布如图题 6-4(b) 所示,且知 $Z(0)=1$。求 $R,L,C$ 的值。

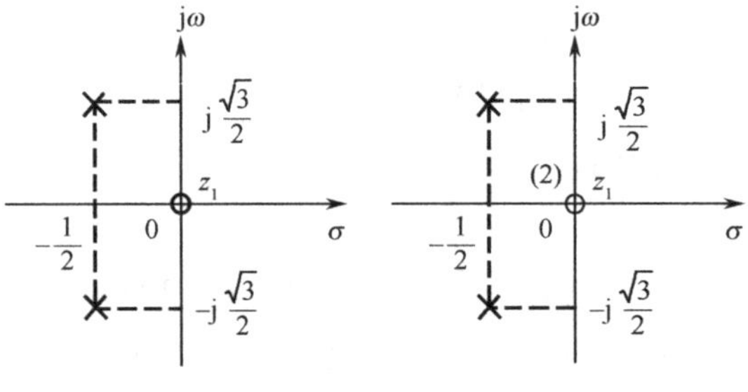


(a)　(b)

图题 6-3

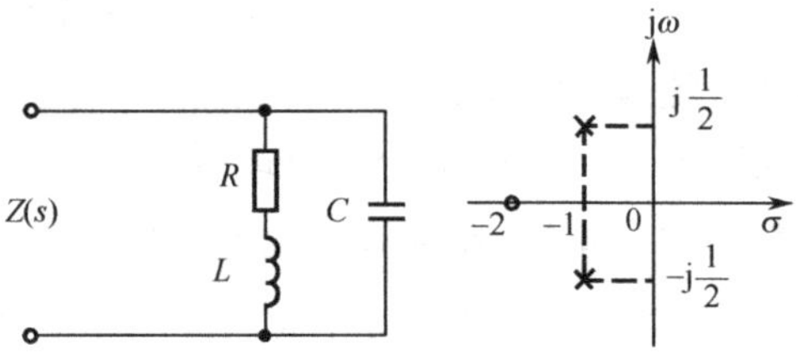


(a)　(b)

图题 6-4

6-5　已知系统的单位冲激响应 $h(t)=5\mathrm{e}^{-5t}U(t)$,零状态响应 $y(t)=U(t)+2\mathrm{e}^{-5t}U(t)+5t\mathrm{e}^{-5t}U(t)$。求系统的激励 $f(t)$。

6-6　已知系统函数 $H(s)=\dfrac{s^2+5}{s^2+2s+5}$,初始状态为 $y(0^-)=0$,$y'(0^-)=-2$。(1) 求系统的单位冲激响应 $h(t)$;(2) 当激励 $f(t)=\delta(t)$ 时,求系统的全响应 $y(t)$;(3) 当激励 $f(t)=U(t)$ 时,求系统的全响应 $y(t)$。

6-7　图题 6-7 所示电路。(1) 求电路的单位冲激响应 $h(t)$;(2) 今欲使电路的零输入响应 $u_x(t)=h(t)$,求电路的初始状态 $i(0^-)$ 和 $u(0^-)$;(3) 设电路的单位阶跃响应 $g(t)=U(t)$,求电路的初始状态 $i(0^-)$ 和 $u(0^-)$。

6-8　图题 6-8 所示电路。(1) 求 $H(s)=U_2(s)/U_1(s)$;(2) 若 $u_1(t)=\cos 2tU(t)V$,$C=1\mathrm{F}$,求零状态响应 $u_2(t)$;(3) 在 $u_1(t)$ 不变的条件下,为使 $u_2(t)$ 不存在正弦稳态响应,求 $C$ 的值及此时的响应 $u_2(t)$。

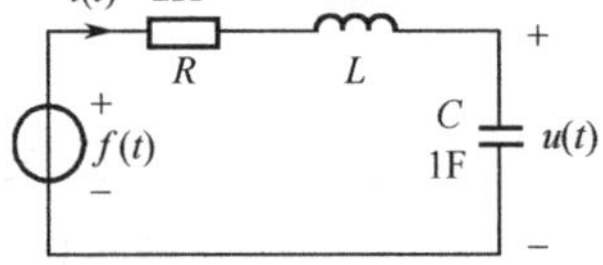


图题 6-7

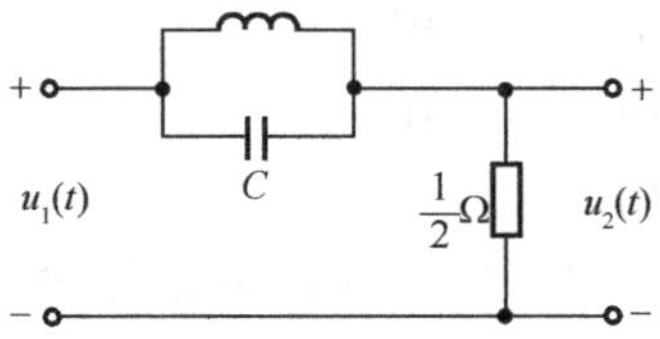


图题 6-8

6-9　已知系统函数 $H(s) = \dfrac{s+5}{s^2+5s+6}$。(1) 写出描述系统响应 $y(t)$ 与激励 $f(t)$ 关系的微分方程；(2) 画出系统的一种时域模拟图；(3) 若系统的初始状态为 $y(0^-)=2, y'(0^-)=1$，激励 $f(t)=e^{-t}U(t)$，求系统的零状态响应 $y_f(t)$，零输入响应 $y_x(t)$，全响应 $y(t)$。

6-10　已知系统的框图如图题 6-10 所示，求系统函数 $H(s)=Y(s)/F(s)$，并画出一种 $s$ 域模拟图。

6-11　图题 6-11 所示为 $H(s)$ 的零、极点分布图，且知 $h(0^+)=2$，求该系统的 $H(s)$。

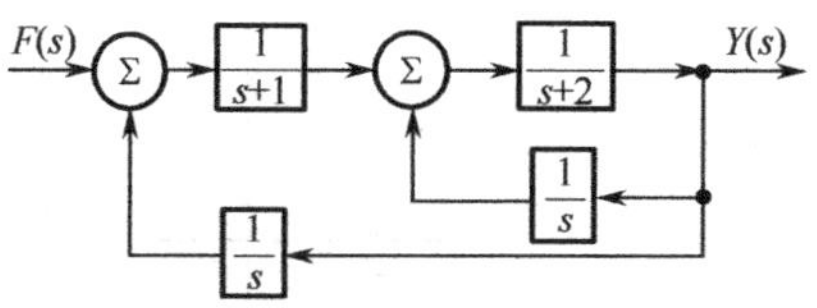


图题 6-10

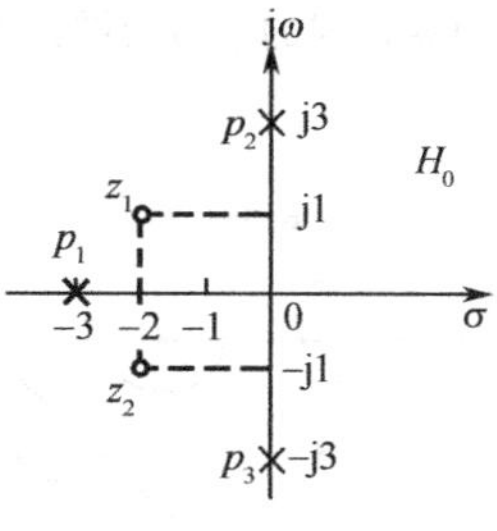


图题 6-11

6-12　已知系统的微分方程为

$$y'''(t)+5y''(t)+8y'(t)+4y(t)=f'(t)+3f(t)$$

(1) 求系统函数；(2) 画出系统三种形式的信号流图。

6-13　系统的特征方程如下，试判断系统的稳定性，并指出位于 $s$ 平面右半开平面上特征根的个数。

(1) $s^3+s^2+s+6=0$　　(2) $3s^3+5s^2+4s+6=0$

(3) $s^4+5s^3+9s^2+7s+2=0$　　(4) $s^5+4s^4+8s^3+9s^2+6s+2=0$

6-14　系统的特征方程如下，欲使系统稳定，求 $K$ 的取值范围。

(1) $s^3+4s^2+4s+K=0$　(2) $s^3+5s^2+(K+8)s+10=0$　(3) $s^4+9s^3+20s^2+Ks+K=0$

6-15　图题 6-15 所示系统。(1) 求 $H(s)=\dfrac{Y(s)}{F(s)}$；(2) $K$ 满足什么条件时系统稳定；(3) 在临界稳定条件下，求系统的 $h(t)$。

6-16　已知系统的框图如图题 6-16 所示。(1) 欲使系统函数 $H(s)=\dfrac{s}{s^2+5s+6}$，试求 $a,b$ 的值；(2) 当 $a=2$ 时，欲使系统为稳定系统，求 $b$ 的取值范围；(3) 若系统函数仍为 (1) 中的 $H(s)$，求系统的单位阶跃响应 $g(t)$。

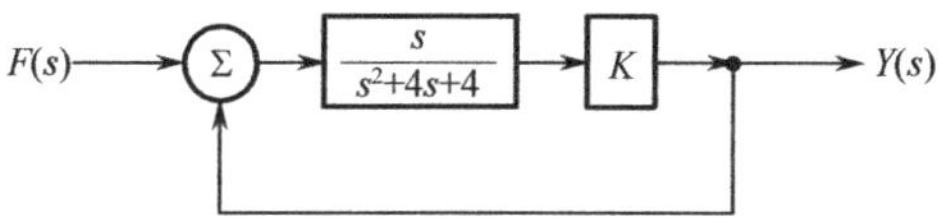


图题 6-15

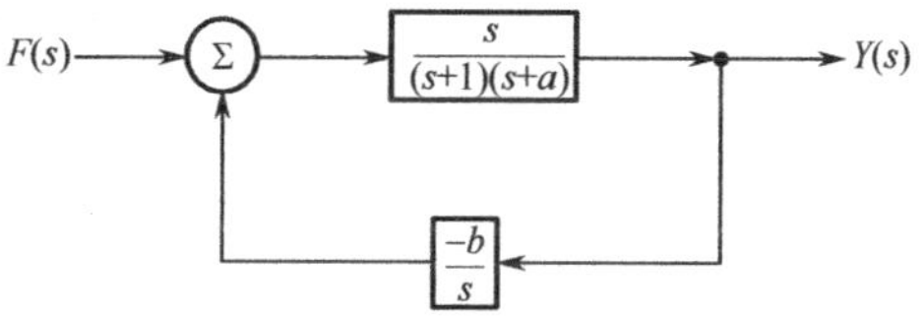


图题 6-16

6-17　已知系统的信号流图如图题 6-17 所示。(1) 求系统函数 $H(s)=Y(s)/F(s)$ 及单位冲激响应 $h(t)$；(2) 写出系统的微分方程；(3) 画出与 $H(s)$ 相对应的一种等效电路，并求出电路元件的值。

6-18　图题 6-18 所示系统，其中 $h_1(t)=U(t)$，$H_3(s)=e^{-s}$，大系统的 $h(t)=(2-t)U(t-1)$。求子系统的单位冲激响应 $h_2(t)$。

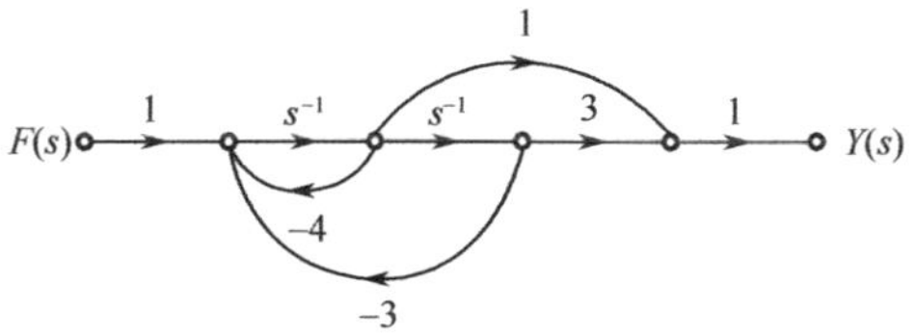


图题 6-17

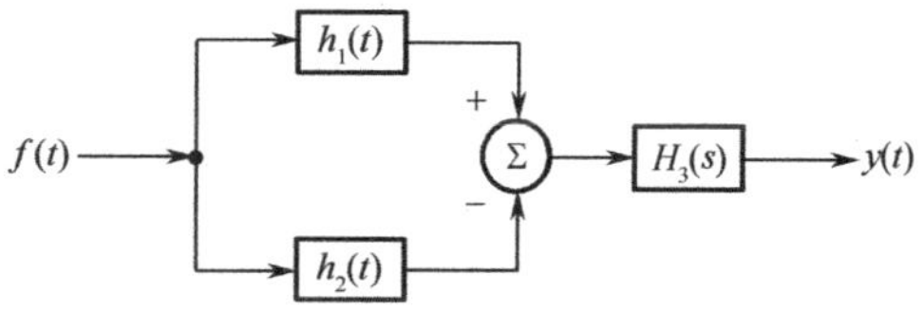


图题 6-18

6-19　系统的信号流图如图题 6-19 所示。试用梅森公式求系统函数 $H(s) = Y(s)/F(s)$。

6-20　已知系统的单位冲激响应 $h(t) = 2e^{-t}U(t)$。(1) 求系统函数 $H(s)$；(2) 若 $f(t) = \cos tU(t)$，求系统的正弦稳态响应 $y(t)$。

6-21　已知系统函数 $H(s) = \dfrac{13}{(s+1)(s^2+4s+5)}$，求激励 $f(t) = 10\cos 2tU(t)$ 时的正弦稳态响应 $y(t)$。

6-22　系统的零、极点分布如图题 6-22 所示。(1) 试判断系统的稳定性；(2) 若 $|H(j\omega)|_{j\omega=0} = 10^{-4}$，求系统函数 $H(s)$；(3) 画出直接形式的信号流图；(4) 定性画出系统的模频特性 $|H(j\omega)|$；(5) 求系统的单位阶跃响应 $g(t)$。

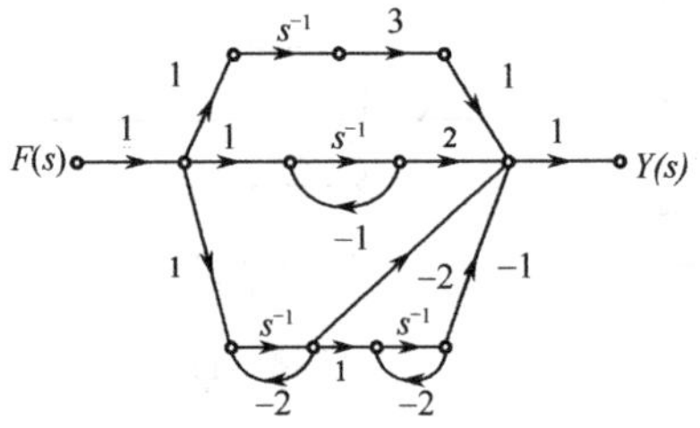

图题 6-19

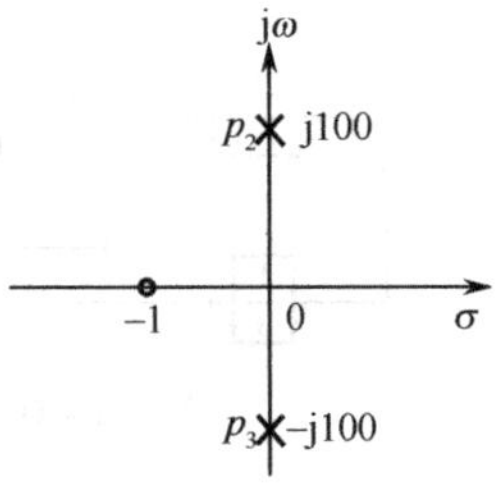

图题 6-22

6-23　已知系统的信号流图如图题 6-23 所示。(1) 求系统函数 $H(s) = Y(s)/F(s)$；(2) 欲使系统为稳定系统，求 $K$ 的取值范围；(3) 若系统为临界稳定，求 $H(s)$ 在 $j\omega$ 轴上的极点的值。

6-24　图题 6-24 所示电路。(1) 求 $H(s) = U_2(s)/U_1(s)$；(2) 求 $K$ 满足什么条件时系统稳定；(3) 求 $K = 2$ 时，系统的单位冲激响应 $h(t)$。

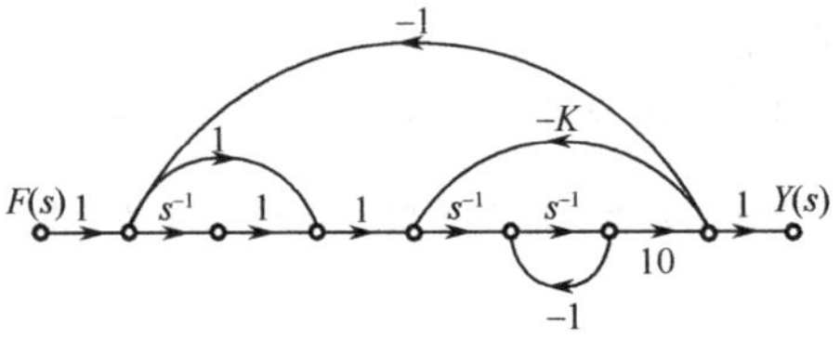

图题 6-23

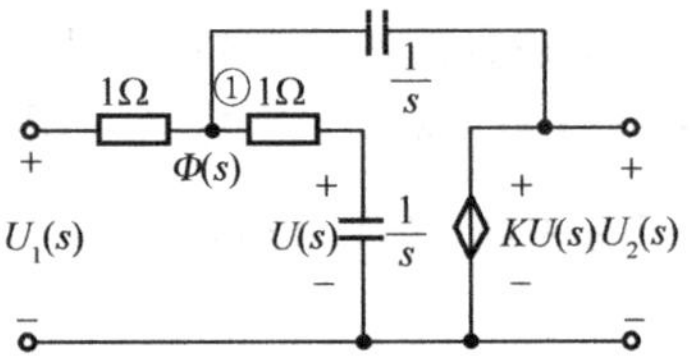

图题 6-24

# 第 7 章　离散信号与系统时域分析

离散 LTI(Linear Time Invariant)系统的分析方法在许多方面与连续 LTI 系统的分析方法有着并行的相似性。对于连续 LTI 系统,其数学模型为常系数线性微分方程,而离散 LTI 系统可以用常系数线性差分方程描述。差分方程和微分方程的求解方法在很大程度上是一一对应的。与连续 LTI 系统一样,离散 LTI 系统的全响应也可分解为零输入响应和零状态响应。在连续 LTI 系统分析中,卷积分析方法有着重要的意义,将任意信号分解为冲激信号的连续和,利用 LTI 的线性性和时不变性,通过对激励和单位冲激响应的卷积计算,可以求得系统的零状态响应;在离散 LTI 系统中,用以单位序列信号为基本信号对任意信号进行分解,通过卷积(和)计算可以求得系统的零状态响应。所以,在离散 LTI 系统中,单位序列响应与连续 LTI 系统的单位冲激响应一样,具有同样重要的意义。

在连续 LTI 系统中,应用变换域的方法(傅里叶变换和拉普拉斯变换)分析系统,系统函数得到广泛应用;在离散 LTI 系统中,也广泛应用变换域的方法(傅里叶变换和 $Z$ 变换等)和系统函数分析系统。

在离散时间信号与连续时间信号、离散 LTI 系统与连续 LTI 系统,以及它们的分析方法之间存在着许多差异,如信号的频谱、系统数学模型的建立与求解、系统的频率特性,以及系统的实现原理等。在研究离散 LTI 系统时,要充分注意这些差异,由于差异的存在,离散 LTI 系统具有某些独特的性能。

由于数字计算机及微处理器的发展,离散时间系统得到越来越广泛的应用,它具有许多优点,如精度高、可靠性好、体积小、质量轻、易于大规模集成、可编程等。但是,离散时间系统不能完全取代连续时间系统,一方面,在自然界中许多需要处理的信号都是连续时间信号,对这些信号的转换、放大、滤波、传输等往往是通过连续时间系统来处理,即便是借助于离散时间系统处理,也要经过 A/D、D/A 转换,而在 A/D、D/A 转换中一定有连续时间系统存在;另一方面,当工作频率较高时,比如射频信号甚至微波信号,对它们的直接放大、传输等要用连续时间系统,离散时间系统是无法胜任的。

## 7.1　离散信号

### 7.1.1　离散时间信号及其描述

如果信号仅在一些离散的点具有确定的数值,则称其为离散信号。若自变量(各离散的点)为时间变量,这样的离散信号称为离散时间信号。若选取的离散瞬间是等间隔的,则用 $f(kT)$ 表示,其中 $k=0,\pm1,\pm2,\cdots$,$T$ 为离散间隔,通常简记为 $f(k)$,这种离散信号又称为序列。

本书仅讨论等间隔的离散时间信号。

序列 $f(k)$ 可以用闭合形式表示。比如

$$f(k)=\begin{cases}0 & k<-1\\ k+1 & k\geqslant -1\end{cases} \tag{7-1}$$

也可以用数据表格形式给出，列出序列的每个样值，如图 7-1(a) 所示，或以图形方式表示，如图 7-1(b) 所示。

离散信号获取的方式通常有两种：一种是将连续时间信号离散化，即根据抽样定理对连续时间信号进行均匀时间间隔取样，使连续时间信号在不失去有用信息的条件下转变为离散时间信号，这是目前信号数字化处理中最常用的方法之一。另一种是直接获取离散信号，比如计算机系统中记忆器件上储存的记录，每周股票市场的指数的变化，在统计学中的一些统计数据等，这些都是离散信号。统计学中的许多数据，它们的自变量不是时间变量。

| | | | | | | |
|---|---|---|---|---|---|---|
| $k$ | −1 | 0 | 1 | 2 | 3 | 4, … |
| $f(k)$ | 0 | 1 | 2 | 3 | 4 | 5, … |

(a)

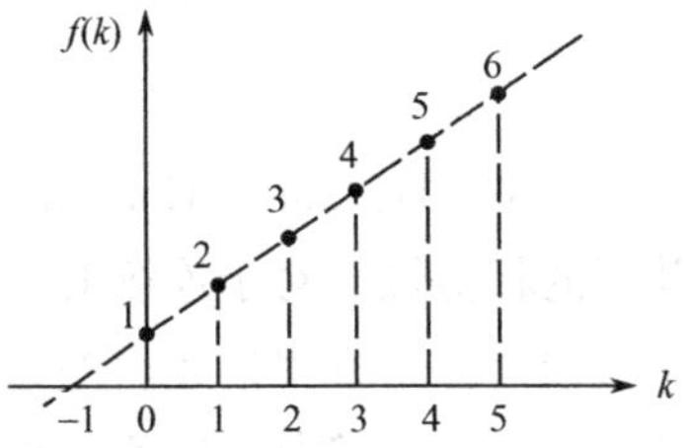


(b)

图 7-1　序列的表格和图形表示

### 7.1.2　离散信号的能量和功率

离散信号 $f(k)$ 在 $N_1\leqslant k\leqslant N_2$ 内的能量定义为

$$E=\sum_{k=N_1}^{N_2}|f(k)|^2 \tag{7-2}$$

在无穷区间上的总能量，可以对式(7-2) 取极限，为

$$E=\lim_{N\to\infty}\sum_{k=-N}^{+N}|f(k)|^2 \tag{7-3}$$

在无穷区间内的平均功率定义为

$$P=\lim_{N\to\infty}\frac{1}{2N+1}\sum_{k=-N}^{+N}|f(k)|^2 \tag{7-4}$$

参照连续时间信号，若 $E<\infty$，称 $f(k)$ 为能量信号。若 $P<\infty$，称 $f(k)$ 为功率信号。

## 7.2　离散时间信号的时域运算

在系统分析中，离散时间信号常有以下几种运算。

### 7.2.1　加法和乘法

两个离散信号 $f_1(k)$ 和 $f_2(k)$ 相加是指它们同序号的值**逐项对应相加**，其和为一新的离散信号 $f(k)$，即

$$f(k)=f_1(k)+f_2(k) \tag{7-5}$$

图 7-2(a)，(b) 所示的序列相加后得到新的序列如图 7-2(c) 所示。

离散时间信号的相加可用加法器实现。

两个离散信号 $f_1(k)$ 和 $f_2(k)$ 相乘是指它们同序号的值**逐项对应相乘**，其积为一新的离散信号 $f(k)$，即

$$f(k)=f_1(k)f_2(k) \tag{7-6}$$

图 7-2(a)，(b) 所示的序列相乘后得到新的序列如图 7-2(d) 所示。

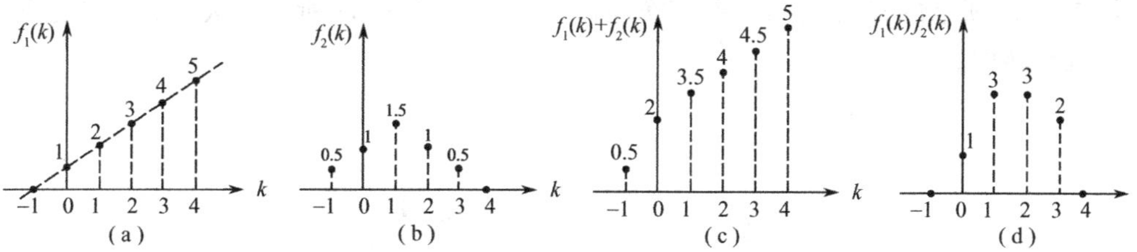


图 7-2　序列的相加和相乘

离散时间信号的相乘可用乘法器实现。

## 7.2.2　数乘和倒相

数乘是指对离散信号 $f(k)$ 每一个取样值均乘以一个实常数 $a$，而得到一个新的离散信号 $y(k)$，即

$$y(k)=af(k) \tag{7-7}$$

通常可用数乘器或比例器来实现这种运算。

倒相是将离散信号 $f(k)$ 乘以 $-1$ 后而得到的另一离散信号 $y(k)$，即

$$y(k)=-f(k) \tag{7-8}$$

$f(k)$ 如图 7-3(a) 所示，其倒相后的结果如图 7-3(b) 所示。从图形上可以看出，倒相是将 $f(k)$ 以横坐标为轴进行翻转的一种变换。

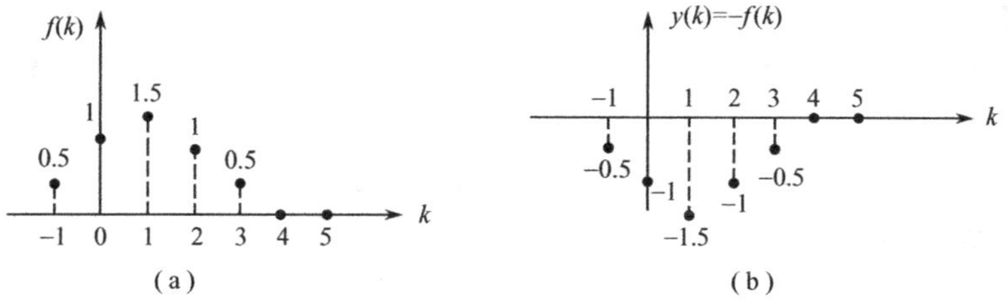


图 7-3　序列的数乘和倒相

## 7.2.3　移位和反褶

移位是指将离散信号 $f(k)$ 沿 $k$ 轴逐项依次移 $m$ 位而得到的新的离散信号 $y(k)$，即

$$y(k)=f(k\pm m) \tag{7-9}$$

式中，$m$ 为大于零的整数。

$f(k+m)$ 是将原序列沿负 $k$ 方向移动 $m$ 个单位，而 $f(k-m)$ 是将原序列沿正 $k$ 方向移动 $m$ 个单位。如图 7-4 所示，其中图(b) 为 $f(k)$ 右移两个单位，图(c) 为 $f(k)$ 左移两个单位。

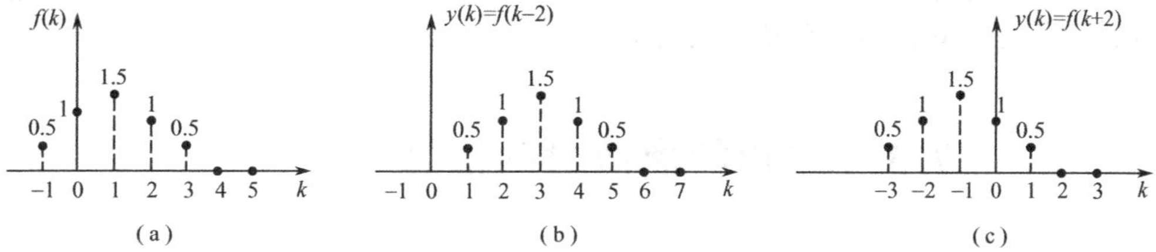


图 7-4　序列的移位

反褶(又称折叠) 是将离散信号 $f(k)$ 中变量 $k$ 用 $-k$ 取代而得到一个新的离散信号 $y(k)$，即

$$y(k)=f(-k) \tag{7-10}$$

如图 7-5(a) 所示的 $f(k)$ 进行反褶变换,所得结果如图 7-5(b) 所示。从图形上看是将 $f(k)$ 以纵坐标为轴翻转的。

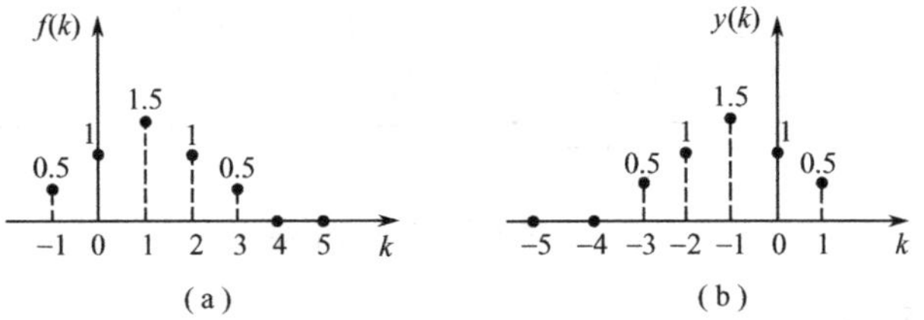


图 7-5　序列反褶

### 7.2.4　尺度变换($k$ 坐标展缩)

展缩是指将离散信号 $f(k)$ 在时间序号上进行压缩或扩展,即

$$y(k)=f(ak) \tag{7-11}$$

式中,$a$ 为非零值的正实常数。注意,只有当 $ak$ 取整数时,$y(k)$ 才有意义。如图 7-6 所示,其中图(b) 和(c) 分别为序列 $f(k)$ 展宽一倍和压缩一倍所得到的新的序列。显然,这与连续时间信号的展缩有所不同。离散信号在压缩后会丢掉部分信息,重新展宽后,不能恢复出原信号。

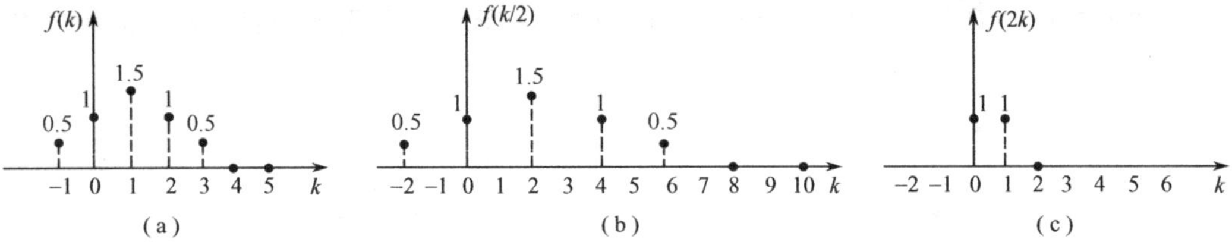


图 7-6　序列的尺度变换

### 7.2.5　差分和累加

离散时间信号的差分是指序列 $f(k)$ 与其移位序列 $f(k\pm m)$ 的运算,一般有两种情况:

一阶后向差分,记为　$$\nabla f(k)=f(k)-f(k-1) \tag{7-12}$$

二阶后向差分,记为　$$\nabla^2 f(k)=\nabla[\nabla f(k)]=f(k)-2f(k-1)+f(k-2) \tag{7-13}$$

一阶前向差分,记为　$$\Delta f(k)=f(k+1)-f(k) \tag{7-14}$$

二阶前向差分,记为　$$\Delta^2 f(k)=\Delta[\Delta f(k)]=f(k+2)-2f(k+1)+f(k) \tag{7-15}$$

离散信号 $f(k)$ 的累加和是指对 $f(k)$ 进行累加而得到一个新的离散信号 $y(k)$,即

$$y(k)=\sum_{i=-\infty}^{k} f(i) \tag{7-16}$$

累加和运算相当于连续信号的积分运算。累加和的运算可用累加器实现。

离散时间信号的 MATLAB 实现见二维码 7-1。

二维码 7-1

## 7.3　常用的离散时间信号

### 7.3.1　单位序列 $\delta(k)$

单位序列 $\delta(k)$ 定义如式(7-17),其图形如图 7-7 所示。

$$\delta(k)=\begin{cases}1 & k=0\\0 & k\neq 0\end{cases} \tag{7-17}$$

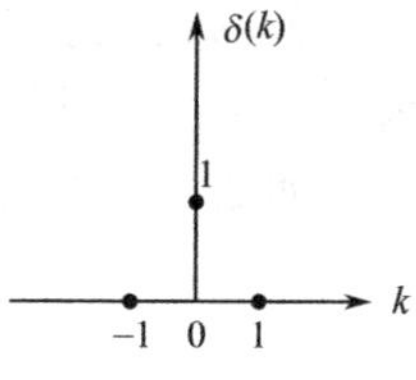

图 7-7

可见该序列仅在 $k=0$ 处取单位值，其余点均为零值，因此又称为“单位取样序列”“单位样本函数” 或“单位脉冲序列” 等。

单位序列的作用类似于连续时间信号中的 $\delta(t)$，也具有抽样性，即

$$f(k)\delta(k)=f(0)\delta(k) \tag{7-18}$$

$$f(k)\delta(k-m)=f(m)\delta(k-m) \tag{7-19}$$

$$f(k)\delta(k+m)=f(-m)\delta(k+m) \tag{7-20}$$

但是 $\delta(t)$ 与 $\delta(k)$ 有本质的差别：$\delta(t)$ 是一个奇异信号，可理解为一个在 $t=0$ 处宽度无穷小、幅度无穷大、面积为1的窄脉冲，实际中无法实现。而 $\delta(k)$ 是一个非奇异信号，它在 $k=0$ 处取有限值1，这在实际工程中是完全存在的。

### 7.3.2 单位阶跃序列 $U(k)$

单位阶跃序列 $U(k)$ 定义如下，其图形如图 7-8 所示。

$$U(k)=\begin{cases}1 & k\geqslant 0\\0 & k<0\end{cases} \tag{7-21}$$

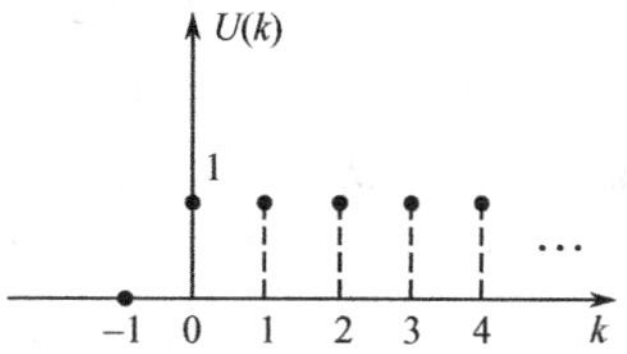

图 7-8

可见单位阶跃序列类似于连续时间信号中的单位阶跃函数 $U(t)$，它也是有切除性。即可将一个双边序列截为一个单边序列

$$f(k)U(k)=\begin{cases}0 & k<0\\f(k) & k\geqslant 0\end{cases}$$

同样 $U(t)$ 与 $U(k)$ 也有本质的差别：$U(t)$ 是一种奇异信号，它在 $t=0$ 处发生跃变，$U(0^-)=0$，$U(0^+)=1$；而 $U(k)$ 是一种非奇异信号，它在 $k=0$ 处明确定义为 1。

单位脉冲序列与单位阶跃序列之间有密切的关系。单位脉冲序列是单位阶跃序列的一次后向差分，即

$$\delta(k)=U(k)-U(k-1) \tag{7-22}$$

单位阶跃序列是单位脉冲序列的求和，即

$$U(k)=\sum_{n=-\infty}^{k}\delta(n)=\sum_{m=0}^{\infty}\delta(k-m) \tag{7-23}$$

### 7.3.3 单位矩形序列（门序列）$G_N(k)$

单位矩形序列定义为 $G_N(k)=\begin{cases}1 & 0\leqslant k\leqslant N-1\\0 & 其他\end{cases}$ (7-24)

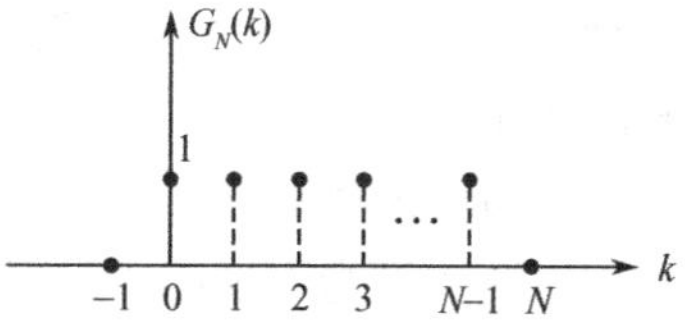

图 7-9

对应图形如图 7-9 所示。若用单位阶跃序列表示，则

$$G_N(k)=U(k)-U(k-N) \tag{7-25}$$

### 7.3.4 单边实指数序列

实指数序列是指序列值随序号变化按指数规律变化的离散时间信号，常用的实指数序列为单边实指数序列，即当 $k<0$ 时，$f(k)=0$，即

$$f(k)=a^kU(k)=\begin{cases}a^k & k\geqslant 0\\0 & k<0\end{cases} \tag{7-26}$$

若 $|a|>1$，信号随 $k$ 指数增长，序列发散；若 $|a|<1$，信号随 $k$ 指数衰减，序列收敛。另外，若 $a$ 为正的话，信号样值不改变符号；若 $a$ 为负时，信号样值符号交替变化。若 $a=1$，则 $f(k)=U(k)$。举例如图 7-10 所示。

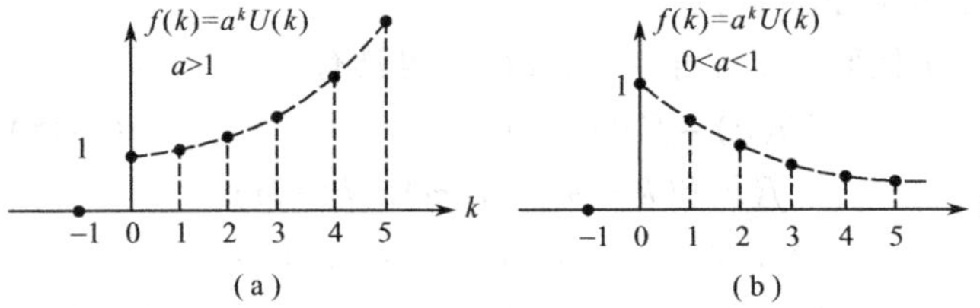


图 7-10

如果 $f(k)=a^{-k}U(k)$，则当 $|a|<1$ 时，$f(k)$ 为发散序列；当 $|a|>1$ 时，$f(k)$ 为收敛序列。

### 7.3.5 正弦序列

正弦序列定义为 $f(k)=A\sin(\omega_0 k+\varphi)$ (7-27)

或 $$f(k)=A\cos(\omega_0 k+\theta) \tag{7-28}$$

式中，$\omega_0$ 为正弦序列的数字角频率；$A$ 为正弦序列的振幅；$\varphi$ 或 $\theta$ 为初相，$\omega_0$、$\varphi$ 或 $\theta$ 的量纲为弧度。

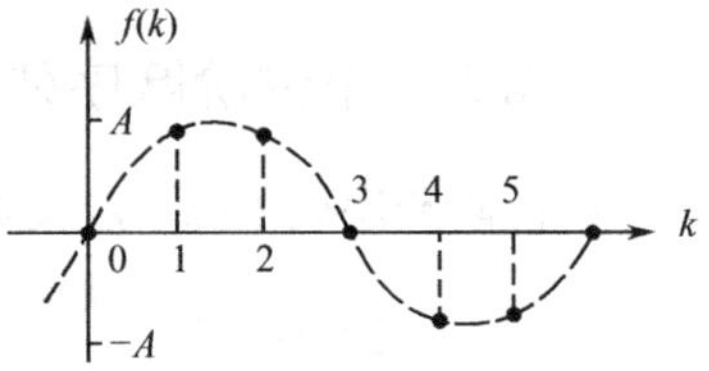


图 7-11

典型正弦序列如图 7-11 所示。

对于连续时间正弦信号 $f(t)=A\sin(\Omega_0 t+\varphi)$，具有以下两个性质：(1) $\Omega_0$ 越大，信号变化的速率就越快；(2) 对任何 $\Omega_0$ 值，信号都是周期的。对于正弦序列，以上两点与连续信号相比有很大的不同。

对于离散正弦序列 $$\sin[(\omega_0+2\pi)k+\varphi]=\sin(\omega_0 k+\varphi) \tag{7-29}$$

上式说明，离散正弦序列在频率 $\omega_0+2\pi$ 与频率 $\omega_0$ 时是完全相同的，连续时间正弦信号对于不同的 $\Omega_0$ 就对应着不同的信号；而对于频率为 $\omega_0$ 的离散时间正弦信号与频率为 $\omega_0\pm2\pi,\omega_0\pm4\pi,\cdots$ 这些离散正弦信号是完全相同的。因此，在考虑离散正弦信号时，只需在某个 $2\pi$ 间隔内选择频率就可以了。通常选择 $0\leqslant\omega_0<2\pi$ 或 $-\pi\leqslant\omega_0<\pi$ 区间。

通过以上讨论可知，离散正弦信号并不是随 $\omega_0$ 的无限增加而无限增加其振荡速率的。事实上，离散正弦序列的振荡速率是随 $\omega_0$ 从 0（常数序列）开始增加的，直到 $\omega_0=\pi$ 为止，若继续增加 $\omega_0$ 的话，其振荡速率就会下降，直到 $2\pi$（常数序列）为止。因此，离散正弦信号的低频段在 $\omega_0$ 为 0，$\pm2\pi$，$\pm4\pi$，$\cdots$ 附近；而高频段在 $\omega_0$ 为 $\pm\pi$，$\pm3\pi$，$\cdots$ 附近，此时信号在每个点上都改变符号，产生最快速振荡。

下面讨论离散正弦信号的周期性问题。

为使信号为周期的，且周期为 $N$（$N$ 为正整数），必须有

$$\sin[\omega_0(k+N)+\varphi]=\sin(\omega_0+\varphi)$$

要使得上式成立，$\omega_0 N$ 应为 $2\pi$ 的整数倍，通常取正整数倍，即

$$\omega_0 N=2m\pi \tag{7-30}$$

或

$$\frac{2\pi}{\omega_0}=\frac{N}{m} \tag{7-31}$$

上式中 $m$ 为大于零的正整数。

由式(7-31)可知，只有当 $2\pi/\omega_0$ 为有理数，即为两个正整数之比时，离散正弦序列才为周期的，而且，当 $N/m$ 无公因子相消时，周期为 $N$；若 $2\pi/\omega_0$ 不为两个正整数之比，离散正弦序列就不是

周期序列。

例如：$f(k)=10\cos\left(\frac{2\pi}{11}k-\frac{\pi}{3}\right)$ 为周期 $N=11$ 的正弦周期序列；$f(k)=2\cos\left(\frac{3\pi}{7}k\right)$ 为周期 $N=14$ 的周期序列；$f(k)=3\cos\frac{k}{8}$ 则不是周期序列。

对于非正弦离散周期时间信号，满足

$$f(k)=f(k\pm N) \tag{7-32}$$

式中，$N>0$，$N$ 为其周期。参照连续信号，它的基波频率为

$$\omega_0=2\pi/N \tag{7-33}$$

### 7.3.6 离散复指数信号

在系统分析中，离散复指数信号 $e^{j\omega_0 k}$ 是一个非常重要的基本信号，在序列的傅里叶分析和离散系统的频率特性中得到广泛应用，它的作用相当于在连续信号和连续系统的傅里叶分析所用到的基本信号 $e^{j\Omega_0 t}$（为了与离散信号区分开来，这里用 $\Omega_0$ 表示）。

离散复指数信号

$$f(k)=e^{j\omega_0 k} \tag{7-34}$$

由尤拉公式，有

$$f(k)=e^{j\omega_0 k}=\cos\omega_0 k+j\sin\omega_0 k \tag{7-35}$$

它的实部表示离散余弦序列，虚部表示离散正弦序列。所以对该信号的振荡频率和周期性的讨论与以上的离散正弦信号的讨论完全相同，这里不再赘述。

需要说明的是，在系统分析中，还要用到离散复指数信号的其他形式，可以参阅相关参考书。

## 7.4 离散系统及其数学描述

### 7.4.1 线性时不变离散时间系统

与连续时间系统类似，离散时间系统的输入/输出模型如图 7-12 所示。$f(k)$ 为激励信号，$y(k)$ 为响应信号。因此，图 7-12 的离散时间系统就是激励（输入）和响应（输出）都是离散时间信号的系统。在数学上，系统的输入/输出关系可表示为

$$f(k)\rightarrow y(k) \tag{7-36}$$

图 7-12

离散时间系统与连续时间系统一样，也具有以下重要性质。

#### 1. 线性性

若激励 $f(k)$ 的响应为 $y(k)$，则 $af(k)$ 的响应为 $ay(k)$（$a$ 为常数）。系统满足齐次性。

若激励 $f_1(k)$ 的响应为 $y_1(k)$，激励 $f_2(k)$ 的响应为 $y_2(k)$，则激励 $f_1(k)+f_2(k)$ 的响应为 $y_1(k)+y_2(k)$。系统满足叠加性。

同时满足齐次性和叠加性的系统具有线性性，称为线性系统。即

$$af_1(k)+bf_2(k)\rightarrow ay_1(k)+by_2(k) \tag{7-37}$$

线性离散时间系统最基本的特征是响应可分解为零输入响应和零状态响应（可分解性），而且零输入响应和零状态响应分别满足齐次性和叠加性（零输入线性、零状态线性），只有这种系统才称为线性离散时间系统，否则为非线性离散时间系统。

**【例 7-1】** 某离散时间系统的输入/输出关系如下,试确定该系统是否为线性系统。

$$y(k)=kf(k)$$

**解**:由系统的输入/输出关系得到:

$f_1(k)$ 的响应为 $y_1(k)=kf_1(k)$,$f_2(k)$ 的响应为 $y_2(k)=kf_2(k)$;

$af_1(k)$ 的响应为 $akf_1(k)=ay_1(k)$,$bf_2(k)$ 的响应为 $bkf_2(k)=by_2(k)$;

$af_1(k)+bf_2(k)$ 的响应为 $akf_1(k)+bkf_2(k)$。

显然,$af_1(k)+bf_2(k)$ 的响应为 $ay_1(k)+by_2(k)$,所以该系统为线性系统。

**2. 记忆系统和无记忆系统**

如果一个系统在某个时刻的输出仅仅取决于该时刻的输入,则该系统称为无记忆系统;否则,称为记忆系统。例如,下式描述的系统为无记忆系统:

$$y(k)=2+f(k)+3f^2(k)$$

上式的特点是,为一个代数方程。

离散时间记忆系统的一个实际例子就是单位延时器,其输入/输出关系为

$$y(k)=f(k-1)$$

比如,单位延时器在 $k=2$ 时刻的输出 $y(2)=f(1)$ 与激励在 $k=1$ 时刻的值有关,就是说单位延时器在某个时刻的输出,保留或"记住"输入的前一时刻的值。离散记忆系统另一个实际例子是累加器,累加器的理解与连续系统的积分器类似,具有记忆特性。

**3. 时变与时不变离散时间系统**

对于离散时间系统,若
$$f(k)\rightarrow y(k) \tag{7-38}$$
对于任意整数 $m$,恒有
$$f(k-m)\rightarrow y(k-m) \tag{7-39}$$
也就是说,如果输入信号有时移,而在输出信号中产生同样的时移,则称该系统为时不变离散时间系统;否则称为时变离散时间系统。

**【例 7-2】** 某离散时间系统的输入/输出关系如下,试判定它为时变系统,还是时不变系统。

$$y(k)=kf(k)$$

**解**:激励 $f_1(k)$ 的响应为 $y_1(k)=kf_1(k)$

将 $f_1(k)$ 时移成 $f_2(k)=f_1(k-m)$ 作为另一个激励,它的响应为

$$y_2(k)=kf_2(k)=kf_1(k-m)$$

而
$$y_2(k)=kf_1(k-m)\neq y_1(k-m)=(k-m)f_1(k-m)$$
因此,该系统为时变系统。

**4. 因果与非因果离散时间系统**

如果系统在任何时刻的输出仅仅取决于现在的输入和过去的输入,也就是说响应总是出现在激励之后,则该系统称为因果系统;否则称为非因果系统。所有的无记忆系统都是因果系统,非因果系统一定是记忆系统。

离散 LTI 系统为因果系统的充分必要条件是单位序列响应为因果序列,即:当 $k<0$ 时,$h(k)=0$。

**【例 7-3】** 某离散系统的输入/输出关系如下,试确定该系统是否为因果系统,记忆系统,时不变系统。

$$y(k)=f(2k)$$

**解**:确定因果性:系统在 $k=1$ 时的响应为 $y(1)=f(2)$,显然与 $k=1$ 以后的激励有关,所以,系

统是非因果系统。

确定记忆性：系统在 $k=-1$ 时的响应为 $y(-1)=f(-2)$，显然与 $k=-1$ 以前的激励有关，所以，系统为记忆系统。

确定时不变性：参照例 7-2 的方法，可以确定系统为时变系统。

**5. 稳定性**

在连续系统中，我们已经给出系统稳定性的定义：系统在有界输入情况下，输出必须有界。线性离散时不变系统的稳定性问题将在下一章详细讨论。这里给出一个重要结论：离散 LTI 系统成为稳定系统的充分必要条件是它的单位序列响应绝对可和。即

$$\sum_{k=-\infty}^{\infty}|h(k)| \leqslant M$$

其中 $M$ 为有限正数。

本书所研究的离散系统为线性时不变系统，书中所提“离散时间系统”一词，如无特殊声明，均指“线性时不变离散时间系统”。

**【例 7-4】** 某线性时不变离散时间系统，当激励为 $U(k)$，初始条件 $x_1(0)=1, x_2(0)=2$ 时，响应为 $y(k)=6(+2)^k-5(3)^k$。若初始条件不变，激励为 $3U(k)$ 时，响应 $y(k)=8(2)^k-7(3)^k$。求激励为 $2U(k)$，初始条件 $x_1(0)=2, x_2(0)=4$ 时，系统的响应 $y(k)$。

**解：** 设系统零输入响应为 $y_x(k)$，零状态响应为 $y_f(k)$，则根据线性时不变系统的特性，响应

$$y(k)=y_x(k)+y_f(k)$$

当激励为 $U(k)$，初始条件为 $x_1(0)=1, x_2(0)=2$ 时，有

$$y(k)=y_x(k)+y_f(k)=6(2)^k-5(3)^k$$

当激励为 $3U(k)$，初始条件不变时，有

$$y(k)=y_x(k)+3y_f(k)=8(2)^k-7(3)^k$$

解得

$$y_x(k)=5(2)^k-4(3)^k, \quad y_f(k)=2^k-3^k$$

所以，当激励为 $2U(k)$，初始条件 $x_1(0)=2, x_2(0)=4$ 时，有

$$\begin{aligned} y(k) &= 2y_x(k)+2y_f(k)=10(2)^k-8(3)^k+2(2)^k-2(3)^k \\ &= 12(2)^k-10(3)^k \qquad k \geqslant 0 \end{aligned}$$

## 7.4.2 离散时间系统的模型

**1. 数学模型**

在线性时不变连续时间系统分析中，系统的激励和响应都是连续变量 $t$ 的函数，系统的数学模型用微分方程描述。与此不同，在线性时不变离散时间系统分析中，系统的激励和响应是时间的离散值，因此系统的数学模型需采用差分方程来描述。下面举例说明如何根据实际物理模型来建立系统的数学模型 —— 差分方程。

**【例 7-5】** 某一阶连续时间系统的数学模型如下

$$\frac{\mathrm{d}y(t)}{\mathrm{d}(t)}+y(t)=f(t)$$

式中，$f(t)$ 为系统激励，$y(t)$ 为系统响应。试建立求解 $y(t)$ 在等间隔 $kT$ 上响应的差分方程。

**解：** 设 $y(t)$ 为图 7-13 所示的曲线，现仅考虑 $y(t)$ 的等间隔为 $T$ 的离散值，并令 $T$ 很小，则 $y(t)$ 的导数可近似地写成

$$\frac{\mathrm{d}y(t)}{\mathrm{d}t} \approx \frac{y(t+T)-y(t)}{T}$$

若所要分析的仅是离散时间 $t=0,T,2T,\cdots,kT$ 的信息,那么可用离散时间变量 $kT$ 代替连续时间变量 $t$,用 $f(k)$,$y(k)$ 分别代替 $f(kT)$,$y(kT)$,则

$$\frac{\mathrm{d}y(t)}{\mathrm{d}t} = \frac{1}{T}[y(k+1)-y(k)]$$

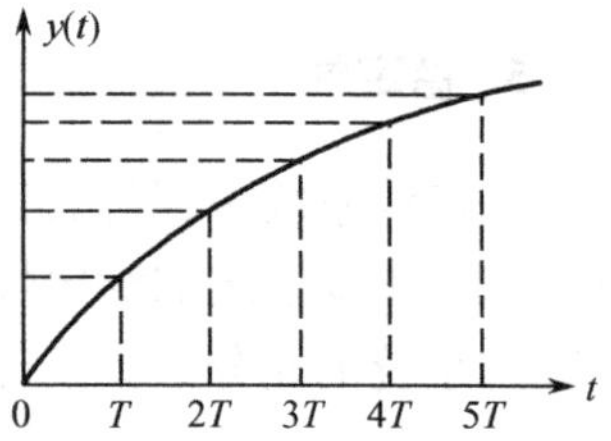

图 7-13

一阶微分方程变成 $$\frac{1}{T}y(k+1)-\frac{1}{T}y(k)+y(k)=f(k)$$

或 $$a_1y(k+1)+a_0y(k)=f(k)$$

式中,$a_1=\frac{1}{T}$,$a_0=1-\frac{1}{T}$。

可见,所得方程不再是一阶微分方程,而是描述激励与响应的离散时间关系,故称之为一阶差分方程。

由此可见,若一个 $n$ 阶线性常系数微分方程为

$$a_n\frac{\mathrm{d}^ny(t)}{\mathrm{d}t^n}+a_{n-1}\frac{\mathrm{d}^{n-1}y(t)}{\mathrm{d}t^{n-1}}+\cdots+a_1\frac{\mathrm{d}y(t)}{\mathrm{d}t}+a_0y(t)$$
$$=b_m\frac{\mathrm{d}^mf(t)}{\mathrm{d}t^m}+b_{m-1}\frac{\mathrm{d}^{m-1}f(t)}{\mathrm{d}t^{m-1}}+\cdots+b_1\frac{\mathrm{d}f(t)}{\mathrm{d}t}+b_0f(t) \tag{7-40}$$

则与式(7-40)相对应的 $n$ 阶差分方程为

$$A_ny(k+n)+A_{n-1}y(k+n-1)+\cdots+A_1y(k+1)+A_0y(k)$$
$$=B_mf(k+m)+B_{m-1}f(k+m-1)+\cdots+B_1f(k+1)+B_0f(k) \tag{7-41}$$

**【例 7-6】** 图 7-14 所示为梯形电阻网络。令各节点相对参考点的电压为 $u(k)$,其中 $k=0,1,2,\cdots,n$,是各节点的序号。试建立该网络节点电压的差分方程。

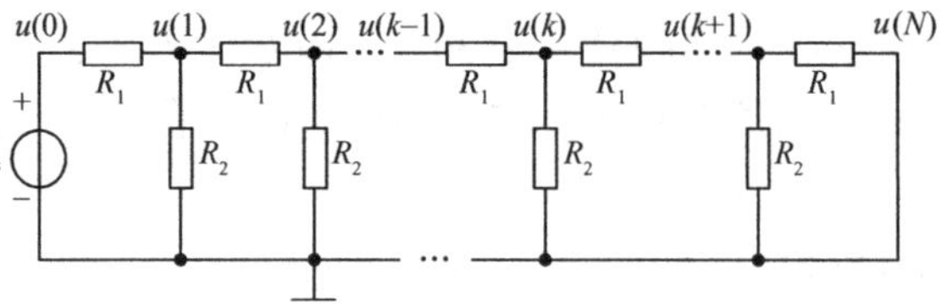

图 7-14

**解:** 根据 KCL,对于节点 $k$,有

$$\frac{u(k-1)-u(k)}{R_1}=\frac{u(k)}{R_2}+\frac{u(k)-u(k+1)}{R_1}$$

整理后可得 $$u(k+1)-\left(2+\frac{R_1}{R_2}\right)u(k)+u(k-1)=0$$

或 $$u(k)-\left(2+\frac{R_1}{R_2}\right)u(k-1)+u(k-2)=0 \quad 0\leqslant k\leqslant N$$

这是二阶差分方程,其中 $k$ 并非时间,而是代表网络中各节点的编号。

**【例 7-7】** 某储户每月的月初定期在银行存款。设第 $k$ 个月的存款额是 $f(k)$,银行支付月息为 $\beta$,每月利息按复利结算。计算储户第 $k$ 个月月初的本息总额 $y(k)$。

**解:** 第 $k$ 个月的月初本息总额 $y(k)$ 应有三部分:第 $k-1$ 个月的月初时的本息总额 $y(k-1)$,第 $k-1$ 个月的月息 $\beta y(k-1)$;第 $k$ 个月存入的款额 $f(k)$。故可得关系式

$$y(k)=y(k-1)+\beta y(k-1)+f(k)$$

即
$$y(k)-(1+\beta)y(k-1)=f(k)$$

这是一个一阶差分方程。

从以上几例可看出，差分方程由已知的激励序列项和未知响应的序列项组成，其中未知序列项变量最高序号和最低序号的差数称为差分方程的阶数。

若差分方程中含有未知序列项$y(k),y(k-1),\cdots,y(k-n)$，其中变量序号由$k$开始，按递减方式排列，则这种方程称为后向差分方程。相反，若方程中含有未知序列项$y(k),y(k+1),\cdots,y(k+n)$，其中变量序号由$k$开始，按递增方式排列，则这种方程称为前向差分方程。对于一个离散时间系统，可以采用后向差分方程描述，也可以采用前向差分方程描述，两者无本质区别，可根据具体需要灵活选用。

与微分方程的分类相对应，差分方程也划分为线性的与非线性的、常系数的与变系数的。一般来讲，线性时不变离散时间系统的数学模型为线性常系数差分方程。反之，线性常系数差分方程所描述的系统一定是线性时不变离散系统。

此外，在上述的差分方程中，其离散自变量$k$并不限于时间，其自变量意义将根据其所描述的具体系统而异，而对应的系统仍称为离散时间系统。因此这里的“时间”是一种广义时间概念。

与连续时间系统的微分算子类似，在离散时间系统分析中可引入差分算子$E$，即

$$E[f(k)]=f(k+1) \tag{7-42}$$

$$E^{-1}[f(k)]=f(k-1) \tag{7-43}$$

可见$E$表示将相应序列提前一个单位时间的运算，$E^{-1}$则表示将相应序列延迟一个单位时间的运算，因此$E$也称为位移算子。

利用差分算子，可将差分方程写成更为简洁的形式，例如

$$y(k)-(1+\beta)y(k-1)=f(k)$$

可改写为
$$y(k)-(1+\beta)E^{-1}y(k)=f(k)$$

或
$$[1-(1+\beta)E^{-1}]y(k)=f(k)$$

也可表示成
$$y(k)=H(E)f(k)$$

式中
$$H(E)=\frac{1}{1-(1+\beta)E^{-1}}=\frac{E}{E-(1+\beta)}$$

称为离散时间系统的传输算子。

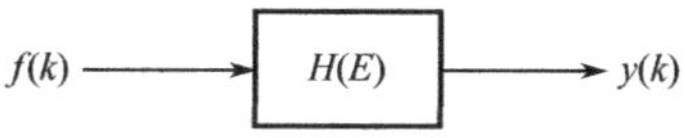

图 7-15

因此对于$n$阶离散时间系统也可用传输算子$H(E)$描述系统的输入/输出模型，如图 7-15 所示。应该注意，差分算子仅表示对序列的移位运算，并不表示数量意义。用差分算子表示的方程称为算子方程，它不是普通的代数方程，方程中等号两边的算子$E$不能随意消去。

**【例 7-8】** 设描述离散时间系统的差分方程如下，求其传输算子$H(E)$。

$$y(k)-2y(k-1)+y(k-2)=f(k-1)+f(k-2)$$

**解：** 相应的算子方程为
$$y(k)-2E^{-1}y(k)+E^{-2}y(k)=E^{-1}f(k)+E^{-2}f(k)$$

即
$$(1-2E^{-1}+E^{-2})y(k)=(E^{-1}+E^{-2})f(k)$$

所以
$$H(E)=\frac{E^{-1}+E^{-2}}{1-2E^{-1}+E^{-2}}=\frac{E+1}{E^2-2E+1}$$

### 2. 用模拟图描述离散时间系统

离散时间系统的模拟图通常由单位延迟器、加法器和数乘器这些基本运算单元组合而成。这些基本运算单元在时间域的定义和符号如图 7-16 所示，图 7-17 为相应的信号流图。

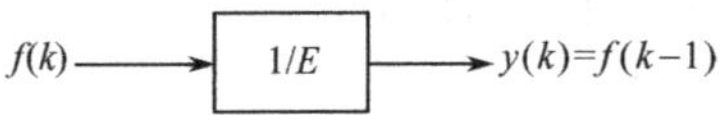


(a) 单位延迟器

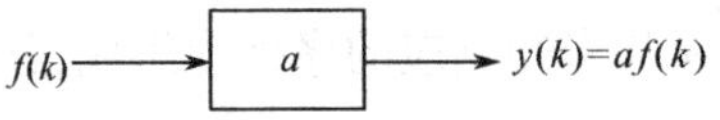


(b) 数乘器

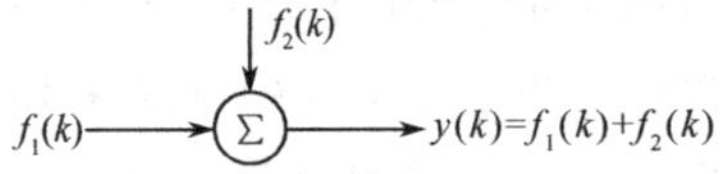


(c) 加法器

图 7-16

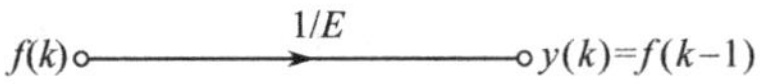


(a) 单位延迟器

(b) 数乘器

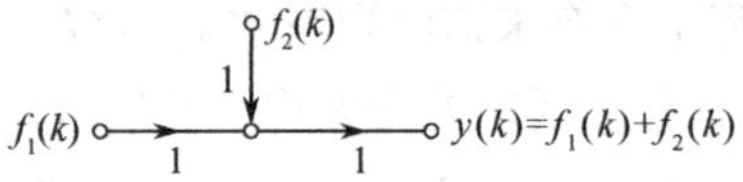


(c) 加法器

图 7-17

单位延迟器是一个具有“记忆”能力的元件，其作用是将输入信号延迟一个时间单位后再输出。因为单位延迟器的存在，系统才能够表现出动态性能。加法器和数乘器与连续时间系统的相应功能相同。离散系统的模拟方法与连续系统的摸拟方法完全相同，不再赘述。

比如下列差分方程所描述的离散时间系统

$$y(k)+a_1y(k-1)+a_0y(k-2)=b_1f(k)+b_0f(k-1)$$

对应的模拟图和信号流图分别如图 7-18 和图 7-19 所示。

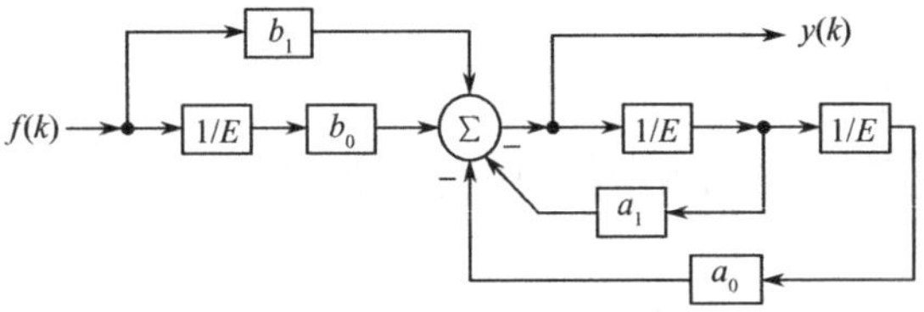


图 7-18

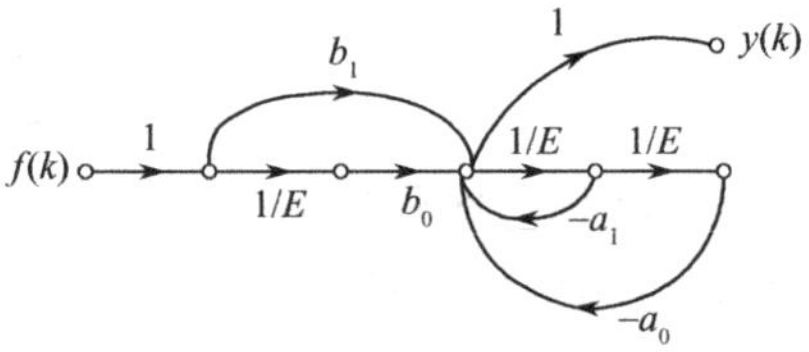


图 7-19

## 7.5 离散时间系统的时域经典分析

离散时间系统的时域经典分析与连续系统的分析在许多方面有类似之处。连续系统用常系数线性微分方程描述，而离散系统用常系数线性差分方程描述。差分方程的通解也由齐次差分方程的解和非齐次差分方程的特解组成。另外，系统的全响应也可分为零输入响应和零状态响应。所以，在用经典分析方法求解系统的全响应时，一方面，可以直接求解全响应对应的非齐次差分方程的通解；另一方面，可以分别求出系统的零输入响应和零状态响应。由于这些分析方法都需要求解差分方程，所以，在经典分析中差分方程的求解尤为重要。

### 7.5.1 差分方程的求解

作为离散 LTI 系统的数学模型——常系数线性差分方程的时域解法有迭代法和时域经典法。

**1. 迭代法**

手算和计算机求解时常会用到迭代法。迭代法的优点是概念清楚，计算简便。但是，这种方法往往只能得到数值解，特别是对于高阶差分方程，不容易给出一个完整的解析式。

**【例 7-9】** 某离散系统的差分方程为

$$y(k)-0.5y(k-1)=U(k)$$

已知 $y(0)=8$,用迭代法求 $y(k)$。

**解:** 由差分方程,得到
$$y(k)=0.5y(k-1)+U(k)$$
由迭代法,有
$$y(1)=0.5y(0)+1=0.5\times 8+1=5$$
$$y(2)=0.5y(1)+1=0.5\times 5+1=3.5$$
$$y(3)=0.5y(2)+1=0.5\times 3.5+1=2.75$$
$$\cdots$$

**2. 差分方程的经典解法**

一般而言,对于一个单输入单输出的 $n$ 阶线性时不变离散时间系统,若激励为 $f(k)$,响应为 $y(k)$,则该系统的数学模型是 $n$ 阶常系数差分方程,其形式为
$$\begin{aligned}&a_n y(k)+a_{n-1}y(k-1)+\cdots+a_1 y(k-n+1)+a_0 y(k-n)\\&=b_m f(k)+b_{m-1}f(k-1)+\cdots+b_0 f(k-m)\end{aligned}\tag{7-44}$$
上述差分方程的解由齐次解和特解两部分组成。齐次解用 $y_0(k)$ 表示,特解用 $y_d(k)$ 表示。即
$$y(k)=y_0(k)+y_d(k)\tag{7-45}$$

(1) 齐次差分方程的解

若 $f(k)$ 及其各移序项均为零,则方程
$$a_n y(k)+a_{n-1}y(k-1)+\cdots+a_1 y(k-n+1)+a_0 y(k-n)=0\tag{7-46}$$
称为齐次差分方程。对于该 $n$ 阶齐次差分方程,其对应的特征方程为
$$a_n\lambda^n+a_{n-1}\lambda^{n-1}+\cdots+a_1\lambda+a_0=0\tag{7-47}$$
它有 $n$ 个根 $\lambda_i(i=1,2,\cdots,n)$,称为差分方程的特征根。根据特征根的特点,齐次差分方程的解有两种类型:

① 特征根均为单根。若 $n$ 个特征根互不相同,则齐次差分方程解的形式为
$$y(k)=C_1\lambda_1^k+C_2\lambda_2^k+\cdots+C_{n-1}\lambda_{n-1}^k+C_n\lambda_n^k\tag{7-48}$$

② 特征根有重根。若 $\lambda_1$ 是特征方程的 $r$ 重根,即有 $\lambda_1=\lambda_2=\cdots=\lambda_r$,而其余 $n-r$ 个根均为单根,则齐次差分方程解的形式为
$$y(k)=(C_1+C_2k+C_3k^2+\cdots+C_rk^{r-1})\lambda_1^k+\sum_{j=r+1}^{n}C_j\lambda_j^k\tag{7-49}$$

(2) 特解

特解的形式与激励函数的形式有关。表 7-1 列出了几种典型的激励 $f(k)$ 所对应的特解 $y_d(k)$。选定特解的形式后,将它代入原非齐次差分方程,求出其待定系数 $A_i$,则得方程的特解 $y_d(k)$。

**表 7-1 几种典型的激励所对应的特解**

| 激励 $f(k)$ | 特解 $y_d(k)$ | |
|---|---|---|
| $k^m$ | $A_mk^m+A_{m-1}k^{m-1}+\cdots+A_1k+A_0$ | (当所有特征根均不为 1 时) |
| | $[A_mk^m+A_{m-1}k^{m-1}+\cdots+A_1k+A_0]k^r$ | (当有 $r$ 重等于 1 的特征根时) |
| $a^k$ | $Aa^k$ | (当 $a$ 不是特征根时) |
| | $(A_1k+A_0)a^k$ | (当 $a$ 是特征单根时) |
| | $(A_rk^r+A_{r-1}k^{r-1}+\cdots+A_1k+A_0)a^k$ | (当 $a$ 是 $r$ 重特征根时) |

(3) 非齐次差分方程的全解

如果差分方程的特征根均为单根,则全解为

$$y(k)=C_1\lambda_1^k+C_2\lambda_2^k+\cdots+C_n\lambda_n^k+y_d(k) \tag{7-50}$$

如果 $\lambda_1$ 是特征方程的 $r$ 重根,即有 $\lambda_1=\lambda_2=\cdots=\lambda_r$,而其余 $n-r$ 个根均为单根,则全解为

$$y(k)=(C_1+C_2k+C_3k^2+\cdots+C_rk^{r-1})\lambda_1^k+\sum_{j=r+1}^{n}C_j\lambda_j^k+y_d(k) \tag{7-51}$$

然后根据给定的初始条件,求出 $y(k)$ 中其余的待定系数 $C_i(i=1,2,\cdots,n)$。

**【例 7-10】** 差分方程为 $y(k)-5y(k-1)+6y(k-2)=0$,已知初始条件为 $y(0)=1$,$y(1)=4$。求 $y(k)$。

**解:** 这里求的是齐次差分方程的解。该差分方程的特征方程为

$$\lambda^2-5\lambda+6=0$$

可求得特征根为 $\lambda_1=2,\lambda_2=3$。故

$$y(k)=C_12^k+C_23^k,\quad k\geqslant 0$$

代入初始条件,得 $\quad y(0)=C_1+C_2=1,\quad y(1)=2C_1+3C_2=4$

解得 $\quad C_1=-1,\quad C_2=2$

所以 $\quad y(k)=-(2)^k+2(3)^k,\quad k\geqslant 0$

**【例 7-11】** 若某离散时间系统的传输算子为

$$H(E)=\frac{1}{E^2+4E+4}$$

且 $y(0)=2,y(1)=0$。求对应齐次差分方程的解。

**解:** 因该系统的特征方程为

$$\lambda^2+4\lambda+4=0$$

其特征根为 $\lambda_1=\lambda_2=-2$。对应齐次差分方程解的形式为

$$y(k)=(C_1+C_2k)(-2)^k$$

代入初始条件 $\quad y(0)=C_1=2,\quad y(1)=(C_1+C_2)(-2)=0$

解得 $\quad C_1=2,\quad C_2=-2$

故 $\quad y(k)=2(1-k)(-2)^k,\quad k\geqslant 0$

**【例 7-12】** 若描述某离散时间系统的差分方程为

$$y(k)+3y(k-1)+2y(k-2)=2^kU(k)$$

初始条件 $y(0)=0,y(1)=2$。试求系统的响应 $y(k)$。

**解:** (1) 求齐次差分方程的通解 $y_0(k)$。因差分方程的特征方程为

$$\lambda^2+3\lambda+2=0$$

其特征根为 $\lambda_1=-1,\lambda_2=-2$。故齐次方程的通解为

$$y_0(k)=C_1(-1)^k+C_2(-2)^k$$

(2) 求非齐次差分方程的特解 $y_d(k)$。因激励 $f(k)=2^kU(k)$,由表 7-1 可知

$$y_d(k)=A\cdot 2^k$$

将它代入原方程得 $\quad A\cdot 2^k+3A\cdot 2^{k-1}+2A\cdot 2^{k-2}=2^k$

消去 $2^k$,得 $\quad A+\frac{3}{2}A+\frac{A}{2}=1$

可得 $\quad A=\frac{1}{3}$

则 $\quad y_d(k)=\frac{1}{3}(2)^k$

(3) 求通解。

$$y(k)=y_0(k)+y_d(k)=C_1(-1)^k+C_2(-2)^k+\frac{1}{3}(2)^k$$

代入初始条件 $y(0)=C_1+C_2+\frac{1}{3}=0,\quad y(1)=-C_1-2C_2+\frac{2}{3}=2$

解得 $C_1=\frac{2}{3},C_2=-1$。所以所求响应为

$$y(k)=\frac{2}{3}(-1)^k-(-2)^k+\frac{1}{3}(2)^k,\quad k\geqslant 0$$

## 7.5.2 零输入响应和零状态响应

零输入响应是激励为零时仅由系统的初始状态引起的响应,用 $y_x(k)$ 表示;零状态响应是系统的初始状态为零时,仅由激励引起的响应,用 $y_f(k)$ 表示。离散 LTI 系统的全响应就是零输入响应和零状态响应之和,即

$$y(k)=y_x(k)+y_f(k) \tag{7-52}$$

很显然,零输入响应对应的是齐次差分方程,而零状态响应对应的是非齐次差分方程。在用经典法求零输入响应和零状态响应时,实际上是求解齐次差分方程和非齐次差分方程,这里非常重要的一项工作是,由系统的初始状态求出求解差分方程的初始条件。

如果激励是在 $k=0$ 时接入系统的,差分方程是以 $y(k)$ 开始的后向差分方程,通常以 $y(-1)$, $y(-2),\cdots,y(-n)$ 描述 $n$ 阶系统的初始状态。显然,有

$$y_f(-1)=y_f(-2)=\cdots=y_f(-n)=0 \tag{7-53}$$

$$y(-1)=y_x(-1),y(-2)=y_x(-2),\cdots,y(-n)=y_x(-n) \tag{7-54}$$

可以由式(7-53)和式(7-54)与差分方程迭代出零输入响应和零状态响应的初始值,作为求解差分方程的初始条件。零输响应的形式与齐次差分方程的通解形式完全相同,零状态响应与非齐次差分方程的通解形式完全相同,响应中的待定常数分别由零输入响应的通解形式和零状态响应的初始值确定。

**【例 7-13】** 某离散 LTI 系统的差分方程为

$$y(k)+3y(k-1)+2y(k-2)=2^kU(k)$$

已知全响应的初始值为 $y(0)=0,y(1)=2$。求系统的初始状态,零输入和零状态响应的初始值。

**解:** 由于激励是在 $k=0$ 接入系统的,$y(-1),y(-2)$ 的值与激励无关,实际为系统的初始状态,由差分方程导出:

将 $k=1$ 代入方程,得 $y(1)+3y(0)+2y(-1)=2$,所以 $y(-1)=y_x(-1)=0$;

将 $k=0$ 代入方程,得 $y(0)+3y(-1)+2y(-2)=1$,所以 $y(-2)=y_x(-2)=0.5$。

求零输入响应的初始值:

齐次差分方程为 $y_x(k)+3y_x(k-1)+2y_x(k-2)=0$

将 $k=0$ 代入方程得 $y_x(0)=-3y_x(-1)-2y_x(-2)=-1$

将 $k=1$ 代入方程得 $y_x(1)=-3y_x(0)-2y_x(-1)=3$

求零状态响应的初始值:

初始状态 $y_f(-1)=y_f(-2)=0$;

同样的迭代方法,用非齐次差分方程可以迭代出 $y_f(0)=1,y_f(1)=-1$;

不难发现:$y(0)=y_x(0)+y_f(0),y(1)=y_x(1)+y_f(1)$。

另外，与连续时间系统类似，离散时间系统的响应又可分为自由响应与强迫响应，还可以分为暂态响应和稳态响应，在概念的理解上与连续时间系统相同，这里不再赘述。

# 7.6 离散系统的单位序列响应

对于线性时不变离散时间系统，当激励为单位序列$\delta(k)$时，系统的零状态响应$h(k)$称为单位序列响应。它的作用与连续系统的单位冲激响应类似。根据激励为单位序列的特点，系统的单位序列响应在时域有不同的求解方法。

## 7.6.1 迭代法

对于一阶系统

$$\left.\begin{aligned} y(k)+ay(k-1)&=f(k)\\ y(k)=0,\quad k&<0 \end{aligned}\right\}$$

当$f(k)=\delta(k)$时，令$y(k)=h(k)$，则有

$$h(k)+ah(k-1)=\delta(k)$$
$$h(k)=0,\quad k<0$$

根据此方程及初始状态，可由递推式得

$$h(k)=\delta(k)+ah(k-1)$$
$$h(0)=1+ah(-1)=1$$
$$h(1)=ah(0)=a$$
$$h(2)=ah(1)=(a)^2$$
$$h(3)=ah(2)=(a)^3$$
$$\cdots$$
$$h(k)=ah(k-1)=(a)^k$$

故可知该一阶系统的单位响应为

$$h(k)=(a)^kU(k)$$

注意，差分方程的传输算子为

$$H(E)=\frac{h(k)}{\delta(k)}=\frac{E}{E-a}\tag{7-55}$$

## 7.6.2 等效初值法

当一个零状态系统的激励为单位序列$\delta(k)$，且在差分方程的右边不含$\delta(k)$的移序序列时，可知当$k>0$时，系统激励为零，因此可将单位序列$\delta(k)$激励的作用等效为系统的初始值。当$k>0$时，系统等效为一个零输入系统。所以求系统单位序列响应转化为求系统零输入响应。

**【例 7-14】** 某离散时间系统如图 7-20 所示。求系统单位序列响应。

**解：**由图 7-20 可得系统的差分方程为

$$y(k)-y(k-1)+\frac{1}{2}y(k-2)=f(k)$$

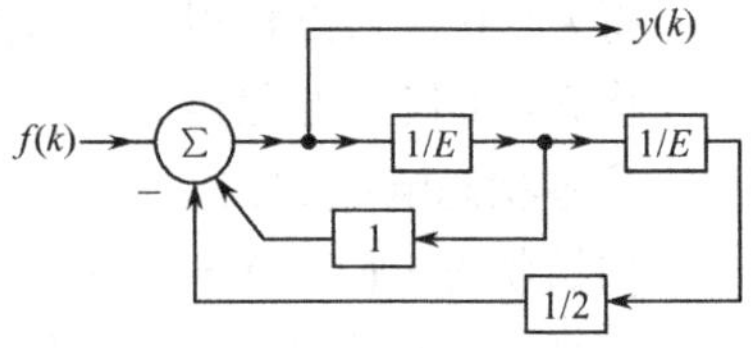

图 7-20

当$f(k)=\delta(k)$时，$y(k)=h(k)$，即

$$h(k)-h(k-1)+\frac{1}{2}h(k-2)=\delta(k)$$

并且有 $$h(k)=0,\quad k<0$$

由迭代法可知等效初始值为

$$h(0)=1,\quad h(1)=1$$

当 $k>0$ 时,有
$$\left.\begin{aligned}&h(k)-h(k-1)+\frac{1}{2}h(k-2)=0\\&h(0)=1,\quad h(1)=1\end{aligned}\right\}$$

其差分方程对应的特征方程为

$$\lambda^2-\lambda+\frac{1}{2}=0$$

特征根为
$$\lambda_1=\frac{1}{2}+\mathrm{j}\frac{1}{2},\quad \lambda_2=\frac{1}{2}-\mathrm{j}\frac{1}{2}$$

故单位序列响应 $h(k)$ 的形式与零输入响应形式相同,即

$$h(k)=C_1\left(\frac{1}{2}+\mathrm{j}\frac{1}{2}\right)^k+C_2\left(\frac{1}{2}-\mathrm{j}\frac{1}{2}\right)^k=C_1\left(\frac{\sqrt{2}}{2}\right)^k\mathrm{e}^{\mathrm{j}\frac{k\pi}{4}}+C_2\left(\frac{\sqrt{2}}{2}\right)^k\mathrm{e}^{\mathrm{j}\frac{k\pi}{4}}$$

根据等效初值
$$h(0)=C_1+C_2=1$$
$$h(1)=C_1\frac{\sqrt{2}}{2}\mathrm{e}^{\mathrm{j}\frac{\pi}{4}}+C_2\frac{\sqrt{2}}{2}\mathrm{e}^{-\mathrm{j}\frac{\pi}{4}}$$

求得
$$C_1=\frac{1}{2}-\mathrm{j}\frac{1}{2}=\frac{\sqrt{2}}{2}\mathrm{e}^{-\mathrm{j}\pi/4},\quad C_2=\frac{1}{2}+\mathrm{j}\frac{1}{2}=\frac{\sqrt{2}}{2}\mathrm{e}^{\mathrm{j}\pi/4}$$

所以
$$h(k)=\left(\frac{\sqrt{2}}{2}\right)^{k+1}\left[\mathrm{e}^{\mathrm{j}(k-1)\pi/4}+\mathrm{e}^{-\mathrm{j}(k-1)\pi/4}\right]=2\left(\frac{\sqrt{2}}{2}\right)^{k+1}\cos\frac{(k-1)\pi}{4},\quad k\geqslant 0$$

### 7.6.3 传输算子法

离散时间系统在时域也可用传输算子 $H(E)$ 来描述。$H(E)$ 是两个 $E$ 的有理多项式之比,即

$$H(E)=\frac{b_mE^m+b_{m-1}E^{m-1}+\cdots+b_1E+b_0}{a_nE^n+a_{n-1}E^{n-1}+\cdots+a_1E+a_0}\tag{7-56}$$

在迭代法中我们知道,传输算子 $H(E)=\dfrac{h(k)}{\delta(k)}=\dfrac{E}{E-a}$,对应的单位序列响应为

$$h(k)=(a)^kU(k)$$

传输算子法的处理方法是将复杂的传输算子通过部分分式分解成一些简单的算子之和,通过查表可以求出单位序列响应。

表 7-2 中列出了一些常用的 $H(E)$ 与 $h(k)$ 的对应关系,以便查找。

**表 7-2 $H(E)$ 与 $h(k)$ 的对应关系**

| $H(E)$ | $h(k)$ |
|---|---|
| $E^m$ | $\delta(k+m)$ |
| $\dfrac{E}{E-r}$ | $r^kU(k)$ |
| $\dfrac{E}{(E-r)^2}$ | $kr^{k-1}U(k)$ |
| $\dfrac{E}{(E-r)^n}$ | $\dfrac{1}{(n-1)!}k(k-1)(k-2)\cdots(k-n+2)r^{k-n+1}U(k)$ |
| $\dfrac{1}{E-r}$ | $r^{k-1}U(k-1)$ |

**【例 7-15】** 已知某离散时间系统的传输算子如下,求单位序列响应 $h(k)$。

$$H(E)=\frac{6(E-1)}{E^2-5E+6}$$

**解:**
$$\frac{H(E)}{E}=\frac{6(E-1)}{E(E-2)(E-3)}=-\frac{1}{E}-\frac{3}{E-2}+\frac{4}{E-3}$$

即 $$H(E) = -1 - \frac{3E}{E-2} + \frac{4E}{E-3}$$

查表 7-2 得到所求单位序列响应为

$$h(k) = -\delta(k) - (3 \times 2^k - 4 \times 3^k)U(k)$$

也可写为 $$h(k) = -(3 \times 2^k - 4 \times 3^k)U(k-1)$$

# 7.7　离散系统的卷积和分析

同连续时间系统类似,在离散系统中,把一般的离散激励信号分解成单位序列和单位序列的移序序列的线性组合,再结合系统的叠加性和时不变性,通过对激励序列和单位序列响应的卷积和运算,就可以求得任何激励下的离散 LTI 系统的零状态响应。

## 7.7.1　离散时间信号的时域分解

根据单位序列 $\delta(k)$ 及单位移位序列 $\delta(k-m)$ 的抽样性,即

$$f(k)\delta(k) = f(0)\delta(k)$$

$$f(k)\delta(k-m) = f(m)\delta(k-m)$$

可将任意序列 $f(k)$ 用单位序列及其移位序列表示,即

$$\begin{aligned} f(k) &= \cdots + f(-1)\delta(k+1) + f(0)\delta(k) + f(1)\delta(k-1) + f(2)\delta(k-2) + \cdots \\ &= \sum_{i=-\infty}^{\infty} f(k)\delta(k-i) \end{aligned} \tag{7-57}$$

可见任意离散时间信号在时域可表示为 $\delta(k-i)$ 的线性组合,或者为在不同离散序号上出现的具有不同加权值的离散序列和。对于右边序列有

$$f(k) = \sum_{i=0}^{\infty} f(i)\delta(k-i)$$

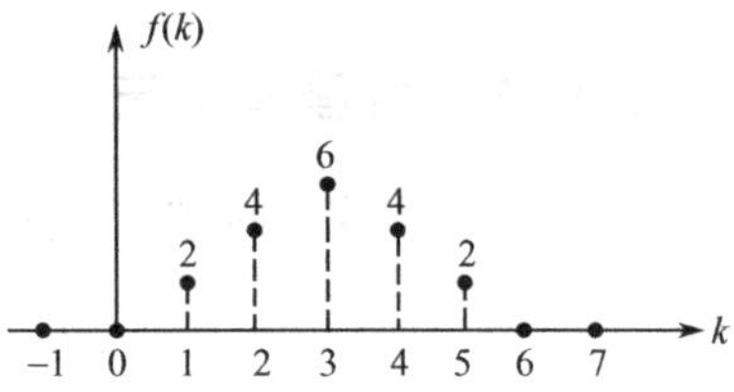

图 7-21

例如,对于图 7-21 所示离散时间函数,可表示为

$$f(k) = 2\delta(k-1) + 4\delta(k-2) + 6\delta(k-3) + 4\delta(k-4) + 2\delta(k-5)$$

## 7.7.2　卷积和

设两个离散时间信号为 $f_1(k)$ 和 $f_2(k)$,定义 $f_1(k)$ 与 $f_2(k)$ 的卷积和运算为

$$f_1(k) * f_2(k) = \sum_{i=-\infty}^{\infty} f_1(i) f_2(k-i) \tag{7-58}$$

与连续时间信号的卷积积分相同,卷积求和也满足基本运算规律,即

交换律:　$$f_1(k) * f_2(k) = f_2(k) * f_1(k) \tag{7-59}$$

分配律:　$$f_1(k) * [f_2(k) + f_3(k)] = f_1(k) * f_2(k) + f_1(k) * f_3(k) \tag{7-60}$$

结合律:　$$f_1(k) * [f_2(k) * f_3(k)] = [f_1(k) * f_2(k)] * f_3(k) \tag{7-61}$$

同连续时间信号类似,任何离散序列与单位序列的卷积和为

$$f(k) * \delta(k) = f(k) \tag{7-62}$$

另外,卷积和运算也满足延时性,即若

$$f_1(k) * f_2(k) = y(k)$$

则
$$f_1(k-N_1)*f_2(k-N_2)=y(k-N_1-N_2) \tag{7-63}$$

卷积和也可通过图解法来计算,其基本步骤与卷积积分类似,可分解为反折、平移、相乘、取和等,下面通过一个实例加以说明。

**【例 7-16】** 图 7-22 所示离散信号 $f_1(k)$ 和 $f_2(k)$,求 $y(k)=f_1(k)*f_2(k)$。

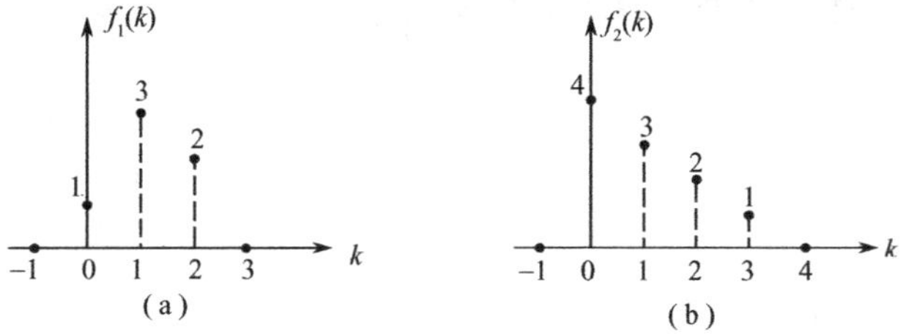


图 7-22

**解:** 图解法步骤如下。

(1) 将 $f_1(k)$, $f_2(k)$ 的自变量换为 $i$,并将 $f_2(i)$ 反褶得到 $f_2(-i)$。$f_1(i)$, $f_2(-i)$ 的图形如图 7-23 所示;

(2) 将 $f_2(-i)$ 的图形沿 $i$ 轴平移,得到 $f_2(k-i)$ 的图形;

(3) 对任一给定值 $k$,得到 $f_2(k-i)$ 的图形,$f_1(i)$ 与 $f_2(k-i)$ 相乘,完成求和运算,得到给定 $k$ 的卷积和 $y(k)$。令 $k$ 由 $-\infty\sim\infty$ 变化,$f_2(k-i)$ 的图形将沿 $i$ 轴自左向右平移,得到不同 $k$ 上的 $y(k)$ 值。

具体计算过程如下:

当 $k<0$ 时,显然 $f_1(i)f_2(k-i)=0$,故 $y(k)=0$。

当 $k=0$ 时,$f_2(-i)$ 如图 7-23(b) 所示,且

$$y(0)=\sum_{i=-\infty}^{\infty}f_1(i)f_2(0-i)=f_1(0)f_2(0)=4$$

当 $k=1$ 时,$f_2(1-i)$ 如图 7-23(c) 所示,且

$$y(1)=\sum_{i=-\infty}^{\infty}f_1(i)f_2(1-i)=1\times3+3\times4=15$$

当 $k=2$ 时,$f_2(2-i)$ 如图 7-23(d) 所示,且

$$y(2)=\sum_{i=-\infty}^{\infty}f_1(i)f_2(2-i)=1\times2+3\times3+2\times4=19$$

同理可得 $y(3)=13$,$y(4)=7$,$y(5)=2$, 以及当 $k>5$ 时 $y(k)=0$。

故卷积和可表示为

$$y(k)=\begin{cases}4 & k=0\\ 15 & k=1\\ 19 & k=2\\ 13 & k=3\\ 7 & k=4\\ 2 & k=5\\ 0 & \text{其他}\end{cases}$$

其图形如图 7-23(e) 所示。

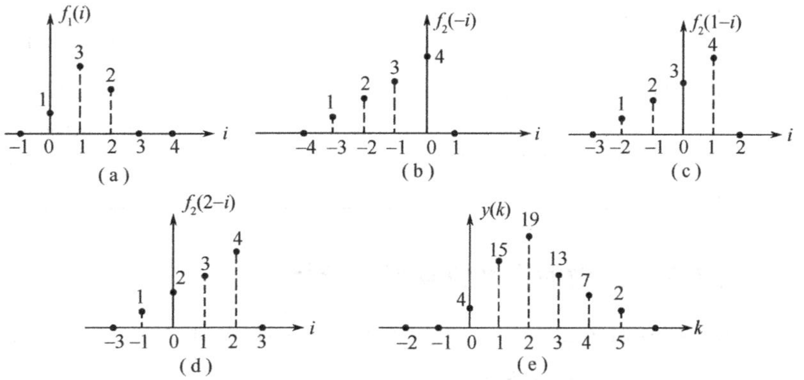


图 7-23

卷积和计算有许多方法,其中"序列阵表格法"是

常用方法之一。这种方法不需画出序列图形，而首先将两个序列 $f_1(k)$, $f_2(k)$ 按次序分别以行、列排列，然后对应行列值相乘得到一个表格，最后将对应对角线上的数值叠加，即可得到相应卷积和。比如例 7-16 中 $f_1(k)$, $f_2(k)$ 计算结果如表 7-3 所示，则有：

$$y(0)=4$$
$$y(1)=12+3=15$$
$$y(2)=8+9+2=19$$
$$y(3)=0+6+6+1=13$$
$$y(4)=0+0+4+3=7$$
$$y(5)=0+0+0+2+0+0=2$$

并且 $\quad y(k)=0 \quad k>5$

表 7-3　例 7-16 序列阵表格法计算结果

| $k$ | $k$ | 0 | 1 | 2 | 3 | 4 | 5 | 6 | … |
|---|---|---|---|---|---|---|---|---|---|
| | $f_1(k)$ \ $f_2(k)$ | 4 | 3 | 2 | 1 | 0 | 0 | 0 | … |
| 0 | 1 | 4 | 3 | 2 | 1 | 0 | 0 | 0 | |
| 1 | 3 | 12 | 9 | 6 | 3 | 0 | 0 | 0 | |
| 2 | 2 | 8 | 6 | 4 | 2 | 0 | 0 | 0 | |
| 3 | 0 | 0 | 0 | 0 | 0 | 0 | 0 | 0 | |
| 4 | 0 | 0 | 0 | 0 | 0 | 0 | 0 | 0 | |
| 5 | 0 | 0 | | | | | | | |
| 6 | 0 | | | | | | | | |
| ⋮ | ⋮ | | | | | | | | |

用图解法与列表法求卷积和常常难以形成一个闭合表达式，因此在对可用解析表达式表示的序列进行卷积求和时，可直接按定义计算，并根据序列特征写成闭合式。常用因果序列卷积和如表 7-4 所示，以备查用。此外，在实际应用中借助离散傅里叶变换中的快速傅里叶变换算法，利用计算机也可较简便地求得两序列卷积和。卷积和求系统响应的 MATLAB 实现见二维码 7-2。

二维码 7-2

表 7-4　常用因果序列卷积和

| 序号 | $f_1(k) \quad k\geqslant 0$ | $f_2(k) \quad k\geqslant 0$ | $f_1(k)*f_2(k) \quad k\geqslant 0$ |
|---|---|---|---|
| 1 | $f(k)$ | $\delta(k)$ | $f(k)$ |
| 2 | $f(k)$ | $U(k)$ | $\sum\limits_{i=0}^{k} f(i)$ |
| 3 | $U(k)$ | $U(k)$ | $k+1$ |
| 4 | $a^k$ | $U(k)$ | $(1-a^{k+1})/(1-a) \quad a\neq 1$ |
| 5 | $a_1^k$ | $a_2^k$ | $(a_1^{k+1}-a_2^{k+1})/(a_1-a_2) \quad a_1\neq a_2$ |
| 6 | $a^k$ | $a^k$ | $(k+1)a^k$ |
| 7 | $a^k$ | $k$ | $\dfrac{k}{1-a}+\dfrac{a(a^k-1)}{(1-a)^2} \quad a\neq 1$ |
| 8 | $k$ | $k$ | $\dfrac{1}{6}(k-1)k(k+1)$ |
| 9 | $a_1^k\cos(\omega_0 k+\theta)$ | $a_2^k$ | $\dfrac{a_1^{k+1}\cos[\omega_0(k+1)+\theta-\varphi]-a_2^{k+1}\cos(\theta-\varphi)}{\sqrt{a_1^2+a_2^2-2a_1a_2\cos\omega_0}}$<br>$\varphi=\arctan[a_1\sin\omega_0/(a_1\cos\omega_0-a_2)]$ |
| 10 | $k$ | $U(k)$ | $\dfrac{1}{2}k(k+1)$ |

## 7.7.3　离散时间系统卷积和分析

对于线性时不变离散时间系统，若激励为单位序列 $\delta(k)$，单位序列响应为 $h(k)$，则激励与系统零状态响应之间有如下关系：

| 激励 | 零状态响应 |
| --- | --- |
| $\delta(k)$ | $h(k)$ |
| $\delta(k-i)$ | $h(k-i)$ |
| $f(i)\delta(k-i)$ | $f(i)h(k-i)$ |
| $\sum_{i=-\infty}^{\infty} f(i)\delta(k-i)$ | $\sum_{i=-\infty}^{\infty} f(i)h(k-i)$ |

由前面讨论可知任意序列 $f(k)$ 均可表示为

$$f(k) = \sum_{i=-\infty}^{\infty} f(i)\delta(k-i)$$

故可知,当激励为 $f(k)$ 时,系统零状态响应为

$$y_f(k) = \sum_{i=-\infty}^{\infty} f(i)h(k-i) = f(k) * h(k) \tag{7-64}$$

即离散时间系统的零状态响应等于系统激励与系统单位序列响应的卷积和。因此,在求解离散时间系统的零状态响应时,首先应求得系统的单位序列响应 $h(k)$,然后求出 $h(k)$ 与激励 $f(k)$ 的卷积和,即得所求零状态响应。

**【例 7-17】** 某线性时不变离散时间系统的单位序列响应 $h(k) = a^k U(k)$,求当激励 $f(k) = b^k U(k)$ 时系统的零状态响应 $y_f(k)$。

**解:** 因为 $y_f(k) = f(k) * h(k)$,即

$$y_f(k) = a^k U(k) * b^k U(k) = \sum_{i=0}^{\infty} a^i b^{k-i} = b^k \sum_{i=0}^{k} \left(\frac{a}{b}\right)^i$$

根据等比数列求和关系式,可知

$$y_f(k) = \begin{cases} b^k \dfrac{1-(a/b)^{k+1}}{1-(a/b)} & a \neq b \\ b^k(k+1) & a = b \end{cases} \quad k \geqslant 0$$

**【例 7-18】** 已知系统的传输算子 $H(E) = \dfrac{E(2E-1)}{E^2 - E + 0.24}$,求该系统的单位阶跃响应 $g(k)$。

**解:** 因为

$$H(E) = \frac{E(2E-1)}{(E-0.6)(E-0.4)} = \frac{E}{E-0.6} + \frac{E}{E-0.4}$$

有

$$h(k) = [(0.6)^k + (0.4)^k]U(k)$$

故

$$g(k) = h(k) * U(k) = (0.6)^k U(k) * U(k) + (0.4)^k U(k) * U(k)$$

查表 7-4 中第 4 项可得

$$g(k) = \frac{1-(0.6)^{k+1}}{1-0.6} U(k) + \frac{1-(0.4)^{k+1}}{1-0.4} U(k)$$

$$= \left[\frac{25}{6} - \frac{3}{2}(0.6)^k - \frac{2}{3}(0.4)^k\right] U(k)$$

**【例 7-19】** 描述离散时间系统的差分方程如下,已知 $y(-1) = 1$,求系统全响应 $y(k)$。

$$y(k) - 0.9y(k-1) = 0.05U(k)$$

**解:** (1) 求零输入响应 $y_x(k)$。即求

$$\begin{cases} y_x(k) - 0.9y_x(k-1) = 0 \\ y_x(-1) = 1 \end{cases}$$

因 $\lambda - 0.9 = 0$,求得 $\lambda = 0.9$,有

$$y_x(k) = C(0.9)^k$$

代入 $y_x(-1)=1$,得 $C=0.9$,故

$$y_x(k)=(0.9)^{k+1},\quad k\geqslant -1$$

(2) 求单位序列响应 $h(k)$。由

$$\begin{cases}h(k)-0.9h(k-1)=0.05\delta(k)\\ h(k)=0,\quad k<0\end{cases}$$

利用等效初值法,可求得 $h(k)=0.05(0.9)^kU(k)$。

(3) 求激励 $f(k)=U(k)$ 时的零状态响应 $y_f(k)$。因

$$y_f(k)=f(k)*h(k)=U(k)*0.05(0.9)^kU(k)$$

可得

$$y_f(k)=0.5[1-(0.9)^{k+1}]U(k)$$

(4) 写出全响应 $y(k)=y_x(k)+y_f(k)$,即

$$y(k)=\underbrace{(0.9)^{k+1}U(k+1)}_{\text{零输入响应}}+\underbrace{0.5[1-(0.9)^{k+1}]U(k)}_{\text{零状态响应}}$$

$$=\underbrace{\delta(k+1)+0.5(0.9)^{k+1}U(k+1)}_{\substack{\text{暂态响应}\\ \text{(自由响应)}}}+\underbrace{0.5U(k)}_{\substack{\text{稳态响应}\\ \text{(强迫响应)}}}$$

二维码 7-3

本章要点和秘笈见二维码 7-3。

### 习题 7

7-1 已知频谱包含有直流分量至1000Hz 分量的连续时间信号 $f(t)$ 延续 1min,现对 $f(t)$ 进行均匀抽样以构成离散信号。求满足抽样定理的理想抽样的最少抽样点数。

7-2 分别绘出以下各序列的图形。

(1) $x(k)=2^kU(k)$ (2) $x(k)=(-2)^kU(k)$ (3) $x(k)=kU(-k)$ (4) $x(k)=\left(\frac{1}{2}\right)^{k+1}U(k+1)$

(5) $x(k)=2^{k-1}U(k-1)$ (6) $x(k)=2^{-k}U(-k)$ (7) $x(k)=\sin\left(\frac{k\pi}{5}\right)$ (8) $x(k)=\left(\frac{1}{2}\right)^k\sin\left(\frac{k\pi}{5}\right)$

7-3 判断以下序列是否为周期序列,如果是周期序列,试确定其周期。

(1) $f(k)=A\cos\left(\frac{3\pi}{7}k-\frac{\pi}{8}\right)$ (2) $f(k)=e^{j\left(\frac{k}{8}-\pi\right)}$ (3) $f(k)=A\cos\left(\frac{3\pi}{7}k\right)U(k)$

7-4 以下各序列为离散 LTI 系统的单位序列响应,试判定个系统的因果性和稳定性。

(1) $\delta(k)$ (2) $\delta(k-2)$ (3) $\delta(k+5)$ (4) $U(-k+3)$

(5) $2^kU(k)$ (6) $2^{-k}U(k)$ (7) $0.5^kU(-k)$ (8) $2^k[U(k)-U(k-100)]$

7-5 以下各系统中 $f(k)$ 表示激励,$y(k)$ 表示响应。试判断各系统的线性性、时不变性和因果性。

(1) $y(k)=2f(k)+8$ (2) $y(k)=[f(k)]^2$ (3) $y(k)=(k-1)f(k)$

(4) $y(k)=\sum_{i=-\infty}^{k}f(i)$ (5) $y(k)=f(1-k)$ (6) $y(k)=f\left(\frac{1}{2}k\right)$

7-6 对于 LTI 系统:

(1) 已知激励为单位阶跃序列 $U(k)$,系统的零状态响应为 $g(k)$,试求单位序列响应 $h(k)$;

(2) 已知单位序列响应 $h(k)$,试求单位阶跃响应 $g(k)$。

7-7 一个乒乓球从 $H$ 米高度自由下落至地面,每次弹跳起的最高值为前一次最高值的 2/3。设 $y(k)$ 表示第 $k$ 次弹跳起的高度,试列出描述此过程的差分方程。若设给定高度 $H=10$ 米,解此差分方程。

7-8 对于例 7-6 的电阻梯形网络,确定初始条件,并求节点电压 $u(k)$。

7-9 某人每年年初在银行存款 1 万元,以后每年年初将上年所得利息和本金存入银行,年利息为 5%。(1) 列此存款的差分方程;(2) 求第 10 年年底在银行存款的总额。

7-10 求下列差分方程所描述的离散系统的零输入响应、零状态响应和全响应。

(1) $y(k) + 3y(k-1) + 2y(k-2) = 2^k U(k), y(-1) = 1, y(-2) = 0$

(2) $y(k) + 3y(k-1) + 2y(k-2) = 2^k U(k), y(0) = 0, y(1) = 2$

7-11 试用等效初值法和传输算子法分别求下列差分方程所描述系统的单位序列响应。

(1) $y(k) + 4y(k-2) = f(k)$  (2) $y(k) - \frac{5}{6}y(k-1) + \frac{1}{6}y(k-2) = f(k)$

(3) $y(k) - \frac{5}{6}y(k-1) + \frac{1}{6}y(k-2) = f(k) - f(k-2)$

7-12 已知零状态二阶因果 LTI 系统的单位阶跃响应为 $g(k) = [2^k + 3(5)^k + 10]U(k)$。若激励 $f(k) = 2[U(k) - U(k-101)]$，求零状态响应。

7-13 已知序列 $f_1(k)$ 和 $f_2(k)$ 的图形如图题 7-13 所示。求 $y(k) = f_1(k) * f_2(k)$。

7-14 求下列卷积和：

(1) $U(k) * U(k)$  (2) $0.25^k U(k) * U(k)$  (3) $5^k U(k) * 3^k U(k)$  (4) $kU(k) * \delta(k-2)$

7-15 试写出图题 7-15 所示系统的差分方程，并指出其阶次。

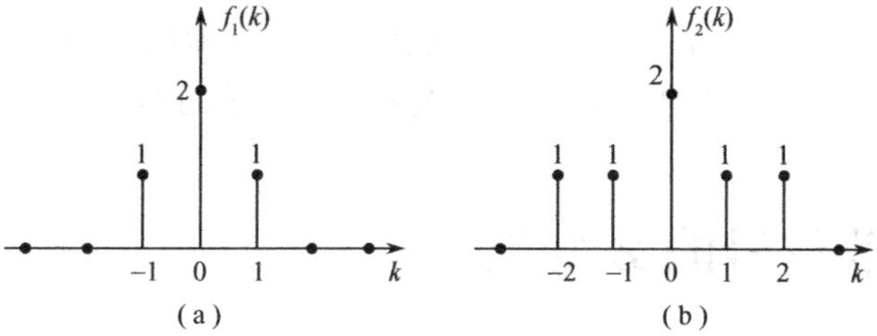


图题 7-13

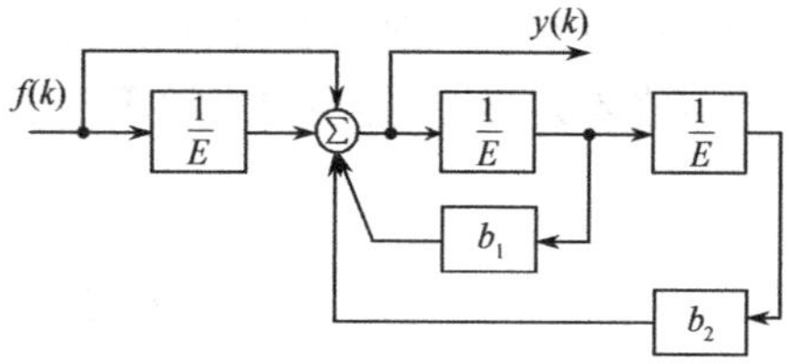


图题 7-15

7-16 试写出图题 7-16 所示系统的前向和后项差分方程，并求出单位序列响应和单位阶跃响应。

7-17 图题 7-17 所示系统，若激励为 $f(k) = \left(\frac{1}{2}\right)^k U(k)$，求系统的零状态响应。

7-18 图题 7-18 所示系统包括两个级联的线性时不变系统，已知它们的单位序列响应分别为 $h_1(k) = \delta(k) - \delta(k-3)$，$h_2(k) = 0.8^k U(k)$。求其单位阶跃响应。

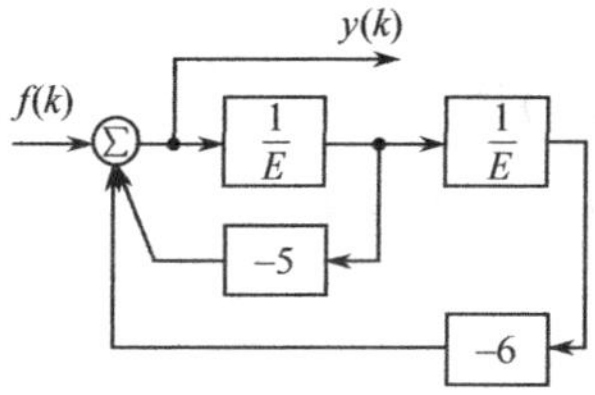


图题 7-16

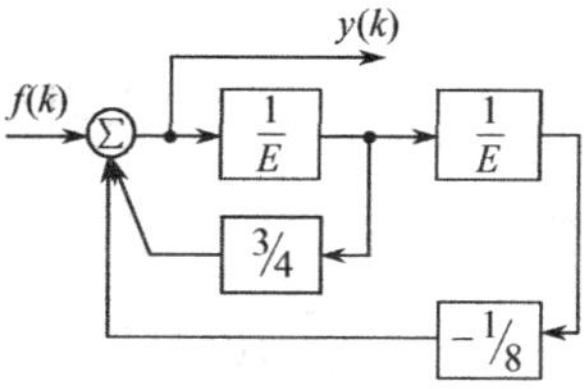


图题 7-17

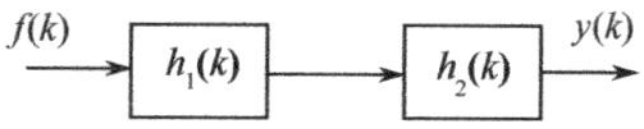


图题 7-18

7-19 图题 7-19 所示三个系统，已知各子系统的单位序列响应为 $h_1(k) = U(k)$，$h_2(k) = \delta(k-3)$，$h_3(k) = 0.8^k U(k)$。试证明三个系统是等效的。

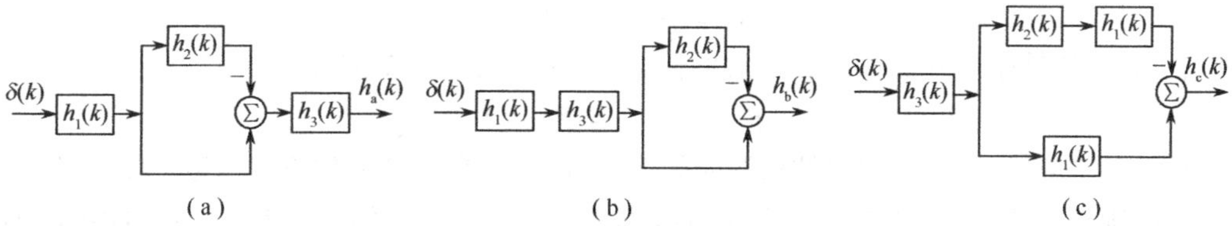


图题 7-19

7-20 在例 7-5 中，令 $f(t) = U(t)$，求微分方程式的零状态响应；若取 $T = 0.25\text{s}$，$f(k) = U(k)$，求差分方程式的零状态响应，并将二者进行比较。若取 $T = 0.01\text{s}$，再计算差分方程的零状态响应，并与微分方程的求解结果进行比较，有何结论？

# 第 8 章　离散信号与系统 Z 域分析

在第 5 章中讨论了拉普拉斯变换,拉普拉斯变换是连续时间傅里叶变换的一种推广。做这种推广的原因是连续时间傅里叶变换具有一定的局限性,比如许多信号的傅里叶变换不存在,但拉普拉斯变换存在;傅里叶变换不能够分析不稳定系统,而拉普拉斯变换可以分析这种系统;傅里叶变换只能反映系统的稳态性能,而拉普拉斯变换又可以分析系统的暂态性能。总之,拉普拉斯变换比傅里叶变换有更广的适用范围,为连续时间系统的变换域分析提供了一种有效的手段。

在离散系统的变换域分析中,离散时间傅里叶变换存在着与连续时间傅里叶变换同样的问题;类似地,把离散时间傅里叶变换做一推广,就是本章要介绍的 $Z$ 变换。$Z$ 变换在离散系统分析中的地位和拉普拉斯变换在连续系统分析中的地位一样重要,而且在许多方面两者是类似的。当然两者也存在着差异,差异主要来源于连续信号和离散信号的不同,连续系统和离散系统的不同。

## 8.1　离散信号的 Z 变换

### 8.1.1　Z 变换的定义

当序列 $f(k)$ 不满足绝对可和条件时,可采取给 $f(k)$ 乘以因子 $r^{-k}$($r$ 为正常数) 的办法,得到一个新的序列 $f(k)r^{-k}$,恰当选取 $r$ 的值,序列 $f(k)r^{-k}$ 就满足绝对可和了,它的傅里叶变换就存在了。在连续时间信号的复频域分析中,称 $e^{-\sigma t}$ 为收敛因子,这里称 $r^{-k}$ 为收敛因子。

$f(k)r^{-k}$ 的离散时间傅里叶变换为

$$\mathscr{F}[re^{j\omega}] = \sum_{k=-\infty}^{\infty} f(k)r^{-k}e^{-j\omega k} = \sum_{k=-\infty}^{\infty} f(k)(re^{j\omega})^{-k} \tag{8-1}$$

这里,引入一个新的变量 $z = re^{j\omega}$,对于离散时间信号 $f(k)$,其 $Z$ 变换定义为

$$F(z) = \sum_{k=-\infty}^{\infty} f(k)z^{-k} \tag{8-2}$$

$F(z)$ 称为序列 $f(k)$ 的像函数;$f(k)$ 称为函数 $F(z)$ 的原函数。原函数 $f(k)$ 和像函数 $F(z)$ 的关系记为

$$f(k) \leftrightarrow F(z) \tag{8-3}$$

或

$$F(z) = \mathscr{Z}[f(k)]$$

显然,$F(z)$ 就是序列 $f(k)$ 乘以 $r^{-k}$ 后的傅里叶变换。若 $r - 1$,即 $|z| = 1$,有

$$F(z)\big|_{z=e^{j\omega}} = F(e^{j\omega}) \tag{8-4}$$

式(8-2) 定义的 $Z$ 变换是将时域离散时间序列 $f(k)$ 变换为 $Z$ 域的连续函数 $F(z)$。如果 $f(k)$ 为双边序列,则利用式(8-2) 对其进行的 $Z$ 变换称为双边 $Z$ 变换。如果仅考虑 $k \geqslant 0$ 时的序列 $f(k)$ 值,则可定义单边 $Z$ 变换为

$$F(z) = \sum_{k=0}^{\infty} f(k)z^{-k} \tag{8-5}$$

对于因果序列,它的双边 $Z$ 变换和单边 $Z$ 变换是相等的。本教材主要讨论单边 $Z$ 变换,也兼顾分析

双边 $Z$ 变换。

将式(8-2) 展开 $F(z)=\cdots+f(-2)z^2+f(-1)z^1+f(0)z^0+f(1)z^{-1}+f(2)z^{-2}+\cdots$ (8-6)

上式表明,序列 $f(k)$ 的 $Z$ 变换就是复变量 $z^{-1}$ 的无穷幂级数,其系数就是相应 $f(k)$ 的值。

在连续时间的变换域分析中,当复变量 $s$ 的实部为零时,拉普拉斯变换就演变为傅里叶变换。在复平面上,虚轴 $j\omega$ 上的拉普拉斯变换就是傅里叶变换。在复平面上讨论的连续系统的许多问题都以虚轴 $j\omega$ 为界。与此对应的是,在离散系统中,当 $z$ 的模为1时,$Z$ 变换就演变为傅里叶变换。在复平面上,半径为 1 的圆上的 $Z$ 变换就是离散时间的傅里叶变换。在 $z$ 平面上把这个圆称为单位圆,其作用与 $s$ 平面上虚轴 $j\omega$ 相同。

### 8.1.2 收敛域

由于 $F(z)$ 是 $z^{-1}$ 的无穷幂级数,只有级数绝对收敛时,$Z$ 变换才有意义,故必有一个 $Z$ 变换的收敛域问题。

对于任意有界序列 $f(k)$,能使级数 $\sum_{k=-\infty}^{\infty} f(k)z^{-k}$ 收敛的所有 $z$ 值的集合称为 $Z$ 变换 $F(z)$ 的绝对收敛域(Region Of Convergence,ROC)。根据级数理论,该级数收敛的充分必要条件是

$$\sum_{k=-\infty}^{\infty} |f(k)z^{-k}| < \infty \tag{8-7}$$

所以 $Z$ 变换的收敛域不仅与序列 $f(k)$ 有关,而且与 $z$ 值范围有关,现举例说明。

**【例 8-1】** 求下列离散时间信号 $Z$ 变换的收敛域:

(1) $f_1(k)=\begin{cases}0 & k<0\\ a^k & k\geqslant 0\end{cases}$ (右序列或因果序列) (2) $f_2(k)=\begin{cases}-a^k & k<0\\ 0 & k\geqslant 0\end{cases}$ (左序列)

(3) $f_3(k)=\begin{cases}b^k & k<0\\ a^k & k\geqslant 0\end{cases}$ (双边序列) (4) $f_4(k)=\begin{cases}1 & k=0,1,2\\ 0 & k<0,k\geqslant 3\end{cases}$ (有限序列)

式中 $a$、$b$ 为正数。

**解:** (1) 由式(8-2) 可得 $F_1(z)=\sum_{k=0}^{\infty} a^k z^{-k}$

若使该级数收敛,则应使 $|az^{-1}|<1$,即 $Z$ 变换收敛域为

$$|z|>a \qquad 且\ F_1(z)=\frac{1}{1-az^{-1}}=\frac{z}{z-a}$$

$|z|>a$ 在 $z$ 平面上为以原点为中心,半径 $r=a$ 的圆外部区域(这里 $r$ 称为收敛半径),如图 8-1(a) 所示。

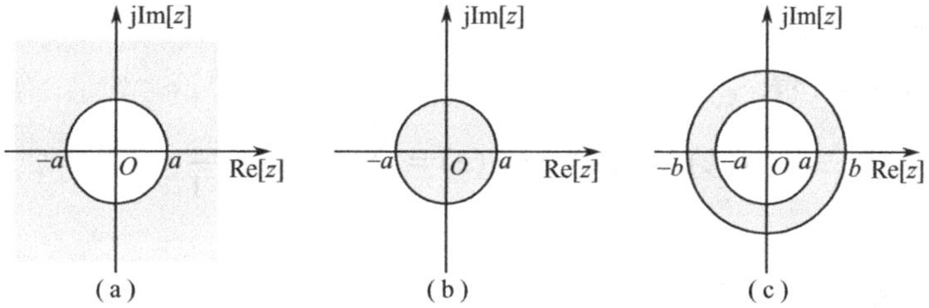


图 8-1

(2) 由式(8-2) 可得 $F_2(z)=-\sum_{k=-\infty}^{-1} a^k z^{-k}=-\sum_{m=1}^{\infty}\left(\frac{z}{a}\right)^m$

该级数收敛的条件为 $|a^{-1}z|<1$,即 $Z$ 变换收敛域为

$$|z| < a \quad 且\ F_2(z) = \frac{z}{z-a}$$

在 $z$ 平面上，$|z| < a$ 是以原点为中心，半径 $r = a$ 的圆内部区域，如图 8-1(b) 所示。

(3) 由 $Z$ 变换定义可得

$$F_3(z) = \sum_{k=-\infty}^{-1} b^k z^{-k} + \sum_{k=0}^{\infty} a^k z^{-k}$$

若使该级数收敛，且由 $f_1(k)$ 和 $f_2(k)$ 的 $Z$ 变换可知

$$|z| < b \quad 且\ |z| > a$$

因此，当 $b > a$，并且 $a < |z| < b$ 时，$f_3(k)$ 的 $Z$ 变换存在，其收敛域在平面上是一个以原点为中心的圆环域，如图 8-1(c) 所示。若 $b \leqslant a$，则 $F_3(z)$ 不存在。

(4) 对于序列 $f_4(k)$，其 $Z$ 变换为

$$F_4(z) = z^0 + z^{-1} + z^{-2} = 1 + \frac{z+1}{z^2}$$

可见，该级数收敛域为 $z$ 平面上除原点以外的全部区域，即 $|z| > 0$。

由上例分析可得以下结论：

(1) $Z$ 变换收敛域取决于序列 $f(k)$ 和 $z$ 值；

(2) $F(z)$ 与 $f(k)$ 不一定一一对应，故只有 $F(z)$ 和其收敛域一起才可确定序列 $f(k)$；

(3) 右序列的 $Z$ 变换的收敛域一般位于 $z$ 平面中半径为 $r$ 的圆外区域；

(4) 左序列的 $Z$ 变换的收敛域位于 $z$ 平面中收敛半径为 $r$ 的圆内区域；

(5) 双边序列 $Z$ 变换的收敛域位于 $z$ 平面中 $r_1 < |z| < r_2$ 的圆环区域内；

(6) 有限长双边序列 $Z$ 变换的收敛域为 $0 < |z| < \infty$；

(7) 有限长右序列 $Z$ 变换的收敛域为 $|z| > 0$；

(8) 有限长左序列 $Z$ 变换的收敛域为 $|z| < \infty$。

### 8.1.3　常用序列的 Z 变换

(1) 单位序列 $\delta(k)$

由式(8-2) 可得

$$f(k) = \delta(k) \to F(z) = \sum_{k=0}^{\infty} \delta(k) z^{-k} = 1$$

$\delta(k)$ 是仅在 $k = 0$ 处有值的有限长序列，其 $Z$ 变换等于常数 1。ROC(绝对收敛域) 为整个 $Z$ 平面。

(2) 单位阶跃序列 $U(k)$

将 $U(k)$ 代入式(8-2) 得

$$f(k) = U(k) \to F(z) = \sum_{k=0}^{\infty} z^{-k} = \frac{z}{z-1}$$

ROC 为 $|z| > 1$，即单位圆外。

(3) 单边指数序列 $a^k U(k)$

由例 8-1(1) 题的结果可知

$$f(k) = a^k U(k) \to F(z) = \frac{z}{z-a}$$

ROC 为 $|z| > |a|$，即圆外。

(4) 左序列 $-a^kU(-k-1)$

由例 8-1(2) 题的结果可知

$$f(k)=-a^kU(-k-1)\rightarrow F(z)=\frac{z}{z-a}$$

ROC 为 $|z|<|a|$,即圆内。

(5) 复指数序列 $e^{jbk}U(k)$

令 $a=e^{jb}$,由例 8-1(1) 题的结果可知

$$f(k)=e^{jbk}U(k)\rightarrow F(z)=\frac{z}{z-e^{jb}}$$

ROC 为 $|z|>1$,即单位圆外。

### 8.1.4 Z 变换和拉普拉斯变换的联系

对于一个连续时间信号 $f(t)$,每隔时间 $T$ 冲激抽样一次,其抽样信号可表示为

$$f_s(t)=f(t)\delta_T(t)=f(t)\sum_{k=-\infty}^{\infty}\delta(t-kT)=\sum_{k=-\infty}^{\infty}f(kT)\delta(t-kT)$$

$f_s(t)$ 的双边拉普拉斯变换为

$$F_s(s)=\int_{-\infty}^{\infty}\left[\sum_{k=-\infty}^{\infty}f(kT)\delta(t-kT)\right]e^{-st}dt=\sum_{k=-\infty}^{\infty}f(kT)e^{-kTs} \tag{8-8}$$

取一新的复变量 $z$,令 $z=e^{sT}$,则

$$F(z)=\sum_{k=-\infty}^{\infty}f(kT)z^{-k} \tag{8-9}$$

比较式(8-8) 和式(8-9) 可知

$$\left.\begin{aligned}F_s(s)&=F(z)\big|_{z=e^{sT}}\\F(z)&=F_s(s)\big|_{s=\frac{1}{T}\ln z}\end{aligned}\right\} \tag{8-10}$$

式中,$T$ 是序列 $f(kT)$ 的时间间隔,重复频率 $\Omega_s=2\pi/T$。所以复变量 $z$ 与 $s$ 的关系为

$$\left.\begin{aligned}z&=e^{sT}=re^{j\Omega}\\s&=\frac{1}{T}\ln z=\sigma+j\omega\end{aligned}\right\} \tag{8-11}$$

式中,$r=e^{\sigma T}$,$\Omega=\omega T$。

上式表明,$s$ 平面与 $z$ 平面有如下映射关系:

(1) $s$ 平面上的虚轴($\sigma=0,s=j\omega$)映射到 $z$ 平面是单位圆,即 $|z|=1$;$s$ 右半平面($\sigma>0$)映射到 $z$ 平面是单位圆外部区域,即 $|z|>1$;$s$ 左半平面($\sigma<0$)映射到 $z$ 平面是单位圆内部区域,即 $|z|<1$。

(2) 由于 $e^{j\omega}$ 是以 $2\pi$ 为周期的周期函数,$\omega=\Omega T=2\pi\dfrac{\Omega}{\Omega_s}$,因此,在 $s$ 平面沿虚轴移动,对应于 $z$ 平面上即为沿单位圆周期性旋转,每平移 $\Omega_s$,则沿单位圆转一周。所以 $z$ 平面与 $s$ 平面映射并不是单值的。

## 8.2 Z 变换的基本性质

通过 8.1 节分析可知,求离散时间信号即序列 $f(k)$ 的 $Z$ 变换,其最基本方法是几何级数求和法。然而对于较为复杂的信号 $f(k)$,采用级数求和法就显得麻烦和困难。与连续时间信号的拉普拉斯变换相似,也可由 $Z$ 变换的定义推出一些基本性质。这些基本性质反映了序列与其 $Z$ 变换之

间的关系，利用这些性质不仅可方便地求序列 $Z$ 变换的像函数，而且可由像函数求得原序列。因此本节将讨论一些基本性质或定理，以熟悉和掌握 $Z$ 变换的方法。

### 8.2.1 线性性

若 $$f_1(k) \to F_1(z) \qquad r_{11} < |z| < r_{12}$$

$$f_2(k) \to F_2(z) \qquad r_{21} < |z| < r_{22}$$

则 $$af_1(k) + bf_2(k) \to aF_1(z) + bF_2(z) \tag{8-12}$$

式中，$a,b$ 为任意常数，其收敛域是两个函数收敛区的公共部分，利用 $Z$ 变换定义可直接证明式(8-12)成立，并且可推广到多个序列 $Z$ 变换的情况。

**【例 8-2】** 求余弦序列 $\cos(\omega_0 k)U(k)$ 的 $Z$ 变换。

**解：** $$\cos(\omega_0 k)U(k) = \frac{1}{2}(\mathrm{e}^{\mathrm{j}\omega_0 k} + \mathrm{e}^{-\mathrm{j}\omega_0 k})U(k)$$

根据 $Z$ 变换的线性性质，得

$$\frac{1}{2}\frac{z}{z-\mathrm{e}^{\mathrm{j}\omega_0}} + \frac{1}{2}\frac{z}{z-\mathrm{e}^{-\mathrm{j}\omega_0}} = \frac{z(z-\cos\omega_0)}{z^2-2z\cos\omega_0+1} \qquad |z| > 1$$

同理，可推得 $$\sin(\omega_0 k)U(k) \to \frac{z\sin\omega_0}{z^2-2z\cos\omega_0+1} \qquad |z| > 1$$

### 8.2.2 移位性

#### 1. 对于双边 Z 变换

若 $$f(k) \to F(z) \qquad r_1 < |z| < r_2$$

则移位序列 $f(k \pm m)$ 的双边 $Z$ 变换为

$$f(k \pm m) \to z^{\pm m}F(z) \qquad r_1 < |z| < r_2 \tag{8-13}$$

式中，$m$ 为任意正整数。

**证明：** 根据双边 $Z$ 变换定义，可得

$$f(k \pm m) \to \sum_{k=-\infty}^{\infty} f(k \pm m)z^{-k} = \sum_{k=-\infty}^{\infty} f(k \pm m)z^{-(k\pm m)}z^{\pm m}$$

$$= z^{\pm m}\sum_{k=-\infty}^{\infty} f(k \pm m)z^{-(k\pm m)} = z^{\pm m}F(z) \qquad r_1 < |z| < r_2$$

可见，把序列 $f(k)$ 沿 $k$ 轴左移 $m$ 个单位变为 $f(k+m)$ 或右移 $m$ 个单位变为 $f(k-m)$，对应的 $Z$ 变换等于原序列 $Z$ 变换 $F(z)$ 与 $z^{+m}$ 或 $z^{-m}$ 的乘积。通常称 $z^{\pm m}$ 为位移因子。由于位移因子仅影响变换式在 $z=0$ 或 $z=\infty$ 处的收敛情况，因此对于具有环形收敛域的序列，位移后其 $Z$ 变换的收敛域保持不变。

#### 2. 对于单边 Z 变换

若 $f(k)U(k) \to F(z)$，$|z| > r$，则

(1) 当 $f(k)$ 为双边序列时，有

$$f(k-m)U(k) \to z^{-m}\left[F(z) + \sum_{k=-m}^{-1} f(k)z^{-k}\right] \tag{8-14}$$

$$f(k+m)U(k) \to z^{m}\left[F(z) - \sum_{k=0}^{m-1} f(k)z^{-k}\right] \tag{8-15}$$

收敛域为 $|z| > r$。

(2) 当 $f(k)$ 为因果序列时,有

$$f(k-m)U(k) = f(k-m)U(k-m) \to z^{-m}F(z) \qquad |z| > r \tag{8-16}$$

$$f(k+m)U(k) \to z^{m}\left[F(z) - \sum_{k=0}^{m-1} f(k)z^{-k}\right] \tag{8-17}$$

**证明:** 设 $f(k)$ 为双边序列,由单边 $Z$ 变换定义,可得

$$\begin{aligned} f(k-m)U(k) &\to \sum_{k=0}^{\infty} f(k-m)z^{-k} = z^{-m}\sum_{k=0}^{\infty} f(k-m)z^{-(k-m)} \\ &= z^{-m}\sum_{n=-m}^{\infty} f(n)z^{-n} = z^{-m}\left[\sum_{n=0}^{\infty} f(n)z^{-n} + \sum_{n=-m}^{-1} f(n)z^{-n}\right] \\ &= z^{-m}\left[F(z) + \sum_{k=-m}^{-1} f(k)z^{-k}\right] \end{aligned}$$

故式(8-14) 成立。用同样方法可证明式(8-15) 成立。

**【例 8-3】** 求矩形序列的 $Z$ 变换。

$$P_N(k) = \begin{cases} 1 & 0 \leqslant k \leqslant N-1 \\ 0 & k < 0, k \geqslant N \end{cases}$$

**解:** 矩形序列 $P_N(k)$ 可用单位阶跃序列 $U(k)$ 与右移 $N$ 个单位的单位阶跃序列 $U(k-N)$ 的差表示,即

$$P_N(k) = U(k) - U(k-N)$$

根据 $Z$ 变换的线性性和移位性,并利用式(8-3),得

$$P_N(k) \to \frac{z}{z-1} - z^{-N}\frac{z}{z-1} \qquad |z| > 1$$

根据移位性,显然有 $\qquad \delta(k-m) \to z^{-m} \qquad |z| > 0$

$$U(k-m) \to z^{-m}\frac{z}{z-1} \qquad |z| > 1$$

式中,$m$ 为正整数。

**【例 8-4】** 求单边周期性单位序列的 $Z$ 变换。

$$\delta_N(k)U(k) = \delta(k) + \delta(k-N) + \delta(k-2N) + \cdots$$

**解:** 根据移位性和线性性,有

$$\delta_N(k) \to 1 + z^{-N} + z^{-2N} + \cdots = \frac{z^N}{z^N - 1}$$

收敛域 $|z^N| > 1$,即 $|z| > 1$。

### 8.2.3 Z 域尺度变换性

若 $\qquad f(k) \to F(z) \qquad r_1 < |z| < r_2$

则

$$a^k f(k) \to F\left(\frac{z}{a}\right) \qquad r_1 < \left|\frac{z}{a}\right| < r_2 \tag{8-18}$$

式中,$a$ 为常量。

该性质反映在时域中序列 $f(k)$ 乘以指数序列 $a^k$ 相当于 $z$ 平面上原像函数在尺度上压缩 $a$ 倍,因此称为 $Z$ 域尺度变换。

**证明:** $a^k f(k) \to \sum_{k=-\infty}^{\infty} a^k f(k) z^{-k} = \sum_{k=-\infty}^{\infty} f(k)\left(\frac{z}{a}\right)^{-k} = F\left(\frac{z}{a}\right) \qquad r_1 < \left|\frac{z}{a}\right| < r_2$

**【例 8-5】** 已知 $f(k) = e^{\alpha k}\cos(\omega_0 k)U(k)$,求其 $Z$ 变换 $F(z)$。式中 $\alpha$ 为实常数。

**解:**

$$\cos(\omega_0 k)U(k) \to \frac{z(z-\cos\omega_0)}{z^2 - 2z\cos\omega_0 + 1} \qquad |z| > 1$$

根据 $Z$ 域尺度变换性,将上式中的 $z$ 代换为 $z/e^{\alpha}$,整理得

$$F(z) = \frac{z(z - e^{\alpha}\cos\omega_0)}{z^2 - 2ze^{\alpha}\cos\omega_0 + e^{2\alpha}}$$

收敛域为 $|z/e^{\alpha}| > 1$,即 $|z| > e^{\alpha}$。

### 8.2.4 Z 域微分性

若

$$f(k) \to F(z) \qquad r_1 < |z| < r_2$$

则

$$kf(k) \to -z\frac{dF(z)}{dz} \qquad r_1 < |z| < r_2 \tag{8-19}$$

**证明:**

$$f(k) \to F(z) = \sum_{k=-\infty}^{\infty} f(k)z^{-k}$$

对 $z$ 求导,得

$$\frac{dF(z)}{dz} = \left[\sum_{k=-\infty}^{\infty} f(k)z^{-k}\right] = -\sum_{k=-\infty}^{\infty} f(k)kz^{-k-1} = -z^{-1}\sum_{k=-\infty}^{\infty} f(k)kz^{-k}$$

即

$$-z\frac{dF(z)}{dz} = \sum_{k=-\infty}^{\infty} kf(k)z^{-k}$$

式(8-19)得证。

上述结果可推广到 $f(k)$ 乘以 $k$ 的任意正整数 $m$ 次幂的情况,即有

$$k^m f(k) \to \left[-z\frac{d}{dz}\right]^m F(z) \tag{8-20}$$

式中 $\left[-z\frac{d}{dz}\right]^m$ 表示 $-z\frac{d}{dz}\left\{-z\frac{d}{dz}\left[-z\frac{d}{dz}\cdots -z\frac{d}{dz}F(z)\right]\right\}$

对 $F(z)$ 求导并乘以 $(-z)$ 共 $m$ 次。

**【例 8-6】** 求序列的 $Z$ 变换:(1)$k^2U(k)$;(2)$\frac{k(k+1)}{2}U(k)$。

**解:** 因为 $U(k)$ 的 $Z$ 变换为 $\frac{z}{z-1}$,$|z| > 1$,根据 $Z$ 域微分性,则

(1)

$$\mathscr{Z}\{k^2U(k)\} = \left(-z\frac{d}{dz}\right)^2\frac{z}{z-1} = -z\frac{d}{dz}\left[-z\frac{d}{dz}\left(\frac{z}{z-1}\right)\right]$$

$$= -z\frac{d}{dz}\left[\frac{z}{(z-1)^2}\right] = \frac{z^2+z}{(z-1)^3} \qquad |z| > 1$$

(2)

$$\mathscr{Z}\left\{\frac{k(k+1)}{2}U(k)\right\} = \mathscr{Z}\left\{\frac{k^2}{2}U(k)\right\} + \mathscr{Z}\left\{\frac{k}{2}U(k)\right\}$$

$$= \frac{z^2+z}{2(z-1)^3} + \frac{z}{2(z-1)^2} = \frac{z^2}{(z-1)^3} \qquad |z| > 1$$

### 8.2.5 Z域积分性

若 $$f(k) \to F(z) \qquad r_1 < |z| < r_2$$

则 $$\frac{f(k)}{k+m} \to z^m \int_z^{\infty} \frac{F(x)}{x^{m+1}} \mathrm{d}x \tag{8-21}$$

且收敛域不变,即 $r_1 < |z| < r_2$,式中 $m$ 为整数,$k+m>0$。

当 $m=0$ 时,有 $$\frac{f(k)}{k} \to \int_z^{\infty} \frac{F(x)}{x} \mathrm{d}x \tag{8-22}$$

**【例 8-7】** 求序列的 $Z$ 变换:(1)$f_1(k) = \dfrac{U(k)}{k+1}$;(2)$f_2(k) = \dfrac{U(k-1)}{k}$,$k \geqslant 1$。

**解:** (1) 因为 $U(k) \to \dfrac{z}{z-1}$,由 $Z$ 域积分性,得

$$F_1(z) = z\int_z^{\infty} \frac{x}{x-1} x^{-2} \mathrm{d}x = z\int_z^{\infty} \frac{1}{x(x-1)} \mathrm{d}x = z\int_z^{\infty} \left(\frac{1}{x-1} - \frac{1}{x}\right) \mathrm{d}x$$

$$= z\left(\ln \frac{1}{z-1} - \ln \frac{1}{z}\right) = z\ln \frac{z}{z-1} \qquad |z| > 1$$

(2) 因为 $U(k-1) \to \dfrac{1}{z-1}$,根据 $Z$ 域积分性,可得

$$F_2(z) = \int_z^{\infty} \frac{1}{x-1} x^{-1} \mathrm{d}x = \int_z^{\infty} \frac{1}{x(x-1)} \mathrm{d}x = \ln \frac{z}{z-1} \qquad |z| > 1$$

### 8.2.6 时域折叠性

设 $$f(k) \to F(z) \qquad r_1 < |z| < r_2$$

则 $$f(-k) \to F(z^{-1}) \qquad \frac{1}{r_2} < |z| < \frac{1}{r_1} \tag{8-23}$$

**证明:** 由 $Z$ 变换的定义,并令 $n=-k$,有

$$f(-k) \to \sum_{k=-\infty}^{\infty} f(-k) z^{-k} = \sum_{n=\infty}^{-\infty} f(n)(z^{-1})^{-n} = \sum_{n=-\infty}^{\infty} f(n)(z^{-1})^{-n} = F(z^{-1})$$

故式(8-23)成立。

### 8.2.7 时域卷积定理

若 $$f_1(k) \to F_1(z) \qquad r_{11} < |z| < r_{12}$$

$$f_2(k) \to F_2(z) \qquad r_{21} < |z| < r_{22}$$

则 $$f_1(k) * f_2(k) \to F_1(z) F_2(z) \tag{8-24}$$

其收敛域为 $F_1(z)$,$F_2(z)$ 收敛域的公共部分。

**证明:**

$$f_1(k) * f_2(k) \to \sum_{k=-\infty}^{\infty} \left[\sum_{i=-\infty}^{\infty} f_1(i) f_2(k-i)\right] z^{-k} = \sum_{i=-\infty}^{\infty} \left[f_1(i) \sum_{k=-\infty}^{\infty} f_2(k-i) z^{-k}\right]$$

$$= \sum_{i=-\infty}^{\infty} \left[f_1(i) \sum_{k=-\infty}^{\infty} f_2(k-i) z^{-(k-i)} z^{-i}\right] = \sum_{i=-\infty}^{\infty} \left[f_1(i) z^{-i} \sum_{k=-\infty}^{\infty} f_2(k-i) z^{-(k-i)}\right]$$

$$= \sum_{i=-\infty}^{\infty} [f_1(i) z^{-i} F_2(z)] = F_2(z) \sum_{i=-\infty}^{\infty} f_1(i) z^{-i} = F_1(z) F_2(z)$$

**【例 8-8】** 求 $f(k) = a^k U(k) * a^k U(k)$ 的 $Z$ 变换 $F(z)$($a$ 为正 实数)。

**解:**

$$a^k U(k) \to \frac{z}{z-a} \qquad |z| > a$$

根据卷积定理,得
$$F(z) = \frac{z}{z-a} \frac{z}{z-a} = \left(\frac{z}{z-a}\right)^2 \qquad |z| > a$$

## 8.2.8 部分和

设序列 $y(k)$,它是另一序列 $f(i)$ 的前 $k$ 项之和,即

$$y(k) = \sum_{i=-\infty}^{k} f(i)$$

若
$$f(k) \to F(z) \qquad r_1 < |z| < r_2$$

则
$$y(k) = \sum_{i=-\infty}^{k} f(i) \to \frac{z}{z-1} F(z) \tag{8-25}$$

其收敛域为 $|z| > 1$ 与 $r_1 < |z| < r_2$ 的公共部分。

**证明:**
$$f(k) * U(k) = \sum_{i=-\infty}^{\infty} f(i) U(k-i) = \sum_{i=-\infty}^{k} f(i) = y(k)$$

由时域卷积定理,两边进行 $Z$ 变换即可得到式(8-25)。

## 8.2.9 初值定理

与拉普拉斯变换类似,也可利用序列 $f(k)$ 的单边 $Z$ 变换 $F(z)$ 来确定原序列的初值。

设 $f(k)$ 为右序列,且它的单边 $Z$ 变换为 $F(z)$,则

$$f(0) = \lim_{z\to\infty} F(z) \tag{8-26}$$

这一性质称为初值定理。

**证明:**
$$F(z) = \sum_{k=0}^{\infty} f(k) z^{-k} = f(0) + f(1) z^{-1} + f(2) z^{-2} + \cdots$$

显然当 $z \to \infty$ 时,上式等号右端除第一项外,均为零。所以

$$f(0) = \lim_{z\to\infty} F(z)$$ [证毕]

类似地,有
$$f(1) = \lim_{z\to\infty} [zF(z) - zf(0)] \tag{8-27}$$

$$f(2) = \lim_{z\to\infty} [z^2 F(z) - z^2 f(0) - zf(1)] \tag{8-28}$$

需要说明的是,如果把 $F(z)$ 表示成两个多项式之比,则分子多项式的阶次要小于等于分母多项式的阶次,式(8-26)才能成立。实际上,对于因果序列的 $Z$ 变换都能满足以上要求。

## 8.2.10 终值定理

终值定理适用于收敛序列 $f(k)$,即序列 $f(k)$ 存在终值 $f(\infty)$,而 $f(\infty)$ 值的确定可直接由像函数 $F(z)$ 求得,不必求原序列 $f(k)$。

设 $f(k)$ 为右序列,且它的单边 $Z$ 变换为 $F(z)$,则

$$f(\infty)=\lim_{k\to\infty}f(k)=\lim_{z\to 1}\frac{z-1}{z}F(z) \tag{8-29}$$

终值定理的成立是有条件的，除要求$f(k)$为右序列外，$F(z)$的极点必须处在单位圆内，如果单位圆上有极点，该极点只能是$z=1$，且要求是单阶的。

**【例 8-9】** 设序列$f(k)$的$Z$变换为$F(z)=\frac{z}{z-a}$，$|z|>a$。求$f(0)$，$f(1)$和$f(\infty)$（$a$为正实数）。

**解**：由式(8-26)得
$$f(0)=\lim_{z\to\infty}\frac{z}{z-a}=1$$
$$f(1)=\lim_{z\to\infty}z\left[\frac{z}{z-a}-f(0)\right]=\lim_{z\to\infty}\frac{az}{z-a}=a$$

由式(8-29)得
$$f(\infty)=\lim_{z\to 1}\frac{z-1}{z}\cdot\frac{z}{z-a}=\lim_{z\to 1}\frac{z-1}{z-a}$$

当$a<1$时：$f(\infty)=0$；当$a=1$时：$f(\infty)=1$；当$a>1$时：不存在终值。

将$Z$变换的基本性质和定理汇总于表 8-1 中。

**表 8-1 常用 Z 变换的基本性质和定理**

| 名称 | 时域序列关系 | Z 域像函数关系 |
|---|---|---|
| 线性 | $c_1f_1(k)+c_2f_2(k)$ | $c_1F_1(z)+c_2F_2(z)$ |
| 移位性 | $f(k\pm m)$<br>$f(k-m)U(k)$<br>$f(k-m)U(k-m)$<br>$f(k+m)U(k)$ | $z^{\pm m}F(z)$<br>$z^{-m}\left[F(z)+\sum_{k=-m}^{-1}f(k)z^{-k}\right]$<br>$z^{-m}F(z)$<br>$z^{m}\left[F(z)-\sum_{k=0}^{m-1}f(k)z^{-k}\right]$ |
| 部分和 | $f(k)$<br>$y(k)=\sum_{i=-\infty}^{k}f(i)$ | $F(z)$<br>$Y(z)=\frac{z}{z-1}F(z)$ |
| 折叠性 | $f(-k)$ | $F(z^{-1})$ |
| Z 域尺度变换性 | $a^kf(k)$ | $F\left(\frac{z}{a}\right)$ |
| Z 域微分性 | $k^mf(k)$ | $\left(-z\frac{\mathrm{d}}{\mathrm{d}z}\right)^mF(z)$ |
| Z 域积分性 | $\frac{f(k)}{k+m}$  $k+m>0$<br>$\frac{f(k)}{k}$  $k>0$ | $z^m\int_z^\infty\frac{F(x)}{x^{m+1}}\mathrm{d}x$<br>$\int_z^\infty\frac{F(x)}{x}\mathrm{d}x$ |
| 时域卷积定理 | $f_1(k)*f_2(k)$ | $F_1(z)F_2(z)$ |
| • 初值定理 | $f(0)=\lim_{z\to\infty}F(z)$，$f(1)=\lim_{z\to\infty}[zF(z)-zf(0)]$ | |
| • 终值定理 | $f(\infty)=\lim_{z\to 1}\frac{z-1}{z}F(z)$ | |

## 8.3 Z 反变换

时域离散序列 $f(k)$ 可进行 $Z$ 变换，变换为 $Z$ 域像函数 $F(z)$。在离散时间系统分析中，也要对 $Z$ 变换进行反变换，即已知 $F(z)$，需要求出它在时域对应的时间序列 $f(k)$，这一过程称为 $Z$ 反变换。$Z$ 反变换记为

$$f(k)=\mathscr{Z}^{-1}[F(z)] \tag{8-30}$$

$Z$ 反变换常用到三种方法，即幂级数展开法、部分分式展开法和留数法（反演积分）。下面将对这三种方法做简单介绍。

### 8.3.1 幂级数展开法

根据 $Z$ 变换的定义 $F(z)=\sum\limits_{k=-\infty}^{\infty}f(k)z^{-k}=\cdots f(-1)z^{1}+f(0)+f(1)z^{-1}+f(2)z^{-2}+\cdots$

因此，只要在给定的收敛域内将 $F(z)$ 展开为 $z^{-1}$ 或 $z$ 的幂级数，则级数的系数就是序列 $f(k)$ 相应值。

**【例 8-10】** 已知 $F(z)=\dfrac{z}{(z-1)(z-2)}$，$|z|>2$。求其 $Z$ 反变换 $f(k)$。

**解：** 由收敛域 $|z|>2$ 可知 $f(k)$ 为因果序列，故应将 $F(z)$ 展成 $z$ 的负幂级数形式。将 $F(z)$ 的分子、分母按 $z$ 的降幂次序排列为

$$F(z)=\frac{z}{z^2-3z+2}$$

进行长除：

$$\begin{array}{r|l}
 & z^{-1}+3z^{-2}+7z^{-3}+15z^{-4}+\cdots \\
\hline
z^2-3z+2 & z \\
 & z-3+2z^{-1} \\
\hline
 & 3-2z^{-1} \\
 & 3-9z^{-1}+6z^{-2} \\
\hline
 & 7z^{-1}-6z^{-2} \\
 & 7z^{-1}-21z^{-2}+14z^{-3} \\
\hline
 & 15z^{-2}-14z^{-3} \\
 & \cdots
\end{array}$$

可得
$$F(z)=z^{-1}+3z^{-2}+7z^{-3}+15z^{-4}+\cdots$$

所以
$$f(k)=\{\underset{\substack{\uparrow\\k=0}}{0}\quad 1\quad 3\quad 7\quad 15\quad \cdots\}$$

**【例 8-11】** 已知 $F(z)=\dfrac{z}{(z-1)(z-2)}$，$|z|<1$，求其 $Z$ 反变换 $f(k)$。

**解：** 由收敛域 $|z|<1$ 可知 $f(k)$ 为左序列，故应将 $F(z)$ 展成 $z$ 的正次幂级数。将 $F(z)$ 的分子、分母按 $z$ 的升幂次序排列为

$$F(z) = \frac{z}{2 - 3z + z^2}$$

进行长除：

$$
\begin{array}{r@{}l}
 & \frac{1}{2}z + \frac{3}{4}z^2 + \frac{7}{8}z^3 + \frac{15}{16}z^4 + \cdots \\
2 - 3z + z^2 \,\big) & z \\
 & z - \frac{3}{2}z^2 + \frac{1}{2}z^3 \\
\hline
 & \frac{3}{2}z^2 - \frac{1}{2}z^3 \\
 & \frac{3}{2}z^2 - \frac{9}{4}z^3 + \frac{3}{4}z^4 \\
\hline
 & \frac{7}{4}z^3 - \frac{3}{4}z^4 \\
 & \frac{7}{4}z^3 - \frac{21}{8}z^4 + \frac{7}{8}z^5 \\
\hline
 & \frac{15}{8}z^4 - \frac{7}{8}z^5 \\
 & \cdots
\end{array}
$$

得
$$F(z) = \frac{1}{2}z + \frac{3}{4}z^2 + \frac{7}{8}z^3 + \frac{15}{16}z^4 + \cdots$$

所以
$$f(k) = \left\{ \cdots \ \frac{15}{16} \ \frac{7}{8} \ \frac{3}{4} \ \underset{\substack{\uparrow \\ k=-1}}{\frac{1}{2}} \right\}$$

## 8.3.2 部分分式展开法

当像函数 $F(z)$ 是 $z$ 的有理分式时，一般可表示为

$$F(z) = \frac{B(z)}{A(z)} = \frac{b_m z^m + b_{m-1} z^{m-1} + \cdots + b_1 z + b_0}{a_n z^n + a_{n-1} z^{n-1} + \cdots + a_1 z + a_0} \quad (8\text{-}31)$$

与拉普拉斯变换中的部分分式展开法类似，可将 $F(z)$ 展开成若干简单的部分分式之和，然后分别求出部分分式的 $Z$ 反变换，最后根据 $Z$ 变换线性性质求得原对应序列 $f(k)$。需要注意的是 $F(z)$ 展成的形式与拉普拉斯变换 $F(s)$ 略有不同。在对 $F(z)$ 展开成部分分式时，它的基本形式是 $\frac{z}{z-a}$，$\frac{z}{(z-a)^2}$ 等，由于基本形式的分子都有 $z$，所以，需要先把 $F(z)/z$ 展开成部分分式，然后再乘以 $z$，从而得到所需要的 $F(z)$ 的部分分式展开式。

表 8-2 列出常用的 $Z$ 反变换。表中 $a$ 为常数，$m$ 为正整数。

**表 8-2　常用 Z 反变换**

| $F(z)$ | 收敛域 | $f(k)$ |
|---|---|---|
| $A$ | 全平面 | $A\delta(k)$ |
| $z^m$ | $\|z\| < \infty$ | $\delta(k+m)$ |
| $z^{-m}$ | $\|z\| > 0$ | $\delta(k-m)$ |
| $\frac{z}{z-a}$ | $\|z\| > \|a\|$ | $a^k U(k)$ |
| | $\|z\| < \|a\|$ | $-a^k U(-k-1)$ |
| $\frac{z}{(z-a)^2}$ | $\|z\| > \|a\|$ | $ka^{k-1} U(k)$ |
| | $\|z\| < \|a\|$ | $-ka^{k-1} U(-k-1)$ |
| $\frac{z}{(z-a)^3}$ | $\|z\| > \|a\|$ | $\frac{k(k-1)}{2} a^{k-2} U(k)$ |
| | $\|z\| < \|a\|$ | $-\frac{k(k-1)}{2} a^{k-2} U(-k-1)$ |

关于 $F(z)/z$ 的部分分式展开方法与拉普拉斯变换中完全相同，现仅将主要结论介绍如下。对于因果序列，式(8-31)中正整数 $m \leqslant n$。关于 $m > n$ 的情况，此处不做讨论。

**1. $F(z)/z$ 仅含有单阶极点**

若 $F(z)/z$ 仅含有单阶极点 $P_0, P_1, P_2, \cdots, P_n$，则 $F(z)/z$ 可展成

$$\frac{F(z)}{z}=\sum_{i=0}^{n}\frac{K_i}{z-p_i} \tag{8-32}$$

式中，$P_0=0$；$K_i$ 为待定系数，其计算式为

$$K_i=(z-p_i)\frac{F(z)}{z}\bigg|_{z=p_i} \tag{8-33}$$

有
$$F(z)=K_0+\sum_{i=1}^{n}\frac{K_iz}{z-p_i}=K_0+\frac{K_1z}{z-p_1}+\frac{K_2z}{z-p_2}+\cdots+\frac{K_nz}{z-p_n}$$

根据 $Z$ 变换的线性性质和 $\dfrac{z}{z-a}$ 的 $Z$ 反变换，得

$$f(k)=K_0\delta(k)+[K_1(p_1)^k+K_2(p_2)^k+\cdots+K_n(p_n)^k]U(k)$$

**【例 8-12】** 已知 $F(z)=\dfrac{z+2}{2z^2-7z+3}$，$|z|>3$，求 $Z$ 反变换 $f(k)$。

**解：**
$$\frac{F(z)}{z}=\frac{z+2}{z(2z^2-7z+3)}=\frac{z+2}{2z(z-0.5)(z-3)}$$

将其展开为部分分式
$$\frac{F(z)}{z}=\frac{K_1}{z}+\frac{K_2}{z-0.5}+\frac{K_3}{z-3}=\frac{2/3}{z}-\frac{1}{z-0.5}+\frac{1/3}{z-3}$$

得
$$F(z)=\frac{2}{3}-\frac{z}{z-0.5}+\frac{1}{3}\times\frac{z}{z-3}\qquad |z|>3$$

故
$$f(k)=\frac{2}{3}\delta(k)-(0.5)^kU(k)+\frac{1}{3}(3)^kU(k)$$

**【例 8-13】** 已知 $F(z)=\dfrac{z}{z^2+4}$，$|z|>2$，求其 $Z$ 反变换 $f(k)$。

**解：** $F(z)$ 具有单阶极点，但为共轭复根。因

$$\frac{F(z)}{z}=\frac{1}{z^2+4}=\frac{1}{(z-\mathrm{j}2)(z+\mathrm{j}2)}=\frac{K_1}{z-\mathrm{j}2}+\frac{K_2}{z+\mathrm{j}2}$$

其中
$$K_1=(z-\mathrm{j}2)\frac{F(z)}{z}\bigg|_{z=\mathrm{j}2}=0.25\mathrm{e}^{-\mathrm{j}\frac{\pi}{2}}\qquad K_2=K_1^*=0.25\mathrm{e}^{\mathrm{j}\frac{\pi}{2}}$$

即
$$F(z)=0.25\mathrm{e}^{-\mathrm{j}\frac{\pi}{2}}\frac{z}{z-\mathrm{j}2}+0.25\mathrm{e}^{\mathrm{j}\frac{\pi}{2}}\frac{z}{z+\mathrm{j}2}$$

所以
$$\begin{aligned}f(k)&=0.25\mathrm{e}^{-\mathrm{j}\frac{\pi}{2}}(\mathrm{j}2)^k+0.25\mathrm{e}^{\mathrm{j}\frac{\pi}{2}}(-\mathrm{j}2)^k=0.25\mathrm{e}^{-\mathrm{j}\frac{\pi}{2}}\cdot 2^k\mathrm{e}^{\mathrm{j}\frac{\pi}{2}k}+0.25\mathrm{e}^{\mathrm{j}\frac{\pi}{2}}\cdot 2^k\mathrm{e}^{-\mathrm{j}\frac{\pi}{2}k}\\&=0.25\times 2^k\left[\mathrm{e}^{\mathrm{j}\left(\frac{\pi}{2}k-\frac{\pi}{2}\right)}+\mathrm{e}^{-\mathrm{j}\left(\frac{\pi}{2}k-\frac{\pi}{2}\right)}\right]\\&=0.5\times 2^k\cos\left(\frac{\pi}{2}k-\frac{\pi}{2}\right)U(k)\end{aligned}$$

以上两个例子讨论的是 $f(k)$ 为右序列，即 $F(z)$ 的收敛域为圆外区域。下面举例讨论 $F(k)$ 为左序列时 $F(z)$ 的反变换。

【例 8-14】 已知 $F(z)=\dfrac{z+2}{2z^2-7z+3}$，$|z|<0.5$，求其 $Z$ 反变换 $f(k)$。

**解**：由例 8-12 $\quad F(z)=\dfrac{2}{3}-\dfrac{z}{z-0.5}+\dfrac{1}{3}\dfrac{z}{z-3} \qquad |z|<0.5$

因收敛域 $|z|<0.5$，可知 $f(k)$ 为左序列，根据

$$-a^kU(-k-1)\leftrightarrow\frac{z}{z-a} \qquad |z|<|a|$$

可得
$$f(k)=\frac{2}{3}\delta(k)+0.5^kU(-k-1)-\frac{1}{3}\times 3^kU(-k-1)$$

**2. $F(z)/z$ 含有重极点**

如果 $F(z)$ 在 $z=p_1=a$ 处有 $r$ 阶重极点，其余均为单阶极点，则 $F(z)/z$ 可展开成

$$\frac{F(z)}{z}=\frac{F_a(z)}{z}+\frac{F_b(z)}{z}=\frac{K_{11}}{z-a}+\frac{K_{12}}{(z-a)^2}+\cdots+\frac{K_{1r}}{(z-a)^r}+\frac{E_b(z)}{z} \tag{8-34}$$

上式中 $F_b(z)/z$ 是单阶极点项，展开方法同上。重极点项展开式的系数求解公式如下

$$K_{1i}=\frac{1}{(i-1)!}\frac{\mathrm{d}^{i-1}}{\mathrm{d}z^{i-1}}\left[(z-a)^r\frac{F(z)}{z}\right]\Bigg|_{z=a} \tag{8-35}$$

将求得的系数代入式(8-34)，整理得

$$F(z)=\frac{K_{11}z}{z-a}+\frac{K_{12}z}{(z-a)^2}+\cdots+\frac{K_{1r}z}{(z-a)^r}+F_b(z)$$

根据给定的收敛域，和展开式的基本形式的反变换，可以求得 $f(k)$。

【例 8-15】 求像函数的 $Z$ 反变换。

$$F(z)=\frac{z^3+z^2}{(z-1)^3} \qquad |z|>1$$

**解**：因
$$\frac{F(z)}{z}=\frac{z^2+z}{(z-1)^3}=\frac{K_{11}}{(z-1)^3}+\frac{K_{12}}{(z-1)^2}+\frac{K_{13}}{(z-1)}$$

$$K_{13}=\frac{1}{2!}\frac{\mathrm{d}^2}{\mathrm{d}z^2}\left[(z-1)^3\frac{F(z)}{z}\right]\Bigg|_{z=1}=1 \quad K_{12}=\frac{\mathrm{d}}{\mathrm{d}z}\left[(z-1)^3\frac{F(z)}{z}\right]\Bigg|_{z=1}=3$$

$$K_{11}=(z-1)^3\frac{F(z)}{z}\Bigg|_{z=1}=2$$

有
$$F(z)=\frac{2z}{(z-1)^3}+\frac{3z}{(z-1)^2}+\frac{z}{(z-1)} \qquad |z|>1$$

查表 8-2 得
$$f(k)=(k-1)kU(k)+3kU(k)+U(k)=(k+1)^2U(k)$$

### 8.3.3 反演积分法(留数法)

根据复变函数理论可证明 $F(z)$ 的反变换为

$$f(k)=\mathscr{Z}^{-1}[F(z)]=\frac{1}{2\pi \mathrm{j}}\oint_c F(z)z^{k-1}\mathrm{d}z \qquad r_1<|z|<r_2 \tag{8-36}$$

式中，$c$ 为在 $F(z)$ 收敛域内环绕原点逆时针方向的闭合曲线。

式(8-36)的积分又称为反演积分。该积分可以借助于留数定理来求解。根据收敛域不同，分以下几种情况：

(1) $F(z)$ 的收敛域为 $|z| > r_1$,如图 8-2(a) 所示,此时 $f(k)$ 为因果序列。$F(z)z^{k-1}$ 的极点均在 $|z| = r_1$ 的圆 $c$ 的内部。由留数定理,式(8-36)的积分值即 $f(k)$ 等于 $c$ 所包围的 $F(z)z^{k-1}$ 极点的留数之和,即

$$f(k)=\begin{cases}0 & k<0\\ \sum\limits_{c\text{内极点}}\text{Res}[F(z)z^{k-1}] & k\geqslant 0\end{cases}\tag{8-37}$$

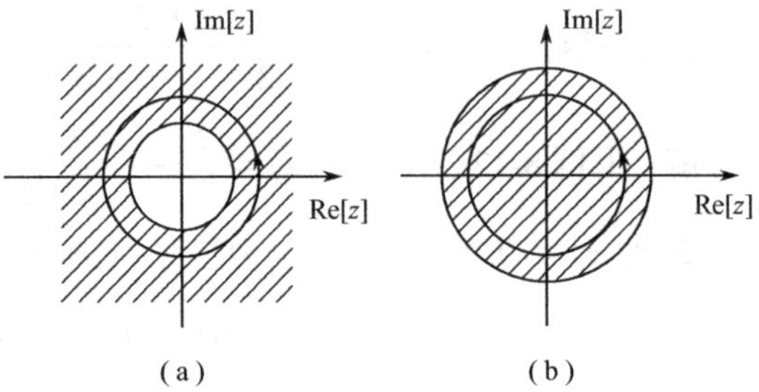


图 8-2

(2) $F(z)$ 的收敛域为 $|z| < r_2$,如图 8-2(b) 所示。此时 $f(k)$ 为反因果序列。$F(z)z^{k-1}$ 的极点均在 $|z| = r_2$ 的圆的外部。由留数定理可得

$$f(k)=\begin{cases}-\sum\limits_{c\text{外极点}}\text{Res}[F(z)z^{k-1}] & k<0\\ 0 & k\geqslant 0\end{cases}\tag{8-38}$$

(3) $F(z)$ 的收敛域为 $r_1 < |z| < r_2$,此时 $f(k)$ 为双边序列,$F(z)z^{k-1}$ 的极点由两部分组成,一部分位于围线 $c$ 以内,另一部分位于 $c$ 之外,总结以上两种情况,有

$$f(k)=\begin{cases}-\sum\limits_{c\text{外极点}}\text{Res}[F(z)z^{k-1}] & k<0\\ \sum\limits_{c\text{内极点}}\text{Res}[F(z)z^{k-1}] & k\geqslant 0\end{cases}\tag{8-39}$$

如果 $F(z)z^{k-1}$ 在 $z = z_i$ 处有一阶极点,则其留数为

$$\text{Res}[F(z)z^{k-1}]\big|_{z=z_i} = (z-z_i)F(z)z^{k-1}\big|_{z=z_i}\tag{8-40}$$

如果 $F(z)z^{k-1}$ 在 $z = z_i$ 处有 $r$ 阶极点,则其留数为

$$\text{Res}[F(z)z^{k-1}]\big|_{z=z_i} = \frac{1}{(r-1)!}\frac{\text{d}^{r-1}}{\text{d}z^{r-1}}[(z-z_i)^rF(z)z^{k-1}]\big|_{z=z_i}\tag{8-41}$$

**【例 8-16】** 已知 $F(z)=\dfrac{12}{(z+1)(z-2)(z-3)}$, $|z|>3$,求 $f(k)$。

**解:**
$$F(z)z^{k-1}=\frac{12z^{k-1}}{(z+1)(z-2)(z-3)}\qquad |z|>3$$

可知 $f(k)$ 为右序列,且为因果序列。

(1) 当 $k = 0$ 时,有 $F(z)z^{-1}=\dfrac{12}{z(z+1)(z-2)(z-3)}\qquad |z|>3$

$F(z)z^{-1}$ 在围线 $c$ 内有 4 个极点 $z_1 = 0, z_2 =-1, z_3 = 2, z_4 = 3$,且各极点留数为

$$\text{Res}[F(z)z^{-1}]\big|_{z=0}=\frac{12}{(z+1)(z-2)(z-3)}\bigg|_{z=0}=2$$

$$\text{Res}[F(z)z^{-1}]\big|_{z=-1}=\frac{12}{z(z-2)(z-3)}\bigg|_{z=-1}=-1$$

$$\text{Res}[F(z)z^{-1}]\big|_{z=2}=\frac{12}{z(z+1)(z-3)}\bigg|_{z=2}=-2$$

$$\text{Res}[F(z)z^{-1}]\big|_{z=3}=\frac{12}{z(z+1)(z-2)}\bigg|_{z=3}=1$$

故
$$f(0)=\sum_{i=1}^{4}\text{Res}[F(z)z^{-1}]=2-1-2+1=0$$

(2) 当 $k>0$ 时，$F(z)z^{k-1}$ 在围线 $c$ 内有 3 个极点 $z_1=-1, z_2=2, z_3=3$，且各极点的留数为

$$\text{Res}[F(z)z^{k-1}]\big|_{z=-1}=\frac{12z^{k-1}}{(z-2)(z-3)}\bigg|_{z=-1}=(-1)^{k-1}$$

$$\text{Res}[F(z)z^{k-1}]\big|_{z=2}=\frac{12z^{k-1}}{(z+1)(z-3)}\bigg|_{z=2}=-4(2)^{k-1}$$

$$\text{Res}[F(z)z^{k-1}]\big|_{z=3}=\frac{12z^{k-1}}{(z+1)(z-2)}\bigg|_{z=3}=3(3)^{k-1}$$

故
$$f(k)=[(-1)^{k-1}-4(2)^{k-1}+3(3)^{k-1}]U(k-1)$$

**【例 8-17】** 已知 $F(Z)=\dfrac{3z^2-5z}{(z-1)(z-2)}$，$1<|z|<2$，求 $f(k)$。

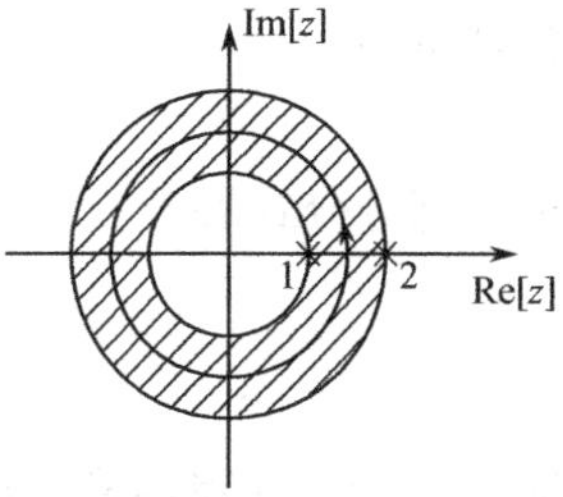

图 8-3

**解：** $F(z)$ 的极点分布和收敛域如图 8-3 所示。$f(k)$ 为双边序列。

对于右序列，当 $k\geqslant 0$ 时，$F(z)z^{k-1}$ 在原点没有极点，围线内只有 $z=1$ 一个极点，留数为

$$f_1(k)=\text{Res}[F(z)z^{k-1}]\bigg|_{z=1}=\frac{(3z^2-5z)z^{k-1}}{z-2}\bigg|_{z=1}=2$$

对于反因果序列，当 $k<0$ 时，$F(z)z^{k-1}$ 在围线外只有 $z=2$ 一个极点，留数为

$$f_2(k)=-\text{Res}[F(z)z^{k-1}]\bigg|_{z=2}=-\frac{(3z^2-5z)z^{k-1}}{z-1}\bigg|_{z=2}=-2^k$$

所以
$$f(k)=-2^kU(-k-1)+2U(k)$$

$z$ 变换及反变换的 MATLAB 实现见二维码 8-1。

二维码 8-1

# 8.4 利用 Z 变换求解离散系统的响应

在连续系统分析中，通过单边拉普拉斯变换把描述系统的微分方程转化为 $S$ 域的代数方程，使得系统响应的求解变得简单。同样的思想，在离散系统中，通过单边 $Z$ 变换将描述系统的差分方程转化为 $Z$ 域的代数方程，通过求单边 $Z$ 变换，既可以求得系统的零输入响应、零状态响应，也可以求得系统的全响应。

## 8.4.1 零输入响应的 Z 域求解

对于线性时不变离散时间系统，在零输入，即激励 $f(k)=0$ 时，其差分方程为

$$\sum_{i=0}^{n}a_{n-i}y_x(k-i)=0 \tag{8-42}$$

系统的初始状态为 $y_x(-1), y_x(-2), \cdots, y_x(-n)$。将式(8-42)两边取单边 $Z$ 变换，并根据 $Z$ 变换的移位性，可得

$$\sum_{i=0}^{n}a_{n-i}z^{-i}\left[Y_x(z)+\sum_{k=-i}^{-1}y_x(k)z^{-k}\right]=0$$

所以
$$Y_x(z)=\frac{\sum\limits_{i=0}^{n}\left[a_{n-i}z^{-i}\sum\limits_{k=-i}^{-1}y_x(k)z^{-k}\right]}{\sum\limits_{i=0}^{n}a_{n-i}z^{-i}} \tag{8-43}$$

对上式取 $Z$ 反变换即可求得式(8-42) 的响应,即零输入响应。

**【例 8-18】** 若已知某离散时间系统的差分方程为

$$y(k)-5y(k-1)+6y(k-2)=f(k)$$

初始状态为 $y(-2)=1, y(-1)=4$,求零输入响应 $y_x(k)$。

**解**:零输入时,$f(k)=0$,有

$$y_x(k)-5y_x(k-1)+6y_x(k-2)=0$$

对上式两边取单边 $Z$ 变换,有

$$Y(z)-5[Y(z)z^{-1}+y(-1)]+6[Y(z)z^{-2}+y(-2)+y(-1)z^{-1}]=0$$

整理可得
$$Y(z)=\frac{5y(-1)-6z^{-1}y(-1)-6y(-2)}{1-5z^{-1}+6z^{-2}}=\frac{14z^2-24z}{z^2-5z+6}$$

进行部分分式展开
$$\frac{Y(z)}{z}=\frac{14z-24}{(z-2)(z-3)}=\frac{-4}{z-2}+\frac{18}{z-3}$$

$$Y(z)=\frac{-4z}{z-2}+\frac{18z}{z-3}$$

取 $Z$ 反变换求得零输入响应为

$$y_x(k)=-4(2)^k+18(3)^k \qquad k\geqslant -2$$

### 8.4.2 零状态响应的 Z 域求解

$n$ 阶线性时不变离散时间系统的差分方程为

$$\sum_{i=0}^{n}a_{n-i}y_x(k-i)=\sum_{j=0}^{m}b_{m-j}f(k-j) \tag{8-44}$$

如果 $f(k)$ 是在 $k=0$ 时接入系统的[$f(k)$ 是因果序列],在零状态下,$y_f(-1)=y_f(-2)=\cdots=y_f(-n)=0$。对差分方程两边取单边 $Z$ 变换,可得

$$\sum_{i=0}^{n}a_{n-i}Y(z)z^{-i}=\sum_{j=0}^{m}b_{m-j}F(z)z^{-j} \tag{8-45}$$

从而求得零状态响应的像函数为

$$Y_f(z)=F(z)\sum_{j=0}^{m}b_{m-j}z^{-j}\Big/\sum_{i=0}^{n}a_{n-i}z^{-i} \tag{8-46}$$

令
$$H(z)=\sum_{j=0}^{m}b_{m-j}z^{-j}\Big/\sum_{i=0}^{n}a_{n-i}z^{-i} \tag{8-47}$$

则
$$Y_f(z)=F(z)H(z) \tag{8-48}$$

对上式取 $Z$ 反变换可以求得系统的零状态响应。

这里引入的 $H(z)$ 与连续系统的 $H(s)$ 具有类似的含义,它完全由系统的特性所决定,是离散系统的系统函数。

**【例 8-19】** 若已知 $y(k)-5y(k-1)+6y(k-2)=f(k)$

且 $f(k)=4^kU(k), y(-1)=y(-2)=0$,求零状态响应 $y_f(k)$。

**解**:激励的像函数为
$$F(z)=\frac{z}{z-4}$$

对差分方程两边取单边 $Z$ 变换
$$Y(z)[1-5z^{-1}+6z^{-2}]=F(z)$$

整理并进行部分分式展开,得

$$Y(z)=\frac{F(z)}{1-5z^{-1}+6z^{-2}}=\frac{z^3}{(z-4)(z^2-5z+6)}=\frac{2z}{z-2}-\frac{9z}{z-3}+\frac{8z}{z-4}$$

取反变换得 $$y_f(k)=[2(2)^k-9(3)^k+8(4)^k]U(k)$$

### 8.4.3 全响应的 Z 域求解

对于系统全响应的求解，可以依照上面的方法将零输入响应和零状态响应分别求出，然后相加得到全响应，也可以对非齐次差分方程直接取单边 $Z$ 变换来求得全响应。下面通过例子说明全响应的直接求解方法。

**【例 8-20】** 已知 $y(k)-5y(k-1)+6y(k-2)=f(k)$，且 $y(-1)=4$，$y(-2)=1$，$f(k)=4^kU(k)$，求全响应 $y(k)$。

**解：** 对差分方程两边取单边 $Z$ 变换，有

$$Y(z)-5z^{-1}Y(z)-5y(-1)+6z^{-2}Y(z)+6y(-1)z^{-1}+6y(-2)=F(z)$$

代入初始状态并整理得 $$Y(z)(1-5z^{-1}+6z^{-2})-14+24z^{-1}=F(z)=\frac{z}{z-4}$$

所以 $$Y(z)=\frac{15z^3-80z^2+96z}{(z-4)(z^2-5z+6)}$$

进行部分分式展开 $$Y(z)=-\frac{2z}{z-2}+\frac{9z}{z-3}+\frac{8z}{z-4}$$

求反变换得 $$y(k)=-2(2)^k+9(3)^k+8(4)^k \qquad k\geqslant 0$$

将例 8-18 求得的零输入响应与例 8-19 求得的零状态响应相加，显然与本例的结果相同。

## 8.5 Z 域系统函数 H(z)

### 8.5.1 H(z) 的定义

一个线性时不变离散时间系统的零状态响应为

$$y_f(k)=f(k)*h(k) \tag{8-49}$$

根据 $Z$ 变换的时域卷积定理可知

$$Y_f(z)=F(z)H(z) \tag{8-50}$$

式中，$Y_f(z)$，$F(z)$ 和 $H(z)$ 分别表示 $y_f(k)$，$f(k)$ 和 $h(k)$ 的 $Z$ 变换。因此定义

$$H(z)=Y_f(z)/F(z) \tag{8-51}$$

为离散时间系统的系统函数，它表示系统零状态响应的 $Z$ 变换与其对应的激励的 $Z$ 变换之比值。

在 8.4 节已经述及，系统函数很容易通过对非齐次差分方程取单边 $Z$ 变换得到，其结果为

$$H(z)=\sum_{j=0}^{m}b_{m-j}z^{-j}\Big/\sum_{i=0}^{n}a_{n-i}z^{-i} \tag{8-52}$$

由上式可见，系统函数只与系统的差分方程的系数有关，即只与系统的结构、参数有关，与激励无关，所以，它与差分方程一样可以描述系统的特性。实际上，在引入系统函数的概念后，使离散系统的分析方法更加丰富和灵活。

### 8.5.2 H(z) 的物理意义

设单位序列 $\delta(k)$ 作用于系统时的响应为 $h(k)$。由式(8-51) 很容易得到

$$H(z)=\mathscr{Z}\{h(k)\} \tag{8-53}$$

即系统函数 $H(z)$ 就是离散时间系统单位序列响应 $h(k)$ 的 $Z$ 变换。$h(k)$ 与$(z)$ 是一对 $Z$ 变换,即

$$h(k) \leftrightarrow H(z) \tag{8-54}$$

若激励序列 $f(k)=z^k$,代入式(8-49) 得系统零状态响应为

$$y_f(k)=h(k)*z^k=\sum_{i=-\infty}^{\infty}h(i)z^{k-i}=z^k\sum_{i=-\infty}^{\infty}h(i)z^{-i}=z^kH(z) \tag{8-55}$$

因此,$H(z)$ 也可以看成系统对幂函数激励 $z^k$ 的零状态响应的加权函数。

### 8.5.3 $H(z)$ 的求法

系统函数 $H(z)$ 的求法一般有以下几种:

(1) 若已知激励和其零状态响应的 $Z$ 变换,则根据式(8-51) 的定义求得 $H(z)$。

(2) 若已知系统的差分方程,对差分方程两边取单边 $Z$ 变换,并考虑到当 $k<0$ 时,$y(k)$ 和 $f(k)$ 均取零,从而求得 $H(z)$。

(3) 若已知系统的单位序列响应 $h(k)$,则可对 $h(k)$ 取 $Z$ 变换求得 $H(z)$。

(4) 如果给定系统传输算子 $H(E)$,则

$$H(z)=H(E)\big|_{E=z} \tag{8-56}$$

(5) 如果已知系统的时域或 $Z$ 域模拟图,画出信号流图,则可由梅森公式求得 $H(z)$。

**【例 8-21】** 设某离散时间系统的差分方程为

$$y(k)+4y(k-1)+y(k-2)-y(k-3)=5f(k)+10f(k-1)+9f(k-2)$$

试求其系统函数 $H(z)$。

**解**:对所给差分方程两边取单边 $Z$ 变换,当 $k<0$ 时,$y(k)=f(k)=0$,则有

$$(1+4z^{-1}+z^{-2}-z^{-3})Y(z)=(5+10z^{-1}+9z^{-2})F(z)$$

故

$$H(z)=\frac{Y(z)}{F(z)}=\frac{5+10z^{-1}+9z^{-2}}{1+4z^{-1}+z^{-2}-z^{-3}}=\frac{5z^3+10z^2+9z}{z^3+4z^2+z-1}$$

**【例 8-22】** 若某离散系统的单位序列响应为 $h(k)=2\cos\frac{k\pi}{4}U(k)$,求系统函数 $H(z)$。

**解**:直接对 $h(k)$ 取 $Z$ 变换,得

$$H(z)=\mathscr{Z}\{h(k)\}=\frac{2z\left(z-\cos\frac{\pi}{4}\right)}{z^2-2z\cos\frac{\pi}{4}+1}=\frac{2z(z-\sqrt{2}/2)}{z^2-\sqrt{2}z+1}$$

### 8.5.4 $H(z)$ 的应用

系统函数 $H(z)$ 是离散时间系统非常重要的 $Z$ 域模型,并且在实际工程分析中得到广泛应用。主要应用有:

(1) 可求得系统单位序列响应,即

$$h(k)=\mathscr{Z}^{-1}[H(z)] \tag{8-57}$$

(2) 在给定激励 $f(k)$ 时可求得其对应的零状态响应 $y_f(k)$,即

$$y_f(k)=\mathscr{Z}^{-1}[H(z)F(z)] \tag{8-58}$$

(3) 当给定系统初始状态时,可由 $H(z)$ 求得零输入响应 $y_x(k)$。

(4) 由 $H(z)$ 可求得系统的模拟图。

(5) 由 $H(z)$ 可写出系统的差分方程。

(6) 由 $H(z)$ 可进行系统稳定性判别。

(7) 根据 $H(z)$ 可对稳定系统的频率特性进行分析。

(8) 由 $H(z)$ 可求得稳定系统的正弦稳态响应。

(9) 根据 $H(z)$ 的零极点分布可对系统时域和频域特性进行分析研究。

有关 $H(z)$ 的后 4 种应用将在本章后面两节重点讨论。

**【例 8-23】** 某离散时间系统的 $Z$ 域模拟图如图 8-4 所示。

(1) 求系统函数 $H(z)$;(2) 求单位序列响应 $h(k)$;(3) 求 $f(k)=\left(\frac{1}{2}\right)^k U(k)$ 时的零状态响应 $y(k)$。

**解:** (1) 可以根据该模拟图画出信号流图,也可以直接由模拟图推导输入/输出关系。由图 8-4 可知

$$Y(z)=\left[F(z)+\frac{1}{4}z^{-1}Y(z)\right]z^{-1}$$

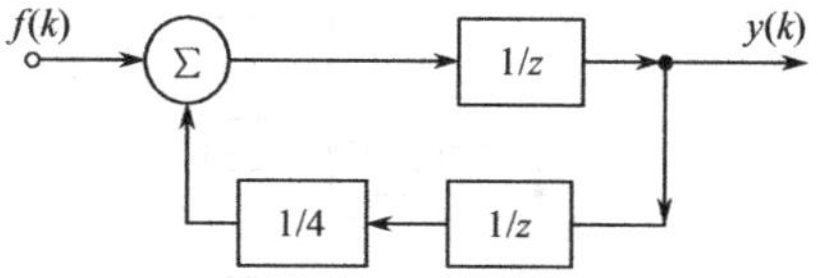

图 8-4

有
$$Y(z)=\frac{F(z)z^{-1}}{1-\frac{1}{4}z^{-2}}$$

故
$$H(z)=\frac{Y(z)}{F(z)}=\frac{z}{z^2-\frac{1}{4}}=\frac{z}{\left(z+\frac{1}{2}\right)\left(z-\frac{1}{2}\right)}$$

(2) 因为
$$H(z)=\frac{z}{z-\frac{1}{2}}-\frac{z}{z+\frac{1}{2}}$$

所以
$$h(k)=\mathscr{Z}^{-1}\{H(z)\}=\left[\left(\frac{1}{2}\right)^k-\left(-\frac{1}{2}\right)^k\right]U(k)$$

(3) 当激励 $f(k)=\left(\frac{1}{2}\right)^k U(k)$ 时,有

$$F(z)=\frac{z}{z-\frac{1}{2}}$$

所以
$$Y(z)=F(z)\ H(z)=\frac{z^2}{\left(z+\frac{1}{2}\right)\left(z-\frac{1}{2}\right)^2}=\frac{-\frac{1}{2}z}{z+\frac{1}{2}}+\frac{\frac{1}{2}z}{\left(z-\frac{1}{2}\right)^2}+\frac{\frac{1}{2}z}{z-\frac{1}{2}}$$

所求零状态响应为
$$y(k)=\frac{1}{2}(2k+1)\left(\frac{1}{2}\right)^k-\frac{1}{2}\left(-\frac{1}{2}\right)^k \qquad k\geqslant 0$$

**【例 8-24】** 已知离散系统 $Z$ 域信号流图如图 8-5 所示,试求该系统单位序列响应 $h(k)$。

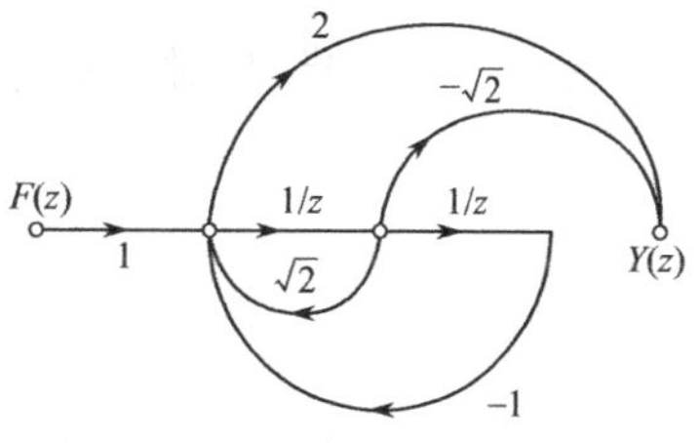

图 8-5

**解:** 根据梅森公式

$$H(z)=\frac{2-\sqrt{2}z^{-1}}{1-\sqrt{2}z^{-1}+z^{-2}}=\frac{2z^2-\sqrt{2}z}{z^2-\sqrt{2}z+1}$$

求 $Z$ 反变换可得
$$h(k)=\mathscr{Z}^{-1}\{H(z)\}=2\cos\left(\frac{k\pi}{4}\right)U(k)$$

【例 8-25】 某离散时间系统的系统函数为

$$H(z)=\frac{z(z+2)}{(z-0.8)(z-0.6)(z+0.4)}$$

试分别用直接型、级联型和并联型模拟此系统。

**解**：在离散系统中，由系统函数模拟系统，模拟方法与连续系统的方法完全相同。这里通过该例主要介绍应用梅森公式模拟系统的方法。通过梅森公式模拟系统，首先要得到信号流图，然后由信号流图画出模拟图。在下面的求解过程中，省略了画信号流图。

直接模拟 $$H(z)=\frac{z^2+2z}{z^3-z^2-0.08z+0.192}=\frac{z^{-1}+2z^{-2}}{1-z^{-1}-0.08z^{-2}+0.192z^{-3}}$$

故可得此系统直接型模拟图，如图 8-6(a) 所示。

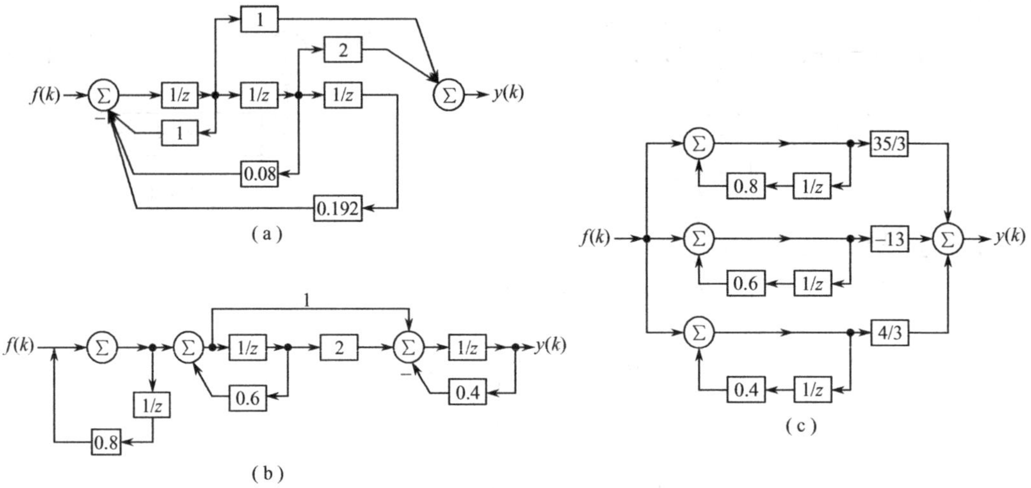


图 8-6

级联模拟 $$H(z)=\frac{z}{z-0.8}\,\frac{z+2}{z-0.6}\,\frac{1}{z+0.4}$$

故可得此系统级联型模拟图，如图 8-6(b) 所示。

并联模拟 $$H(z)=\frac{35}{3}\left(\frac{z}{z-0.8}\right)-13\left(\frac{z}{z-0.6}\right)+\frac{4}{3}\left(\frac{z}{z+0.4}\right)$$

因此系统的并联型模拟图，如图 8-6(c) 所示。

# 8.6 $H(z)$ 的零、极点分布对系统特性的影响

8.4 节已经指出，对于 $n$ 阶线性时不变离散时间系统，其系统函数为

$$H(z)=\frac{\sum_{j=0}^{m}b_{m-j}z^{-j}}{\sum_{i=0}^{n}a_{n-i}z^{-i}}$$

通常 $H(z)$ 为关于 $z$ 的有理多项式之比，即

$$H(z)=\frac{\sum_{j=0}^{m} b_{m-j}z^{-j}}{\sum_{i=0}^{n} a_{n-i}z^{-i}}=\frac{B(z)}{A(z)} \tag{8-59}$$

式中,系统函数的分母 $A(z)$ 为差分方程的特征多项式,$A(z)=0$ 的根为特征根,也是系统的固有频率,又称为系统函数的极点。它们的个数与系统的阶数相等,完全由系统的结构和参数决定,用 $p_i(i=1,2,\cdots,n)$ 表示。$B(z)=0$ 的根称为系统函数的零点,也是完全由系统的特性决定,用 $z_j(j=1,2,\cdots,m)$ 表示。

同连续系统类似,可以在复平面上用零极点图把系统函数的零极点的分布表示出来。

$H(z)$ 零极点分布对 $h(k)$ 影响的 MATLAB 实现见二维码 8-2。

二维码 8-2

### 8.6.1 由 $H(z)$ 的零、极点分布确定单位序列响应特性

把系统函数的分母进行因式分解

$$H(z)=\frac{B(z)}{A(z)}=\frac{B(z)}{(z-p_1)(z-p_2)\cdots(z-p_n)} \tag{8-60}$$

为求得单位序列响应,需对 $\frac{H(z)}{z}$ 进行部分分式展开,即对

$$\frac{H(z)}{z}=\frac{B(z)}{z(z-p_1)(z-p_2)\cdots(z-p_n)} \tag{8-61}$$

进行部分分式展开。对于具有一阶极点的系统(单根),如果极点的个数 $n$ 不少于零点的个数 $m$,即 $m\leqslant n$,将式(8-61) 进行部分分式展开后等式两边同乘以 $z$,得到

$$H(z)=K_0+\frac{K_1}{z-p_1}+\frac{K_2}{z-p_2}+\cdots+\frac{K_n}{z-p_n} \tag{8-62}$$

其中常数 $K_0,K_1,K_2,\cdots,K_n$ 可能为实数,也可能为复数,而且与零点和极点的分布有关。对式(8-62) 取反变换得

$$h(k)=K_0\delta(k)+K_1(p_1)^k+K_2(p_2)^k+\cdots+K_n(p_n)^k \tag{8-63}$$

显然单位序列响应的特性仅取决于极点的分布,即系统的固有频率。由于常数 $K_0,K_1,K_2,\cdots,K_n$ 受零点的影响,所以,零点的分布只影响单位序列响应的幅值和相位。

如果系统函数含有重阶极点,以上分析结论也是成立的。

利用已知的 $s$ 平面和 $z$ 平面的映射关系,即

$s$ 平面的 $j\omega$ 轴 $\Leftrightarrow$ $z$ 平面单位圆　$s$ 平面左半平面 $\Leftrightarrow$ $z$ 平面单位圆内　$s$ 平面右半平面 $\Leftrightarrow$ $z$ 平面单位圆外

再结合在连续系统中分析过的 $H(s)$ 的极点分布与单位冲激响应 $h(t)$ 的特性,可以直接得到离散系统 $H(z)$ 的极点分布与单位序列响应特性之间的关系。结论如下:

(1) 若 $H(z)$ 所有极点位于 $z$ 平面单位圆内,即 $|z|<1$,$h(k)$ 随 $k$ 增大而呈指数衰减,当 $k\to\infty$ 时,$h(k)\to 0$,$h(k)$ 是绝对可和的;

(2) 当 $H(z)$ 在单位圆上即 $|z|=1$ 上有单阶极点,而其他极点在单位圆内时,$h(k)$ 随 $k$ 增大而逐渐稳定在某一有限范围内变化,$h(k)$ 不绝对可和;

(3) 当 $H(z)$ 在单位圆外存在极点,或在单位圆上有重阶极点时,$h(k)$ 随 $k$ 增大而增大,当 $k\to 0$ 时,$h(k)\to\infty$,$h(k)$ 不绝对可和。

对于一阶极点的情况，$H(z)$ 的极点 $p_i$ 分布与 $h_i(k)=K_i(p_i)^k U(k)$ 形状之间的关系示意于图 8-7。图中“×”表示 $H(z)$ 的一阶单实极点或共轭极点的位置。

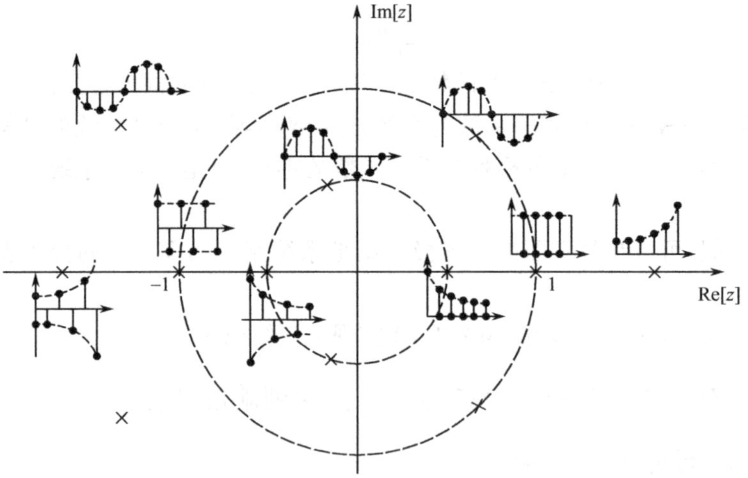


图 8-7

### 8.6.2 $H(z)$ 的零、极点分布与系统的因果性和稳定性

在 7.4 节的分析中已经知道，离散 LTI 系统为因果系统的充分必要条件是它的单位序列响应为因果序列，即当 $k<0$ 时，$h(k)=0$。

由于因果序列的 $Z$ 变换的收敛域为圆外，而且包括无限远处，所以，从系统函数 $H(z)$ 来讲，它的收敛域为圆外，而且包括无限远处。从另一角度讲，系统函数 $H(z)$ 为关于 $z$ 的多项式之比，而且分子多项式的阶次 $m$ 不能大于分母多项式的阶次 $n$。有以下结论：

(1) 如果离散 LTI 系统的系统函数 $H(z)$ 的收敛域为圆外，而且包括无限远处，那么该系统为因果系统；

(2) 如果离散 LTI 系统的系统函数 $H(z)$ 为关于 $z$ 的多项式之比，而且分子阶次不大于分母阶次，那么该系统为因果系统。

在连续系统分析中，已经给出系统稳定性的定义：若输入是有界的，输出必为有界的。而且已经证明：连续 LTI 系统为稳定系统的充分必要条件是单位冲激响应绝对可积。对于离散 LTI 系统，也可以证明（证明略）：离散 LTI 系统为稳定系统的充分必要条件是单位序列响应绝对可和，即

$$\sum_{k=-\infty}^{\infty} |h(k)| \leqslant M \tag{8-64}$$

其中 $M$ 为有限正数。

回顾 8.6.1 节的分析，从系统函数 $H(z)$ 来讲，要使单位序列响应绝对可和，$H(z)$ 的收敛域必须包含单位圆，$H(z)$ 的极点必须在单位圆内。结论如下：如果离散 LTI 系统的 $H(z)$ 的极点全部在单位圆内，即 $H(z)$ 的分母的根的模都小于 1，那么该系统就是稳定的。

### 8.6.3 $H(z)$ 的零、极点分布与系统频率特性

稳定离散 LTI 系统的频率特性的定义为

$$H(e^{j\omega}) = Y_f(e^{j\omega})/F(e^{j\omega})$$

$H(e^{j\omega})$ 与 $h(k)$ 是一对离散时间傅里叶变换（DTFT），即

$$h(k) \leftrightarrow H(e^{j\omega})$$

所以 $$H(e^{j\omega}) = \sum_{k=-\infty}^{\infty} h(k) e^{-j\omega k} \tag{8-65}$$

由于 $H(z)$ 与 $h(k)$ 是一对 $Z$ 变换，所以

$$H(z) = \sum_{k=-\infty}^{\infty} h(k) z^{-k} \tag{8-66}$$

比较式(8-65) 和式(8-66) 不难发现以下关系，即

$$H(e^{j\omega}) = H(z)\big|_{z=e^{j\omega}} \tag{8-67}$$

上式说明，在离散系统中，如果 $H(z)$ 的收敛域包含单位圆(系统稳定)，或者说 $H(z)$ 的极点全部在单位圆内，那么 $H(z)$ 在单位圆上的函数就是系统的频率特性。

通常 $H(e^{j\omega})$ 是一个复数，可以写成

$$H(e^{j\omega}) = |H(e^{j\omega})| e^{j\varphi(\omega)}$$

其中 $|H(e^{j\omega})|$ 是离散系统的幅频特性，$\varphi(\omega)$ 是相频特性。

与连续系统类似，也可以用系统函数 $H(z)$ 在 $z$ 平面上零、极点的分布，通过几何方法简便直观地求出离散系统的频率响应，如图 8-8 所示。

已知 $$H(z) = \frac{\prod_{j=1}^{m}(z - z_j)}{\prod_{i=1}^{n}(z - p_i)}$$

则 $$H(e^{j\omega}) = \frac{\prod_{j=1}^{m}(e^{j\omega} - z_j)}{\prod_{i=1}^{n}(e^{j\omega} - p_i)}$$

设 $e^{j\omega} - z_j = B_j \angle \theta_j$，$e^{j\omega} - p_i = A_i \angle \varphi_i$

于是幅频响应为 $$|H(e^{j\omega})| = \frac{\prod_{j=1}^{m} B_j}{\prod_{i=1}^{n} A_i} \tag{8-68}$$

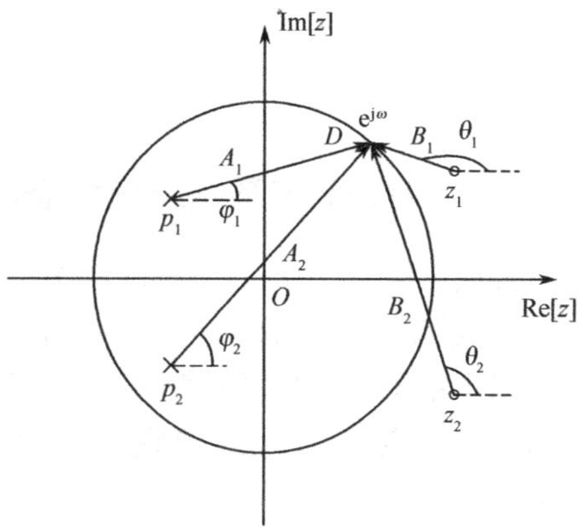


图 8-8

相频响应为 $$\varphi(\omega) = \sum_{j=1}^{m} \theta_j - \sum_{i=1}^{n} \varphi_i \tag{8-69}$$

上述二式中，$A_i$，$\varphi_i$ 分别表示 $z$ 平面上极点 $p_i$ 到单位圆上某点 $e^{j\omega}$ 的矢量($e^{j\omega} - p_i$) 的长度和夹角；$B_j$，$\theta_j$ 分别表示零点 $z_j$ 到 $e^{j\omega}$ 的矢量($e^{j\omega} - z_j$) 的长度和夹角。如果单位圆上点 $D$ 不断移动，就可以得到全部的频率响应。显然点 $D$ 每转一圈($2\pi$)，频率特性重复一次，就是说频率特性的周期是 $2\pi$。因此，只要 $D$ 点转一周就可以确定系统的频率响应。利用这种方法可以比较方便地由 $H(z)$ 的零、极点位置求出系统的频率响应。可见频率响应的形式取决于 $H(z)$ 的零、极点分布，也就是说，取决于离散时间系统的形式及差分方程各系数的大小。

**【例 8-26】** 图 8-9 所示为某离散时间系统的 $Z$ 域模拟框图，求该系统的频率响应。

**解：** 由图 8-9 可写出系统的 $Z$ 域系统函数 $H(z)$

$$H(z) = \frac{Y(z)}{F(z)} = \frac{1}{1 + \frac{1}{2} z^{-2}} = \frac{z^2}{z^2 + 0.5} \qquad |z| > 0.5$$

由于系统函数的极点全部在单位圆内，系统稳定，所以系统的频率特性为

$$H(e^{j\omega}) = H(z)\mid_{z=e^{j\omega}} = \frac{e^{j2\omega}}{e^{j2\omega} + 0.5} = \frac{4 + 2\cos 2\omega + j2\sin 2\omega}{5 + 4\cos 2\omega}$$

故幅频特性为
$$\mid H(e^{j\omega})\mid = \frac{2}{\sqrt{5 + 4\cos 2\omega}}$$

相频特性为
$$\varphi(\omega) = \arctan \frac{\sin 2\omega}{2 + \cos 2\omega}$$

幅频响应和相频响应曲线如图 8-10 所示。可见频率响应呈现周期性变化,在本例中,其周期为 π。

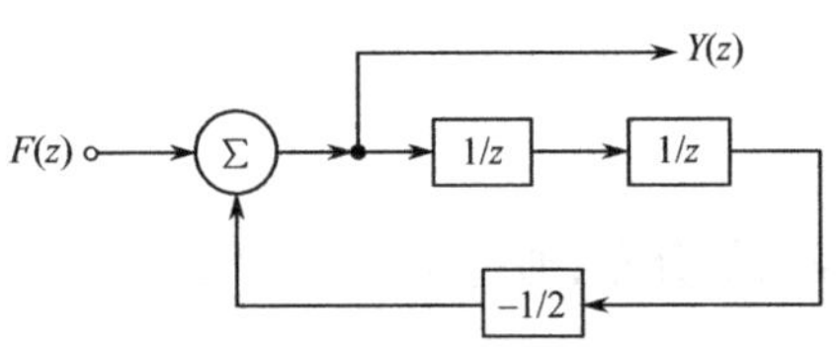


图 8-9

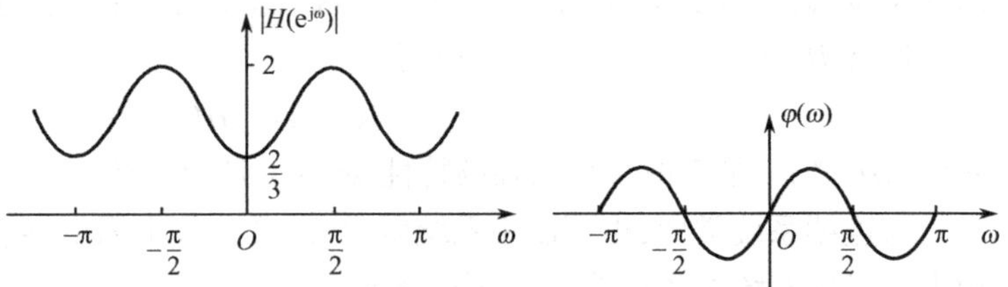


(a)

(b)

图 8-10

### 8.6.4 $H(z)$ 与系统正弦稳态响应

在连续系统中,由稳定系统的频率特性 $H(j\omega)$ 可以求得系统在正弦信号激励下的正弦稳态响应,而且知道正弦稳态响应也是与激励同频率的正弦信号。下面还要研究如何用离散系统的频率特性来求出系统在正弦序列激励下的正弦稳态响应。

首先讨论稳定系统在复指数序列 $e^{j\omega k}$ 和 $e^{-j\omega k}$ 作用下的稳态响应。

系统在 $e^{j\omega k}$ 作用下的稳态响应为

$$y_1(k) = h(k) * e^{j\omega k} = \sum_{i=-\infty}^{\infty} h(i) e^{j\omega(k-i)} = e^{j\omega k} \sum_{i=-\infty}^{\infty} h(i) e^{-j\omega i} = e^{j\omega k} H(e^{j\omega}) \tag{8-70}$$

用同样的方法,系统在 $e^{-j\omega k}$ 作用下的稳态响应为

$$y_2(k) = e^{-j\omega k} H(e^{-j\omega}) \tag{8-71}$$

由以上两式可以看出,系统对复指数序列 $e^{j\omega k}$ 的稳态响应仍然是同频率的复指数序列。对于系统在正弦序列 $f(k) = A\cos(\omega k + \psi)$ 作用下的稳态响应分析如下

$$f(k) = A\cos(\omega k + \psi) = A\,\frac{e^{j\omega k}e^{j\psi} + e^{-j\omega k}e^{-j\psi}}{2}$$

响应为
$$y(k) = \frac{A}{2}[e^{j\omega k}e^{j\psi}H(e^{j\omega}) + e^{-j\omega k}e^{-j\psi}H(e^{-j\omega})]$$

$$= \frac{A}{2}[e^{j\omega k}e^{j\psi}\mid H(e^{j\omega})\mid e^{j\varphi(\omega)} + e^{-j\omega k}e^{-j\psi}\mid H(e^{-j\omega})\mid e^{j\varphi(-\omega)}]$$

考虑实际离散 LTI 系统的差分方程的系数都为实常数,即单位序列响应为实数序列,所以 $H(e^{j\omega})$ 满足共轭对称性,即

$$\mid H(e^{j\omega})\mid = \mid H(e^{-j\omega})\mid, \quad \varphi(\omega) = \varphi(-\omega)$$

所以
$$y(k) = \frac{A}{2}\mid H(e^{j\omega})\mid \{e^{j[\omega k+\psi+\varphi(\omega)]} + e^{-j[\omega k+\psi+\varphi(\omega)]}\}$$

即
$$y(k) = A\mid H(e^{j\omega})\mid \cos[\omega k + \psi + \varphi(\omega)] \tag{8-72}$$

式(8-72)说明,离散LTI系统在正弦激励作用下的正弦稳态响应仍为同频率的正弦序列,但输出的幅值和相位发生了变化,其变化的大小是由信号的频率和频率特性所决定的。

**【例8-27】** 已知某离散系统的系统函数$H(z)=\dfrac{1-z}{z-0.5}$。试求激励$f(k)=10\cos(628Tk+30°)$,$T=10^{-3}$s时系统的正弦稳态响应。

**解**:因$H(z)$的收敛域$|z|>0.5$,包括单位圆,系统稳定,有

$$H(e^{j\omega})=\frac{1-e^{j\omega}}{e^{j\omega}-0.5}=\frac{1-\cos\omega-j\sin\omega}{\cos\omega-0.5+j\sin\omega}$$

将$\omega=628T=0.628$代入上式,得

$$H(e^{j0.628})=-0.287-j0.294=0.93\angle-134.3°$$

所以当激励$f(k)=10\cos(628Tk+30°)$时,系统的正弦稳态响应为

$$y(k)=9.3\cos(628Tk-104.3°)\qquad T=10^{-3}\text{s}$$

## 8.7 用朱利准则判断离散系统的稳定性

离散LTI系统的稳定性可以由它的系统函数$H(z)$的极点的分布来判定。但是,当系统阶数比较高时,也就是说系统函数的分母多项式阶次较高时,用代数方法确定根的分布就比较困难了。这一节介绍如何用朱利准则来解决这一问题。

系统函数$H(z)=B(z)/A(z)$的分母通常为

$$A(z)=a_nz^n+a_{n-1}z^{n-1}+\cdots+a_1z+a_0$$

将$A(z)$的系数列表(朱利阵列)并计算,如表8-3所示。

表8-3中第一行是$A(z)$的系数,第2行是$A(z)$系数的反序排列。第3行按下式求出

$$c_{n-1}=\begin{vmatrix}a_n & a_0\\ a_0 & a_n\end{vmatrix},c_{n-2}=\begin{vmatrix}a_n & a_1\\ a_0 & a_{n-1}\end{vmatrix},c_{n-3}=\begin{vmatrix}a_n & a_2\\ a_0 & a_{n-2}\end{vmatrix},\cdots$$

第4行为第3行系数的反序排列,第5行由第3,4行求出,即

$$d_{n-2}=\begin{vmatrix}c_{n-1} & c_0\\ c_0 & c_{n-1}\end{vmatrix},d_{n-3}=\begin{vmatrix}c_{n-1} & c_1\\ c_0 & c_{n-2}\end{vmatrix},d_{n-4}=\begin{vmatrix}c_{n-1} & c_2\\ c_0 & c_{n-3}\end{vmatrix},\cdots$$

用同样的方法一直求到第$2n-3$行。这样求得的后两行比前两行少一项。

**表8-3 朱利阵列**

| 行＼列 | $z^n$ | $z^{n-1}$ | $z^{n-2}$ | $\cdots$ | $z^2$ | $z$ | $z^0$ |
|---|---|---|---|---|---|---|---|
| 1 | $a_n$ | $a_{n-1}$ | $a_{n-2}$ | $\cdots$ | $a_2$ | $a_1$ | $a_0$ |
| 2 | $a_0$ | $a_1$ | $a_2$ | $\cdots$ | $a_{n-2}$ | $a_{n-1}$ | $a_n$ |
| 3 | $c_{n-1}$ | $c_{n-2}$ | $c_{n-3}$ | $\cdots$ | $c_1$ | $c_0$ | |
| 4 | $c_0$ | $c_1$ | $c_2$ | $\cdots$ | $c_{n-2}$ | $c_{n-1}$ | |
| 5 | $d_{n-2}$ | $d_{n-3}$ | $d_{n-4}$ | $\cdots$ | $d_0$ | | |
| 6 | $d_0$ | $d_1$ | $d_2$ | $\cdots$ | $d_{n-2}$ | | |
| $\vdots$ | | | $\vdots$ | | $\vdots$ | | |
| $2n-3$ | $r_2$ | $r_1$ | $r_0$ | | | | |

Jury(朱利)准则:$A(z)$的所有根都在单位圆内的充分必要条件是

$$\left.\begin{array}{c}A(1)>0\\(-1)^nA(-1)>0\\a_n>|a_0|\\c_{n-1}>|c_0|\\d_{n-2}>|d_0|\\\cdots\\r_2>|r_0|\end{array}\right\}\qquad(8\text{-}73)$$

即各奇数行的第一个系数必大于最后一个系数的绝对值。这样,根据朱利准则便可判断$H(z)$的极

点是否全部在单位圆内,从而判断系统是否稳定。

**【例 8-28】** 图 8-11 所示为一个离散系统,问当 $K$ 满足什么条件时系统是稳定的?

**解:** 由图 8-11 可求得系统函数为

$$H(z)=\frac{Y(z)}{F(z)}=\frac{z^2+\frac{1}{2}z+1}{z^2-Kz-\frac{1}{4}}$$

$$A(z)=z^2-Kz-\frac{1}{4}$$

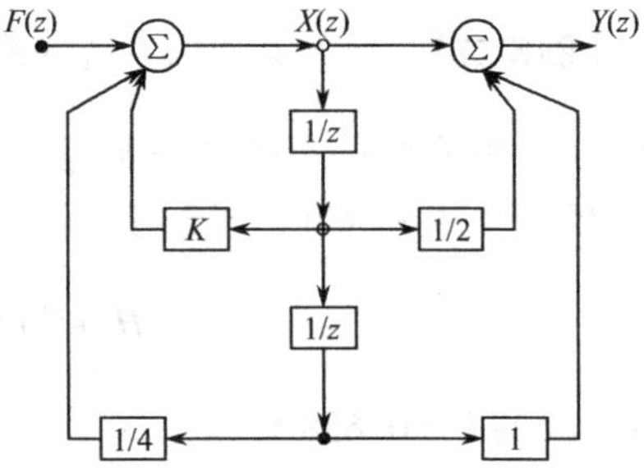


图 8-11

由于 $n=2$,所以不必列出朱利阵列,而且满足

$$a_2>|a_0|$$

为使极点在单位圆内,必须

$$A(1)=1-K-\frac{1}{4}>0$$

$$(-1)^2A(-1)=1+K-\frac{1}{4}>0$$

可解得当 $\frac{-3}{4}<K<\frac{3}{4}$ 时,系统是稳定的。

**【例 8-29】** 若已知 $H(z)$ 的分母多项式为 $A(z)=4z^4-4z^3+2z-1$,判断该系统是否稳定。

**解:** 因为 $A(1)=4-4+2-1=1>0$

$$(-1)^4A(-1)=4+4-2-1=5>0$$

将 $A(z)$ 的系数排列成朱利表,如表 8-3 所示。

| 行 \ 列 | $z^4$ | $z^3$ | $z^2$ | $z$ | $z^0$ |
|---|---|---|---|---|---|
| 1 | 4 | −4 | 0 | 2 | −1 |
| 2 | −1 | 2 | 0 | −4 | 4 |
| 3 | 15 | −14 | 0 | 4 | |
| 4 | 4 | 0 | −14 | 15 | |
| 5 | 209 | −210 | 56 | | |

且
$$4>|-1|$$
$$15>|4|$$
$$209>|56|$$

即满足 Jury 条件,故 $H(z)$ 所有极点位于 $|z|<1$ 内,故系统是稳定的。

# 8.8 离散时间序列的傅里叶变换

在连续系统分析中,傅里叶变换占据着非常重要的位置。同样,对于离散信号和离散系统的研究,也要用到离散时间序列的傅里叶变换 DTFT(Discrete Time Fourier Transform)。通过对离散时间序列做傅里叶变换,可以将离散时间信号表示成复指序列的连续和。通过离散傅里叶级数展开,可以将离散周期信号表示成正弦序列或虚指数序列的部分和。本节内容主要讨论离散非周期序列的傅里叶变换。

## 8.8.1 定义

离散非周期信号 $f(k)$ 的傅里叶变换定义为

$$F(e^{j\omega})=\sum_{k=-\infty}^{\infty}f(k)e^{-j\omega k} \tag{8-74}$$

与连续时间情况一样,$F(e^{j\omega})$ 被称为序列 $f(k)$ 的频谱,是数字频率 $\omega$ 的连续函数,且是周期函数，周期为 $2\pi$。它给出的信息是，序列 $f(k)$ 是怎样由不同频率的复指数序列组成的。

离散傅里叶变换与连续傅里叶变换的主要差别在于，前者是周期的，后者是非周期的。我们在 7.3 节曾指出，$e^{j\omega k}$ 在 $\omega=0$ 和 $\omega=2\pi$ 是同一个信号，所以这里也有一个重要结论，即：序列的频谱函数 $F(e^{j\omega})$ 位于 $\omega=0$ 或者任何 $\pi$ 的偶数倍附近的值，反映的是序列 $f(k)$ 的低频分量情况；而位于 $\pi$ 的奇数倍附近的值，反映的是序列的高频分量情况。

离散傅里叶逆变换公式为

$$f(k)=\frac{1}{2\pi}\int_{2\pi}F(e^{j\omega})e^{j\omega k}d\omega \tag{8-75}$$

这里积分限可以取频谱函数的任何 $2\pi$ 频率区间。

连续时间信号的傅里叶变换存在的充分条件是信号满足绝对可积。下面讨论离散时间傅里叶变换的收敛问题。

如果 $f(k)$ 绝对可和，即 $\sum_{k=-\infty}^{\infty}|f(k)|<\infty$，有

$$|F(e^{j\omega})|=\left|\sum_{k=-\infty}^{\infty}f(k)e^{-j\omega k}\right|\leqslant\sum_{k=-\infty}^{\infty}|f(k)||e^{-j\omega k}|\leqslant\sum_{k=-\infty}^{\infty}|f(k)|<\infty \tag{8-76}$$

所以离散时间傅里叶变换存在的充分条件是绝对可和。

**【例 8-30】** 求图 8-12 所示序列的傅里叶变换。

**解：** 由离散傅里叶变换定义式，有

$$F(e^{j\omega})=\sum_{k=-2}^{2}e^{-j\omega k}=\frac{e^{j2\omega}(1-e^{-j5\omega})}{1-e^{-j\omega}}=\frac{e^{j2.5\omega}-e^{-j2.5\omega}}{e^{j0.5\omega}-e^{-j0.5\omega}}=\frac{\sin 2.5\omega}{\sin 0.5\omega}$$

频谱图如图 8-13 所示。从频谱图可以看出，对于图 8-12 所示的序列，它的主要成分是低频分量所占的比重比较大。

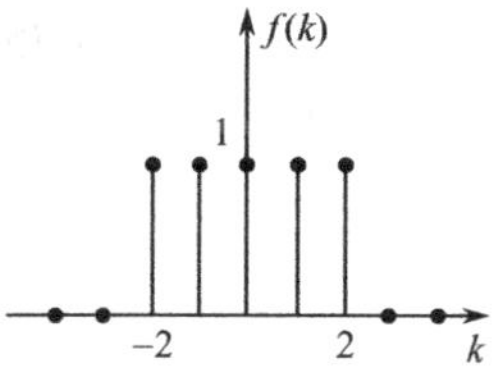

图 8-12

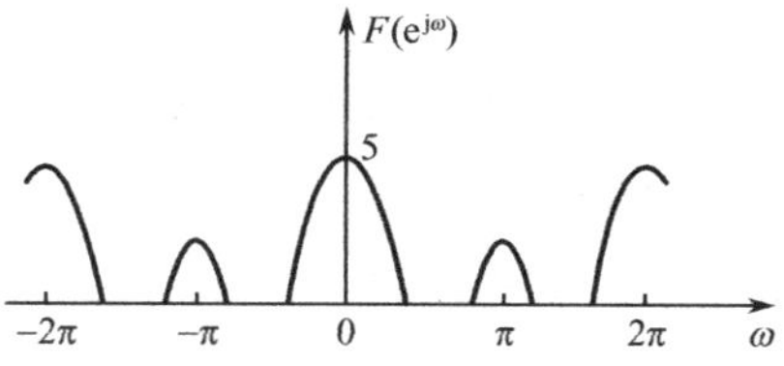

图 8-13

## 8.8.2 离散时间序列傅里叶变换的性质

(1) 周期性

$$\mathscr{F}[e^{j(\omega+2\pi)}]=\mathscr{F}(e^{j\omega}) \tag{8-77}$$

这是与连续时间傅里叶变换最大的不同点，连续时间傅里叶变换通常为非周期的。

(2) 线性性

若 $$f_1(k)\to F_1(e^{j\omega}),\quad f_2(k)\to F_2(e^{j\omega})$$

则 $$af_1(k)+bf_2(k)\to aF_1(e^{j\omega})+bF_2(e^{j\omega}) \tag{8-78}$$

(3) 时移性

若 $$f(k)\to F(e^{j\omega})$$

则 $$f(k-m)\to e^{-j\omega m}F(e^{j\omega}) \tag{8-79}$$

(4) 频移性

若 $$f(k)\to F(e^{j\omega})$$

则 $$e^{j\omega_0 k}f(k) \to F[e^{j(\omega-\omega_0)}] \tag{8-80}$$

(5) 反褶性

若 $$f(k) \to F(e^{j\omega})$$

则 $$f(-k) \to F(e^{-j\omega}) \tag{8-81}$$

(6) 时域卷积定理

若 $$f(k) \to F(e^{j\omega}),\quad h(k) \to H(e^{j\omega})$$

则 $$f(k) * h(k) \to F(e^{j\omega})H(e^{j\omega}) \tag{8-82}$$

因为离散 LTI 系统的零状态响应为

$$y_f(k) = f(k) * h(k)$$

由时域卷积定理,得 $$H(e^{j\omega}) = Y_f(e^{j\omega})/F(e^{j\omega}) \tag{8-83}$$

参照连续LTI系统,把$H(e^{j\omega})$定义为稳定离散LTI系统的频率特性。它与离散LTI系统的单位序列响应是一对离散时间傅里叶变换。关于 $H(e^{j\omega})$ 的详细内容将在第 9 章介绍。

(7) 巴塞伐尔定理

若 $$f(k) \to F(e^{j\omega})$$

则 $$\sum_{k=-\infty}^{\infty} |f(k)|^2 = \frac{1}{2\pi}\int_{2\pi} |F(e^{j\omega})|^2 d\omega \tag{8-84}$$

该关系式与连续时间傅里叶变换中的巴塞伐尔定理非常类似。方程的左边就是信号的总能量,该定理说明序列的总能量等于频域一周期内总能量。与连续时间一样,把 $|F(e^{j\omega})|^2$ 称为序列 $f(k)$ 的能量密度谱。

(8) 共轭对称性

若 $f(k)$ 是实序列,且 $f(k) \to F(e^{j\omega})$,则其变换是共轭对称的,即

$$F(e^{j\omega}) = F^*(e^{-j\omega}) \tag{8-85}$$

上式说明 $\mathrm{Re}[F(e^{j\omega})]$ 是 $\omega$ 的偶函数,$\mathrm{Im}[F(e^{j\omega})]$ 是 $\omega$ 的奇函数,$F(e^{j\omega})$ 的模是 $\omega$ 的偶函数,辐角是 $\omega$ 的奇函数。

本章要点和秘笈见二维码 8-3。

二维码 8-3

## 习题 8

8-1 求长度为 $N$ 的斜坡序列的 $Z$ 变换 $R_N(z)$,并求 $N = 4$ 时的 $R_N(z)$。

$$R_N(k) = \begin{cases} k, & 0 \leqslant k \leqslant N-1 \\ 0, & k < 0, k \geqslant N \end{cases}$$

8-2 求双边序列 $f(k) = \left(\frac{1}{2}\right)^{|k|}$ 的 $Z$ 变换,并标明收敛域及绘出零、极点图。

8-3 求下列序列的 $Z$ 变换 $F(z)$,并标明收敛域,指出 $F(z)$ 的零点和极点。

(1) $\left(\frac{1}{2}\right)^k U(k)$　(2) $\left(\frac{1}{2}\right)^k U(-k)$　(3) $\left(\frac{1}{4}\right)^k U(k) - \left(\frac{2}{3}\right)^k U(k)$

(4) $-\left(\frac{1}{2}\right)^k U(-k-1)$　(5) $\left(\frac{1}{5}\right)^k U(k) - \left(\frac{1}{3}\right)^k U(-k-1)$　(6) $e^{jk\omega_0}U(k)$

8-4 设 $f(k)$ 是一个绝对可和的信号,其有理 $Z$ 变换为 $F(z)$。若已知 $F(z)$ 在 $z = 1/2$ 处有一个极点,$f(k)$ 能够是________。

(1) 有限长信号吗?　(2) 左边信号吗?　(3) 右边信号吗?　(4) 双边信号吗?

8-5 设 $f(k)$ 的 $Z$ 变换如下,$F(z)$ 可能有多少不同的收敛域?

$$F(z)=\frac{z^4-\frac{1}{4}z^2}{\left(z^2+\frac{1}{4}\right)\left(z^2+\frac{5}{4}z+\frac{3}{8}\right)}$$

8-6 设$f(k)$的有理$Z$变换为$F(z)$，在$z=1/2$处有一个极点。已知$f_1(k)=\left(\frac{1}{4}\right)^k f(k)$是绝对可和的，而$f_2(k)=\left(\frac{1}{8}\right)^k f(k)$不是绝对可和的。试确定$f(k)$是左边序列、右边序列或双边序列。

8-7 直接从下列$Z$变换看出它所对应的序列。

(1) $F(z)=1, |z|\leqslant\infty$　　(2) $F(z)=z^5, |z|<\infty$

(3) $F(z)=z^{-2}, 0<|z|\leqslant\infty$　　(4) $F(z)=-2z^{-2}+2z+1, 0<|z|\leqslant\infty$

(5) $F(z)=\frac{1}{1-az^{-1}}, |z|>|a|$　　(6) $F(z)=\frac{1}{1-az^{-1}}, |z|<|a|$

8-8 试用$Z$变换的性质求下列序列的$Z$变换$F(z)$。

(1) $f(k)=\frac{1}{2}[1-(-1)^k]U(k)$　(2) $f(k)=U(k)-U(k-6)$　(3) $f(k)=k(-1)^kU(k)$

(4) $f(k)=k(k+1)U(k)$　(5) $f(k)=\cos\frac{\pi}{2}kU(k)$　(6) $f(k)=\left(\frac{1}{2}\right)^k\cos\left(\frac{\pi}{2}k\right)U(k)$

8-9 求下列各$F(z)$的反变换$f(k)$。

(1) $F(z)=\frac{z^2+z}{(z-1)(z^2-z+1)}, |z|>1$; (2) $F(z)=\frac{z}{(z-1)(z^2-1)}, |z|>1$; (3) $F(z)=\frac{z^{-5}}{z+2}, |z|>2$

8-10 已知$F(z)=\frac{-3z}{2z^2-5z+2}$，求下列三种收敛域情况下所对应的序列。

(1) $|z|>2$;　(2) $|z|<0.5$;　(3) $0.5<|z|<2$

8-11 已知序列$f(k)$的$F(z)$如下，求初值$f(0)$，$f(1)$及终值$f(\infty)$。

(1) $F(z)=\frac{z^2+z+1}{(z-1)\left(z+\frac{1}{2}\right)}, |z|>1$　(2) $F(z)=\frac{z^2}{(z-2)(z-1)}, |z|>2$

8-12 利用卷积定理求$y(k)=f(k)*h(k)$，已知

(1) $f(k)=a^kU(k), h(k)=b^kU(k)$　(2) $f(k)=a^kU(k), h(k)=\delta(k-2)$　(3) $f(k)=a^kU(k), h(k)=U(k-1)$

8-13 利用$Z$变换解下列差分方程。

(1) $y(k)+3y(k-1)+2y(k-2)=U(k)$　$y(-1)=0, y(-2)=0.5$

(2) $y(k+2)-y(k+1)-2y(k)=U(k)$　$y(0)=1, y(1)=1$

8-14 已知离散系统的差分方程为

$$y(k)-y(k-1)-2y(k-2)=f(k)+2f(k-2)$$

系统的初始状态为$y(-1)=2, y(-2)=-1/2$；激励$f(k)=U(k)$。求系统的零输入响应$y_x(k)$、零状态响应$y_f(k)$、全响应$y(k)$。

8-15 根据图题8-15描述离散系统的不同形式，求出对应系统的系统函数$H(z)$。

(1) $y(k)-2y(k-1)-5y(k-2)+6y(k-3)=f(k)$;

(2) $H(E)=\frac{2-E^3}{E^3-\frac{1}{2}E^2+\frac{1}{18}E}$;

(3) 单位序列响应$h(k)$如图题8-15(a)所示；

(4) 信号流图如图题8-15(b)所示。

8-16 已知离散系统的单位阶跃响应$g(k)=\left[\frac{4}{3}-\frac{3}{7}(0.5)^k+\frac{2}{21}(-0.2)^k\right]U(k)$。若需获得的零状态响应为

$y(k) = \frac{10}{7}[(0.5)^k - (-0.2)^k]U(k)$。求输入 $f(k)$。

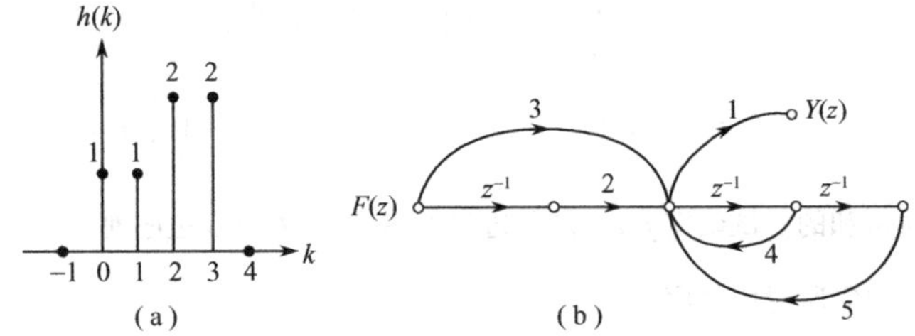


图题 8-15

8-17 离散时间系统,当激励 $f(k) = kU(k)$ 时,其零状态响应 $y_f(k) = 2\left[\left(\frac{1}{2}\right)^k - 1\right]U(k)$。求系统的一种 $Z$ 域模拟图和单位响应 $h(k)$。

8-18 已知图题 8-18 所示系统。

(1) 写出系统的差分方程;

(2) 求系统函数 $H(z) = Y(z)/F(z)$,画出零、极点图;

(3) 求单位响应 $h(k)$,并画出波形;

(4) 若保持其频率特性不变,试再画出一种时域模拟图。

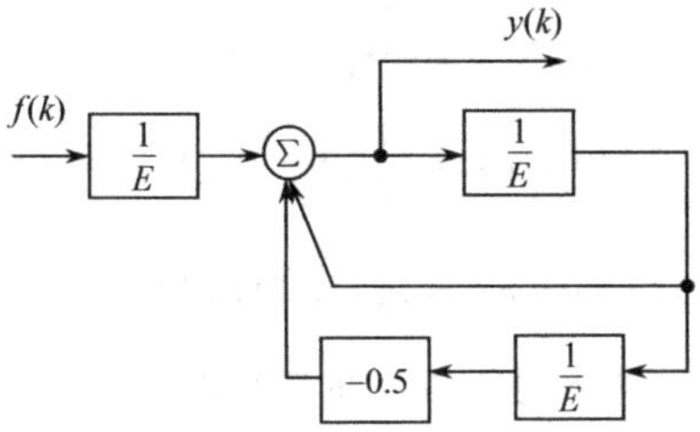


图题 8-18

8-19 已知离散系统的差分方程为 $y(k) - \frac{1}{3}y(k-1) = f(k)$。

(1) 画出系统的一种信号流图;

(2) 若系统的零状态响应为 $y_f(k) = 3\left[\left(\frac{1}{2}\right)^k - \left(\frac{1}{3}\right)^k\right]U(k)$,求输入 $f(k)$。

8-20 已知离散系统的信号流图如图题 8-20 所示。

(1) 求 $H(z) = Y(z)/F(z)$ 及单位序列响应 $h(k)$; (2) 试判断系统的稳定性; (3) 写出系统的差分方程;

(4) 求系统的单位阶跃响应 $g(k)$。

8-21 图题 8-21 所示系统,$h_1(k) = U(k)$,$H_2(z) = \frac{z}{z+1}$,$H_3(z) = \frac{1}{z}$,$f(k) = U(k) - U(k-2)$。求零状态响应 $y(k)$。

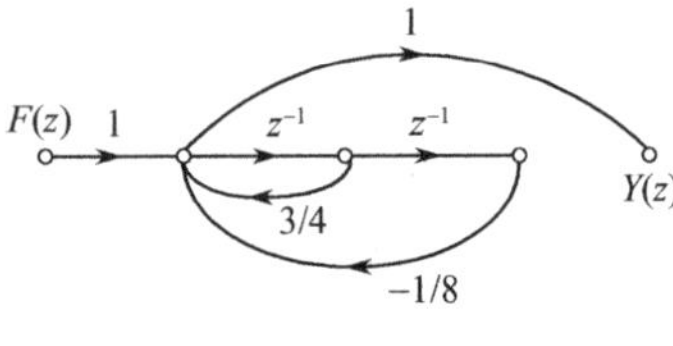


图题 8-20

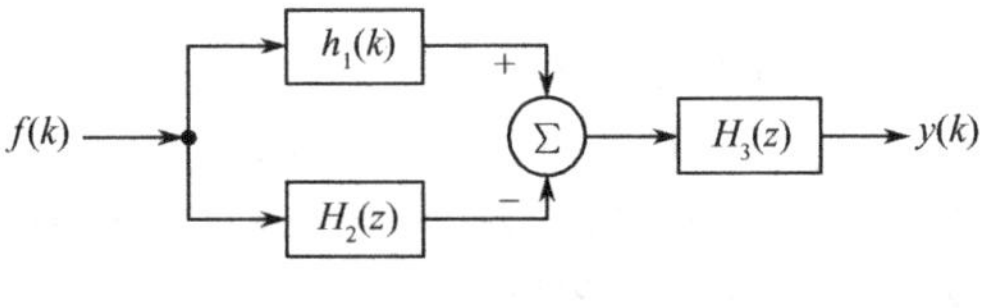


图题 8-21

8-22 已知离散系统的系统函数为 $H(z) = \frac{3z^3 - 5z^2 + 10z}{z^3 - 3z^2 + 7z - 5}$。

(1) 试画出级联形式的模拟图与并联形式的信号流图; (2) 试判断系统的稳定性。

8-23 已知图题 8-23 所示系统的零状态响应为 $y(k) = 3\left[\left(\frac{1}{2}\right)^k - \left(\frac{1}{3}\right)^k\right]U(k)$。

(1) 求 $H(z)$,画出零、极点图; (2) 求频率特性,大致画出幅频特性曲线。

8-24 已知图题 8-24 所示离散系统。

(1) 写出系统的差分方程; (2) 若 $f(k) = U(k) + \left[\cos\left(\frac{\pi}{3}k\right) + \cos\pi k\right]U(k)$,求系统的稳态响应 $y(k)$。

8-25 已知离散系统的单位响应为 $h(k) = 0.5^k[U(k) + U(k-1)]$。

(1) 写出系统的差分方程； (2) 画出系统的一种时域模拟图； (3) 若激励$f(k) = \cos\left(\frac{\pi}{2}k + 45°\right) U(k)$，求正弦稳态响应。

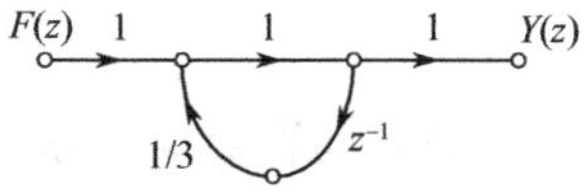


图题 8-23

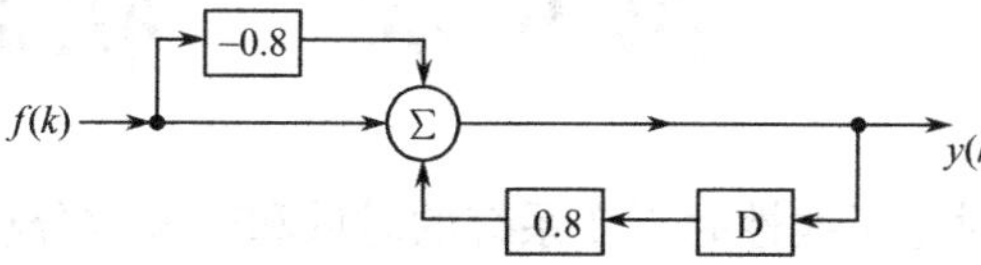


图题 8-24

8-26 图题 8-26 所示为非递推型滤波器，抽样间隔 $T = 0.001$s。今为了提供直流增益为 1 和在 $\Omega = \frac{\pi}{2} \times 10^3$rad/s 与 $\pi \times 10^3$rad/s 两个频率时的增益为零，试确定系数 $a_0, a_1, a_2, a_3$，并求此滤波器的系统函数 $H(z)$ 及其幅频特性。

8-27 已知一个数字滤波器的差分方程为

$$5y(k-2) = f(k) + f(k-1) + f(k-2) + f(k-3) + f(k-4)$$

输入信号 $f(k)$ 为频率 $f = 5$Hz 的正弦信号，信号的抽样频率 $f_s = 250$Hz，同时有频率为 50Hz 的干扰信号存在。试求此滤波器能否将输入信号 $f(k)$ 基本上完全通过，而同时将干扰信号基本上完全滤除。

8-28 已知离散系统 $H(z)$ 的零、极点分布如图题 8-28 所示，$\lim_{k\to\infty} h(k) = 4$。

(1) 求系统函数 $H(z)$；

(2) 若系统的零状态响应为 $y(k) = [1 + 3(-3)^k]U(k)$，求激励 $f(k)$。

8-29 已知离散系统 $H(z)$ 的零、极点分布如图题 8-29 所示，$\lim_{k\to\infty} h(k) = 1/3$，系统的初始条件为 $y(0) = 2, y(1) = 1$。

(1) 求 $H(z)$ 及零输入响应 $y_x(k)$；

(2) 若 $f(k) = (-3)^k U(k)$，求零状态响应 $y_f(k)$。

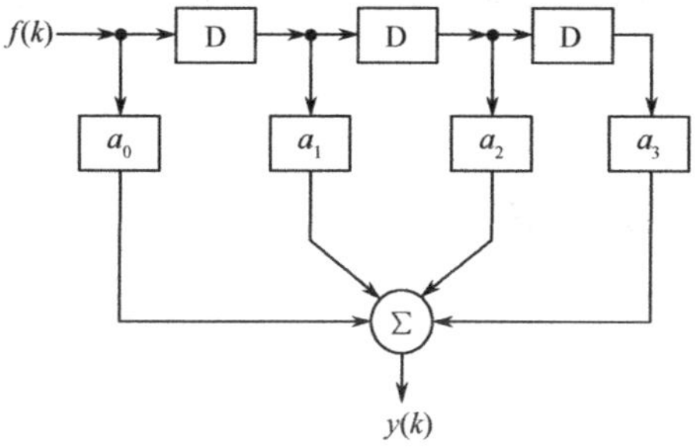


图题 8-26

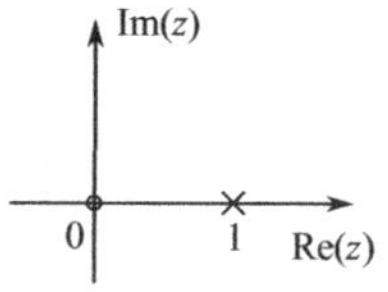


图题 8-28

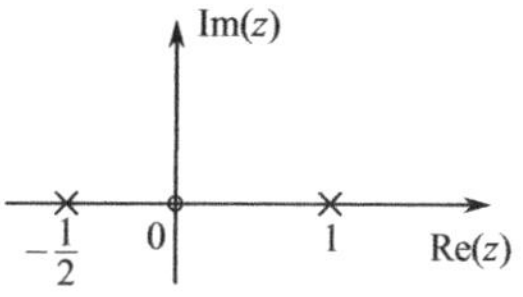


图题 8-29

8-30 某系统单位序列响应 $h(k)$ 的 $Z$ 变换为 $H(z)$，它们满足以下条件：

(1) $h(k)$ 为实序列； (2) $h(k)$ 为右序列； (3) $\lim_{z\to\infty} H(z) = 1$； (4) $H(z)$ 有两个零点； (5) $H(z)$ 的极点中有一个位于 $|z| = 3/4$ 的非实数位置。

试回答下列两个问题：(1) 系统是因果的吗？(2) 系统是稳定的吗？

8-31 利用定义求序列 $R_N(k) = U(k) - U(k-N)$ 的傅里叶变换。

8-32 已知序列 $f(k) = a^k U(k)$，$|a| < 1$，试求其傅里叶变换并大致画出模和相位图。

8-33 已知序列 $f(k) = 0.5^k U(k)$，$h(k) = 0.8^k U(k)$，试求序列 $y(k) = f(k) * h(k)$ 的傅里叶变换，并通过求反变换求序列 $y(k)$。

# 第 9 章　状态变量法

前几章讨论了线性时不变系统的时域和变换域分析方法，它们的共同特点是求系统对于一个激励信号的响应。对系统的研究，无论在时域还是变换域，都是以系统的输入／输出描述或端口模型为基础的。系统的这种描述方法称为端口法，或称为输入／输出法。这种方法主要着眼于系统的外在特性和功能，在研究系统问题时，主要关心系统在什么样的输入下有什么样的输出，至于某个输入怎样一步一步地变成相应的输出，以及系统内部组成和中间信号又是怎样的等问题，则未考虑。端口法比较适用于单输入单输出系统。

对于相当大量的信号与系统问题，特别是在通信和信号处理等领域，以输入／输出描述为基础的一整套信号与系统的概念、理论和方法已足够用来解决问题，且特点或优点得到充分发扬。这正是本书用主要的篇幅详细介绍和讨论输入／输出法的一整套概念、理论和方法的主要考虑。

随着现代控制理论的发展和系统工程问题的深入，许多所谓“大系统”，诸如航空和航天、过程控制和计量经济学等系统的外在特性已相当复杂，而且人们不仅对系统的输入／输出关系感兴趣，还特别需要研究系统内部的动态过程，以及系统内部参量对系统特性或功能的影响，这就需要引入以系统内部变量为基础的状态变量分析法。

状态变量分析法是以系统状态变量描述和状态空间模型为解析体系的理论和方法，它可以给出系统内部状态的变化情况，尤其适合于多输入多输出系统，并适宜于计算机求解，还可以推广到非线性和时变系统。

本章讨论连续时间系统和离散时间系统的状态变量分析法，着重研究其状态方程的建立及其求解方法。

## 9.1　基本概念与定义

下面给出系统状态变量分析法中几个名词的定义。

### 1. 状态

一个动态系统的状态是表示系统的一组数目最少的数据，只要知道 $t=t_0$ 时这组数据和 $t \geqslant t_0$ 时的系统输入，就能完全确定系统在 $t \geqslant t_0$ 任何时间的响应，则这组数据就称为系统在 $t=t_0$ 时刻的状态。表示系统状态的这组数据的最小数目是系统的阶次。或者说，系统状态的数目就是系统独立储能元件的数目。

### 2. 状态变量

对于动态系统，在任意时刻 $t$ 都能与激励一起用一组代数方程来确定系统全部响应的一组独立完备的变量，称为系统的状态变量。例如，图 9-1 所示电路中的电感电流 $x_1(t)$ 和电容电压 $x_2(t)$，即为该电路的一组独立完备的状态变量。因为若取电压 $y_1(t)$，$y_2(t)$ 作为响应，且当 $x_1(t)$，$x_2(t)$ 为已知时，即可得

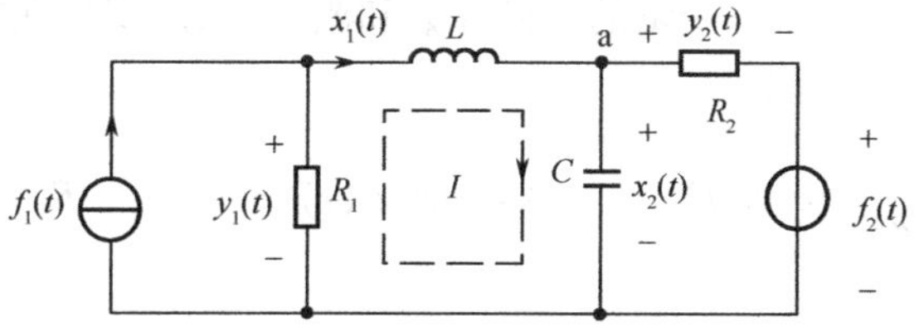


图 9-1

$$\left.\begin{aligned}y_1(t)&=[f_1(t)-x_1(t)]R_1=-R_1x_1(t)+R_1f_1(t)\\y_2(t)&=x_2(t)-f_2(t)\end{aligned}\right\}\tag{9-1}$$

可见,$x_1(t)$,$x_2(t)$ 符合状态变量的定义,是一组独立完备的状态变量。式(9-1) 称为该电路的输出方程。其特点是:每一个响应变量 $y_1(t)$,$y_2(t)$,都等于激励 $f_1(t)$,$f_2(t)$ 与状态变量 $x_1(t)$,$x_2(t)$ 的线性组合,即响应与激励、状态变量之间是线性代数方程组的关系。

状态变量完整、深刻地描述了系统的状态特性,反映了系统的全部信息。

应当指出:不是任何一个系统都存在状态变量,譬如一个纯电阻网络,它任意时刻的响应仅仅取决于该时刻的激励,而与电阻过去的历史无关,这种即时系统不能用状态变量法分析。状态变量法只适用于动态系统(有记忆的系统)。

**3. 状态向量**

若系统是 $n$ 阶的,则将有 $n$ 个状态变量,如图 9-2 所示。将 $n$ 阶系统中的 $n$ 个状态变量 $x_1(t)$,$x_2(t)$,$\cdots$,$x_n(t)$ 排成一个 $n\times1$ 阶的列矩阵 $\boldsymbol{x}(t)$,即

$$\boldsymbol{x}(t)=\begin{bmatrix}x_1(t)\\x_2(t)\\\vdots\\x_n(t)\end{bmatrix}=[x_1(t)\quad x_2(t)\quad\cdots\quad x_n(t)]^{\mathrm{T}}$$

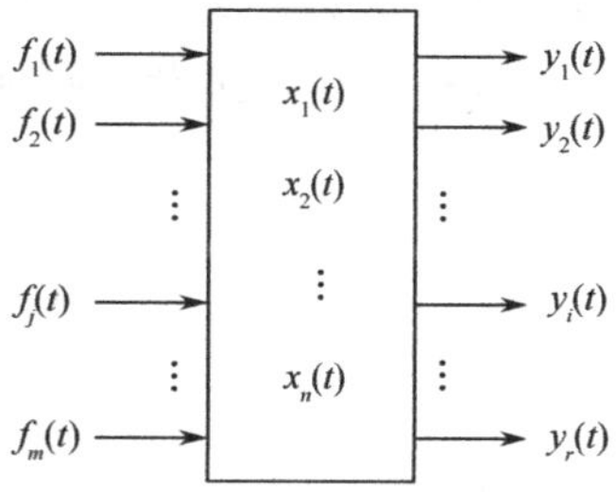


图 9-2

则此列矩阵 $\boldsymbol{x}(t)$ 即称为 $n$ 维状态向量,简称状态向量。

**4. 初始状态**

状态变量在某一时刻 $t_0$ 的值,称为系统在 $t_0$ 时刻的状态。即

$$\boldsymbol{x}(t_0)=[x_1(t_0)\quad x_2(t_0)\quad\cdots\quad x_n(t_0)]^{\mathrm{T}}$$

状态变量在 $t=0^-$ 时刻的值称为系统的初始状态或起始状态。即

$$\boldsymbol{x}(0^-)=[x_1(0^-)\quad x_2(0^-)\quad\cdots\quad x_n(0^-)]^{\mathrm{T}}$$

$\boldsymbol{x}(0^-)$ 也称为初始状态向量或起始状态向量。

**5. 状态空间**

状态向量所在的空间称为状态空间。$n$ 维状态向量对应的状态空间就是 $n$ 维状态空间。

**6. 状态轨迹**

在状态空间中,状态向量端点随时间变化而描绘出的路径称为状态轨迹(详见 9.5 节)。

**7. 状态方程**

用来从已知的激励与初始状态向量 $\boldsymbol{x}(0^-)$ 中,求状态向量 $\boldsymbol{x}(t)$ 的一阶向量微分方程,称为状

态方程。状态方程描述了系统状态变量的一阶导数和激励、状态变量间的关系。例如图 9-1 所示电路,对回路 $I$ 可列出 KVL 方程为

$$L\frac{\mathrm{d}x_1(t)}{\mathrm{d}t}=y_1(t)-x_2(t)=-R_1x_1(t)-x_2(t)+R_1f_1(t)$$

对节点 a 可列出 KCL 方程为

$$C\frac{\mathrm{d}x_2(t)}{\mathrm{d}t}=x_1(t)-\frac{1}{R_2}y_2(t)=x_1(t)-\frac{1}{R_2}x_2(t)+\frac{1}{R_2}f_2(t)$$

即

$$\left.\begin{aligned}\frac{\mathrm{d}x_1(t)}{\mathrm{d}t}&=-\frac{R_1}{L}x_1(t)-\frac{1}{L}x_2(t)+\frac{R_1}{L}f_1(t)\\\frac{\mathrm{d}x_2(t)}{\mathrm{d}t}&=\frac{1}{C}x_1(t)-\frac{1}{R_2C}x_2(t)+\frac{1}{R_2C}f_2(t)\end{aligned}\right\}\tag{9-2}$$

式(9-2) 即为该电路的状态方程。其特点是:每个方程等号的左端都是一个状态变量的一阶导数,而等号的右端则为各状态变量与各激励的线性组合。将式(9-2) 写成矩阵形式

$$\begin{bmatrix}\dot{x}_1(t)\\\dot{x}_2(t)\end{bmatrix}=\begin{bmatrix}-\frac{R_1}{L}&-\frac{1}{L}\\\frac{1}{C}&-\frac{1}{R_2C}\end{bmatrix}\begin{bmatrix}x_1(t)\\x_2(t)\end{bmatrix}+\begin{bmatrix}\frac{R_1}{L}&0\\0&\frac{1}{R_2C}\end{bmatrix}\begin{bmatrix}f_1(t)\\f_2(t)\end{bmatrix}$$

再简写成一阶向量微分方程的形式

$$\dot{\boldsymbol{x}}(t)=\boldsymbol{A}\boldsymbol{x}(t)+\boldsymbol{B}\boldsymbol{f}(t)\tag{9-3}$$

式中,$\dot{\boldsymbol{x}}(t)=[\dot{\boldsymbol{x}}_1(t)\quad\dot{\boldsymbol{x}}_2(t)]^{\mathrm{T}}$ 为二维列向量;$\boldsymbol{x}(t)=[x_1(t)\quad x_2(t)]^{\mathrm{T}}$ 为二维状态向量; $\boldsymbol{f}(t)=[\boldsymbol{f}_1(t)\quad\boldsymbol{f}_2(t)]^{\mathrm{T}}$ 为二维激励列向量。

$$\boldsymbol{A}=\begin{bmatrix}-\frac{R_1}{L}&-\frac{1}{L}\\\frac{1}{C}&-\frac{1}{R_2C}\end{bmatrix},\quad\boldsymbol{B}=\begin{bmatrix}\frac{R_1}{L}&0\\0&\frac{1}{R_2C}\end{bmatrix}$$

$\boldsymbol{A}$ 与 $\boldsymbol{B}$ 均为由电路(系统) 结构与参数值决定的系数矩阵,$\boldsymbol{A}$ 常称为系统矩阵,$\boldsymbol{B}$ 常称为控制矩阵。

推广之,若系统有 $n$ 个状态变量(即系统为 $n$ 阶的),有 $m$ 个激励,如图 9-2 所示,则式(9-3) 中的 $\dot{\boldsymbol{x}}(t)$,$\boldsymbol{x}(t)$ 即为 $n$ 维列向量,$\boldsymbol{f}(t)$ 即为 $m$ 维列向量;$\boldsymbol{A}$ 即为 $n\times n$ 阶方阵;$\boldsymbol{B}$ 即为 $n\times m$ 阶矩阵。

式(9-3) 称为矩阵形式的状态方程,为一阶向量形式的微分方程。若激励向量 $\boldsymbol{f}(t)$ 和初始状态 $\boldsymbol{x}(0^-)$ 为已知,则求解该方程即可得状态向量 $\boldsymbol{x}(t)$。

**8. 输出方程**

将式(9-1) 写成矩阵形式

$$\begin{bmatrix}\boldsymbol{y}_1(t)\\\boldsymbol{y}_2(t)\end{bmatrix}=\begin{bmatrix}-R_1&0\\0&1\end{bmatrix}\begin{bmatrix}\boldsymbol{x}_1(t)\\\boldsymbol{x}_2(t)\end{bmatrix}+\begin{bmatrix}R_1&0\\0&-1\end{bmatrix}\begin{bmatrix}\boldsymbol{f}_1(t)\\\boldsymbol{f}_2(t)\end{bmatrix}$$

再写成一般形式

$$\boldsymbol{y}(t)=\boldsymbol{C}\boldsymbol{x}(t)+\boldsymbol{D}\boldsymbol{f}(t)\tag{9-4}$$

式中,$\boldsymbol{y}(t)=[\boldsymbol{y}_1(t)\quad\boldsymbol{y}_2(t)]^{\mathrm{T}}$ 为二维响应列向量。

$$\boldsymbol{C}=\begin{bmatrix}-R_1&0\\0&1\end{bmatrix},\quad\boldsymbol{D}=\begin{bmatrix}R_1&0\\0&-1\end{bmatrix}$$

$\boldsymbol{C}$ 与 $\boldsymbol{D}$ 均为由电路(系统)结构与参数值决定的系数矩阵。$\boldsymbol{C}$ 常称为输出矩阵。

推广之,若系统有 $n$ 个状态变量(即系统为 $n$ 阶的),有 $m$ 个激励、$r$ 个响应,如图 9-2 所示,则 $\boldsymbol{C}$ 即为 $r \times n$ 阶矩阵,$\boldsymbol{D}$ 即为 $r \times m$ 阶矩阵。

式(9-4) 称为矩阵形式的输出方程,可见为一个矩阵代数方程。若系统的激励向量 $\boldsymbol{f}(t)$ 和状态向量 $\boldsymbol{x}(t)$ 已知,代入式(9-4),即可求得响应向量 $\boldsymbol{y}(t)$。

式(9-3) 的状态方程与式(9-4) 的输出方程,共同构成了描述系统特性的完整方程(即数学模型),统称为系统方程。

**9. 状态变量法**

以系统的状态方程与输出方程为研究对象,对系统特性进行系统分析的方法,称为状态变量法。其一般步骤是:

(1) 选择系统的状态变量。

(2) 列写系统的状态方程。

(3) 求解状态方程,以得到状态向量 $\boldsymbol{x}(t)$。

(4) 列写系统的输出方程。

(5) 将第(3) 步求得的状态向量 $\boldsymbol{x}(t)$ 及已知的激励向量 $\boldsymbol{f}(t)$,代入第(4) 步所列出的输出方程中,即得所求响应向量 $\boldsymbol{y}(t)$。

用状态变量法研究系统的优点如下:

(1) 便于研究系统内部的一些物理量在信号转换过程中的变化。这些物理量可以用状态向量的一个分量表示出来,从而便于研究其变化规律和检查物理系统的数学模型是否正确。

(2) 不论系统的复杂程度如何,其数学模型都相似,分析方法的程序也相同,因而便于用计算机分析。

(3) 状态变量法可以用来定性地研究系统的稳定性及控制各个参数使系统的性能达到最佳等。

(4) 由于对系统所建立的数学模型 —— 状态方程,都是一阶微分方程或一阶差分方程,因而便于采用数值解法,从而为使用计算机分析系统提供有效的途径。

(5) 不仅适用于线性时不变系统,也适用于非线性与时变系统。

## 9.2 连续系统状态方程与输出方程的建立

用状态变量法对系统进行研究,首先要建立系统的数学模型 —— 状态方程与输出方程。

对于一个实际的动态系统,建立或编写其状态变量数学描述的方法可分为两大类:一类是直接从实际的物理系统或实际问题出发,根据相应的物理原理、定律和其他机理,选择一组合适的状态变量,编写系统的状态方程和输出方程,并确定初始状态矢量。另一类是基于系统的模拟或仿真概念,建立或编写系统的状态变量描述。正如前面指出的,许多属于不同物理形态的、看起来很不相同的实际系统,却有着相同的数学描述,它们可以用同一个系统结构来模拟或仿真。因此可以从它们的模拟或仿真结构出发,编写系统的状态方程和输出方程,并确定其初始状态矢量,这类方法通常称为状态空间模型规划法。显然,第二类编写方法具有更普遍的意义,可以适用于各种不同的应用领域,本章将主要介绍和讨论这类方法。

由于系统状态变量的选取不是唯一的,因而系统的状态方程与输出方程的具体形式也不是唯一的，但这不影响对系统特性分析所得结果的同一性。

下面将介绍在不同情况下，系统状态方程与输出方程的列写方法。

### 9.2.1 由电路图直观列写系统状态方程与输出方程

根据电路图直接建立状态方程应该包括正确选择状态变量和状态变量的数目，然后根据某些约束条件(如基尔霍夫定律) 建立方程组，消去非状态变量，再经过运算和化简，最后得到状态方程的标准形式。状态变量法只适用于动态系统即有记忆元件系统，因而通常选择储能元件即电容两端的电压和电感中的电流作为状态变量，有时也选择电容电荷与电感磁链。需要指出，所选择的状态变量应该是互相独立的即线性无关的。

若电路中含有只由纯电容构成的回路或只由纯电容与理想电压源构成的回路，如图 9-3(a) 和(b) 所示；或者含有只由纯电感构成的割集或只由纯电感与理想电流源构成的割集，如图 9-3(c)和(d) 所示，则这样的电路均称为非纯正电路(或非纯正网络)；否则，称为纯正电路(或纯正网络)。在图 9-3(a) 中，任何一个电容电压都能由其余两个电容电压求得，也就是说三个电容中只能有两个电容是相互独立的储能元件，因而只能选择两个电容电压作为状态变量；同理，在图 9-3(b)中，两个电容电压中只能选择一个作为状态变量。在图 9-3(c) 中，任何一个电感电流都能由其余两个电感电流求得，也就是说三个电感中只能有两个电感是相互独立的储能元件，因而在它们中间只能选择两个电感电流作为状态变量。同理，在图 9-3(d) 中，两个电感电流中只能选其中之一作为状态变量。总之，系统状态变量的数目与系统独立记忆(储能) 元件的数目是相等的。基于上述确定状态变量的原则，网络状态方程的直观列写方法的步骤如下：

(1) 确定状态变量数目，它等于系统独立记忆(储能) 元件的数目，即独立电容和独立电感的数目之和。

(2) 选择状态变量，一般选取电路中所有独立电容电压和独立电感电流作为状态变量。

(3) 根据网络约束条件即 KVL 和 KCL 建立电路方程。为保证所列写出的状态方程中等号左端只为一个状态变量的一阶导数，必须对每一个独立电容列写出只含此独立电容电压一阶导数在内的节点 KCL 方程；对每一个独立电感列写出只含此独立电感电流一阶导数在内的回路 KVL 方程。

(4) 若在第(3) 步所列出的方程中含有非状态变量，则应利用适当的节点 KCL 方程和回路 KVL 方程，将非状态变量也用激励和状态变量表示出来，从而将非状态变量消去，然后整理成式(9-3) 所示的矩阵标准形式。

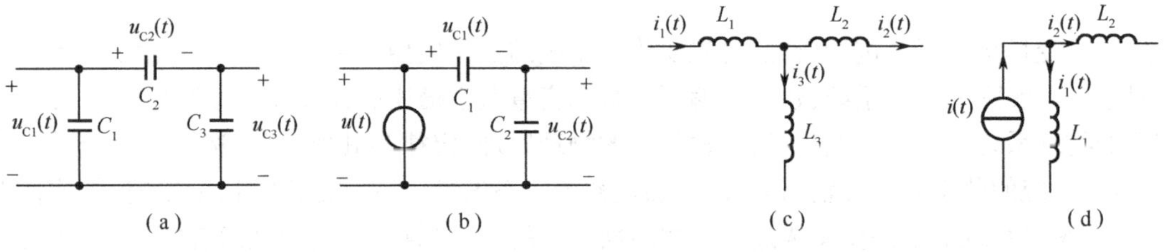


图 9-3

**【例 9-1】** 列写出图 9-4 所示电路的状态方程。

**解：**该电路中的三个动态元件 C，$L_2$，$L_3$ 都是独立的，故选电容电压 $x_1(t)$、电感电流 $x_2(t)$、$x_3(t)$ 为状态变量。对只连接一个独立电容 C 的节点 b 列 KCL 方程为

$$C\frac{dx_1(t)}{dt}=x_2(t)+x_3(t)$$

即 $$\dot{x}_1(t)=\frac{1}{C}x_2(t)+\frac{1}{C}x_3(t) \tag{9-5}$$

对只含一个独立电感 $L_2$ 的回路 abea 和只含一个独立电感 $L_3$ 的回路 abcdea,分别列 KVL 方程为

$$L_2\frac{dx_2(t)}{dt}=-x_1(t)+f_1(t)$$

$$L_3\frac{dx_3(t)}{dt}=-x_1(t)+f_1(t)-R[x_3(t)+f_2(t)]$$

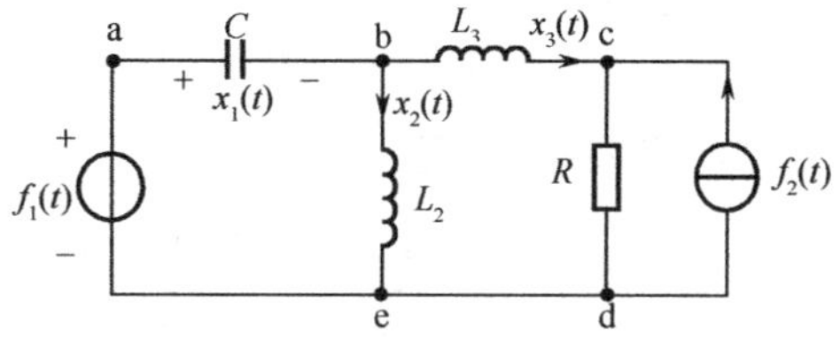


图 9-4

即 $$\dot{x}_2(t)=-\frac{1}{L_2}x_1(t)+\frac{1}{L_2}f_1(t) \tag{9-6}$$

$$\dot{x}_3(t)=-\frac{1}{L_3}x_1(t)-\frac{R}{L_3}x_3(t)+\frac{1}{L_3}f_1(t)-\frac{R}{L_3}f_2(t) \tag{9-7}$$

将以上三式整理后即得矩阵形式的状态方程为

$$\begin{bmatrix}\dot{x}_1(t)\\ \dot{x}_2(t)\\ \dot{x}_3(t)\end{bmatrix}=\begin{bmatrix}0 & \frac{1}{C} & \frac{1}{C}\\ -\frac{1}{L_2} & 0 & 0\\ -\frac{1}{L_3} & 0 & -\frac{R}{L_3}\end{bmatrix}\begin{bmatrix}x_1(t)\\ x_2(t)\\ x_3(t)\end{bmatrix}+\begin{bmatrix}0 & 0\\ \frac{1}{L_2} & 0\\ \frac{1}{L_3} & -\frac{R}{L_3}\end{bmatrix}\begin{bmatrix}f_1(t)\\ f_2(t)\end{bmatrix}$$

**【例 9-2】** 列写出图 9-5 所示电路的状态方程。若以电压 $y_1(t)$、电流 $y_2(t)$ 为响应,再列写出输出方程。

**解:**(1) 列写状态方程:选两个独立电容电压 $x_1(t)$,$x_2(t)$ 和一个电感电流 $x_3(t)$ 作为状态变量。对只连接一个独立电容 $C_1$ 的节点 a 和只连接一个独立电容 $C_2$ 的节点 c,分别列写出 KCL 方程并消去非状态变量,即

$$C_1\frac{dx_1(t)}{dt}=i_1(t)-i_2(t)$$
$$=\frac{f_1(t)-x_1(t)}{R_1}-\frac{x_1(t)-x_2(t)}{R_2}$$
$$=-\left(\frac{1}{R_1}+\frac{1}{R_2}\right)x_1(t)+\frac{1}{R_2}x_2(t)+\frac{1}{R_1}f_1(t)$$

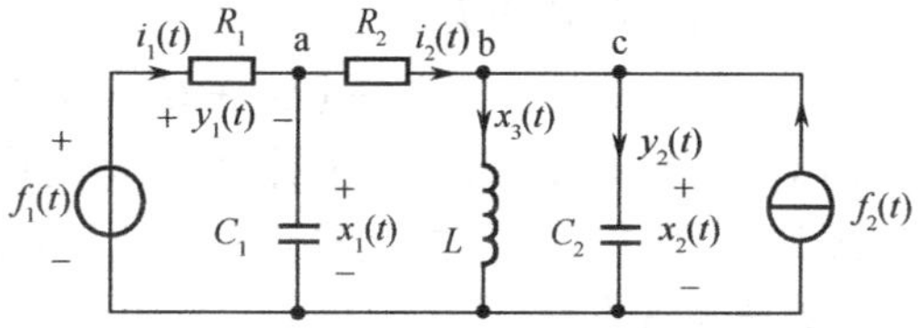


图 9-5

$$C_2\frac{dx_2(t)}{dt}=-x_3(t)+i_2(t)+f_2(t)$$
$$=-x_3(t)+\frac{x_1(t)-x_2(t)}{R_2}+f_2(t)$$
$$=\frac{1}{R_2}x_1(t)-\frac{1}{R_2}x_2(t)-x_3(t)+f_2(t)$$

对只含一个独立电感 L 的回路 bcdeb 列 KVL 方程为

$$L\frac{dx_3(t)}{dt}=x_2(t)$$

将以上三式整理后即得矩阵形式的状态方程为

$$\begin{bmatrix}\dot{x}_1(t)\\ \dot{x}_2(t)\\ \dot{x}_3(t)\end{bmatrix}=\begin{bmatrix}-\left(\dfrac{1}{R_1C_1}+\dfrac{1}{R_2C_1}\right) & \dfrac{1}{R_2C_1} & 0\\ \dfrac{1}{R_2C_2} & -\dfrac{1}{R_2C_2} & -\dfrac{1}{C_2}\\ 0 & \dfrac{1}{L} & 0\end{bmatrix}\begin{bmatrix}x_1(t)\\ x_2(t)\\ x_3(t)\end{bmatrix}+\begin{bmatrix}\dfrac{1}{R_1C_1} & 0\\ 0 & \dfrac{1}{C_2}\\ 0 & 0\end{bmatrix}\begin{bmatrix}f_1(t)\\ f_2(t)\end{bmatrix}$$

(2) 列写输出方程：

$$y_1(t)=-x_1(t)+f_1(t)$$

$$y_2(t)=C_2\frac{\mathrm{d}x_2(t)}{\mathrm{d}t}=\frac{1}{R_2}x_1(t)-\frac{1}{R_2}x_2(t)-x_3(t)+f_2(t)$$

写成矩阵形式为 $$\begin{bmatrix}y_1(t)\\ y_2(t)\end{bmatrix}=\begin{bmatrix}-1 & 0 & 0\\ \dfrac{1}{R_2} & -\dfrac{1}{R_2} & -1\end{bmatrix}\begin{bmatrix}x_1(t)\\ x_2(t)\\ x_3(t)\end{bmatrix}+\begin{bmatrix}1 & 0\\ 0 & 1\end{bmatrix}\begin{bmatrix}f_1(t)\\ f_2(t)\end{bmatrix}$$

**【例 9-3】** 图 9-6 所示电路，以 $x_1(t)$，$x_2(t)$ 为状态变量，列写电路的状态方程。

**解：**对节点 a 列 KCL 方程为

$$C_1\dot{x}_1(t)=i_1(t)-\alpha i(t)-i_2(t)$$

$$=G_1[f(t)-x_1(t)]-\alpha[-C_1\dot{x}_1(t)]-G_2[x_1(t)-x_2(t)]$$

即 $$(1-\alpha)C_1\dot{x}_1(t)=-(G_1+G_2)x_1(t)+G_2x_2(t)+G_1f(t) \quad ①$$

对节点 b 列 KCL 方程为

$$C_1\dot{x}_2(t)=\alpha i(t)+i_2(t)$$

$$=-\alpha C_1\dot{x}_1(t)+G_2[x_1(t)-x_2(t)]$$

$$=G_2x_1(t)-G_2x_2(t)-\alpha C_1\dot{x}_1(t) \quad ②$$

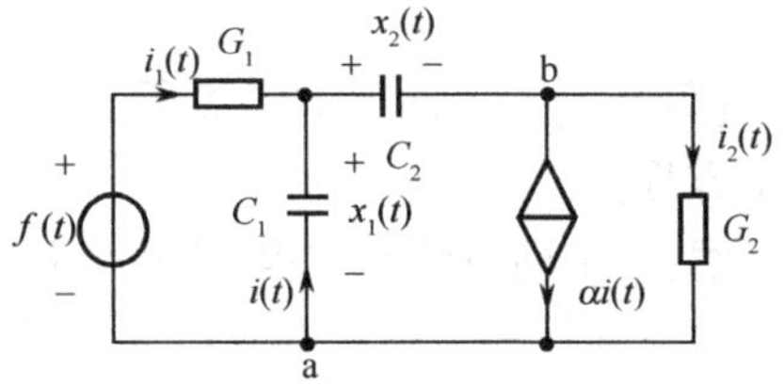

图 9-6

由式①看出，当 $\alpha\neq 1$ 时，式①就是一个状态方程，此时可将由式①求得的 $\dot{x}_1(t)$ 代入式②，即得另一个状态方程。但当 $\alpha=1$ 时，式①变为

$$-(G_1+G_2)x_1(t)+G_2x_2(t)+G_1f(t)=0 \quad ③$$

即 $x_1(t)$ 与 $x_2(t)$ 线性相关，因而两者之中只能有一个作为状态变量。这说明，若电路中含有受控源时，即使电路在形式上看起来为纯正电路，也不能肯定是否能将所有电容电压(或所有电感电流)都选为状态变量。

若在 $\alpha=1$ 时，选 $x_1(t)$ 为状态变量，则可从式③求得

$$x_2(t)=(1+G_1R_2)x_1(t)-G_1R_2f(t) \quad ④$$

再求一阶导数为 $$\dot{x}_2(t)=(1+G_1R_2)\dot{x}_1(t)-G_1R_2\dot{f}(t) \quad ⑤$$

将式④、式⑤代入式②，即得状态方程为

$$\dot{x}_1(t)=[\alpha C_1+C_2(1+G_1R_2)]^{-1}[-G_1x_1(t)+G_1f(t)+C_2G_1R_2\dot{f}(t)]$$

可见，状态方程中出现了激励 $f(t)$ 的一阶导数 $\dot{f}(t)$，这就使两个电容电压 $x_1(t)$，$x_2(t)$ 线性相关了，在以上公式中 $R_2=1/G_2$。

### 9.2.2 单输入单输出系统状态方程与输出方程的列写

图 9-7 所示为一个 $n$ 阶的单输入单输出系统，$f(t)$ 为激励，$y(t)$ 为响应，微分方程的一般形式为

$$\frac{\mathrm{d}^n y(t)}{\mathrm{d}t^n}+a_{n-1}\frac{\mathrm{d}^{n-1}y(t)}{\mathrm{d}t^{n-1}}+\cdots+a_1\frac{\mathrm{d}y(t)}{\mathrm{d}t}+a_0y(t)$$
$$=b_m\frac{\mathrm{d}^m f(t)}{\mathrm{d}t^m}+b_{m-1}\frac{\mathrm{d}^{m-1}f(t)}{\mathrm{d}t^{m-1}}+\cdots+b_1\frac{\mathrm{d}f(t)}{\mathrm{d}t}+b_0f(t)$$

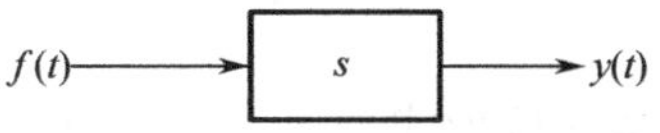


图 9-7

为了具有一般性，设 $m=n$。当分子幂次低于分母幂次时，只要令某些系数为零即可。此时系统函数可写成

$$H(s)=\frac{b_ns^n+b_{n-1}s^{n-1}+\cdots+b_1s+b_0}{s^n+a_{n-1}s^{n-1}+\cdots+a_1s+a_0}=\frac{b_n+b_{n-1}s^{-1}+\cdots+b_1s^{-(n-1)}+b_0s^{-n}}{1+a_{n-1}s^{-1}+\cdots+a_1s^{-(n-1)}+a_0s^{-n}} \tag{9-8}$$

设 $H(s)$ 的分子与分母无公因式相消，则可根据系统的微分方程或 $H(s)$ 画出其模拟图或信号流图，然后选取每一个积分器的输出变量作为状态变量，即可列出系统的状态方程与输出方程。由于系统的模拟图或信号流图有三种形式：直接型，并联型，级联型，因而所列出的状态方程与输出方程也将有所不同。

下面对不同结构形式的模拟图（或信号流图），讨论它们状态方程的列写。

### 1. 直接型模拟 —— 相变量法

与式(9-8) 相对应的直接型模拟图和信号流图如图 9-8 所示。选取每一个积分器的输出变量 $x_1(t),x_2(t),x_3(t)$ 作为状态变量，于是可列出系统的状态方程为

$$\dot{x}_1(t)=x_2(t)$$
$$\dot{x}_2(t)=x_3(t)$$
$$\dot{x}_3(t)=-a_0x_1(t)-a_1x_2(t)-a_2x_3(t)+f(t)$$

写成矩阵形式为

$$\begin{bmatrix}\dot{x}_1(t)\\ \dot{x}_2(t)\\ \dot{x}_3(t)\end{bmatrix}=\begin{bmatrix}0 & 1 & 0\\ 0 & 0 & 1\\ -a_0 & -a_1 & -a_2\end{bmatrix}\begin{bmatrix}x_1(t)\\ x_2(t)\\ x_3(t)\end{bmatrix}+\begin{bmatrix}0\\ 0\\ 1\end{bmatrix}[f(t)] \tag{9-9}$$

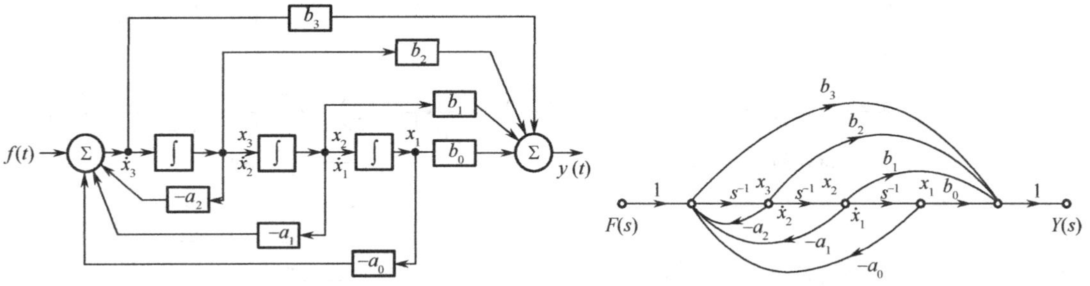


（a）直接型的模拟图

（b）直接型的信号流图

图 9-8

这种形式的状态方程常称为可控标准型或能控标准型。又由于在相位上 $x_3(t),x_2(t),x_1(t)$ 依次相差（超前）90°，故称 $x_1(t),x_2(t),x_3(t)$ 为**相位变量**（简称**相变量**）。由此建立状态方程与输出方程的方法，称为**相位变量法**或**相变量法**。

系统的输出方程为

$$\begin{aligned}y(t)&=b_0x_1(t)+b_1x_2(t)+b_2x_3(t)+b_3\dot{x}_3(t)\\&=b_0x_1(t)+b_1x_2(t)+b_2x_3(t)+b_3[-a_0x_1(t)-a_1x_1(t)-a_2x_3(t)+f(t)]\\&=(b_0-b_3a_0)x_1(t)+(b_1-b_3a_1)x_2(t)+(b_2-b_3a_2)x_3(t)+b_3f(t)\end{aligned}$$

写成矩阵形式为

$$[y(t)]=[b_0-b_3a_0 \quad b_1-b_3a_1 \quad b_2-b_3a_2]\begin{bmatrix}x_1(t)\\x_2(t)\\x_3(t)\end{bmatrix}+[b_3][f(t)] \tag{9-10}$$

故 $\boldsymbol{A}=\begin{bmatrix}0&1&0\\0&0&1\\-a_0&-a_1&-a_2\end{bmatrix}$，$\boldsymbol{B}=\begin{bmatrix}0\\0\\1\end{bmatrix}$，$\boldsymbol{C}=[b_0-b_3a_0 \quad b_1-b_3a_1 \quad b_2-b_3a_2]$，$\boldsymbol{D}=[b_3]$

式(9-9) 和式(9-10) 的列写规律及 $\boldsymbol{A},\boldsymbol{B},\boldsymbol{C},\boldsymbol{D}$ 4 个矩阵的特点是显而易见的,无须赘述。

特例:

(1) 若 $b_3=0$,则 $\boldsymbol{C}=[b_0 \quad b_1 \quad b_2]$，$\boldsymbol{D}=0$;

(2) 若 $b_3=b_2=0$,则 $\boldsymbol{C}=[b_0 \quad b_1 \quad 0]$，$\boldsymbol{D}=0$;

(3) 若 $b_3=b_2=b_1=0$,则 $\boldsymbol{C}=[b_0 \quad 0 \quad 0]$，$\boldsymbol{D}=0$。

但应注意 $\boldsymbol{A},\boldsymbol{B}$ 矩阵仍不改变。

**2. 并联型模拟——对角线变量法**

设一个三阶系统为

$$H(s)=\frac{b_3s^3+b_2s^2+b_1s+b_0}{s^3+a_2s^2+a_1s+a_0}$$

其极点为单极点 $p_1,p_2,p_3$,则可将 $H(s)$ 展开为部分分式,即

$$H(s)=b_3+\frac{K_1}{s-p_1}+\frac{K_2}{s-p_2}+\frac{K_3}{s-p_3}=b_3+\frac{K_1s^{-1}}{1-p_1s^{-1}}+\frac{K_2s^{-1}}{1-p_2s^{-1}}+\frac{K_3s^{-1}}{1-p_3s^{-1}} \tag{9-11}$$

式中,$K_1,K_2,K_3$ 为部分分式的待定系数,是可以求得的。与式(9-11) 相对应的并联型模拟图与信号流图如图 9-9 所示。选取每一个积分器的输出变量 $x_1(t),x_2(t),x_3(t)$ 作为状态变量(称为对角线变量),于是可列出系统的状态方程为

$$\left.\begin{aligned}\dot{x}_1(t)&=p_1x_1(t)+f(t)\\\dot{x}_2(t)&=p_2x_2(t)+f(t)\\\dot{x}_3(t)&=p_3x_3(t)+f(t)\end{aligned}\right\} \tag{9-12}$$

写成矩阵形式为

$$\begin{bmatrix}\dot{x}_1(t)\\\dot{x}_2(t)\\\dot{x}_3(t)\end{bmatrix}=\begin{bmatrix}p_1&0&0\\0&p_2&0\\0&0&p_3\end{bmatrix}\begin{bmatrix}x_1(t)\\x_2(t)\\x_3(t)\end{bmatrix}+\begin{bmatrix}1\\1\\1\end{bmatrix}f(t) \tag{9-13}$$

系统的输出方程为

$$y(t)=K_1x_1(t)+K_2x_2(t)+K_3x_3(t)+b_3[f(t)]$$

写成矩阵形式为

$$[y(t)]=[K_1 \quad K_2 \quad K_3]\begin{bmatrix}x_1(t)\\x_2(t)\\x_3(t)\end{bmatrix}+[b_3][f(t)] \tag{9-14}$$

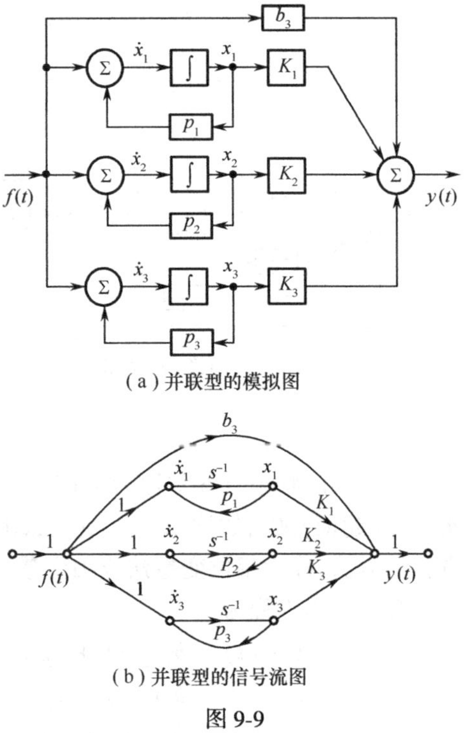

图 9-9

故 $$\boldsymbol{A}=\begin{bmatrix}p_1 & 0 & 0\\ 0 & p_2 & 0\\ 0 & 0 & p_3\end{bmatrix},\quad \boldsymbol{B}=\begin{bmatrix}1\\1\\1\end{bmatrix},\quad \boldsymbol{C}=[K_1\quad K_2\quad K_3],\quad \boldsymbol{D}=[b_3]$$

特例：若 $b_3=0$，则有 $\boldsymbol{D}=0$，但 $\boldsymbol{A},\boldsymbol{B},\boldsymbol{C}$ 矩阵仍不改变。

由以上结果可以看出，在并联型模拟（即取对角线变量）时，系统矩阵 $\boldsymbol{A}$ 为一对角阵，其对角线上的元素即为系统函数 $H(s)$ 的极点；控制矩阵 $\boldsymbol{B}$ 则为元素值均为 1 的列矩阵；输出矩阵 $\boldsymbol{C}$ 则为行矩阵，其元素值从左到右，依次为 $H(s)$ 的部分分式的系数。

### 3. 级联型模拟

设系统函数为 $$H(s)=\frac{2s+8}{s^3+6s^2+11s+6}=\frac{2}{s+1}\,\frac{s+4}{s+2}\,\frac{1}{s+3}=\frac{2s^{-1}}{1+s^{-1}}\,\frac{1+4s^{-1}}{1+2s^{-1}}\,\frac{s^{-1}}{1+3s^{-1}}$$

于是可画出其级联型模拟图与信号流图，如图 9-10 所示。选取每一个积分器的输出变量 $x_1(t)$，$x_2(t)$，$x_3(t)$ 作为状态变量，于是可列出系统的状态方程为

$$\begin{aligned}\dot{x}_1(t)&=-3x_1(t)+4x_2(t)+\dot{x}_2(t)\\&=-3x_1(t)+4x_2(t)+[2x_3(t)-2x_2(t)]\\&=-3x_1(t)+2x_2(t)+2x_3(t)\\\dot{x}_2(t)&=-2x_2(t)+2x_3(t)\\\dot{x}_3(t)&=-x_3(t)+f(t)\end{aligned}$$

写成矩阵形式为 $$\begin{bmatrix}\dot{x}_1(t)\\\dot{x}_2(t)\\\dot{x}_3(t)\end{bmatrix}=\begin{bmatrix}-3 & 2 & 2\\ 0 & -2 & 2\\ 0 & 0 & -1\end{bmatrix}\begin{bmatrix}x_1(t)\\x_2(t)\\x_3(t)\end{bmatrix}+\begin{bmatrix}0\\0\\1\end{bmatrix}f(t)$$

系统的输出方程为 $$y(t)=x_1(t)$$

写成矩阵形式为 $$[y(t)]=[1\quad 0\quad 0]\begin{bmatrix}x_1(t)\\x_2(t)\\x_3(t)\end{bmatrix}$$

故 $$\boldsymbol{A}=\begin{bmatrix}-3 & 2 & 2\\ 0 & -2 & 2\\ 0 & 0 & -1\end{bmatrix},\quad \boldsymbol{B}=\begin{bmatrix}0\\0\\1\end{bmatrix},\quad \boldsymbol{C}=[1\quad 0\quad 0],\quad \boldsymbol{D}=0$$

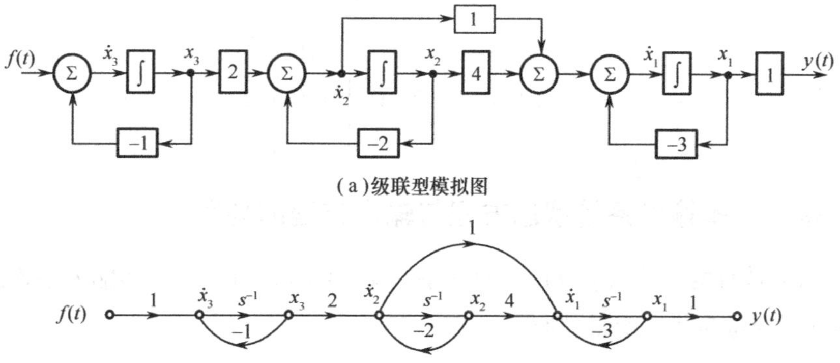

(a)级联型模拟图

(b)级联型信号流图

图 9-10

可见级联型模拟时,系统矩阵$\boldsymbol{A}$为一上三角矩阵,其对角线上的元素即为$H(s)$的极点,且其排列顺序正好与各子系统级联的顺序相反。$\boldsymbol{B},\boldsymbol{C},\boldsymbol{D}$矩阵的特点与规律显而易见。

最后需要指出,即使对同一系统,由于其模拟图(或信号流图)不是唯一的,因而其状态变量的选取也将不是唯一的,故其状态方程与输出方程以及$\boldsymbol{A}$、$\boldsymbol{B}$、$\boldsymbol{C}$、$\boldsymbol{D}$矩阵等,都会互不相同,但这不影响对系统特性分析所得结果的同一性。

**【例 9-4】** 列写出图 9-11 所示系统的状态方程与输出方程。

**解:**选$X_1(s),X_2(s),X_3(s)$为状态变量,则有

$$W(s)=X_3(s)+F(s)$$

即 $$w(t)=x_3(t)+f(t)$$

又 $$X_2(s)=\frac{1}{s+2}W(s)$$

即 $$sX_2(s)=-2X_2(s)+W(s)$$

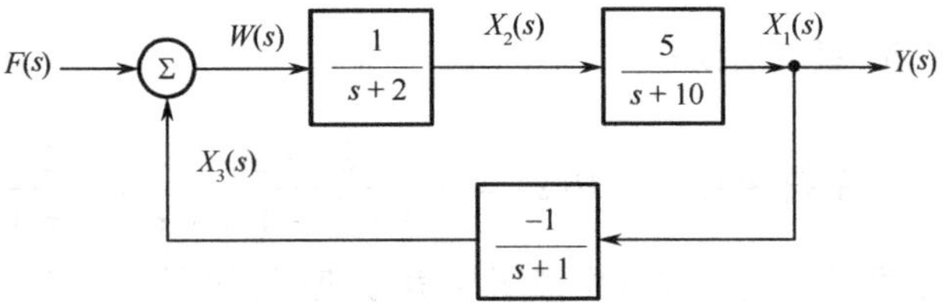


图 9-11

故 $$\dot{x}_2(t)=-2x_2(t)+w(t)=-2x_2(t)+x_3(t)+f(t) \quad ①$$

又 $$X_1(s)=\frac{5}{s+10}X_2(s)$$

即 $$sX_1(s)=-10X_1(s)+5X_2(s)$$

故 $$\dot{x}_1(t)=-10x_1(t)+5x_2(t) \quad ②$$

又 $$X_3(s)=\frac{-1}{s+1}X_1(s)$$

即 $$sX_3(s)=-X_1(s)-X_3(s)$$

故 $$\dot{x}_3(t)=-x_1(t)-x_3(t) \quad ③$$

故得状态方程为

$$\begin{bmatrix}\dot{x}_1(t)\\ \dot{x}_2(t)\\ \dot{x}_3(t)\end{bmatrix}=\begin{bmatrix}-10 & 5 & 0\\ 0 & -2 & 1\\ -1 & 0 & -1\end{bmatrix}\begin{bmatrix}x_1(t)\\ x_2(t)\\ x_3(t)\end{bmatrix}+\begin{bmatrix}0\\ 1\\ 0\end{bmatrix}f(t)$$

系统的输出方程为 $$y(t)=x_1(t)$$

写成矩阵形式为

$$[y(t)]=[1\quad 0\quad 0]\begin{bmatrix}x_1(t)\\ x_2(t)\\ x_3(t)\end{bmatrix}$$

### 9.2.3 多输入多输出系统状态方程与输出方程的列写

图 9-12 所示为具有两个输入$f_1(t),f_2(t)$和两个输出$y_1(t),y_2(t)$的多输入多输出系统。选取每个积分器的输出变量为状态变量,则有

$$\dot{x}_1(t)=-2x_1(t)+2f_1(t)+3f_2(t)$$
$$\dot{x}_2(t)=-3x_2(t)-2f_1(t)+3f_2(t)$$

故得矩阵形式的状态方程为

$$\begin{bmatrix}\dot{x}_1(t)\\ \dot{x}_2(t)\end{bmatrix}=\begin{bmatrix}-2 & 0\\ 0 & -3\end{bmatrix}\begin{bmatrix}x_1(t)\\ x_2(t)\end{bmatrix}+\begin{bmatrix}2 & 3\\ -2 & 3\end{bmatrix}\begin{bmatrix}f_1(t)\\ f_2(t)\end{bmatrix}$$

系统的输出方程为

$$y_1(t)=4x_1(t)$$

$$y_2(t)=y_1(t)+8x_2(t)=4x_1(t)+8x_2(t)$$

写成矩阵形式为 $\begin{bmatrix}y_1(t)\\ y_2(t)\end{bmatrix}=\begin{bmatrix}4 & 0\\ 4 & 8\end{bmatrix}\begin{bmatrix}x_1(t)\\ x_2(t)\end{bmatrix}$

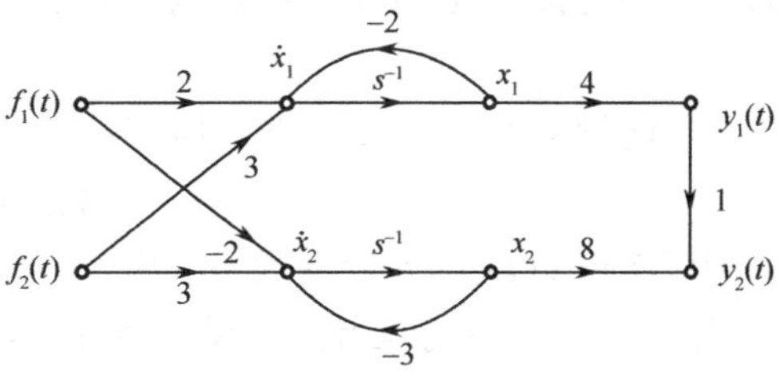


图 9-12

故得系统的系数矩阵为 $\boldsymbol{A}=\begin{bmatrix}-2 & 0\\ 0 & -3\end{bmatrix},\boldsymbol{B}=\begin{bmatrix}2 & 3\\ -2 & 3\end{bmatrix},\boldsymbol{C}=\begin{bmatrix}4 & 0\\ 4 & 8\end{bmatrix},\boldsymbol{D}=\begin{bmatrix}0 & 0\\ 0 & 0\end{bmatrix}$

# 9.3 连续系统状态方程与输出方程的 S 域解法

## 9.3.1 状态方程的 S 域求解

单边拉普拉斯变换是求线性微分方程的有力工具,用它来求解状态方程显得很容易。

对式(9-3) 求拉普拉斯变换得

$$s\boldsymbol{X}(s)-\boldsymbol{x}(0^-)=\boldsymbol{AX}(s)+\boldsymbol{BF}(s)$$

即

$$\{s\boldsymbol{I}-\boldsymbol{A}\}\boldsymbol{X}(s)=\boldsymbol{x}(0^-)+\boldsymbol{BF}(s)$$

式中,$\boldsymbol{X}(s)=\mathscr{L}[x(t)]$,$\boldsymbol{F}(s)=\mathscr{L}[f(t)]$,$\boldsymbol{x}(0^-)$ 为初始状态向量,$\boldsymbol{I}$ 为与 $\boldsymbol{A}$ 同阶的单位矩阵。对上式等号两端同时左乘以矩阵 $(s\boldsymbol{I}-\boldsymbol{A})^{-1}$,得

$$\begin{aligned}\boldsymbol{X}(s)&=(s\boldsymbol{I}-\boldsymbol{A})^{-1}\boldsymbol{x}(0^-)+(s\boldsymbol{I}-\boldsymbol{A})^{-1}\boldsymbol{BF}(s)\\&=\underbrace{\boldsymbol{\Phi}(s)\boldsymbol{x}(0^-)}_{\text{零输入解}}+\underbrace{\boldsymbol{\Phi}(s)\boldsymbol{BF}(s)}_{\text{零状态解}}\end{aligned} \quad (9\text{-}15a)$$

或

$$\boldsymbol{X}(s)=\boldsymbol{X}_x(s)+\boldsymbol{X}_f(s) \quad (9\text{-}15b)$$

式中 $\boldsymbol{\Phi}(s)=(s\boldsymbol{I}-\boldsymbol{A})^{-1}$,称为状态预解矩阵,其阶数为 $n\times n$ 阶,即与 $\boldsymbol{A}$ 同阶;

$\boldsymbol{X}_x(s)=\boldsymbol{\Phi}(s)\boldsymbol{x}(0^-)$ 称为状态向量 $\boldsymbol{x}(t)$ 的 S 域零输入解;

$\boldsymbol{X}_f(s)=\boldsymbol{\Phi}(s)\boldsymbol{BF}(s)$ 称为状态向量 $\boldsymbol{x}(t)$ 的 S 域零状态解。

对式(9-15) 进行拉普拉斯反变换,即得状态向量的时域解为

$$\boldsymbol{x}(t)=\boldsymbol{\varphi}(t)\boldsymbol{x}(0^-)+\mathscr{L}^{-1}\{\boldsymbol{\Phi}(s)\boldsymbol{BF}(s)\} \quad (9\text{-}16)$$

式中

$$\boldsymbol{\varphi}(t)=\mathscr{L}^{-1}[\boldsymbol{\Phi}(s)]$$

称为状态转移矩阵。$\boldsymbol{\varphi}(t)$ 与 $\boldsymbol{\Phi}(s)$ 为一对拉普拉斯变换,即 $\boldsymbol{\varphi}(t)\leftrightarrow\boldsymbol{\Phi}(s)$。

## 9.3.2 输出方程的 S 域解法与转移函数矩阵 H(s)

对式(9-4) 求拉普拉斯变换并将式(9-15a) 代入,即得响应向量 $\boldsymbol{y}(t)$ 的 S 域解为

$$\begin{aligned}\boldsymbol{Y}(s)&=\boldsymbol{CX}(s)+\boldsymbol{DF}(s)\\&=\boldsymbol{C\Phi}(s)\boldsymbol{x}(0^-)+\{\boldsymbol{C\Phi}(s)\boldsymbol{B}+\boldsymbol{D}\}\boldsymbol{F}(s)\\&=\underbrace{\boldsymbol{C\Phi}(s)\boldsymbol{x}(0^-)}_{\text{零输入响应}}+\underbrace{\boldsymbol{H}(s)\boldsymbol{F}(s)}_{\text{零状态响应}}\end{aligned} \quad (9\text{-}17a)$$

或

$$\boldsymbol{Y}(s)=\boldsymbol{Y}_x(s)+\boldsymbol{Y}_f(s) \quad (9\text{-}17b)$$

式中

$$\boldsymbol{H}(s)=\boldsymbol{C\Phi}(s)\boldsymbol{B}+\boldsymbol{D} \quad (9\text{-}18)$$

称为系统的转移函数矩阵，其阶数为 $r \times m$ 阶，即与 $\boldsymbol{D}$ 同阶；

$$\boldsymbol{Y}_x(s) = \boldsymbol{C\Phi}(s)\boldsymbol{x}(0^-) \tag{9-19}$$

称为响应向量 $\boldsymbol{y}(t)$ 的 $S$ 域零输入响应；

$$\boldsymbol{Y}_f(s) = \boldsymbol{H}(s)\boldsymbol{F}(s) \tag{9-20}$$

称为响应向量 $\boldsymbol{y}(t)$ 的 $S$ 域零状态响应。

对式(9-17a) 进行拉普拉斯反变换，即得响应向量的时域解为

$$\boldsymbol{y}(t) = \underbrace{\boldsymbol{C\varphi}(t)\boldsymbol{x}(0^-)}_{\text{零输入响应}} + \underbrace{\mathscr{L}^{-1}[\boldsymbol{H}(s)\boldsymbol{F}(s)]}_{\text{零状态响应}} \tag{9-21}$$

或对式(9-19) 和式(9-20) 进行拉普拉斯反变换，即得

$$\boldsymbol{y}_x(t) = \boldsymbol{C\varphi}(t)\boldsymbol{x}(0^-) \tag{9-22}$$

$$\boldsymbol{y}_f(t) = \mathscr{L}^{-1}[\boldsymbol{H}(s)\boldsymbol{F}(s)] \tag{9-23}$$

### 9.3.3 转移函数矩阵 $\boldsymbol{H}(s)$ 的物理意义

图 9-13(a) 所示为具有 $m$ 个激励、$r$ 个响应的多输入多输出零状态系统。令

$$\boldsymbol{H}(s) = \begin{bmatrix} H_{11}(s) & H_{12}(s) & \cdots & H_{1m}(s) \\ H_{21}(s) & H_{12}(s) & \cdots & H_{2m}(s) \\ \vdots & \vdots & & \vdots \\ H_{r1}(s) & H_{r2}(s) & \cdots & H_{rm}(s) \end{bmatrix}_{r\times m}$$

式中，$H_{ij}(s) = \dfrac{Y_i(s)}{F_j(s)}(i=1,2,\cdots,r;j=1,2,\cdots,m)$ 为当激励$f_j(t)$ 单独作用时，响应 $y_i(t)$ 与激励$f_j(t)$ 的转移函数，如图 9-13(b) 所示。

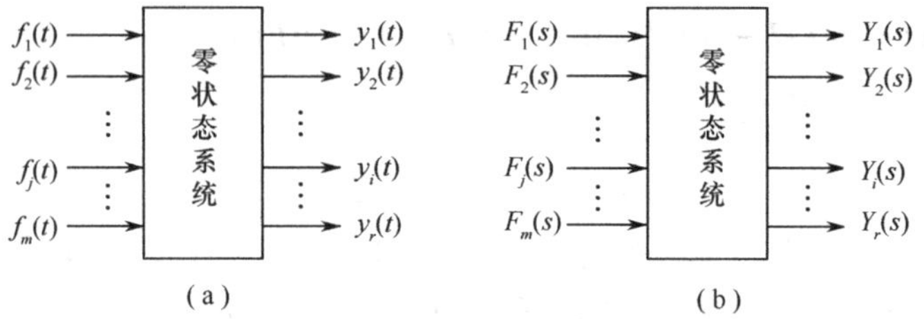


图 9-13

### 9.3.4 矩阵 $\boldsymbol{A}$ 的特征值与系统的固有频率

将式(9-18) 加以改写，即

$$\boldsymbol{H}(s) = \boldsymbol{C}(s\boldsymbol{I}-\boldsymbol{A})^{-1}\boldsymbol{B}+\boldsymbol{D} = \frac{\boldsymbol{C}\text{adj}(s\boldsymbol{I}-\boldsymbol{A})}{\det(s\boldsymbol{I}-\boldsymbol{A})}\boldsymbol{B}+\boldsymbol{D} = \frac{\boldsymbol{C}\text{adj}(s\boldsymbol{I}-\boldsymbol{A})\boldsymbol{B}+|s\boldsymbol{I}-\boldsymbol{A}|\boldsymbol{D}}{\det(s\boldsymbol{I}-\boldsymbol{A})} \tag{9-24}$$

式中，$\text{adj}(s\boldsymbol{I}-\boldsymbol{A})$ 为矩阵$(s\boldsymbol{I}-\boldsymbol{A})$ 的伴随矩阵；矩阵$(s\boldsymbol{I}-\boldsymbol{A})$ 称为矩阵 $\boldsymbol{A}$ 的特征矩阵；行列式 $|s\boldsymbol{I}-\boldsymbol{A}|$ 的展开式称为矩阵$\boldsymbol{A}$的特征多项式；$|s\boldsymbol{I}-\boldsymbol{A}|=0$称为矩阵$\boldsymbol{A}$的特征方程(即系统的特征方程)。特征方程的根即为矩阵 $\boldsymbol{A}$ 的特征值，即 $\boldsymbol{H}(s)$ 中每一个元素 $H_{ij}(s)$ 的极点称为系统的固有频率，也称为矩阵 $\boldsymbol{A}$ 的特征根。

**【例 9-5】** 已知系统的状态方程与输出方程为

$$\begin{bmatrix} \dot{x}_1(t) \\ \dot{x}_2(t) \end{bmatrix} = \begin{bmatrix} -1 & 0 \\ 1 & -3 \end{bmatrix}\begin{bmatrix} x_1(t) \\ x_2(t) \end{bmatrix} + \begin{bmatrix} 1 \\ 0 \end{bmatrix}[f(t)]$$

$$[y(t)]=\begin{bmatrix}-\frac{1}{2} & 1\end{bmatrix}\begin{bmatrix}x_1(t)\\x_2(t)\end{bmatrix}+[1][f(t)]$$

系统的激励$f(t)=U(t)$，初始状态$\begin{bmatrix}x_1(0^-)\\x_2(0^-)\end{bmatrix}=\begin{bmatrix}1\\2\end{bmatrix}$。

求：(1)$\boldsymbol{\varphi}(t)$；(2)$\boldsymbol{x}(t)$；(3)$\boldsymbol{H}(s)$；(4) 全响应$\boldsymbol{y}(t)$。

**解**：(1)
$$\boldsymbol{\Phi}(s)=(s\boldsymbol{I}-\boldsymbol{A})^{-1}=\left\{s\begin{bmatrix}1&0\\0&1\end{bmatrix}-\begin{bmatrix}-1&0\\0&-3\end{bmatrix}\right\}^{-1}$$
$$=\begin{bmatrix}s+1&0\\-1&s+3\end{bmatrix}^{-1}=\frac{1}{(s+1)(s+3)}\begin{bmatrix}s+3&0\\1&s+1\end{bmatrix}$$
$$=\begin{bmatrix}\frac{1}{s+1}&0\\\frac{1}{(s+1)(s+3)}&\frac{1}{s+3}\end{bmatrix}=\begin{bmatrix}\frac{1}{s+1}&0\\\frac{1/2}{s+1}-\frac{1/2}{s+3}&\frac{1}{s+3}\end{bmatrix}$$

故得
$$\boldsymbol{\varphi}(t)=\begin{bmatrix}e^{-t}&0\\\frac{1}{2}(e^{-t}-e^{-3t})&e^{-3t}\end{bmatrix}$$

(2) $\boldsymbol{x}(t)=\boldsymbol{\varphi}(t)\boldsymbol{x}(0^-)+\mathscr{L}^{-1}[\boldsymbol{\Phi}(s)\boldsymbol{BF}(s)]$
$$=\begin{bmatrix}e^{-t}&0\\\frac{1}{2}(e^{-t}-e^{-3t})&e^{-3t}\end{bmatrix}\begin{bmatrix}1\\2\end{bmatrix}+\mathscr{L}^{-1}\left\{\begin{bmatrix}\frac{1}{s+1}&0\\\frac{1/2}{s+1}-\frac{1/2}{s+3}&\frac{1}{s+3}\end{bmatrix}\begin{bmatrix}1\\0\end{bmatrix}\cdot\frac{1}{s}\right\}$$
$$=\begin{bmatrix}e^{-t}\\\frac{1}{2}(e^{-t}+3e^{-3t})\end{bmatrix}+\mathscr{L}^{-1}\begin{bmatrix}\frac{1}{s}-\frac{1}{s+1}\\\frac{1}{6}\left(\frac{2}{s}-\frac{3}{s+1}+\frac{1}{s+3}\right)\end{bmatrix}$$
$$=\begin{bmatrix}e^{-t}\\\frac{1}{2}(e^{-t}+3e^{-3t})\end{bmatrix}+\begin{bmatrix}1-e^{-t}\\\frac{1}{6}(2-3e^{-t}+e^{-3t})\end{bmatrix}=\begin{bmatrix}1\\\frac{1}{3}(1+5e^{-3t})\end{bmatrix}U(t)$$

(3)
$$\boldsymbol{H}(s)=\boldsymbol{C\Phi}(s)\boldsymbol{B}+\boldsymbol{D}=1-\frac{1/2}{s+3}$$

(4)
$$\boldsymbol{F}(s)=\mathscr{L}[U(t)]=1/s$$
$$\boldsymbol{y}(t)=\boldsymbol{C\varphi}(t)\boldsymbol{x}(0^-)+\mathscr{L}^{-1}[\boldsymbol{H}(s)\boldsymbol{F}(s)]$$
$$=\Big[\underbrace{\frac{3}{2}e^{-3t}}_{\text{零输入响应}}+\underbrace{\frac{1}{6}(5+e^{-3t})}_{\text{零状态响应}}\Big]U(t)=\frac{5}{6}(1+2e^{-3t})U(t)$$

**【例 9-6】** 求下列各矩阵$\boldsymbol{A}$的特征值(即系统的固有频率)。

(1) $\boldsymbol{A}=\begin{bmatrix}0&2\\-1&-2\end{bmatrix}$ (2) $\boldsymbol{A}=\begin{bmatrix}-2&0&0\\0&-1&0\\0&0&-3\end{bmatrix}$ (3) $\boldsymbol{A}=\begin{bmatrix}0&1&0\\0&0&1\\0&-2&-3\end{bmatrix}$

**解**：(1) $|s\boldsymbol{I}-\boldsymbol{A}|=\left|s\begin{bmatrix}1&0\\0&1\end{bmatrix}-\begin{bmatrix}0&2\\-1&-2\end{bmatrix}\right|=s^2+2s+2=(s+1-\mathrm{j}1)(s+1+\mathrm{j}1)=0$

故得特征值(系统的固有频率)为 $p_1=-1+\mathrm{j}1, p_2=-1-\mathrm{j}1=p_1^*$。

$$(2)\quad |s\boldsymbol{I}-\boldsymbol{A}|=\left|s\begin{bmatrix}1&0&0\\0&1&0\\0&0&1\end{bmatrix}-\begin{bmatrix}-2&0&0\\0&-1&0\\0&0&-3\end{bmatrix}\right|=(s+1)(s+2)(s+3)=0$$

故得特征值为 $p_1=-2, p_2=-1, p_3=-3$。可见,当 $\boldsymbol{A}$ 为对角阵时,其对角线上的元素值即为 $\boldsymbol{A}$ 的特征值。

$$(3)\quad |s\boldsymbol{I}-\boldsymbol{A}|=\left|s\begin{bmatrix}1&0&0\\0&1&0\\0&0&1\end{bmatrix}-\begin{bmatrix}0&1&0\\0&0&1\\0&-2&-3\end{bmatrix}\right|=s(s+1)(s+2)=0$$

故得特征值为 $p_1=0, p_2=-1, p_3=-2$。

**【例 9-7】** 求图 9-14 所示电路的固有频率。

**解:** 以 $x_1(t), x_2(t)$ 为状态变量,列出状态方程为

$$\begin{bmatrix}\dot{x}_1(t)\\\dot{x}_2(t)\end{bmatrix}=\begin{bmatrix}-7/2&3/2\\1/2&-5/2\end{bmatrix}\begin{bmatrix}x_1(t)\\x_2(t)\end{bmatrix}+\begin{bmatrix}2\\0\end{bmatrix}[f(t)]$$

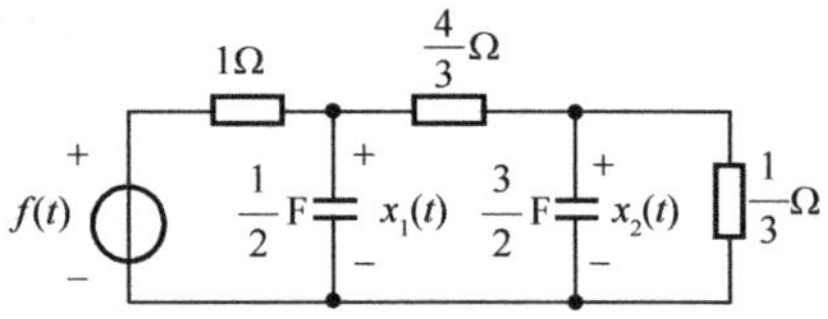

图 9-14

故 $$\det(s\boldsymbol{I}-\boldsymbol{A})=\det\left(s\begin{bmatrix}1&0\\0&1\end{bmatrix}-\begin{bmatrix}-7/2&3/2\\1/2&-5/2\end{bmatrix}\right)$$

$$=(s+2)(s+4)=0$$

得电路的固有频率为 $p_1=-2, p_2=-4$。

**【例 9-8】** 图 9-15 所示系统。(1) 列写系统的状态方程与输出方程;(2) 求系统的转移函数矩阵 $\boldsymbol{H}(s)$;(3) 求系统的微分方程。

**解:**(1) 选每一个积分器的输出信号 $x_1(t), x_2(t), x_3(t)$ 作为状态变量,则可列出状态方程为

$$\dot{x}_1(t)=-x_1(t)+f_1(t)+2f_2(t)$$

$$\dot{x}_2(t)=-2x_2(t)-f_1(t)+f_2(t)$$

$$\dot{x}_3(t)=-2x_3(t)+f_2(t)$$

即 $$\begin{bmatrix}\dot{x}_1(t)\\\dot{x}_2(t)\\\dot{x}_3(t)\end{bmatrix}=\begin{bmatrix}-1&0&0\\0&-2&0\\0&0&-2\end{bmatrix}\begin{bmatrix}x_1(t)\\x_2(t)\\x_3(t)\end{bmatrix}+\begin{bmatrix}1&2\\-1&1\\0&1\end{bmatrix}\begin{bmatrix}f_1(t)\\f_2(t)\end{bmatrix}$$

系统的输出方程为 $y_1(t)=x_1(t)+x_2(t)$

$$y_2(t)=2x_1(t)-4x_3(t)$$

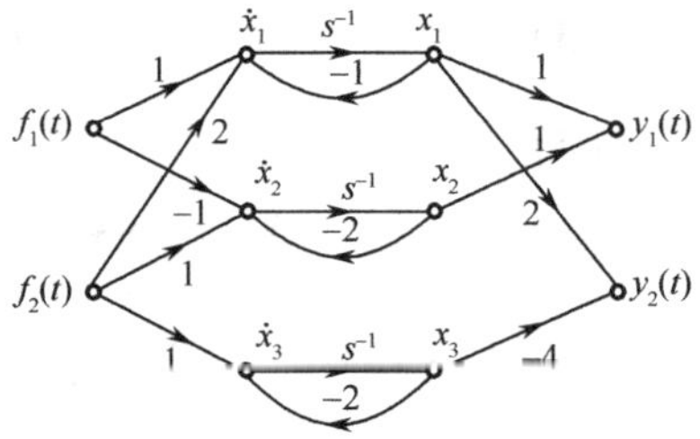

图 9-15

即 $$\begin{bmatrix}y_1(t)\\y_2(t)\end{bmatrix}=\begin{bmatrix}1&1&0\\2&0&-4\end{bmatrix}\begin{bmatrix}x_1(t)\\x_2(t)\\x_3(t)\end{bmatrix}$$

(2) $$\boldsymbol{H}(s)=\boldsymbol{C}(s\boldsymbol{I}-\boldsymbol{A})^{-1}\boldsymbol{B}+\boldsymbol{D}=\frac{1}{s^2+3s+2}\begin{bmatrix}1&3s+5\\2s+4&4\end{bmatrix}$$

(3) $$\boldsymbol{Y}(s)=\boldsymbol{H}(s)\boldsymbol{F}(s)$$

即 $$\begin{bmatrix}Y_1(s)\\Y_2(s)\end{bmatrix}=\frac{1}{s^2+3s+2}\begin{bmatrix}1&3s+5\\2s+4&4\end{bmatrix}\begin{bmatrix}F_1(s)\\F_2(s)\end{bmatrix}$$

得 $$Y_1(s)=\frac{1}{s^2+3s+2}F_1(s)+\frac{3s+5}{s^2+3s+2}F_2(s)$$

$$Y_2(s)=\frac{2s+4}{s^2+3s+2}F_1(s)+\frac{4}{s^2+3s+2}F_2(s)$$

故得系统的微分方程为

$$(p^2+3p+2)y_1(t)=f_1(t)+(3p+5)f_2(t)$$
$$(p^2+3p+2)y_2(t)=(2p+4)f_1(t)+4f_2(t)$$

**【例 9-9】** 已知系统的状态方程与输出方程为

$$\begin{bmatrix}\dot{x}_1(t)\\ \dot{x}_2(t)\\ \dot{x}_3(t)\end{bmatrix}=\begin{bmatrix}-1&0&0\\0&-2&0\\0&0&-3\end{bmatrix}\begin{bmatrix}x_1(t)\\x_2(t)\\x_3(t)\end{bmatrix}+\begin{bmatrix}0\\1\\1\end{bmatrix}[f(t)]\qquad y(t)=[1\quad 1\quad 0]\begin{bmatrix}x_1(t)\\x_2(t)\\x_3(t)\end{bmatrix}$$

(1) 画出系统的信号流图;(2) 求 $\boldsymbol{H}(s)$ 与 $\boldsymbol{h}(t)$;(3) 已知系统的初始状态为 $\begin{bmatrix}x_1(0^-)\\x_2(0^-)\\x_3(0^-)\end{bmatrix}=\begin{bmatrix}1\\1\\1\end{bmatrix}$,求系统的零输入响应 $y_x(t)$。

**解:**(1) 为了清晰地画出系统的信号流图,可将所给出的状态方程与输出方程改写成线性代数方程组的形式,即

$$\begin{cases}\dot{x}_1(t)=-x_1(t)\\ \dot{x}_2(t)=-2x_2(t)+f(t)\\ \dot{x}_3(t)=-3x_3(t)+f(t)\end{cases}$$
$$y(t)=x_1(t)+x_2(t)$$

根据以上 4 个算式即可画出与之对应的信号流图,如图 9-16 所示。

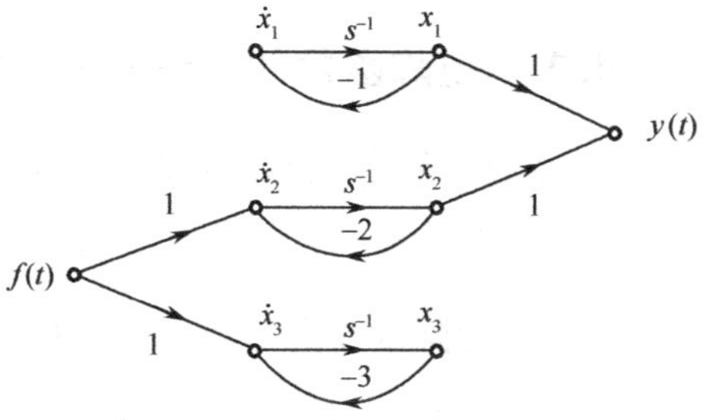

图 9-16

(2) $$\boldsymbol{H}(s)=\frac{\boldsymbol{Y}(s)}{\boldsymbol{F}(s)}=\boldsymbol{C}(s\boldsymbol{I}-\boldsymbol{A})^{-1}\boldsymbol{B}+\boldsymbol{D}=\frac{1}{s+2}$$

故得

$$h(t)=\mathrm{e}^{-2t}U(t)$$

(3)

$$\boldsymbol{Y}_x(s)=\boldsymbol{C}(s\boldsymbol{I}-\boldsymbol{A})^{-1}\boldsymbol{x}(0^-)=\frac{1}{s+1}+\frac{1}{s+2}$$

故得

$$y_x(t)=\mathrm{e}^{-t}+\mathrm{e}^{-2t}\qquad t\geqslant 0$$

# 9.4 连续系统状态方程与输出方程的时域解法

## 9.4.1 状态方程的时域求解

将式(9-3) 的等号两端同时左乘以 $\mathrm{e}^{-\boldsymbol{A}t}$,得

$$\mathrm{e}^{-\boldsymbol{A}t}\dot{x}(t)=\mathrm{e}^{-\boldsymbol{A}t}\boldsymbol{A}x(t)+\mathrm{e}^{-\boldsymbol{A}t}\boldsymbol{B}f(t)$$

即

$$\mathrm{e}^{-\boldsymbol{A}t}\dot{x}(t)-\mathrm{e}^{-\boldsymbol{A}t}\boldsymbol{A}x(t)=\mathrm{e}^{-\boldsymbol{A}t}\boldsymbol{B}f(t)$$

则

$$\frac{\mathrm{d}}{\mathrm{d}t}[\mathrm{e}^{-\boldsymbol{A}t}x(t)]=\mathrm{e}^{-\boldsymbol{A}t}\boldsymbol{B}f(t)$$

对上式等号两端同时进行积分,即

$$\int_{0^-}^{t} \frac{\mathrm{d}}{\mathrm{d}\tau}[\mathrm{e}^{-\boldsymbol{A}t}\boldsymbol{x}(\tau)]\mathrm{d}\tau = \int_{0^-}^{t} \mathrm{e}^{-\boldsymbol{A}t}\boldsymbol{B}f(\tau)\mathrm{d}\tau$$

得
$$\mathrm{e}^{-\boldsymbol{A}t}\boldsymbol{x}(\tau)\Big|_{0^-}^{t} = \int_{0^-}^{t} \mathrm{e}^{-\boldsymbol{A}t}\boldsymbol{B}f(\tau)\mathrm{d}\tau$$

故
$$\mathrm{e}^{-\boldsymbol{A}t}\boldsymbol{x}(t) - \boldsymbol{x}(0^-) = \int_{0^-}^{t} \mathrm{e}^{-\boldsymbol{A}\tau}\boldsymbol{B}f(\tau)\mathrm{d}\tau$$

即
$$\mathrm{e}^{-\boldsymbol{A}t}\boldsymbol{x}(t) = \boldsymbol{x}(0^-) + \int_{0^-}^{t} \mathrm{e}^{-\boldsymbol{A}\tau}\boldsymbol{B}f(\tau)\mathrm{d}\tau$$

将上式等号两端同时左乘以矩阵指数函数 $\mathrm{e}^{\boldsymbol{A}t}$,即得状态向量的时域解为

$$\boldsymbol{x}(t) = \mathrm{e}^{\boldsymbol{A}t}\boldsymbol{x}(0^-) + \int_{0^-}^{t} \mathrm{e}^{\boldsymbol{A}(t-\tau)}\boldsymbol{B}f(\tau)\mathrm{d}\tau = \underbrace{\mathrm{e}^{\boldsymbol{A}t}\boldsymbol{x}(0^-)}_{\text{零输入解}} + \underbrace{\mathrm{e}^{\boldsymbol{A}t}\boldsymbol{B}*f(t)}_{\text{零状态解}} \tag{9-25}$$

式中,符号“ * ”表示卷积。

式(9-25)具有明确的物理意义,即系统在任意时刻 $t$ 的状态 $\boldsymbol{x}(t)$ 由两部分组成:一部分是初始状态 $\boldsymbol{x}(0^-)$ 转移到 $t$ 时刻的分量 $\mathrm{e}^{\boldsymbol{A}t}\boldsymbol{x}(0^-)$,故称 $\mathrm{e}^{\boldsymbol{A}t}$ 为状态转移矩阵;另一部分是由激励 $f(t)$ 引起的分量 $\mathrm{e}^{\boldsymbol{A}t}\boldsymbol{B}*f(t)$。这就是说,给系统施以激励 $f(t)$,在 $f(t)$ 的作用下,通过状态转移矩阵 $\mathrm{e}^{\boldsymbol{A}t}$(注意,$\mathrm{e}^{\boldsymbol{A}t}$ 描述的仅是系统本身的特性),即可将系统从初始状态 $\boldsymbol{x}(0^-)$ 转移到任意时刻 $t$ 的状态 $\boldsymbol{x}(t)$。深刻理解 $\mathrm{e}^{\boldsymbol{A}t}$ 的物理意义,对于后面研究的系统的可控性问题会有裨益。

### 9.4.2 矩阵函数的卷积与 $\mathrm{e}^{\boldsymbol{A}t}$ 的求解

从式(9-25)中看出,欲求得状态向量 $\boldsymbol{x}(t)$,一是必须知道 $\mathrm{e}^{\boldsymbol{A}t}$,二是必须进行矩阵卷积的运算。下面分别进行介绍。

设有两个矩阵函数为
$$\boldsymbol{f}(t) = \begin{bmatrix} f_{11}(t) & f_{12}(t) \\ f_{21}(t) & f_{22}(t) \end{bmatrix}, \quad \boldsymbol{g}(t) = \begin{bmatrix} g_{11}(t) \\ g_{21}(t) \end{bmatrix}$$

则这两者卷积的运算规则,与两矩阵的乘法运算规则完全相同,即

$$\boldsymbol{f}(t) * \boldsymbol{g}(t) = \begin{bmatrix} f_{11}(t) & f_{12}(t) \\ f_{21}(t) & f_{22}(t) \end{bmatrix} * \begin{bmatrix} g_{11}(t) \\ g_{21}(t) \end{bmatrix} = \begin{bmatrix} f_{11}(t) * g_{11}(t) + f_{12}(t) * g_{21}(t) \\ f_{21}(t) * g_{11}(t) + f_{22}(t) * g_{21}(t) \end{bmatrix}$$

欲求得 $\mathrm{e}^{\boldsymbol{A}t}$,可将式(9-25)与式(9-16)加以比较,即可看出

$$\mathrm{e}^{\boldsymbol{A}t} = \boldsymbol{\varphi}(t) = \mathscr{L}^{-1}[\boldsymbol{\Phi}(s)] = \mathscr{L}^{-1}(s\boldsymbol{I} - \boldsymbol{A})^{-1} \tag{9-26}$$

同时又可得
$$\boldsymbol{\Phi}(s) = \mathscr{L}[\mathrm{e}^{\boldsymbol{A}t}] \tag{9-27}$$

即 $\boldsymbol{\Phi}(s)$ 与 $\mathrm{e}^{\boldsymbol{A}t} = \boldsymbol{\varphi}(t)$ 为一对拉普拉斯变换,即有

$$\boldsymbol{\varphi}(t) \leftrightarrow \boldsymbol{\Phi}(s)$$

### 9.4.3 输出方程的时域解与单位冲激响应矩阵 $\boldsymbol{h}(t)$

将式(9-25)代入式(9-4),即得响应向量的时域解为

$$\boldsymbol{y}(t) = \boldsymbol{C}\{\mathrm{e}^{\boldsymbol{A}t}\boldsymbol{x}(0^-) + \mathrm{e}^{\boldsymbol{A}t}\boldsymbol{B} * \boldsymbol{f}(t)\} + \boldsymbol{D}\boldsymbol{f}(t) \tag{9-28}$$

因为 $\delta(t) * f(t) = f(t)$,仿此,引入一个 $m \times m$($m$ 为系统激励的个数)阶的单位冲激激励对角矩阵 $\boldsymbol{\delta}(t)$,即

$$\boldsymbol{\delta}(t) = \begin{bmatrix} \delta(t) & & & & 0 \\ & \ddots & & & \\ & & \delta(t) & & \\ & & & \ddots & \\ 0 & & & & \delta(t) \end{bmatrix}_{m\times m}$$

则有 $\boldsymbol{\delta}(t)*\boldsymbol{f}(t)=\boldsymbol{f}(t)$。于是可将式(9-28)改写为

$$\begin{aligned}\boldsymbol{y}(t)&=\boldsymbol{C}\mathrm{e}^{\boldsymbol{A}t}\boldsymbol{x}(0^-)+\boldsymbol{C}\mathrm{e}^{\boldsymbol{A}t}\boldsymbol{B}*\boldsymbol{f}(t)+\boldsymbol{D}\boldsymbol{\delta}(t)*\boldsymbol{f}(t)\\&=\boldsymbol{C}\mathrm{e}^{\boldsymbol{A}t}\boldsymbol{x}(0^-)+\{\boldsymbol{C}\mathrm{e}^{\boldsymbol{A}t}\boldsymbol{B}+\boldsymbol{D}\boldsymbol{\delta}(t)\}*\boldsymbol{f}(t)\\&=\underbrace{\boldsymbol{C}\mathrm{e}^{\boldsymbol{A}t}\boldsymbol{x}(0^-)}_{\text{零输入响应}}+\underbrace{\boldsymbol{h}(t)*\boldsymbol{f}(t)}_{\text{零状态响应}}\end{aligned}$$

式中

$$\boldsymbol{h}(t)=\boldsymbol{C}\mathrm{e}^{\boldsymbol{A}t}\boldsymbol{B}+\boldsymbol{D}\boldsymbol{\delta}(t)=\boldsymbol{C}\boldsymbol{\varphi}(t)\boldsymbol{B}+\boldsymbol{D}\boldsymbol{\delta}(t)\tag{9-29}$$

称为系统的单位冲激响应矩阵，为 $r\times m$ 阶，即与 $\boldsymbol{D}$ 同阶。

将式(9-29)进行拉普拉斯变换得

$$\mathscr{L}[\boldsymbol{h}(t)]=\boldsymbol{H}(s)=\boldsymbol{C}\boldsymbol{\Phi}(s)\boldsymbol{B}+\boldsymbol{D}\tag{9-30}$$

可见 $h(t)$ 与 $H(s)$ 为一对拉普拉斯变换。故又得

$$\boldsymbol{h}(t)=\mathscr{L}^{-1}[\boldsymbol{H}(s)]$$

即有

$$h(t)\to H(s)$$

### *9.4.4 状态转移矩阵 $\boldsymbol{\varphi}(t)=\mathrm{e}^{\boldsymbol{A}t}$ 的性质

前面已指出，状态转移矩阵 $\boldsymbol{\varphi}(t)=\mathrm{e}^{\boldsymbol{A}t}$ 描述的是系统本身的特性(即转移特性)，在系统分析中起着重要作用。它具有以下重要性质：

(1)
$$\boldsymbol{\varphi}(0)=\mathrm{e}^{\boldsymbol{A}\cdot 0}=\boldsymbol{I}\tag{9-31}$$

(2)
$$\boldsymbol{\varphi}(t-t_0)=\boldsymbol{\varphi}(t-t_1)\boldsymbol{\varphi}(t_1-t_0)\tag{9-32}$$

**证明：** $\boldsymbol{\varphi}(t-t_0)=\mathrm{e}^{\boldsymbol{A}(t-t_0)}=\mathrm{e}^{\boldsymbol{A}t}\mathrm{e}^{-\boldsymbol{A}t_0}\mathrm{e}^{-\boldsymbol{A}t_1}\mathrm{e}^{\boldsymbol{A}t_1}=\mathrm{e}^{\boldsymbol{A}(t-t_1)}\mathrm{e}^{\boldsymbol{A}(t_1-t_0)}=\boldsymbol{\varphi}(t-t_1)\boldsymbol{\varphi}(t_1-t_0)$ [证毕]

(3)
$$\boldsymbol{\varphi}(t_1+t_2)=\boldsymbol{\varphi}(t_1)\boldsymbol{\varphi}(t_2)\tag{9-33}$$

**证明：**
$$\boldsymbol{\varphi}(t_1+t_2)=\mathrm{e}^{\boldsymbol{A}(t_1+t_2)}=\mathrm{e}^{\boldsymbol{A}t_1}\mathrm{e}^{\boldsymbol{A}t_2}=\boldsymbol{\varphi}(t_1)\boldsymbol{\varphi}(t_2)$$ [证毕]

(4)
$$[\boldsymbol{\varphi}(t)]^{-1}=\boldsymbol{\varphi}(-t)\tag{9-34}$$

**证明：**因有
$$\boldsymbol{\varphi}(t-t_0)\boldsymbol{\varphi}(t_0-t)=\boldsymbol{I}$$

对式(9-34)等号两端同时左乘以 $[\boldsymbol{\varphi}(t-t_0)]^{-1}$，即有

$$\boldsymbol{\varphi}(t_0-t)=[\boldsymbol{\varphi}(t-t_0)]^{-1}$$

令 $t_0=0$，即得
$$[\boldsymbol{\varphi}(t)]^{-1}=\boldsymbol{\varphi}(-t)$$ [证毕]

(5)
$$[\boldsymbol{\varphi}(t)]^n=\boldsymbol{\varphi}(nt)\tag{9-35}$$

**证明：**令式(9-33)中的 $t_1=t_2=t$，即有

$$\boldsymbol{\varphi}(2t)=\boldsymbol{\varphi}(t)\boldsymbol{\varphi}(t)=[\boldsymbol{\varphi}(t)]^2$$ [证毕]

重复应用此关系式，即得式(9-35)。

(6)
$$\frac{\mathrm{d}}{\mathrm{d}t}\mathrm{e}^{\boldsymbol{A}t}=\boldsymbol{A}\mathrm{e}^{\boldsymbol{A}t}=\mathrm{e}^{\boldsymbol{A}t}\boldsymbol{A}\tag{9-36}$$

**【例 9-10】** 用时域法求解例 9-5。

**解：**(1) 求 $\boldsymbol{x}(t)$。零输入解为

$$\mathrm{e}^{\boldsymbol{A}t}\boldsymbol{x}(0^-)=\boldsymbol{\varphi}(t)\boldsymbol{x}(0^-)=\begin{bmatrix}\mathrm{e}^{-t}&0\\\frac{1}{2}(\mathrm{e}^{-t}-\mathrm{e}^{-3t})&\mathrm{e}^{-3t}\end{bmatrix}\begin{bmatrix}1\\2\end{bmatrix}=\begin{bmatrix}\mathrm{e}^{-t}\\\frac{1}{2}(\mathrm{e}^{-t}+3\mathrm{e}^{-3t})\end{bmatrix}U(t)$$

零状态解为
$$\boldsymbol{\varphi}(t)\boldsymbol{B}*\boldsymbol{f}(t)=\begin{bmatrix}\mathrm{e}^{-t}&0\\\frac{1}{2}(\mathrm{e}^{-t}-\mathrm{e}^{-3t})&\mathrm{e}^{-3t}\end{bmatrix}\begin{bmatrix}1\\0\end{bmatrix}*U(t)=\begin{bmatrix}1-\mathrm{e}^{-t}\\\frac{1}{6}(2-3\mathrm{e}^{-t}+\mathrm{e}^{-3t})\end{bmatrix}U(t)$$

故 $$\boldsymbol{x}(t)=\text{零输入解}+\text{零状态解}=\boldsymbol{\varphi}(t)\boldsymbol{x}(0^-)+\boldsymbol{\varphi}(t)\boldsymbol{B}*\boldsymbol{f}(t)$$
$$=\begin{bmatrix}U(t)\\ \frac{1}{3}(1+5\mathrm{e}^{-3t})U(t)\end{bmatrix}=\begin{bmatrix}1\\ \frac{1}{3}(1+5\mathrm{e}^{-3t})\end{bmatrix}U(t)$$

(2) 求 $\boldsymbol{y}(t)$。零输入响应为

$$\boldsymbol{C\varphi}(t)\boldsymbol{x}(0^-)=\frac{3}{2}\mathrm{e}^{-3t}\quad t\geqslant 0$$

单位冲激响应矩阵为 $\boldsymbol{h}(t)=\mathscr{L}^{-1}[\boldsymbol{H}(s)]=\mathscr{L}^{-1}\left[1-\frac{1}{2}\frac{1}{s+3}\right]=\delta(t)-\frac{1}{2}\mathrm{e}^{-3t}U(t)$

故零状态响应为 $\boldsymbol{h}(t)*\boldsymbol{f}(t)=\left[\delta(t)-\frac{1}{2}\mathrm{e}^{-3t}U(t)\right]*U(t)=\frac{1}{6}(5+\mathrm{e}^{-3t})U(t)$

全响应为 $$\boldsymbol{y}(t)=\boldsymbol{C\varphi}(t)x(0^-)+\boldsymbol{h}(t)*\boldsymbol{f}(t)=\frac{5}{6}(1+2\mathrm{e}^{-3t})U(t)$$

**【例 9-11】** 图 9-17 所示系统。(1) 列写系统的状态方程与输出方程;(2) 求系统的微分方程;(3) 当激励 $f(t)=U(t)$ 时,已知系统的全响应为 $y(t)=\left(\frac{1}{3}+\frac{1}{2}\mathrm{e}^{-t}-\frac{5}{6}\mathrm{e}^{-3t}\right)U(t)$,求系统的初始状态 $\begin{bmatrix}x_1(0^-)\\x_2(0^-)\end{bmatrix}$。

**解:**(1) 选积分器的输出变量 $x_1(t)$,$x_2(t)$ 作为状态变量,则可列出状态方程为

$$\dot{x}_1(t)=-4x_1(t)+x_2(t)+f(t)$$
$$\dot{x}_2(t)=-3x_1(t)+f(t)$$

即 $$\begin{bmatrix}\dot{x}_1(t)\\ \dot{x}_2(t)\end{bmatrix}=\begin{bmatrix}-4 & 1\\ -3 & 0\end{bmatrix}\begin{bmatrix}x_1(t)\\ x_2(t)\end{bmatrix}+\begin{bmatrix}1\\1\end{bmatrix}[f(t)]$$

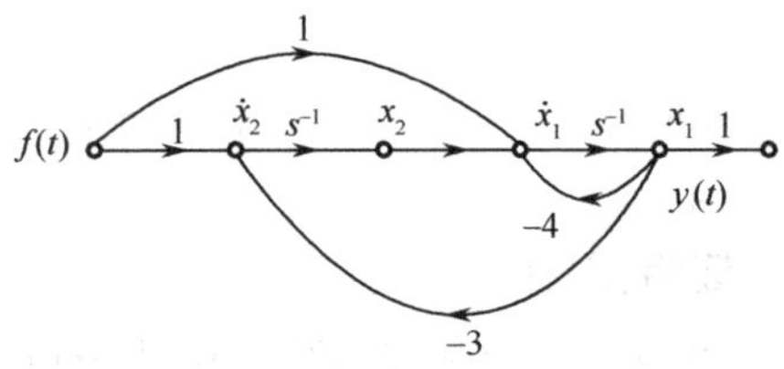

图 9-17

输出方程为 $[y(t)]=x_1(t)=[1\quad 0]\begin{bmatrix}x_1(t)\\x_2(t)\end{bmatrix}$

故得各系数矩阵为 $\boldsymbol{A}=\begin{bmatrix}-4 & 1\\ -3 & 0\end{bmatrix}$, $\boldsymbol{B}=\begin{bmatrix}1\\1\end{bmatrix}$, $\boldsymbol{C}=[1\quad 0]$, $\boldsymbol{D}=0$

(2) $$\boldsymbol{\Phi}(s)=[s\boldsymbol{I}-\boldsymbol{A}]^{-1}=\frac{1}{s^2+4s+3}\begin{bmatrix}s & 1\\ -3 & s+4\end{bmatrix}$$

$$H(s)=\boldsymbol{C\Phi}(s)\boldsymbol{B}+\boldsymbol{D}=\frac{s+1}{s^2+4s+3}$$

故得系统的微分方程为 $$y''(t)+4y'(t)+3y(t)=f'(t)+f(t)$$

(3) $$F(s)=\mathscr{L}[f(t)]=\mathscr{L}[U(t)]=1/s$$

零状态响应的像函数为 $$Y_f(s)=H(s)F(s)=\frac{s+1}{s^2+4s+3}\frac{1}{s}$$
$$=\frac{s+1}{(s+1)(s+3)}\frac{1}{s}=\frac{1}{s(s+3)}=\frac{1}{3}\frac{1}{s}-\frac{1}{3}\frac{1}{s+3}$$

故得零状态响应为 $$y_f(t)=\frac{1}{3}(1-\mathrm{e}^{-3t})U(t)$$

进而得零输入响应为 $$y_x(t)=y(t)-y_f(t)=\left(\frac{1}{2}\mathrm{e}^{-t}-\frac{1}{2}\mathrm{e}^{-3t}\right)U(t)$$

又得 $$y_x'(t)=\left(-\frac{1}{2}e^{-t}+\frac{3}{2}e^{-3t}\right)U(t)$$

故 $$y_x(0^+)=0,\quad y_x'(0^+)=1$$

因为 $$y_x(t)=\boldsymbol{C}e^{\boldsymbol{A}t}\boldsymbol{x}(0^-)=\boldsymbol{C}e^{\boldsymbol{A}t}\boldsymbol{x}(0^+)$$

故得 $$y_x'(t)=\boldsymbol{CA}e^{\boldsymbol{A}t}\boldsymbol{x}(0^+)$$

故有 $$y_x(0^+)=\boldsymbol{Cx}(0^+),\quad y_x'(0^+)=\boldsymbol{CAx}(0^+)$$

即 $$y_x(0^+)=\begin{bmatrix}1 & 0\end{bmatrix}\begin{bmatrix}x_1(0^+)\\ x_2(0^+)\end{bmatrix}=x_1(0^+)=0 y_x(0^+)=\begin{bmatrix}1 & 0\end{bmatrix}\begin{bmatrix}-4 & 1\\ -3 & 0\end{bmatrix}\begin{bmatrix}x_1(0^+)\\ x_2(0^+)\end{bmatrix}$$

$$=\begin{bmatrix}-4 & 1\end{bmatrix}\begin{bmatrix}x_1(0^+)\\ x_2(0^+)\end{bmatrix}=-4x_1(0^+)+x_2(0^+)=1$$

解得 $x_1(0^+)=x_1(0^-)=0,x_2(0^+)=x_2(0^-)=1$。故得初始状态为$\begin{bmatrix}x_1(0^-)\\ x_2(0^-)\end{bmatrix}=\begin{bmatrix}0\\ 1\end{bmatrix}$。

# * 9.5 状态空间与状态轨迹

## 9.5.1 状态空间

状态向量 $\boldsymbol{x}(t)$ 所在的空间称为状态空间。当状态向量为 $n$ 维时,称为 $n$ 维状态空间。状态向量在 $n$ 个坐标轴上的投影分量即为相应的 $n$ 个状态变量。$n>3$ 的状态空间只是一种抽象空间,客观世界中并不存在。当 $n=3$ 时即得三维空间,这就是人类所处的自然空间。当 $n=2$ 时即得二维空间,这就是自然界中的平面,又称为状态平面。当 $n=1$ 时即得一维空间,这就是数轴。

## 9.5.2 状态轨迹

当时间变量 $t$ 由 0 向 $\infty$ 增大时,状态向量 $\boldsymbol{x}(t)$ 的末端点在状态空间中所描绘的轨迹称为状态轨迹。状态向量 $\boldsymbol{x}(t)$ 的一阶导数 $\dot{\boldsymbol{x}}(t)$ 代表状态向量 $\boldsymbol{x}(t)$ 的末端点沿状态轨迹运动的速度;$\dot{\boldsymbol{x}}(t)$ 的方向就是状态向量 $\boldsymbol{x}(t)$ 的末端点沿状态轨迹的运动方向。借助于对状态轨迹的研究,可进一步研究系统的一些重要性质,特别是非线性动态系统的一些重要性质,如稳定性、振荡性、自激性、跳跃性等。

**【例 9-12】** 图 9-18(a) 所示电路,已知初始状态为$\begin{bmatrix}x_1(0^-)\\ x_2(0^-)\end{bmatrix}=\begin{bmatrix}1\\ 0\end{bmatrix}$。于 $t=0$ 时刻闭合 K,求 $t>0$ 时电路的状态轨迹。

**解:**当 $t>0$ 时 K 闭合,取 $x_1(t),x_2(t)$ 为状态变量,故可列出方程

$$\begin{cases}C\dot{x}_1(t)=-\dfrac{1}{R}x_1(t)-x_2(t)\\ L\dot{x}_2(t)=x_1(t)\end{cases}\quad 即:\begin{cases}\dot{x}_1(t)=-\dfrac{1}{RC}x_1(t)-\dfrac{1}{C}x_2(t)\\ \dot{x}_2(t)=\dfrac{1}{L}x_1(t)\end{cases}$$

代入数据并写成矩阵形式即得状态方程为

$$\begin{bmatrix}\dot{x}_1(t)\\ \dot{x}_2(t)\end{bmatrix}=\begin{bmatrix}-\dfrac{1}{RC} & -\dfrac{1}{C}\\ 1/L & 0\end{bmatrix}\begin{bmatrix}x_1(t)\\ x_2(t)\end{bmatrix}=\begin{bmatrix}-4 & -12\\ 1/4 & 0\end{bmatrix}\begin{bmatrix}x_1(t)\\ x_2(t)\end{bmatrix}$$

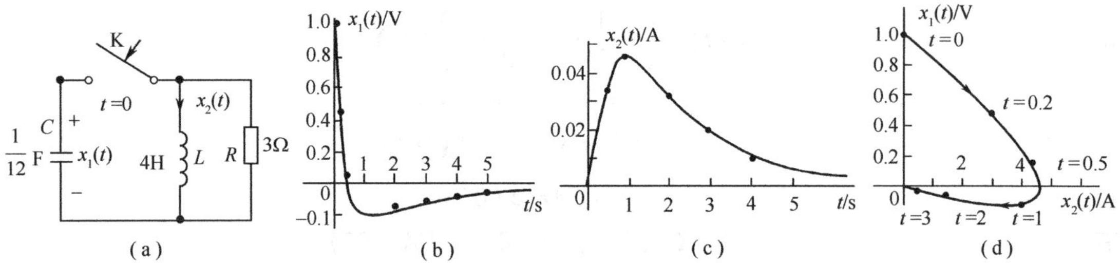


图 9-18

又 $$\boldsymbol{\Phi}(s)=(s\boldsymbol{I}-\boldsymbol{A})^{-1}=\left\{s\begin{bmatrix}1 & 0\\0 & 1\end{bmatrix}-\begin{bmatrix}-4 & -12\\1/4 & 0\end{bmatrix}\right\}^{-1}=\frac{1}{(s+1)(s+3)}\begin{bmatrix}s & -12\\1/4 & s+4\end{bmatrix}$$

故 $$X(s)=\boldsymbol{\Phi}(s)\boldsymbol{x}(0^-)=\frac{1}{(s+1)(s+3)}\begin{bmatrix}s & -12\\1/4 & s+4\end{bmatrix}\begin{bmatrix}1\\0\end{bmatrix}$$

$$=\begin{bmatrix}\dfrac{s}{(s+1)(s+3)}\\\dfrac{1/4}{(s+1)(s+3)}\end{bmatrix}=\begin{bmatrix}-\dfrac{1}{2}\dfrac{1}{s+1}+\dfrac{3}{2}\dfrac{1}{s+3}\\\dfrac{1}{8}\dfrac{1}{s+1}-\dfrac{1}{8}\dfrac{1}{s+3}\end{bmatrix}$$

故得 $$\boldsymbol{x}(t)=\begin{bmatrix}x_1(t)\\x_2(t)\end{bmatrix}=\begin{bmatrix}0.5(-\mathrm{e}^{-t}+3\mathrm{e}^{-3t})\\0.125(\mathrm{e}^{-t}-\mathrm{e}^{-3t})\end{bmatrix}U(t)$$

即 $$x_1(t)=0.5(-\mathrm{e}^{-t}+3\mathrm{e}^{-3t})U(t)$$

$$x_2(t)=0.125(\mathrm{e}^{-t}-\mathrm{e}^{-3t})U(t)$$

可见当 $t=0$ 时，$x_1(0)=1$，$x_2(0)=0$；当 $t\to\infty$ 时，$x_1(\infty)=0$，$x_2(\infty)=0$。$x_1(t)$ 和 $x_2(t)$ 的波形如图 9-18(b) 和(c) 所示，而状态轨迹则如图 9-18(d) 所示。可见电路工作在过阻尼状态，电容器为非周期性放电。

**讨论**：若保持 $L$ 和 $C$ 的值不变，而将 $R$ 值增大，使 $R$ 大于电路的临界电阻值 $\frac{1}{2}\sqrt{\frac{L}{C}}=3.46\Omega$，此时的状态轨迹即变为如图 9-19(a) 所示的欠阻尼状态（衰减的周期性放电）；若使 $R=\infty$，此时的状态轨迹即变为如图 9-19(b) 所示的无阻尼状态（无衰减的等幅周期性放电），它是以坐标原点为中心的椭圆，图中的 $\omega_0=\frac{1}{\sqrt{LC}}$。

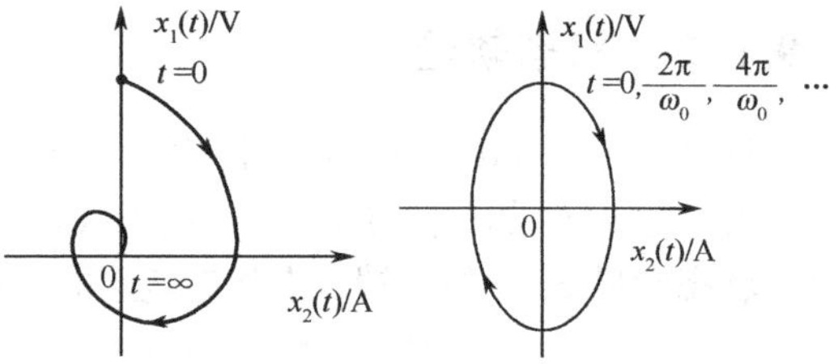


图 9-19

# 9.6 离散系统状态变量分析

## 9.6.1 状态方程与输出方程的列写

用状态变量法分析离散系统，与连续系统的情况一样，也是先要建立系统的数学模型——状态方程与输出方程。在离散系统中，状态方程与输出方程的矩阵标准形式为

$$\boldsymbol{x}(k+1)=\boldsymbol{A}\boldsymbol{x}(k)+\boldsymbol{B}\boldsymbol{f}(k) \tag{9-37}$$

$$\boldsymbol{y}(k)=\boldsymbol{C}\boldsymbol{x}(k)+\boldsymbol{D}\boldsymbol{f}(k) \tag{9-38}$$

式中,$\boldsymbol{x}(k)$ 为状态向量($n\times 1$ 阶);$\boldsymbol{f}(k)$ 为激励向量($m\times 1$ 阶);$\boldsymbol{y}(t)$ 为响应向量($r\times 1$ 阶);$\boldsymbol{x}(k+1)$ 为状态向量 $\boldsymbol{x}(k)$ 经过序号增1移序后的向量,相当于连续系统中的 $\dot{\boldsymbol{x}}(t)$;$\boldsymbol{A}$、$\boldsymbol{B}$、$\boldsymbol{C}$、$\boldsymbol{D}$ 为系统的系数矩阵。

可以看出,$(k+1)$ 时刻的状态向量 $\boldsymbol{x}(k+1)$ 是 $k$ 时刻状态向量 $\boldsymbol{x}(k)$ 和输入信号 $\boldsymbol{f}(k)$ 的函数。在离散时间系统中,惯性元件是延时单元,因而状态变量通常取延时单元的输出,相当于连续系统中选取积分器的输出变量作为状态变量一样。下面用实例说明离散系统状态方程与输出方程的列写方法。

**【例 9-13】** 图 9-20 所示为单输入单输出四阶离散系统,试列写出状态方程与输出方程,并写成矩阵形式。

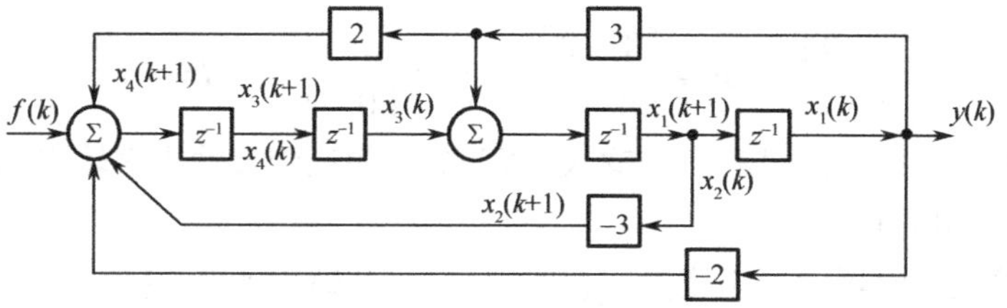


图 9-20

**解**:取每个单位延时器的输出变量 $x_1(k),x_2(k),x_3(k),x_4(k)$ 为状态变量,则可列出状态方程为

$$x_1(k+1)=x_2(k)$$

$$x_2(k+1)=3x_1(k)+x_3(k)$$

$$x_3(k+1)=x_4(k)$$

$$x_4(k+1)=-2x_1(k)-3x_2(k)+2\times 3x_1(k)+f(k)=4x_1(k)-3x_2(k)+f(k)$$

即
$$\begin{bmatrix}x_1(k+1)\\x_2(k+1)\\x_3(k+1)\\x_4(k+1)\end{bmatrix}=\begin{bmatrix}0&1&0&0\\3&0&1&0\\0&0&0&1\\4&-3&0&0\end{bmatrix}\begin{bmatrix}x_1(k)\\x_2(k)\\x_3(k)\\x_4(k)\end{bmatrix}+\begin{bmatrix}0\\0\\0\\1\end{bmatrix}\boldsymbol{f}(k)$$

系统的输出方程为
$$y(k)=x_1(k)$$

即
$$\boldsymbol{y}(k)=[1\quad 0\quad 0\quad 0]\begin{bmatrix}x_1(k)\\x_2(k)\\x_3(k)\\x_4(k)\end{bmatrix}$$

故得系统的各系数矩阵为

$$\boldsymbol{A}=\begin{bmatrix}0&1&0&0\\3&0&1&0\\0&0&0&1\\4&-3&0&0\end{bmatrix},\quad \boldsymbol{B}=\begin{bmatrix}0\\0\\0\\1\end{bmatrix},\quad \boldsymbol{C}=[1\quad 0\quad 0\quad 0],\quad \boldsymbol{D}=[0]$$

**【例 9-14】** 图 9-21 所示为具有两个输入、两个输出的多输入多输出二阶离散系统。试列写出

状态方程与输出方程。

**解**:选每个单位延时器的输出变量 $x_1(k)$,$x_2(k)$ 为状态变量,则可列出状态方程为

$$x_1(k+1)=ax_1(k)+f_1(k)$$

$$x_2(k+1)=bx_2(k)+f_2(k)$$

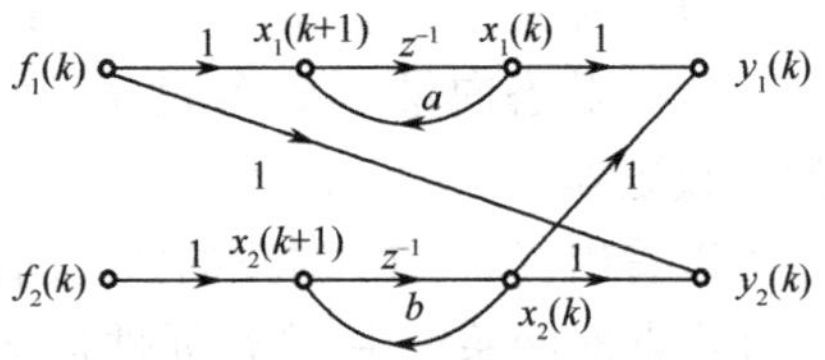



图 9-21

即 $$\begin{bmatrix}x_1(k+1)\\x_2(k+1)\end{bmatrix}=\begin{bmatrix}a&0\\0&b\end{bmatrix}\begin{bmatrix}x_1(k)\\x_2(k)\end{bmatrix}+\begin{bmatrix}1&0\\0&1\end{bmatrix}\begin{bmatrix}f_1(k)\\f_2(k)\end{bmatrix}$$

系统的输出方程为 $y_1(k)=x_1(k)+x_2(k)$

$$y_2(k)=x_2(k)+f_1(k)$$

即 $$\begin{bmatrix}y_1(k)\\y_2(k)\end{bmatrix}=\begin{bmatrix}1&1\\0&1\end{bmatrix}\begin{bmatrix}x_1(k)\\x_2(k)\end{bmatrix}+\begin{bmatrix}0&0\\1&0\end{bmatrix}\begin{bmatrix}f_1(k)\\f_2(k)\end{bmatrix}$$

故得系统的各系数矩阵为

$$\boldsymbol{A}=\begin{bmatrix}a&0\\0&b\end{bmatrix},\quad \boldsymbol{B}=\begin{bmatrix}1&0\\0&1\end{bmatrix},\quad \boldsymbol{C}=\begin{bmatrix}1&1\\0&1\end{bmatrix},\quad \boldsymbol{D}=\begin{bmatrix}0&0\\1&0\end{bmatrix}$$

**【例 9-15】** 图 9-22 所示为具有两个输入、两个输出的三阶多输入多输出离散系统。试列写出系统的状态方程与输出方程。

**解**:选每一个单位延时器的输出变量 $x_1(k)$,$x_2(k)$,$x_3(k)$ 为状态变量,则可列出状态方程为

$$x_1(k+1)=x_2(k)$$

$$x_2(k+1)=-2x_1(k)-4x_2(k)+f_1(k)$$

$$x_3(k+1)=-3x_3(k)+3f_1(k)+f_2(k)$$

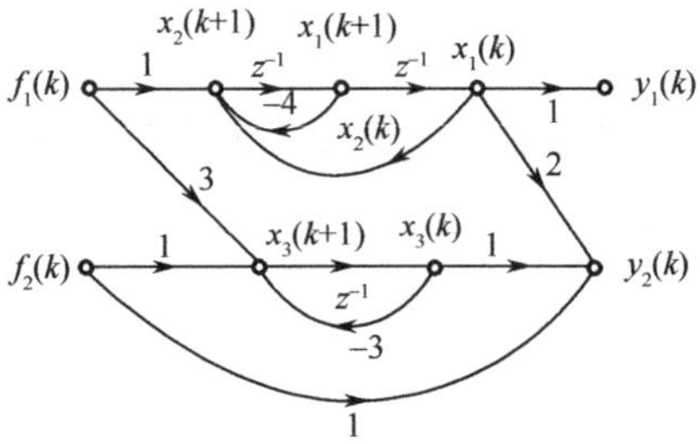



图 9-22

即 $$\begin{bmatrix}x_1(k+1)\\x_2(k+1)\\x_3(k+1)\end{bmatrix}=\begin{bmatrix}0&1&0\\-2&-4&0\\0&0&-3\end{bmatrix}\begin{bmatrix}x_1(k)\\x_2(k)\\x_3(k)\end{bmatrix}+\begin{bmatrix}0&0\\1&0\\3&1\end{bmatrix}\begin{bmatrix}f_1(k)\\f_2(k)\end{bmatrix}$$

系统的输出方程为 $y_1(k)=x_1(k)$

$$y_2(k)=2x_1(k)+x_3(k)+f_2(k)$$

即 $$\begin{bmatrix}y_1(k)\\y_2(k)\end{bmatrix}=\begin{bmatrix}1&0&0\\2&0&1\end{bmatrix}\begin{bmatrix}x_1(k)\\x_2(k)\\x_3(k)\end{bmatrix}+\begin{bmatrix}0&0\\0&1\end{bmatrix}\begin{bmatrix}f_1(k)\\f_2(k)\end{bmatrix}$$

故得系统的各系数矩阵为

$$\boldsymbol{A}=\begin{bmatrix}0&1&0\\-2&-4&0\\0&0&-3\end{bmatrix},\quad \boldsymbol{B}=\begin{bmatrix}0&0\\1&0\\3&1\end{bmatrix},\quad \boldsymbol{C}=\begin{bmatrix}1&0&0\\2&0&1\end{bmatrix},\quad \boldsymbol{D}=\begin{bmatrix}0&0\\0&1\end{bmatrix}$$

### 9.6.2 状态方程与输出方程的 Z 域求解

#### 1. 状态方程的 Z 域解

对式(9-37) 求 Z 变换得 $zX(z)-z\boldsymbol{x}(0)=\boldsymbol{A}X(z)+\boldsymbol{B}F(z)$

即 $$(z\boldsymbol{I}-\boldsymbol{A})X(z)=z\boldsymbol{x}(0)+\boldsymbol{B}F(z)$$

式中,$X(z)=\mathscr{Z}[\boldsymbol{x}(k)]$;$F(z)=\mathscr{Z}[f(k)]$;$\boldsymbol{x}(0)$ 为初始状态向量;$\boldsymbol{I}$ 为与 $\boldsymbol{A}$ 同阶的单位矩阵。对上式等号两端同时左乘以矩阵 $(z\boldsymbol{I}-\boldsymbol{A})^{-1}$,即有

$$X(z)=(z\boldsymbol{I}-\boldsymbol{A})^{-1}z\boldsymbol{x}(0)+(z\boldsymbol{I}-\boldsymbol{A})^{-1}\boldsymbol{B}F(z)$$
$$=\underbrace{\boldsymbol{\Phi}(z)\boldsymbol{x}(0)}_{Z\text{域零输入解}}+\underbrace{(z\boldsymbol{I}-\boldsymbol{A})^{-1}\boldsymbol{B}F(z)}_{Z\text{域零状态解}} \tag{9-39}$$

式中
$$\boldsymbol{\Phi}(z)=(z\boldsymbol{I}-\boldsymbol{A})^{-1}z \tag{9-40}$$
称为状态预解矩阵,为 $n\times n$ 阶矩阵,即与 $\boldsymbol{A}$ 同阶。

对式(9-39) 进行 $Z$ 反变换即得状态向量的时域解为
$$\boldsymbol{x}(k)=\underbrace{\boldsymbol{\varphi}(k)\boldsymbol{x}(0)}_{\text{时域零输入解}}+\underbrace{\mathscr{Z}^{-1}\{(z\boldsymbol{I}-\boldsymbol{A})^{-1}\boldsymbol{B}F(z)\}}_{\text{时域零状态解}} \tag{9-41}$$
式中
$$\boldsymbol{\varphi}(k)=\mathscr{Z}^{-1}[\boldsymbol{\Phi}(z)]=\mathscr{Z}^{-1}\{(z\boldsymbol{I}-\boldsymbol{A})^{-1}z\}$$
称为状态转移矩阵。$\boldsymbol{\varphi}(k)$ 与 $\boldsymbol{\Phi}(z)$ 为一对 $Z$ 变换,即 $\boldsymbol{\Phi}(z)=\mathscr{Z}[\boldsymbol{\Phi}(k)]$,即有
$$\boldsymbol{\varphi}(k)\leftrightarrow\boldsymbol{\Phi}(z)$$

#### 2. 输出方程的 Z 域解与转移函数矩阵 H(z)

对式(9-38) 求 $Z$ 变换并将式(9-39) 代入,得响应向量 $\boldsymbol{y}(k)$ 的 $Z$ 域解为
$$\boldsymbol{Y}(z)=\boldsymbol{C}X(z)+\boldsymbol{D}F(z) \tag{9-42a}$$
即
$$Y(z)=\boldsymbol{C\Phi}(z)\boldsymbol{x}(0)+\{\boldsymbol{C}(z\boldsymbol{I}-\boldsymbol{A})^{-1}\boldsymbol{B}+\boldsymbol{D}\}F(z)$$
$$=\underbrace{\boldsymbol{C\Phi}(z)\boldsymbol{x}(0)}_{Z\text{域零输入响应}}+\underbrace{\boldsymbol{H}(z)\boldsymbol{F}(z)}_{Z\text{域零状态响应}} \tag{9-42b}$$
式中
$$\boldsymbol{H}(z)=\boldsymbol{C}(z\boldsymbol{I}-\boldsymbol{A})^{-1}\boldsymbol{B}+\boldsymbol{D} \tag{9-43}$$
称为 $Z$ 域转移函数矩阵,其物理意义与连续系统的 $H(s)$ 相同。

对式(9-42) 进行 $Z$ 反变换,即得响应向量的时域解为
$$\boldsymbol{y}(k)=\underbrace{\boldsymbol{C\varphi}(k)\boldsymbol{x}(0)}_{\text{时域零输入响应}}+\underbrace{\mathscr{Z}^{-1}\{\boldsymbol{H}(z)\boldsymbol{F}(z)\}}_{\text{时域零状态响应}} \tag{9-44}$$

### 9.6.3 矩阵 A 的特征值与系统的固有频率

与连续系统一样,$(z\boldsymbol{I}-\boldsymbol{A})$ 称为矩阵 $\boldsymbol{A}$ 的特征矩阵;行列式 $|z\boldsymbol{I}-\boldsymbol{A}|$ 的展开式称为矩阵 $\boldsymbol{A}$ 的特征多项式;$\det(z\boldsymbol{I}-\boldsymbol{A})=0$ 称为矩阵 $\boldsymbol{A}$ 的特征方程,即系统的特征方程,其根即为矩阵 $\boldsymbol{A}$ 的特征值,即 $H(z)$ 中每一个元素 $H_{ij}(z)$ 的极点,也称为系统的固有频率,也称为矩阵 $\boldsymbol{A}$ 的特征根。

### 9.6.4 状态方程与输出方程的时域解

#### 1. 状态方程的时域解

离散系统的状态方程为一阶差分方程,因此在时域中可用迭代法(即递推法)求解。设系统的初始状态为 $\boldsymbol{x}(0)$,则由式(9-37) 有

取 $k=0$ 时: $\boldsymbol{x}(1)=\boldsymbol{Ax}(0)+\boldsymbol{B}f(0)$

取 $k=1$ 时: $\boldsymbol{x}(2)=\boldsymbol{Ax}(1)+\boldsymbol{B}f(1)=\boldsymbol{A}^2\boldsymbol{x}(0)+\boldsymbol{AB}f(0)+\boldsymbol{B}f(1)$

取 $k=2$ 时: $\boldsymbol{x}(3)=\boldsymbol{Ax}(2)+\boldsymbol{B}f(2)=\boldsymbol{A}^3\boldsymbol{x}(0)+\boldsymbol{A}^2\boldsymbol{B}f(0)+\boldsymbol{AB}f(1)+\boldsymbol{B}f(2)$

……

故得
$$\boldsymbol{x}(k)=\boldsymbol{A}^k\boldsymbol{x}(0)+\boldsymbol{A}^{k-1}\boldsymbol{B}f(0)+\boldsymbol{A}^{k-2}\boldsymbol{B}f(1)+\cdots+\boldsymbol{AB}f(k-2)+\boldsymbol{B}f(k-1)$$
$$=\boldsymbol{A}^k\boldsymbol{x}(0)+\sum_{j=0}^{k-1}\boldsymbol{A}^{k-1-j}\boldsymbol{B}f(j) \tag{9-45a}$$
或
$$\boldsymbol{x}(k)=\underbrace{\boldsymbol{A}^k\boldsymbol{x}(0)}_{\text{时域零输入响应}}+\underbrace{\boldsymbol{A}^{k-1}\boldsymbol{B}*f(k)}_{\text{时域零状态响应}}\qquad k\geqslant 1 \tag{9-45b}$$

式中，$\boldsymbol{A}^k$ 称为离散系统的状态转移矩阵。它描述了系统本身的特性，决定了系统的自由运动情况。

式(9-45)与式(9-25)具有相同的物理意义。即系统在任意时刻 $k$ 的状态 $\boldsymbol{x}(k)$ 由两部分组成：一部分是初始状态 $\boldsymbol{x}(0)$ 经转移后到达 $k$ 时刻形成的分量 $\boldsymbol{A}^k\boldsymbol{x}(0)$，故称 $\boldsymbol{A}^k$ 为状态转移矩阵；另一部分是 $(k-1)$ 时刻以前的激励引起的分量 $\boldsymbol{A}^{k-1}\boldsymbol{B}*f(k)$。这就是说，给系统施以激励 $f(k)$，在 $f(k)$ 的作用下，通过状态转移矩阵 $\boldsymbol{A}^k$，即可将系统从初始状态 $\boldsymbol{x}(0)$ 转移到任意时刻 $k$ 的状态 $\boldsymbol{x}(k)$。

由式(9-45)看出，欲求得状态向量 $\boldsymbol{x}(k)$，关键是要求得 $\boldsymbol{A}^k$。将式(9-45)与式(9-41)加以比较，即可看出有

$$\boldsymbol{A}^k=\boldsymbol{\varphi}(k)=\mathscr{Z}^{-1}[(z\boldsymbol{I}-\boldsymbol{A})^{-1}z] \tag{9-46}$$

同时又可得

$$\boldsymbol{\Phi}(z)=\mathscr{Z}[\boldsymbol{A}^k]$$

即 $\boldsymbol{\Phi}(z)$ 与 $\boldsymbol{A}^k$ 为一对 $Z$ 变换，即有 $\boldsymbol{A}^k\leftrightarrow\boldsymbol{\Phi}(z)$。

**2. 输出方程的时域解与单位响应矩阵 $\boldsymbol{h}(k)$**

将式(9-45)代入式(9-38)即得响应向量的时域解为

$$\boldsymbol{y}(k)=\boldsymbol{C}\boldsymbol{A}^k\boldsymbol{x}(0)+\sum_{j=0}^{k-1}\boldsymbol{C}\boldsymbol{A}^{k-1-j}\boldsymbol{B}\boldsymbol{f}(j)+\boldsymbol{D}\boldsymbol{f}(k) \tag{9-47a}$$

或

$$\begin{aligned}\boldsymbol{y}(k)&=\boldsymbol{C}\boldsymbol{A}^k\boldsymbol{x}(0)+\boldsymbol{C}\boldsymbol{A}^{k-1}\boldsymbol{B}*\boldsymbol{f}(k)+\boldsymbol{D}\boldsymbol{\delta}(k)*\boldsymbol{f}(k)\\&=\boldsymbol{C}\boldsymbol{\varphi}(k)\boldsymbol{x}(0)+\boldsymbol{C}\boldsymbol{\varphi}(k-1)\boldsymbol{B}*f(k)+\boldsymbol{D}\boldsymbol{\delta}(k)*\boldsymbol{f}(k)\\&=\boldsymbol{C}\boldsymbol{\varphi}(k)\boldsymbol{x}(0)+\{\boldsymbol{C}\boldsymbol{\varphi}(k-1)\boldsymbol{B}+\boldsymbol{D}\boldsymbol{\delta}(k)\}*\boldsymbol{f}(k)\\&=\underbrace{\boldsymbol{C}\boldsymbol{\varphi}(k)\boldsymbol{x}(0)}_{\text{零输入响应}}+\underbrace{\boldsymbol{h}(k)*\boldsymbol{f}(k)}_{\text{零状态响应}}\end{aligned} \tag{9-47b}$$

式中

$$\boldsymbol{h}(k)=\boldsymbol{C}\boldsymbol{\varphi}(k-1)\boldsymbol{B}+\boldsymbol{D}\boldsymbol{\delta}(k)=\boldsymbol{C}\boldsymbol{A}^{k-1}\boldsymbol{B}+\boldsymbol{D}\boldsymbol{\delta}(k) \tag{9-48}$$

称为系统的单位冲激响应矩阵；$\boldsymbol{\delta}(k)$ 为系统的单位激励对角矩阵（$m\times m$ 阶），即

$$\boldsymbol{\delta}(k)=\begin{bmatrix}\delta(k) & & & & 0\\ & \ddots & & & \\ & & \delta(k) & & \\ & & & \ddots & \\ 0 & & & & \delta(k)\end{bmatrix}_{m\times m}$$

将式(9-48)进行 $Z$ 变换得

$$\mathscr{Z}[\boldsymbol{h}(k)]=\boldsymbol{C}z^{-1}\boldsymbol{\Phi}(z)\boldsymbol{B}+\boldsymbol{D}=\boldsymbol{C}(z\boldsymbol{I}-\boldsymbol{A})^{-1}\boldsymbol{B}+\boldsymbol{D}=\boldsymbol{H}(z) \tag{9-49}$$

即 $\boldsymbol{h}(k)$ 与 $\boldsymbol{H}(z)$ 为一对 $Z$ 变换。即有 $\boldsymbol{h}(k)\leftrightarrow\boldsymbol{H}(z)$。

**【例 9-16】** 离散系统的状态方程与输出方程为

$$\begin{bmatrix}x_1(k+1)\\x_2(k+1)\end{bmatrix}=\begin{bmatrix}0&1\\3&2\end{bmatrix}\begin{bmatrix}x_1(k)\\x_2(k)\end{bmatrix}+\begin{bmatrix}0\\1\end{bmatrix}f(k)$$

$$\boldsymbol{y}(k)=[3\quad 3]\begin{bmatrix}x_1(k)\\x_2(k)\end{bmatrix}+[1]f(k)$$

令 $\boldsymbol{f}(k)=\boldsymbol{\delta}(k)$，$\boldsymbol{x}(0)=\begin{bmatrix}x_1(0)\\x_2(0)\end{bmatrix}=\begin{bmatrix}1\\0\end{bmatrix}$。求全响应 $\boldsymbol{y}(k)$。

**解：**用两种方法求解。

(1) $Z$ 域法。

$$(z\boldsymbol{I}-\boldsymbol{A})^{-1}=\frac{1}{(z+1)(z-3)}\begin{bmatrix}z-2&1\\3&z\end{bmatrix}$$

$$\boldsymbol{\Phi}(z)=(z\boldsymbol{I}-\boldsymbol{A})^{-1}z=\frac{z}{(z+1)(z-3)}\begin{bmatrix}z-2 & 1\\ 3 & z\end{bmatrix}$$

又

$$\boldsymbol{F}(z)=\mathscr{Z}[\boldsymbol{\delta}(k)]=1$$

代入式(9-39)有 $X(z)=\boldsymbol{\Phi}(z)\boldsymbol{x}(0)+(z\boldsymbol{I}-\boldsymbol{A})^{-1}\boldsymbol{B}F(z)$

$$=\frac{z}{(z+1)(z-3)}\begin{bmatrix}z-2 & 1\\ 3 & z\end{bmatrix}\begin{bmatrix}1\\0\end{bmatrix}+\frac{1}{(z+1)(z-3)}\begin{bmatrix}z-2 & 1\\ 3 & z\end{bmatrix}\begin{bmatrix}0\\1\end{bmatrix}$$

$$=\frac{1}{(z+1)(z-3)}\begin{bmatrix}z^2-2z+1\\ 4z\end{bmatrix}$$

再代入式(9-42a)得 $\boldsymbol{Y}(z)=\boldsymbol{C}X(z)+\boldsymbol{D}F(z)$

$$=[3\quad 3]\frac{1}{(z+1)(z-3)}\begin{bmatrix}z^2-2z+1\\ 4z\end{bmatrix}+1\times 1=\frac{4z}{z-3}$$

经 $Z$ 反变换得 $\boldsymbol{y}(k)=4(3)^kU(k)$。

(2) 时域法。

$$\boldsymbol{A}^k=\mathscr{Z}^{-1}[\boldsymbol{\Phi}(z)]=\mathscr{Z}^{-1}\begin{bmatrix}\dfrac{\frac{3}{4}z}{z+1}+\dfrac{\frac{1}{4}z}{z-3} & \dfrac{-\frac{1}{4}z}{z+1}+\dfrac{\frac{1}{4}z}{z-3}\\ \dfrac{-\frac{3}{4}z}{z+1}+\dfrac{\frac{3}{4}z}{z-3} & \dfrac{\frac{1}{4}z}{z+1}+\dfrac{\frac{3}{4}z}{z-3}\end{bmatrix}$$

$$=\frac{1}{4}\begin{bmatrix}3(-1)^k+(3)^k & -(-1)^k+(3)^k\\ -3(-1)^k+3(3)^k & (-1)^k+3(3)^k\end{bmatrix}$$

将 $\boldsymbol{A}^k$ 代入式(9-45b)得

$$\boldsymbol{x}(k)=\boldsymbol{A}^k\boldsymbol{x}(0)+\boldsymbol{A}^{k-1}\boldsymbol{B}*\boldsymbol{f}(k)$$

$$=\frac{1}{4}\begin{bmatrix}3(-1)^k+(3)^k & -(-1)^k+(3)^k\\ -3(-1)^k+3(3)^k & (-1)^k+3(3)^k\end{bmatrix}\begin{bmatrix}1\\0\end{bmatrix}+$$

$$\frac{1}{4}\begin{bmatrix}3(-1)^{k-1}+(3)^{k-1} & -(-1)^{k-1}+(3)^{k-1}\\ -3(-1)^{k-1}+3(3)^{k-1} & (-1)^{k-1}+3(3)^{k-1}\end{bmatrix}\begin{bmatrix}0\\1\end{bmatrix}*\delta(k)$$

$$=\frac{1}{4}\begin{bmatrix}3(-1)^k+(3)^k\\ -3(-1)^k+3(3)^k\end{bmatrix}+\frac{1}{4}\begin{bmatrix}-(-1)^{k-1}+(3)^k\\ (-1)^{k-1}+3(3)^{k-1}\end{bmatrix}$$

$$=\begin{bmatrix}(-1)^k+3^{k-1}\\ (-1)^{k-1}+3^k\end{bmatrix}\quad k\geqslant 1$$

注意,上述结果对 $k=0$ 无意义。

求全响应 $y(k)$:

当 $k=0$ 时,有 $y(0)=[3\quad 3]\begin{bmatrix}x_1(0)\\ x_2(0)\end{bmatrix}+f(0)=[3\quad 3]\begin{bmatrix}1\\0\end{bmatrix}+1=4$

当 $k\geqslant 1$ 时,将上述的 $\boldsymbol{x}(k)$ 代入式(9-38)得

$$\boldsymbol{y}(k)=\boldsymbol{Cx}(k)+\boldsymbol{Df}(k)=[3\quad 3]\begin{bmatrix}(-1)^k+3^{k-1}\\ (-1)^{k-1}+3^k\end{bmatrix}+\delta(k)=4(3)^k\quad k\geqslant 1$$

将上述两种情况合并写成 $\boldsymbol{y}(k)=4(3)^kU(k)$

或 $\boldsymbol{y}(k)=4(3)^k\quad k=0,1,2,3\cdots$

**【例 9-17】** 图 9-23 所示离散系统。(1) 列写状态方程与输出方程；(2) 已知初始状态 $\begin{bmatrix} x_1(0) \\ x_2(0) \end{bmatrix} = \begin{bmatrix} 1 \\ 1 \end{bmatrix}$，激励 $f(k)=U(k)$，求状态向量 $\begin{bmatrix} x_1(k) \\ x_2(k) \end{bmatrix}$ 与响应向量 $\begin{bmatrix} y_1(k) \\ y_2(k) \end{bmatrix}$；(3) 求 $\boldsymbol{A}^k$；(4) 求 $\boldsymbol{H}(z)$ 和 $\boldsymbol{h}(k)$。

**解：**(1) 选单位延时器的输出变量 $x_1(k)$，$x_2(k)$ 作为状态变量，则可列出状态方程与输出方程为

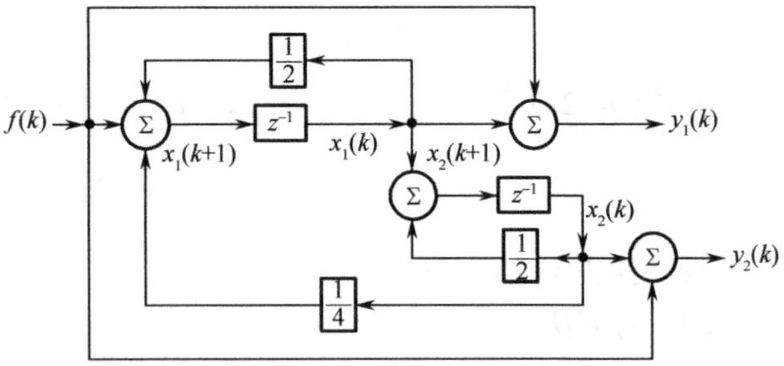


图 9-23

$$\begin{cases} x_1(k+1) = \dfrac{1}{2}x_1(k) + \dfrac{1}{4}x_2(k) + f(k) \\ x_2(k+1) = x_1(k) + \dfrac{1}{2}x_2(k) \end{cases}$$

$$\begin{cases} y_1(k) = x_1(k) + f(k) \\ y_2(k) = x_2(k) + f(k) \end{cases}$$

即
$$\begin{bmatrix} x_1(k+1) \\ x_2(k+1) \end{bmatrix} = \begin{bmatrix} \dfrac{1}{2} & \dfrac{1}{4} \\ 1 & \dfrac{1}{2} \end{bmatrix} \begin{bmatrix} x_1(k) \\ x_2(k) \end{bmatrix} + \begin{bmatrix} 1 \\ 0 \end{bmatrix} [f(k)]$$

$$\begin{bmatrix} y_1(k) \\ y_2(k) \end{bmatrix} = \begin{bmatrix} 1 & 0 \\ 0 & 1 \end{bmatrix} \begin{bmatrix} x_1(k) \\ x_2(k) \end{bmatrix} + \begin{bmatrix} 1 \\ 1 \end{bmatrix} [f(k)]$$

(2)
$$(z\boldsymbol{I}-\boldsymbol{A})^{-1} = \frac{1}{z(z-1)} \begin{bmatrix} z-\dfrac{1}{2} & \dfrac{1}{4} \\ 1 & z-\dfrac{1}{2} \end{bmatrix}$$

$$\boldsymbol{\Phi}(z) = (z\boldsymbol{I}-\boldsymbol{A})^{-1}z = \frac{1}{(z-1)} \begin{bmatrix} z-\dfrac{1}{2} & \dfrac{1}{4} \\ 1 & z-\dfrac{1}{2} \end{bmatrix} = \begin{bmatrix} \dfrac{z}{z-1} - \dfrac{1/2}{z-1} & \dfrac{1/4}{z-1} \\ \dfrac{1}{z-1} & \dfrac{z}{z-1} - \dfrac{1/2}{z-1} \end{bmatrix}$$

$$\boldsymbol{X}(z) = \boldsymbol{\Phi}(z)\boldsymbol{x}(0) + (z\boldsymbol{I}-\boldsymbol{A})^{-1}\boldsymbol{B}F(z) = \begin{bmatrix} \dfrac{z^2-\dfrac{1}{4}z-\dfrac{1}{4}}{(z-1)^2} \\ \dfrac{z^2-\dfrac{1}{2}z+\dfrac{1}{2}}{(z-1)^2} \end{bmatrix} = \begin{bmatrix} 1 + \dfrac{\dfrac{7}{4}z}{(z-1)^2} - \dfrac{\dfrac{5}{4}}{(z-1)^2} \\ 1 + \dfrac{\dfrac{3}{2}z}{(z-1)^2} - \dfrac{\dfrac{1}{2}}{(z-1)^2} \end{bmatrix}$$

故得
$$\boldsymbol{x}(k) = \begin{bmatrix} \delta(k) + \dfrac{7}{4}kU(k) - \dfrac{5}{4}(k-1)U(k-1) \\ \delta(k) + \dfrac{3}{2}kU(k) - \dfrac{1}{2}(k-1)U(k-1) \end{bmatrix}$$

$$\boldsymbol{Y}(z) = \boldsymbol{C}X(z) + \boldsymbol{D}F(z) = \begin{bmatrix} 1 + \dfrac{\dfrac{7}{4}z}{(z-1)^2} - \dfrac{\dfrac{5}{4}}{(z-1)^2} + \dfrac{z}{z-1} \\ 1 + \dfrac{\dfrac{3}{2}z}{(z-1)^2} - \dfrac{\dfrac{1}{2}}{(z-1)^2} + \dfrac{z}{z-1} \end{bmatrix}$$

故得 $$\boldsymbol{y}(k)=\begin{bmatrix}\delta(k)+\frac{7}{4}kU(k)-\frac{5}{4}(k-1)U(k-1)+U(k)\\ \delta(k)+\frac{3}{2}kU(k)-\frac{1}{2}(k-1)U(k-1)+U(k)\end{bmatrix}$$

(3) $$\boldsymbol{A}^k=\mathscr{Z}^{-1}[\boldsymbol{\Phi}(z)]=\begin{bmatrix}U(k)-\frac{1}{2}(1)^{k-1}U(k-1) & \frac{1}{4}(1)^{k-1}U(k-1)\\ (1)^{k-1}U(k-1) & U(k)-\frac{1}{2}(1)^{k-1}U(k-1)\end{bmatrix}$$

$$=\begin{bmatrix}\delta(k)+\frac{1}{2}U(k-1) & \frac{1}{4}U(k-1)\\ U(k-1) & \delta(k)+\frac{1}{2}U(k-1)\end{bmatrix}$$

(4) $$\boldsymbol{H}(z)=\boldsymbol{C}(z\boldsymbol{I}-\boldsymbol{A})^{-1}\boldsymbol{B}+\boldsymbol{D}=\begin{bmatrix}\dfrac{z^2-\frac{1}{2}}{z(z-1)}\\ \dfrac{z^2-z+1}{z(z-1)}\end{bmatrix}=\begin{bmatrix}1+\frac{1}{2}\cdot\frac{1}{z}+\frac{1}{2}\cdot\frac{1}{z-1}\\ 1-\frac{1}{z}+\frac{1}{z-1}\end{bmatrix}$$

故 $$\boldsymbol{h}(k)=\mathscr{Z}^{-1}[\boldsymbol{H}(z)]=\begin{bmatrix}\delta(k)+\frac{1}{2}\delta(k-1)+\frac{1}{2}U(k-1)\\ \delta(k)-\delta(k-1)+U(k-1)\end{bmatrix}$$

**【例 9-18】** 图 9-24 所示离散系统,以 $x_1(k)$,$x_2(k)$ 为状态变量,$y(k)$ 为输出。

(1) 列写系统的状态方程与输出方程;

(2) 求系统的差分方程;

(3) 已知响应的初始值 $y(0)=2$,$y(1)=3$,激励的初始值 $f(0)=1$,求状态变量的初始值 $x_1(0)$,$x_2(0)$。

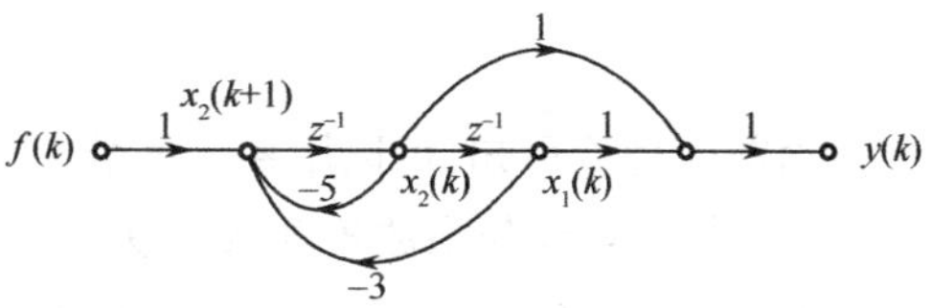

图 9-24

**解**:(1) $$\begin{cases}x_1(k+1)=x_2(k)\\ x_2(k+1)=-3x_1(k)-5x_2(k)+f(k)\end{cases}$$

$$y(k)=x_1(k)+x_2(k)$$

即 $$\begin{bmatrix}x_1(k+1)\\ x_2(k+1)\end{bmatrix}=\begin{bmatrix}0 & 1\\ -3 & -5\end{bmatrix}\begin{bmatrix}x_1(k)\\ x_2(k)\end{bmatrix}+\begin{bmatrix}0\\ 1\end{bmatrix}[f(k)]$$

$$[y(k)]=[1\quad 1]\begin{bmatrix}x_1(k)\\ x_2(k)\end{bmatrix}$$

(2) 由状态方程与输出方程求系统的差分方程有两种方法:$Z$ 域法与时域法。

$Z$ 域法:$H(z)=\boldsymbol{C}(z\boldsymbol{I}-\boldsymbol{A})^{-1}\boldsymbol{B}+\boldsymbol{D}$

$$=[1\quad 1]\left\{z\begin{bmatrix}1 & 0\\ 0 & 1\end{bmatrix}-\begin{bmatrix}0 & 1\\ -3 & -5\end{bmatrix}\right\}^{-1}\begin{bmatrix}0\\ 1\end{bmatrix}+0=\frac{z+1}{z^2+5z+3}$$

故得系统的差分方程为 $y(k+2)+5y(k+1)+3y(k)=f(k+1)+f(k)$

或 $$y(k)+5y(k-1)+3y(k-2)=f(k-1)+f(k-2)$$

时域法:由于所给系统有两个延时器,故系统一定是二阶的。

因有 $$y(k)=x_1(k)+x_2(k) \quad ①$$

故有 $$y(k+1)=x_1(k+1)+x_2(k+1)=-3x_1(k)-4x_2(k)+f(k) \quad ②$$

$$y(k+2) = -3x_1(k+1) - 4x_2(k+1) + f(k+1)$$
$$= 12x_1(k) + 17x_2(k) + f(k+1) - 4f(k) \quad ③$$

于是得二阶差分方程为

$$y(k+2) + a_1 y(k+1) + a_0 y(k)$$
$$= 12x_1(k) + 17x_1(k) + f(k+1) - 4f(k) - 3a_1 x_1(k) - 4a_1 x_2(k) + a_1 f(k) + a_0 x_1(k) + a_0 x_2(k)$$
$$= (12 - 3a_1 + a_0)x_1(k) + (17 - 4a_1 + a_0)x_2(k) + f(k+1) + (a_1 - 4)f(k)$$

欲使上式成为差分方程，就必须有

$$12 - 3a_1 + a_0 = 0$$
$$17 - 4a_1 + a_0 = 0$$

解得

$$a_0 = 3, a_1 = 5$$

则系统的差分方程为 $y(k+2) + 5y(k+1) + 3y(k) = f(k+1) + f(k)$

此结果与 $Z$ 域法得到的结果完全相同。

(3) 取 $k = 0$，由上面的式 ① 和式 ② 得

$$y(0) = x_1(0) + x_2(0) = 2$$
$$y(1) = -3x_1(0) - 4x_2(0) + f(0) \quad ④$$

即

$$-3x_1(0) - 4x_2(0) + 1 = 3 \quad ⑤$$

式 ④ 和式 ⑤ 联解，得 $x_1(0) = 10, x_2(0) = -8$。

# 9.7 由状态方程判断系统的稳定性

由前面理论可知，可以用系统函数矩阵 $\boldsymbol{H}(s)$ 或 $\boldsymbol{H}(z)$ 的极点来判断系统稳定的情况。$\boldsymbol{H}(s)$ 或 $\boldsymbol{H}(z)$ 的极点仅与系数矩阵 $\boldsymbol{A}$ 有关，而与其他系数矩阵 $\boldsymbol{B}$，$\boldsymbol{C}$ 和 $\boldsymbol{D}$ 无关，且 $\boldsymbol{H}(s)$ 或 $\boldsymbol{H}(z)$ 的分母(系统的特征多项式)即系数矩阵 $\boldsymbol{A}$ 的特征多项式 $\det(s\boldsymbol{I} - \boldsymbol{A})$ 或 $\det(z\boldsymbol{I} - \boldsymbol{A})$。因此 $\boldsymbol{A}$ 的特征根就是 $\boldsymbol{H}(s)$ 或 $\boldsymbol{H}(z)$ 的极点即系统的极点，也就是说，用 $\boldsymbol{A}$ 可以充分地进行系统的极点分析，可以进行系统稳定性判断。

## 9.7.1 连续时间系统稳定性判断

由式(9-24)可知，欲使连续系统稳定，必须使 $\boldsymbol{H}(s)$ 的极点，即特征方程 $\det(s\boldsymbol{I} - \boldsymbol{A}) = 0$ 的根，即矩阵 $\boldsymbol{A}$ 的特征值，全部位于 $s$ 平面的左半开平面上。

**【例 9-19】** 图 9-25 所示系统，欲使系统稳定，试确定 $K$ 的取值范围。

**解：** 选每个积分器的输出变量 $x_1(t)$，$x_2(t)$，$x_3(t)$ 为状态变量，则可列出状态方程为

$$\dot{x}_1(t) = x_2(t)$$
$$\dot{x}_2(t) = -x_2(t) + K[-x_1(t) - x_3(t) + f_2(t)]$$
$$= -Kx_1(t) - x_2(t) - Kx_3(t) + Kf_2(t)$$
$$\dot{x}_3(t) = -3x_3(t) - [x_2(t) + x_3(t)] + f_1(t)$$
$$= -x_2(t) - 4x_3(t) + f_1(t)$$

即

$$\begin{bmatrix} \dot{x}_1(t) \\ \dot{x}_2(t) \\ \dot{x}_3(t) \end{bmatrix} = \begin{bmatrix} 0 & 1 & 0 \\ -K & -1 & -K \\ 0 & -1 & -4 \end{bmatrix} \begin{bmatrix} x_1(t) \\ x_2(t) \\ x_3(t) \end{bmatrix} + \begin{bmatrix} 0 & 0 \\ 0 & K \\ 1 & 0 \end{bmatrix} \begin{bmatrix} f_1(t) \\ f_2(t) \end{bmatrix}$$

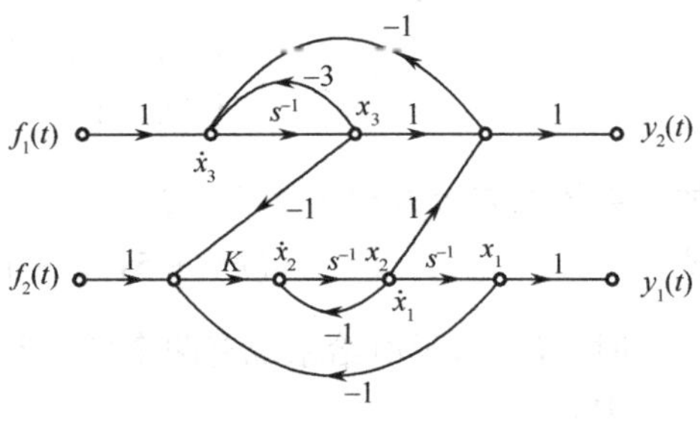


图 9-25

故系数矩阵为
$$A=\begin{bmatrix}0 & 1 & 0\\ -K & -1 & -K\\ 0 & -1 & -4\end{bmatrix}$$

系统的特征多项式为
$$|sI-A|=s^3+5s^2+4s+4K$$

可见,欲使系统稳定,其必要条件是 $K>0$。下面再排出罗斯阵列:

$$\begin{array}{ccc} s^3 & 1 & 4 \\ s^2 & 5 & 4K \\ s^1 & -\dfrac{4K-20}{5} & 0 \\ s^0 & 4K & 0 \end{array}$$

可见,欲使系统稳定,必须有
$$4K-20<0,\quad 4K>0$$
故得 $0<K<5$,即当 $K$ 的值在此范围内时系统是稳定的。

**【例 9-20】** 如图 9-26 所示电路。(1) 欲使电路稳定,求 $K$ 的取值范围;(2) 欲使电路临界稳定,求 $K$ 的值,并求此时的单位冲激响应 $h(t)$。

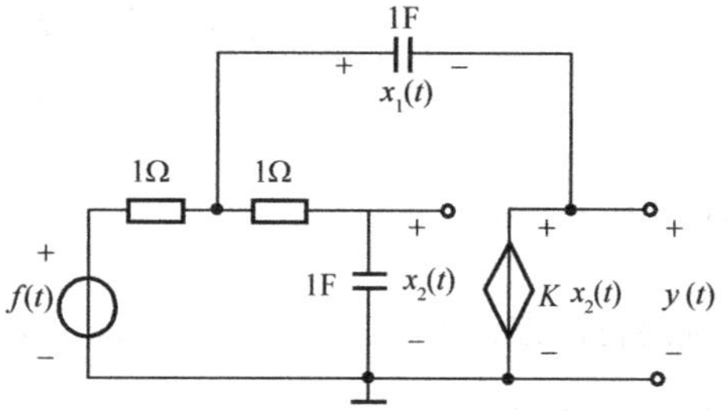

图 9-26

**解:**(1) 选 $x_1(t),x_2(t)$ 为状态变量,则可列出状态方程为
$$\dot{x}_2(t)=\frac{x_1(t)+Kx_2(t)-x_2(t)}{1}=x_1(t)+(K-1)x_2(t)$$
$$\dot{x}_1(t)=\frac{f(t)-x_1(t)-Kx_2(t)}{1}-\dot{x}_2(t)=-2x_1(t)+(-2K+1)x_2(t)+f(t)$$

得状态方程为
$$\begin{bmatrix}\dot{x}_1(t)\\ \dot{x}_2(t)\end{bmatrix}=\begin{bmatrix}-2 & -2K+1\\ 1 & K-1\end{bmatrix}\begin{bmatrix}x_1(t)\\ x_2(t)\end{bmatrix}+\begin{bmatrix}1\\ 0\end{bmatrix}[f(t)]$$

输出方程为
$$[y(t)]=Kx_2(t)=[0\quad K]\begin{bmatrix}x_1(t)\\ x_2(t)\end{bmatrix}$$

电路的特征多项式为
$$\det(sI-A)=s^2+(3-K)s+1$$

可见,欲使电路稳定,必须 $3-K<0$,即 $K<3$。

(2) 欲使电路临界稳定,则必须 $K=3$。此时电路的自然频率可用如下方法求得:将 $K=3$ 代入特征多项式得 $s^2+1$,令 $s^2+1=0$,得自然频率为 $p_1=\mathrm{j}1,p_2=-\mathrm{j}1$。

(3) 当 $K=3$ 时,电路的各系数矩阵为
$$A=\begin{bmatrix}-2 & -5\\ 1 & 2\end{bmatrix},\quad B=\begin{bmatrix}1\\ 0\end{bmatrix},\quad C=[0\quad 3],\quad D=0$$
$$\Phi(s)=(sI-A)^{-1}=\frac{1}{s^2+1}\begin{bmatrix}s-2 & -5\\ 1 & s+2\end{bmatrix}$$
$$H(s)=C\Phi(s)B+D=3\frac{1}{s^2+1}$$

故得
$$h(t)=3\sin tU(t)$$

### 9.7.2 离散时间系统稳定性判断

欲使离散系统稳定，必须使 $H(z)$ 的极点，即特征方程 $\det(zI-A)=0$ 的根，即矩阵 $\boldsymbol{A}$ 的特征值，全部位于 $z$ 平面的单位圆内部。

**【例 9-21】** 欲使图 9-27 所示离散系统稳定，试确定 $K$ 的取值范围。

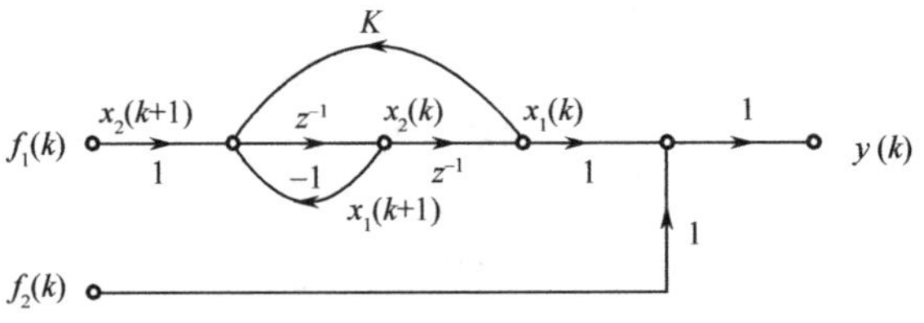


图 9-27

**解**：选每个单位延时器的输出变量 $x_1(k)$，$x_2(k)$ 为状态变量，可列出状态方程为

$$x_1(k+1)=x_2(k)$$

$$x_2(k+1)=Kx_1(k)-x_2(k)+f_1(k)$$

即

$$\begin{bmatrix}x_1(k+1)\\x_2(k+1)\end{bmatrix}=\begin{bmatrix}0&1\\K&-1\end{bmatrix}\begin{bmatrix}x_1(k)\\x_2(k)\end{bmatrix}+\begin{bmatrix}0&0\\1&0\end{bmatrix}\begin{bmatrix}f_1(k)\\f_2(k)\end{bmatrix}$$

故得系数矩阵为

$$\boldsymbol{A}=\begin{bmatrix}0&1\\K&-1\end{bmatrix}$$

系统的特征方程为

$$\det(z\boldsymbol{I}-\boldsymbol{A})=z^2+z-K=0$$

系统的特征根为

$$p_{1,2}=-\frac{1}{2}\pm\frac{1}{2}\sqrt{1+4K}$$

为使系统稳定，必须使特征根位于 $z$ 平面的单位圆内部，即必须有

$$|p_{1,2}|<1$$

又根据一元二次方程根与系数的关系有

$$p_1p_2=-K,\ |p_1|<1,\ |p_2|<1$$

故必有 $|K|<1$ 即 $-1<K<1$。为求 $K$ 值，分以下两种情况。

(1) 当 $-1<K<-\frac{1}{4}$ 时，$p_1$ 和 $p_2$ 为复数根。为使系统稳定，则两个根的模均必须小于 1，即 $\sqrt{\left(\frac{1}{2}\right)^2+\left(\frac{1}{2}\sqrt{1+4K}\right)^2}<1$，解得 $K<\frac{1}{2}$，因此只要 $-1<K<-\frac{1}{4}$，系统即为稳定的。

(2) 当 $-\frac{1}{4}<K<1$ 时，$p_1$ 和 $p_2$ 为复数根。为使系统稳定，必须有

$$\left|-\frac{1}{2}\pm\frac{1}{2}\sqrt{1+4K}\right|<1$$

即

$$-1<-\frac{1}{2}\pm\frac{1}{2}\sqrt{1+4K}<1$$

此时只要 $-\frac{1}{4}<K<0$，即可满足上列不等式。

综上所述可见，当 $-1<K<0$ 时，系统是稳定的。当 $-\frac{1}{4}<K<0$ 时，$p_1,p_2$ 为实根；当 $-1<K<-\frac{1}{4}$ 时，$p_1,p_2$ 为复数根。在这两种情况下，特征根 $p_1,p_2$ 均在 $z$ 平面的单位圆内部，故系统稳定。

二维码 9-1

本章要点和秘笈见二维码 9-1。

### 习题 9

9-1 图题 9-1 所示电路，已知 $x_1(t)$ 与 $x_2(t)$ 为状态变量，试证明以下各对变量是否都可以作为状态变量。(1) $i_L(t),u_L(t)$；(2) $i_C(t),u_C(t)$；(3) $u_{R1}(t),u_L(t)$；(4) $i_C(t),u_L(t)$；(5) $i_C(t),u_{R3}(t)$；(6) $i_{R1}(t),i_{R2}(t)$。

9-2 图题 9-2 所示电路，以 $x_1(t),x_2(t),x_3(t)$ 为状态变量，试列写电路的状态方程。

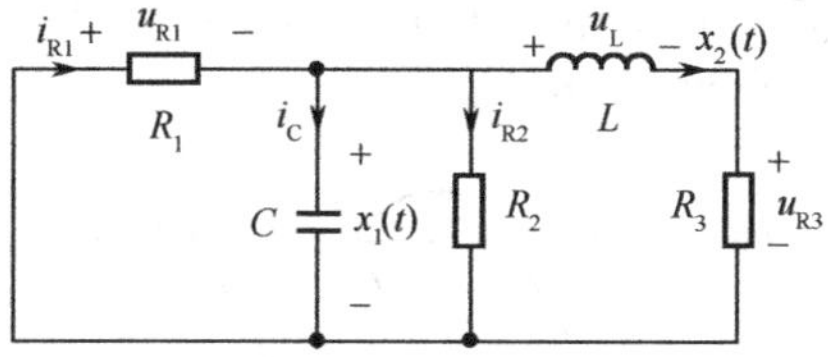

图题 9-1

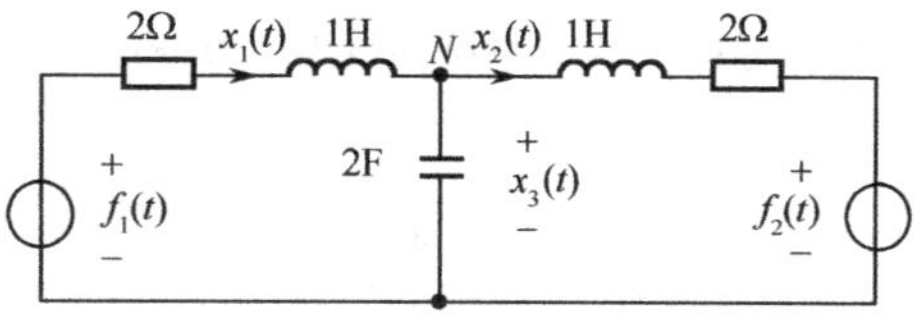

图题 9-2

9-3 图题 9-3 所示电路，以 $x_1(t),x_2(t),x_3(t)$ 为状态变量，以 $y_1(t),y_2(t)$ 为响应变量，试列写电路的状态方程与输出方程。

9-4 已知系统的微分方程为 $y'''(t)+5y''(t)+7y'(t)+3y(t)=f(t)$

试列写系统的状态方程与输出方程，并写出 $\boldsymbol{A},\boldsymbol{B},\boldsymbol{C},\boldsymbol{D}$ 矩阵。

9-5 图题 9-5 所示系统，以积分器的输出信号为状态变量，试列写出系统的状态方程与输出方程。

9-6 已知系统的微分方程为 $y'''(t)+7y''(t)+10y'(t)=5f'(t)+5f(t)$

(1) 画出直接形式、级联形式、并联形式的信号流图；

(2) 列写出与上述各种形式相对应的状态方程与输出方程。

9-7 已知离散系统的框图如图题 9-7 所示，试列写出系统的状态方程与输出方程。

9-8 离散系统的时域模拟图如图题 9-8 所示，以单位延时器的输出信号 $x_1(k),x_2(k)$ 为状态变量，列写系统的状态方程与输出方程。

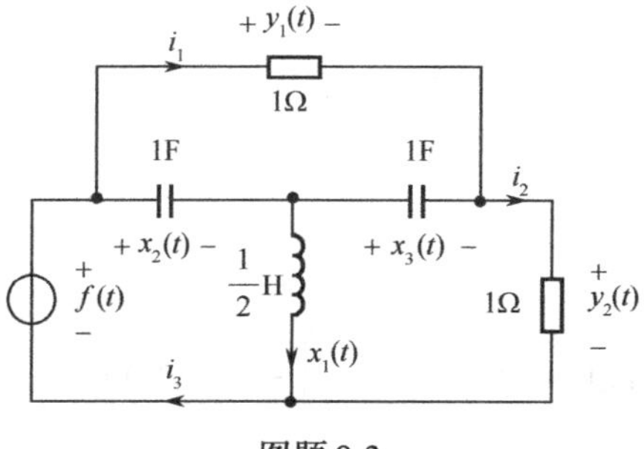

图题 9-3

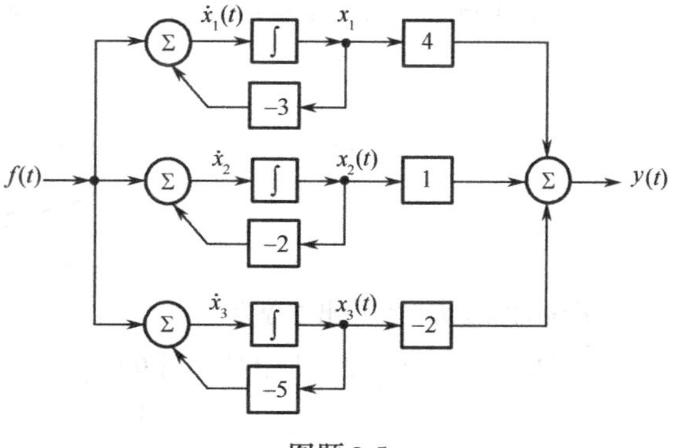

图题 9-5

9-9 已知离散系统的差分方程为

$$y(k)+3y(k-1)+2y(k-2)+y(k-3)=f(k-1)+2f(k-2)+3f(k-3)$$

(1) 画出系统直接形式的信号流图；(2) 以单位延时器的输出信号 $x_1(k),x_2(k),x_3(k)$ 为状态变量，列写出系统的状态方程与输出方程。

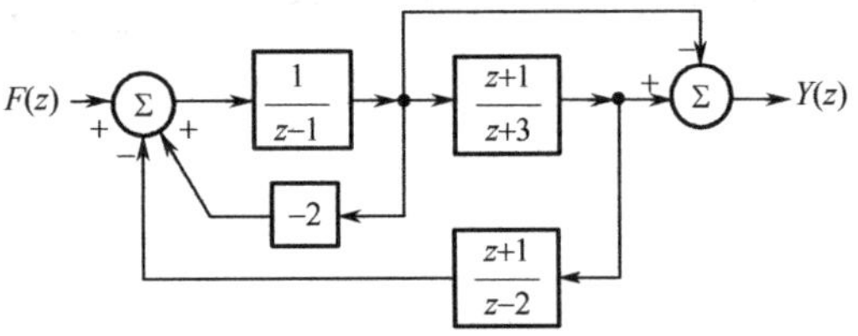


图题 9-7

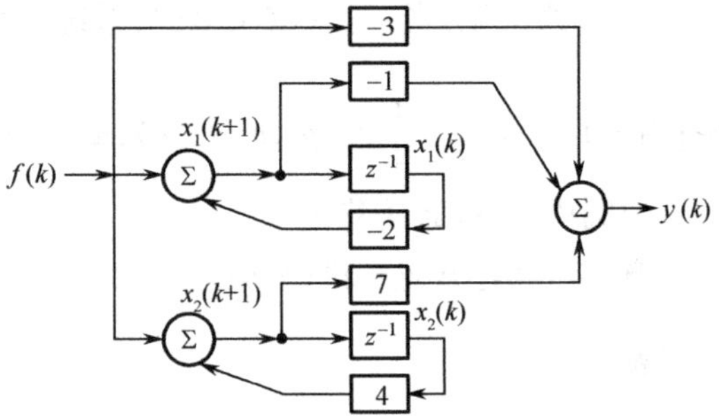


图题 9-8

9-10　图题 9-10 所示电路，激励 $f(t)=U(t)$ V。求电路的单位阶跃响应 $y(t)$。

9-11　已知系统的信号流图如图题 9-11 所示。(1) 以积分器的输出信号 $x_1(t)$，$x_2(t)$ 为状态变量，列写系统的状态方程与输出方程；(2) 求系统函数矩阵 $\boldsymbol{H}(s)$；(3) 求单位冲激响应 $\boldsymbol{h}(t)$。

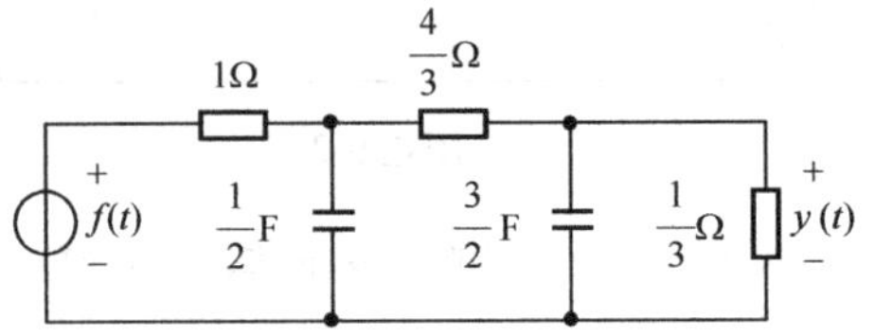


图题 9-10

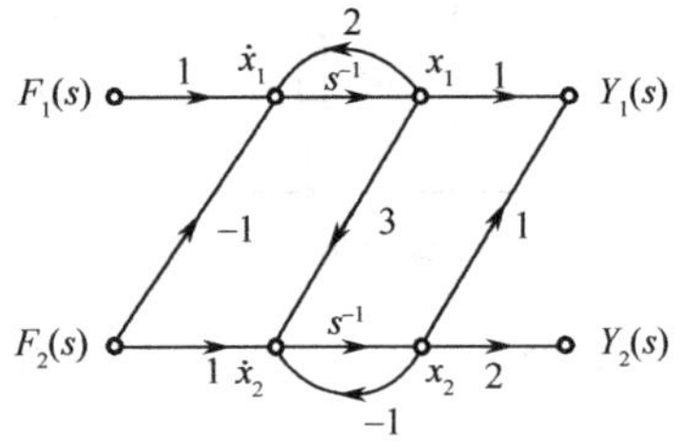


图题 9-11

9-12　系统的状态方程和输出方程为

$$\begin{bmatrix}\dot{x}_1(t)\\ \dot{x}_2(t)\end{bmatrix}=\begin{bmatrix}-2 & 1\\ 0 & -1\end{bmatrix}\begin{bmatrix}x_1(t)\\ x_2(t)\end{bmatrix}+\begin{bmatrix}1\\ 0\end{bmatrix}f(t),y(t)=\begin{bmatrix}1 & 0\end{bmatrix}\begin{bmatrix}x_1(t)\\ x_2(t)\end{bmatrix}$$

$$x_1(0^-)=1,x_2(0^-)=1,f(t)=U(t)$$

(1) 用拉普拉斯变换法求解输出 $y(t)$；　(2) 求系统函数矩阵 $\boldsymbol{H}(s)$。

9-13　已知系统的信号流图如图 9-13 所示。(1) 以积分器的输出信号 $x_1(t)$，$x_2(t)$ 为状态变量，列写系统的状态方程与输出方程；(2) 求系统的微分方程；(3) 已知激励 $f(t)=U(t)$ 时的全响应为 $y(t)=\left(\frac{1}{3}+\frac{1}{2}e^{-t}-\frac{5}{6}e^{-3t}\right)U(t)$，求系统的零输入响应 $y_x(t)$ 与初始状态 $x(0^-)$；(4) 求系统的单位冲激响应 $h(t)$。

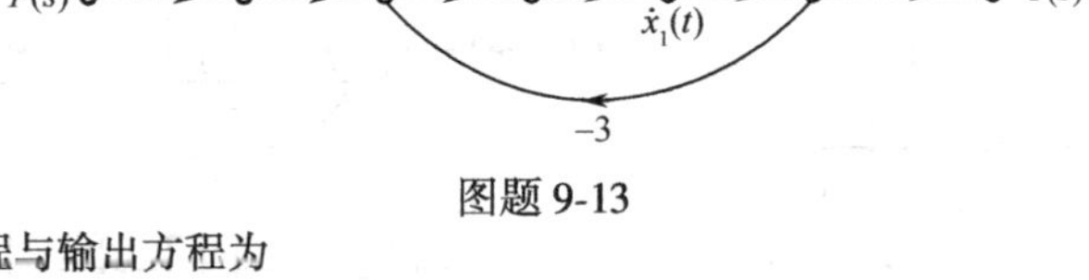


图题 9-13

9-14　已知系统的状态方程与输出方程为

$$\begin{bmatrix}\dot{x}_1(t)\\ \dot{x}_2(t)\end{bmatrix}=\begin{bmatrix}-1 & 2\\ -1 & -4\end{bmatrix}\begin{bmatrix}x_1(t)\\ x_2(t)\end{bmatrix}+\begin{bmatrix}0\\ 1\end{bmatrix}[f(t)],\quad [y(1)]=\begin{bmatrix}1 & 1\end{bmatrix}\begin{bmatrix}x_1(t)\\ x_2(t)\end{bmatrix}+[1][f(t)]$$

选新的状态向量 $\boldsymbol{w}(t)=\begin{bmatrix}w_1(t)\\ w_2(t)\end{bmatrix}$，它与原状态向量 $\boldsymbol{x}(t)$ 的关系为 $\boldsymbol{x}(t)=\begin{bmatrix}2 & -1\\ -1 & 1\end{bmatrix}\boldsymbol{w}(t)$。

(1) 求关于 $\boldsymbol{w}(t)$ 的状态方程与输出方程；

(2) 已知系统的初始状态为 $\boldsymbol{x}(0^-)=\begin{bmatrix}x_1(0^-)\\ x_2(0^-)\end{bmatrix}=\begin{bmatrix}3\\ 2\end{bmatrix}$，激励 $f(t)=\delta(t)$，求两种状态变量下的响应 $y(t)$。

9-15　已知系统的状态转移矩阵如下，求系数矩阵 $\boldsymbol{A}$。

$$\boldsymbol{\varphi}(t)=\begin{bmatrix}e^{-t}(\cos t+\sin t) & -2e^{-t}\sin t\\ e^{-t}\sin t & e^{-t}(\cos t-\sin t)\end{bmatrix}U(t)$$

9-16　已知系统的状态方程为

$$\begin{bmatrix}\dot{x}_1(t)\\ \dot{x}_2(t)\end{bmatrix}=\begin{bmatrix}-1 & 1\\ 0 & -2\end{bmatrix}\begin{bmatrix}x_1(t)\\ x_2(t)\end{bmatrix}+\begin{bmatrix}1\\ -1\end{bmatrix}[f(t)]$$

激励 $f(t)=e^{-t}U(t)$，初始状态为 $\begin{bmatrix}x_1(0^-)\\ x_2(0^-)\end{bmatrix}=\begin{bmatrix}1\\ 2\end{bmatrix}$。

(1) 求系统的状态转移矩阵 $\boldsymbol{\varphi}(t)$；　(2) 求状态向量 $\boldsymbol{x}(t)=\begin{bmatrix}x_1(t)\\ x_2(t)\end{bmatrix}$。

9-17　已知系统的状态转移矩阵为 $\boldsymbol{\varphi}(t)=\begin{bmatrix}2e^{-t}-e^{-2t} & -2e^{-t}+2e^{-2t}\\ e^{-t}-e^{-2t} & -e^{-t}+2e^{-2t}\end{bmatrix}U(t)$，当激励 $f(t)=\delta(t)$ 时的零状态解与零状态响应分别为

$$\begin{bmatrix}x_1(t)\\ x_2(t)\end{bmatrix}=\begin{bmatrix}12e^{-t}-12e^{-2t}\\ 6e^{-t}-12e^{-2t}\end{bmatrix}U(t),\quad y(t)=\delta(t)+(6e^{-t}-12e^{-2t})U(t)$$

求系统的系数矩阵 $\boldsymbol{A},\boldsymbol{B},\boldsymbol{C},\boldsymbol{D}$。

9-18　系统的状态方程和输出方程为

$$\begin{bmatrix}x_1(k+1)\\ x_2(k+1)\end{bmatrix}=\begin{bmatrix}0 & 1\\ 0.11 & 1\end{bmatrix}\begin{bmatrix}x_1(k)\\ x_2(k)\end{bmatrix}+\begin{bmatrix}0\\ 1\end{bmatrix}U(k),\quad y(k)=[0.11\quad 1]\begin{bmatrix}x_1(k)\\ x_2(k)\end{bmatrix}+U(k)$$

已知 $\begin{bmatrix}x_1(0)\\ x_2(0)\end{bmatrix}=\begin{bmatrix}0\\ 0\end{bmatrix}$，求：(1) 系统函数矩阵 $\boldsymbol{H}(z)$；(2) 单位响应矩阵 $\boldsymbol{h}(k)$。

9-19　已知离散系统的状态方程与输出方程为

$$\begin{bmatrix}x_1(k+1)\\ x_2(k+1)\end{bmatrix}=\begin{bmatrix}0 & 1\\ -6 & 5\end{bmatrix}\begin{bmatrix}x_1(k)\\ x_2(k)\end{bmatrix}+\begin{bmatrix}0\\ 1\end{bmatrix}[f(k)],\quad \begin{bmatrix}y_1(k)\\ y_2(k)\end{bmatrix}=\begin{bmatrix}1 & 1\\ 2 & -1\end{bmatrix}\begin{bmatrix}x_1(k)\\ x_2(k)\end{bmatrix}$$

系统的初始状态为 $\begin{bmatrix}x_1(0)\\ x_2(0)\end{bmatrix}=\begin{bmatrix}1\\ 2\end{bmatrix}$，求：(1) 状态转移矩阵 $\boldsymbol{\Phi}(k)=\boldsymbol{A}^k$；(2) 激励 $f(k)=0$ 时的状态向量 $\boldsymbol{x}(k)$ 和响应向量 $\boldsymbol{y}(k)$。

9-20　已知离散系统的模拟图如图 9-20 所示。(1) 求激励 $f(k)=\delta(k)$ 时的状态向量 $\boldsymbol{x}(k)$；(2) 求系统的差分方程。

9-21　已知系统的信号流图如图 9-21 所示。试求 $K$ 满足什么条件时系统为稳定。

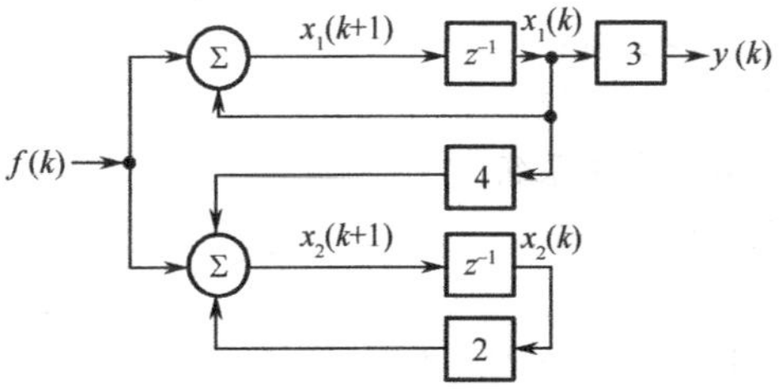


图题 9-20

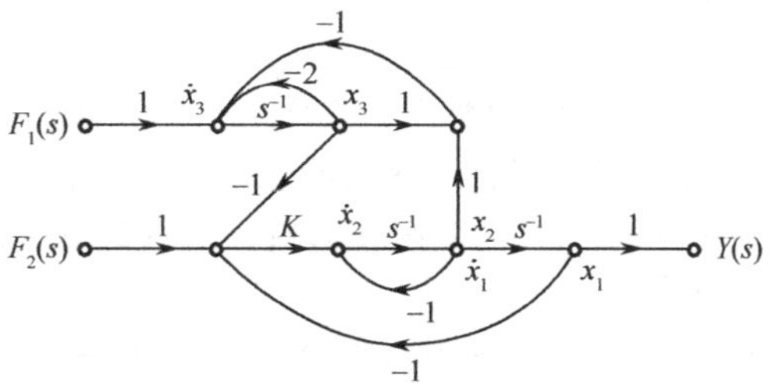


图题 9-21

9-22　若某因果系统状态方程如下，试求 $a$ 在什么范围内系统是稳定的。

$$\begin{bmatrix}x_1(k+1)\\ x_2(k+1)\\ x_3(k+1)\end{bmatrix}=\begin{bmatrix}0 & 1 & 0\\ 0 & 0 & 1\\ \frac{1}{2} & -a & \frac{1}{2}\end{bmatrix}\begin{bmatrix}x_1(k)\\ x_2(k)\\ x_3(k)\end{bmatrix}+\begin{bmatrix}0\\ 0\\ 1\end{bmatrix}f(k)$$

# 习题答案

## 习 题 1

1-1 各信号的波形(略)

1-2 $f_1(t)=t[U(t)-U(t-1)]+U(t-1)$ $f_2(t)=-(t-1)[U(t)-U(t-1)]$ $f_3(t)=(t-2)[U(t-2)-U(t-3)]$

1-3 $f_1(t)=\begin{cases}\dfrac{1}{2}(t+2)=\dfrac{1}{2}t+1 & -2\leqslant t\leqslant 0\\ \dfrac{1}{2}(-t+2)=-\dfrac{1}{2}t+1 & 0\leqslant t\leqslant 2\end{cases}$

$f_2(t)=U(t)+U(t-1)+U(t-2)$ $f_3(t)=-\sin\left(\dfrac{\pi}{2}t\right)[U(t+2)-U(t-2)]$

$f_4(t)=U(t+2)-2U(t+1)+3U(t-1)-4U(t-2)+2U(t-3)$

1-4 各信号的波形(略)

1-5 (1) 周期信号,周期 $T=2\pi/3(\mathrm{s})$ (2) 周期信号,周期 $T=2\pi/2=\pi(\mathrm{s})$

(3) 因 $t<0$ 时有 $f(t)=0$,故为非周期信号.

1-6 (1) 原式 $=\int_{-\infty}^{t}\delta\left[2\left(\tau-\dfrac{1}{2}\right)\right]\mathrm{d}\tau=\int_{-\infty}^{t}\dfrac{1}{2}\delta\left(\tau-\dfrac{1}{2}\right)\mathrm{d}\tau=\dfrac{1}{2}U\left(t-\dfrac{1}{2}\right)$

(2) 原式 $=\dfrac{\mathrm{d}}{\mathrm{d}t}\left[\cos\left(\dfrac{\pi}{4}\right)\delta(t)\right]=\dfrac{\sqrt{2}}{2}\delta'(t)$

(3) 原式 $=\int_{-\infty}^{\infty}\delta'(t)\sin t\mathrm{d}t=[-\sin'(t)]_{t=0}=-\cos(t)\big|_{t=0}=-1$

1-7 (1) $\cos\omega$ (2) 0 (3) $\mathrm{e}^{-2t_0}$

1-8 (a) $f'_1(t)=2U(t+1)-3U(t)+U(t-2)$,波形(略);

(b) $f'_2(t)=U(t+1)-2U(t-1)+3U(t-2)-U(t-3)$,波形(略);

(c) $f'_3(t)=-\sin\left(\dfrac{\pi}{2}t\right)[U(t)-U(t-5)]+\delta(t)$,波形(略)。

1-9 $y(t)=f(t+1)U(-t)$ 的波形(略)。

1-10 波形(略)。

1-11 C

1-12 (1) 线性,时不变,因果系统; (2) 线性,时变,因果系统;

(3) 非线性,时变,因果系统; (4) 线性,时变,非因果系统;

(5) 线性 ,时变,非因果系统; (6) 非线性,时不变,因果系统;

(7) 线性,时不变,因果系统; (8) 线性,时变,非因果系统。

1-13 A

1-14 $y_2(t)=U(t)-2U(t-1)+U(t-2)-2[U(t-1)-2U(t-2)+U(t-3)]+$

$2[U(t-3)-2U(t-4)+U(t-5)]-[U(t-4)-2U(t-5)+U(t-6)$

$=U(t)-4U(t-1)+5U(t-2)-5U(t-4)+4U(t-5)-U(t-6)]$

$y_2(t)$ 的波形(略)。

1-15 (1) $h(t)=h_1(t)-h_2(t)=\delta(t-1)-\delta(t-2)+\delta(t+3)$

(2) $y(t)=\int_{-\infty}^{t}h(\tau)\mathrm{d}\tau=\int_{-\infty}^{t}[\delta(\tau)-\delta(\tau-1)-\delta(\tau-2)+\delta(\tau-3)\mathrm{d}\tau$

$=U(t)-U(t-1)-U(t-2)+U(t-3)$

1-16 $y_1(t)=y(t+1)-y(t-1)$,波形(略)。

1-17 $y(t)=(t-1)U(t-1)-(t-2)U(t-2)$,$y(t)$ 的波形(略)。

1-18 $y_3(t)=y_x(t)+4y_f(t)=3e^{-t}-\cos\pi t+4(-e^{-t}+\cos\pi t)$

$=(-e^{-t}+3\cos\pi t)U(t)$

# 习 题 2

2-1 $\frac{d^2}{dt^2}u_2(t)+4\frac{d}{dt}u_2(t)+4u_2(t)=3f(t)$

2-2 $H(p)=\frac{10p+10}{p^2+11p+30}$ $\frac{d^2}{dt^2}i(t)+11\frac{d}{dt}i(t)+30i(t)=10\frac{d}{dt}f(t)+10f(t)$

2-3 (1) $y(0^+)=0$ (2) $y(0^+)=3$ (3) $y(0^+)=\frac{3}{2}$,$y'(0^+)=\frac{1}{4}$

2-4 (1) 全响应:$2e^{-t}-\frac{5}{2}e^{-2t}+\frac{3}{2}$ 零输入响应:$4e^{-t}-3e^{-2t}$ 零状态响应:$-2e^{-t}+\frac{1}{2}e^{-2t}+\frac{3}{2}$ 自由响应:$2e^{-t}-\frac{5}{2}e^{-2t}$ 强迫响应:$\frac{3}{2}$

(2) 全响应:$5e^{-t}-4e^{-4t}$ 自由响应等于完全响应,强迫响应为零 零输入响应:$4e^{-t}-3e^{-2t}$ 零状态响应:$e^{-t}-e^{-2t}$

2-5 $H(p)=\frac{3}{p^2+4p+4}$ $\frac{d^2}{dt^2}u_2(t)+4\frac{d}{dt}u_2(t)+4u_2(t)=3f(t)$

2-6 $H(p)=\frac{10p+10}{p^2+11p+30}$ $\frac{d^2}{dt^2}i(t)+11\frac{d}{dt}i(t)+30i(t)=10\frac{d}{dt}f(t)+10f(t)$

2-7 $i(t)=5e^{-t}-3e^{-2t}$ (A),$t\geqslant0$ $u_C(t)=-5e^{-t}+6e^{-2t}$ (V),$t\geqslant0$

2-8 (1) $u_C(t)=8e^{-2t}-2e^{-8t}$ (V),$t\geqslant0$ $i(t)=4e^{-2t}-4e^{-8t}$ (A),$t\geqslant0$ (2) $R=2(\Omega)$

2-9 $4\cos2t-e^{-t}$

2-10 $y_x(t)=2e^{-2t}U(t)$ $y(t)=2\delta(t)$

2-11 (1) $u_C(t)=\left(-\frac{1}{3}e^{-t}+\frac{4}{3}e^{-4t}\right)U(t)(V)$ $i(t)=\left(\frac{4}{3}e^{-t}-\frac{4}{3}e^{-4t}\right)U(t)(V)$

(2) $g(t)=\left(1-\frac{4}{3}e^{-t}+\frac{1}{3}e^{-4t}\right)U(t)(A)$

2-12 $h(t)=2(e^{-t}-e^{-2t})U(t)(V)$ $g(t)=(-2e^{-t}+e^{-2t}+1)U(t)(V)$

2-13 (1) $h(t)=e^{-\frac{1}{2}t}\left\{\cos\frac{\sqrt{3}}{2}t+\frac{1}{\sqrt{3}}\sin\frac{\sqrt{3}}{2}t\right\}U(t)$ $g(t)=\left\{e^{-\frac{1}{2}t}\left[-\cos\frac{\sqrt{3}}{2}t+\frac{1}{\sqrt{3}}\sin\frac{\sqrt{3}}{2}t\right]+1\right\}U(t)$

(2) $h(t)=2\delta(t)-6e^{-3t}U(t)$ $g(t)=2e^{-3t}U(t)$

(3) $h(t)=e^{-2t}U(t)+\delta(t)+\delta'(t)$ $g(t)=-\frac{1}{2}e^{-2t}U(t)+\frac{3}{2}U(t)+\delta(t)$

2-14 (1) $(t-1)[U(t-1)-U(t-3)]$ (2) $\delta(t)$

2-15 (1) $y_1(t)=1+(1-e^{-t})U(t)=\begin{cases}1 & t<0\\ 2-e^{-t} & t\geqslant0\end{cases}$ (2) $y_2(t)=[1-\cos(t-1)]U(t-1)$

2-19 (1) $y(t)=(1-e^{-t})U(t)$ (2) $y_1(t)=\begin{cases}e^{t} & t<0\\ 1 & t\geqslant0\end{cases}$ (3) 系统 $a$ 为非因果系统;系统 $b$ 为因果系统。

2-20 $h(t)=(5\sin\omega t+\omega\cos\omega t)U(t)$

2-21 (1) $h(t)=(e^{-t}-e^{-2t})U(t)$ (2) $y(t)=(-e^{-t}+e^{-2t}+te^{-t})U(t)$

2-22 (1) $h(t)=U(t)-\delta(t-1)$ (2) $y(t)=-(1-e^{-t})U(t)-e^{-(t-1)}U(t-1)$

2-23 (1) $h(t) = \cos t U(t)$ (2) $y(t) = \sin[U(t) - U(t-6\pi)]$

2-24 $g(t) = (e^{-t} - e^{-4t})U(t)$

$y(t) = (e^{-t} - e^{-4t})U(t) - 2[e^{-(t-2)} - e^{-4(t-2)}]U(t-2) + 7[e^{-4(t-4)} - e^{-(t-4)}]U(t-4)$

# 习　题　3

3-1 $C_n = \dfrac{2}{n\pi}[(-1)^n - 1]$

3-2 $A_n = -\dfrac{1}{jn\pi}(n \neq 0)$ $A_0 = 1$ $f(t) = \dfrac{1}{2} - \dfrac{1}{\pi}\sum_{n=1}^{\infty}\dfrac{1}{n}\sin(n\Omega t)$

3-3 $A_n = \dfrac{1}{n^2\pi^2}[(-1)^n - 1] + \dfrac{j}{n\pi}(-1)^n$ $A_0 = \dfrac{1}{2}$ $f(t) = \dfrac{A_0}{2} + \dfrac{1}{2}\sum_{\substack{n=-\infty \\ n\neq 0}}^{\infty} A_n e^{jn\Omega t}$

3-4 $A_n = -\dfrac{4E}{\pi(4n^2-1)}$ $f(t) = \sum_{n=-\infty}^{\infty} -\dfrac{4E}{\pi(4n^2-1)}e^{j2\pi nt}$

3-5 (1) $\alpha_n = \begin{cases} \dfrac{a_n}{2} & n > 0 \\ \dfrac{a_{-n}}{2} & n < 0 \end{cases}, \alpha_0 = \dfrac{1}{2}a_0,\ \beta_n = \begin{cases} -\dfrac{jb_n}{2} & n > 0 \\ -\dfrac{jb_{-n}}{2} & n < 0 \end{cases}$ (2) $\alpha_n = \alpha_{-n}, \beta_{-n} = -\beta_n$

3-6 略

3-7 略

3-8 $F_n e^{-jn\Omega t}, F_{-n}, F_{-n}^*, jn\Omega F_n$ （其中 $F_n$ 是 $f(t)$ 的指数形式的傅里叶系数）

3-9 $f(t) = \dfrac{3}{5 - 4\cos(\pi t + \pi/20)}$

3-10 (1) 对通断工作模式：$a_0 = \dfrac{A}{2}, a_n = \dfrac{2A\sin(n\pi/2)}{n\pi}(n \neq 0), b_n = 0$；转换效率 $C_{eff} = 2/\pi \approx 0.20$

(2) 对于交替改变极性工作模式：$a_0 = 0, a_n = \dfrac{4A\sin(n\pi/2)}{n\pi}(n \neq 0), b_n = 0$；转换效率 $C_{eff} = 8/\pi \approx 0.81$

3-11 略

3-12 $F(j\omega) = j\omega A\tau^2 \mathrm{Sa}^2\left(\dfrac{\omega\tau}{2}\right)$

3-13 $F(j\omega) = \pi\delta(\omega) + \dfrac{\mathrm{Sa}\left(\dfrac{\omega}{2}\right)}{j\omega}$

3-14 $F(j\omega) = 4\cos(2\omega)\mathrm{Sa}(\omega)$

3-15 略

3-16 (1) $j\dfrac{1}{2}F'\left(j\dfrac{\omega}{2}\right)$ (2) $jF'(j\omega) - 2F(j\omega)$ (3) $j\dfrac{1}{2}F'\left(-j\dfrac{\omega}{2}\right) - F\left(-j\dfrac{\omega}{2}\right)$ (4) $-[\omega F'(j\omega) + F(j\omega)]$

(5) $F(-j\omega)e^{-j\omega}$ (6) $-jF'(-j\omega)e^{-j\omega}$ (7) $\dfrac{1}{2}F\left(j\dfrac{\omega}{2}\right)e^{-j\frac{5}{2}\omega}$ (8) $j\pi\delta'(\omega) - \dfrac{1}{\omega^2}$

3-17 $F(j\omega) = \dfrac{E\Omega}{\Omega^2 - \omega^2}(1 + e^{-j\frac{T}{2}\omega})$

3-18 $F(j\omega) = 3\pi\delta(\omega) + \dfrac{1}{j\omega}\mathrm{Sa}\left(\dfrac{\omega}{2}\right)e^{-j\frac{1}{2}\omega}$

3-19 (1) $-j\mathrm{sgn}(\omega)$ (2) $\omega\mathrm{sgn}(\omega)$ (3) $2\pi j^n\delta^{(n)}(\omega)$

3-20 $X(j\omega) = 2a(\omega + \omega_0)\cos(\omega + \omega_0) + 2a(\omega - \omega_0)\cos(\omega - \omega_0)$

3-21 $f(t) = -\dfrac{6}{\pi}\mathrm{Sa}\left[3\left(t - \dfrac{3}{2}\right)\right], t = \dfrac{k\pi}{3} + \dfrac{3}{2}$ $(k \neq 0)$

3-22 (1) $f(t)=-\delta''(t)$ (2) $f(t)=-\frac{1}{2}t\mathrm{sgn}(t)$ (3) $f(t)=\frac{1}{2\pi}\mathrm{e}^{\mathrm{j}2t}$ (4) $f(t)=\delta(t-1)+\delta(t+1)$

(5) $f(t)=\frac{1}{2\pi(a+\mathrm{j}t)}$ $-\infty<t<\infty$ (6) $f(t)=3-\mathrm{e}^{2t}U(-t)-\mathrm{e}^{-3t}U(t)$

3-23 $f(t)=\frac{A\omega_0}{\pi}\mathrm{Sa}[\omega_0(t-t_0)]$

3-24 $A_n=\frac{1}{n^2\pi^2}[(-1)^n-1]+\frac{\mathrm{j}}{n\pi}(-1)^n, n\neq 0$; $A_0=\frac{1}{2}$ $f(t)=\frac{A_0}{2}+\frac{1}{2}\sum_{n=-\infty}^{\infty}A_n\mathrm{e}^{\mathrm{j}n\Omega t}, n\neq 0$

3-25 $Y(\mathrm{j}\omega)=\frac{1}{2\pi}[\delta(\omega)+2F_1(\mathrm{j}\omega)+F_1(\mathrm{j}\omega)*F_1(\mathrm{j}\omega)]$

3-26 (1) $\frac{\pi}{a}$ (2) $\frac{2\pi}{3a}$ (3) $\frac{\pi}{2a^3}$

3-27 $4\pi$(J)

3-28 $\frac{10}{\pi}$(J)

# 习　题　4

4-1 $H(\mathrm{j}\omega)=\frac{U_2(\mathrm{j}\omega)}{U_1(\mathrm{j}\omega)}=\frac{1}{1-\omega^2LC+\mathrm{j}\omega\frac{L}{R}}$

4-2 $H_1(\mathrm{j}\omega)=\frac{1}{RC}\cdot\frac{1}{\mathrm{j}\omega+\frac{1}{RC}}, H_2(\mathrm{j}\omega)=\frac{1}{R}\left(1-\frac{\frac{1}{RC}}{\mathrm{j}\omega+\frac{1}{RC}}\right)$

$h_1(t)=\frac{1}{RC}\mathrm{e}^{-\frac{1}{RC}t}U(t)$, $h_2(t)=\frac{1}{R}\delta(t)-\frac{1}{R^2C}\mathrm{e}^{-\frac{1}{RC}t}U(t)$

4-3 $h(t)=\frac{1}{2}\mathrm{e}^{-2t}U(t)$A $i(t)=(-5.5\mathrm{e}^{-2t}+5\mathrm{e}^{-t})U(t)+\frac{1}{2}U(t)$ (A)

4-4 $y(t)=(\mathrm{e}^{-3t}+\mathrm{e}^{-t}-\mathrm{e}^{-2t})U(t)$

4-5 $y(t)=-\frac{1}{2}\mathrm{e}^{-t}U(t)+\left(9\mathrm{e}^{-2t}-\frac{13}{2}\mathrm{e}^{-3t}\right)U(t)$

4-6 $y(t)=-f(t)$

4-7 $Y(\mathrm{j}\omega)=\frac{1}{4}A\tau\left\{\mathrm{Sa}\left[\frac{(\omega+3\omega_0)\tau}{2}\right]+\mathrm{Sa}\left[\frac{(\omega+\omega_0)\tau}{2}\right]+\mathrm{Sa}\left[\frac{(\omega-\omega_0)\tau}{2}\right]+\mathrm{Sa}\left[\frac{(\omega-3\omega_0)\tau}{2}\right]\right\}$

4-8 (1) $y(t)=\mathrm{Sa}(\pi t)$ (2) $y(t)=\mathrm{Sa}(\pi t)$

4-9 $y(t)=10\cos 100t$ $t\in R$

4-10 (1) $h(t)=\frac{\sin\omega_c t}{\pi t}$ (2) $h(t)=\frac{\sin\omega_c(t+T)}{\pi(t+T)}$ (3) $h(t)=-2\frac{\sin^2\left(\frac{\omega_c}{2}t\right)}{\pi t}$

4-11 $h(t)=A_0\cos\theta_0\delta(t)+A_0\frac{\sin\theta_0}{\pi t}$

4-12 $y(t)=\frac{1}{2\pi}\mathrm{Sa}(t)$ $t\in R$

4-13 $y(t)=50\cos(\omega_0-\omega_m)t$ $t\in R$

4-14 $Y(\mathrm{j}\omega)=\frac{1}{4}F[\mathrm{j}(\omega+2w)]\{U[\mathrm{j}(\omega+2w)]-U(\mathrm{j}\omega)\}+\frac{1}{4}F[\mathrm{j}(\omega+2w)]\{U(\mathrm{j}\omega)-U[\mathrm{j}(\omega-2w)]\}$

4-15 $y(t) = \frac{\sin t}{2\pi t}\cos(1000t) \quad t \in R$

4-16 (1) 略 (2) $Y(j\omega) = \frac{1}{4}F[j(\omega + \Delta\omega)] + \frac{1}{4}F[j(\omega - \Delta\omega)]$

4-17 $y(t) = 2 + 2\cos\left(5t - \frac{\pi}{2}\right) \quad t \in R$

4-18 $y(t) = 1 - \frac{\sin 2\pi t}{\pi} \quad t \in R$; $Y(j\omega) = 2\pi\delta(\omega) - j\delta(\omega + 2\pi) + j\delta(\omega - 2\pi)$

4-19 $y(t) = \frac{1}{2\pi}\mathrm{Sa}(t) \quad t \in R$

4-20 (1) $H(j\omega) = \frac{Y(j\omega)}{F(j\omega)} = \frac{1}{2}\{H_1[j(\omega + \omega_0)] + H_1[j(\omega - \omega_0)]\}$。

(2) 此系统为带通滤波器,其中心频率决定于 $\omega_0$,若 $\omega_0$ 可调,则该系统为一中心频率可变的选频滤波器。

4-21 $r(t) = \frac{1}{2}[f(t) + A]$

4-22 $Y(j\omega) = H(j\omega)G_{2\omega_c}(\omega)$

4-23 $\mathrm{Re}\{p(t)\} = g_1(t)\cos(\omega_c t) + g_2(t)\sin(\omega_c t)$ 由此可以看出,图题 4-23(a) 所示系统等价于一个带通滤波器,其中心频率为 $\omega_c$,带宽为 $2\omega_0$。

4-24 $f_N = \frac{100}{\pi}\mathrm{Hz}, T_N = \frac{\pi}{100}\mathrm{s} \quad y(t) = 2\pi\sin(\pi t) + \frac{3\pi}{2}\cos(3\pi t), t \in R$

4-25 (1) $f_N = \frac{100}{\pi}\mathrm{Hz}, T_N = \frac{\pi}{100}\mathrm{s}$ (2) $f_N = 63.66\mathrm{Hz}, T_N = 15.7\mathrm{ms}$ (3) $f_N = 159.15\mathrm{Hz}, T_N = 6.28\mathrm{ms}$

4-26 (1) $T_N = \frac{1}{3000}\mathrm{s}$ (2) 略

4-27 略

4-28 (1) $\omega_M < \frac{\pi}{T}$ (2) 系统总增益为 $G = \frac{2}{\pi^2}$

4-29 略

4-30 (1) $R(j\omega) = \begin{cases} \frac{1}{2}F[j(\omega + \omega_c)] & (\omega + \omega_c \leq 0) \\ \frac{1}{2}F[j(\omega - \omega_c)] & (\omega - \omega_c \geq 0) \end{cases}$ (2),(3) 略

4-31 (1) 信号 $f(t)$ 可用附图 1(a) 所示的系统恢复。此时,$T_{max} = 2\pi/\omega_M$

(2) 信号 $f(t)$ 可用附图 1(b) 所示的系统恢复。此时,$T_{max} = 2\pi/\omega_M$

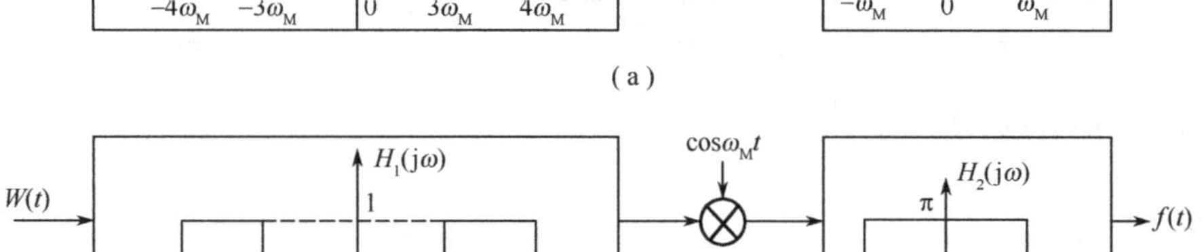


(a)

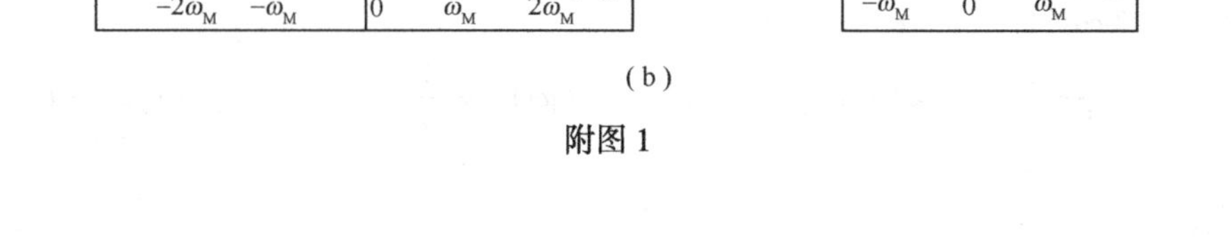


(b)

附图 1

4-32 (1) $f_s \geqslant \frac{\omega_1}{\pi}$

(2) $Y(j\omega) = \frac{1}{T_s}\sum_{n=-\infty}^{\infty} F_1[j(\omega - n\omega_s)]$

(3) 恢复滤波器的幅频特性如附图 2 所示。

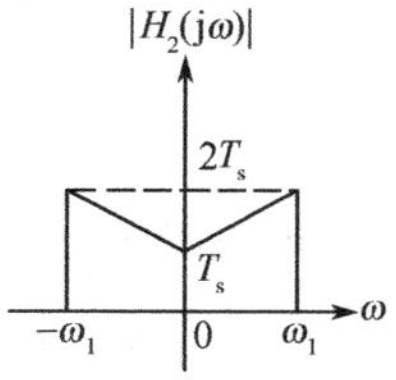

附图 2

# 习 题 5

5-1 (1) $\frac{a}{s(s+a)}$ (2) $\frac{2s+1}{s^2+1}$ (3) $\frac{1}{(s+2)^2}$ (4) $\frac{2}{(s+1)^2+4}$

(5) $\frac{s+3}{(s+1)^2}$ (6) $\frac{1}{s+\beta} - \frac{s+\beta}{(s+\beta)^2+\alpha^2}$ (7) $\frac{2+2s}{s^3}$ (8) $2 - \frac{3}{s+7}$

(9) $\frac{(s+2)e^{-(s-1)}}{(s+1)^2}$ (10) $\frac{2s^3-24s}{(s^2+4)^3}$ (11) $-\ln\left(\frac{s}{s+a}\right)$ (12) $\frac{\pi}{2} - \arctan\left(\frac{s}{a}\right)$

5-2 (1) $\left(\frac{3}{8} + \frac{1}{4}e^{-2t} + \frac{3}{8}e^{-4t}\right)U(t)$ (2) $\left(\frac{12}{5}e^{-2t} - \frac{34}{9}e^{-3t} + \frac{152}{45}e^{-12t}\right)U(t)$

(3) $2\delta(t) + (2e^{-t} + e^{-2t})U(t)$ (4) $\delta(t) + (e^{-t} - 4e^{-2t})U(t)$

(5) $\delta'(t) + (2e^{-2t} - 4e^{-4t})U(t)$ (6) $[(t-2) + e^{-t}(t+2)]U(t)$

(7) $e^{t}\sin(2t)U(t) + \frac{1}{2}e^{t}\sin[2(t-1)]U(t-1)$ (8) $\sum_{k=0}^{\infty} U(t-k), k \in N$

(9) $tU(t) - 2(t-1)U(t-1) + (t-2)U(t-2)$

(10) $\frac{-a}{(t-a)^2+\beta^2}\left\{e^{-at} - \left[\cos\beta t + \frac{a^2+\beta^2-a\beta}{a\beta}\sin\beta t\right]e^{-at}\right\}$

(11) $\frac{1}{4}[1-\cos(t-1)]U(t-1)$ (12) $\frac{1}{t}(e^{-9t}-1)U(t)$

5-3 $f(t) = [e^{-3t} + (3-2t)e^{-2t}]U(t)$

5-4 (1) 终值不存在,$f(0^+) = 1$ (2) $f(\infty) = 0, f(0^+) = 0$ (3) $f(\infty) = \frac{1}{2}, f(0^+) = 0$

(4) 终值不存在,$f(0^+) = 0$ (5) $f(\infty) = 0, f(0^+) = 1$ (6) $f(\infty) = 0, f(0^+) = 0$

5-5 $y(0^+) = 1, y'(0^+) = 3$

5-6 $h(t) = (0.8e^{-t} + 0.2e^{-6t})U(t)(A)$ $g(t) = \left(\frac{5}{6} - 0.8e^{-t} - \frac{1}{30}e^{-6t}\right)U(t)(A)$

5-7 $i(t) = [6\delta(t) + 2e^{-\frac{1}{6}t}U(t)](A)$

5-8 (a) $u_L(t) = \sin 2t U(t)(V)$ (b) $u_L(t) = \frac{2}{\sqrt{3}}e^{-t}\sin\sqrt{3}tU(t)(V)$

5-9 $i_2(t) = (13e^{-3t} - 9e^{-4t} - 3e^{-2t} - e^{-t})U(t)(A)$

5-10 (1) $u_{1x}(t) = u_{2x}(t) = e^{-t}(V)$ $t \geqslant 0$

(2) $u_1(t) = \frac{2}{3}(1 - e^{-3t})U(t)(V)$, $u_2(t) = \frac{1}{3}(1 + e^{-3t})U(t)(V)$

(3) $u_2(t) = \frac{1}{2}(e^{-t} - e^{-3t})U(t)(V)$

5-11 $u_{Cx}(t) = (3te^{-2t} + 2e^{-2t})(V)$

5-12 $u_C(t) = \frac{1}{6}(1 - e^{-2t})U(t) - \frac{1}{3}e^{-t}\cos tU(t)(V)$

5-13 $y(t) = \frac{1}{3}\left(\cos t - \cos\frac{1}{2}t\right)U(t)(V)$

5-14 $i_1(t) = (136e^{-4t} - 57e^{-3t})U(t)(A)$, $i_2(t) = (38e^{-3t} - 34e^{-4t})U(t)(A)$

5-15 $h(t) = e^{-t}\cos tU(t)(V)$, $g(t) = \frac{1}{2}[1 + e^{-t}(\sin t - \cos t)]U(t)(V)$

5-16 (1) $h(t) = \left[\frac{1}{2}\delta'(t) - \frac{1}{2}\delta(t) + \frac{1}{2}e^{-t}U(t)\right](V)$ (2) $u(t) = \left[-\frac{1}{2}\delta(t) + \frac{1}{2}e^{-t}U(t)\right](V)$

5-17 $u_2(t) = 0.4e^{-0.2t}U(t)(V)$

5-18 $i_1(t) = i_2(t) = \frac{5}{2}e^{-t}U(t)(A)$

5-19 $u_x(t) = (8t + 6)e^{-2t}U(t)(V)$, $u_f(t) = [3 - (6t + 3)e^{-2t}]U(t)(V)$, $u(t) = [3 + (2t + 3)e^{-2t}]U(t)(V)$

5-20 $y_f(t) = (3e^{-t} - 4e^{-2t} + e^{-3t})U(t)$, $y_x(t) = (11e^{-2t} - 8e^{-3t})U(t)$, $y(t) = (3e^{-t} + 7e^{-2t} - 7e^{-3t})U(t)$

## 习 题 6

6-1 $H(s) = \frac{2s^2 + 2s + 1}{s^2 + s + 1}$

6-2 $H(s) = \frac{s^2 + 2s}{s^2 + 5s + 3}$

6-3 (a) $H(s) = \frac{s}{s^2 + s + 1}$ (b) $H(s) = \frac{s^2}{s^2 + s + 1}$

6-4 $R = 1\Omega, L = 0.5\text{H}, C = 1.6\text{F}$

6-5 $f(t) = \frac{3}{5}\delta(t) + (1 + e^{-5t})U(t)$

6-6 (1) $h(t) = \delta(t) - 2e^{-t}(\cos 2t - 2\sin 2t)U(t)$ (2) $y(t) = \delta(t) - 2e^{-t}\cos(2t)U(t)$

(3) $y(t) = (1 - 2e^{-t})\sin(2t)U(t)$

6-7 (1) $h(t) = te^{-t}U(t)$ (2) $i(0^-) = 1\text{A}, u(0^-) = 0$ (3) $i(0^-) = 0, u(0^-) = 1\text{V}$

6-8 (1) $H(s) = \frac{s^2 + \frac{1}{C}}{s^2 + \frac{2}{C}s + \frac{1}{C}}$ (2) $u_2(t) = \left[\frac{2}{5}\left(\frac{8}{5} - t\right)e^{-t} + \frac{3}{5}\cos(2t + 53.1°)\right]U(t)(V)$

(3) $C = 0.25\text{F}$ $u_2(t) = [1.077e^{-(4+2\sqrt{3})t} - 0.077e^{-(4-2\sqrt{3})t}]U(t)(V)$

6-9 (1) $y''(t) + 5y'(t) + 6y(t) = f'(t) + 5f(t)$

(3) $y_f(t) = (2e^{-t} - 3e^{-2t} + e^{-3t})U(t)$ $y_x(t) = (7e^{-2t} - 5e^{-3t})U(t)$ $y(t) = (4e^{-2t} - 4e^{-3t})U(t) + 2e^{-t}U(t)$

6-10 (1) $H(s) = \frac{s}{s^3 + 3s^2 + s - 2}$

6-11 $H(s) = \frac{2(s^2 + 4s + 5)}{s^3 + 3s^2 + 9s + 27}$

6-12 (1) $H(s) = \frac{s + 3}{(s + 1)(s + 2)^2}$

6-13 略

6-14 (1) $0 < K < 16$ (2) $K > -6$ (3) $0 < K < 99$

6-15 (1) $H(s) = \frac{Ks}{s^2 + (4 - K)s + 4}$ (2) $K < 4$ (3) 当 $K = 4$ 时, $h(t) = 4\cos(2t)U(t)$

6-16 (1) $a = 4, b = 2$ (2) $b > -2$ (3) $g(t) = (e^{-2t} - e^{-3t})U(t)$

6-17 (1) $H(s) = \frac{s + 3}{(s + 1)(s + 3)} = \frac{s + 3}{s^2 + 4s + 3}$ $h(t) = e^{-t}U(t)$

(2) $y''(t)+4y'(t)+3y(t)=f'(t)+3f(t)$

6-18 $h_2(t)=tU(t)$

6-19 $H(s)=\dfrac{3s^4+16s^2+27s+12}{s^4+5s^3+8s^2+4s}$

6-20 $y(t)=\sqrt{2}\cos(t-45°)U(t)$

6-21 $y(t)=7.2\cos(2t-146.3°)U(t)$

6-22 (1) 为稳定系统 (2) $H(s)=\dfrac{s+1}{s^2+100^2}$ (5) $g(t)=[10^{-4}-10^{-4}\cos(100t)+10^{-2}\sin(100t)]U(t)$

6-23 (1) $H(s)=\dfrac{10s+10}{s^3+s^2+(10K+10)s+10}$ (2) $K>0$ (3) $\pm j\sqrt{10}$(rad/s)

6-24 (1) $H(s)=\dfrac{K}{s^2+(3-K)s+1}$ (2) $K<3$ (3) $h(t)=\dfrac{4}{\sqrt{3}}e^{-0.5t}\sin\left(\dfrac{\sqrt{3}}{2}t\right)U(t)$(V)

# 习 题 7

7-1 $12\times10^4$

7-2 图略

7-3 (1) 是,$N=14$;(2) 否;(3) 否

7-4 (1) 因果、稳定 (2) 因果、稳定 (3) 非因果、稳定 (4) 非因果、不稳定 (5) 因果、不稳定
(6) 因果、稳定 (7) 非因果、不稳定 (8) 因果、稳定

7-5 (1) 非线性、时不变、非因果 (2) 非线性、时不变、因果 (3) 线性、时变、因果
(4) 线性、时不变、因果 (5) 线性、时变、非因果 (6) 线性、时变、非因果

7-6 (1) $h(k)=g(k)-g(k-1)$ (2) $g(k)=\sum_{i=-\infty}^{k}h(i)$

7-7 $\begin{cases}y(k)-\dfrac{2}{3}y(k-1)=0\\ y(0)=H\end{cases}$ $y(k)=10\left(\dfrac{2}{3}\right)^k,k\geqslant0$

7-8 略

7-9 (1) $y(k)-1.05y(k-1)=U(k-1)$ (2) 13.2068(万元)

7-10 (1) $y_x(k)=(-1)^k-4(-2)^k$ $y_f(k)=\left[-\dfrac{1}{3}(-1)^k+(-2)^k+\dfrac{1}{3}(2)^k\right]U(k)$ $y(k)=\dfrac{8}{3}(-1)^k-5(-2)^k+\dfrac{1}{3}(2)^k$

(2) $y_x(k)=(-1)^k-2(-2)^k$ $y_f(k)=-\dfrac{1}{3}(-1)^k+(-2)^k+\dfrac{1}{3}(2)^k$ $y(k)=\dfrac{2}{3}(-1)^k-(-2)^k+\dfrac{1}{3}(2)^k$

7-11 (1) $h(k)=\left(2^k\cos\dfrac{k\pi}{2}\right)U(k)$ (2) $h(k)=\left[6\delta(k)+12\left(\dfrac{1}{2}\right)^k-18\left(\dfrac{1}{3}\right)^k\right]U(k)$

(3) $h(k)=\left[3\left(\dfrac{1}{2}\right)^k-2\left(\dfrac{1}{3}\right)^k\right]U(k)-\left[6\left(\dfrac{1}{2}\right)^{k-1}-\left(\dfrac{1}{3}\right)^{k-1}\right]U(k-1)$

7-12 $y_f(k)=2[(2)^k+3(5)^k+10]U(k)+2[(2)^{k-101}+3(5)^{k-101}+10]U(k-101)$

7-13 $y(k)=\delta(k+3)+3\delta(k+2)+5\delta(k+1)+6\delta(k)+5\delta(k-1)+3\delta(k-2)+\delta(k-3)$

7-14 (1) $(k+1)U(k)$ (2) $\dfrac{4}{3}[1-(0.25)^{k+1}]U(k)$ (3) $\dfrac{1}{2}[(5)^{k+1}-(3)^{k+1}]U(k)$ (4) $(k-2)U(k-2)$

7-15 $y(k)-b_1y(k-1)-b_2y(k-2)=f(k)+f(k-1)$ 二阶

7-16 $y(k)+5y(k-1)+6y(k-2)=f(k)$

$y(k+2)+5y(k+1)+6y(k)=f(k+2)$

$h(k)=[-2(-2)^k+3(-3)^k]U(k)$

$g(k)=\left\{-\frac{2}{3}[1-(-2)^{k+1}]+\frac{3}{4}[1-(-3)^{k+1}]\right\}U(k)$

7-17 $y_f(k)=\left[2k\left(\frac{1}{2}\right)^k+\left(\frac{1}{4}\right)^k\right]U(k)$

7-18 $g(k)=\frac{1}{5}(1-0.8^{k+1})U(k)-\frac{1}{5}(1-0.8^{k-2})U(k-3)$

7-19 $h_a(k)=h_b(k)=h_c(k)=5(1-0.8^{k+1})U(k)-5(1-0.8^{k-2})U(k-3)$

7-20 $y_f(t)=(1-e^{-t})U(t)$

当 $T=0.25s$ 时，$y_f(k)=\left[1-\left(\frac{3}{4}\right)^k\right]U(k)$； 当 $T=0.01s$ 时，$y_f(k)=\left[1-\left(\frac{99}{100}\right)^k\right]U(k)$

# 习　题　8

8-1 当 $N=4$ 时，$R_4(z)=\frac{z^2+2z+3}{z^3}$

8-2 $F(z)=\frac{-3z}{(z-2)(2z-1)}$，$\frac{1}{2}<|z|<2$

8-3 (1) $F(z)=\frac{z}{z-1/2}$，$|z|>1/2$，极点 $p=1/2$，零点 $z=0$

(2) $F(z)=\frac{1}{1-2z}$，$|z|<\frac{1}{2}$，极点 $p=\frac{1}{2}$

(3) $F(z)=\frac{-5z}{12\left(z-\frac{1}{4}\right)\left(z-\frac{2}{3}\right)}$，$|z|>\frac{2}{3}$，极点 $p_1=\frac{1}{4}$，$p_2=\frac{2}{3}$，零点 $z=0$

(4) $F(z)=\frac{z}{z-1/2}$，$|z|<1/2$，极点 $p=\frac{1}{2}$，零点 $z=0$

(5) $F(z)=\frac{z}{z-1/5}+\frac{z}{z-1/3}$，$\frac{1}{5}<|z|<\frac{1}{3}$，极点 $p_1=\frac{1}{5}$，$p_2=\frac{1}{3}$；零点 $z_1=0$，$z_2=\frac{4}{15}$

(6) $F(z)=\frac{z}{z-e^{j\omega_0}}$，$|z|>1$，极点 $p=e^{j\omega_0}$，零点 $z=0$

8-4 (c)、(d)

8-5 三种，$|z|<\frac{1}{2}$，$\frac{1}{2}<|z|<\frac{3}{4}$，$|z|>\frac{3}{4}$

8-6 双边

8-7 略

8-8 (1) $F(z)=\frac{z}{z^2-1}$ (2) $F(z)=\frac{z-z^{-5}}{z-1}$ (3) $F(z)=\frac{-z}{(z+1)^2}$ (4) $F(z)=\frac{2z^2}{(z-1)^3}$

(5) $F(z)=\frac{z^2}{z^2+1}$ (6) $F(z)=\frac{4z^2}{4z^2+1}$

8-9 (1) $f(k)=2\left[1-\cos\frac{\pi}{3}k\right]U(k)$ (2) $f(k)=\frac{1}{4}[(-1)^k+2k-1]U(k)$ (3) $f(k)=(-2)^{k-6}U(k-6)$

8-10 (1) $y(k)=\left[\left(\frac{1}{2}\right)^k-(2)^k\right]U(k)$ (2) $y(k)=\left[-\left(\frac{1}{2}\right)^k+(2)^k\right]U(-k-1)$

(3) $y(k)=\left(\frac{1}{2}\right)^kU(k)+(2)^kU(-k-1)$

8-11 (1) $f(0)=1, f(1)=3/2, f(\infty)=2$ (2) $f(0)=1, f(1)=3, f(\infty)$ 不存在

8-12 (1) $\dfrac{b^{k+1}-a^{k+1}}{b-a}U(k)$ (2) $a^{k-2}U(k-2)$ (3) $\dfrac{1-a^k}{1-a}U(k)$

8-13 (1) $\left[\dfrac{1}{6}+\dfrac{1}{2}(-1)^k-\dfrac{2}{3}(-2)^k\right]U(k)$ (2) $\left[-\dfrac{1}{2}+\dfrac{1}{2}(-1)^k+(2)^k\right]U(k)$

8-14 $y_x(k)=[2(2)^k-(-1)^k]U(k+2)$ $y_f(k)=\left[2(2)^k+\dfrac{1}{2}(-1)^k-\dfrac{3}{2}\right]U(k)$ $y(k)=y_x(k)+y_f(k)$

8-15 (1) $H(z)=\dfrac{z^3}{z^3-2z^2-5z+6}$ (2) $H(z)=\dfrac{2-z^3}{z^3-\dfrac{1}{2}z^2+\dfrac{1}{18}z}$

(3) $H(z)=\dfrac{z^3+z^2+2z+2}{z^3}$ (4) $H(z)=\dfrac{3z^2+2z}{z^2-4z-5}$

8-16 $f(k)=(0.2)^{k-1}U(k-1)$

8-17 $h(k)=\left(\dfrac{1}{2}\right)^{k-1}U(k-1)-\left(\dfrac{1}{2}\right)^kU(k)$

8-18 (1) $y(k)-y(k-1)+0.5y(k-2)=f(k-1)$

(2) $H(z)=\dfrac{z}{z^2-z+0.5}$ (3) $h(k)=2\left(\dfrac{\sqrt{2}}{2}\right)^k\sin\left(\dfrac{\pi}{4}k\right)U(k)$

8-19 (1) 图略 (2) $f(k)=\dfrac{1}{2}\left(\dfrac{1}{2}\right)^{k-1}U(k-1)$

8-20 (1) $H(z)=\dfrac{z^2}{z^2-\dfrac{3}{4}z+\dfrac{1}{8}}$, $h(k)=\left[2\left(\dfrac{1}{2}\right)^k-\left(\dfrac{1}{4}\right)^k\right]U(k)$ (2) 稳定

(3) $y(k)-\dfrac{3}{4}y(k-1)+\dfrac{1}{8}y(k-2)=f(k)$ (4) $\left[-2\left(\dfrac{1}{2}\right)^k+\dfrac{1}{3}\left(\dfrac{1}{4}\right)^k+\dfrac{8}{3}\right]U(k)$

8-21 $y(k)=2U(k-2)$

8-22 略

8-23 (1) $H(z)=\dfrac{z}{z-1/3}$ (2) $\left|H(e^{j\omega})\right|=\dfrac{1}{\sqrt{\dfrac{10}{9}-\dfrac{2}{3}\cos\omega}}$

8-24 (1) $y(k)-0.8y(k-1)=0.2f(k)$ (2) $y(k)=1+0.22\cos\left(\dfrac{\pi}{3}k-49.1^\circ\right)+0.11\cos\pi k$

8-25 (1) $y(k)-0.5y(k-1)=f(k)+0.5f(k-1)$ (3) $y(k)=\cos\left(\dfrac{\pi}{2}k-8.13^\circ\right)$

8-26 $a_0=a_1=a_2=a_3=\dfrac{1}{4}$, $H(z)=\dfrac{z^3+z^2+z+1}{4z^3}$

8-27 $H(e^{j\omega})=\dfrac{1}{5}\dfrac{\sin(2.5\omega)}{\sin(0.5\omega)}$ 对于 5Hz 抽样信号, $H(e^{j\omega})\approx 1$; 对于 50Hz 抽样信号 $H(e^{j\omega})=0$

8-28 (1) $H(z)=\dfrac{4z}{z-1}$ (2) $f(k)=(-3)^kU(k)$

8-29 (1) $H(z)=\dfrac{\dfrac{1}{2}z}{z^2-\dfrac{1}{2}z-\dfrac{1}{2}}$, $y_x(k)=\left[\dfrac{2}{3}\left(-\dfrac{1}{2}\right)^k+\dfrac{4}{3}\right]U(k)$

(2) $y_f(k)=\left[-\dfrac{3}{20}(-3)^k+\dfrac{1}{15}\left(-\dfrac{1}{2}\right)^k+\dfrac{1}{12}\right]U(k)$

8-30 (a) 因果的, (b) 稳定的

8-31 $R_N(\mathrm{e}^{\mathrm{j}\omega}) = \dfrac{1-\mathrm{e}^{-\mathrm{j}N\omega}}{1-\mathrm{e}^{-\mathrm{j}\omega}}$

8-32 $F(\mathrm{e}^{\mathrm{j}\omega}) = \dfrac{1}{1-a\mathrm{e}^{-\mathrm{j}\omega}}$

8-33 $F(\mathrm{e}^{\mathrm{j}\omega}) = \dfrac{-5/3}{1-0.5\mathrm{e}^{-\mathrm{j}\omega}} + \dfrac{8/3}{1-0.8\mathrm{e}^{-\mathrm{j}\omega}}$ $y(k) = \left[\dfrac{8}{3}(0.8)^k - \dfrac{5}{3}(0.5)^k\right]U(k)$

# 习　题　9

9-1 (1) ~ (5) 是　(6) 否

9-2 $$\begin{bmatrix}\dot{x}_1(t)\\\dot{x}_2(t)\\\dot{x}_3(t)\end{bmatrix} = \begin{bmatrix}-2 & 0 & 1\\0 & -2 & 1\\\frac{1}{2} & -\frac{1}{2} & 0\end{bmatrix}\begin{bmatrix}x_1(t)\\x_2(t)\\x_3(t)\end{bmatrix} + \begin{bmatrix}1 & 0\\0 & -1\\0 & 0\end{bmatrix}\begin{bmatrix}f_1(t)\\f_2(t)\end{bmatrix}$$

9-3 $$\begin{bmatrix}\dot{x}_1(t)\\\dot{x}_2(t)\\\dot{x}_3(t)\end{bmatrix} = \begin{bmatrix}0 & -2 & 0\\1 & -2 & -2\\0 & -2 & -2\end{bmatrix}\begin{bmatrix}x_1(t)\\x_2(t)\\x_3(t)\end{bmatrix} + \begin{bmatrix}2\\1\\1\end{bmatrix}[f(t)]$$

$$\begin{bmatrix}y_1(t)\\y_2(t)\end{bmatrix} = \begin{bmatrix}0 & 1 & 1\\0 & -1 & -1\end{bmatrix}\begin{bmatrix}x_1(t)\\x_2(t)\\x_3(t)\end{bmatrix} + \begin{bmatrix}0\\1\end{bmatrix}[f(t)]$$

9-4 $$\begin{bmatrix}\dot{x}_1(t)\\\dot{x}_2(t)\\\dot{x}_3(t)\end{bmatrix} = \begin{bmatrix}0 & 1 & 0\\0 & 0 & 1\\-3 & -7 & -5\end{bmatrix}\begin{bmatrix}x_1(t)\\x_2(t)\\x_3(t)\end{bmatrix} + \begin{bmatrix}0\\0\\1\end{bmatrix}[f(t)]$$

$$[y(t)] = [1\ \ 0\ \ 0]\begin{bmatrix}x_1(t)\\x_2(t)\\x_3(t)\end{bmatrix} + [0][f(t)]$$

$$\boldsymbol{A} = \begin{bmatrix}0 & 1 & 0\\0 & 0 & 1\\-3 & -7 & -5\end{bmatrix},\quad \boldsymbol{B} = \begin{bmatrix}0\\0\\1\end{bmatrix},\quad \boldsymbol{C} = [1\ \ 0\ \ 0],\quad \boldsymbol{D} = [0]$$

9-5 $$\begin{bmatrix}\dot{x}_1(t)\\\dot{x}_2(t)\\\dot{x}_3(t)\end{bmatrix} = \begin{bmatrix}-3 & 0 & 0\\0 & -2 & 0\\0 & 0 & -5\end{bmatrix}\begin{bmatrix}x_1(t)\\x_2(t)\\x_3(t)\end{bmatrix} + \begin{bmatrix}1\\1\\1\end{bmatrix}[f(t)] \qquad [y(t)] = [4\ \ 1\ \ -2]\begin{bmatrix}x_1(t)\\x_2(t)\\x_3(t)\end{bmatrix}$$

9-6 直接形式：$$\begin{bmatrix}\dot{x}_1(t)\\\dot{x}_2(t)\\\dot{x}_3(t)\end{bmatrix} = \begin{bmatrix}0 & 1 & 0\\0 & 0 & 1\\0 & -10 & -7\end{bmatrix}\begin{bmatrix}x_1(t)\\x_2(t)\\x_3(t)\end{bmatrix} + \begin{bmatrix}0\\0\\1\end{bmatrix}[f(t)]$$

$$[y(t)] = [5\ \ 5\ \ 0]\begin{bmatrix}x_1(t)\\x_2(t)\\x_3(t)\end{bmatrix}$$

级联形式：$$\begin{bmatrix}\dot{x}_1(t)\\\dot{x}_2(t)\\\dot{x}_3(t)\end{bmatrix} = \begin{bmatrix}-5 & -1 & 1\\0 & -2 & 1\\0 & 0 & 0\end{bmatrix}\begin{bmatrix}x_1(t)\\x_2(t)\\x_3(t)\end{bmatrix} + \begin{bmatrix}0\\0\\5\end{bmatrix}[f(t)] \quad [y(t)] = [1\ \ 0\ \ 0]\begin{bmatrix}x_1(t)\\x_2(t)\\x_3(t)\end{bmatrix}$$

并联形式：$\begin{bmatrix}\dot{x}_1(t)\\\dot{x}_2(t)\\\dot{x}_3(t)\end{bmatrix}=\begin{bmatrix}0&0&0\\0&-2&0\\0&0&-5\end{bmatrix}\begin{bmatrix}x_1(t)\\x_2(t)\\x_3(t)\end{bmatrix}+\begin{bmatrix}1\\1\\1\end{bmatrix}[f(t)]$ $[y(t)]=\begin{bmatrix}\frac{1}{2}&\frac{5}{6}&-\frac{4}{3}\end{bmatrix}\begin{bmatrix}x_1(t)\\x_2(t)\\x_3(t)\end{bmatrix}$

9-7 $\begin{bmatrix}x_1(k+1)\\x_2(k+1)\\x_3(k+1)\end{bmatrix}=\begin{bmatrix}-3&0&-1\\0&-1&-1\\-2&0&1\end{bmatrix}\begin{bmatrix}x_1(k)\\x_2(k)\\x_3(k)\end{bmatrix}+\begin{bmatrix}1\\1\\1\end{bmatrix}[f(k)]$ $[y(k)]=[1\quad 0\quad -1]\begin{bmatrix}x_1(k)\\x_2(k)\\x_3(k)\end{bmatrix}$

9-8 $\begin{bmatrix}x_1(k+1)\\x_2(k+1)\end{bmatrix}=\begin{bmatrix}-2&0\\0&4\end{bmatrix}\begin{bmatrix}x_1(k)\\x_2(k)\end{bmatrix}+\begin{bmatrix}1\\1\end{bmatrix}[f(k)]$

$[y(k)]=[2\quad 28]\begin{bmatrix}x_1(k)\\x_2(k)\end{bmatrix}+[3][f(k)]$

9-9 $\begin{bmatrix}x_1(k+1)\\x_2(k+1)\\x_3(k+1)\end{bmatrix}=\begin{bmatrix}0&1&0\\0&0&1\\-1&-2&-3\end{bmatrix}\begin{bmatrix}x_1(k)\\x_2(k)\\x_3(k)\end{bmatrix}+\begin{bmatrix}0\\0\\1\end{bmatrix}[f(k)]$

$[y(k)]=[3\quad 2\quad 1]\begin{bmatrix}x_1(k)\\x_2(k)\\x_3(k)\end{bmatrix}+[0][f(k)]$

9-10 $g(t)=\left(\frac{1}{8}-\frac{1}{4}e^{-2t}+\frac{1}{8}e^{-4t}\right)U(t)\quad (V)$

9-11 (1) $\begin{bmatrix}\dot{x}_1(t)\\\dot{x}_2(t)\end{bmatrix}=\begin{bmatrix}2&0\\3&-1\end{bmatrix}\begin{bmatrix}x_1(t)\\x_2(t)\end{bmatrix}+\begin{bmatrix}1&-1\\0&1\end{bmatrix}\begin{bmatrix}f_1(t)\\f_2(t)\end{bmatrix}$

$\begin{bmatrix}y_1(t)\\y_2(t)\end{bmatrix}=\begin{bmatrix}1&1\\0&2\end{bmatrix}\begin{bmatrix}x_1(t)\\x_2(t)\end{bmatrix}+\begin{bmatrix}0&0\\0&0\end{bmatrix}\begin{bmatrix}f_1(t)\\f_2(t)\end{bmatrix}$

(2) $\boldsymbol{H}(s)=\begin{bmatrix}\frac{2}{s-2}-\frac{1}{s+1}&\frac{2}{s-2}-\frac{2}{s+1}\\\frac{2}{s-2}-\frac{2}{s+1}&\frac{4}{s-2}-\frac{2}{s+1}\end{bmatrix}$ (3) $\boldsymbol{h}(t)=\begin{bmatrix}2e^{2t}-e^{-t}&2e^{2t}-2e^{-t}\\2e^{2t}-2e^{-t}&4e^{2t}-2e^{-t}\end{bmatrix}$

9-12 (1) $y(t)=\left(\frac{1}{2}+e^{-t}-\frac{1}{2}e^{-2t}\right)U(t)(V)$ (2) $H(s)=\frac{1}{s+2}$

9-13 (1) $\begin{bmatrix}\dot{x}_1(t)\\\dot{x}_2(t)\end{bmatrix}=\begin{bmatrix}-4&1\\-3&0\end{bmatrix}\begin{bmatrix}x_1(t)\\x_2(t)\end{bmatrix}+\begin{bmatrix}1\\1\end{bmatrix}[f(t)]$ $y(t)=[1\quad 0]\begin{bmatrix}x_1(t)\\x_2(t)\end{bmatrix}+[0][f(t)]$

(2) $y''(t)+4y'(t)+3y(t)=f'(t)+f(t)$

(3) $y_x(t)=\frac{1}{2}e^{-t}-\frac{1}{2}e^{-3t}, t>0$ $x(0^-)=\begin{bmatrix}0\\1\end{bmatrix}$

(4) $h(t)=e^{-3t}U(t)$

9-14 (1) $\begin{bmatrix}\dot{w}_1(t)\\\dot{w}_2(t)\end{bmatrix}=\begin{bmatrix}-2&0\\0&-3\end{bmatrix}\begin{bmatrix}w_1(t)\\w_2(t)\end{bmatrix}+\begin{bmatrix}1\\2\end{bmatrix}[f(t)]$

$[y(t)]=[1\quad 0]\begin{bmatrix}w_1(t)\\w_2(t)\end{bmatrix}+[1][f(t)]$ (2) $y(t)=6e^{-2t}U(t)+\delta(t)$

9-15 $\boldsymbol{A} = \begin{bmatrix} 0 & -2 \\ 1 & -2 \end{bmatrix}$

9-16 (1) $\boldsymbol{\varphi}(t) = \begin{bmatrix} -e^{-t} & e^{-t} - e^{-2t} \\ 0 & e^{-2t} \end{bmatrix} U(t)$ (2) $\boldsymbol{x}(t) = \begin{bmatrix} 4e^{-t} - 3e^{-2t} \\ -e^{-t} + e^{-2t} \end{bmatrix} U(t)$

9-17 $\boldsymbol{A} = \begin{bmatrix} 0 & -2 \\ 1 & -3 \end{bmatrix}$, $\boldsymbol{B} = \begin{bmatrix} 0 \\ -6 \end{bmatrix}$, $\boldsymbol{C} = [0 \quad 1]$, $\boldsymbol{D} = [1]$

9-18 (1) $H(z) = \dfrac{z^2}{z^2 - z - 0.11}$ (2) $h(k) = \left[\dfrac{11}{12}(1.1)^k + \dfrac{1}{12}(-0.1)^k\right] U(k)$

9-19 (1) $\boldsymbol{\Phi}(k) = \begin{bmatrix} 3(2)^k - 2(3)^k & -(2)^k + (3)^k \\ 6(2)^k - 6(3)^k & -2(2)^k + 3(3)^k \end{bmatrix} U(k)$ $\boldsymbol{x}(k) = \begin{bmatrix} 2^k \\ 2(2)^k \end{bmatrix} U(k)$

(2) $\boldsymbol{y}(k) = \begin{bmatrix} 3(2)^k \\ 0 \end{bmatrix} U(k)$

9-20 $x(k) = \begin{bmatrix} 1 \\ -[4 - 5(2)^{k-1}] \end{bmatrix} U(k-1)$, $y(k+1) - y(k) = 3f(k)$

9-21 $0 < K < 4$

9-22 $-\dfrac{1}{2} < a < 1$

# 参 考 文 献


[1] 管致中,夏恭恪,孟桥．信号与线性系统(第 4 版)．北京:高等教育出版社,2004.

[2] 吴大正．信号与线性系统分析(第 4 版)．北京:高等教育出版社,2005.

[3] 郑君里,应启珩,杨为理．信号与系统(第 2 版)．北京:高等教育出版社,2000.

[4] 孙希纯,陈良璋．信号与线性系统．北京:人民邮电出版社,1987.

[5] 张谨,赫慈辉．信号与系统．北京:人民邮电出版社,1987.

[6] 朱钟霖,周宝珀．信号与线性系统分析．北京:中国铁道出版社,1982.

[7] 王里生,罗永光．信号与系统分析．长沙:国防科技大学出版社,1989.

[8] 刘永健．信号与线性系统(修订版)．北京:人民邮电出版社,1994.

[9] 张有正．信号与系统．成都:四川科学技术出版社,1985.

[10] 徐俊荣．信号与线性系统．北京:电子工业出版社,1985.

[11] 王宝祥．信号与系统．哈尔滨:哈尔滨工业大学出版社,1992.

[12] 曾禹村,张宝俊,吴鹏翼．信号与系统．北京:北京理工大学出版社,1992.

[13] 范世贵．信号与系统 —— 理论提要与例题分析．西安:西北工业大学出版社,1994.

[14] 王应生,徐亚宁．信号与系统．北京:电子工业出版社,2003.

[15] 梁虹,梁洁,陈跃斌．信号与系统分析及 MATLAB 实现．北京:电子工业出版社,2002.

[16] 吴新余,周井泉,沈元隆．信号与系统——时域频域分析及 MATLAB 软件的应用．北京:电子工业出版社,1999.

[17] 沈元隆,周井泉．信号与系统．北京:人民邮电出版社,2003.

[18] 邹云屏,林桦．信号与系统分析．北京:科学出版社,2003.

[19] 于慧敏．信号与系统．北京:化学工业出版社,2002.

[20] 吕幼新,张明友．信号与系统分析．北京:电子工业出版社,2004.

[21] 张小虹．信号与系统．西安:西安电子科技大学出版社,2004.

[22] Oppeheim A V. Signals and Systems. Prentice Hall, 1983.

[23] Cadzow J A. Signals,Systems and Transforms. Prentice Hall,1985.

[24] Kamen E. Introduction to Signals and Linear Systems. 3rd ed. New York:John Wiley & Sons,Inc. ,1987.

[25] Oflynn M,Moriarfy E. Linear Systems. New York: Harper & Row,Publisher,1987.

[26] Papoulis A. Circuits and Systems,A Mordern Approach. Holt,Rinchart and Winston. Inc. ,1980.

[27] Haykin S,Veen B V. Signals and Systems. 2nd ed. 北京:电子工业出版社,2003.